C. FÉVRIER 1994

HISTOIRE

DE

LA RÉVOLUTION
FRANÇAISE

PARIS. — IMP. SIMON RAÇON ET COMP., RUE D'ERFURTH, 1.

HISTOIRE

DE LA

RÉVOLUTION

FRANÇAISE

PAR M. LOUIS BLANC

TOME PREMIER

DEUXIÈME ÉDITION

PARIS

FURNE ET Cⁱᵉ | PAGNERRE
LIBRAIRES-ÉDITEURS | LIBRAIRE-ÉDITEUR
RUE SAINT-ANDRÉ-DES-ARTS, 45 | RUE DE SEINE, 18

1869

Toute reproduction ou traduction de cet ouvrage, non autorisée par les éditeurs,
est formellement interdite

L'HISTOIRE
DE LA
RÉVOLUTION FRANÇAISE
JUGÉE
PAR GEORGE SAND

« Se retracer jour par jour, heure par heure, cette tempête où l'âme humaine frémissante d'horreur et de sainte colère, chercha la vérité dans un océan de larmes et de sang; traverser tout ce sang, toutes ces larmes; affronter d'effroyables apparitions, passer sous l'échafaud hideux, voir des têtes qui s'élèvent au bout des piques et se promènent au-dessus de la foule exaspérée, rencontrer la charrette fatale qui entasse les victimes pêle-mêle; avoir eu des parents emportés ou meurtris par ces orages; sentir, jusqu'à la moelle de ses os, le frisson que la génération d'hier lègue à celle d'aujourd'hui comme un contre-coup de ses immortelles souffrances : revoir et ressentir tout cela, et pourtant se retrouver plus fort, plus convaincu, plus calme, plus humain, après la contemplation émouvante de pareils tableaux, c'est le plus grand éloge que mon cœur puisse adresser à celui qui vient de les mettre sous mes yeux. »

C'est en 1847 que nous écrivions les lignes qui précèdent. Dix-huit années riches d'enseignements, terribles d'évidence, se sont écoulées depuis que nous signalions l'apparition des deux premiers volumes de cet important et magnifique ouvrage, aujourd'hui terminé, aujourd'hui popularisé par l'édition illustrée, aujourd'hui jugé par toutes les intelligences droites, aujourd'hui placé au premier rang des livres d'histoire que notre siècle, déjà si riche, a produits.

Donc aujourd'hui, en relisant les douze volumes de Louis Blanc sur la Révolution française, nous sommes douze fois plus convaincu de ce que nous pensions il y a dix-huit ans. De combien de faits, de combien d'œuvres, de combien d'hommes, de combien de jugements pouvons-nous dire la même chose après un intervalle si rempli d'expérience et de déceptions? Un cataclysme politique a dispersé en apparence des éléments de progrès que les circonstances avaient groupés autour d'une action commune ! mais là où l'individu représentait fortement une idée vraie, ces éléments n'ont rien perdu de leur force, la dispersion ne s'est pas faite dans l'ordre moral, l'éloignement des personnes n'a donné à leur pensée que plus de valeur, et à leur génie que plus de portée. Ceux qui étaient aux avant-postes du mouvement libérateur sont restés en tête de leur colonne, et, dans leurs mains, le flambeau de l'avenir brille d'un plus vif éclat que lorsqu'il était promené dans la tourmente. Ils sont loin ceux que nous suivions à travers le tumulte des événements ; ils ne sont plus à nos côtés, agitant la flamme pour éclairer nos chemins. Mais quoi ! sont-ils éteints, sont-ils partis? Non, ils ont monté plus haut, et, comme des phares tranquilles et puissants, ils font planer sur nous un rayonnement que nulle puissance humaine ne peut intercepter.

J'avoue que, pour mon compte, je ne partage pas les abattements inconsolables de ceux qui, ayant conçu le progrès sous de certaines formes, le voient tout à coup faire un détour, et, au prix d'apparentes inconséquences, se frayer un autre lit et chercher sa pente à travers des obstacles nouveaux. Que le progrès s'accomplisse par l'abus ou par la privation de la liberté, nous croyons qu'il s'accomplit toujours, et que, désormais, il ne peut plus rencontrer d'entraves durables. Les longues ténèbres des siècles écoulés nous envoient encore des nuages sombres qui s'efforcent d'envahir le ciel ; mais la Révolution française, résumé terrible et grandiose de tous les efforts antérieurs de l'humanité, a déchiré du haut en bas le voile du temple, et jamais plus nous ne verrons reparaître la puissance à long terme des principes du droit divin.

C'est que le sort de ces doctrines est accompli. En s'éclairant de la lumière philosophique, l'homme est arrivé à nier la Divinité ou à concevoir d'elle une notion plus élevée. Athée ou déiste, le dix-huitième siècle nous a délivrés de la terreur d'un maître absolu, inique et stupide, contre-signant dans le royaume des cieux les arrêts portés sur nous par les rois de la terre. Désormais le droit divin n'a plus de sens ; mais, comme l'homme ne peut pas encore se passer de l'espoir d'une intervention céleste dans les fluctuations de sa destinée, plusieurs abandonnent la notion des dépositaires de la volonté divine par droit d'hérédité et cherchent à la remplacer par celle des représentants de la Providence par voie de conquête ou par droit d'habileté.

Le droit de conquête peut suffire aux athées, c'est la loi du hasard, le droit du plus fort.

Le droit de l'intelligence plaît à ceux qui ne veulent pas admettre un dieu étranger à nos petites affaires de tous les jours. Sans doute ils ont raison dans un sens :

celui qui a fait l'univers et l'homme ne peut jamais être étranger à ce que font l'homme et l'univers; mais combien d'esprits sont assez calmes pour comprendre que les lois divines abandonnent les êtres et les choses aux lois admirables qui les régissent? Abandonner n'est même pas ici le mot qui convient. Le pouvoir qui maintient de telles lois leur *confie* les choses et les êtres, et Dieu n'a pas besoin d'être sage et prévoyant à notre manière pour représenter à l'esprit le type de la sagesse et de la prévoyance.

Exclurons-nous pourtant la Providence de nos respects et de nos aspirations? Pourquoi exclure cette sainte idée si nous pouvons, en la comprenant bien, la purifier des caprices étroits que le passé ignorant lui attribuait, et réclamer légitimement sa maternelle intervention dans nos généreux desseins, dans nos luttes héroïques? Eh quoi! la Providence aurait suscité César, elle l'aurait absous de ses vices et protégé dans ses intrigues, trouvant plus commode de s'adresser à la finesse d'un homme que d'éclairer des masses ignorantes et passionnées? Ce serait attribuer à l'action divine bien de la paresse et de la fantaisie, et ce n'est pas sérieusement que la littérature historique se sert des poétiques expressions qui tendent à attribuer à certains hommes le droit d'agir au nom des dieux.

Nous croyons, nous, que la Providence est l'action de Dieu en nous, et non pas sur nous. A ce titre, nous avons tous un droit égal à ses bienfaits, à ses révélations, et c'est à nous de connaître de mieux en mieux les lois de cette action, c'est à nous de nous enseigner les uns les autres, sans attribuer à un seul d'entre nous le droit exclusif de régler nos opinions d'après les siennes et nos destinées suivant ses ambitions.

Nulle part, les grands résultats qu'un peuple peut obtenir de l'initiative de chaque individu largement éclairé à un moment donné de son existence par le progrès *providentiel*, ne sont aussi clairement démontrés que dans notre grande Révolution. Là, on peut bien voir les agitations suscitées par l'influence de tel ou tel homme, mais on sent le besoin de tous lutter avec énergie pour un principe, et l'on a pu presque dire dans ces grandes heures de l'histoire : A présent, Dieu s'occupe de nous, ou tout au moins Dieu nous regarde !

Mais, quel que soit le sentiment religieux ou fataliste que chacun de nous porte dans cette appréciation, avouons que le spectacle est grand et qu'il mérite d'être compris et jugé par la postérité, comme une de ces crises de développement soudain qui marquent les phases suprêmes de l'histoire de l'homme sur la terre. Étudier et comprendre cet événement immense, c'est presque acquérir et enseigner une philosophie : car, à quelque point de vue que l'on se place, il faut toujours reconnaître que cet événement nous a engendrés intellectuellement, moralement et physiologiquement ; que c'est par lui que nous sommes ce que nous sommes, et que, sans lui, nous aurions peut-être encore aujourd'hui l'inconnu devant nous.

Il n'en est plus ainsi. La Révolution a créé une logique dans le monde. Nous savons maintenant pourquoi les sociétés existent, à quelles fins elles tendent, quel but elles doivent atteindre. Nous savons comment elles se transforment, et pourquoi des efforts grandioses triomphent ou avortent, selon que la passion étouffe ou respecte l'idée, selon que l'idée fait taire ou parler le sentiment humain. Il y a de tout cela dans la Révolution. Des volontés d'une puissance admirable, d'immenses erreurs, des aspirations infinies, des égarements déplorables. C'est véritablement le livre du Destin des temps modernes. Là, on peut étudier à fond la loi de vie de l'humanité, voir de quels éléments elle se compose, comment il faut entendre la justice fictive et la justice vraie, où sont les limites que la conscience ne peut franchir impunément; quels châtiments entraînent les attentats que la politique semble conseiller; quels prodiges peut accomplir la foi; à quels forfaits peut descendre le fanatisme, et par quelles réactions fâcheuses sont punies les fureurs de l'action. Quand on se borne à étudier un individu, rien ne semble plus inconséquent que la nature humaine, et quand on prend pour base d'un système quelconque l'histoire de cet individu, on est effrayé de l'injustice apparente de cette Providence tant vantée. Mais, quand on prend pour objet de l'examen l'action et la destinée collective d'un peuple, on retrouve le *doigt de Dieu*, c'est-à-dire la logique éternelle qui préside à l'ensemble, et qui affranchit ou enchaîne, fait marcher ou reculer, tomber ou ressusciter le progrès général, selon que les instruments de ce progrès ont le sens du vrai oblitéré ou purifié. C'est dans la succession des événements terribles que l'on découvre les grandes lois du droit et du devoir, et que le lien des effets et des causes ressort avec une solennelle évidence : aucun bien ne résultant du mal, aucun mal n'étant capable d'étouffer l'effet du bien. Cette effroyable mêlée de la Révolution, contemplée du haut d'un esprit philosophique et d'une conscience saine, devient claire et palpable comme une démonstration mathématique.

Voilà la chose capitale que le proscrit de 1848 a su faire. Il a étudié cette page sanglante et glorieuse, illisible pour ceux qui l'écrivirent avec leur sang, et longtemps obscure pour nous, leurs fils. Il l'a éclairée du jour splendide de la grande morale, si méconnue de tout temps dans certaines régions politiques. Il n'a rien voilé, rien fardé, rien excusé, même chez ses héros de prédilection. Il a cherché, avec une patience inouïe et une inflexibilité de conscience digne du plus grand respect, le sens et la valeur des innombrables documents amassés et fouillés par lui pendant vingt ans. Aux prises avec les assertions les plus contradictoires, il a plaidé avec ardeur la cause des hommes calomniés, à quelque parti qu'ils eussent appartenu, et pourtant, là où la morale condamne, il les a condamnés. A la place de l'impartialité froide qui ne devine rien, parce qu'il lui importe peu de saisir la vérité, il a mis dans l'histoire l'équité inéluctable qui tient compte de tout et qui prononce avec toutes les forces de l'être : la foi, la raison et les entrailles.

Aussi son livre est un monument qui restera à jamais. C'est l'œuvre d'un talent de premier ordre servi par un grand caractère. On y chercherait en vain la trace d'un prétendu système personnel. Le souffle qui l'anime est celui de la philosophie la plus élevée, la plus claire, la plus acceptée par tous les bons esprits de la génération présente, la plus saine vis-à-vis du passé, la plus pratique pour l'avenir. Je ne sais où certains critiques ont cru y voir une doctrine de socialisme étroit, sacrifiant le droit de l'individu à l'intérêt de tous, comme si, dans une société logique et rationnelle, un tel sacrifice pouvait ne pas entraîner la mort du corps social. Jean-Jacques Rousseau est tombé dans cette erreur. Nous savons que c'est une erreur, et nous n'en sommes pas moins avec Jean-Jacques Rousseau contre ceux qui, de son temps, prétendaient sacrifier ce qu'il appelait le *Contrat social*, à la fantaisie et à l'égoïsme de l'individu. Il est aisé de voir que Louis Blanc appartient à Rousseau plus qu'à

Voltaire; mais que l'on ouvre son livre, n'importe à quelle page, on y verra toujours l'ardente recherche d'une vérité supérieure à celle qui fit le débat du dix-huitième siècle et dont les conséquences en lutte pesèrent si fatalement sur la Révolution. Cette vérité supérieure, c'est l'accord des deux doctrines, c'est le travail que nous ont légué nos pères, c'est le mot de l'avenir. Nul ne peut dire encore sous quelle forme précise ce grand problème sera résolu; mais accuser un noble et grand esprit de n'en avoir pas reconnu et proclamé la nécessité, c'est ne l'avoir pas compris, c'est presque le calomnier.

Certes, il y a dans les crises extrêmes de la Révolution des élans d'enthousiasme, des heures de péril où l'héroïsme patriotique a su tout sacrifier, même le droit de l'individu, à l'idéal de la liberté et à la passion de la nationalité. Ce sont là des transports sacrés que l'historien a partagés en les racontant, et que nous partageons tous, Dieu merci, en lisant les admirables pages que le sujet lui a inspirées; mais conclure de là au rêve d'un état normal de violence, de fièvre et de passion pour la société future, c'est accuser l'auteur et le lecteur de folie, et de telles accusations ne méritent pas qu'on y réponde.

Montrer par quels prodigieux efforts la conscience humaine, rompant avec les aveugles superstitions de l'obéissance passive, chercha la loi de son émancipation; la suivre avec impartialité dans ses admirables conquêtes et dans ses funestes erreurs; la montrer dans ses heures sublimes; ne pas chercher à justifier l'horreur de ses délires; comprendre et admirer tous les héroïsmes, mais surtout saisir la transformation de l'âme d'un peuple, en ne considérant les hommes marquants que comme l'incarnation passagère des idées et des passions de l'être collectif, tel a été le but de l'éminent historien.

On peut dire que, dans ce travail, sa puissance et sa foi se sont élevées d'année en année, de volume en volume. Saisi par l'émotion qu'un tel sujet inspire, il ne s'est pas un seul instant laissé entraîner par le fanatisme. Le logicien de l'idée est resté homme de cœur, et même d'instincts délicats. Devant le malheur et la souffrance, il n'y a chez lui que pitié profonde, respect pour le faible, horreur de la cruauté. Cette fibre généreuse répond aux tendances de l'esprit nouveau. La Révolution est déjà assez loin, ses conquêtes sont assez assurées, pour que la jeunesse d'aujourd'hui n'ait plus besoin de tolérer ses excès et d'accabler ses victimes. La jeunesse ! elle est comme qui dirait *à point* pour profiter des rudes enseignements de l'histoire et pour juger le passé avec une souveraine justice. Elle aime et apprécie un écrivain qui ne s'est pas laissé dépasser par elle et dont l'âme, restée jeune, trouve dans la pureté de sa croyance et l'élévation de son esprit, le secret si rare d'allier la fraîcheur des impressions à la maturité du talent.

GEORGE SAND.

PRÉFACE DE 1868

Dans une lettre du 22 février 1866, adressée au journal le *Temps*, je disais :

« La force que les individus puissants possèdent, ils ne la tirent d'eux-mêmes qu'en très-petite partie ; ils la puisent surtout dans le milieu qui les entoure : leur vie n'est qu'une concentration de la vie collective au sein de laquelle ils sont plongés. »

C'est en me plaçant à ce point de vue que j'ai écrit l'*Histoire de la Révolution*, et c'est ce que je prie le lecteur d'avoir toujours présent à l'esprit.

Je ne suis pas de ceux qui font tenir la vie d'un peuple dans la vie d'un individu.

Je ne suis pas de ceux qui, pour faire certains hommes plus grands, feraient volontiers l'humanité plus petite.

Je sais que parmi les personnages historiques, les plus illustres même ne sont, après tout, que d'éphémères acteurs dans un drame composé par la société qui les enveloppe.

Si donc j'ai mis vivement en relief, dans le drame révolutionnaire, le rôle de ses principaux acteurs, à commencer par Robespierre, Saint-Just et Danton, ce n'a jamais été sans montrer comme quoi leur force venait du peuple, et avait été plus considérable ou moindre, selon qu'ils l'avaient plus ou moins complétement représenté, plus ou moins complétement servi.

Ceci entendu, voici la lettre dont il est parlé plus haut :

Londres.

A MONSIEUR A. HÉBRARD.

Mon cher ami,

Une polémique très-vive s'étant engagée, à propos de *la Révolution* de M. Edgar Quinet, vous me priez de dire à ce sujet ma pensée.

Je me trouve l'avoir exprimée et développée d'avance dans un livre qui se compose de douze volumes, et m'a coûté dix-huit ans de recherches, d'étude, de méditation. Mais vous jugez utile que je dise quelques mots en cette occasion, dans le journal auquel nous appartenons l'un et l'autre. Soit. Si notre ami Nefftzer n'y voit pas d'objection, vous pouvez publier la lettre que voici. Non-seulement j'y consens, mais j'en serai bien aise. Car je vous avoue que, sur la question dont il s'agit, mon opinion n'est pas tout à fait conforme à celle qui a été exprimée dans le *Temps*. Je dirai plus : ce n'est pas sans une émotion douloureuse que j'ai lu les attaques dirigées par notre collaborateur, M. Jules Ferry, contre des hommes que je regarde comme des soldats de la vérité et des martyrs de la justice.

Quant à l'ouvrage qui a donné lieu à l'ardente polémique dont vous me parlez, j'en déplore la publication. Plein d'estime pour le caractère d'Edgar Quinet, plein d'admiration pour son talent, je me demande avec stupeur comment un démocrate tel que lui en est venu à rendre un pareil service, et à donner une pareille joie au parti de la contre-révolution. Il n'a pu écrire que ce qu'il pensait. Je le veux bien, et je m'incline avec respect devant sa sincérité ; mais son erreur n'en est, à mes yeux, que plus lamentable.

Non que l'emploi des moyens violents, de la dictature, du terrorisme soient choses de mon goût : Dieu m'en préserve !

Vous m'écrivez : « Ce qui importe, c'est qu'on fasse la part du passé ; c'est qu'il soit bien acquis que ce n'est pas à recommencer. »

Je suis entièrement de votre avis. En voulez-vous la preuve ?

Jetez les yeux sur la première page du premier volume de mon *Histoire de la Révolution*, vous y lirez :

« Loin de nous consterner, que ces souvenirs de deuil nous rassurent ! Si la partie intellectuelle de l'œuvre à accomplir nous est désormais réservée, c'est parce que les hommes de la Révolution en ont pris pour eux la partie funeste. Cette mansuétude de mœurs au nom de laquelle nous avons souffert qu'on voilât leurs statues, cœurs pusillanimes et ingrats que nous sommes, ce sont eux qui nous l'ont rendue facile, par les obstacles qu'ils ont affrontés à notre place et surmontés pour notre compte, par les combats dont il nous ont dispensés en y périssant. Leurs violences nous ont légué ainsi des destinées tranquilles. Ils ont épuisé l'épouvante, épuisé la peine de mort ; et la Terreur, par son excès même, est devenue impossible à jamais. »

Et si maintenant vous passez de la première page à la dernière, qu'y lirez-vous ?

Que la Terreur, en sauvant la République, l'éreinta ;

Qu'elle lui donna à frapper, au sein d'une nuit que le soupçon peupla bien vite de fantômes et où l'on ne distinguait pas suffisamment les visages, ses amis et ses ennemis ;

Qu'elle fit perdre en partie au monde le sens du plus merveilleux, du plus fécond, du plus sublime événement de l'histoire ;

Qu'elle arma du pouvoir de calomnier avec succès la liberté ceux à qui la liberté faisait horreur ;

Que le caractère terrible des moyens employés servit à cacher aux intelligences myopes l'étonnante grandeur du but poursuivi ;

Que les drames de la place publique trompèrent l'attention des esprits débiles en la fascinant, et que la Révolution aurait peut-être couru risque d'avorter, si l'éclat des idées par elle apportées aux peuples n'avait été assez radieux pour briller jusque dans l'ombre que répandait autour d'elle la guillotine.

Vous le voyez, mon cher Hébrard, ce n'est point là faire l'apologie du terrorisme.

Aussi ne serais-je pas de ceux que le livre d'Edgar Quinet a profondément affligés, si l'auteur n'avait pas dénaturé l'origine et méconnu la nature de ce qu'il condamne ; s'il n'avait pas attribué à des idées perverses ou des passions misérables le résultat funeste, mais inévitable, hélas ! d'une situation affreuse, sans exemple ; si, faisant de la Terreur un *système*, il n'avait pas rendu les révolutionnaires les plus intelligents, les plus dévoués, responsables de la fatalité qu'ils eurent à subir et des excès mêmes qu'ils combattirent ; s'il ne s'était pas trop complu à présenter comme une noire tragédie, ce qui fut, avant tout, un enfantement admirable ; s'il n'était point parti d'une fausse appréciation des faits pour insulter à la mémoire des grands hommes par qui tant de grandes choses furent accomplies ; si, de la même plume qui leur reprochait de n'avoir pas été des tyrans religieux, il n'avait pas transformé en tyrans ces héros du salut public qui, volontairement, d'avance, avec une abnégation presque fabuleuse, abandonnèrent leurs cœurs à d'incomparables tortures, leur tête au bourreau, leurs corps aux gémonies, et leur nom aux mensonges de l'histoire écrite par les vainqueurs.

Non, non, quoi qu'en dise M. Quinet, la Terreur ne fut pas un *système*; elle fut, ce qui est bien différent, un immense malheur, né de périls prodigieux.

A quelle époque, dans quel pays vit-on jamais des attaques forcenées ne pas provoquer une résistance furieuse? Les Anglais sont un peuple éclairé, un peuple libre, un peuple humain, et nous nous vantons de vivre dans un siècle qui n'a pas la soif du sang. Eh bien! que firent les Anglais dans les Indes, lorsqu'il y a quelques années leur domination y fut menacée par la révolte des Cipayes? Les cheveux se dressent sur la tête à ce souvenir. Vous figurez-vous de malheureux prisonniers conduits devant leurs compatriotes qu'on force à venir les voir attacher à la gueule de canons auxquels on met le feu, et à recevoir le choc de leurs membres épars, et à essuyer une pluie de sang, le tout pour inspirer aux indigènes une peur salutaire! La Révolution n'imagina rien de semblable. Et les horreurs dont la Jamaïque vient d'être le théâtre, horreurs auxquelles tant de gens en Angleterre sont prêts à applaudir, pour peu qu'on prouve que la population blanche était réellement en danger?

Ainsi, de nos jours, et par des hommes appartenant à un des peuples les plus humains de la terre, à un peuple qui déteste la dictature et tout ce qui y ressemble, l'Orient a été mis au régime de la Terreur, la Jamaïque a été mise au régime de la Terreur.

Mais, direz-vous, parlez donc du massacre de Cawnpore, parlez donc du massacre de Morant-Bay! Songez à la gravité du péril, au caractère odieux de la provocation. — Ah! vraiment? Et la Révolution française était donc sur un lit de roses, elle, quand le délire la prit? Et aucune provocation n'expliquait sa fureur? Le Midi de la France soulevé, la Bretagne et la Normandie en révolte, la Lozère au pouvoir des royalistes, Toulon appelant les Anglais, Lyon armé contre Paris, la Vendée en feu, les Autrichiens maîtres de Condé, les Prussiens maîtres de Mayence, le duc d'York maître de Valenciennes, les conspirateurs du dedans complices des ennemis du dehors, la Révolution attaquée avec rage par tous les genres de puissance et tous les genres de crimes : armées innombrables, complots de confessionnal, appel à l'étranger, trahison sous le drapeau, accaparements pour augmenter la famine, fabrication de fausse monnaie pour créer une épouvantable confusion, ce n'était donc rien que cela! Et c'est avec ce tableau sous les yeux qu'on suppose quelques hommes se rassemblant un beau matin autour d'une table et disant : « Voyons, imaginons un *système*, coupons des têtes! »

Oh! que Charles Nodier avait raison quand il écrivait : « J'ai compris, depuis, que les événements sont bien plus forts que les caractères, et que si certains hommes ont brisé les peuples dans leur passage, c'est qu'ils ont été poussés par une puissance non moins irrésistible que celle qui déchire les volcans et précipite les cataractes! »

La vérité est, comme je me souviens de l'avoir dit quelque part, que la Révolution déchira les flancs de la liberté, par qui elle fut engendrée, aussi fatalement que l'enfant, à son entrée dans la vie, déchire les flancs de sa mère.

M. Jules Ferry reproche aux Jacobins d'avoir méconnu la spontanéité révolutionnaire. Je vais lui signaler un des effets de cette spontanéité. Le 12 août 1795, les *huit mille députés des assemblées primaires* vinrent dire à la Convention : « Il n'est plus temps de délibérer ; il faut agir ! Nous demandons que tous les suspects soient mis en état d'arrestation. » Sur quoi Danton s'écria : « Les *députés des assemblées primaires* viennent d'exercer parmi nous l'initiative de la Terreur. »

La Terreur ne naquit donc pas dans le cerveau de quelques individus, elle ne fut donc pas l'œuvre de tels ou tels Jacobins ; et j'ajoute, malgré le mot de Danton, qu'elle ne sortit même pas de l'initiative des assemblées primaires, parce qu'elles obéissaient, elles aussi, aux lois de la situation, lois d'airain. La Terreur, préparée par des siècles d'oppression, provoquée par d'effroyables attaques et stimulée par les dangers d'une lutte de Titans, sortit des entrailles de l'histoire.

Qu'on en gémisse, on aura raison ; qu'on ne suppose pas des soldats français capables de courir à l'ennemi pour fuir l'échafaud, rien de mieux. Qu'on ne fasse pas honneur au bourreau des moyens de salut public fournis par l'enthousiasme de la vérité, le culte de la justice, et une foi magnanime dans la possibilité de régénérer le monde, c'est à merveille. Mais que nous, les enfants de la Révolution, nous qu'elle a allaités de son lait, nous dont elle a façonné l'âme, nous les héritiers de ce domaine immense qu'elle ensemença pour notre compte, à notre profit, nous soyons condamnés à entendre un des nôtres dire: « Il n'y eut pas de proportion entre les sacrifices et les résultats ; » en vérité, c'est à confondre l'esprit.

Et quelle est donc celle de nos idées que nous ne tenons pas d'elle ? Est-il un problème qu'elle n'ait, sinon résolu, du moins abordé ? Sont-ils donc tous des décrets de proscription, ces onze mille deux cent dix décrets qui témoignent de l'étonnante activité intellectuelle de la Convention? N'y a-t-il pas de l'ingratitude à oublier jusqu'à quel point ils furent des tribuns studieux ces tribuns terribles, et de quel calme ils se trouvèrent capables au milieu du monde en ébullition, et combien ils travaillèrent à agrandir les horizons de la pensée, au moment même où, par des miracles d'énergie, ils sauvaient la France, qui haletait entre le néant et le chaos!

Mais la dictature?— La dictacture dont le terrorisme ne fut que le côté sanglant, fut voulue, acceptée, mise en œuvre pendant la Révolution comme moyen passager et désespéré de défense nationale; mais, comme doctrine de gouvernement, jamais! La France révolutionnaire, assaillie par l'Europe entière, minée par les complots, harassée par des soulèvements formidables, réduite à vivre pour ainsi dire dans la mort, céda à la nécessité de centupler sa force et son énergie en les concentrant.

Nier ce que cette concentration produisit alors de miracles, ce serait nier la lumière du soleil. A partir du mois d'août 1793, et pendant les quatre mois qui suivirent, l'histoire de la Révolution n'est plus qu'une suite non interrompue de prodiges. Jamais on ne vit, et jamais on ne verra rien de semblable. Cinq mois! à cette France révolutionnaire qui manquait d'argent, qui manquait de pain, qui manquait de fer, qui manquait de poudre, il ne fallut que cinq mois pour écraser les Anglais et les Hollandais à Hondschoote, pour mettre en déroute les Autrichiens à Wattignies, pour repousser les Piémontais, pour arrêter les Espagnols, pour reprendre les lignes de Weissembourg, pour dégager Landau, pour reconquérir l'Alsace, pour mettre la coalition aux abois, pour étouffer la révolte de Lyon, pour arracher Toulon aux Anglais, pour avoir raison de la Vendée. Voilà ce qu'accomplirent l'enthousiasme et le génie de la France révolutionnaire, servis par cette dictature que M. Edgar Quinet accuse du crime d'avoir été inutile.

Je dis *servis*, parce que ce mot répond à une autre assertion de M. Edgar Quinet, si étrange qu'elle est à peine concevable.

Que la dictature révolutionnaire eût préparé les peuples, comme il le dit, à subir la tyrannie, cela serait vrai si cette dictature était née d'une vile adoration de la force, si elle avait été autre chose qu'un levier employé par le désespoir épique d'un grand peuple ; si son existence, à l'époque dont il s'agit, se rattachait à cette basse supposition, qu'il peut y avoir avantage à ce qu'un homme ou quelques hommes se mettent à la place d'un peuple disparu. Mais en France, pendant la Révolution, rien de tel. Jamais, au contraire, dans aucun pays et dans aucun temps, l'idée de la dictature comme forme permanente de gouvernement ne fut poursuivie d'une haine plus virile, n'excita plus de défiance ; et si cette haine, si cette défiance s'adressèrent toujours avec un redoublement d'intensité à l'idée d'une dictature militaire, ce fut parce que la dictature militaire se lie plus particulièrement au culte de la force brutale, et porte une plus rude atteinte à la dignité humaine. De là le soin avec lequel le pouvoir civil tint les généraux courbés sous sa main ; de là le souverain empire de la Convention sur les armées. Jourdan, à la tête de cent mille soldats qui l'adoraient, se sentit troublé — il l'avoue lui-même — sous le regard de Saint-Just. Forcer la puissance du glaive à trembler devant celle de l'esprit, ce n'est pas élever les peuples pour la servitude.

On a parlé du 18 brumaire. Il ne devint possible qu'après l'éducation donnée à la nation par les vainqueurs de Thermidor. Je crois avoir dit une chose absolument incontestable, quand j'ai dit : « Robespierre aurait rendu impossible Napoléon. »

Je viens de nommer Robespierre. Lorsqu'il résolut d'arrêter la Terreur, — que M. Edgar Quinet, par une méconnaissance des faits véritablement incompréhensible, lui reproche d'avoir voulu systématiser, rendre permanente ; — lorsqu'il s'indigna en termes si passionnés de voir « porter la Terreur dans toutes les conditions, et ériger en crimes ou des préjugés incurables, ou des choses indifférentes, pour trouver partout des coupables, et rendre la Révolution redoutable au peuple même ; » lorsque, dans le mois de messidor, il alla développer, aux Jacobins, son programme : « Guerre persévérante aux *contre-révolutionnaires conspirateurs*, mais, en même temps, guerre aux *terroristes oppresseurs de l'innocence;* » que firent les terroristes oppresseurs de l'innocence qu'il menaçait ? que firent les Fouché, les Vadier, les Tallien ? que firent ceux à qui Robespierre jeune, dans la Haute-Saône, avait arraché leur proie ; que firent les complices de ce Senar, dont les fureurs, à Tours, avaient été si vivement dénoncées par Couthon ? que firent les admirateurs de ce Schneider, dont Saint-Just avait châtié à Strasbourg la tyrannie ? Ils accusèrent Robespierre d'aspirer à la dictature, tant ils savaient combien l'horreur de la dictature, comme forme permanente de gouvernement, était générale et profonde.

Si jamais calomnie fut audacieuse, c'était celle-là. De toutes les idées dont le triomphe est inconciliable avec l'idée de dictature, il n'en était pas une seule qui n'eût trouvé un ardent défenseur dans l'homme qu'on transformait en tyran. Il avait demandé bien haut la liberté de la presse, la liberté de conscience, la liberté des cultes;

il n'avait jamais laissé échapper aucune occasion de mettre les esprits en garde contre le danger du despotisme militaire ; c'était pour cela qu'à la fin de 1791, et au commencement de 1792, il s'était élevé contre le dessein de déclarer la guerre à l'Europe, ainsi que le voulaient les Girondins, d'accord sur ce point avec les Constitutionnels et la cour ; comme conséquence certaine des batailles gagnées, ou du pouvoir de la Révolution affaibli, il avait pressenti le 18 brumaire, il avait prédit Napoléon : « Laissez flotter un moment les rênes de la Révolution : vous verrez le despotisme militaire s'en emparer et le chef des factions renverser la représentation nationale avilie. » Et puis, il aurait fallu qu'il pût corrompre les lâches, mitrailler les courageux : quels canons avait-il à son service, et où étaient ses trésors ? Mais l'influence de sa parole tirait de son caractère quelque chose d'irrésistible. On le dénonça comme un *tyran de l'opinion*. Oui, ce fut sur ce terrain, chose extraordinaire, que son ami Saint-Just eut à le défendre et le défendit, dans son rapport du 9 thermidor : « On le constitue en *tyran de l'opinion*... Et quel droit exclusif avez-vous sur l'opinion, vous qui trouvez un crime dans l'art de toucher les âmes ?... Êtes-vous donc de la cour de Philippe, vous qui faites la guerre à l'éloquence ? *Un tyran de l'opinion !* Qui vous empêche de disputer l'estime de la patrie, vous qui trouvez mauvais qu'on la captive ? » Vains efforts ! l'idée de la dictature prévalant comme système était si directement opposée au génie de la Révolution, et à cet égard les défiances étaient si excessives, si farouches, que le jour où Robespierre fut accusé, même de *régner par la parole*, il fut perdu. Il eut alors contre lui non-seulement les royalistes, qui brûlaient de frapper la Révolution en sa personne ; non-seulement les *terroristes oppresseurs de l'innocence*, qu'il avait eu le courage de flétrir, mais d'honnêtes et sincères républicains, tels que Cambon et Lakanal, qu'on entendit plus tard gémir de leur erreur et confesser leurs remords. On assassina *le tyran*, en étouffant la voix de *l'accusé*, c'est-à-dire en violant un droit que les tyrans seuls méconnaissent! A Lecointre, qui trouvait juste qu'on l'entendît avant de le tuer, Mallarmé dit à voix basse : « Non, il est sauvé, *s'il parle*. »

Quand M. Edgar Quinet a affirmé que Robespierre et Saint-Just firent un principe de gouvernement de ce qui n'avait été d'abord qu'un éclat de colère, voulurent changer ce qui avait été un accident en un état permanent, systématisèrent l'ivresse de la multitude ; et quand, de son côté, M. Jules Ferry s'est efforcé de trouver un lien entre la doctrine des Jacobins et le 18 brumaire, je suppose que ni M. Edgar Quinet ni M. Jules Ferry n'avaient sous les yeux la conclusion du rapport de Saint-Just, à l'ouverture de cette séance du 9 thermidor, dont il pouvait si peu prévoir le résultat : « Je propose le décret suivant: La Convention nationale décrète que les institutions qui seront incessamment rédigées présenteront les moyens que le gouvernement, sans rien perdre de son ressort révolutionnaire, *ne puisse tendre à l'arbitraire, favoriser l'ambition, et opprimer ou usurper la représentation nationale.* »

Était-ce là systématiser l'ivresse de la multitude, systématiser la dictature, et proclamer l'excellence des coups d'État?

J'ai dit plus haut que les hommes de la Révolution se considérèrent toujours comme dans un état purement transitoire. Comment en douter quand on les voit, au plus fort de la lutte des passions, travailler à l'établissement d'un régime de garanties et de liberté ? La Constitution de 1793, impatiemment et généralement attendue, élaborée avec un zèle égal par les Girondins et les Montagnards, mise en discussion aussitôt après la victoire de ceux-ci, votée par eux sans désemparer, et acceptée par le peuple de Paris au milieu des plus vifs transports d'enthousiasme, que faut-il de plus pour prouver sans réplique combien était ardent, même chez les révolutionnaires les plus décidés, le désir de régulariser la situation, de passer du régime de la Révolution militante à celui de la liberté pacifique, et d'échapper au *provisoire* de la Terreur, au *provisoire* de la dictature révolutionnaire ?

Et certes, on ne dira pas que la Constitution de 1793, à laquelle Robespierre prit tant de part, et qui fut due en si grande partie à son influence, organisait la dictature ou laissait à la Terreur les moyens de perpétuer son funèbre empire. La liberté, la sûreté, la propriété, la dette publique, le libre exercice des cultes, une instruction commune, des secours publics, la liberté indéfinie de la presse, le droit de pétition, le droit de se réunir en sociétés populaires : telles sont les garanties que l'article 122 de la Constitution de 1793 assurait à tous les Français. Je reprends ma question. Était-ce là jeter les fondements de la dictature ? Était-ce là systématiser la Terreur ?

Quoi qu'il en soit, provisoire ou permanente, il importait que la dictature révolutionnaire cessât le plus tôt possible, et, quant à la Terreur, si elle était morte le 9 thermidor, j'aurais moins de peine à concevoir l'opinion que M. Jules Ferry exprime sur cette célèbre journée. Mais ce qui précisément ne mourut pas le 9 thermidor, ce fut la Terreur. Car ce que M. Jules Ferry décore du nom de « réveil de la justice » fut tout simplement la Terreur continuée en sens inverse, et sous forme d'assassinat. Ce qu'il appelle le « réveil de la clémence » inaugura le régime des coups de poignard. M. Jules Ferry ignore-t-il donc que sans avoir, eux, un but glorieux à atteindre, une résistance désespérée à vaincre, et uniquement par excès de haine, par vengeance, pour reconquérir leurs priviléges, pour en finir une bonne fois avec la Révolution, les sicaires de la Terreur blanche entrèrent en besogne, tuant avec délices, tuant partout, tuant au coin d'un bois, tuant en pleine rue, tuant ici par derrière, là d'une façon triomphale, tantôt égorgeant avec un masque sur le visage, tantôt faisant de l'assassinat un spectacle qui eut ses galeries et son parterre ; en certaines villes, pointant des canons contre les cachots, en d'autres brûlant vifs les prisonniers pour s'épargner la fatigue de les massacrer? La clémence trouva-t-elle son compte à la mise en coupe réglée des républicains à Lyon, à Aix, à Marseille, à Tarascon, où les Thermidoriens eurent leurs journées de septembre, plus affreuses encore que les premières? La justice gagna-t-elle beaucoup à ce que le règne des assassins remplaçât les procédés du tribunal révolutionnaire, procédés terriblement sommaires sans doute, mais qui du moins ne faisaient venir le bourreau qu'après le juge? Étranges apôtres de l'humanité, que ceux qui en célébraient le retour, un couteau à la main et les bras teints de sang !

On répondra peut-être que la Terreur blanche fut amenée par la Terreur rouge. Et la Terreur rouge, est-ce que d'aventure elle n'avait été amenée par rien? Écoutons madame de Staël, peu suspecte de jacobinisme : « Pendant les quatorze années de l'histoire de l'Angleterre, qu'on peut assimiler à celle de la France sous tant de rapports, il n'est point de période comparable aux quatorze mois de la Terreur. Qu'en faut-il conclure? Qu'aucun peuple n'avait été aussi malheureux depuis cent ans que le peuple français. Si les nègres, à Saint-Domingue, ont commis bien plus d'atrocités encore, c'est qu'ils avaient été plus opprimés. »

Est-ce à dire qu'on doive couvrir du voile complaisant de la fatalité les excès, les violences, les iniquités, qui eurent place dans la Révolution française? A Dieu ne plaise! Une société n'est pas remuée dans toutes ses profondeurs sans qu'une partie du limon qu'elle contient monte à la surface. Il est bien certain que le salut public fut l'arme dont s'emparèrent des passions qui n'avaient rien de commun avec l'amour de la patrie et l'amour de la vérité. La nécessité d'une politique ferme et vigilante s'aggrava de tout ce qu'y ajoutèrent le caractère violent, les haines personnelles et les instincts féroces de certains hommes. Ces hommes, flétrissons-les; mais, d'abord, cherchons à les reconnaître. Ne confondons pas dans une même réprobation les vertus et les vices, les actes héroïques et les crimes que, dans son cours orageux, le torrent charria pêle-mêle. La première condition pour être libre, c'est d'être juste.

Ici, j'entends quelques-uns de nos amis s'écrier :

« Pourquoi ne pas écarter, ou du moins subordonner entièrement ces questions personnelles? Les sympathies et les antipathies instinctives jouent un trop grand rôle dès qu'il s'agit de noms propres, pour qu'on puisse garder la mesure. Les détails les plus avérés, la connaissance la plus complète des faits ne mettraient pas un terme à ces dissidences, parce qu'elles prennent leur source dans le sentiment bien plus que dans l'esprit. A quoi bon dès lors donner une place si grande à des questions qui font presque infailliblement de l'histoire un panégyrique ou un pamphlet?... Dans l'histoire de la Révolution, les choses dominent prodigieusement les individus : l'importance de ceux-ci, l'intérêt de leur réputation, pâlissent singulièrement auprès de l'intérêt social qui est en jeu et des questions qui s'agitent ; et si celles-ci s'obscurcissent dès qu'on y mêle des questions d'hommes, il faut à tout prix les en séparer. Importe-t-il si fort, après tout, de savoir au juste ce qu'on doit accorder de talent, d'honnêteté, d'influence à tel ou tel? Il faudra toujours bien laisser une part dans ce genre d'appréciation aux préférences et aux aversions instinctives, qui ont aussi leur raison d'être et contre lesquelles nul argument ne prévaut. »

Ainsi s'exprimait, il y a un peu plus d'une année, notre collaborateur M. Challemel-Lacour, dans un très-remarquable article publié par le *Temps*, et que j'ai sous les yeux.

J'en demande pardon à mon ingénieux et éloquent confrère, mais je ne saurais en ceci être de son opinion, ni au point de vue de l'histoire, ni au point de vue de la philosophie, ni au point de vue de l'utilité pratique.

Et d'abord, en matière d'histoire, les questions personnelles sont inévitables, par la raison bien simple que l'histoire est faite de main d'homme. Le passé n'est pas peuplé d'ombres. Ce qui s'y meut, ce n'est pas une multitude confuse d'abstractions pures. Les idées y ont un corps. Chaque événement y a un nom propre. Les choses y sont filles des individus. Otez les individus de l'histoire, elle disparaît.

La question se réduit alors à savoir si les questions personnelles doivent être écartées en ce sens, qu'il faille s'en remettre au hasard du soin de décider si tel personnage historique a été bon ou méchant, a servi une cause juste ou une cause injuste, mérite l'approbation ou le blâme de la postérité.

J'admets qu'il y a des sympathies et des antipathies instinctives, et qu'elles ont leur raison d'être. Mais quand il s'agit du passé, quand il s'agit d'hommes que nous n'avons pas vus, que nous n'avons pas connus, avec lesquels nous n'eûmes jamais personnellement aucun rapport, sur quoi, je le demande, peut reposer la raison d'être de nos sympathies et de nos antipathies, qu'elles soient instinctives ou raisonnées, qu'elles aient leur source dans le sentiment ou dans l'esprit? N'est-il pas manifeste que cette raison d'être ne saurait être ailleurs que dans la connaissance des faits? Et s'ils ont été faussement présentés; si nous nous sommes par conséquent formé une idée fausse des personnages qui nous avaient attirés ou éloignés, n'est-ce pas la fonction essentielle de l'histoire de rétablir les faits, de telle sorte que nos préférences et nos aversions, au lieu d'avoir pour raison d'être le mensonge ou l'erreur, aient pour raison d'être la vérité et la justice?

Quant à ces préférences et ces aversions contre lesquelles rien n'a chance de prévaloir, ni les détails les plus avérés, ni la connaissance la plus complète des faits, ni les arguments les plus décisifs : franchement des préférences et des aversions de cette espèce ne valent pas qu'on s'en occupe. L'erreur aurait trop beau jeu si, pour s'emparer triomphalement de l'histoire, il lui suffisait de s'entêter. Et le mensonge aussi aurait trop beau jeu, si la vérité était tenue de mettre bas les armes devant ceux qui, une fois trompés, ne veulent pas absolument qu'on les désabuse.

Mais importe-t-il de savoir au juste la part de talent,

d'honnêteté, d'influence qui revient à tel ou tel personnage historique? Oui, cela importe fort, surtout quand ce personnage a été appelé à jouer un rôle considérable. Et pourquoi? Parce qu'il n'est possible de jouer un grand rôle dans l'histoire qu'à la condition d'être ce que j'appellerais volontiers un *homme représentatif*. La force que les individus puissants possèdent, ils ne la tirent d'eux-mêmes qu'en très-petite partie : ils la puisent surtout dans le milieu qui les entoure. Leur vie n'est qu'une concentration de la vie collective au sein de laquelle ils sont plongés. L'impulsion qu'ils impriment à la société est peu de chose, au fond, comparée à l'impulsion qu'ils reçoivent d'elle. Si c'est là ce qu'on entend par ces mots, — qui, soit dit en passant, manquent de clarté — « les choses dominent les individus, » on a raison, et l'on a raison aussi d'ajouter que cela fut surtout vrai de la Révolution française. Ce n'est certes pas moi qui, sur ce point, contredirai M. Challemel-Lacour, car j'ai moi-même écrit : « Certains hommes qui furent grands pendant la Révolution, ne le furent que par elle, et parce qu'elle dut les créer à son image. » Mais quoi ! c'est précisément à cause de cela que l'appréciation exacte de leur individualité importe. En les attaquant ou en les défendant, ce qu'on attaque ou ce qu'on défend, c'est l'idée qui s'est incarnée en eux, c'est l'ensemble des aspirations qu'ils ont représentées. En honorant ou en flétrissant leur mémoire, on honore ou l'on flétrit la vie collective dont leur vie particulière ne fut, je le répète, que la concentration. En bénissant ou en maudissant leur influence, on bénit ou on maudit l'influence générale par laquelle la leur fut dominée, ou, pour mieux dire, dont elle fut la manifestation énergique, le résumé vivant. On pourrait presque dire que, pendant la Révolution, les principes se firent chair. C'est pourquoi les questions d'hommes, à cette époque, furent en réalité des questions de doctrine. Les passions mêmes, de la part des révolutionnaires honnêtes, ne furent, si je puis m'exprimer ainsi, que des idées en colère.

Si l'on doute de la force du lien qui existait alors entre les individus et les choses, qu'on se reporte par la pensée au 9 thermidor, où il n'y eut de réveillé que la contre-révolution, mais où ce réveil fut si brusque et si complet. Robespierre et la Révolution se tenaient si étroitement embrassés, qu'ici la chute de l'homme et celle de l'idée ne firent qu'un.

Comment donc séparer, spécialement en ce qui concerne la Révolution française, les individus d'avec les choses ?

Quand les esprits, — et je n'entends point parler seulement de ceux qui méditent, — *semblent* aujourd'hui ne se diviser que sur des noms propres, ce qui les divise *réellement*, c'est la nature des idées, des aspirations, des tendances, que ces noms représentent. Il est bien inutile, quand la Révolution est en jeu, de se révolter contre l'importance des questions personnelles : cette importance leur vient de ce qu'elles sont des questions de choses. Il ne faut pas prétendre qu'on les obscurcit en les mêlant. Le mélange n'a rien d'arbitraire, rien qui dépende de nous : il est l'œuvre de l'histoire. On se flatterait en vain de mettre un terme aux dissidences, dans le camp démocratique, en se dissimulant leur véritable cause. Ne prenons pas pour un procédé de conciliation une illusion d'optique. Seulement, si nos pères, condamnés à penser au bruit des combats, jugèrent à tort inconciliables des conceptions dont chacune renfermait sa portion de vérité, et qui, loin d'être contradictoires, étaient de nature à se compléter l'une l'autre : cherchons le point précis où elles s'harmonisent. Ce jour-là, nous cesserons de nous diviser sur des noms, parce que nous cesserons de nous diviser sur les idées.

En attendant, efforçons-nous d'être justes.

Déplorons du fond de l'âme la Terreur.

Condamnons énergiquement la dictature en principe.

Vouons au mépris le culte de la force.

Maudissons les excès et flétrissons les crimes.

Mais ne présentons pas comme le délire d'un peuple, réduit en système par quelques hommes, ce qui fut le produit fatal d'une situation effroyablement exceptionnelle.

Ne les accusons pas de tyrannie, pour les punir de n'avoir pas été des tyrans, fondateurs de religions.

Ne leur attribuons pas l'intention qu'ils n'eurent jamais, de rendre permanent ce qui, par essence, était passager.

Ne disons pas que les résultats furent disproportionnés aux sacrifices, quand ces résultats furent : les conquêtes intellectuelles qui nous ont faits ce que nous sommes, et la France sauvée.

N'accusons pas d'avoir ouvert une école à la servitude, cette dictature révolutionnaire qui s'associa aux plus magnanimes efforts d'héroïsme, se prêta au développement des plus mâles caractères, loin d'amortir l'élan du peuple l'exalta, et, élevant la politique à des hauteurs jusqu'alors inconnues, décréta que tel jour une bataille serait gagnée, qu'à telle heure une place forte serait prise d'assaut, et cela avec une certitude sublime d'être obéie.

Enfin, si l'honneur de la Révolution nous est cher,

gardons-nous, puisque aussi bien la vérité nous le défend, gardons-nous d'imputer ces excès, qu'il faut maudire, ces crimes, qu'il faut flétrir, à ceux qui présidèrent jusqu'au bout aux destinées de la Révolution, reçurent d'elle seule ce pouvoir, marquèrent de leur empreinte chacun de ses immortels travaux, se dévouèrent sans réserve à sa fortune, triomphèrent tant qu'elle triompha et eurent cette gloire de mourir enveloppés dans sa défaite.

Louis Blanc.

PRÉFACE DE 1862

Le livre qu'on va lire a été, pendant dix-huit ans, l'occupation, le charme et le tourment de ma vie.

Ainsi que tant d'autres, j'aurais, peut-être, pu me concilier la faveur du plus grand nombre, en paraissant adorer ce que le monde adore et en vilipendant tous ceux qu'il a vilipendés. J'aurais pu courtiser avec profit, par un étalage d'admirations banales et de haines toutes faites, ce que certains appellent la conscience publique. Mais ce qui gouverne mes pensées et commande à ma parole, ce n'est pas votre conscience ou la leur : c'est la mienne. A qui aime la vérité d'un amour digne d'elle, qu'importe l'opposition de la terre entière, si sur un point donné, la terre entière se trompe ou ment? Un honnête homme n'a peur que de lui-même.

J'ai été élevé par des parents royalistes. L'horreur de la Révolution est le premier sentiment fort qui m'ait agité.

Pour porter le deuil et embrasser le culte des victimes, je n'avais nul besoin de sortir de ma propre famille, car mon grand-père fut guillotiné pendant la Révolution, et mon père eût été guillotiné comme lui, s'il n'eût réussi à s'évader de prison la veille du jour où il devait passer en jugement.

Ce n'est donc pas sans quelque peine que je suis parvenu à me faire une âme capable de rendre hommage aux grandes choses de la Révolution et à ses grands hommes. Maudire les crimes qui l'ont souillée n'exigeait certes de moi aucun effort.

Je plains quiconque, en lisant ce livre, n'y reconnaîtrait pas l'accent d'une voix sincère et les palpitations d'un cœur affamé de justice.

Louis Blanc.

PREMIER AVIS AU LECTEUR

La Révolution française a été une grande bataille où se trouvèrent engagés tous les intérêts, toutes les idées, toutes les passions qui peuvent tourmenter l'esprit ou agiter le cœur des hommes. Or, comme cette bataille, au fond, dure encore, il ne faut pas s'étonner si son histoire n'a été écrite jusqu'ici qu'au point de vue du combat, c'est-à-dire au point de vue de la ruse ou de la fureur. De là un entassement d'erreurs et de mensonges qui épouvante de plus en plus l'écrivain sincère, à mesure qu'il descend et s'enfonce dans les profondeurs de ce formidable sujet.

Aussi, pour quiconque vise au triomphe du parti qui doit survivre à tous les autres, celui de la vérité, prétendre écrire l'histoire de la Révolution française, c'est s'imposer la tâche, non-seulement de raconter les faits, mais d'évoquer devant le lecteur, pris pour juge, les témoins de ces faits, et là de les interroger un à un, de les confronter, de peser leurs témoignages, d'éclaircir leurs contradictions, de rectifier leurs souvenirs.

Supposez en effet que, sans citer ses autorités, sans indiquer ses sources, et sans se donner la peine de discuter les points douteux ou volontairement obscurcis, un historien vienne tout simplement ajouter un récit de plus aux récits déjà si nombreux qui ont été faits de la

Révolution française, qu'en résultera-t-il ? Il n'aura fait qu'augmenter, pour le public, le nombre des relations contradictoires ; il n'aura fait qu'ajouter à la confusion qui naît de l'extrême variété des aspects ; au lieu d'avoir allumé un flambeau, il aura élargi la sphère des ténèbres.

J'ai donc cru de mon devoir d'éclairer par l'analyse historique, du moins autant que me le permettait mon cadre, le tableau des événements que j'avais à traiter. Seulement, pour ne pas interrompre la marche du récit et éviter d'en suspendre l'intérêt, j'ai eu soin de placer à la fin des chapitres les plus importants la dissertation qui s'y rattache. Ou je me trompe fort, ou cette méthode tout en donnant à mon livre un caractère absolument nouveau, est de nature à en accroître la valeur aux yeux de ceux qui apportent dans l'étude du passé un esprit sérieux et une âme sincère.

Il s'est trouvé que le British Museum possédait, relativement à la Révolution française, deux magnifiques collections, et, ce qui est le point essentiel pour un historien, deux collections cataloguées par ordre de matières. Quelques chiffres pris au hasard suffiront pour en faire apprécier l'importance et la richesse.

En relations contemporaines, brochures pour ou contre, discours, rapports, pamphlets, satires, chansons, statistiques, portraits, procès-verbaux, proclamations, placards, etc., etc., le catalogue comprend : sur la seule affaire du *Collier*, 3 énormes dossiers ; sur les *Parlements*, 6 ; sur les *États généraux*, 75 ; sur la *Noblesse*, 3 ; sur le *Clergé*, 86 ; sur les *Travaux publics pendant la Révolution*, 7 ; sur le *Commerce pendant la Révolution*, 3 ; sur l'*Agriculture pendant la Révolution*, 2 ; sur les *Clubs*, 29 ; sur les *Fêtes civiques*, 9 ; sur la *Police des* cultes, 62 ; sur les *Poids et mesures*, 1 ; sur les *Sciences pendant la Révolution*, 3 ; sur la *Garde nationale*, 5 ; sur les *Sections de Paris*, 5 ; sur l'*Éducation*, 9 ; sur la *Philosophie*, 16 ; sur les *Monuments publics*, 3 ; sur les *Émigrés*, 28 ; sur les *Colonies*, 45 ; sur la *Mendicité et les Hospices*, 4 ; sur les *Prisons*, 5 ; sur *Robespierre*, 12 ; sur *Camille Desmoulins*, 13 ; sur *Brissot*, 5 ; sur *Marat*, 13 ; sur *Babœuf*, 10... et ainsi de suite.

Inutile d'ajouter qu'à chaque événement notable de la Révolution correspond une masse de documents proportionnés à son importance. C'est ainsi, par exemple, que l'ensemble des pièces diverses relatives aux affaires d'Avignon va du n° 591 au n° 599.

Il est curieux de remarquer que, dans cette terrible époque, la gaieté française se démentit si peu, que les *Facéties* donnent le chiffre de 64 !

Quant aux histoires proprement dites, la collection s'étend du n° 1208 au n° 1340 ; et, pour ce qui est des journaux, ils abondent : *Actes des Apôtres, Thermomètre du jour, Mercure national, Sabbats jacobites, Semaines civiques, Journal des Amis, Journal du Diable, Chronique de Paris, Point du jour, Hérault national, Défenseur du Peuple, Ami des Patriotes, Journal d'économie politique, Semaine politique, Bouche de fer, Voix du peuple, Feuille du jour, Fouet national, Journal des Jacobins, Journal de la Montagne, Trompette du père Duchesne, Bulletin décadaire, Orateur plébéien, Nouvelliste universel, Spectateur, Observateur, Journal Pié*, etc., etc. Que de productions à consulter utilement, sans compter les feuilles si connues de Camille Desmoulins, de Prudhomme, de Marat, de Fréron !

Je m'arrête. Ce que je viens de dire donnera une idée suffisante des ressources mises à ma disposition. Si j'en ai tiré parti, c'est ce dont il appartient à mes lecteurs de décider. Et certes, je n'ai rien négligé pour mettre ceux d'entre eux qui en auraient le loisir, en état de recommencer mon travail, car je ne leur demande pas de croire aveuglément à mes assertions, mais de les *vérifier*.

DEUXIÈME AVIS AU LECTEUR

Chateaubriand dit, t. III, p. 191, de ses *Mémoires d'Outre Tombe :*

« Dans les histoires de la Révolution, on a oublié de placer le tableau de la France extérieure auprès du tableau de la France intérieure, de peindre cette grande colonie d'exilés, variant son industrie et ses peines de la diversité des climats et de la différence des mœurs des peuples. »

Ce que, dans les histoires de la Révolution, on a aussi oublié de donner au lecteur, c'est un récit détaillé des intrigues, des menées de toute espèce et des dissensions intestines de cette *France extérieure* dont parle Chateaubriand.

Nous avions de la sorte une double lacune à remplir, et comme cette partie de l'histoire de la Révolution était secrète de sa nature ; comme elle se trouvait nécessairement confinée dans des correspondances mystérieuses, dans des papiers soustraits avec soin au grand jour de la publicité, nous désespérions de pouvoir, faute de documents, compléter notre tâche, lorsqu'en poursuivant nos recherches nous avons eu cette bonne fortune de mettre la main sur une masse énorme de manuscrits, se rapportant tous à l'objet même de nos investigations.

Ces manuscrits, que possède le British Museum et qui ont été mis à notre disposition, sont les Papiers de Puisaye.

C'est une collection des lettres originales et papiers relatifs aux affaires des royalistes français depuis l'année 1793 jusqu'à l'année 1825.

Le lecteur aura une idée de l'importance historique de cette collection, quand nous aurons dit qu'elle ne comprend pas moins de CENT DIX-SEPT volumes de divers formats et de diverses grandeurs.

Parmi les documents originaux et manuscrits qu'elle renferme, nous indiquerons les suivants. Ils suffiront pour faire apprécier la valeur des sources où il nous a été donné de puiser :

Correspondance avec Louis XVIII, Monsieur (depuis Charles X), le prince de Condé, le prince de Bourbon;

Correspondance avec les ministres royalistes, 1794-1824;

Instructions et dépêches officielles des ministres anglais, 1795-1796;

Lettres de M. Windham et de son secrétaire, M. Woodford, 1794-1809;

Lettres de MM. Pitt, Dundas, Huskisson, Perceval et autres personnages officiels;

Correspondance des agents royalistes employés par le gouvernement anglais, 1794-1808;

Registre du Conseil général de Bretagne;

Correspondance des Commissaires généraux royalistes en Bretagne, 1796-1798;

Lettres du Conseil général de Bretagne et des officiers royalistes au roi, à Monsieur, et au comte de Puisaye, 1795-1797;

Correspondance du général Humbert avec M. Boishardy, 1795;

Correspondance des généraux Georges Cadoudal et Mercier, 1795-1798;

DEUXIÈME AVIS AU LECTEUR.

Correspondance des principaux officiers des armées du Poitou et de la Vendée, 1795-1798 ;

Correspondance de l'abbé Bernier, 1796-1798 ;

Correspondance du comte d'Entraigues ;

Correspondance des agents royalistes dans Nantes, 1795-1797 ;

Correspondance des agents employés par le roi de France en France et en Suisse, 1794-1797 ;

Rapports et narrations relatifs à l'affaire de Quiberon, etc...

Est-il besoin de dire combien le caractère intime de ces documents ajoute à leur intérêt philosophique et historique? On y prend, en quelque sorte, la vérité sur le fait ; on y voit les intentions secrètes, les plaies honteuses et le jeu des ressorts cachés ; on y surprend les acteurs de la comédie humaine dans le déshabillé de leurs passions ; on y est comme dans les coulisses de l'histoire.

Veut-on une preuve frappante du prix qu'on doit attacher à de pareils matériaux? Puisaye a publié ses *Mémoires* en six volumes ; eh bien, le récit qu'il fait, dans ses Mémoires *imprimés*, de l'expédition de Quiberon, diffère du tout au tout, sur plusieurs points importants, des comptes rendus *manuscrits*, adressés, soit par lui, soit en son nom, par son aide de camp, le marquis de la Jaille, au gouvernement anglais! D'où il résulte que les historiens qui ont pris pour guide, dans le récit du désastre de Quiberon, le Puisaye des Mémoires *imprimés*, — et tous sont dans ce cas, — se trouvent avoir suivi un guide décidé à les égarer.

Le lecteur remarquera que, dans plusieurs chapitres de cette histoire, nous nous sommes appuyé de l'autorité du comte de Vauban.

Le livre de lui publié sous ce titre : *Mémoires pour ser-*

vir à l'histoire de la guerre de la Vendée, par le comte de ***, peut-il être classé parmi les sources authentiques?

Puisaye, dans ses Mémoires *imprimés*, met en doute que le comte de Vauban, qui joua un grand rôle dans l'expédition de Quiberon, soit l'auteur du livre qui vient d'être cité, « quoiqu'il soit manifeste, ajoute-t-il, qu'une partie n'a pu être rédigée que sur des notes qu'on aura trouvées dans ses papiers. »

On va voir tout à l'heure comment le Puisaye des Mémoires *imprimés* est réfuté à cet égard par le Puisaye des *documents manuscrits*. Le savant bibliophile, M. Quérard, faute d'avoir connu ces documents, a été amené à dire, après avoir cité le passage ci-dessus :

« M. de Puisaye était bien près de la vérité. Voici ce que le respectable M. de Montvéran raconte de ce livre, dans ses souvenirs personnels, encore inédits : « Le comte de Vauban, qui s'était gravement compromis dans les menées vendéennes, était en état d'arrestation. Il rédigea, dans sa prison, des Mémoires apologétiques de la guerre de la Vendée. Avec ou sans permission, son manuscrit lui fut enlevé et communiqué au chef de l'État. Napoléon, qui désirait de tout son cœur la pacification de la Vendée, vit qu'on pourrait tirer un grand parti de ces Mémoires, écrits par un des hommes les plus dévoués à la cause des Vendéens, en y faisant toutefois des altérations que la politique réclamait. Une proposition d'élargissement fut faite au comte de Vauban, à condition qu'il abandonnerait son manuscrit, et la proposition fut acceptée par lui. Les Mémoires du comte de Vauban furent remis à Alphonse de Beauchamps, qui les arrangea d'après les instructions qu'il avait reçues, et compromit par là le nom de Vauban parmi les royalistes. »

Le livre du comte de Vauban, après avoir été publié

sous l'Empire, l'ayant été de nouveau sous la Restauration, il est difficile de comprendre qu'un homme dans la position du comte de Vauban, — à part même son caractère, — se fût déshonoré au point de laisser paraître sous son nom un écrit où on lui aurait fait voir ce qu'il n'aurait pas vu, dire ce qu'il n'aurait pas dit, et insulter ce qu'il aurait respecté. Les royalistes, cependant, n'ont rien négligé pour accréditer cette opinion, intéressés qu'ils étaient à jeter des doutes sur l'authenticité d'un livre où les misères de leur parti étaient inexorablement mises au jour par un des leurs. Puisaye lui-même, dans ses Mémoires *imprimés*, fait semblant de croire que le comte de Vauban n'est pas, à tout prendre, l'auteur du livre en question.

Or, en ceci, Puisaye trahit, de propos délibéré, la vérité que, mieux que personne, il connaissait ; car nous avons trouvé, tracée de sa main, l'histoire de la publication du livre de Vauban, dans une lettre de lui à lord Boringdon, lettre en date du 15 septembre 1811. La voici reproduite textuellement (ce que nous avons mis entre parenthèses indique les mots que Puisaye a rayés dans son manuscrit, et ce que nous avons écrit en italique indique les mots que Puisaye a ajoutés) :

« Comme l'ouvrage du comte de Vauban contient, sur le compte des princes français personnellement, des réflexions et des faits que j'ai toujours pris soin d'attribuer (dans mes écrits) uniquement à leurs misérables conseillers, et comme j'ai eu trop de preuves de l'honneur de ce brave officier, pour ne pas être certain qu'il ne les aurait jamais publiés *sous cette forme*, s'il n'y avait pas été forcé, je dois vous demander la permission de vous donner quelques détails sur les événements qui ont produit cette publication.

« A mon retour du Canada, au temps de la dernière paix, soit que Bonaparte pensât qu'en m'attirant en France il priverait les princes français d'un homme pour qui les royalistes de l'intérieur n'avaient pas cessé de manifester leur confiance, soit que, me jugeant d'après la masse des courtisans de Louis XVIII, qu'il avait facilement gagnés, il espérât de trouver en moi un instrument servile de sa haine contre l'Angleterre, il me fit faire, par Otto, les offres les plus séduisantes pour (m'attirer à lui) m'engager à rentrer en France. Le choix des dignités et des emplois dans l'armée, ou dans l'administration, ou dans l'une et l'autre à la fois (me fut) m'était donné. M. Windham connut ces ouvertures ainsi que ma réponse, qui fut un refus (formel) honnête, mais formel.

« La guerre ne tarda pas à se rallumer. Mon ami, le comte de Vauban, que j'avais perdu depuis six ans de vue (et qui était alors en Russie) profita de quelques décrets pour recouvrer ses propriétés ; mais, à son arrivée en France, il fut arrêté et ses papiers saisis. Parmi ces papiers était un journal exact *écrit pour se rendre compte à lui-même* de (tout) ce qu'il avait vu, fait, et pensé depuis le commencement de la Révolution. Bonaparte exigea la publication de tout ce qui *dans ce journal* était relatif aux princes français et à moi. Vauban s'y refusa (et persista courageusement) pour ce qui concernait les princes, et persista dans son refus jusqu'à ce que, jeté dans un cachot (au Temple) et les instruments de torture apportés devant lui, on lui donna le choix de la liberté et de la restitution de tous ses biens, ou de la question ordinaire et extraordinaire et de la mort. Il crut faire une *sorte de* composition (avantageuse) en obtenant que du moins le titre de l'ouvrage ne porterait que l'initiale de son nom, ce qui lui fut d'autant plus facilement accordé, que, comme il parle toujours de lui-même à la première personne, il n'y a pas une ligne qui puisse être attribuée à un autre qu'à lui.

« Bonaparte, pour me prouver, *comme je l'ai su*[1]... que ses intentions à mon égard n'avaient point varié et que ma conduite en Angleterre ne me serait pas reprochée, ordonna que l'on insérât dans le cours de l'ouvrage un grand nombre de (des extraits des) passages de mes Mémoires où mes opinions *à l'égard de cette Puissance* sont conformes à celles énoncées par le comte de Vauban. Le livre, ainsi rédigé, fut imprimé au nombre de dix mille exemplaires en français et à un nombre très-considérable dans toutes les langues du continent. Les exemplaires qui sont parvenus en Angleterre ont été achetés chez les libraires, par ordre des princes français, et jetés au feu. Celui que j'ai l'honneur de vous confier, Mylord, avec un autre qu'a, je crois, le général d'Allègre, sont parvenus par une voie particulière ; ils n'ont été communiqués qu'à une ou deux personnes, car, quelque injustes qu'aient été les princes français à mon égard, si je n'ai pas pour leurs personnes l'affection qu'ils n'ont pas voulu m'inspirer, j'ai, pour leur rang, pour leurs malheurs, et pour moi-même, le respect qu'il ne dépend pas d'eux de m'ôter[2]. »

La « question ordinaire et extraordinaire » étant abolie en France lorsque l'Empire fut établi, il est assurément fort peu probable que, pour forcer le comte de Vauban à faire ce qu'on désirait de lui, on ait étalé sous ses yeux les « instruments de torture. » Ceci est apparemment un détail imaginé par Puisaye pour rendre d'autant plus odieuse la contrainte à laquelle son ami fut soumis, et pour expliquer la faiblesse avec laquelle il céda.

---

[1] Ici un mot illisible. (Note de M. Louis Blanc.)
[2] *Puisaye papers,* vol. VIII. (Manuscrits du British Museum.)

Quoi qu'il en soit, ce que prouve la lettre ci-dessus, c'est que le comte de Vauban est bien, en effet, l'auteur de ce livre dont tant de gens étaient intéressés à nier l'authenticité. Napoléon força le comte à publier ce qui n'était pas destiné à la publicité ; il le força, en outre, à grossir son ouvrage d'un grand nombre de passages tirés des *Mémoires de Puisaye ;* mais *la contrainte ne porta que là-dessus.* Le livre de Vauban doit donc être classé parmi les documents qui appartiennent au domaine de l'histoire. Et c'est là un document d'autant plus précieux, d'autant plus digne de foi, qu'il consiste, selon l'expression de Puisaye, dans un journal exact que Vauban écrivit *pour se rendre compte à lui-même* de tout ce qu'il avait vu, fait et pensé depuis le commencement de la Révolution. Où trouver la vérité, si on ne la cherche pas dans des pièces de ce genre? Car enfin, on ne prétendra pas qu'un homme écrive un livre uniquement pour se mentir à lui-même !

Nous n'en dirons pas davantage : ce qui précède suffira, nous l'espérons, pour mettre le lecteur en état de juger que nous avons mis un soin particulier à recourir aux sources et que nos assertions ne manquent d'aucun des caractères qui appellent la confiance du public et la justifient.

HISTOIRE
DE
LA RÉVOLUTION
FRANÇAISE

PRÉAMBULE

L'histoire ne commence et ne finit nulle part. Les faits dont se compose le train du monde présentent tant de confusion et ont entre eux des affinités si obscures, qu'il n'est pas d'événement dont on puisse marquer avec certitude soit la cause première, soit l'aboutissement suprême. Le commencement et la fin sont en Dieu, c'est-à-dire dans l'inconnu. Comment donc fixer le vrai point de départ de cette Révolution française, issue des plus lointains soulèvements de l'esprit, et qui semble avoir contenu toute chose dans ses profondeurs? Aussi n'ai-je pas fait dessein d'embrasser complétement ce qu'un pareil sujet rappelle ou comporte. Même tel que mon insuffisance le conçoit et le mesure, il m'apparaît immense. Et quelle formidable, quelle sanglante histoire!... Mais, loin de nous consterner, que ces souvenirs de deuil nous rassurent. Si la partie intellectuelle de l'œuvre à accomplir nous est désormais réservée, c'est parce que les hommes de la Révolution en ont pris pour eux la partie funeste. Cette mansuétude de mœurs au nom de laquelle nous avons souffert qu'on voilât leurs statues, cœurs pusillanimes et ingrats que nous sommes, ce sont eux qui nous l'ont rendue facile, par les obstacles qu'ils ont affrontés à notre place et surmontés pour notre compte, par les combats dont ils nous ont dispensés en y périssant. Leurs violences nous ont légué ainsi des destinées tranquilles. Ils ont épuisé l'épouvante, épuisé la peine de mort ; et la terreur, par son excès même, est devenue impossible à jamais.

A son début, la Révolution n'eut rien de sinistre. Ce ne furent, d'abord, que transports de joie couvrant les agitations de la place publique et saluant les lois nouvelles. Mais quelle est cette Assemblée qui se forme dans l'orage? Les hommes qui la composent représentent toutes les forces et tous les intérêts de l'humanité, ses ressentiments, ses douleurs, ses espérances. Que veulent-ils? Venger le monde et le refaire. Cependant, que d'obstacles et quels dangers ! Dès leurs premiers pas, ils sont au plus épais des trahisons et des complots. Du fond de ses campagnes émues, du fond de ses villes soulevées, la France leur envoie, mêlés à des hymnes d'enthousiasme, des avertissements et des clameurs de guerre civile. L'Europe, qu'ils épouvantent, n'est plus qu'une grande ligue formée contre eux et qui va les envelopper de son mouvement. Mais, loin de redouter les tempêtes, ils les provoquent ; ils les veulent mortelles. Maîtres de la vie d'un roi qu'ils peuvent dégrader en lui faisant grâce, ils l'aimeraient mieux avili que mort ; mais, pour que reculer leur devienne impossible, il leur faut des périls prodigieux, des ennemis rendus implacables, et la certitude d'être exterminés s'ils n'exterminent. C'est pour cela qu'ils frappent le roi captif, et ils le frappent en le dédaignant. Alors éclate leur puissant délire. A la lueur des châteaux incendiés, au bruit du tocsin des hôtels de ville et du tambour qui bat la révolte, au bruit du canon ennemi qui a passé la frontière et qui approche, pendant qu'une multitude furieuse entoure l'Assemblée, agitant des piques et hurlant aux portes, eux, calmes et violents, ils se préparent à écraser tout; et les voilà qui délibèrent dans le mugissement du peuple. Leur secret pour sauver la France est de la croire sublime et de le lui dire. Les vieillards iront sur les places publiques encourager les combattants; les enfants et les femmes assisteront les blessés; le travail de la nation sera de forger des épées, de fondre des canons, d'aiguiser le fer des lances. Le territoire est un camp; la patrie, un soldat; et contre les ennemis du dedans, on a des juges au cœur d'airain, et le couteau, sans cesse levé, de l'exécuteur.

Ainsi parlent ces hommes terribles; et, ordonnant la victoire par un décret, ils poussent un million de républicains à la frontière. Aussitôt, l'ennemi rejeté par delà nos montagnes et nos fleuves, l'Europe est envahie à son tour, couverte de confusion, inondée de sang, et marquée à l'empreinte des maximes nouvelles. Et ce qui fut au-dessus du génie des sénateurs romains, le Sénat de la Révolution va l'oser et l'accomplir. Tandis que, par des lois hardies et d'une sagesse auguste, il travaille à faire aux peuples de fraternelles destinées, il dirige de loin ses quatorze armées frémissantes, il les contient, il les gouverne, par des commissaires civils, surveillants de l'ambition ; et le plus fier des généraux, s'il devient suspect, reçoit dans son camp et au milieu de ses soldats, l'ordre, toujours obéi, d'aller devant un tribunal inflexible demander pardon au peuple et mourir.

A l'intérieur, cependant, la France est remplie de funérailles. Des tables de proscription ont été dressées, plus vaguement homicides que celles de Sylla. Beaucoup périssent aujourd'hui : nul ne sait s'il vivra demain ; mais en ces jours tellement héroïques qu'on n'y remarque plus l'héroïsme, la nature humaine s'étant agrandie outre mesure, la mort a perdu tout pouvoir d'effrayer. Les prisons pleines de suspects, les guillotines où paraissent des femmes, la rue, la tribune, font voir des vertus et des crimes qu'ignorèrent les temps antiques. Parmi ces condamnés qui, debout sur leurs charrettes funèbres, se répandent en imprécations éloquentes, j'en aperçois qui, le front haut, le regard dans les cieux, adorent la liberté qui les tue.

Et toutefois, chose admirable ! ce qui plane sur cet empire du désordre, c'est la pensée. Deux hommes dont les cœurs furent unis par le fanatisme de l'intelligence : un logicien sombre et un philosophe réglé dans sa vie, dans ses haines, dans ses desseins, voilà ceux qui commandent ; voilà ceux qui donnent à immoler au peuple en fureur ses tribuns mêmes et ses courtisans. A Rome, les triumvirs se gorgeaient de dépouilles ; ici, les proscripteurs restent pauvres, et le plus puissant d'entre eux vit sous le toit d'un artisan dont il espère devenir le fils. Ne leur dites pas qu'ils auront leur tour : ils le savent ; ne les menacez pas de l'anathème des races futures : par un dévouement sans exemple et sans égal, ils ont mis au nombre de leurs sacrifices leur nom voué, s'il le faut, à une infamie éternelle. Invincibles à la peur, supérieurs au remords, qu'invoquent-ils pour s'absoudre? Leur foi, leur politique profonde, et cette loi de la nature « qui veut que l'homme pleure en naissant. » Mais, sur le point d'apaiser la Révolution pour la conduire, ils tombent vaincus, sanglants et insultés, ils tombent, et ils emportent cette gloire, cette douleur, que leur mort ajourne l'affranchissement de la terre.

Quel spectacle! Quels enseignements! Oui, au souvenir de ces vivantes luttes de la pensée, qui eurent le bonheur des hommes pour objet final, l'échafaud pour instrument, les places publiques pour théâtre, et pour témoin le monde épouvanté; au moment de réveiller de leur commun sommeil, pour les replacer face à face au bord du gouffre qui les attira tous, maître et sujets, nobles, prêtres, plébéiens, sacrificateurs et victimes; au moment de vous évoquer afin qu'on vous juge, ombres chères ou condamnées, tragiques fantômes, héros d'une épopée incomparable, j'ai peine, je l'avoue, à commander à mon émotion, et je me sens le cœur plein de respect et d'effroi.

Il faut chercher les causes d'abord, en les prenant aussi haut qu'il est possible d'en suivre la chaîne. Ce serait méconnaître la Révolution, sa portée sublime, que d'en confondre l'explosion et la date. Car enfin, ils ne sauraient être nés de quelques accidents vulgaires, de je ne sais quels modernes embarras, ces événements dont le souvenir palpite encore. Ils résument plusieurs siècles de souffrances, de désastres, d'efforts généreux et de vaillantes colères. Toutes les nations ont contribué à les produire; toutes y ont leur avenir engagé. Et c'est justement la gloire de ce grand peuple de France d'avoir fait, au prix de son sang versé à flots, la besogne du genre humain; d'avoir scandalisé l'Europe pour la sauver; d'avoir défendu à outrance, jusqu'à la mort, la cause de tous les peuples contre tous les peuples; magnanime révolte, vraiment unique, dans laquelle, à travers les âges et d'un cours inévitable, les révoltes du passé sont venues se réunir et se perdre, comme font les fleuves dans la mer.

ORIGINES ET CAUSES
DE
LA RÉVOLUTION

DESSEIN ET PLAN

Trois grands principes se partagent le monde et l'histoire : L'AUTORITÉ, L'INDIVIDUALISME, LA FRATERNITÉ.

Pour les reconnaître, pour les suivre à travers tant d'agitations et de malheurs que produisit leur rencontre, il importe d'en bien signaler le caractère, d'en donner l'empreinte.

Qu'on nous pardonne ici l'aridité de quelques définitions nécessaires ; les tragédies ne viendront que trop tôt et ne seront que trop saisissantes.

Le principe d'autorité est celui qui fait reposer la vie des nations sur des croyances aveuglément acceptées, sur le respect superstitieux de la tradition, sur l'inégalité, et qui, pour moyen de gouvernement, emploie la contrainte.

Le principe d'individualisme est celui qui, prenant l'homme en dehors de la société, le rend seul juge de ce qui l'entoure et de lui-même, lui donne un sentiment exalté de ses droits sans lui indiquer ses devoirs, l'abandonne à ses propres forces, et, pour tout gouvernement, proclame le laisser-faire.

Le principe de fraternité est celui qui, regardant comme solidaires les membres de la grande famille, tend à organiser un jour les sociétés, œuvre de l'homme, sur le modèle du corps humain, œuvre de Dieu, et fonde la puissance de gouverner sur la persuasion, sur le volontaire assentiment des cœurs.

L'autorité a été maniée par le catholicisme avec un éclat qui étonne; elle a prévalu jusqu'à Luther.

L'individualisme, inauguré par Luther, s'est développé avec une force irrésistible; et, dégagé de l'élément religieux, il a triomphé en France par les publicistes de la Constituante. Il régit le présent; il est l'âme des choses.

La fraternité, annoncée par les penseurs de la Montagne, disparut alors dans une tempête, et ne nous apparaît aujourd'hui encore que dans les lointains de l'idéal; mais tous les grands cœurs l'appellent, et déjà elle occupe et illumine la plus haute sphère des intelligences.

De ces trois principes, le premier engendre l'oppression par l'étouffement de la personnalité; le second mène à l'oppression par l'anarchie; seul, le troisième, par l'harmonie, enfante la liberté.

Liberté! avait dit Luther; liberté! ont répété en chœur les philosophes du dix-huitième siècle; et c'est le mot liberté qui, de nos jours, est écrit sur la bannière de la civilisation. Il y a là malentendu et mensonge; et, depuis Luther, ce malentendu, ce mensonge ont rempli l'histoire; c'était l'individualisme qui arrivait, et non la liberté.

Oh! certes, quand on le considère dans son cadre historique, quand on le compare à ce qui précéda au lieu de le comparer à ce qui doit suivre, l'individualisme a l'importance d'un vaste progrès accompli. Fournir de l'air et du champ à la pensée humaine si longtemps comprimée; l'enivrer d'orgueil et d'audace; soumettre au contrôle de tout esprit l'ensemble des traditions, les siècles, leurs travaux, leurs croyances; placer l'homme dans un isolement plein d'inquiétudes, plein de périls, mais quelquefois aussi plein de majesté, et lui donner à résoudre personnellement, au milieu d'une lutte immense, dans le bruit d'un débat universel, le problème de son bonheur et de sa destinée..., ce n'est point là une œuvre sans grandeur, et c'est l'œuvre de l'individualisme ; il faut donc en parler avec respect, et comme d'une transition nécessaire. Mais, cette réserve faite, il nous sera bien permis d'élever dans des régions supérieures nos sympathies et nos espérances. L'humanité a eu besoin tour à tour du pape et de Luther ; mais le principe d'autorité a fourni sa carrière, le principe d'individualisme achèvera la sienne, et l'avenir n'appartient évidemment ni au pape ni à Luther.

On doit comprendre maintenant que, dans ce qu'on a coutume d'appeler la Révolution française, il y a eu, en réalité, deux révolutions parfaitement distinctes, quoique dirigées toutes les deux contre l'ancien principe d'autorité.

L'une s'est opérée au profit de l'individualisme ; elle porte la date de 89.

L'autre n'a été qu'essayée tumultueusement au nom de la fraternité ; elle est tombée le 9 thermidor.

Que si la Révolution de 89 est la seule qui ait pris racine dans les faits, c'est qu'elle ne venait point s'emparer de la société à l'improviste ; c'est qu'elle servait l'intérêt d'une classe devenue dominante : la bourgeoisie ; c'est enfin qu'elle arrivait avec une doctrine complète sous le triple aspect de la philosophie, de la politique et de l'industrie.

Cet ouvrage préliminaire se divisera donc naturellement en trois livres.

Le premier livre expose par quelle suite de surprenants combats, d'élans passionnés, de sacrifices, de violences, le principe d'individualisme s'introduisit dans le monde, frappant d'une part l'autorité dans l'Église, et de l'autre, la fraternité dans les Vaudois, les Hussites, les Anabaptistes, les Frères Moraves, et tous les penseurs armés pour la cause de l'Évangile.

Le second livre rappelle les victoires successivement remportées en France par cette classe moyenne dont l'individualisme devait fonder l'empire, et offre comme l'itinéraire de la bourgeoisie française à travers l'histoire.

Dans le troisième livre, nous essayons de montrer comment, au dix-huitième siècle, et malgré les efforts de Jean-Jacques Rousseau, de Mably, de Necker lui-même, l'individualisme est devenu le principe de la bourgeoisie, et a triomphé : en philosophie, par l'école de Voltaire ; en politique, par l'école de Montesquieu ; en industrie, par l'école de Turgot.

Ainsi, protestantisme, bourgeoisie, dix-huitième siècle, telles sont les trois grandes divisions de l'ouvrage préliminaire. Ce cadre une fois rempli, nous aurons assisté au dramatique et douloureux enfantement de la Révolution ; il ne nous restera plus qu'à en raconter la vie.

LIVRE PREMIER

PROTESTANTISME

L'INDIVIDUALISME EST INAUGURÉ DANS LE MONDE CHRÉTIEN

CHAPITRE PREMIER

JEAN HUS

Spectacle donné à l'Europe par le concile de Constance : l'autorité d'une part, la fraternité de l'autre. — Sens révolutionnaire des hérésies. — L'égalité du laïque et du prêtre demandée avant toute autre : pourquoi ? — Supplice de Jean Hus; grandeur de sa cause. — Au nom de la fraternité, les Hussites de Bohême se lèvent, combattent, succombent, comme plus tard les Jacobins de France. — Les temps de la fraternité n'étaient pas encore venus; la scène appartenait à l'individualisme.

Qu'on se transporte par la pensée en 1414, dans le cercle de la Souabe, à Constance. Naguère déserte, la ville s'était tout à coup remplie de bruit, de foule et d'éclat. L'Europe entière avait les yeux sur ce petit coin de l'Allemagne. Là, en effet, allait se passer un drame imposant, terrible, et d'une portée que les acteurs ne soupçonnaient pas. Là se trouvaient en présence, pour un combat mortel, deux principes entre lesquels il faut, aujourd'hui encore, que le monde se décide.

Le principe d'autorité avait à ses ordres toutes les puissances de la terre : un empereur, un pape, quatre patriarches, vingt-deux cardinaux, cent cinquante évêques, dix-huit cents prêtres, deux cent soixante-douze docteurs, un assemblage tumultueux de princes, d'électeurs, de barons, de margraves, un peuple façonné au respect de la coutume, des milliers de soldats obéissants et farouches.

Le principe de fraternité se personnifiait dans un pauvre curé de la chapelle de Bethléem, nommé Jean Hus, qu'on avait mis en prison et qu'on allait juger.

L'appareil déployé fut solennel. Les pompes de l'Église catholique s'étalèrent aux yeux du peuple charmé. Jamais plus d'encens ne fuma; jamais voix plus respectées ne firent monter vers le ciel le chant grave du *Veni Sancte Spiritus*. Et la croix dominait tout. Car, si le principe de fraternité que le Christ enseigna avait été méconnu ou trahi, il avait du moins survécu dans son symbole. Impérissable et adoré, le signe avait sauvé de l'oubli la chose signifiée ; et, toujours debout, la croix avait, durant quatorze siècles, convaincu d'inconséquence et de lâcheté les oppresseurs agenouillés devant elle.

Mais était-il vrai que l'Église, que les rois, que les maîtres de la terre, eussent abandonné la doctrine de celui dont ils saluaient en commun l'image attachée à un gibet? Comment fallait-il l'entendre, cette doctrine sacrée, comment l'appliquer pour en faire sortir l'affranchissement du genre humain? Le concile et Jean Hus représentaient, à cet égard, non-seulement deux opinions contraires, mais deux traditions opposées.

La primitive égalité des chrétiens rompue ; l'Église adoptant la hiérarchie païenne ; le droit d'élire leurs pasteurs enlevé aux peuples ; les évêques dans des palais ; un pape, et ce pape sur un trône, comme César ; des pontifes se proclamant infaillibles et se montrant souillés ; le prêtre isolé, par le célibat, du reste des hommes, et n'ayant plus qu'une caste immense pour famille, que

Rome pour patrie; un mélange habile mais impur du spiritualisme chrétien, de l'ascétisme monacal et de l'idolâtrie païenne, pour parler au cœur de l'homme, à son imagination, à ses sens, et le dominer tout entier; tantôt des courtisanes couchées sur les coussins du Vatican, tantôt des solitaires canonisés pour s'être battus de verges au fond d'un cloître; la force du catholicisme, son génie, ses prodigieuses conquêtes; l'unité morale du monde préparée, mais aussi les monstrueux désordres de Rome, son despotisme appuyé sur des inquisiteurs et des bourreaux, ses usurpations, ses artifices, son opulence condamnée par le souvenir de la pauvreté du Christ, ses luttes contre le pouvoir temporel pour se l'assimiler, non pour le rendre meilleur; puis sa longue complicité avec les rois; la terre enfin devenue chrétienne et demeurant néanmoins couverte d'esclaves, de pauvres, d'opprimés..... : voilà quelle histoire continuait, en la faisant revivre et en la résumant, ce célèbre concile de Constance, dans lequel, à côté de Balthasar Cossa, l'un des trois scandaleux papes d'alors, l'empereur Sigismond était venu s'asseoir, l'âme en proie aux soucis de l'orgueil et les mains teintes de sang.

Jean Hus était là, au contraire, pour rappeler que la doctrine de la fraternité avait une indestructible essence; qu'altérée par l'Église, elle avait été, en matière religieuse, conservée par l'hérésie; que même au sein des plus épaisses ténèbres, elle s'était toujours retrouvée sur quelque point de l'Europe, brûlant à l'écart comme une lampe mise en réserve et immortelle; que, pour l'anéantir, on avait en vain convoqué des conciles, rassemblé des armées, prêché des croisades sauvages; employé le fer et le feu. Jean Hus continuait tous ceux qui, sous une forme théologique, avaient protesté contre l'abus du principe d'autorité, et en avaient appelé jusqu'alors de l'Église à l'Évangile, du pape à Jésus, de la tyrannie de l'homme à la tutelle de Dieu. Jean Hus continuait Pierre Brueys, livré aux flammes; les Albigeois, massacrés; les Vaudois, qu'attendait une guerre d'extermination; le Lyonnais Valdo[1], qui, vers le milieu du douzième siècle, vendit ses biens, en distribua le prix aux pauvres, et renouvela la vie des apôtres; l'Anglais Wiclef, dont on allait déterrer le cadavre pour le brûler et en jeter ensuite les cendres dans la rivière de Lutterworth[2]. Jean Hus, en un mot, continuait ces hérétiques que le moine dominicain Reinher, leur ennemi, a dépeints en ces termes: « Ils sont composés et modestes en toutes choses. Ils évitent le luxe et la vanité dans leurs habits. Ils n'exercent aucun négoce, à cause des fraudes et des mensonges qui s'y commettent. Ils communient volontiers..... Ils parlent peu et humblement. Ils sont de bonnes mœurs en apparence. Ils sont ordinairement pâles[3]. »

Et il ne faut pas s'étonner si jusqu'alors les révoltes de la conscience et le cri des peuples, si les mouvements de l'esprit humain, si les tressaillements de la terre en travail n'avaient été que révolutions théologiques. Rome était, depuis Grégoire VII, sur de telles hauteurs, qu'on l'apercevait de partout. Rome couvrait de son ombre les trônes mêmes. On se rappelait Henri IV d'Allemagne, dépouillé de ses vêtements de roi, couvert d'un cilice, et suppliant, les yeux en larmes, aux genoux d'un moine irrité. « Il n'y a que le pape qui ait le droit de se nom-

---

[1] Valdo ne fut point, comme on le croit communément, le fondateur de la secte des Vaudois. Elle remontait bien plus haut que le douzième siècle. — Voy., à ce sujet, Beausobre, *Hist. du manichéisme*, Préface, t I, p. 1.

Selon le témoignage de Claude Seyssel, les Vaudois remonteraient jusqu'aux apôtres. *Hist. des Albigeois et des Vaudois*, par le R. P. Benoist, t. II, p. 238. 1691.

[2] Sur l'identité des deux sectes, Albigeois et Vaudois, voy. Basnage, *Hist. de l'Église*, t. II, p. 1417.

[3] Lenfant, *Hist. du concile de Constance*, p. 268.

mer ici-bas¹, » avait dit Hildebrand, et il avait fait croire cela aux nations étonnées. L'Église, d'ailleurs, ne possédait-elle pas l'homme tout entier? Elle le recevait à son entrée dans la vie, elle présidait à la formation des familles, elle décidait de la morale, elle recueillait la dernière pensée du mourant, elle conduisait la fête des morts, elle se tenait au seuil des deux éternités, dont elle avait fait aux fidèles un sujet d'espérance ou de terreur. Seule donc elle était et paraissait responsable de l'état du monde.

C'est pourquoi l'usurpation flétrissait alors, sous le nom d'hérésie, ce que, de nos jours, elle a condamné sous le nom de révolte.

Dans un livre fameux², Bossuet met l'hérésie au défi de produire un ensemble de doctrines et de prouver sa tradition. Mais, sans recourir aux réfutations si savantes, si modérées, de Basnage, et à s'en tenir aux aveux de Bossuet lui-même, n'étaient-elles pas de la grande famille issue du Christ, des sectes qui toutes s'accordaient à dire : « Plus de serment, c'est une invention de la tyrannie; plus de pasteur opulent et orgueilleux : Jésus vécut pauvre; qu'on retire les fonctions du prêtre à qui n'en a point les vertus; à tout laïque, qui vivra saintement, le droit d'administrer la communion et de semer sur son chemin la parole divine? » Telle est la doctrine qu'on retrouve dans la confession des Albigeois au concile de Lombez³, dans la vie tout évangélique des Vaudois⁴, dans les écrits de Wiclef, dans les prédications de Jean Hus; doctrine exaltée, mais profonde et continue, dont la signification va nous être révélée par l'histoire de l'établissement catholique.

¹ « Quod unicum est nomen in mundo. » *Dictatus Gregorii papæ VII.*
² *Hist. des Variations*, liv. XI. Œuvres compl., édit. Didot.
³ *Ibid.*, t. VI, p. 32.
⁴ *Ibid.*

A peine constitué, le catholicisme fonde son empire sur une distinction radicale entre l'esprit et la chair. Et aussitôt deux sociétés se forment : la première spirituelle, affectant le célibat, représentant l'idée de caste, se disant dépositaire des pouvoirs du ciel ; la seconde matérielle et civile, se perpétuant par le mariage, représentant l'idée de famille, et reléguée dans la préoccupation des choses de la terre. Voilà l'Église d'un côté, de l'autre le monde.

Aussi, ne vous attendez pas à ce que l'Église prescrive, encourage en dehors d'elle ce que dans son propre sein elle pratique et sanctifie. Non, la séparation sera complète, absolue. Dans l'Église prévaudra le droit de l'intelligence, et elle abandonnera le monde au droit de la force et du hasard : pour les papes l'élection, pour les rois l'hérédité.

Et en se séparant du monde, l'Église n'a pas entendu vivre avec lui dans des rapports d'égalité. Elle ne s'est détachée de lui qu'afin de le dominer et de le conduire. Gloire à l'esprit, anathème à la chair! Tel est le cri qui fait tomber les rois aux pieds des papes et consacre la domination de la société religieuse sur la société civile.

Maintenant le sens des hérésies est expliqué, leur but défini. La grande inégalité à détruire était celle qui coupait l'humanité en deux, et avait pour théâtre tout l'univers. Avant de rapprocher les diverses conditions, il fallait rapprocher le ciel et la terre. Élever le sujet au niveau du roi, l'esclave au niveau du maître, le pauvre au niveau du riche!... Ah! il y avait à faire, au profit de l'égalité, un bien autre effort et plus pressant : il y avait à élever le laïque au niveau du prêtre.

La Révolution qui, préparée par les philosophes, continuée par la politique, ne s'accomplira que par le socialisme, devait donc naturellement commencer par la théologie.

C'était, on le voit, une haute question que celle qui allait être débattue entre le concile et Jean Hus. Mais il arriva qu'à la veille de condamner, dans un humble prêtre, le naissant génie des révolutions modernes, l'Église contribua de loin à le déchaîner, en proclamant la supériorité des conciles sur les papes. Car elle frappait ainsi l'idée monarchique ; elle frayait la route au gouvernement orageux des assemblées.

Et aussitôt fut fait un grand exemple. Accusé de rapines, d'inceste, d'empoisonnement, Jean XXIII fut, aux yeux de l'Europe entière, précipité du trône pontifical, sur ces paroles de l'Évangile lues devant l'assemblée : *Maintenant est le juge du monde ; maintenant le prince de ce monde va être jeté dehors.*

Inconséquence à jamais odieuse ! Le concile venait de porter un coup décisif à la grande fiction de l'infaillibilité des papes ; il venait de crier, de manière à être entendu de toute la chrétienté, qu'un pape couvert de crimes peut cesser d'être pape ; et ce même concile allait condamner Jean Hus, pour avoir dit : « Si celui qui est appelé le vicaire de Jésus-Christ imite la vie de Jésus-Christ, il est son vicaire ; mais, s'il suit un chemin opposé, il est le messager de l'antechrist. »

Arrêtons-nous ici un moment. Aujourd'hui, après tant d'années employées à montrer aux hommes la vérité sans voiles, à détruire tout prestige, à effacer tout symbole ; aujourd'hui nous ne pouvons nous défendre d'une compassion douloureuse en nous rappelant par quelles questions le moyen âge fut ému et déchiré. Quoi ! dans l'unique but de restituer aux fidèles le droit de communier sous les deux espèces, des royaumes soulevés ; la Germanie en feu ; des armées de cent mille hommes poussées à une guerre d'extermination ; des populations nombreuses fuyant leurs demeures avec un Évangile et une épée, changeant de mœurs, ne vivant plus que sous le ciel, toujours frémissantes, vêtues de fer, dans des cités mobiles formées de chariots; une série épouvantable de massacres, de combats fabuleux, d'embrasements, et, pour consacrer la mémoire de tant de fureurs, les campagnes, comme après le désastre de Varus, couvertes d'ossements blanchis!... Or, telle devait être pourtant, dans son principe et ses effets, la guerre dont le procès de Jean Hus contenait le germe sanglant.

N'en soyez pas surpris. Dans les données du véritable christianisme, communier, — le mot l'indique, — c'était faire acte d'égalité. Par la communion, les chrétiens se réunissaient en Dieu; ils se reconnaissaient frères. Il fallait donc, pour que le symbole répondît à l'idée, que l'acte fût accompli par tous de la même manière, par tous sans exception. En se réservant le privilége exclusif de communier sous les deux espèces, les prêtres se séparaient du reste des fidèles; ils appelaient Dieu lui-même en témoignage de la légitimité des castes, ils brisaient l'égalité sociale dans sa forme la plus élevée : la forme religieuse. Aussi la retrouverons-nous à la fin du dix-huitième siècle, cette question libératrice et inévitable, occupant les esprits, dominant les âmes, et elle n'aura pas changé d'essence. Seulement, sa formule théologique aura fait place à sa formule politique; et ce que nous en verrons sortir, ce sera le second acte de la Révolution française.

Jean Hus, venu à Constance sur la foi d'un sauf-conduit donné par l'empereur Sigismond, avait vu ce sauf-conduit indignement violé, et la perte de sa liberté ne lui annonçait que trop bien les secrètes résolutions du concile; l'heure approchait donc où il faudrait mourir. Mais Jean Hus entrevoyait, à travers les nuages de l'avenir, des événements qui maintenaient son âme au-dessus des terreurs de la mort. « L'oie[1], disait-il par allusion à son

---

[1] *Hus* signifie *oie*.

nom, est un oiseau modeste et qui ne vole pas très-haut... Il en naîtra d'autres qui s'élèveront à tire d'ailes au-dessus des piéges des ennemis. »

Au jour fixé, Jean Hus parut devant le concile; le visage du prisonnier était doux, tranquille et fier. On lui pouvait reprocher d'avoir poussé, en Bohême, à des scènes de violence, de les avoir autorisées, du moins; mais la grandeur du péril avait, en fortifiant sa conviction, en redoublant l'énergie de sa volonté, adouci et calmé son cœur. Voici comment un auteur, témoin oculaire, rend compte de la première audience : « A grand'peine avoit-on lu un article contre lui, ainsi qu'il pensoit ouvrir la bouche pour répondre, toute cette troupe commença tellement à crier contre lui, qu'il ne lui fut loisible de dire un seul mot; tant étoit la confusion grande et le trouble impétueux, que pouvoit-on bien dire que c'estoit un bruit de bestes sauvages et non point d'hommes [1].... »

Le 7 juin, jour marqué pour la seconde audience, il y eut éclipse de soleil et Constance demeura quelque temps plongée dans les ténèbres. Dans cette seconde audience, on accusa Jean Hus d'avoir adhéré aux quarante-cinq propositions de Wiclef, que le concile avait condamnées dans sa session huitième, et dont les principales sont celles-ci [2] :

« Christ n'est pas lui-même et dans sa propre personne réelle au sacrement. — Il est contre l'Écriture que les ecclésiastiques aient des biens en propre. — Plus de moines mendiants. — L'Église romaine est la synagogue de Satan, et le pape n'est pas vicaire prochain et immédiat de Jésus-Christ. — C'est une folie de croire aux indulgences. — *Le peuple peut, à son gré, corriger ses maîtres lorsqu'ils tombent dans quelque faute.* »

Ainsi, Wiclef avait attaqué le privilége et les pratiques

---

[1] *Hist. des Martyrs*, p. 56; édit. in-folio. Genève, 1619.
[2] Von der Hardt, cité par Lenfant, p. 207.

dont il se sert pour se maintenir, dénoncé le règne des oisifs, invoqué contre l'accaparement de la richesse l'autorité de l'Écriture, et proclamé la souveraineté du peuple.

Cette doctrine, sauf l'article qui concernait l'eucharistie, était au fond celle de Jean Hus. Aussi refusa-t-il courageusement de souscrire à la condamnation de Wiclef, et jusqu'à la fin il se tint ferme dans sa foi.

Entre tous les genres d'oppression et tous les genres de révolte il existe un lien caché, mais nécessaire; il y parut bien clairement dans l'affaire de Jean Hus. Interrogé sur cet article : « Si un pape, un évêque, ou un prélat est en péché mortel, il n'est ni pape, ni évêque, ni prélat, » Jean Hus affirma résolûment la vérité du principe, et, l'étendant aux rois, il rappela le discours de Samuel à Saül : « Parce que vous avez rejeté ma parole, je vous rejetterai aussi et vous ne serez plus roi. » En ce moment, rapporte l'historien du concile de Constance[1], l'empereur Sigismond s'entretenait, à une fenêtre, avec l'électeur palatin et le burgrave de Nuremberg. Le cardinal de Cambrai le fit avertir, et ayant sommé Hus de répéter, en présence de Sigismond, ce qu'il avait dit, « Non content, s'écria-t-il furieux, d'avoir dégradé les prêtres, ne voudriez-vous pas dégrader les rois? » Rapprochement cruel et lâche dans la circonstance, mais d'un sens profond, plus profond que ne l'imaginait le cardinal de Cambrai lui-même !

Jean Hus venait de faire son devoir : il ne lui restait plus qu'à mourir. A l'approche de cette épreuve difficile et dernière, il se recueillit et ne se sentit pas exempt d'angoisses. La prison, d'ailleurs, avait durement pesé sur lui; il était malade; il vomissait le sang. Et néanmoins il demeura inébranlable. Inutilement on le pressa

[1] Lenfant, p. 350.

de se rétracter : il répondit à la manière de ceux qui savent que leur vie appartient à leur cause.

On le condamna. Se tournant alors vers l'empereur Sigismond, il lui rappela le sauf-conduit, et comme il regardait fixement le prince traître à sa parole, celui-ci ne put soutenir un tel regard, et une rougeur subite couvrit son visage.

Jean Hus en avait appelé au Christ, et les Pères du concile n'avaient fait qu'en rire. On lui mit sur la tête, en signe de dérision, une mitre d'une coudée, sur laquelle était écrit le mot HÉRÉSIARQUE, et lui : « Je me félicite, dit-il, de porter cette couronne d'opprobre, en mémoire de Jésus, qui porta une couronne d'épines. » On lui fit subir plusieurs autres humiliations[1]. Il fut ensuite livré au bras séculier et conduit à la mort. Par un exécrable raffinement de barbarie, les Pères du concile avaient ordonné que, sur le chemin de son supplice, on brûlât ses livres[2], pour qu'avant d'abandonner son corps aux bourreaux, il fût témoin de la profanation de ses pensées. Arrivé à la place du bûcher, Jean Hus, tombant à genoux, s'écria : « Mon Dieu ! je remets mon âme entre vos mains. » Et, dans la multitude, il y en eut plusieurs qui murmuraient, pleins d'admiration et de pitié : « Quel est donc le crime de cet homme ? » Il fut attaché à un poteau, la face tournée vers le soleil levant ; mais quelques-uns ayant remarqué qu'il n'était pas digne de regarder l'orient parce qu'il était hérétique, il fut tourné vers l'occident. On alluma ensuite le bûcher, et les suprêmes aspirations du martyr s'exhalèrent en cantiques au milieu des flammes. Ses cendres furent jetées dans le

---

[2] *Hist. des Martyrs*, p. 56. — Voy. comment, de son côté, Théobaldus raconte cette terrible scène : « Tandem omnibus vestibus sacerdotalibus « exuto capitis quoque rasuram illi turpificare velle, etc. » *Bellum Hussiticum*, p. 50.

[1] L'abbé Fleury, *Hist. ecclésiast.*, t. VI, liv. Cl. — Lenfant, p. 164.

Rhin. Mais il laissait des vengeurs, il laissait des héritiers; et sa touchante prédiction devait s'accomplir : « Il naîtra d'autres oiseaux qui s'élèveront à tire d'ailes au-dessus des piéges des ennemis. »

La cause que représentait Jean Hus et pour laquelle mourut aussi Jérôme de Prague, son disciple, avait tant de grandeur, que la Bohême tout entière se sentit frappée. Et tandis que, nommé pape par la grâce d'un concile, Othon Colonne paraissait dans les rues de Constance, monté sur un cheval blanc, dont l'empereur et l'électeur palatin tenaient les rênes; tandis que, traîné en triomphe par le souverain pontife, Sigismond semblait reconnaître la supériorité du prêtre sur le laïque, l'égalité du laïque et du prêtre était proclamée par la Bohême se levant en armes à ce cri : LA COUPE AU PEUPLE! Alors se réunirent, à la voix de Ziska, les trente mille guerriers qui, faisant de la montagne de Tabor leur camp et leur ville, réalisèrent la vie de famille sur un champ de bataille ; alors commença une lutte où l'on vit une poignée d'hommes anéantir coup sur coup toutes les armées qu'envoyait l'Allemagne.

Et ce qui caractérisa cette guerre des Hussites, ce fut un mélange vraiment inouï d'aspirations idéales et de cruauté. A des dévastations de couvents, à des massacres odieux, succédaient de poétiques transports. Précédés par le calice en bois, symbole de la doctrine qui devait les rendre invincibles, des guerriers farouches marchaient à côté de prêtres qui se plaisaient à la simplicité des apôtres et qui, comme saint Jean, ne baptisaient qu'avec l'eau pure des fleuves[1]. Après des expéditions qui montrent des moines enchaînés sur la glace ou des chartreux promenés dans les villes le front ceint d'une couronne d'épines, au retour de combats qui rappellent ceux d'Ho-

---

[1] Æneæ Sylvii *de Bohem. hist*., cap. xxxv, p. 50.

mère, les Taborites revenaient sur la montagne du campement, s'asseoir à de fraternels banquets[1], écouter la voix du prêtre, et s'essayer à cette vie pleine de paix, de poésie et d'amour que l'espérance leur montrait à l'horizon.

La guerre dura seize ans, et Ziska y déploya une exaltation barbare mêlée à une rare profondeur de génie. Il était borgne : atteint d'une flèche[2], il perdit l'œil qui lui restait, et n'en devint que plus terrible. Cette nuit éternelle où il venait d'entrer n'avait fait qu'exalter les puissances de son cœur, et il s'en allait poursuivant le carnage dans les ténèbres.

Lui mort, Procope hérita de ses haines et de ses victoires[3].

Mais parmi les Bohémiens, il y avait, à côté de ceux qui disaient : « Pour être libres soyons tous frères, » ceux qui se bornaient à dire : « Soyons libres; » à côté des Taborites, il y avait les Calixtins, Thermidoriens d'alors, traîtres futurs qui dominaient dans Prague. Ceux-ci entrèrent en négociation avec le concile de Bâle ; et le 6 mai 1434, ils égorgèrent, au profit de l'ennemi commun, leurs alliés, leurs sauveurs, surpris en trahison! Ce qu'un égorgement avait commencé, un combat l'acheva, et il n'y eut plus de Taborites.

Avec eux, cependant, ne périssait pas la doctrine. Les disciples violents avaient disparu ; restaient les disciples pacifiques, restaient les frères de Bohême, qui devaient être aux Anabaptistes ce que furent aux Taborites les Vaudois.

Mais ni la violence ni la douceur ne devaient de sitôt faire prévaloir parmi les hommes le principe de frater-

---

[1] Théobaldus, *Bellum Hussiticum*, p. 71. Rub. 20. Francofurti, MDCXXI.
[2] Æneæ Sylvii *de Bohem. hist.*, cap. XLIV, p. 39.
[3] Voy., pour la guerre des Hussites, l'éloquent récit qu'en a fait un de nos plus grands écrivains, George Sand, dans les tomes VIII et XIII de la *Revue indépendante*.

nité. L'individualisme sous un nom trompeur et magnifique, c'est-à-dire cette liberté fausse qui passe sans se détourner devant les esclaves de la misère et de l'ignorance : voilà le seul progrès que les sociétés alors pussent accueillir. Avant d'affranchir l'homme social, il fallait affranchir l'homme individuel. L'imprimerie fut découverte..., et, suivant le mot de Bossuet, le monde rempli d'aigreur enfanta Luther.

CHAPITRE II

LUTHER

La Révolution au seizième siècle : elle est enveloppée dans la religion, parce que l'État est alors enveloppé dans l'Église. — Luther, tribun mystique. — Il veut le *chrétien* libre, mais l'*homme* esclave ; il pousse aux révoltes de la conscience et condamne celles de la misère. — Tout un côté de l'humanité reste en dehors du soulèvement de Luther. — Luther devant Charles-Quint. — Au nom de la fraternité, les Anabaptistes se lèvent comme les Hussites, et comme eux ils succombent : Luther applaudit. — Progrès de la Réformation. — Par quelles conséquences imprévues elle donne essor à l'industrie moderne. — L'individualisme est inauguré.

Ici s'ouvre une histoire bien plus émouvante, bien plus tragique que celle des peuples broyés par la conquête ou des bataillons qui se heurtent : l'histoire de la pensée ! de la pensée, partout saisie d'enthousiasme, partout irritée, respirant la lutte, cherchant l'imprévu, et prête à bouleverser, d'un bout de l'Europe à l'autre, le royaume des esprits.

Le seizième siècle fut le siècle de l'intelligence en révolte ; il prépara, en commençant par l'Église, la ruine de tous les anciens pouvoirs : voilà ce qui le caractérise. Alors, en effet, des voix inconnues s'élevèrent pour refuser au pape étonné le droit de trafiquer du ciel et de l'enfer. A Wittemberg, on renversa la grande croix de bois rouge que des missionnaires s'en allaient dressant dans les églises et autour de laquelle ils vendaient denier par denier la miséricorde de leur Dieu. Des moines jetèrent au loin le cilice et les verges, instruments de leur long suicide, tandis que d'autres, sortant de leurs cloîtres, couraient se marier publiquement et pratiquer la piété dans l'amour. Pour la première fois, les excommunications s'étaient trouvées l'objet d'une risée immense, universelle. On put raconter sans mensonge que tel jour, en tel lieu, des étudiants, conduits par des docteurs, avaient fait des feux de joie avec le papier des bulles. Les pénitents désertaient le confessionnal. Les routes de l'Allemagne se couvraient de nonnes échappées. De simples laïques se mirent à dogmatiser, à prêcher. Saints de pierre ou de marbre roulèrent, en maint endroit, sur les dalles du temple, insultés et mutilés par une foule qu'indignait l'idolâtrie papiste. De toutes parts, les nobles montèrent à cheval. Il se fit en Europe un grand bruit d'armes que des clameurs révolutionnaires dominaient. Rome trembla.

Et ce ne pouvait être là évidemment qu'un des aspects de la révolte. Apprendre aux peuples à discuter le pape, c'était les pousser irrésistiblement à discuter les rois. L'Église, d'ailleurs, avait depuis longtemps enveloppé l'État dans sa destinée. Rome se trouvait au fond de tout : en la frappant, on frappait le système général du monde à l'endroit du cœur.

Comment la chose se fit, c'est ce qu'on ne saurait rappeler avec trop d'admiration, tant la main de Dieu est ici marquée dans les moindres circonstances !

En 1511, un moine ignoré, qui s'appelait alors frère Augustin et qui était Luther, fut aperçu montant à genoux l'escalier de Pilate, à Rome[1]. C'était pour obtenir du pape quelque indulgence. Tout à coup ce moine crut entendre une voix céleste : « Le juste vivra par la foi. » Il se leva aussitôt comme averti par Dieu, et il s'en revint,

[1] Seckendorf, *Comment. de Lutheranismo*, p. 56.

plein de trouble, l'esprit en proie à des inquiétudes confuses, et pouvant déjà dire : « Je ne sais d'où me viennent ces pensées. » Elles lui venaient de son siècle. Et voilà pourquoi leur première, leur mystique formule allait se changer en un signal de révolte qui, répété de ville en ville, mit le feu à l'Europe.

Et combien est plus frappant le résultat, quand on songe que Luther, audacieux par élans, avait un naturel craintif; que ce tribun était un joueur de luth, un rêveur, un poëte; que ses grossiers transports, ses colères, admettaient de mélancoliques retours; qu'il était sujet à d'étranges doutes, à des abattements d'une profondeur effrayante; que mille puissances contraires se disputaient son âme fatiguée, âme tumultueuse et tendre, formée de violence et d'amour! D'ailleurs, quelle avait été sa vie jusqu'alors? Une vie partagée entre les soucis de l'écolier mendiant et les préjugés du moine. Jeune, il allait de porte en porte tendant la main et obtenant l'aumône par des chansons. Plus tard, sur la route de Mansfeld à Erfurt, un orage l'ayant assailli, il eut peur, tomba la face contre terre, et jura de se faire moine, s'abandonnant ainsi au Dieu terrible qu'il avait senti dans le ciel embrasé. Son entrée dans le cloître silencieux et sombre à jamais, ses défaillances, ce qu'il tenta pour échapper aux désirs qui rongent, sa piété amère, ses épouvantes, les spectres qui descendaient dans sa cellule avec l'ombre du soir, c'est ce qu'il a décrit lui-même en termes d'une naïveté terrible.

Il faut remarquer aussi que le victorieux dénonciateur de tant de superstitions catholiques, que le précurseur du rationalisme, que Luther enfin, était superstitieux à l'excès et plus naïvement crédule qu'aucun homme de son temps. Sorcières se donnant rendez-vous, le lendemain de la fête de Noël, dans un endroit où quatre chemins se croisent, et tenant, après le coucher du soleil, des assemblées sinistres ; moines accompagnés, le long d'une route inconnue, par l'esprit des ténèbres sous les dehors d'un homme armé; voix de l'enfer montant dans le silence de minuit, voilà de quels récits Luther entretenait ses auditeurs charmés, voilà de quelles croyances il nourrissait son imagination malade[1]. Mais c'était du démon, surtout, que Luther affirmait et redoutait l'empire. Dans la solitude de ces nuits de trouble où il préparait la ruine du monde ancien, souvent il vit se dresser autour de lui les fantômes de son cœur. Satan lui apparaissait alors ; et lui, frissonnant, oppressé, mais ferme dans sa foi, il entrait en lutte contre son visiteur redoutable[2].

Tel devait se montrer Luther. Or, quand il partit pour Rome, il était ce que le cloître l'avait fait; son visage n'avait pas alors ce teint fleuri et ces chairs si fermes que nous montrent aujourd'hui certains portraits de Luther; il trahissait, au contraire, les longues veilles, les veilles ardentes; ses yeux, qui, depuis, furent comparés à ceux du faucon, brillaient d'un éclat sinistre, et il avait à ce point souffert par la pensée, qu'on aurait pu, dit un historien du temps, compter les os de son corps; quant à ses scrupules, ils étaient d'un enfant de l'Église.

Mais quel spectacle lui réservait la ville sacrée! La corruption y était devenue générale, prodigieuse. Partout la simonie, des débauches sans nom[3], le blasphème, l'odeur du meurtre[4]... Luther frémit d'horreur, et, de retour à Wittemberg, peu d'années après, en 1517, il commençait sa grande attaque.

Incompréhensible audace, si la révolte d'un homme, ici, n'eût été celle d'un siècle!

Car, bien qu'ébranlée profondément par les hérésies

---

[1] *Propos de table*, traduits par Gustave Brunet; part. I.
[2] *Ibid.*, p. 31.
[3] Merle d'Aubigné, *Hist. de la Réform.*, t. I, p. 73.
[4] Ranke, *Hist. de la papauté*, t. I, p. 80.

d'un côté, et de l'autre par le concile de Constance et celui de Bâle, la papauté paraissait encore pleine de vie. Rome était à bout d'impuretés ; mais, pour les couvrir, que de splendeurs réunies ! Autour du trône pontifical se pressait un groupe de grands hommes. Le pape d'alors, c'était Léon X, un des Médicis ; et il avait apporté, dans ses fonctions suprêmes, la grâce, la magnificence, l'heureux génie de sa maison.

Mais sous cet éclat la mort habitait. La raison en est simple. Une puissance ne dure qu'à la condition de conserver la spécialité de ses fonctions et l'originalité de son caractère. Le pape n'avait été possible que comme chef spirituel de l'humanité ; et comme tel, où pouvait-il trouver son naturel appui, si ce n'est dans la foi des peuples ? Le jour où, croyant avoir besoin d'un autre appui, son orgueil le cherchait dans le génie des artistes et des poëtes, dans un tumultueux rassemblement de soldats, dans l'opulence et la possession de vastes domaines, ce jour-là, tombé du haut de son majestueux isolement, dans la foule des princes temporels, le pape cessait d'être lui : il disparaissait aux yeux de la terre.

Peut-être Léon X n'aurait-il pas songé à promulguer les indulgences, auxquelles répondit, comme on sait, le premier cri de Luther, si les fêtes, les dons, le désir d'achever la basilique commencée par Jules II, n'avaient poussé le saint-siége à l'avidité en le poussant à l'indigence. Mais Léon fut séduit par ce besoin de magnificence, « feu qui ne brille qu'à la condition de consumer[1]. » Il fallut vendre le chapeau de cardinal, vendre la charge de la pénitencerie, les évêchés, le salut des âmes. L'Église fut un marché, la religion un système d'impôts, la papauté un modèle de gouvernement fiscal, l'univers chrétien une proie.

[1] « Quæ instar ignis tantum fulget quantum consumit. » Pallavicini, *Hist. conc. Trid.* pars 1, lib. 1, cap. II.

Or, la sécularisation de l'Église, si vivement dépeinte par Érasme dans son *Éloge de la folie*[1], amenait invinciblement plusieurs résultats funestes au clergé.

Les croyances du peuple s'affaiblissant, le pouvoir spirituel qui avait dominé le moyen âge chancela.

Une foule de princes et de nobles, ruinés par les combats, virent dans un soulèvement contre Rome des domaines à conquérir, des monastères à dépouiller.

La bourgeoisie, que la récente découverte de l'Amérique poussait vers l'industrie, s'irrita d'avoir à partager les fruits de son travail avec des moines avides et paresseux.

Enfin, la puissance temporelle des papes leur créait un intérêt politique qui pouvait se trouver et se trouva souvent, en effet, en opposition directe avec l'intérêt religieux.

Ajoutez à cela que les peuples, devenant industriels de militaires qu'ils avaient été, commençaient à se dégoûter des disputes stériles; que la scolastique, nourriture intellectuelle du moyen âge, ne suffisait plus; que de Constantinople, prise par les Turcs, s'étaient échappés et répandus sur tout le monde occidental, comme autant de flambeaux vivants, les propagateurs du génie antique; que, si les lettres renaissantes avaient servi Rome dans Rome, ce n'avait été qu'en la rendant à demi païenne; que partout ailleurs, et notamment en Allemagne, elles avaient produit leur effet naturel et préparé l'affranchissement de la raison; que les travaux philologiques de Reuchlin, les écrits d'Érasme, les études astronomiques, semblaient annoncer l'avénement d'une science profane, destinée à remplacer la théologie et à remplir le vide qu'en tombant la papauté devait laisser dans l'histoire.

Y eut-il jamais, pour une vaste révolution, un plus

---

[1] Voy. l'*Éloge de la folie*, t. I, p. 242, de la traduction française de M. de Panalbe.

merveilleux concours de circonstances ? Et toutefois, dans les débuts de son entreprise, Luther hésita; il eut pour l'erreur d'involontaires ménagements, il éprouva par moments des transes mortelles..., tant paraissait difficile à soulever le fardeau sous lequel avait jusqu'alors ployé l'Europe! tant faisait peur encore cette grande figure du pape[1]!

Aussi ne fallut-il pas moins, pour exciter Luther, que le commerce des indulgences, effroyable débordement de scandales. Il se leva indigné, quand il vit l'Allemagne à genoux devant le coffre-fort d'une caravane d'imposteurs, envoyés de Rome pour vendre la rémission des péchés.

Ainsi, pour Luther approchait l'heure des résolutions extrêmes. Bien vainement, eût-il voulu s'arrêter : il était emporté par le mouvement du monde. Les plus ardents champions de Rome furent les premiers à la lancer dans les périls. Ils étaient là, pressant de mille aiguillons le moine encore indécis, tantôt l'encourageant à l'orgueil par l'expression de leurs alarmes, tantôt l'appelant avec violence dans la dispute et l'irritant par l'outrage[2]. Lui, soit pour se défendre, soit pour attaquer à son tour, il étudiait les Pères de l'Église, il comparait les Écritures, il entassait les matériaux d'une érudition redoutable, il s'exerçait à plonger sans effroi dans la tradition de l'Église et ses profondeurs les plus obscures. Bientôt, il la dédaigna, et fut conduit à ne plus reconnaître d'autre autorité que l'Évangile et d'autre maître que le Christ.

Alors se présenta clairement à son esprit le sens ré-

---

[1] « Fateor, mi Erasme, etc. » *Omn. oper.* Lutheri, t. III, p. 173.
[2] Sleidan, *Hist. de la Réformation*, t. I, p. 9. — « Plane ipsum edocuit « (scriptum Prieriæ) hanc infamiam evitari non posse, nisi oppugnata ro- « mani pontificis potestate. » Pallavicini, *Hist. conc. Trid.* pars I, lib. I, cap. VI.

volutionnaire des paroles qui, à Erfurt, étaient sorties des abîmes de son cœur, et que, depuis, il avait cru entendre à Rome sur les marches de l'escalier de Pilate : si, comme l'avait dit saint Paul, le juste vivait par la foi, la foi était donc la grande condition du salut. Et si la foi était tout, si les œuvres n'étaient rien, le moine portant un cilice tombait au-dessous du laïque ayant la foi.

D'un autre côté, n'a point la foi qui veut : Dieu la donne ou la refuse. L'homme n'était donc pas libre. Or, s'il n'était pas libre d'agir, l'Église n'avait rien à lui prescrire. S'il dépendait de Dieu seul, il n'avait à courber le front devant aucun visage humain; et, confondus dans une même dépendance vis-à-vis du Christ, le dernier des fidèles et le pape devenaient égaux : pourquoi un pape?

Telles furent les primitives données du protestantisme. Et quant à ses conséquences, ne les pressentez-vous point déjà? Ce pape qu'il s'agit de renverser, c'est un roi spirituel, mais enfin c'est un roi. Celui-là par terre, les autres suivraient. Car, c'en est fait du principe d'autorité, pour peu qu'on l'atteigne dans sa forme la plus respectée, dans son représentant le plus auguste; et tout Luther religieux appelle invinciblement un Luther politique.

C'est ce qu'on ne tarda pas à comprendre en Allemagne. Luther n'était pas allé encore, dans ses attaques, au delà de la question des indulgences, que déjà il s'était répandu autour de lui un frémissement inaccoutumé. Plusieurs pressentaient des agitations mortelles, la guerre civile[1]. Dans les calmes régions qu'il habitait, l'empereur Maximilien ne put lui-même se défendre d'un certain trouble. Et averti par lui[2], Léon X enfin commença à s'émouvoir; il vit bien que de tels débats

---

[1] Pallavicini, *Hist. conc. Trid.* pars I, lib. I, cap. VI.
[2] Sleidan, *Hist. de la Réformation*, t. I, p. 11.

n'étaient point, comme il l'avait cru d'abord, simples disputes de moines.

Et, en effet, Luther touchait au moment de pouvoir dire avec plus de raison que ne le disait jadis Attila : « L'étoile tombe, la terre tremble, je suis le marteau de l'univers. »

Que dire encore? Bientôt Rome en vint à implorer le moine rebelle. Miltitz le vit à Altenbourg, dans la maison de Spalatin; il essaya sur lui le pouvoir des flatteries[1], il l'accabla de protestations d'amitié, il supplia, il pleura[2].

Plus tard, revenant à ce souvenir, quand déjà brûlaient du feu par lui allumé son pays et l'Europe, Luther s'est écrié : « Si la conduite de Miltitz avait été celle de l'archevêque de Mayence, lorsque je l'avertis, puis du pape, avant ma condamnation par ses bulles, l'affaire n'aurait point abouti à un si grand tumulte... Maintenant on demande en vain conseil, on s'ingénie en vain. Dieu s'est éveillé, et il est là debout pour juger les peuples[3]. » Rien ne montre mieux combien Luther était peu lui-même dans le secret de son œuvre. Non : plus de prudence, à l'origine, n'aurait pas empêché ce tumulte, parce que la liberté humaine ne vaut que dans les choses secondes et ne règle que les accidents. Sur des faits dont la moitié du globe devra s'émouvoir, que peut la conduite de quelques hommes, sagesse ou folie? Chacun remue et combine, selon sa fantaisie, les grains de sable du rivage; mais l'heure de la marée montante, nul ne l'avance et nul ne la retarde.

Cependant, l'année 1519 s'était ouverte, et, le 12 janvier, l'empereur Maximilien était mort. On le sait :

---

[1] « Ecce ubi unum pro papa stare inveni, tres pro te contra papam stabant. » *Omn. oper.* Lutheri t. 1, *præfatio*.
[2] Pallavicini, *Hist. conc. Trid.* pars 1, p. 19.
[3] Lutheri *præfatio*.

entre François Ier et Charles-Quint, trop pesants tous les deux pour l'Allemagne et tous les deux redoutés de Léon X, la couronne impériale demeura longtemps suspendue. Elle fut offerte à Frédéric de Saxe ; mais il la refusa, et, en la refusant, il la mettait sur la tête de Charles-Quint. Or, ce refus généreux, que Pallavicini[1] célèbre comme une inspiration d'en haut, comme une marque éclatante des préférences de Dieu pour l'Église catholique, ce refus servit néanmoins la Réformation, par l'état d'infériorité morale et de volontaire dépendance où il plaça Charles-Quint vis-à-vis du protecteur de Luther. Aussi verrons-nous, à partir de ce moment, les coups frappés sur le trône pontifical se succéder sans interruption, la Révolution se hâter... Et la diète de Worms ne l'arrêtera pas.

Étrange et ordinaire destin des pouvoirs qui penchent ! par les plus fougueux partisans de Rome fut provoquée cette fameuse dispute de Leipzig qui produisit tant d'émotion en Allemagne[2]. Des étudiants, accourus de toutes les universités, affluaient tumultueusement dans la ville, et, avec une curiosité frémissante, ils se hâtaient vers ce tournoi, si nouveau, dans lequel allaient s'échanger, non de vains coups de lance, mais des idées terribles et des mots irréparables. Luther y fut amené à combattre la primauté de l'évêque de Rome, à nier qu'elle fût de droit divin, à rejeter la tradition ecclésiastique, à accepter, du moins en partie, l'héritage révolutionnaire du martyr de Constance. S'il l'emporta ou non sur son adversaire par l'érudition et l'éloquence, la question, violemment débattue autrefois, est aujourd'hui

---

[1] « Tam excelsa repudiatio, etc. » Pallavicini, lib. 1, cap. XXII.
[2] Voy. dans le tome I des Œuvres latines de Luther, depuis la page 199, B, jusqu'à la page 244, B, le chapitre intitulé : *Disputatio Lipsiæ habita, anno* XIX, *a notariis excepta*, et encore : Sleidan, liv. I, p. 48 et 49 ; Pallavicini, p. 20, 21, 22, 23 et 24 ; et Seckendorf, à partir de la p. 72.

pour nous sans intérêt. C'est le résultat qui nous importe, et le résultat se trouve dans la nature des trois déclarations suivantes, qu'allaient se renvoyer tous les échos de l'Allemagne :

« J'accorde que l'Église militante est une monarchie; mais son chef, ce n'est pas un homme, c'est Christ[1].

« Si, en parlant de l'édification de l'Église, saint Augustin et les autres Pères, tous ensemble, ont voulu désigner par le mot *pierre* l'apôtre saint Pierre, je leur résisterai, moi seul[2].

« Il est certain que, parmi les articles de Jean Hus ou des Bohémiens, beaucoup sont parfaitement chrétiens et conformes à l'Évangile[3]. »

Ainsi, plus de souveraineté humaine fondée sur le droit divin; à la place du principe d'autorité, le sentiment individuel; et, pour toute tradition, celle des révoltes de la conscience injustement opprimée.

Il y avait au bout de telles nouveautés une révolution et des abîmes. L'évêque de Brandebourg en fut si profondément ému, qu'il s'écria, en jetant au feu un tison : « Que ne puis-je de la sorte jeter dans les flammes ce Martin Luther[4]! » Comme défenseur du vieux monde, l'évêque de Brandebourg avait raison de s'effrayer : la Réformation venait de pousser son cri de guerre.

Était-ce un cri sauveur? Le pape une fois abattu, Luther entendait-il pousser droit aux maîtres de la terre? Le peuple souffrait par l'âme et par le corps, il était superstitieux et misérable : double servitude à détruire!

---

[1] « Monarchiam Ecclesiæ militantis... » *Omn. oper.* Lutheri t. I, p. 200, A.
[2] « Resistam eis ego unus. » *Omn. oper.* Lutheri t. I, p. 207, B.
[3] « Hoc certum est inter articulos Joh. Hus... » *Omn. oper.*, Lutheri t. I, p. 208, A.
[4] Seckendorf, *Comment. de Lutheranismo* lib. I, p. 80.

Luther entendait-il y porter la main? Non; car, en ce révolutionnaire, le moine resta. Dans un livre qu'il publiait quelques mois après la dispute de Leipzig, et que tant d'auteurs, trompés par le titre, ont pris pour la charte d'affranchissement du genre humain, dans l'écrit intitulé *de la Liberté chrétienne*, Luther soutint que la vie de l'homme étant un combat entre la chair et l'esprit, la liberté du chrétien devait être toute spirituelle et intérieure. « Que sert à l'âme, disait-il, que le corps se porte bien, qu'il soit libre et vivace, qu'il mange, qu'il boive, qu'il agisse à son gré : n'est-ce point là le partage même des esclaves du crime? Et, d'un autre côté, quel obstacle opposent à l'âme la mauvaise santé, la captivité ou la faim, ou la soif, ou le mal extérieur, quel qu'il soit? est-ce que les hommes les plus pieux, les plus libres par la pureté de leur conscience ne sont pas sujets à tout cela[1]? »

Ainsi, Luther semblait prendre son parti de l'asservissement d'une moitié de l'homme, et se montrait prêt à laisser en dehors de sa révolte tout le côté matériel de l'humanité. Ce fut, entre les erreurs de ce tribun mystique, la plus profonde et la plus fatale.

L'âme et le corps sont unis par des liens qu'il y a folie et cruauté à méconnaître. L'esprit s'énerve dans un corps flétri; et si le corps s'accoutume à fléchir, tôt ou tard l'âme s'abaissera. Sans doute il en est qui restent libres dans un cachot et sont rois sous des haillons; on en a vu qui mouraient debout; mais le nombre est bien petit de ces hommes au cœur puissant, et l'héroïsme est d'autant moins nécessaire que les sociétés sont moins imparfaites. Pourquoi l'homme n'arriverait-il pas, de progrès en progrès, à voir se réaliser au dedans de lui-même cette divine loi d'harmonie qui maintient la

---

[1] « Quid enim prodesse queat animæ? » *De Libertate christiana. Omn. oper.* Lutheri t. 1, p. 387, B.

paix des mondes, régulièrement emportés dans le silence des cieux? Alors peut-être cesserait ce gémissement des misérables humains qui, depuis l'origine et toujours inutilement, monte vers Dieu à travers l'histoire. Donc plus d'esclavage par le vice; mais aussi plus d'esclavage par la pauvreté. Il ne faut pas que l'âme se souille, mais les souffrances du corps valent qu'on en prenne souci; car la vie humaine, en chacun de ses modes, est respectable à jamais.

Il est probable que Luther, en commençant, n'était pas averti du redoutable caractère de son entreprise. Quand il entrevit tout ce que pouvait dévorer et contenir cette fosse qu'il creusait; quand les pressentiments de son génie lui montrèrent, dans le lointain, tous ces prélats, tous ces rois, tous ces princes, tous ces nobles, se tenant par la main, s'entraînant l'un l'autre, foule solitaire, et tombant enfin d'une chute commune... Luther recula d'épouvante. Voilà pourquoi il se hâtait de séparer l'âme du corps, ne désignant aux coups des peuples soulevés que les tyrannies spirituelles, et demandant que les tyrannies temporelles demeurassent inviolables. En approuvant les révoltes de la dévotion, il se préparait à condamner celles de la faim. Il espérait perdre les prêtres et sauver les princes. Aussi lui entendrons-nous dire avec Rome : « Mon royaume n'est pas de ce monde, » lorsque de plus hardis logiciens tireront la conclusion de ses doctrines. Et pourtant, il aurait pu se rappeler qu'au moyen de ce texte fatal, mal compris, mal interprété, Rome avait rendu patientes jusqu'à l'hébétement les douleurs des damnés d'ici-bas, et consacré le long scandale des peuples résignés sous les oppresseurs impunis.

Mais on n'arrête pas la pensée en révolte et en marche. Réclamer la liberté du chrétien conduisait irrésistiblement à réclamer la liberté de l'homme. Luther, qu'il le voulût ou non, menait droit à Münzer. Ceci n'a point échappé à Bossuet. « Luther, s'écrie amèrement l'illustre auteur des *Variations*, Luther en affirmant que le chrétien n'était sujet à aucun homme, nourrissait l'esprit d'indépendance dans les peuples, et donnait des vues dangereuses à leurs conducteurs [1]. »

Le 23 juin 1520, Luther publiait son *Appel à la noblesse germanique sur la réformation du christianisme*, et cette déclamation puissante retentit en Allemagne comme un coup de tonnerre. Que tardait-on? La tyrannie romaine avait-elle encore quelque chose à ajouter à ses excès? Pourquoi les nobles ne se levaient-ils pas pour délivrer l'Allemagne, pour la venger? On parlait d'une société ecclésiastique distincte de la société laïque : mensonge! Tous les chrétiens étaient prêtres, et il n'était pas de moine, d'évêque, de cardinal, de pape, qui ne fût soumis aux puissances qui tiennent l'épée. « Le pape mange le grain, à nous la paille, » disait Luther en s'adressant à l'empereur, et comme pour résumer son pamphlet terrible.

Rome ne pouvait rester indifférente aux emportements de Luther. Il est douteux, néanmoins, qu'abandonné à ses inspirations propres, Léon X se fût précipité dans des mesures de rigueur. Esprit facile, nature aimable et généreuse, Léon X était homme à aimer le moine allemand pour son érudition, son éloquence et l'éclat de son génie orageux. Mais vers le riant ami de Raphaël étaient accourus des prêtres à l'intelligence méditative, des logiciens sombres et effrayés. Ils lui peignirent l'Allemagne en feu, l'Église ébranlée, la conscience des peuples agitée de désirs inconnus, une impulsion nouvelle et funeste imprimée aux choses de l'avenir, et, le 15 juin 1520, paraissait la fameuse bulle qui donnait à Luther soixante

---

[1] *Hist. des Variations*, liv. II, t. V des Œuvres complètes, p. 536.

jours pour se rétracter, et, ce délai passé, le frappait d'anathème. Elle commençait en ces termes : « Lève-toi, Seigneur, et sois juge dans ta cause[1]. »

Pendant ce temps, Luther grandissait en force, en popularité, en audace. Des nobles, Sylvestre de Schauenbourg, François de Sickingen, lui faisaient promettre leur protection[2]. Et lui, de plus en plus animé au combat, il écrivait à Spalatin : « L'humilité dont j'ai fait preuve jusqu'ici, et vainement, prendra fin ; elle a trop enflé l'orgueil des ennemis de l'Évangile[3]. » Alors parurent coup sur coup des livres que s'arrachait l'Allemagne, livres pleins d'une colère sublime et d'un trivial délire, étranges, monstrueux, mais irrésistibles, par où se montraient le mystique et le bouffon, le pamphlétaire et le prophète.

Plus de trois siècles se sont écoulés depuis Luther, et, aujourd'hui encore, c'est par les sacrements que la domination de l'Église s'exerce et se maintient. Par les sacrements, l'Église possède l'homme, du berceau à la tombe. Né à peine, elle se hâte de l'appeler dans le temple, le baptise, le fait sien. Enfant, elle le marque de son signe. Adulte, elle le déclare époux et l'autorise à devenir père. Coupable, elle l'interroge, le condamne ou l'absout. Mourant, elle promène sa main sur lui, comme pour s'emparer de son agonie. Mort, elle le confie à la terre, et, même au delà du cercueil, elle le poursuit dans les régions éternellement ignorées. C'est ce prodigieux empire que Luther essaya de miner dans son livre *de la Captivité babylonienne de l'Église*. Il réduisit les sacrements à trois : le baptême, la pénitence, l'eucha-

---

[1] « Exsurge Domine et judica causam tuam. » *Omn. oper.* Lutheri t. I, p. 423.

[2] Seckendorf, *Comment. de Lutheranismo* lib. I, p. 111.

[3] « Amplius inflari hostes Evangelii. » *Apud* Seckendorf, p. 111.

ristie; et il en faisait consister la vertu dans la foi du chrétien, non dans l'intervention du prêtre[1].

Ce livre redoutable n'avait pas encore paru lorsque la bulle qui frappait Luther arriva en Allemagne. Et lui, enflammé de colère, il résolut d'étonner les hommes.

Le 10 décembre 1520, des affiches annoncèrent à la jeunesse de Wittemberg qu'à neuf heures du matin, vers la porte orientale, un grand spectacle allait être donné. L'heure venue, on se mit en marche. La foule était immense. Un bûcher s'élevait sur le lieu désigné: un professeur célèbre y mit le feu. Puis, Luther s'approchant : « Tu as contristé le saint du Seigneur, dit-il, eh bien, que le feu éternel te consume. » Et il jeta dans les flammes le livre des décrétales et la bulle[2].

Or, dès le 1er décembre, il avait protesté par le fameux écrit intitulé : *Contre l'exécrable bulle de l'Antechrist.* « J'aimerais mieux mourir mille fois que de rétracter une seule syllabe des articles condamnés. Et, de même qu'ils m'excommunient, pour leur sacrilége hérésie, je les excommunie, moi, au nom de la sainte vérité de Dieu. Christ, notre juge, verra des deux excommunications laquelle vaut[3]. »

Le pape excommunié à la face des nations, et par le fils d'un obscur mineur de Mansfeld! ce fut en Allemagne un tressaillement universel. Les villes savantes s'ébranlèrent à la voix de mille puissants écoliers. Les livres du réformateur ne suffisaient plus à l'attente. D'anciens religieux les colportaient. A Nuremberg, à Strasbourg, à Mayence, on se passait, de main en main, humides en-

---

[1] *De Captivitate babylonica Ecclesiæ. Omn. oper.* Lutheri t. II, p. 265, A.

[2] *Exustionis antichristianarum decretalium acta. Omn. oper.* Lutheri t. II, p. 320, A.

[3] « Christus judex viderit utra excommunicatio apud eum valeat. » *Omn. oper.* Lutheri t. II, p. 292, A.

core, les feuilles qui portaient, fixée dans une indélébile empreinte, la condamnation de Rome. Et à ce rapide essor des pensées d'un moine, à cette illumination si menaçante et si soudaine de la Germanie, on put reconnaître ce que l'imprimerie avait apporté de nouveau parmi les hommes. Luther — il l'a dit lui-même — se sentait porté par le vent populaire[1]. Luther remplissait l'Allemagne. Il est vrai que devant lui pouvait se dresser, sérieuse et irritée, la figure de Charles-Quint ; mais il avait pour lui la circonspection de ce même empereur, jeune alors, et qui, par la timidité, s'essayait à la prudence ; il avait pour lui les désordres introduits dans l'Église, les fêtes où Léon X oubliait son empire miné, l'épuisement des anciennes formes de l'oppression, et ce besoin du changement qui est la vie de l'histoire.

Le mouvement de l'Allemagne était trop vif pour ne pas se communiquer à l'Europe. Le Nord inclinait à suivre Luther. Mais les superstitieuses contrées du Midi s'étaient émues en sens contraire. On s'y demandait avec inquiétude où conduiraient ces nouveautés étranges, et si c'était Dieu qu'il s'agissait de mettre en cause, Dieu lui-même. Il y en eut auxquels il n'échappa point que du fond de semblables innovations religieuses sortirait tôt ou tard une révolution politique, parce qu'elles « nourrissaient l'esprit d'indépendance dans les peuples et donnaient des vues dangereuses à leurs conducteurs. » L'anxiété devint donc générale. Une diète solennelle avait été convoquée à Worms, elle s'y était assemblée le 6 janvier 1521. Et tous les regards montaient vers le trône sur lequel était assis Charles-Quint, grave déjà, taciturne, et maître, à vingt ans, du secret de ses pensées.

Par un rare concours de circonstances, Charles-Quint régnait à Vienne, à Naples, à Saragosse, à Valladolid, à

---

[1] « Fovebat me aura ista popularis. » *Omn. oper.* Lutheri t. I, *præfatio*.

Bruxelles, et sa domination atteignait, par delà les mers, le continent américain. Entre le pape et Luther, si Charles-Quint penchait d'un côté, il semblait pouvoir de ce côté-là faire pencher le monde : qu'allait-il décider ?

Charles-Quint n'hésita pas longtemps. S'établir juge de Luther convenait à sa politique et plut à son orgueil. Il comprit que par là il allait se présenter à l'Europe comme l'arbitre des affaires de la chrétienté, comme le protecteur suprême des papes. Peut-être aussi son âme profonde éprouvait-elle un naturel dédain pour le procédé vulgaire de la violence : sur ces hauteurs où l'avait placé la fortune, il put se croire assez fort pour se passer d'être injuste.

Dès le 21 décembre 1520, l'électeur Frédéric avait fait demander à Luther ce qu'il ferait si on l'appelait à Worms, et Luther avait répondu qu'il obéirait « en recommandant sa cause à celui qui sauva les trois enfants dans la fournaise ardente[1]. » Seulement, il réclamait un sauf-conduit[2]. Il l'obtint, à la sollicitation de Frédéric. Et le plus puissant monarque de la terre à cette époque, Charles-Quint, écrivit à un moine naguère obscur et maintenant excommunié : « A notre honorable, cher et dévot docteur, Martin Luther, de l'ordre des augustins[3]. »

Le 2 avril 1521, Luther partit de Wittemberg pour se rendre à Worms, monté sur un char recouvert d'une toile, tel qu'en avaient alors les Allemands[4]. Près de lui se tenaient, l'enveloppant de leur courageuse amitié, Amsdorf, Schurf et Suaven. Simple moine, il était précédé par un héraut portant l'aigle de l'empire[5]. Il mar-

---

[1] « Deo commendaturum esse causam qui tres pueros in fornace ignis « servaverit. » *Omn. oper.* Lutheri t. I, p. 148.

[2] *Omn. oper.* Lutheri t. I, p. 148.

[3] « Honorabili nostro dilecto, devoto doctori, Martino Luthero, augusti-« niani ordinis. » *Omn. oper.* Lutheri t. II, p. 411, B.

[4] Seckendorf, *Comment. de Lutheranismo* t. I, p. 152.

[5] *Viti Warbeccii relatio,* apud Seckendorf, lib. I, lib. I, p. 153.

qua dans la vie du réformateur, ce voyage. Luther y éprouva, dans ce qu'elle a de plus intime, l'exaltation douloureuse que donne la majesté de certains périls. A Erfurt, il fut pris de mélancolie, en apercevant le cloître où s'était flétrie, dans de solitaires combats, la fleur de ses vives années : or, comme le jour baissait, il alla s'asseoir au pied d'une croix de bois, sur une pierre qui recouvrait des cendres aimées, et là il s'oublia en de telles rêveries, que, la nuit venue, il n'entendit pas la cloche du couvent, qui appelait au repos. Sur ses pas, du reste, semblaient accourir et se presser, le long de la route, de tristes fantômes. Ici, on lui mettait sous les yeux le portrait du martyr florentin Savonarole; ailleurs, on lui rappelait la tragique histoire d'un sauf-conduit violé, et Sigismond, et Jean Hus[1]. Traversant une ville, il entendit crier par les rues la condamnation de ses livres. Mais, quoique malade, il s'était promis d'aller jusqu'au bout : « Nous entrerons dans Worms, disait-il, malgré les portes de l'enfer et les puissances de l'air[2]. » On montre, à quelque distance de Worms, un arbre qu'un paysan était en train de planter quand Luther passa. « Donne, dit le voyageur au paysan, que je le mette en terre. Et puisse, comme ses branches, croître ma doctrine ! » « L'arbre a grandi, s'écrie, en rappelant le fait, un auteur moderne, un fervent catholique, l'arbre a grandi; et la doctrine, qu'est-elle devenue[3] ? » La doctrine? vous la retrouverez, condamnée à son tour par les grandes âmes et ensevelie à moitié sous les ruines qu'elle a faites. Mais de ces ruines entassées, si la justice enfin l'emporte, les générations actives feront sortir des constructions toutes neuves et d'une immortelle beauté.

Le 16 avril, Luther entrait dans Worms et allait des-

---

[1] Sleidan, *Hist. de la Réformation*, t. I, liv. III, p. 91.
[2] Seckendorf, *Comment. de Lutheranismo* lib. I, p. 152.
[3] Audin, *Hist. de Luther*, t. I, p. 312.

cendre à l'hôtel des Chevaliers de Rhodes. La ville entière s'y porta en tumulte pour voir le monstre, dit Pallavicini, monstre de sagesse ou d'iniquité[1]. Lui, plein d'émotion, mais intrépide, il dit, en sautant à bas de son char : « Dieu sera pour moi[2]. » Cependant, quand il se trouva seul avec ses pensées, et qu'il songea devant quelle assemblée de personnages, imposants et terribles, il allait rendre compte de tant de choses qu'il avait osées, du principe d'autorité avili, des règles anciennes de la conscience changées, et de ce prochain, de cet inévitable remuement de peuples, sa gloire ou son crime, il tomba dans le trouble et se mit à prier avec angoisse. Devant les princes réunis, devant Charles-Quint, Luther montra une indécision qui surprit, et dans laquelle historiens catholiques et historiens protestants ont eu tort de voir, les uns une admirable modestie, les autres l'absence de foi et la peur. La vérité est que, dans la première audience, Luther parut hésiter et demanda du temps pour réfléchir[3]. On lui accorda jusqu'au lendemain. Mais Charles-Quint se prit à dédaigner un homme qui ne le bravait pas. Il avait cru que ce moine essayerait de s'égaler à lui par l'audace, qui est la force des faibles et la dignité des inférieurs.

Le lendemain, du reste, Luther se releva. Le fiscal de Trèves lui ayant demandé, au nom de l'empereur, s'il reconnaissait les livres dont, la veille, on lui avait lu les titres et s'il consentait à se rétracter, il répondit par un

---

[1] « Tota civitas sollicite confluxit, quo monstrum spectaret seu sapientiæ « seu nequitiæ. » Pallavicini, *Hist. conc. Trid.* t. I, pars I, lib. I, cap. XXVI.

[2] « Deus pro me stabit! » Pallavicini, *Hist. conc. Trid.* t. I, pars I, lib. I, cap. XXVI.

[3] *Acta reverendi patris Martini Lutheri, coram Cæsarea majestate, etc., in comitiis principum Wormatiæ. Omn. oper.* Lutheri t. II, p. 412, B.

discours plein d'humilité à la fois et de grandeur. Il fit remarquer que, parmi ses livres, quelques-uns avaient été, par ses adversaires eux-mêmes, reconnus pieux et conformes à l'Évangile : ceux-là il n'y avait lieu de les rétracter. Quant à ceux dans lesquels il s'était élevé contre la papauté, contre les papistes, contre les impures doctrines et les exemples impies, fléau du monde chrétien, il déclara ne les pouvoir renier sans se faire complice de la tyrannie. Il confessa, d'ailleurs, que, dans ses écrits purement polémiques, il s'était laissé aller à plus de violence qu'il ne convenait à son état et à un chrétien. Il en appela, du reste, de l'infirmité des jugements humains à la parole infaillible de Dieu[1]. Après une courte délibération des princes, le fiscal de Trèves somma impérieusement Luther de déclarer s'il se rétractait oui ou non. Alors le pauvre moine dit à ces guerriers au visage sombre et au cœur irrité : « Me voici! je ne puis autrement... Que Dieu me soit en aide[2]! » Il avait prononcé son discours, en latin d'abord, puis en allemand : il était épuisé, et la sueur ruisselait sur son front. Mais déjà l'ombre du soir descendait dans la salle. On se sépara.

Luther quitta Worms le 26 avril 1521. De Friedberg, il écrivit à Charles-Quint une lettre soumise, presque suppliante, mais dans laquelle il disait : « Ma cause est celle de toute la terre[3]! » On lui répondit par un édit de proscription[4].

Il avait cependant continué sa route. Étant allé recevoir, au village de Mora, les embrassements de sa grand'

---

[1] Voy. ce discours dans les Œuvres latines de Luther, t. II, p. 411, A et suiv., au chapitre intitulé : *Acta reverendi patris M. Lutheri, in comitiis principum Wormatiæ.*

[2] « Adjuvet me Deus! » Seckendorf, *Comment. de Lutheranismo* lib. I, p. 154.

[3] Sleidan, liv. III, p. 100.

[4] Voy. pour la teneur de l'édit : Sleidan, t. I, liv. III, p. 105; Fra Paolo, liv. I, p. 14; Pallavicini, lib. I, cap. xxviii.

mère, il en revenait, accompagné de son frère Jacques et d'Amsdorf, et il longeait les bois de la Thuringe, quand tout à coup parurent des cavaliers masqués. Ils arrêtent le chariot, saisissent Luther, le mettent à cheval après lui avoir jeté sur les épaules un manteau de chevalier, et, l'entraînant avec eux, ils disparaissent dans les profondeurs de la forêt. A minuit, ils arrivèrent aux portes d'un château, ancienne demeure de landgraves et situé sur des hauteurs solitaires[1]. Ce fut là que les guerriers inconnus déposèrent Luther. Il y resta plusieurs mois, entouré d'un profond mystère, assailli de fantastiques frayeurs, et ne voyant personne, si ce n'est deux jeunes garçons nobles qui lui venaient apporter la nourriture de chaque jour. L'ordre de le dérober à tous les regards pour le soustraire à ses ennemis venait de l'électeur de Saxe. Mais l'asile choisi fut longtemps ignoré de Frédéric lui-même, qui, en s'imposant à cet égard une volontaire ignorance, s'était ménagé le moyen de tenir cachée, sans mensonge, la retraite du proscrit[2].

Ainsi écarté de la scène du monde, Luther n'en devint que plus imposant. Un instant on l'avait cru mort : son cadavre, disait-on, avait été trouvé percé de coups. Ses partisans gémirent alors, ils s'indignèrent ; et tels furent les transports de quelques-uns, que les deux nonces du pape coururent risque de la vie[3]. Mais la vérité ne tarda pas à être soupçonnée sinon connue. D'ailleurs, la pensée du réformateur planait toujours sur l'Allemagne émue. Pendant que Léon X se mourait à Rome, Luther, du haut de la Wartbourg, répandait avec plus de profusion que jamais les inspirations de son esprit indompté et les amers trésors de sa haine.

Ses lettres, qu'il datait de la *région de l'air*, de la ré-

---

[1] « In monte a commerciis semoto sitam. » Pallavicini, lib. II, cap. I.
[2] Pallavicini, *Hist. conc. Trid.* lib. II, p. 46.
[3] *Ibid.*

gion des oiseaux, de *Patmos*, guidaient ses amis, encourageaient leur espérance; et par des livres il exaltait et remuait le peuple. Tantôt il tonnait contre les messes privées[1], tantôt contre les vœux monastiques[2]. La Bible, traduite par lui en langue allemande, vint ajouter la gloire littéraire à l'éclat dont il rayonnait; et mis face à face avec le texte des Écritures, le peuple apprit à se passer des commentaires de Rome.

De là résultèrent, cependant, des excès de nature à ébranler le règne du réformateur. D'un verset de la Bible sortit la guerre aux images; les statues furent insultées, on les brisa; à Wittemberg l'*Église de tous les saints* fut impitoyablement dévastée, Carlstadt animant la foule de la voix et du geste. Luther était dépassé; il le sut et n'attendit pas l'agrément de l'électeur de Saxe pour quitter son donjon; il en descendit tout à coup, impétueux et irrité; le moine d'autrefois semblait avoir disparu. Luther s'appelait le chevalier Georges, il s'avançait à cheval, l'épée au côté, sous la cuirasse de l'homme d'armes; son entrée à Wittemberg fut un triomphe; à peine arrivé, il prêcha, et quelques sermons de lui ramenèrent tout sous sa loi.

Ainsi réglé, le mouvement s'étendit avec une rapidité extrême. La messe fut abolie ouvertement, et par autorité publique, à Francfort, à Hambourg, à Nuremberg[3]. Le prince d'Anhalt fit prêcher la doctrine luthérienne dans ses États; elle envahit les duchés de Lunebourg, de Mecklembourg, de Brunswick, traversa la Livonie, gagna la Baltique. En Suisse, où il avait commencé à prêcher dès 1516 le pur Évangile, Zwingle combattait le célibat des prêtres[4], provoquait à une dispute religieuse le vi-

---

[1] *Omn. oper. Lutheri*, t. II, p. 441, A.
[2] *Ibid.*, p. 477, B.
[3] Seckendorf, *Comment. de Lutheranismo*, p. 241.
[4] Sleidan, *Hist. de la Réformation*, t. I, liv. III, p. 112.

caire général de l'évêque de Constance, et faisait adopter par le sénat de Zurich un édit portant qu'on enseignerait l'Evangile « sans y mêler les traditions des hommes[1]. »

C'est une des grandes inconséquences de Luther d'avoir admis en religion et repoussé en politique le droit de résistance à la tyrannie ; lui qui recommandait sans cesse l'obéissance aux pouvoirs temporels, quels qu'ils fussent ; lui qui se vantait d'être revenu à Wittemberg pour empêcher qu'une violente sédition ne s'élevât en Allemagne[2], il osait tout contre les princes, dès qu'il s'agissait d'un point de doctrine théologique. Henri VIII, roi d'Angleterre, ayant eu l'imprudence d'emprunter, pour réfuter le livre *de la Captivité de Babylone*, la plume de son chapelain, Luther s'emporta contre le théologien royal jusqu'aux derniers excès de la fureur et de l'outrage. « Tu mens, s'écria-t-il dans sa réplique, roi stupide et sacrilége, toi qui, d'un visage impudent, fais signifier aux infaillibles paroles de Dieu autre chose que ce qu'elles signifient[3] ! etc... » De sorte que Luther se montrait à la foi minant la papauté, bravant l'empereur d'Allemagne, et cherchant à couvrir d'opprobre le roi d'Angleterre. De quel prestige, après cela, pouvaient rester entourées, aux yeux des peuples, les puissances humaines ? Luther poussait lui-même à ces révolutions politiques dont sa nature incomplète avait horreur.

Lorsque le cri qu'il avait fait entendre contre Rome, des milliers de voix en vinrent à le répéter contre les rois et les princes ; lorsque impatients de secouer l'ancienne

---

[1] Sleidan, *Hist. de la Réformation*, t. I, liv. III, p. 126.

[2] « Ne qua magna et horribilis seditio in Germania oriatur. » *Epistola duci Frederico in quà reditum suum ex Patmo excusat. Omn. oper. Lutheri* t. II, p. 316, A.

[3] « Mentiris, rex stolide et sacrilege... » *Contra regem Angliæ. Omn. oper. Lutheri* t. II, p. 327, A.

servitude, les paysans de l'Allemagne dressèrent en douze articles le programme de leurs réclamations, si semblables à celles des cahiers de la Révolution française, on sait avec quelle violence Luther éclata contre les paysans, avec quelle hauteur il leur prêcha le devoir des douleurs patientes et l'esclavage résigné. On sait aussi avec quelle joie sauvage il célébra leur extermination dans cette fameuse guerre qui couvrit l'Allemagne de deuil et de ruines. Il est vrai que la révolte des paysans relevait d'une doctrine rivale. C'était au nom du principe de la doctrine de la fraternité humaine, dont l'anabaptisme fut alors la formule religieuse, c'était à la voix de Storck et de Münzer que les paysans avaient pris les armes[1]. Et c'est ce que ne leur pardonna pas Luther. La seule doctrine que fussent alors en état d'accepter les hommes, c'était l'individualisme, et Luther ne venait pas leur en apporter d'autre.

Et en effet, voilà que tout se précipite. Dans le nord de l'Allemagne les vœux monastiques ont été abolis, les églises dépouillées ; à travers mille hésitations, l'Église nouvelle s'organise ; il fallait, contre le célibat des prêtres ajouter l'exemple au précepte : Luther se marie ; ramenant la Réformation à son point de départ, Érasme lance son livre sur le libre arbitre et force ainsi Luther à dire sur cette question décisive le dernier mot de la révolution qui s'accomplit. Le défi fut audacieusement accepté : « Non, s'écria le prophète de Wittemberg, en ce qui concerne Dieu, en ce qui touche soit au salut, soit à la damnation, l'homme n'a pas de libre arbitre. Il est soumis ou à la volonté de Dieu, ou à celle de Satan ; il est enchaîné, il est esclave[2]. » C'était ou revenir au mani-

---

[1] Voy. aux *Développements historiques*, à la fin du volume, la *Guerre des paysans*. Elle nous a paru digne d'un exposé dont l'étendue dépassait notre cadre.

[2] « Subjectus et servus est vel voluntatis Dei, vel voluntatis Satanæ. » *De servo arbitrio. Omn. oper.* Lutheri t. III, p. 172, B.

chéisme qui livrait l'univers à la lutte de deux génies rivaux, ou bien, comme l'a dit Bossuet, rendre Dieu auteur de tous les crimes[1]. Nous verrons quelles terribles conséquences sociales Calvin fera sortir de ce dogme de la prédestination si hardiment posé par Luther.

Du reste, les luttes qu'elle portait dans son sein, la Réformation les annonça dès l'origine. Peu de temps après le décret de la diète de Spire contre lequel les réformés protestèrent, ce qui leur valut, on le sait, le nom de protestants, deux hommes se trouvaient, par les soins du landgrave de Hesse, réunis à Marbourg et mis en présence. C'étaient le prophète de Wittemberg et le nouvel apôtre de la Suisse, Luther et Zwingle. Dans l'eucharistie, Dieu était-il réellement présent sous les espèces du pain et du vin? Oui, disaient Luther et ses disciples ; mais les sacramentaires et Zwingle leur chef ne voyaient dans l'eucharistie qu'un pur symbole. Car, la Réformation s'installait à peine, que déjà l'anarchie des opinions venait l'envahir et la pénétrer. Au colloque de Marbourg, Luther s'était fait accompagner par Mélanchthon, par Osiander, par Jonas et Agricola. Zwingle avait pour lieutenants Hédio, Bucer et le Mélanchthon des sacramentaires, cet Œcolampade dont l'éloquence était si douce que, suivant Érasme, elle aurait séduit les élus mêmes; le débat fut animé, l'accord impossible. Cependant, comme on se séparait, Zwingle fut saisi d'un soudain attendrissement; et, les mains jointes, les yeux baignés de larmes, il s'approcha de Luther en disant : « Du moins, restons frères. » Luther le repoussa[2]. Tristes emportements de l'orgueil, bien capables de détruire ce qui n'eût été que l'œuvre d'un homme, mais non ce qui était une évolution de l'histoire.

[1] *Hist. des Variations*, liv. II, p. 539.
[2] Ulembergius, *Vita et res gestæ Philippi Melanchthonis*, cap. v, p. 41. Coloniæ Agrippinæ, 1622.

Le catholicisme avait singulièrement abusé de la force, il avait dénaturé sa mission ; et pourtant, à la veille de voir se détacher les premières pierres d'un tel édifice, quelle âme douée d'élévation, de tendresse, ne se serait sentie atteinte de mélancolie et de regret ? Quoi donc ! ces splendides fêtes, spectacles de la multitude ; ces cathédrales, demeures du pauvre, plus éclatantes que les demeures des souverains ; cette langue des temps anciens que murmurait en l'ignorant le peuple en prière, et dont les syllabes mystérieuses portaient au ciel les aspirations des cœurs simples et leurs espérances confuses ; ces hymnes, ces parfums dans les temples, ces figures des vieux vitraux ; ce culte des saints patrons, dieux amis, dieux familiers, qui étaient venus remplacer, sous le toit chrétien, les pénates antiques ; ces cloîtres ouverts aux âmes blessées, à la dévotion vigilante du moine des Alpes, à la tristesse d'Héloïse... tout cela était-il vraiment destiné à périr ?

Aussi Mélanchthon fut-il profondément troublé, à l'approche de l'heure décisive. « Grâce, criait-il à Luther, pour la juridiction des évêques, grâce pour les fêtes qu'aima notre enfance et qui étaient le pieux enchantement de nos pères ! » Choisi pour écrire la Confession de foi qu'en 1530 les réformés présentèrent à la diète d'Augsbourg, il apporta dans ce travail célèbre une modération et des ménagements infinis ; effort inutile ! la Confession de foi ne fut pas acceptée. Et rien de plus touchant, de plus solennel, que les angoisses auxquelles fut alors livré Mélanchthon. « J'emploie mes jours à pleurer[1], » écrivait-il à Luther. Vainement Luther s'efforçait de le soutenir et de le consoler ; lui, l'œil fixé à l'horizon, il assistait déjà au spectacle de l'Allemagne noyée dans le sang et de l'Europe devenue un champ de bataille.

[1] « Versamur hic in miserrimis curis et plane perpetuis lacrymis. » *Ep. Mel. ap.* Ulemb., p. 52.

Ce qu'il y eut de prophétique en de telles inquiétudes, nous ne l'ignorons pas, nous qui voyons aujourd'hui passer dans nos souvenirs Charles-Quint à Muhlberg, le duc d'Albe et ses bourreaux dans les Pays-Bas, le calvinisme armé contre la Ligue en France, Gustave-Adolphe et Tilly dans les plaines de Leipzig, Wallenstein et Gustave-Adolphe dans les plaines de Lutzen ; l'Angleterre enfin, dominée par les soldats de Cromwell et donnant pour précédent au 21 janvier la tragédie de White-Hall.

Que contenait-elle donc, soit en malheurs, soit en bienfaits, cette doctrine nouvelle qui caractérise le seizième siècle et le remplit tout entier ? Avant d'analyser les effets, résumons les actes.

L'Église, en s'attribuant le privilége d'interpréter la parole divine et de fixer le sens des Écritures, avait en quelque sorte pris possession de toute l'âme humaine ; la Réformation demanda que, les médiateurs disparaissant, le fidèle fût rapproché de Dieu ; elle rejeta l'autorité des traditions, elle plaça devant le peuple à genoux une Bible traduite et l'Évangile ouvert.

L'Église avait dit aux fidèles : « Confessez-vous, jeûnez, adorez le prêtre à l'autel, où il fait descendre Dieu ; achetez les indulgences, pratiquez ce que j'ordonne, et vous aurez le ciel : » la Réformation couvrit de son dédain le mérite des œuvres purement extérieures ; elle affirma que, depuis le péché originel, l'homme, par lui-même et par ses œuvres, était incapable de se sauver. Le bien, c'était la grâce seule qui le pouvait opérer en nous. Croire au bienfait du sang versé par le Christ, croire à la rédemption d'une foi vive et forte, là était le salut.

En défendant aux prêtres de se marier, l'Église avait mis la société religieuse d'un côté, la société civile de l'autre : la Réformation, pour confondre les deux moitiés du monde, séparées, exalta la vie de famille.

L'Église régnait temporellement par sa hiérarchie :

la Réformation répéta le cri des Vaudois : « Tous les chrétiens sont prêtres. »

Enfin, la Réformation atteignit jusqu'aux entrailles cette domination que Rome avait si savamment établie lorsque, s'adressant à la partie sensible de notre nature, elle avait inventé des spectacles d'une pompe sans égale, construit des basiliques d'une beauté sans modèle, et appelé les peuples ravis dans ces temples qu'ornaient tant de peintures vivantes, et qu'inondaient, aux heures de la prière commune, des flots de lumière, d'harmonie et d'encens.

Ainsi, pas un coup de Luther qui ne fût pour dissoudre la grande association, formée sous l'empire du principe d'autorité, dans la ville des pontifes.

Et maintenant, si des résultats de la Réformation nous rapprochons ses maximes, quelle sera notre surprise, de les trouver, de tout point, contraires!

La Réformation commandait à la raison de s'humilier devant la foi ; et cependant le rationalisme prévalut.

Elle faisait des Écritures la règle unique, l'immuable règle des croyances ; et cependant, le droit d'examen fut déchaîné.

Enlevant aux hommes le libre arbitre, elle les clouait au fatalisme ; et cependant, plus que jamais, les sociétés humaines devinrent actives.

Elle déclarait la race d'Adam précipitée par le péché originel, dans un abîme d'impuissance, de corruption ; et cependant, abandonné à ses propres forces, isolé de ses semblables, l'homme se crut assez grand pour se suffire.

De sorte que la doctrine qui semblait le mieux condamner l'individualisme, fut précisément celle qui l'introduisit dans le monde.

Comment expliquer cet étrange phénomène? L'explication est bien simple.

Que servait d'affirmer l'infaillibilité des Écritures, quand on niait le droit de l'Église à en donner le sens ? Mis sans commentaire sous les yeux de la multitude, le texte saint pouvait-il ne pas ouvrir carrière à une lutte ardente où chacun apporterait le témoignage et l'orgueil de sa raison ?

D'autre part, assurer que l'homme est esclave d'une volonté supérieure, dans l'ordre spirituel, n'était-ce pas le conduire à concentrer dans l'ordre matériel toute son activité ?

Quant au dogme de la prédestination interprété à la manière des luthériens, nul doute qu'à l'égard de Dieu il ne rabaissât l'homme outre mesure; mais prenez garde que cet homme déchu dont il s'agit ici, ce n'est pas seulement un valet, un pâtre, un mendiant; c'est le maître et le roi, c'est l'empereur, c'est le pape. Entre le monarque et le berger, il y a égalité de réprobation. Il faudra donc que les distinctions sociales disparaissent sous le niveau de l'universelle infortune. S'il reste une distinction à faire, ce ne sera plus qu'entre l'élu, qui a la grâce, et le réprouvé qui ne l'a point. Mais ce qu'on nomme la *grâce* en théologie, en politique on l'appellera le *mérite*; et à l'orgueil social succédera l'orgueil individuel, à la souveraineté du rang celle de la personne.

Oui, la Réformation avait dit à l'homme :

Créature condamnée, créature imbécile et misérable, tu ne vaux que par le sang du Dieu qui te racheta. C'est de la vertu de ce sacrifice et non du prétendu mérite de tes actes pieux que dépend, pour toi, le salut éternel. La sainteté n'est pas dans les pratiques extérieures; elle habite le sanctuaire d'une âme humble et croyante. Se croire sauvé, c'est l'être déjà. S'il a plu au Christ de te donner la foi, que t'importe le reste ? Tu peux t'endormir sur ce doux oreiller.

Or, il advint qu'en Hollande, en Angleterre, en Amérique, chez les grands peuples protestants, devenus les peuples travailleurs, l'homme répondit :

Puisque, dans les voies spirituelles, je ne saurais échapper à la honte de mon impuissance, je chercherai ailleurs la preuve et les conditions de ma grandeur. Puisque le fatalisme de la prédestination dérobe à ma prise les choses d'outre-tombe, c'est aux choses d'ici-bas que s'attaquera cette impétueuse conviction de ma liberté, inséparable de mon être. Et, comme j'ai le cœur plein d'une agitation puissante; comme il faut à mes forces un emploi et de l'espace à mon désir, je ne rejetterai les pratiques dont le catholicisme avait embarrassé la vie religieuse, que pour m'élancer éperdu dans la vie industrielle. Laissant à la grâce, laissant à Dieu le soin de me faire une place dans le royaume du ciel, j'aviserai à m'emparer du royaume de la terre. Je construirai des ateliers immenses, j'équiperai des navires; mes routes perceront les montagnes; et si, désormais, j'entreprends des guerres, si je marche du côté de l'Orient, ce ne sera plus pour délivrer le saint sépulcre, ce sera pour prendre possession du globe, mon domaine.

Ainsi, un nouveau principe d'action, un but nouveau d'activité : l'individualisme, l'industrie, voilà ce qu'à l'insu de ses propres docteurs, la Réformation venait inaugurer dans le monde.

CHAPITRE III

L'INDIVIDUALISME DANS LA RELIGION

CALVIN

Calvin, législateur de l'esprit de révolte. — Il divise le monde en *élus* et *réprouvés* : sens contre-révolutionnaire de cette doctrine. — Le calvinisme, nouveau genre d'oppression, ne convenait qu'à une féodalité militaire. — Voilà pourquoi il entre en France par la noblesse et cherche à s'y établir par l'épée. — Il y succombe avec la féodalité en armes, dans ce qu'il avait de farouche et de religieux. — L'individualisme passe donc, en se transformant, des champs de bataille dans les livres, de la théologie dans la politique, du camp de la noblesse guerrière dans le domaine de la bourgeoisie pacifique et industrielle.

Depuis la venue de Luther, toutes les anciennes puissances étaient en échec. Par l'effet d'une solidarité inévitable, Luther avait réuni contre lui le pape et l'empereur, Léon X et Charles-Quint. Le principe d'autorité chancelait : deux hommes se levèrent en même temps, l'un pour le défendre et le raffermir, l'autre pour le contrefaire : ce furent Ignace de Loyola et Calvin.

On sait ce qu'il fut donné au premier d'accomplir et combien étrange est l'époque de sa vie qui nous le montre fatigué de la gloire du soldat, mais avide d'une gloire nouvelle, assailli de visions, en proie à une sorte de démon intérieur, tantôt gravissant les montagnes d'un pas rapide comme pour aller vers Dieu, tantôt sous l'empire de quelque révélation surnaturelle, s'arrêtant en larmes au seuil des églises et y demeurant des heures entières, oppressé, immobile ; puis un jour, l'âme remplie d'une ardeur pieuse mêlée à de chevaleresques souvenirs, allant suspendre son bouclier à une image de la Vierge, et après avoir fait devant cette image la *veille des armes*[1], s'engageant dans le service du ciel! En Calvin, rien de semblable. Ici, au lieu d'une nature impétueuse et tendre, au lieu d'un homme joignant l'illuminisme des *Alumbrados* à l'humeur aventureuse des chevaliers errants, nous trouvons un logicien serré, subtil et maître de son cœur. Toutes les qualités de l'organisateur, Calvin les possède : puissance de méditation, suite dans les idées, courage réfléchi, conviction opiniâtre et violente.

Et cependant la conception propre à Calvin devait périr, tandis qu'au soldat espagnol, au poëte, à l'illuminé, resta l'honneur d'avoir laissé des règlements politiques d'une profondeur incomparable, et d'avoir fondé cette société de Jésus qui devait prolonger l'existence de Rome en l'absorbant, sauvegarder les trônes mis en tutelle, et opposer à l'individualisme débordé une barrière, encore debout.

C'est qu'Ignace de Loyola fut conséquent avec son principe, et qu'il n'en fut pas de même de Calvin.

En faisant d'une obéissance aveugle et illimitée la règle de son *Institut*, Ignace de Loyola employait un moyen conforme à son but, qui était de combattre l'individualisme et de le dompter.

Mais vouloir continuer Luther et créer une papauté protestante, vouloir s'ériger en législateur despotique du libre examen, c'était tenter l'impossible. Et c'est justement ce que fit Calvin, lorsque, en 1535, il publia son *Institution de la Religion chrétienne*.

Nulle part les droits de l'autorité n'avaient été proclamés avec autant d'exagération que dans ce code du protestantisme. « Elle est, dit Calvin, aussi indispensable aux hommes que le pain, l'eau, le soleil et l'air[2]. » Et il

---

[1] Ranke, *Hist. de la papauté*, t. I, p. 246.
[2] « Politiæ usus non minor inter homines quam panis, aquæ, solis et

ne demande pas seulement au pouvoir de maintenir l'ordre matériel ; il lui demande de punir les sacriléges, les offenses à la religion, et d'empêcher qu'on ne sème dans le peuple des germes d'idolâtrie, qu'on ne blasphème la sainte volonté de Dieu [1]. Voilà Calvin franchissant d'un bond l'immense intervalle qui sépare le protestantisme de la théocratie.

Il fallait justifier cette monstrueuse inconséquence ; il fallait dire comment un tel despotisme se pouvait concilier avec le droit reconnu à chacun de décider par lui-même du sens des Écritures, et de ne suivre d'autre guide que la grâce reçue d'en haut : Calvin supposa que Dieu accordait aux élus le privilége d'entendre de la *même manière* sa parole divine. La réunion de ces élus, il l'appela, par opposition à Rome, la véritable Église ; et il crut avoir ainsi dans la liberté des consciences ressaisi l'unité perdue [2]. Vain détour ! il oubliait qu'à peine à son berceau le protestantisme avait produit une foule de sectes différentes : les Luthériens, les Carlostadiens, les Zwingliens, les Ubiquitaires ; il oubliait que l'*Institution chrétienne* avait précisément pour but de rallier tant de détachements épars d'une armée aussitôt rompue que rassemblée ; il oubliait que lui-même il différait sur des points importants, sur la question de l'eucharistie, par exemple, et de Luther, et de Zwingle, et d'Œcolampade.

Mais la nécessité d'échapper aux contradictions qui le pressaient devait entraîner Calvin à des affirmations d'une bien autre portée. C'était avec le dessein d'affranchir l'homme à l'égard de l'homme, que Luther avait adopté le fatalisme de la prédestination, qui, rapportant

« aeris. » — *Institut. christ. relig.* lib. IV, cap. xx, p. 550. Genevæ, 1559.

[1] *Institut. christ. relig.* lib. IV, cap. xx, p. 550.

[2] « De vera Ecclesia cum qua nobis colenda est unitas, quia piorum om- « nium mater est. » *Institut. christ. relig.* lib. IV, cap. i, p. 370.

tout au despotisme de Dieu, ne laisse plus rien à faire aux autorités humaines. Calvin sentit bien que sa théorie du pouvoir était ruinée de fond en comble, s'il concluait de la fatalité qui pèse sur le criminel à une tolérance universelle et systématique. Il osa donc prétendre que, dans le coupable, la faute est à la fois *nécessaire* et néanmoins imputable à la volonté[1]. Indigne conclusion, dont l'absurdité résulte du seul rapprochement des termes ! L'homme n'est pas libre, et pourtant il est responsable de ses actes : tel fut le dernier mot de la doctrine de Calvin. Et pourquoi ? Parce qu'en faisant de sa liberté un usage pervers, le premier homme a perdu en lui tous ses descendants, excepté ceux qu'il a plu à Dieu de sauver par un décret arbitraire de sa puissance[2].

Ainsi, Calvin admettait un royaume des élus, un royaume des réprouvés, et entre les deux un abîme qui ne devait être jamais comblé, jamais franchi. Apportant dans son explication du dogme du péché originel je ne sais quelle affreuse et sanglante logique, il faisait des trois quarts du genre humain l'irrévocable part de Satan et sa proie éternelle. Niant le libre arbitre sans nier l'enfer, il tenait en réserve pour des crimes qu'il déclarait impossibles à éviter, des châtiments pleins d'horreur. L'enfant même, parmi les réprouvés, il le damnait jusque dans les entrailles maternelles. Il faisait à Dieu cet outrage de l'adorer injuste, barbare et tout-puissant.

Transportez le calvinisme, de la théologie à la politique, voici les conséquences : les élus, ce sont les heureux de la terre ; les réprouvés, ce sont les pauvres ; entre les uns et les autres, il est un abîme, un fatal abîme : l'inégalité des conditions ; et le divin caprice qu'il faut

---

[1] « Nego peccatum ideominus debere imputari quia necessarium est. » *Institut. christ. relig.* lib. II, cap. v, p. 104.

[2] « Ubi quæritur cur ita fecerit Dominus, respondendum est quia voluit. » *Institut. christ. relig.* lib. III, cap. xxiii, p. 146.

subir en l'adorant, c'est le hasard de la naissance.

Aussi Calvin regardait-il l'aristocratie comme la meilleure de toutes les formes de gouvernement [1].

Et maintenant sa vie est expliquée. Si dans Genève, devenue la Rome du protestantisme, il établit une discipline que Rome ne connut jamais ; s'il fit trembler ses disciples et s'efforça d'écraser ses adversaires ; s'il ne craignit pas de lever au ciel, d'un air de triomphe, ses mains rouges du sang de Servet ; s'il écrivit sur le droit d'exterminer par le glaive les hérétiques, un livre digne du génie de l'inquisition [2] ; si Mélanchthon ne put l'approcher sans en devenir moins tendre [3] ; si Théodore de Bèze enfin le loue de s'être jusqu'au bout montré implacable [4]..., qui pourrait ne pas voir en tout cela le fruit d'une doctrine qui sanctifiait la haine ?

Luther avait dit : « Nul n'a pouvoir sur la conscience de l'élu du Seigneur. » Calvin venait dire : « L'élu du Seigneur a pouvoir sur le réprouvé. » L'individualisme de Luther aboutissait donc naturellement à un régime de garanties : il convenait à une société industrielle. L'individualisme de Calvin, au contraire, se combinait avec des idées d'oppression : il convenait à une société militaire.

Et en effet, ce fut par la féodalité en armes, dont il servit les derniers efforts, que le calvinisme s'introduisit dans notre pays. Depuis quelque temps, la France était

---

[1] « Minime negaverim aristocratiam vel temperatum ex ipsa et politia statum aliis longe omnibus excellere. » *Institut. christ. relig.* lib. IV, cap. xx, p. 552.

[2] *Fidelis expositio errorum Michaelis Serveti et brevis corumdem refutatio, ubi docetur jure gladii coercendos esse hæreticos.* An 1554.

[3] « Melanchthon ab eo tempore quo, vel caput reposuit in calvinismum, vel commercium cum eo habuit, ferocior factus est et asperior in catholicos. » Ulembergius, *Vita et res gestæ Philippi Melanchthonis*, cap. xxiv, p. 189.

[4] Voy. le *Discours de Théodore de Bèze*, Œuvres françaises de Calvin, p. 4 et suiv.

agitée par un mouvement d'émancipation analogue à celui qui emportait l'Allemagne. En répandant le culte de l'antiquité païenne, en détrônant la Sorbonne au nom de la science, et la scolastique au profit des littérateurs, la Renaissance avait frayé les voies à la Réforme, qui déjà comptait en France des martyrs, et, entre autres, Louis de Berquin. Comment allait être accueilli le calvinisme? Quels devaient être les effets immédiats de son passage et son influence révolutionnaire? Comment la bourgeoisie française fut-elle amenée à adopter le principe d'individualisme, après l'avoir dépouillé, et de la forme religieuse que lui avait donnée Luther, et du caractère violent dont l'avait revêtu Calvin? C'est ce que nous allons exposer.

La pensée, à cette époque, était déjà devenue tellement dominante dans le monde, qu'elle seule pouvait désormais fournir aux factions, soit un point d'appui, soit un but avouable. Les intérêts en étaient venus à ne pouvoir plus se produire qu'à la suite des idées. Quel principe représentaient les Guise? Quel principe avait-on à invoquer pour les combattre? C'est ainsi que la question se trouva posée : tant on était déjà loin de ces grossières querelles des Armagnacs et des Bourguignons!

Or, le principe sur lequel devait naturellement s'appuyer un soulèvement de nobles, Calvin venait de le mettre en lumière. Portée d'une égale ardeur vers la résistance à l'égard du trône, vers l'oppression à l'égard du peuple, la noblesse aurait vainement cherché une doctrine plus conforme à ses tendances que le calvinisme, si propre à exalter à la fois et l'orgueil qui fait les rebelles et celui qui fait les tyrans.

Ce n'est pas que, dans ses préoccupations de despote religieux et d'organisateur, Calvin n'eût condamné la révolte. Et même, la *Confession de foi des Réformés de France* contient cet article, qui est le quarantième et dernier[1] : « Nous tenons qu'il faut obéir à leurs lois et statuts — des magistrats — payer imposts et autres devoirs, et porter le joug de la subjétion, d'une bonne et franche volonté, encore qu'ils fussent infidèles, moyennant que l'empire souverain de Dieu demeure en son entier. Par ainsi nous détestons ceux qui voudraient rejeter les supérioritez, mettre communauté et confusion de biens, et renverser l'ordre de justice. » Déclarations illusoires! L'essence de l'individualisme est de se changer en révolte quand il subit le pouvoir, et en tyrannie quand il le possède. Il ne dépendait pas du calvinisme d'échapper aux conséquences de son principe : il éclata, en France, par la conjuration d'Amboise.

On sait comment le complot fut dénoncé par le protestant Avenelles et le protestant Lignères; comment La Renaudie fut tué en cherchant à rallier autour d'Amboise les conjurés épars; comment l'entreprise échoua enfin, et quel fut le triomphe des Guise. Mais loin d'étouffer la guerre civile à son berceau, ce triomphe la rendit inévitable, terrible, par les cruautés dont le cardinal de Lorraine rassasia son cœur. Le sang ruissela dans les rues d'Amboise. La Loire fut couverte de cadavres. Et la cour d'assister aux exécutions comme à une fête. « Ce spectacle, dit d'Aubigné[2], estonna le roy, ses frères, et toutes les dames de la cour qui, des plates-formes et des fenestres du chasteau, y assistoient. Mais surtout cette compagnie admira Villemongis Bricmaut, qui, prest à mourir, emplit ses deux mains du sang de ses compagnons, qu'il jeta en l'air, puis les eslevant sanglantes : « Voilà le sang innocent des tiens, ô grand Dieu! et tu le vengeras! » La prédiction ne fut que trop bien accomplie.

Les calvinistes, dès ce moment, ne respirèrent plus

---

[1] D'Aubigné, *Hist. univ.*, t. I, liv. II, chap. III, p. 64. 1ʳᵉ édit. MDCXVI.
[2] *Ibid.*, chap. XV, p. 94.

que la guerre. Quant aux catholiques, l'atrocité des supplices récents réjouit les uns, mais fut aux autres un sujet de pitié, à quelques-uns de remords. Le chancelier Olivier en mourut, et ses derniers moments appartinrent au désespoir : on eût dit : « que ce fust quelque jeune homme en la fleur de l'âge qui, de toute sa puissance, esbranloit le lict et la couche par la force de la maladie et de la douleur[1]. » Le cardinal de Lorraine l'étant venu voir : « Ah! ah! cardinal, s'écria-t-il furieux, c'est toi qui nous damnes! » Et comme celui-ci disait au mourant de prendre garde, que c'était l'esprit malin qui tâchait de le séduire : « C'est bien dit, répliqua le chancelier d'une voix amère, c'est bien rencontré. » Puis il se retourna et ne parla plus.

Dans la France du seizième siècle, si violemment poussée à la conquête du libre examen, la France superstitieuse du moyen âge devait se retrouver longtemps encore. En plusieurs villes le peuple croyait à certaines visites nocturnes de je ne sais quels esprits mystérieux et redoutables. Leur noir monarque, à Tours, s'appelait Huguet. Les calvinistes ayant quelquefois des assemblées nocturnes, leurs ennemis, après la conjuration d'Amboise, les appelèrent *Huguenots*[2], leur voulant donner un baptême d'ignominie.

Ils étaient vaincus, on les jugeait flétris : qu'avaient à faire les Guise pour compléter la victoire? Il leur restait Condé à livrer au bourreau. Leur audace ne s'étonna point d'un tel coup à frapper, et, pour la couvrir, ils convoquèrent les états à Orléans. Condé se montra intrépide, dédaigneux de ses juges, de ses ennemis et de la vie. On le condamna; mais, le 5 décembre 1560, la mort de François II vint, en le sauvant, donner un chef

---

[1] Théodore de Bèze, *Hist. ecclés.*, t. I, liv. III, p. 268.
[2] *Ibid.*, p. 270.

politique aux sectateurs de Calvin, et à ses disciples armés un capitaine.

Condé convenait-il à son rôle? Singulier sectaire qu'un prince qui se plaisait d'une manière à peu près exclusive aux coups de lance, à la fumée des camps, aux gais discours, aux amours faciles, et « aimoit autant la femme d'autruy que la sienne[1]. » Condé n'était pas homme à voir dans la défense de la religion nouvelle autre chose qu'un passe-temps de chevalier. Or, ce qu'il fallait aux calvinistes, c'était un chef plein de zèle pour leur doctrine et pénétré de son esprit. Car, je le répète, il ne s'agissait plus de conduire au combat des intérêts ou des passions, il s'agissait d'y conduire une idée.

Un guerrier méditatif, convaincu et taciturne, un guerrier sombre comme le Dieu de Calvin, voilà le général qu'il fallait aux soldats qu'avait frappés le souffle venu de Genève. Et tel était l'aîné des Châtillon, l'amiral de Coligni. Il parlait peu et agissait prudemment avec une âme tumultueuse, avec de hardis desseins. Un fond de tristesse altérait son sourire; l'austérité de ses mœurs n'était pas sans quelque rudesse; malheureux dans les combats, jamais il n'approcha de l'éclat de François de Guise. Mais ce fut sa gloire particulière d'avoir fait de la vertu la moitié de son génie; de s'être acquis, rien que par des batailles perdues, un renom de capitaine illustre; d'avoir été enfin le héros de la mauvaise fortune. Pour ce qui est du droit de commander, il n'avait ni à le recevoir ni à le prendre : il le possédait naturellement, par la confiance qu'il inspirait, par son geste et la gravité de son orgueil. Ce fut au point que les reîtres mêmes, si indisciplinés, si avides du salaire de

---

[1] Brantôme, *Vies des hommes illustres et grands capitaines françois de son temps*, t. III, p. 211. Leyde, 1666.

leur courage, tremblèrent, quand Coligni les commanda, de lui paraître cupides, et, sous son regard, s'étonnèrent de ne pouvoir être insolents.

Mais il ne devait s'engager qu'après avoir bien mesuré de l'œil la carrière à fournir. Était-il de la conjuration d'Amboise? Tavannes l'en accuse ; le contraire est énergiquement affirmé par Brantôme : « M. l'amiral ne sceut jamais ladicte conjuration d'Amboise..... on ne la lui voulut jamais conférer, d'autant que les conjurateurs le tenoient pour un seigneur d'honneur..... et pour ce les eust bien renvoyez loin, rabrouez, et reculé le tout, voyre aydé à leur courir sus[1]. » Brantôme assure, en outre, que l'amiral fit parvenir secrètement à madame de Guise l'avis d'un complot tramé contre son mari[2]. Pourquoi non? Jeunes encore, François de Guise et Coligni s'étaient liés d'amitié fraternelle : ils durent s'en souvenir, jusqu'au jour qui les fit ennemis pour jamais.

Ce jour approchait. Maître du royaume sous François II, le duc de Guise n'avait pas tardé à reprendre, sous Charles IX, son empire un instant ébranlé. Seulement, des alliés lui étaient désormais nécessaires : il les choisit à son gré. Sachant que le connétable, éloigné par lui des affaires pendant la précédente période, joignait à la brutalité de l'ancien homme d'armes une dévotion de nourrice, et, lorsqu'il courait aux arquebusades, récitait des *patenôtres*[3], il le ramena, il le gagna, en lui faisant peur de la messe abolie et des autels de la Vierge renversés. Restait le maréchal de Saint-André : Guise l'eut pour instrument, l'ayant fait son égal. Ainsi naquit le triumvirat. Et aussitôt on se met à l'œuvre. Antoine de Bourbon, roi de Navarre, n'était à craindre que par son union avec les huguenots : en l'attirant, on l'annule.

---

[1] Brantôme, t. III, p. 152.
[2] *Ibid.*, p. 151.
[3] *Ibid.*, t. II, p. 67.

On s'assure l'appui de Rome, l'appui de Philippe II ; on a pour soi l'Italie et l'Espagne : nous touchons à la formation de la ligue catholique. Ici commence ce qu'il y eut d'original et de vraiment imposant dans la destinée de François de Guise. Qu'avait-il été jusqu'alors? un soldat poussé au faîte par sa vaillance et le succès, un ambitieux absous par des victoires, un dompteur de villes à la manière de tant d'autres, et, à tout prendre, un vulgaire grand homme. Mais le voilà conduit en suivant le cours des choses à une domination qui est celle de la pensée servie par le glaive ; le voilà devenu le défenseur suprême d'une idée à qui le passé appartient, et, comme tel, debout sur la limite de deux mondes.

Cependant, en dehors du principe d'individualisme pour lequel Coligni allait s'armer, en dehors du principe d'autorité que François de Guise allait défendre, n'y avait-il plus rien?... Il y avait le principe de fraternité ; et l'homme auquel échut l'incomparable honneur de le représenter se nomme Michel de L'Hôpital. Car Michel de L'Hôpital ne fut pas, ainsi qu'on l'a prétendu, le précurseur de ce *parti des politiques* que la suite de notre récit amènera bientôt sur la scène et qui introduisit la bourgeoisie aux affaires : parti égoïste dans sa tolérance, humain par scepticisme, et qui n'eut jamais que la modération de l'indifférence. Non : Michel de L'Hôpital se sentait des entrailles pour le peuple. Sa modération était active, sa tolérance n'était que la charité au repos. Le calme du vieillard et la sérénité du sage paraissaient sur son front ; mais au fond de son cœur il y avait un foyer d'agitations généreuses et les flammes de la jeunesse. Il répétait volontiers que les hommes sont tous frères ; et ses efforts pour prévenir les querelles religieuses eurent leur source dans un amour réfléchi et profond de l'humanité, qui, malheureusement, n'était pas de son siècle et qui n'est pas encore du nôtre.

Aussi le colloque de Poissy n'eut-il aucun des résultats qu'en avait espérés la grande âme de L'Hôpital. Placés en face des cardinaux de Lorraine et de Tournon, de Claude d'Espence, de Jacques Lainez, représentants fanatiques du principe d'autorité, les lieutenants de Calvin, Théodore de Bèze et Pierre Martyr, ne firent que commencer par la parole la lutte qui allait se continuer par l'épée entre François de Guise et Coligni. On connaît assez l'histoire de ce colloque; mais ce que la plupart des historiens ont passé sous silence, et ce qui est pourtant digne d'un souvenir éternel, c'est le discours que le chancelier prononça devant Catherine de Médicis, devant Charles IX, devant une assemblée tout entière en proie à des sentiments de haine et à des projets de meurtre : « Proposez-vous une même fin. Je prie les savants de ne point mépriser ceux qui leur sont inférieurs en science, et les autres, de ne point envier ceux qui en savent plus qu'eux, et tous ensemble, de laisser les disputes vaines. Catholiques et protestants, vous avez été régénérés par un même baptême; vous êtes adorateurs d'un même Christ, vous êtes frères [1]. » Exhortation touchante, vraiment sublime! mais elle venait avant l'heure. La guerre civile était au fond des doctrines; comment n'aurait-elle pas éclaté dans les faits? Rien ne put la prévenir, ni l'édit de janvier, édit de tolérance et de justice, ni la prudence du chancelier, ni la politique de Catherine que la puissance croissante des Guise épouvantait. Le 1er mars 1562, dans la petite ville de Vassi, près de trois cents protestants étaient massacrés, dans une grange, par la suite des princes lorrains, sur un signe du cardinal de Lorraine, prêtres et dames applaudissant, et montrant de la main aux soldats les victimes qui cherchaient à s'é-

---

[1] Fra Paolo Sarpi, *Hist. du conc. de Trente*, liv. V, p. 455.

vader par les toits[1]. Il n'en fallait pas tant; la France fut en feu.

A en juger par le récit de d'Aubigné dans son *Histoire universelle*, ce dut être une nuit terrible que celle qui donna un chef religieux au protestantisme en révolte. Coligni dormait d'un sommeil tranquille, quand tout à coup des sanglots retentissent à côté de lui; il se réveille effrayé. C'était sa femme qui se répandait en lamentations sur le sort des calvinistes livrés au couteau des catholiques. Le discours de Charlotte de Laval à Coligni eut quelque chose de lugubre, mais d'irrésistible. Il n'entendait donc pas les cris de ses coreligionnaires égorgés? Il n'y avait donc rien dont son âme se pût émouvoir dans cette cause de Dieu, dans cette cause de leurs frères? « Ce lit m'est un tombeau, disait-elle, puisqu'ils n'ont pas de tombeaux. *Ces linceux me reprochent qu'ils ne sont pas ensevelis*[2]. » Coligni écoutait, l'âme oppressée, vaincu à demi; il objecta, pourtant, les malheurs du royaume en proie au choc des Espagnols et des Anglais, les déroutes probables, l'opprobre, la calomnie ajoutée à la défaite, la fuite en pays étranger peut-être, et la faim et la nudité. Ne périrait-il point par le bourreau ou sous le poignard d'un assassin? Et elle, abandonnée, proscrite, ne serait-elle pas un jour réduite à voir ses enfants devenir les valets de leurs ennemis? « Pour peser une telle résolution, je vous donne trois semaines, » dit-il en finissant. Mais comment comprimer le cœur d'une femme quand il s'échappe en violences de piété ou d'amour? « Ces trois semaines sont achevées, s'écria impétueusement Charlotte de Laval. Au nom de Dieu, je vous somme de ne nous frauder pas, ou je serai témoin contre vous en son jugement. » Le lende-

---

[1] D'Aubigné, *Hist. univ.*, liv. III, chap. I, p. 150.
[2] *Ibid.*, p. 150.

main, Coligni prenait l'épée ; il ne la quitta que pour mourir.

Se plaignant au roi de Navarre du massacre de Vassi, Théodore de Bèze avait dit à ce prince : « Sire, c'est à la vérité, à l'Église de Dieu, au nom de laquelle je parle, d'endurer les coups et non pas d'en donner ; mais aussi vous plaira-t-il vous souvenir que c'est une enclume qui a déjà usé beaucoup de marteaux [1]. » Mais, observe très-bien Bossuet[2], cette parole, tant louée dans le parti, ne fut qu'une illusion, puisque enfin, contre la nature, l'enclume se mit à frapper, et que, lassée de porter les coups, elle en donna à son tour. Or, pour comprendre ce que dut être un duel semblable entre l'ancien principe et le principe nouveau, il suffit de rapprocher du catéchisme de l'inquisition les théorèmes farouches de l'*Institution chrétienne*, il suffit de se rappeler que sur l'un des deux camps planait le génie de Philippe II, et sur l'autre celui de Calvin.

Ainsi s'ouvrirent ces guerres. Feuilletez-en jusqu'au bout les annales, si vous vous en sentez la force ; vous n'y trouverez rien de cet élan, de cette générosité chevaleresque, de cet inépuisable fond de gaieté que les Français jusqu'alors avaient portés dans les batailles. Les guerriers que le règne des Valois fait passer sous nos yeux ont, presque tous, quelque chose de la bravoure du sicaire et de la sérénité sinistre du bourreau. Le héros produit par le catholicisme du cardinal de Lorraine et de Philippe II, c'est Montluc, qui mettait à dresser ses enfants au carnage sa sollicitude paternelle[3], et qui aimait à marquer sa route avec des lambeaux humains, attachés aux branches des arbres ; le héros produit par le protestantisme genevois, c'est le baron des Adrets, qui, sous

---

[1] *Journal de l'Estoile*, t. I, p. 55. Collect. Petitot.
[2] *Hist. des Variations*, liv. X, p. 13.
[3] Brantôme, t. II, p. 244.

prétexte qu'on ne saurait *faire la guerre avec respect et porter à la fois la main au chapeau et à l'épée*[1], aurait voulu changer en un vaste cimetière le Lyonnais, le Forez, l'Auvergne, le Dauphiné, le Languedoc; « et le craignoit-on plus que la tempeste qui passe par de grands champs de bled[2]. » François de Guise lui-même, quoique naturellement magnanime, parut avoir oublié, au service de son principe, la *courtoisie de Metz*, et ce qu'on l'avait vu pour les Espagnols de Charles-Quint, il ne le fut pas pour les Français de Coligni. Seul, Condé représenta, dans la lutte, l'ancienne noblesse de France; mais remarquez bien que Condé n'était huguenot que de nom. Ivre de courage, d'ambition et d'amour, il s'inquiétait peu de savoir s'il était vrai que Dieu eût, de toute éternité, partagé le monde en élus et en réprouvés, et il n'était pas conduit, conséquemment, à juger légitime, à proclamer sainte l'extermination des réprouvés par les élus!

Si l'on pouvait mettre en doute l'influence du calvinisme sur les mœurs de l'époque des Valois, et les ravages que cette influence exerça même parmi les catholiques, on n'a qu'à méditer le rapprochement que voici. Le principe de Calvin, avons-nous dit, c'était l'individualisme combiné avec des idées d'oppression. Or, quel fut le trait distinctif, caractéristique des guerres de religion chez un peuple aussi loyal, aussi chevaleresque, aussi humain que le peuple de France? Ce fut... l'assassinat, l'assassinat, qui est la manifestation la plus odieuse, mais la plus logique et la plus directe, du sentiment individuel, exalté outre mesure et perverti.

Personne n'ignore quelle fut la fin de François de Guise; et ce n'est pas sans raison que Bossuet s'est fait du crime de Poltrot une arme contre les calvinistes

---

[1] D'Aubigné, *Hist. univ.*, liv. III, chap. IX, p. 155.
[2] Brantôme, t. II, p. 245.

d'alors[1]. Il est certain, en effet, qu'avant de frapper, Poltrot allait annonçant partout le coup qu'il méditait. Et nul, parmi ceux du parti, ne le détourna de son dessein.

Comment ne pas reconnaître en de telles fureurs l'effet d'une doctrine qui avait osé mettre la religion dans la haine? Comment n'y pas retrouver ce genre de conviction qui animait Renée de France quand elle écrivait à Calvin : « Je n'ai pas oublié ce que vous m'avez écrit, que David a haï les ennemis de Dieu de haine mortelle, et je n'entends point de contrevenir ni de déroger en rien à cela; car, quand je saurais que le roi mon père, et la reine ma mère, et feu monsieur mon mari, et tous mes enfants seraient réprouvés de Dieu, je les voudrais haïr de haine mortelle, et leur désirer l'enfer. » Voilà quels disciples Calvin faisait parmi les femmes; faut-il s'étonner s'il en trouva de terribles parmi des gens d'épée? Le calvinisme, d'ailleurs, était venu mettre la Bible dans toutes les mains, et répandre ainsi, en lui prêtant un caractère divin, ce mélange de religion et de barbarie par où se distingue l'histoire du peuple juif.

Hâtons-nous de dire que la contagion se communiqua bien vite aux catholiques, les mœurs que Catherine de Médicis avait apportées d'Italie ne les ayant que trop bien disposés à subir, sous ce rapport, l'influence du protestantisme. Trop ardente, la soif de la volupté finit par se confondre avec la soif du sang, et la cruauté est un des symptômes de l'excessive dépravation dans l'amour. La cour de France en offrit, sous le règne des Valois, un exemple aussi étrange que tragique. Les femmes que Catherine entretenait autour d'elle pour tirer profit du pouvoir de leur beauté ne cédaient qu'à

---

[1] Voy. le chapitre x de l'*Histoire des Variations*.

des amours homicides. A des propos de galanterie passionnée se mêlaient sans cesse, autour du trône, des projets de meurtre. Si l'on allait s'exercer dans les salles basses du Louvre à donner prestement un coup de poignard, c'était après des raffinements de débauche sans nom, c'était au sortir d'une atmosphère tout imprégnée des énervants cosmétiques de Florence. Les gentilshommes écrivaient à leurs maîtresses avec du sang : celui de leurs rivaux ou le leur. La mode était aux parfumeurs et aux sicaires.

L'assassinat fut donc de tous les partis. On s'en fit un moyen de renommée; quelques-uns y excellèrent. On put citer, on vanta, parmi les plus fameux, Thomas, surnommé le *tireur d'or*[1]. Il avait coutume de manger avec des mains rouges de ses meurtres, se faisant honneur de mêler à sa nourriture le sang versé par lui en trahison.

Assassiner devint même œuvre de roi. Ceux de Guise, après la conjuration d'Amboise, avaient conseillé à François II de se mettre un beau jour à jouer avec Condé et de lui *donner de la dague dans le sein;* François n'osa, et fut traité de lâche[2]. Cette lâcheté ne fut pas celle de Charles IX. Apprenant un soir que La Mole, dont il avait juré la mort, était au Louvre, il prend avec lui six gentilshommes, leur recommandant d'étrangler avec des cordes, qu'il leur distribua, la personne qu'il désignerait. Lui-même, portant à la main une bougie allumée, il poste ses complices sur le chemin que La Mole devait prendre pour aller chez le duc d'Alençon. Mais La Mole, ayant eu l'idée de se rendre d'abord chez la reine de Navarre, sa maîtresse, l'amour le sauva[3].

Ainsi, l'assassinat est partout, à cette époque, et jusque

[1] *Journal de l'Estoile*, t. I, p. 76.
[2] Théodore de Bèze, *Hist. ecclés.*, t. I, liv. III, p. 270.
[3] *Journal de l'Estoile*, t. I, p. 82.

dans les batailles! A Dreux, le maréchal de Saint-André tombe sous les coups de Baubigni, qui l'épiait dans le combat et avait une injure personnelle à venger[1]. A Saint-Denis, le connétable est renversé d'un coup de pistolet, au moment où il était abandonné des siens, blessé au visage, à bout de résistance et de forces[2]. A Jarnac, Condé meurt, lui aussi, d'un assassinat[3]. Il venait d'être fait prisonnier, lorsqu'il fut aperçu par des soldats de la compagnie du duc d'Anjou. Les voyant venir de loin, il se tourne vers celui qui avait reçu son épée, et lui dit : « Je suis mort! D'Argens, tu ne me sauveras pas. » Puis se couvrant la face de son manteau, comme autrefois Jules César, il attendit. Il connaissait bien son temps : Montesquiou alla droit à lui et le tua.

Telle était donc l'influence du calvinisme, même sur la noblesse catholique, condamnée à le subir en le combattant, que chacun en était venu à se faire individuellement juge dans sa propre cause et, qui plus est, exécuteur de la sentence; résultat logique de cette doctrine pleine de fiel, qui défendait aux hommes le repos de l'indifférence, le calme de l'égoïsme, et leur commandait, au nom de Dieu, l'activité dans la haine.

Il y avait par conséquent deux raisons pour que le calvinisme en France passât vite : sa nature d'abord, essentiellement antisociale, et ensuite son alliance avec la féodalité militaire, déjà sur le déclin.

Aussi, après les batailles de Jarnac et de Moncontour, la lassitude des huguenots est devenue évidente. Doublement fatigués et de leurs excès et de ceux de leurs ennemis, ils ne soupirent plus qu'après la paix. Elle leur est offerte le 15 août 1570, et aussitôt ils mettent bas les armes. Catherine de Médicis les appelle à Paris, avec de

---

[1] D'Aubigné, *Hist. univ.*, t. I, liv. III, chap. xv, p. 169.
[2] *Ibid.*, chap. ix, p. 216.
[3] *Journal de l'Estoile*, t. I, p. 65.

douces paroles, avec des promesses, et ils courent en foule au piége qui leur est tendu. Il est vrai que la dernière paix leur était extrêmement avantageuse : on leur assurait la liberté de conscience ; on abolissait les édits qui leur avaient enlevé leurs emplois ; dans Paris, à la cour, on leur laissait des temples ; les villes de la Rochelle, de Montauban, de Cognac, de la Charité, leur étaient abandonnées pour deux ans, etc.... Mais de pareilles conditions n'étaient-elles pas précisément trop favorables pour ne point paraître suspectes ? Et après tant de traités de paix déchirés, après tant de violations de la foi jurée, toujours suivies d'une série d'égorgements, était-il permis aux huguenots de se livrer sans réserve à Catherine et à ses sinistres conseillers ? Cependant, leur impatience d'en finir est si vive qu'ils se pressent tous vers la mort qu'on leur prépare. Coligni lui-même, bien convaincu désormais de l'épuisement du calvinisme, s'attache à endormir sa prudence accoutumée. C'est en vain que, de toutes parts, on l'avertit du péril : « Il vaut mieux, répond-il, mourir une fois d'un brave coup que de vivre cent ans en peur[1]. » Et, arrivé à Paris, quelle est sa grande préoccupation ? d'aller faire la guerre aux Espagnols dans les Pays-Bas, pour détourner à jamais du royaume la guerre civile[2].

Voilà où en était le calvinisme en France, lorsque, le 24 août 1572, dans la capitale, au milieu de la nuit, la cloche du Palais donna le signal du massacre général des huguenots ! Par où il se peut juger que, de tous les forfaits restés dans la mémoire des hommes, la Saint-Barthélemy fut à la fois le plus exécrable et le plus inutile.

Le calvinisme languissait : la Saint-Barthélemy le ranima ; elle lui souffla des colères qui, pendant quelque temps, lui tinrent lieu de puissance. Aux massacres on

---

[1] Brantôme, t. III, p. 185.
[2] *Ibid.*, p. 163.

répondit par des soulèvements; mainte ville s'embrasa, dont les passions religieuses semblaient assoupies; à venger Coligni les huguenots apportèrent, en plusieurs provinces, autant d'ardeur qu'ils en avaient montré à le suivre; et les horreurs commises dans les *matines de Paris* enfantèrent la constance des assiégés de la Rochelle, leurs prodiges, leur héroïsme invaincu.

Du reste, en méditant la Saint-Barthélemy, Catherine de Médicis n'avait en vue aucun résultat social. Car, cette femme, qui passe pour avoir eu du génie, parce que sa vie entière fut un crime heureux, ne tendit jamais par de grands moyens qu'à de petites choses : à assurer son pouvoir de cour, à s'affranchir de quelque inquiétude personnelle, à saper des prétentions gênantes. Lors de la conjuration d'Amboise, prenant ombrage du triumvirat, elle pousse les protestants à la révolte, « très-ayse que sur le grabouïl et rumeur d'armes, elle fût en sauveté[1]. » Plus tard, l'ascendant de Coligni lui fait peur, et elle cache un assassinat dans un massacre. Volontiers, en son ambition furieuse et stérile, elle aurait mis le feu au royaume, rien que pour y régner avec moins de soucis au milieu des cendres. Que lui importait la religion? Brantôme, son panégyriste, a beau la représenter « faisant ses Pasques, et ne faillant tous les jours au service divin, à ses vespres, à ses messes[2], » sa vraie dévotion, sa dévotion sincère consistait à obéir aux astrologues, à calculer le nombre de jours réservés à ses ennemis ou à ses amants, sur les balancements d'une bague suspendue à un cheveu. Par elle s'introduisirent en France mille pratiques d'un caractère à la fois puéril et funèbre, le goût des incantations, l'usage de tracer des cercles magiques. Quand La Mole fut interrogé sur le prétendu complot qui lui coûta la tête, on s'inquiéta fort d'une certaine image de cire

[1] Brantôme, *Vies des dames illustres*, p. 63.
[2] *Ibid.*, p. 87.

qui lui appartenait et qu'on avait trouvée ayant un coup dans le cœur. Sommé de déclarer si cette figure avait rapport à la maladie du roi, La Mole jura que non et que « ladite image était pour aimer sa maîtresse[1]. » Tel était le genre de catholicisme mis à la mode par Catherine ! Aussi les terreurs de la superstition vinrent-elles peser sur cette âme que n'aurait peut-être pas envahie le remords. Le lendemain du jour où expira le cardinal de Lorraine, qu'elle avait reçu dans son lit, le haïssant, la reine fut tout à coup saisie d'épouvante. Étant à table, elle se mit à trembler violemment et s'écria : « Jésus ! voilà le cardinal de Lorraine que je vois[2] ! » Longtemps, cette apparition la poursuivit, et, pendant plus d'un mois, Catherine de Médicis ne put demeurer seule.

Quant à Charles IX, s'il est difficile de ne le point maudire, il l'est aussi de ne pas le plaindre. Franc, d'humeur joyeuse et plein de douceur, il dut de devenir féroce et sombre à l'atmosphère en quelque sorte chargée de crimes qu'il respira. Irritable, débile, son organisation était incapable de résister aux impressions qui l'assaillirent. L'odeur du sang lui portait à la tête, et sa cruauté ne fut jamais que de l'ivresse. Lui qui, à la Saint-Barthélemy, tirait sur ses sujets huguenots, il prit en horreur les héros de ce carnage et leurs prouesses d'assassins. Il avait fallu lui arracher le signal de la tragédie : quand elle fut commencée, il y joua frénétiquement son rôle ; et quand elle fut finie, il en garda un tel souvenir que ses nuits se remplirent de spectres et qu'on ne le vit plus sourire.

Sa mort, qui arriva le 30 mai 1574, laissait le trône à un prince qui fit descendre la royauté si bas, que, lorsqu'il fut question de sauver par un dernier effort le

---

[1] *Mémoires de l'Estat de France sous Charles neuvième*, t. III, p. 196, B. 1573

[2] *Journal de l'Estoile*, t. I, p. 109.

principe d'autorité attaqué dans le catholicisme, le pouvoir royal en fut jugé indigne : on eut recours à la démocratie.

Quelles furent les circonstances principales, le sens, le caractère, la portée, les résultats de ce dernier effort du principe d'autorité, de cette lutte étrange qui nous montrera le catholicisme allié aux passions populaires et qui, dans l'histoire, s'appelle la Ligue ? C'est ce qu'on ne saurait clairement indiquer, sans quitter un moment le monde des faits pour monter dans celui des idées.

Au seizième siècle, l'individualisme s'est produit, en France, sous trois aspects divers : religion, politique et philosophie. Nous venons de le suivre sous sa forme religieuse, se faisant accepter par la noblesse en armes, cherchant à gagner des batailles et à prendre les villes d'assaut, se traînant à la suite des révoltes, poussant au meurtre : propagande matérielle qui ne releva que de l'épée. Nous allons l'étudier maintenant transformé d'une manière sensible, se séparant des guerriers pour aller aux industriels et aux pacifiques amis des lettres, passant de la religion à la politique et à la philosophie, du milieu des camps dans les livres.

CHAPITRE IV

L'INDIVIDUALISME DANS LA POLITIQUE

PUBLICISTES PROTESTANTS

Élaboration, par les publicistes français et protestants du seizième siècle, des doctrines d'où sortira la Révolution bourgeoise de 89. — Le côté incomplet de ces doctrines, c'est l'individualisme; leur beau côté, la tolérance. — Appel de La Boëtie au principe de fraternité.

Après les guerres de religion et la Saint-Barthélemy, l'idée religieuse se trouvait compromise, de part et d'autre, par de tels excès, rendue solidaire de tant d'horreurs, que les esprits, par une sorte de mouvement irrésistible, se tournèrent ailleurs. Il se forma un parti, composé d'abord de quelques seigneurs mécontents et brouillons, mais à qui son nom seul, le *parti des politiques*, promettait de hautes destinées. On était las des abus de la force : la pensée réclama son droit de présence ; et, ce qu'il importe de remarquer, c'est que, dans les nombreux écrits de ce temps, éclos pour la plupart au souffle du calvinisme, les préoccupations religieuses tiennent fort peu de place, tandis que les préoccupations politiques en occupent une immense.

Mais à quel principe, à quelle doctrine se rapporte la politique des penseurs d'alors, celle des livres contemporains? On en va juger.

Ouvrons les deuxième et troisième volumes des *Mémoires de l'Estat de France*, où ont été rassemblés les traités politiques nés, dans notre pays, de l'influence de la Réformation; voici sur quelles maximes nos regards tombent:

« On ne doit pas obéir aux magistrats, quand ils commandent des choses irréligieuses ou iniques, et par choses iniques il faut entendre celles auxquelles on ne saurait se soumettre sans violer sa vocation, soit publique soit particulière[1]. » — « Le berger est fait pour le troupeau, non le troupeau pour le berger[2]. » — « Quand le protecteur d'un peuple commence-t-il à en devenir le tyran? N'est-ce pas lorsqu'il commence à faire ce qui advient, dit-on, près du temple de Jupiter Lycéen en Arcadie, là où quiconque goûte des entrailles humaines mêlées à des entrailles d'animaux devient nécessairement loup[3]? » — « Autrefois, au lieu d'excommunier les tyrannicides, on leur dressait des statues dans les temples[4]. » — « Quel est le cuivre le plus convenable pour « faire une statue?» demandait un tyran à Diogène le Cynique. Lui, « C'est, répondit-il, le cuivre dont on s'est servi pour les statues d'Harmodius et d'Aristogiton[5], » etc.

Cette haine du pouvoir absolu éclate, et dans le *Franco-Gallia* d'Hotman, et dans le *Vindiciæ contra tyrannos* d'Hubert Languet: « Que n'avons-nous un mot plus expressif que celui de tyran pour désigner ceux qui oppriment la sainte liberté[6]? »—« Personne ne naît roi par lui-

---

[1] *Du droit des magistrats sur leurs sujets*, t. II, p. 483 et 484 des *Mémoires de l'Estat de France*. 1573.

[2] *Ibid.*, p. 487.

[3] *Apophthegmes et discours notables recueillis de divers auteurs contre la tyrannie et les tyrans*, t. II, p. 522 des *Mémoires de l'Estat de France*.

[4] *Ibid.*, p. 525.

[5] *Ibid.*, p. 553.

[6] «... Quanquam quid eos tyrannos appellemus, ac non etiam atrociore

même, personne ne peut régner sans le peuple¹, » etc.

Voilà donc le pouvoir absolu mis en question et le droit de résistance proclamé. Mais ce droit sera-t-il exercé par le premier venu, au gré de son caprice? Les publicistes protestants du seizième siècle qui, tous, appartiennent à la même école et dont on croirait les ouvrages écrits par la même main, firent, à cet égard, la distinction suivante : ils admirent que ceux-là seuls pouvaient faire justice des mauvais princes qui avaient reçu charge de leur imposer un frein, toutes les fois qu'il s'agissait d'une domination déjà établie; mais s'agissait-il d'une domination usurpée, nul doute qu'alors il ne fût permis à chacun de courir sus au tyran². Ils allèrent plus loin, et ils posèrent en principe que, contre un prince, usurpateur ou non, le droit de résistance par le glaive appartenait à tout particulier *ayant une extraordinaire vocation de Dieu*³, exception qui emportait la règle, l'individu n'ayant de sa vocation d'autre juge que lui.

Et du reste, à côté de cette théorie des droits, rien qui ait trait à la théorie des devoirs; nulle trace des idées d'association; pas un appel au sentiment de la fraternité humaine; pas une aspiration vraiment démocratique. Le peuple, les publicistes protestants du seizième siècle n'en parlent que sur le ton de défiance ou du mépris. Celui-ci appelle le peuple une bête fauve, *belluam*; celui-là félicite l'Angleterre d'avoir pris ses précautions contre les dangers de l'intervention populaire dans la chose publique, le propre de la multitude étant *nihil sapere*⁴; un troi-

---

« vocabulo utamur? » Franc. Hotomani *Franco-Gallia. Ex officina Johannis Bertulphi.* MDLXXVI.

¹ « Quum nemo rex nascatur, nemo per se rex esse, nemo absque po-
« pulo regnare possit. » *Vindiciæ contra tyrannos*, p. 112. Édit. de 1660.
² *Du droit des magistrats sur leurs sujets*, t. II, p. 491, 492 et 496 des *Mémoires de l'Estat de France*. — *Vindiciæ contra tyrannos*, p. 295.
³ *Du droit des magistrats sur leurs sujets*, t. II, p. 491.
⁴ Hotomani jurisconsulti *Franco-Gallia*, p. 122.

sième s'écrie : « Faut considérer que la multitude qui est entrevenue en bas degré, si elle présume devoir controller le souverain quand il lui plaira, elle ne se contiendra jamais en la modestie requise, ainsi usera de cette insolence péculière aux ignorants[1]. »

Pour les écrivains que nous étudions, le peuple souverain est tout entier dans une minorité privilégiée qu'Hubert Languet nomme les chambres ordinaires, *cameræ ordinariæ*, et que les autres désignent sous le nom d'*Estats*. Lorsque, dans le *Franco-Gallia*, Hotman rappelle avec tant de complaisance que nos anciens rois étaient élus par le peuple, qu'on les élevait sur un bouclier et qu'on leur faisait faire ainsi par trois fois le tour de l'assemblée[2] ; lorsque avec une sollicitude si vive, il cherche dans nos annales la preuve du droit qu'on avait de déposer les mauvais princes ; lorsqu'il représente Childéric chassé du royaume pour s'être plongé dans la débauche et avoir ravi, déshonoré les filles de ses sujets[3] ; lorsqu'il s'écrie enfin : « Si on laissait aux rois une puissance illimitée, ils en viendraient à traiter comme des esclaves ou des troupeaux, non-seulement leurs sujets, mais leurs proches[4] ; » ne croyez pas qu'Hotman ait l'intention de conclure à la légitimité du suffrage universel ; non, certes, ce qu'il veut, c'est la souveraineté des *estats*. « Les estats sont par-dessus les rois, » dit à son tour l'auteur du traité intitulé *du Droit des magistrats sur leurs sujets*[5], et il ajoute que « quand la tyrannie empesche

---

[1] *Discours politiques des diverses puissances establies de Dieu au monde, du gouvernement légitime d'icelles, et du devoir de ceux qui y sont assujettis*, t. III, p. 203 des *Mémoires de l'Estat de France*.

[2] « Qui populi suffragiis delectus fuerat, hunc scuto impositum sublevabant, humerisque... » Hotomani *Franco-Gallia*, p. 75.

[3] « Childericus..., cœpit filias eorum stuprose detrahere... » *Ibid.* p. 77.

[4] « Non modo cives suos sed etiam consanguineos quo vel mancipia vel « pecudes haberent. » *Ibid.*, p. 121.

[5] *Mémoires de l'Estat de France*, t. III, p. 511.

l'assemblée des estats, la plus saine partie, sans attendre une commune assemblée, peut renger l'autre à la raison[1]. »

La souveraineté des *estats* une fois reconnue, les publicistes protestants du seizième siècle s'accordent pour vouloir la monarchie. Dans le *Dialogue d'Archon et de Politie*, Archon demandant quel est de tous les gouvernements le plus désirable : « Il n'y en a point, répond Politie, de si louable que la monarchie[2]. » Archon poursuit, et il désire savoir lequel vaut mieux d'un empire électif ou d'un empire héréditaire. Politie se prononce pour le régime des monarchies héréditaires, sauf le droit réservé aux Estats de changer la dynastie, afin que « lorsque le roy décline du deu de son office les peuples luy puissent faire connoistre lors, qu'il y a différence entre une possession de domaine et une charge et office d'administration. Suivez la chaîne de ces idées à travers l'histoire moderne, vous arriverez à 1588 et à 1830.

Une monarchie donc, mais une monarchie tempérée, représentative, soumise au contrôle des chambres et relevant de leur souveraineté, tel est l'idéal politique des penseurs qui, au seizième siècle et en France, prennent la plume sous la double influence des souvenirs de la Saint-Barthélemi et du protestantisme. « Il faut que les princes soient ce que dit Pomponius Lætus : « Le prince est une « loy parlante, et la loy un prince muet[3]. » — « La domination composée de royaulté et des meilleurs et plus suffisans est louable, et toute autre espèce de civile administration est malheureuse et inutile à la constitution d'un Estat politique[4]. »

Ainsi, résistance à l'autorité, en vertu de l'idée de

---

[1] *Mémoires de l'Estat de France*, t. III, p. 513.
[2] *Dialogue d'Archon et de Politie*, p. 70.
[3] *Ibid.*, p. 80.
[4] *Discours politiques des diverses puissances*, etc., p. 225.

droit, non de *devoir;* haine du pouvoir absolu ; mais aussi éloignement profond pour le peuple; effort vers l'établissement d'un régime de garanties ; priviléges en faveur de la *partie saine* de la nation ; culte de la monarchie, considérée toutefois comme un instrument et non plus comme un principe... voilà ce que nous montre, en bien et en mal, l'individualisme, passant de la religion à la politique. C'est déjà un progrès, un progrès notable; mais combien grande encore est la distance à parcourir pour arriver au triomphe de la vérité, de la justice !

On peut voir maintenant de quelle époque date, en France, l'invasion des doctrines constitutionnelles. Chose singulière ! dès 1574, les précurseurs des Montesquieu, des Benjamin Constant, ont l'œil fixé sur l'Angleterre et mettent à se traîner à sa suite une complaisance servile. Hotman cite avec admiration la constitution anglaise [1]. L'auteur du *Droit des magistrats sur leurs sujets* proclame le royaume d'Angleterre « le plus heureux qui soit au monde [2], » et c'est sur ce bonheur des Anglais qu'il s'appuie pour vanter les bienfaits d'une « modération de la puissance royale. » Il n'y a pas jusqu'à cet inquiet amour de l'ordre, si fortement enraciné dans le cœur de la bourgeoisie moderne, qui, chez les publicistes protestants du seizième siècle, ne se mêle à des paroles de malédiction contre les tyrans : « ARCHON : Ne trouvez-vous pas que l'on doit bien craindre les changements dans un Estat ? — POLITIE : On les doit bien craindre, car telle machine ne se remue pas, que ce ne soit avec grandes peines et hazards [3]. »

Sans doute les idées dont nous venons de présenter l'ensemble, n'avaient pas attendu le seizième siècle pour

---

[1] *Discours politiques des diverses puissances*, p. 122.
[2] *Ibid.*, p. 501.
[3] *Dialogue d'Archon et de Politie*, p. 97.

faire leur apparition en France. Mais, éparses dans des livres peu connus, elles n'avaient jamais témoigné que de l'initiative de quelques écrivains isolés, quand le protestantisme leur vint donner vie et puissance. Ce ne fut, en effet, que dans la seconde moitié du seizième siècle, qu'elles firent corps, se rassemblèrent dans un système suivi, prétendirent à l'empire, et, en un mot, devinrent le programme d'un parti.

Le moment était venu pour le principe d'autorité de s'inquiéter, de se défendre : Jean Bodin descendit dans l'arène ; et, en 1577, les *Six livres de la République* parurent. Qu'on ne se trompe pas à ce mot de *République ;* Jean Bodin se hâte de le définir « un droit gouvernement de plusieurs mesnages et de ce qui leur est commun, avec puissance souveraine[1]. » Et, suivant lui, la puissance souveraine, dont les caractères essentiels sont d'être perpétuelle et absolue, ne saurait être mieux placée qu'aux mains d'un seul. La théorie du despotisme ne s'étala jamais nulle part avec autant d'insolence que dans la *République* de Bodin. Non-seulement il fait du monarque le maître absolu de son peuple ; mais il va jusqu'à prétendre qu'un prince souverain ne saurait mettre lui-même, et d'avance, un frein à son pouvoir. « Aussi voyons-nous à la fin des edicts et ordonnances ces mots *car tel est nostre plaisir,* pour faire entendre que les loix du prince souverain, ores qu'elles fussent fondées en bonnes et vives raisons, néantmoins qu'elles ne dépendent que de sa pure et franche volonté[2]. »

On regarde généralement le livre de Bodin comme un traité dogmatique : c'est bien plutôt un ouvrage de polémique et, en certains passages, de polémique violente. Il va sans dire qu'il s'élève avec colère contre « ceux qui

---

[1] *Les Six livres de la République,* de Jean Bodin, liv. I, chap. I, p. 1, 1580.
[2] *Ibid*, liv. I, ch. VIII, p. 92.

ont escrit du devoir des magistrats et autres livres semblables[1]. » Bodin ne peut comprendre qu'on ait osé mettre les états au-dessus du roi : « chose qui fait révolter les vrais subjects de l'obéissance qu'ils doyvent à leur prince souverain[2]. » L'exemple de l'Angleterre l'embarrasse, l'importune ; et il prend le parti de nier ce qu'affirment, à cet égard, les publicistes protestants. Il assure tenir de M. Dail, ambassadeur d'Angleterre, que, chez nos voisins d'outre-Manche, « le roy reçoit ou refuse la loy si bon lui semble et ne laisse pas d'en ordonner à son bon plaisir ; » et ce que M. Dail lui a raconté lui suffit. Hotman avait cité avec enthousiasme ces paroles de la *Justice d'Aragon* au roi, quand il était élu : « *Nous qui valons autant que vous et pouvons plus que vous, nous vous créons roi*[5]. » Bodin ne voit là qu'une formalité dont il n'y a rien à conclure contre le droit héréditaire des princes aragonais à la couronne[4], droit dont il s'attache à prouver historiquement la réalité. Aristote avait dit et les publicistes protestants avaient répété qu'un roi devient tyran aussitôt qu'il commande en dehors du vouloir des peuples : Bodin déclare une semblable assertion dénuée de fondement « et même pernicieuse. » Car, à ce compte, « le roy ne seroit que simple magistrat[5] ! »

Comme les publicistes protestants, Bodin se prononce pour la monarchie ; mais il la veut souveraine, absolue, pure de tout mélange aristocratique et populaire. Quelle folie d'imaginer qu'on puisse « composer une république meslée des trois[6] ! » Il faudrait donc alors exposer la société au choc de mille lois contradictoires, les unes

---

[1] *Les Six livres de la République*, de Jean Bodin, liv. I, chap. VIII, p. 96.
[2] *Ibid.*
[3] Hotomani *Franco-Gallia*, p. 123.
[4] Bodin, liv. I, chap. VIII, p. 90.
[5] *Ibid.*, liv. II, chap. III, p. 196.
[6] *Ibid.*, liv. II, chap. I, p. 185.

tendant à soutenir la monarchie, les autres marquées à l'empreinte des passions populaires ! Au sein d'une semblable lutte, que deviendrait la souveraineté? où puiserait-t-on la force dirigeante que le principe d'unité ne fournirait plus? Des trois éléments mis face à face, n'y en aurait-il pas un qui finirait par l'emporter, et l'emporterait au risque, au moyen, dans le désordre d'une révolution? Ici Bodin pressait ses adversaires avec une rare vigueur; il avait trouvé le point vulnérable, et toute cette partie de son livre est écrite avec la supériorité, avec l'éloquence du bon sens. Mais, entraîné par la conception qui pèse sur lui, il ne tarde pas à tomber de ces hauteurs, et il fait sourire lorsque, répondant à ceux qui, en France, saluent l'image de l'aristocratie dans le parlement, la démocratie dans les états généraux, et dans le roi la monarchie, il croit les foudroyer par ce seul mot : « C'est crime de lèse-majesté de faire les subjects compagnons du prince souverain [1]. »

Que Bodin, à l'aspect de l'odieux idéal de Machiavel, se soit détourné d'horreur; qu'il ait crié, lui aussi, anathème aux tyrans [2]; qu'après avoir abandonné à un seul une souveraineté dévorante, il ait admis comme restrictions à cette souveraineté le respect de la foi jurée et la soumission due aux lois de Dieu et de la nature [3], qu'importe tout cela si l'édifice élevé par lui en morale, il le renverse en politique; si cette violation des lois naturelles et divines qu'il condamne, il la couvre, dans le prince souverain, d'une impunité systématique? Or, quelle est, sur ce point, son opinion? Si quelqu'un, de son autorité privée, se fait prince souverain, c'est un usurpateur, un tyran : qu'on procède contre lui par voie de justice ou par voie de fait, qu'on le tue même, Bodin n'y contredit pas;

---

[1] Bodin, liv. II, chap. I, p. 185.
[2] *Ibid.*, liv. II, chap. V.
[3] *Ibid.*, liv. I, chap. VIII, p. 92.

mais est-il question d'un prince, déjà établi, légitime, « en ce cas, il n'appartient pas à un des subjects en particulier, ny à tous en général d'attenter à l'honneur, ny à la vie du monarque, soit par voye de faict, soit par voye de justice, ores qu'il eust commis toutes les meschancetés, impiétés et cruautés qu'on pourroit dire [1]. »

Voilà comment, au seizième siècle, le principe d'individualisme et le principe d'autorité en vinrent aux prises dans le domaine de la pensée.

Quant au principe de fraternité, par qui fut-il représenté, défendu? Par Étienne de La Boëtie.

C'est bien à tort qu'on a rangé La Boëtie parmi les publicistes protestants du seizième siècle. Au style seul il est aisé de reconnaître par où le *Discours de la servitude volontaire* se détache de tant de traités dont l'érudition est puisée aux sources de l'Ancien Testament, et où la Bible se rencontre, se sent, se respire à chaque page. Cependant, le livre *de la Servitude volontaire* parut imprimé dans les *Mémoires de l'Estat de France;* et même, la première édition fut publiée à la suite du *Franco-Gallia*. Pourquoi? Parce qu'entre La Boëtie et les auteurs protestants de l'époque, il y eut en effet cela de commun qu'ils essayèrent de saper les bases du pouvoir absolu. Mais, en ce qui concerne le point de départ, le but à atteindre, les sentiments, les doctrines, quelle différence! Si La Boëtie n'avait fait que reprocher aux peuples leur penchant à « s'asservir, à se couper la gorge [2], » à souffrir « les pilleries, les paillardises, les cruautez, non pas d'une armée, non pas d'un camp barbare, contre lequel il faudroit despendre son sang et sa vie devant, mais d'un seul; non pas d'un Hercules ne d'un Samson, mais d'un seul hom-

---

[1] Bodin, liv. II, chap. v, p. 210.
[2] *Discours de la servitude volontaire*, t. II, p. 119 des *Mémoires de l'Estat de France*.

meau et souvent du plus lasche et féminin de la nation ; » si, montrant du doigt le tyran en action, il n'avait fait que crier aux victimes : « D'où a-t-il pris tant d'yeux, d'où vous espie-t-il, si vous ne les lui donnez ? Comment a-t-il tant de mains pour vous frapper, s'il ne les prend de vous [1] ?..... » oui, même alors, le nom de La Boëtie mériterait une place glorieuse dans le souvenir, dans la reconnaissance des hommes ; et il le faudrait honorer à l'égal des meilleurs, pour avoir vengé la dignité humaine dans un langage qui donne le mouvement de Caïus Gracchus à la force de Tacite. Mais La Boëtie s'est acquis à l'immortalité d'autres titres, jusqu'ici trop méconnus. La page de son discours la moins citée et la plus digne de l'être, la voici :

« S'il y a rien de clair et d'apparent dans la nature,
« et en quoy il ne soit pas permis de faire l'aveugle,
« c'est cela que nature, le ministre de Dieu et la gou-
« vernante des hommes, nous a tous faicts de mesme
« forme, et, comme il semble, à mesme moule, afin de
« nous entreconoistre tous pour compagnons ou plustost
« frères. Et si, faisant le partage des présents qu'elle
« nous donnoit, elle a fait quelques avantages de son
« bien, soit au corps ou à l'esprit, aux uns plus qu'aux
« autres, si n'a-t-elle pourtant entendu nous mettre en
« ce monde comme dans un camp cloz et n'a pas en-
« voyé icy-bas les plus forts et les plus advisez comme
« des brigands armez dans une forest pour y gourman-
« der les plus foibles. Mais plustost faut-il croire que,
« faisant ainsi aux uns les parts plus grandes, et aux
« autres plus petites, elle vouloit faire place à la frater-
« nelle affection, afin qu'elle eust à s'employer, ayant
« les uns puissance de donner ayde et les autres be-
« soin d'en recevoir..... Il ne faut pas faire doute que

[1] *Discours de la servitude volontaire*, p. 118.

« nous soyons tous libres, *puisque* nous sommes tous
« compagnons; et ne peut tomber dans l'entendement
« de personne que nature ait mis aucun en servitude,
« nous ayant tous mis en compagnie[1]. »

En lisant de pareilles lignes et en songeant à quelle époque elles furent écrites, qui ne se sentirait pénétré d'admiration et touché jusqu'au fond du cœur! Ainsi, cette doctrine du Christ, qui soumet la *puissance* des uns au *besoin* des autres, qui fait dériver d'aptitudes plus grandes de plus grands devoirs et non de plus grands droits; cette doctrine qui cherche dans la fraternité seule la preuve, la condition, le fondement de la liberté, et qui nous proclame libres PARCE QUE *nous sommes compagnons;* cette doctrine si simple, mais en même temps si élevée que, aujourd'hui encore, après tant d'efforts intellectuels et de révolutions, on la relègue parmi les rêves des gens de bien, La Boëtie la professait, dès le seizième siècle, avec toute l'autorité de la vertu dans le génie! Mais l'heure n'était pas venue : il ne pouvait y avoir alors de combats sérieux qu'entre l'individualisme et l'autorité.

Nous venons d'assister à ce combat dans la région des idées; avant de montrer comment il se continua dans celle des faits, disons de quelle manière la cause de l'individualisme fut servie, au seizième siècle, par la philosophie. Nous aurons ainsi décrit, sous son triple aspect, l'invasion du principe nouveau, auquel devait définitivement appartenir, après deux siècles, la société française.

[1] *Discours de la servitude volontaire*, p. 121 et 122.

CHAPITRE V

L'INDIVIDUALISME DANS LA PHILOSOPHIE

MONTAIGNE

Montaigne veut qu'on vive pour soi. — Il cherche à établir l'impossibilité de toute règle sociale. — Il s'étudie à prouver que le commerce des hommes n'est qu'une guerre affreuse et éternelle. — Il montre la folie de toutes les institutions sociales. — Il prétend que l'homme n'est pas plus fait pour la vie sociale que les animaux. — Épopée de l'individualisme.

La Boëtie et Montaigne furent amis, et à ce point que leur amitié est demeurée célèbre : n'est-ce pas chose étrange? Car enfin, que fut Montaigne? L'apôtre de l'égoïsme indulgent. S'étudier, se connaître, se contempler, se posséder, se suffire : voilà, selon Montaigne, la sagesse suprême, le but de la vie. Et malheureusement, il a fait pour le prouver un livre qui est la gloire de l'esprit humain.

Ne lui dites pas que nous ne sommes pas nés pour nous seulement, mais pour autrui : « Beau mot, répondit-il, de quoi se couvre l'ambition et l'avarice[1]. » Agir pour autrui, quelle folie! Pendant que, furieux et intrépide, vous montez à la brèche, affrontant les arquebusades, courant à la mort, à quoi pensez-vous que

---

[1] *Essais* de Montaigne, liv. 1, chap. xxxviii, p. 136. Édition de 1740.

s'occupe celui pour qui vous allez mourir? A jouir de la vie et de l'amour. Vous sortez d'une salle d'étude après minuit, pâle, couvert de poussière, brisé de fatigue : qu'êtes-vous allé faire là? apprendre à être heureux et sage? Non pas; il faut que la postérité sache la vraie orthographe d'un mot latin ou la mesure d'un vers de Plaute : eh! malheureux, que ne songez-vous plutôt à vous retirer en vous-même, afin de vous appartenir? Laissez l'avenir qui ne vous est de rien; dénouez-vous de la société à laquelle vous n'avez rien à apporter; tout ce qui vous éloigne de vous-même, évitez-le; vivez pour vous : cela seul est vivre. Ainsi parle Montaigne; et, pour que dans la solitude où il l'appelle, l'homme n'ait pas à chercher ailleurs que dans lui les sources du bonheur, il lui conseille de fuir l'esclavage des affections profondes et des soins domestiques; car, « il n'y a guère moins de tourment au gouvernement d'une famille que d'un Estat entier, » et, « où que l'âme soit empeschée, elle y est toute. » Avoir une femme, des enfants, Montaigne ne va pas jusqu'à l'interdire aux sages, pourvu qu'ils ne « s'y attachent pas en manière que leur heur en despende. » Écoutez-le : « Il se faut réserver une arrière-boutique, toute nostre, toute franche....., en celte-cy faut-il prendre notre ordinaire entretien; de nous à nous-même, et si privé, que nulle accointance ou communication de chose étrangère y trouve place; discourir et y rire, comme sans femme, sans enfants, et sans biens, sans train et sans valets, afin que, quand l'occasion adviendra de leur perte, il ne nous soit pas nouveau de nous en passer [1]. » Ce n'est pas encore assez, une fois dans l'isolement, nous ne nous y laisserons pas poursuivre, si nous en croyons Montaigne, par les images ou les bruits du monde, et nous ferons

---

[1] *Essais* de Montaigne, liv. 1, p. 138.

comme les animaux qui effacent la trace à la porte de leur tanière.

Est-il, pour l'établissement des rapports sociaux, une règle invariable et sûre? Montaigne la cherche et ne la trouve pas. Ce qui fait le salut d'un peuple cause la ruine d'un autre peuple. Zénon rachète ses concitoyens en s'offrant en holocauste à la colère du vainqueur; l'hôte de Sylla, qui en fait autant, n'en tire profit ni pour lui ni pour personne. Interrogez, après cela, le passé des sociétés humaines, préoccupez-vous de leur avenir; Montaigne, d'un seul mot, va déjouer vos recherches et désespérer vos croyances : par « divers moyens on arrive à pareille fin[1]. » Quel parti prendre alors? Quelle route choisir dans le labyrinthe de l'histoire? Sur quoi s'appuyer dans l'art de gouverner les hommes?

Que si, au lieu de considérer la règle des rapports sociaux, vous en étudiez la nature, c'est bien alors qu'il vous faudra fuir dans la retraite. Le commerce des hommes, grand Dieu! mais c'est la guerre, et une guerre de tous les instants, une guerre à outrance. Le marchand ne gagne qu'aux folles dépenses de la jeunesse, et l'architecte qu'à la chute des maisons. Voici un médecin qui vivra de votre mort, et un prêtre dont votre enterrement payera le repas. « Le profit de l'un est dommage de l'autre[2]. » O Montaigne! Montaigne! n'auriez-vous pas pris ici, d'aventure, l'accident pour la loi? Que n'avez-vous pu consulter, sur ce chapitre, votre noble ami Étienne de La Boëtie? Il vous aurait fait observer, sans doute, que ce qui vous apparaît comme l'existence naturelle et nécessaire des sociétés n'en est que l'enfantement laborieux. L'antagonisme des intérêts est le vice, le malheur des sociétés imparfaites. Mais un jour viendra où,

---

[1] *Essais* de Montaigne, l. I, chap. I.
[2] *Ibid.*, liv. I, chap. XXI.

chacun n'étant plus qu'un public et libre agent d'une vaste association fondée sur l'harmonie des efforts et l'accord des désirs, la rémunération de l'avocat cessera de dépendre du nombre des procès, et celle du médecin de la quantité des maladies.

Montaigne poursuit, passant en revue les diverses coutumes des peuples ; il triomphe de ce qu'on y voit d'imbécillité, de barbarie, de dévergondage. Ici, les sujets ne parlent à leur roi qu'au moyen d'une sarbacane, et quand le maître crache, la mieux aimée de ses femmes tend la main ; là, on se nourrit de chair vive, on tue ses parents devenus vieux, et le fils fait de son corps la sépulture du cadavre paternel ; ailleurs, « les pères prestent leurs enfants, les marys leurs femmes, à jouir aux hostes en payant[1]. » Où que vous alliez, au nord, au midi, à l'orient, à l'occident, Montaigne vous montrera la morale changeant de masque, sur la route, presque à chaque frontière, et les conventions sociales cachant partout, aux yeux des peuples trompés, le joug qui les avilit ou les opprime. Des sauvages viennent en France ; on leur demande ce qu'ils y ont trouvé de remarquable, et ils répondent que deux choses les étonnent : la première, que des hommes vigoureux et portant barbe consentent à obéir à un enfant ; la seconde, que des hommes se plongent impunément dans toutes sortes de délices à côté de leurs semblables mourant de faim. Et Montaigne de s'écrier : « Cela ne va pas trop mal. Mais quoi ! ils ne portent pas de hauts-de-chausses[2] ! » Trait acéré que le philosophe lance, en fuyant, à la civilisation dont on vante la sagesse. Encore, si changer était un remède ; si le malade pouvait, en se retournant sur sa couche, alléger son mal ! Mais Montaigne le nie. Quand la loi sociale est mauvaise, on souffre à la subir, et à la détruire on souffre davan-

---

[1] *Essais* de Montaigne, t. 1, chap. XXII, p. 57.
[2] *Ibid.*, liv. I, chap. XXX, p. 123.

tage. « Ceux qui donnent le branle à un Estat sont volontiers absorbez en sa ruine. Le fruict du trouble ne demeure guère à celuy qui l'a esmeu ; il bat et brouille l'eauë pour d'autres pescheurs[1]. » Que faire donc? Ce qu'il faut faire? Montaigne vous l'a dit : « *Desnouez-vous de la société*, vous et un compagnon estes assez suffisant théâtre l'un à l'autre, ou vous à vous-même[2]. » Effacez la trace à la porte de votre tanière.

Et ce ne sont pas simples discours d'un philosophe à des philosophes. Montaigne s'adresse à tous ; et c'est sur l'idée même de société que l'attaque porte. Est-il nécessaire d'établir que l'homme n'est pas absolument fait pour l'état social; qu'il possède en naissant les moyens de se suffire ; que, s'il lui est donné d'ajouter à ses facultés naturelles des facultés acquises, il a cela de commun avec beaucoup d'animaux ; que l'empire enfin où il devrait passer, confondu avec le reste de la création, est l'empire de la nature : Montaigne est prêt, et son érudition ne laissera pas un argument sans réplique. Pour prouver que la peau de l'homme peut supporter, elle aussi, les injures de l'air, il citera l'exemple des Irlandais demi-nus sous un ciel froid, et celui de nos pères qui portaient l'estomac découvert, et celui de « nos dames qui, ainsi molles et délicates qu'elles sont, s'en vont tantost entrouvertes jusques au nombril[3]. » Au guerrier revêtu de son armure il comparera l'ichneumon allant combattre le crocodile sous une cuirasse de limon pétri. Nous avons le langage pour communiquer avec nos semblables : belle raison ! Est-ce que les animaux ne savent pas employer la voix à se plaindre, à se réjouir, à s'entre-appeler au secours et à s'aimer? Est-ce que les animaux qui nous servent ne comprennent pas les diverses nuances de nos

---

[1] *Essais* de Montaigne, liv. I, chap. xxii, p. 61.
[2] *Ibid.*, liv. I, chap. xxxviii, p. 142.
[3] *Ibid.*, liv. II, chap. xii, p. 286.

commandements? Est-ce que, semblable au langage des peuples, différent dans les différentes contrées, le chant des perdrix ne varie pas selon la situation des lieux? Non, non, l'homme n'est pas une exception dans l'immensité qui l'enveloppe, l'engloutit et l'emporte; il n'est ni au-dessus ni au-dessous du reste; et c'est bien en vain que, pour opposer la souveraineté de l'état social à la souveraineté de la nature, il partirait de sa prééminence. Sa prééminence! « Les poulx sont suffisants pour faire vacquer la dictature de Sylla; c'est le déjeuner d'un petit ver que le cœur et la vie d'un grand et triomphant empereur. »

Pascal, plus tard, Pascal lui-même ne pourra égaler qu'en la copiant la magnificence d'un tel langage. Voilà Montaigne arrivé au sublime, tant est profonde son indignation contre l'orgueil de l'homme en société, tant il s'anime à arracher la couronne à ce prétendu roi de la création, révolté contre la nature!

L'homme a un privilége, cependant : celui de la raison; et Montaigne est perdu s'il en convient. Aussi, rien de plus émouvant que les colères auxquelles s'abandonne ici le philosophe de l'individualisme. Il ne se contente pas d'écrire, dans un style incomparable et avec une science qui étonne, l'épopée des animaux intelligents; attaquant de front cette raison humaine qu'il lui faut abattre s'il veut passer outre, il redouble d'éloquence, de vigueur et d'invectives. Voyons! que la raison s'humilie ou qu'elle fasse ses preuves. Que sait-elle du principe des choses, de leur enchaînement suprême, de leur fin, de Dieu, de la destinée, de la mesure des mondes, de la vie des corps où elle-même habite et du mystère de leurs mouvements? Que sait-elle de sa propre essence, de l'étendue ou des bornes de son propre pouvoir? Parmi les philosophes, les uns se sont écriés : Nous possédons le vrai : charlatans qui retenaient la foule amusée autour de leurs gobelets; les autres ont déclaré la découverte de la vérité impossible : d'où leur venait, dans l'apparente modestie de cet aveu, tant d'insolence et d'orgueil? Les troisièmes ont proclamé l'homme incapable d'affirmer, jusqu'à son ignorance, et l'ont condamné aux angoisses, au déshonneur d'un doute sans fin : et ceux-là ont été réduits à donner en chacun de leurs actes un démenti à leurs raisonnements. Le vin est-il dans la bouche du malade ce qu'il est dans la bouche de l'homme bien portant? Nos perceptions modifient donc en mille manières, au regard de notre jugement, la forme et l'essence des choses : où placer la certitude? C'est peu : ne prenez de la raison d'autre juge qu'elle : l'inconstance de ses choix, dans le même homme, la perpétuelle instabilité de ses décisions, vont suffire pour démontrer son néant. Ce que ma conviction embrasse aujourd'hui, ce qu'elle étreint avec violence, demain je le déclarerai faux peut-être. « N'est-ce pas sottise de me laisser tant de fois pipper à un guide[1]? » Mais non. Trompé sans cesse, sans cesse on aspire à l'être encore. La dernière croyance est toujours la bonne, l'infaillible; et, en attendant qu'on la rejette parmi les erreurs décevantes, on sera disposé à lui tout sacrifier, et les biens, et l'honneur, et la vie, et le salut. Singulière puissance, d'ailleurs, qui ne résiste pas à un accès de fièvre, que le moindre breuvage égare ou transforme! Méditez sur ce qui se voit en *la chicane de nos palais*. Tel juge « qui rapporte de sa maison la douleur de la goutte, la jalousie ou le larrecin de son valet, ayant toute l'âme teinte et abreuvée de colère, il ne faut pas douter que son jugement ne s'en altère vers cette part-là[2]. »

En ravalant ainsi la raison, Montaigne ne frappe pas au

---

[1] *Essais* de Montaigne, liv. II, chap. xii, p. 564.
[2] *Essais* de Montaigne.

hasard. Son but est précis, il est manifeste. Tout ce qui peut servir à nouer entre les hommes des liens trop étroits, qu'on le brise. Aussi, avec quelle force il s'élève contre la gloire, contre ses poursuivants, contre Cicéron qui eut la puérilité de l'aimer jusqu'au délire! Et quel n'est pas son mépris pour ceux qui, s'imaginant courir après la gloire, n'aboutissent qu'à s'enfoncer en d'obscurs périls : dérisoires Césars qui s'en iront mourir entre la haie et le fossé, grands hommes qui s'acharneront à la prise d'un poulailler défendu par quatre porteurs d'arquebuses. Mais patience! voici, dans une vaste plaine, un million d'hommes rassemblés. Pas un visage qui ne soit empreint de fierté et d'énergie ; pas une âme que n'agitent des émotions viriles. La mort plane sur ces légions, et, au moment de s'abattre sur elles, ne peut parvenir à leur faire peur. C'est la société à l'état héroïque. Montaigne va être ébloui par un tel spectacle, peut-être? Interrogeons-le : « Ce n'est qu'une fourmilière esmeue et eschauffée. Un souffle de vent contraire, le croassement d'un vol de corbeaux, le fauls pas d'un cheval, le passage fortuit d'un aigle, un songe, une voix, un signe, une brouée matinière suffisent à le renverser et porter par terre. Donnez-lui seulement d'un rayon de soleil par le visage, le voylà fondu et esvanoui ; qu'on lui esvente seulement un peu de poulsière aux yeulx comme aux mouches à miel de nostre poëte, voylà toutes nos enseignes, nos légions, et le grand Pompeius mesme à leur teste, rompus et fracassés. »

La société n'a donc à nous offrir que bonheur faux, croyances fausses et fausses grandeurs. Que tardons-nous? fuyons ; la solitude et la nature nous appellent. Quittons le joug des obligations sociales pour la douce souveraineté des instincts ; soyons heureux de cette joie qui nous vient dans la clarté d'un beau jour ; et s'il nous plaît de commercer avec le monde, nous n'avons pas besoin pour cela de sortir de notre cœur; car l'humanité est en chacun de nous, et elle y est tout entière.

Jamais l'individualisme ne fut prêché avec cette profondeur, cet excès et cet éclat.

Mais quand Montaigne entra dans la voie où nous suivons sa trace, Rabelais n'y avait-il pas déjà passé? Pour livrer l'état social aux espiègleries vengeresses et aux larcins, justifiés, de Panurge, aïeul de Figaro, et pour réduire le code des Thélémites à ces mots : « FAY CE QUE VOULDRAS[1], » Rabelais n'avait pas attendu Montaigne. — Sans doute, mais notons d'abord que le sens de la philosophie rabelaisienne est fort obscur, caché qu'il est sous un amoncellement d'extravagances et d'obscénités. Il est vrai que, dans le prologue du premier livre de *Gargantua*, Rabelais nous avertit de ne « juger trop facilement n'estre au-dedans traicté que mocqueries, folatreries, et menteries joyeuses. » Et il ajoute : « Par telle légièreté ne convient estimer les œuvres des humains : car vous-même dictes que l'habit ne faict point le moyne[2]. » — « Rompez l'os et sucez la moelle. » Fort bien, mais malgré ce grave avertissement, il est certain que, parmi les contemporains de Rabelais, ils furent en bien petit nombre ceux à qui il fut donné de *sucer cette moelle*, et qu'il a fallu trois siècles de transformations sociales pour qu'on en vînt à découvrir, à travers ses jovialités cyniques, la vraie devise de cet Homère bouffon : « Nourrir, consoler, guérir[3]. »

Le fait est que Rabelais se prête aux explications les plus contraires. Est-il pour la royauté, par exemple? Oui, car il donne à Grandgousier, à Gargantua son fils et à Pantagruel son petit-fils, bonté, force, modération, intelligence; non, car il attribue à Grandgousier une faim

---

[1] *Gargantua*, chap. LVII, p. 96. Édit. publiée par le bibliophile Jacob.
[2] *Ibid.* Prologue, p. 2.
[3] Voy. *Rabelais*, par Eugène Noël. Paris, 1850.

dévorante, et il fait venir, pour allaiter Gargantua, dix-sept mille neuf cent treize vaches. Il faut l'entendre, d'ailleurs, parlant des majestés héréditaires : « Je pense que plusieurs sont aujourd'hui empereurs, roys, ducs, princes, et papes en la terre, lesquels sont descendus de quelques porteurs de rogatons et de coustretz[1]. » Sans compter que le hasard de la naissance expose les peuples à avoir pour roi, au lieu de Grandgousier, l'honnête homme, Picrochole, le tyran ; ainsi du reste.

Rabelais, certes, est admirable, lorsque, faisant élever Gargantua par Ponocrates, il trace les véritables règles de l'éducation ; lorsqu'il ferme aux hypocrites les portes de son abbaye de Thélème ; lorsqu'il crie aux pèlerins de renoncer à leurs *ocyeux et inutiles voyaiges*, et d'entretenir leurs familles, d'instruire leurs enfants, de travailler ; lorsqu'il dénonce et flétrit dans Picrochole, entouré de ses conseillers, les ravageurs de provinces et les voleurs d'empires ; lorsqu'il montre le roi Anarche devenu de très-mauvais prince excellent « *crieur de saulce verte*[2] ; » lorsqu'il oppose le bon frère Jean, joyeux, délibéré, franc compagnon, travaillant, labourant, secourant les opprimés, jamais oisif, au moine qui « ne laboure, comme le paysan ; ne guarde le pays, comme l'homme de guerre ; ne guarit les malades, comme le médecin ; ne presche ny endoctrine le monde, comme le bon docteur évangélicque et pédagoge[3] ; » lorsque enfin il fait de la justice criminelle de son temps, qu'il personnifie dans Grippeminaud, la peinture suivante, trop justifiée depuis par le meurtre de tant d'hérétiques : « Les mains avoyt pleines de sang, les gryphes comme de harpye, le museau à bec de corbin, les dentz d'un sanglier quadramier, les yeux flamboyans comme une gueulle d'enfer, tout couvert de mortiers en-

---

[1] *Gargantua*, chap. I, p. 4.
[2] *Pantagruel*, chap. XXXI, p. 185.
[3] *Gargantua*, chap. XL, p. 71.

trelassez de pillons, seullement apparoissoyent les gryphes[1]. » Ce sont là des beautés sérieuses et d'un ordre élevé ; mais combien ces enseignements perdent de leur charme et de leur force à se trouver mêlés à chaque page aux grossièretés et aux licences du langage ordurier dont Rabelais s'est vu forcé d'émailler son livre, pour se mettre à couvert contre les fanatiques, mais aussi pour se conformer aux mœurs et coutumes de son temps! Quand la satire des misères sociales se présente dans le livre de Rabelais, il semble que ce soit simplement du droit qu'a la satire de trouver place dans toute orgie. On se prend à mettre en doute la sincérité de la sagesse, à la voir en si mauvaise compagnie ; on tremble, aussitôt que Rabelais devient grave, que ce ne soit encore par moquerie ; on croit l'entendre, caché derrière son œuvre, rire de l'ingénuité de ceux qui s'avisent de l'admirer. Et en effet, si, à la lueur de la lanterne qui guide Panurge, nous allons jusqu'au bout d'un pas ferme, où serons-nous conduits ? « En l'isle désirée, en laquelle estoyt l'oracle de la bouteille[2]. » Et là, « faisant sus ung pied la gambade en l'aer guaillardement[3], » Panurge dira, pour conclusion souveraine, à Pantagruel : « Aujourd'hui avons-nous ce que nous cherchons avecques fatigues et labeurs tant divers. » Le dernier mot de la philosophie rabelaisienne est celui-ci : TRINQUE. Or, combien de lecteurs du *Pantagruel* s'aviseront-ils d'interpréter ce mot par : « Aimez-vous, mes amis, soyez bons et rapprochez vos cœurs[4] ! » L'individualisme dans Rabelais offre donc certains aspects repoussants ; dans Montaigne, quelle différence !

C'est par des sentiers riants que Montaigne nous conduit à la solitude. L'égoïsme qu'il nous prêche n'a rien

---

[1] *Pantagruel*, liv. V, chap. XII, p. 478.
[2] *Ibid.*, liv. V, chap. XXXIII, p. 527.
[3] *Ibid.*, p. 528.
[4] *Rabelais*, par Eugène Noël, p. 171.

de la dureté de Calvin, rien de la grossièreté apparente
de Rabelais; c'est un égoïsme calme et doux. Parvenu à
l'âge sombre, Montaigne a conservé dans sa pensée
comme un écho lointain des mélodies que, tout enfant,
on lui faisait entendre à son réveil. Montaigne aime la
vie, il la cultive, il ne s'en défend pas; la mort peut venir, il l'attend sans trouble pourvu qu'on lui épargne les
cris des enfants et des femmes, la visite des amis consternés, la lueur des cierges funéraires, le masque enfin que
nous mettons au visage de la mort. Pourquoi Montaigne
célèbre-t-il le plaisir, celui que la tempérance assaisonne,
que la modération ménage et prolonge? Parce qu'autant il
dédaigne ou déteste ce qui est l'ouvrage des hommes, —
et ceci ne sera pas lu impunément par Jean-Jacques —
autant il se plaît à ce qui est l'ouvrage de la nature. Et
qu'on ne s'y trompe pas; bienveillant, parce qu'il est
heureux, Montaigne n'est heureux que parce qu'il est
croyant. Oui, croyant; car, à le bien étudier, son prétendu
scepticisme n'est qu'un bélier dont il se sert pour battre
en brèche l'état social; mais il n'est pas plutôt au fond de
sa retraite, qu'il glorifie la foi des humbles, et se cherche,
dans un certain nombre de croyances réservées, non ap-
profondies, un refuge contre cette mer mouvante des opinions humaines. L'homme ne saurait affronter à la fois le
doute et la solitude; Montaigne n'est donc pas sceptique,
il serait plutôt panthéiste, s'il osait se l'avouer. Pourquoi
non? Quiconque s'éloigne trop du chemin des sociétés est
tôt ou tard attiré par la nature vers un abîme où il tombe
englouti; et, par suite de cette grande loi qui rapproche
les extrêmes, l'individualisme en philosophie va rejoindre
le panthéisme.

CHAPITRE VI

LUTTE DE L'INDIVIDUALISME CONTRE L'AUTORITÉ

LE PARTI DES POLITIQUES ET LA LIGUE

Le parti des *Politiques* se forme en France; c'est la bourgeoisie qui monte en scène, appuyée sur le principe d'individualisme. — La Ligue combat pour le principe d'autorité. — Singulière alliance du prêtre et de l'homme du peuple dans la Ligue. — Quand cette alliance se dissout et que le prêtre reste seul, la Ligue est vaincue. — Triomphe du parti des politiques. — Henri IV, leur chef, fait monter avec lui sur le trône l'individualisme et la tolérance. — Le principe nouveau se fait tolérer, en attendant que la philosophie du dix-huitième siècle le proclame sous tous ses aspects, et qu'en 1789 la bourgeoisie, devenue dominante, lui donne l'empire en l'adoptant.

Tel est donc, dans la France du seizième siècle, le mouvement des esprits. Ainsi s'annonce le règne de ce principe d'individualisme que couronnera la Révolution de 89, et contre lequel réagira vainement celle de 93.

Mais le calvinisme ne s'était fait voir en France qu'à travers la fumée des guerres civiles. Et, d'autre part, en répandant le goût des lettres et des arts de l'antiquité, la Renaissance tendait à substituer aux préoccupations théologiques des idées toutes profanes. Il arriva donc que de ces deux choses associées par Luther : un principe nouveau et une religion nouvelle, la bourgeoisie française repoussa la religion et garda le principe. Nous voici à un moment solennel : derrière le calvinisme qui s'éteint dans le sang, le parti des *Politiques* se lève.

Ce parti ne fut ni celui de la foi, ni celui du dévouement et des fortes vertus : ce fut le parti de la modération, du bon sens, de l'égoïsme tranquille et réglé. Il commençait à Érasme, il devait aboutir à Voltaire. Sa doctrine, que le dix-huitième siècle vint compléter et faire prévaloir au profit de la bourgeoisie, devait s'appeler tour à tour : en philosophie, rationalisme ; en politique, équilibre des pouvoirs ; en industrie, concurrence illimitée. Au seizième siècle, elle s'appelait déjà de ce beau nom : la tolérance.

Quelque faible, quelque incertain que parût d'abord le *parti des Politiques*, son entrée en scène suffit pour glacer d'effroi tous ceux en qui brûlait encore la flamme des vieilles croyances, tous les partisans du principe d'autorité. De cet effroi naquit la Ligue.

Formée en 1576, à Péronne, par des gentilshommes qui jurèrent de rester unis pour le maintien de la religion catholique et romaine, la Ligue, dès l'origine, révéla son esprit. L'acte d'union de 1576 portait qu'on se donnerait un chef. L'autorité royale, on s'engageait à la soutenir, mais réserve faite du droit des états et des lois fondamentales du royaume. Du reste, les associés se livraient l'un à l'autre d'une manière absolue ; ils se garantissaient mutuellement *contre qui que ce fût*, et prenaient Dieu à témoin de leur résolution de mourir pour sa cause [1].

Ainsi, défendre le principe d'autorité pris dans son acception la plus générale et la plus élevée, le défendre dans son représentant spirituel, qui était le pape,

---

[1] Voy. l'acte d'union dans Palma Cayet, *Chronologie novénaire*, Introduction, t. I, p. 254 et suiv. Collect. Petitot.

et, s'il le fallait, contre son représentant purement temporel, qui était le roi, tel fut le but de la Ligue. Elle superposait l'Église à l'État. Or, dans cette conception logiquement développée, les rois n'avaient plus de droit imprescriptible et inviolable ; ils demeuraient soumis, comme le moindre de leurs sujets, à une règle religieuse qui servait de limite, de tempérament et de condition à leur pouvoir. Donc, en violant cette règle, ils devenaient indignes ; en se déclarant hérétiques, ils devenaient rebelles, et le peuple pouvait, il devait les renverser.

De sorte qu'en partant de la souveraineté du pape, on aboutissait à la souveraineté du peuple.

Et en effet, la Ligue eut cela de remarquable qu'étant une croisade prêchée contre l'esprit nouveau d'alors, elle fut plus révolutionnaire que la révolution même qu'elle voulait arrêter. La Ligue se trouva sur le chemin qui mène de Grégoire VII au Comité de salut public.

Et les actes répondirent aux doctrines. Qu'on ouvre l'histoire de la Ligue et les écrits du temps : partout la théocratie mêlée au sentiment démocratique ; partout l'étroite et fougueuse alliance de l'homme du peuple et du prêtre.

En 1576 et 1577, la Ligue ne se composait guère que de gentilshommes et Henri III s'en proclamait le chef, dans l'espoir d'en demeurer le maître. Mais bientôt quelle différence ! la Ligue n'est plus aristocratique, elle est à la fois sacerdotale et communale ; elle ne tient plus seulement la campagne, elle bouillonne dans Paris. C'est par un simple bourgeois nommé Rocheblonde, c'est par les curés de Saint-Benoît et de Saint-Séverin, c'est par un chanoine de Soissons qu'a été créée, pour mettre en mouvement les seize quartiers de Paris, cette commission des Seize, si vite transformée en dictature municipale[1]. Les chaires sont des tribunes aux harangues ; les curés font applaudir en eux des tribuns ; entrez dans une église : c'est le Forum.

Combien se sont mépris ceux qui n'ont vu dans un semblable mouvement que le résultat des intrigues d'une famille ambitieuse et les prétentions dynastiques de Henri de Guise! Les Ligueurs allèrent à Henri de Guise parce qu'il leur fallait un chef que la cause commune n'eût pas honte d'avouer, et qui lui appartînt tout entier. Ce chef pouvait-il être Henri III? Henri III, qui avait fait revivre dans une cour catholique les amours infâmes des empereurs païens et leurs prostitutions fameuses[2]? Il est vrai qu'après avoir gagné sur les huguenots les batailles de Jarnac et de Moncontour, il avait commandé les égorgements de la Saint-Barthélemi ; et au besoin, il aurait appelé en témoignage de son orthodoxie les fantômes que, la première nuit de son arrivée en Pologne, il crut voir rangés autour de son lit[3]. Il est vrai encore qu'il se promenait quelquefois par la ville un gros chapelet à la main[4] ; qu'il changeait volontiers ses habillements de femme contre un sac de pénitent ; qu'il portait une ceinture garnie de têtes de morts ; et que, sur la couche souillée qui recevait ses mignons, il méditait des fondations de confréries. Moqueries d'hypocrite! disaient les Ligueurs[5].

---

[1] *Satire Ménippée*, Remarques, t. II, p. 430. Édit. Le Duchat.

[2] On lit dans un livre du curé Jean Boucher ces lignes que la pudeur de la langue française rend intraduisibles, et qui se rapportent aux motifs de la haine de Henri III pour le cardinal de Guise :

« Quin et hæc odii in beatum illum martyrem cardinalem non minima
« causa fuit, quod eum ille tentantem ad scelus, adeo in templo, exhor-
« ruisset, execratusque et indignans recessisset. Ex quo factum, crescen-
« tibus odiis, ut cui castitatem non potuerat, hinc vitam adimeret. » *De Justa Henrici III abdicatione*, cap. xxxiii, p. 211.

[3] *Mémoires de Villeroy*, p. 259. Collect. Michaud.

[4] L'Estoile, *Journal de Henri III*, t. I, p. 139.

[5] Boucher, *de Justa Henrici III abdicatione*, cap. xxii, p. 195.

Henri III avait d'ailleurs à transiger avec l'hérésie, à s'appuyer sur les Politiques un intérêt que prouvaient tant d'édits de pacification, plutôt accordés qu'obtenus. Les Ligueurs ne s'y trompèrent pas. Ils poursuivirent dans Henri III un prince qui avait des intérêts étrangers à leur cause. Et ce qu'ils aimèrent dans Henri de Guise, au contraire, ce fut un homme qui, avec le catholicisme était tout, et qui sans le catholicisme n'était rien. D'autant que Guise avait de la bravoure, de la décision, et que, par plus d'un trait, il ressemblait à son père, bien qu'il eût moins d'élévation dans l'intelligence et de générosité dans le cœur.

Au surplus, cette impatience des Ligueurs de lui mettre un sceptre dans la main n'éclata en violents transports qu'après la mort du duc d'Alençon, frère du roi. Car Henri III n'avait pas d'enfants; et lui mort, c'était un protestant, c'était le roi de Navarre, c'était le principe nouveau, qui montait sur le trône.

Oh! certes, si tout s'était borné alors aux agitations de l'Hôtel de Ville, aux discours enflammés des prédicateurs, aux manifestes contradictoires du cardinal de Bourbon et du Béarnais, ou même à cette *guerre des trois Henris* dans laquelle les Ligueurs se précipitèrent avec une sinistre violence et comme traînant après eux le monarque épouvanté, il serait peut-être permis de mettre en doute la grandeur de la querelle. Mais non. L'antagonisme des principes dominait tellement ici l'éclat des prétentions rivales, que l'Europe entière s'ébranla sous l'empire d'une puissante émotion; et pendant que Philippe II promettait à la Ligue les armées de l'Espagne, pendant que Sixte-Quint se levait dans Rome pour excommunier le roi de Navarre, Théodore de Bèze, par un effort contraire, parcourait l'Allemagne attentive[1],

---

[1] Anquetil, *Esprit de la Ligue*, t. II, liv. V.

lui faisait peur de sa révolution prochainement anéantie, et poussait par delà le Rhin la croisade de Luther.

Dans ce vaste conflit, le Béarnais et Henri de Guise représentaient deux intérêts sérieux, immenses; mais Henri III, que représentait-il? Les Ligueurs n'avaient pu le refuser comme chef sans le rencontrer comme obstacle : ils résolurent de le renverser. De là cette célèbre journée qui, dans le Paris soulevé de 1588, nous montre déjà, sous quelques-uns de ses aspects, notre Paris de 1830 : la souveraineté du peuple à l'Hôtel de Ville, des barricades, les Suisses accablés, la multitude enveloppant le Louvre, le monarque en fuite[1]. Appelé par les Seize pendant les préparatifs de la révolte, Guise était accouru malgré la défense du roi, et il était entré dans Paris au bruit des acclamations publiques, par une route que les femmes jonchaient de fleurs. Comme il passait, une demoiselle baissa son masque et lui cria : « Bon prince, puisque tu es ici, nous sommes tous sauvés[2]. » C'était le cri de la Ligue. Pourquoi ? Précisément parce que Henri de Guise était plus et mieux que l'homme d'un parti : il était l'homme d'un principe.

Heureux si, dans l'enivrement de son rôle, il ne s'était pas cru au-dessus d'une défaite, au-dessus d'un assassinat! ce fut sa perte. Aux états de Blois, il mit une obstination orgueilleuse à penser qu'un guerrier tel que lui était une trop grande victime pour un assassin tel que Henri III. Instruit du complot, il s'en allait disant : *On n'oserait*[3] *!* mot fatal qui devait tuer Gustave III et qui avait tué César. A son tour, Guise allait expier la profondeur de ses mépris. Ils l'aveuglèrent jusqu'au dernier moment; et l'excès de son dédain ne l'abandonna que, lorsque soule-

---

[1] Voy. les détails de la journée des Barricades dans les *Mémoires de la Ligue*, t. II, p. 315 et suiv.
[2] *Ibid.*, p. 317.
[3] L'Estoile, *Journal de Henri III*, t. I, p. 375.

vant la portière en velours du réduit où se cachait le meurtrier, il se sentit vingt coups d'épée dans le corps[1].

Et l'on put bien juger alors que, pour la Ligue, Henri de Guise était un instrument et non pas un but. Loin de fléchir, les Ligueurs redoublèrent d'énergie, et de même qu'ils s'étaient emparés de la vie de leur chef, ils s'emparèrent de sa mort. Car enfin, ce délire de Paris en pleurs; cette vaste lamentation; ces images en cire percées de poignards, qu'on exposait sur les autels et dans les rues; ces foules qui, dans les temples, à la voix des prédicateurs furieux, levaient la main et juraient de mourir; ces cent mille flambeaux promenés par la ville, puis éteints, foulés aux pieds, pendant que vers le ciel montait la clameur vengeresse : « Dieu ! éteignez la race des Valois[2] : » tout cela n'était-il donc que l'amour d'un parti pour un homme mort ? Non, non. Les Ligueurs n'avaient besoin de la maison des Guise que comme une armée a besoin d'un étendard, voilà pourquoi on appela Mayenne; voilà pourquoi le prévôt des marchands et les échevins coururent prendre l'enfant posthume du Balafré, le tinrent sur les fonts de baptême, et le nommèrent Paris de Lorraine[3].

On sait, du reste, combien fut démocratique et révolutionnaire le mouvement qui suivit. Pour se gouverner, la multitude créa par élection un conseil des *Quarante*; en proclamant la déchéance du roi, la Sorbonne ne fit que donner les formes du temps à un arrêt déjà prononcé en place publique par les Seize; et Bussy Le Clerc, un d'eux, conduisit le parlement prisonnier à la Bastille, dont

---

[1] Voy. les divers récits faits de la mort du duc de Guise, dans Palma Cayet, *Chronologie novénaire*, Introduction, p. 465 et suiv.

[2] Palma Cayet, *Chronologie novénaire*, t. II, p. 1 et suiv. — L'Estoile, *Journal de Henri III*, t. I, p. 379 et suiv. — Labitte, *de la Démocratie chez les prédicateurs de la Ligue*, chap. I, p. 45.

[3] Palma Cayet, t. II, p. 5.

les portes s'ouvrirent le lendemain, pour bien constater qu'il n'y avait plus désormais dans Paris qu'une seule autorité vraiment légale : le peuple [1]. En même temps, on répandait ces maximes, qu'on lit dans tous les écrits de la Ligue : « C'est la volonté de Dieu qui fait les rois ; et cette volonté de Dieu, c'est la voix du peuple qui la déclare [2]. » — « Un roi hérétique, un roi coupable, peuvent et doivent être renversés [3]. » — « Le royaume de France est électif [4]. » — « Le titre de noblesse est personnel : n'est pas noble qui n'est pas vertueux [5]. »

Sans doute il y eut, à cette époque, des déclamations affreuses : ce fut en agitant le crucifix, que des prêtres glorifièrent la vengeance et prêchèrent le régicide. Jean Boucher, curé de Saint-Benoît; Cueilly, curé de Saint-Germain l'Auxerrois ; Guincestre, curé de Saint-Gervais; le Petit Feuillant, vingt autres sermonnaires, non moins emportés, préparèrent la tragédie de Saint-Cloud ; et leurs terribles imprécations retentissaient encore dans l'âme de Jacques Clément, lorsqu'après avoir reçu d'avance, dans les bras de madame de Montpensier, le salaire de son crime, il courut assassiner Henri III. Mais en condamnant les fureurs que souffla le sombre génie de la Ligue, on a trop oublié ce qu'il enfanta d'héroïsme.

Et, par exemple, quoi de plus surprenant que la constance avec laquelle les Ligueurs défendirent Paris contre le vainqueur d'Ivry et la famine? La capitale fut réduite à de si horribles extrémités, que cinquante mille hommes

---

[1] Palma Cayet, t. II, p. 7 et suiv.
[2] Pigenat, curé de Saint-Nicolas des Champs, *de l'Aveuglement et grande inconsidération des Politiques*, chap. MDXCII.
[3] Boucher, curé de Saint-Benoît, *de Justa Henrici III abdicatione*, lib. I, cap. IX, p. 11. — Pigenat, chap. III, p. 41.
[4] *Dialogue du Maheustre et du Manant*, t. III de la *Satire Ménippée*, p. 376.
[5] *Ibid.*, p. 356.

périrent de faim[1]. On fit du pain avec des ossements. On rencontrait dans les rues désertes des couleuvres sur des cadavres. Une mère mangea son enfant[2]; et pas une voix ne s'élevait pour crier : « Il faut se rendre. » Seul, parmi les prédicateurs, Panigarolle eut un instant de défaillance ; mais on lui fit honte de sa peur, et il dut s'en laver par un sermon qui commençait de la sorte : *Guerra, guerra, guerra*[3]! Les curés ordonnèrent la vente des vases sacrés ; ils changèrent en balles les cloches fondues[4] ; ils parurent, portant la hallebarde et la rondache, dans des processions qu'il faut juger par l'effet produit et non par les moqueries partiales de la *Satire Ménippée ;* il y en eut enfin qui, comme Edme Bourgoing, se battirent en soldats et moururent en martyrs[5].

Inutile exaltation ! dernier éclair de la flamme qui, près de s'éteindre, se ranime ! Le duc de Parme accourut, le roi de Navarre leva le siége, et la Ligue n'en demeura pas moins condamnée à périr, parce que le germe de sa destruction était dans son propre sein. Vouloir sauver le principe d'autorité en combinant les vues de Grégoire VII avec un développement prématuré de la démocratie, c'était un coup d'audace inouï dans l'histoire ; mais les dates ne se laissent pas violenter ainsi. La Ligue était à la fois et trop avant dans le passé et trop avant dans l'avenir. Le jour où il devint manifeste que c'était à la démocratie que profitaient les efforts du sacerdoce, la dissolution de la Ligue commença. Les gentilshommes, premiers promoteurs de la sainte Union, s'étonnèrent des

---

[1] *Procès-verbaux des états généraux de* 1593, par M. Auguste Bernard, Préface, p. xlij.

[2] Voy. sur le siége de Paris les *Mémoires de la Ligue,* t. IV, p. 296 et suiv.; Palma Cayet, t. III, p. 99 ; Labitte, p. 123.

[3] *Satire Ménippée,* t. II, Remarques, p. 139.

[4] Labitte, p. 124.

[5] Un des plus violents détracteurs de la Ligue, M. Labitte, en convient lui-même, p. 83 et 84.

suites d'une alliance dont ils n'avaient pas d'abord entrevu toute la portée et il reculèrent effrayés [1], quand ils entendirent des paroles d'égalité sortir de la bouche de ce peuple, auxiliaire et organe de leur Dieu. Les prélats d'illustre origine prirent ombrage de la popularité tumultueuse des curés, jusque-là que la Ligue finit par ne plus compter dans ses rangs que quinze évêques sur cent quatre[2]. Sixte-Quint lui-même retira la main qu'il avait tendue aux Ligueurs, en les trouvant à ce point engagés dans la démocratie. Restaient les curés de Paris ; et encore tous n'avaient-ils pas dans le cœur ce respect du peuple empreint dans leurs sermons. Que penser du zèle démagogique de Jean Boucher, quand on lit dans un livre de lui, écrit en latin et pour les lettrés seulement : « On ne doit pas entendre par le mot *peuple*, cette foule confuse et désordonnée, bête féroce à plusieurs têtes, qui se laisse conduire par quiconque l'emporte en fureur et en folie[3] ? »

On le voit : la force des choses poussait au triomphe des *Politiques*. N'avaient-ils pas pour eux les huguenots qu'ils avaient absorbés ; l'aimable et belliqueux génie du prince de Béarn, leur chef ; le caractère antifrançais que donnait à leurs ennemis le patronage intéressé de Philippe II ; les secrètes sympathies et les menées souterraines du parlement de Paris, de ce même parlement qui, le 30 janvier 1589, avait adhéré à l'Union d'une manière solennelle, et qui, durant le siége de la capitale, avait défendu qu'on parlât de paix avec le roi de Navarre[4] ? Les *Politiques* n'étaient-ils pas soutenus, portés, par cette mystérieuse et invincible puissance qui voulait que la conscience humaine fût déclarée libre ?

---

[1] *Dialogue du Maheustre et du Manant*, p. 470.
[2] *Ibid.*, p. 425.
[3] « Quæ bellua multorum capitum est, etc... » *De justa Henrici III abdicatione*, cap. ix, p. 11.
[4] *Procès-verbaux des états de* 1593, Préface. p. xlii.

La Ligue devait donc être engloutie par le mouvement naturel de l'histoire ; et il est à remarquer que le vrai destructeur de la Ligue, ce fut son propre chef, le duc de Mayenne. En introduisant dans le conseil des *Quarante* quatorze membres, ennemis couverts de la souveraineté du peuple, Mayenne avait préparé la ruine du pouvoir des Seize ; il la consomma, lorsque, sous prétexte de punir le meurtre du président Brisson, il livra au bourreau quatre de ces meneurs populaires. C'était anéantir ce qui représentait le côté révolutionnaire et démocratique de la Ligue ; c'était la dénaturer, puisqu'elle consistait tout entière dans l'essai d'une étroite alliance entre l'Église et la place publique, entre le prêtre et l'homme du peuple.

Le dénoûment de ce grand drame eut lieu, nul ne l'ignore, dans les états de 1593, convoqués pour l'élection d'un roi. A qui donnerait-on la couronne, suspendue entre la maison de Lorraine, l'infante d'Espagne, petite-fille de Henri II, et le prince de Béarn? La question fut vidée par l'abjuration du chef des *Politiques*, et le Béarnais devint Henri IV.

Mais, en rendant son ennemi catholique, la Ligue qui paraissait vaincre, fut en effet vaincue définitivement et sans retour, car l'abjuration de Henri IV n'était pas sincère.

Et c'est justement ce qui lui donne une importance historique tout à fait capitale. Henri IV écrivant à Gabrielle d'Estrées : « Je vais faire le saut périlleux, » et pensant que Paris valait bien une messe, Henri IV plaçait avec lui sur le trône l'indifférence en matière de religion. La France allait y gagner l'édit de Nantes, premier aspect de la doctrine que la philosophie du dix-huitième siècle devait compléter ; premier pas vers l'affranchissement de l'individu.

Aussi, l'entrée de Henri IV à Paris fut-elle saluée comme ouvrant une ère nouvelle. La Ligue était abattue :

on l'accabla d'outrages. Son histoire, écrite par les vainqueurs, le lendemain de la victoire, se trouva n'être qu'un étincelant et amer pamphlet. Pendant que l'oubli envahissait le *Dialogue du Maheustre et du Manant*, grave et mélancolique testament de la Ligue mourante, la *Satire Ménippée* acquit l'importance d'un livre composé pour un triomphe : on lui demanda de faire foi, aux yeux de la postérité; et la Ligue, jugée par des écrivains protestants, et dessinée en caricature dans un ingénieux libelle, ne fut plus qu'une faction turbulente, avide, ridicule et vendue au roi d'Espagne. On oublia que la plupart des Seize, et notamment Compans, Cotteblanche, Acharie, Decreil, étaient entrés riches dans l'Union et en étaient sortis ruinés[1]; que le parlement informa contre eux, après leur défaite, en décembre 1591, sans qu'un seul témoignage s'élevât pour les accuser[2]; que la vénalité dans la Ligue fut l'exception, non la règle; que les frais de la guerre engloutirent la plus grande partie de l'or de Philippe II; que dans l'Union, les partisans d'une candidature espagnole étaient en minorité, et que cette candidature n'eut jamais de chances sérieuses, comme l'écrivait au duc de Savoie le ligueur Panigarolle[3]; qu'enfin, au sein des états, les prétentions de Philippe II n'eurent pas d'adversaire plus animé, plus éloquent que le célèbre ligueur Guillaume Rose.

La vérité est que la Ligue produisit ce que produisent presque toujours les fortes croyances, exaltées outre mesure : des violences odieuses et de courageux dévouements; mais elle avait entrepris l'impossible en essayant de faire prévaloir les unes par les autres des idées religieuses que déjà la vie abandonnait, et des idées politiques dont le temps n'était pas encore venu.

[1] *Dialogue du Maheustre et du Manant*, p. 450.
[2] *Ibid.*, p. 479.
[3] Labitte, p. 102.

La cause de l'époque fut celle que Henri IV représentait lorsque, par l'édit de Nantes, il rendit l'État responsable du maintien de la tolérance. Maintenant, viennent les philosophes du dix-huitième siècle, Henri IV sera le héros de Voltaire ; et de la tolérance en religion, les penseurs conduits par Voltaire feront sortir successivement le rationalisme en philosophie, le régime des garanties en politique, et en industrie le *laissez-faire*.

Voilà comment, dégagé de la forme théologique où l'avait renfermé Luther et dépouillé du caractère violent que lui avait imprimé Calvin, l'individualisme prit pied en France. Il devait conquérir la société ; mais il fallait pour cela que la bourgeoisie, à laquelle il convenait spécialement, devînt la classe dominante. C'est à montrer comment elle le devint, que la seconde partie de ce livre sera consacrée.

LIVRE DEUXIÈME

BOURGEOISIE

PROGRÈS DE LA CLASSE DONT L'INDIVIDUALISME DEVAIT
FONDER L'EMPIRE

Par bourgeoisie, j'entends l'ensemble des citoyens qui, possédant des instruments de travail ou un capital, travaillent avec des ressources qui leur sont propres et ne dépendent d'autrui que dans une certaine mesure.

Ceux-là sont plus ou moins libres.

Le peuple est l'ensemble des citoyens qui, ne possédant aucun capital, dépendent d'autrui complétement et en ce qui touche aux premières nécessités de la vie.

Ceux-là ne sont libres que de nom.

La bourgeoisie s'est développée en France d'une manière merveilleuse. Elle a conçu de grands desseins, rendu à la cause de l'humanité de grands services, et, avec l'appui du peuple, accompli de grandes choses. Mais ceux qui lui avaient servi d'auxiliaires, il lui était commandé de les accepter, de les vouloir pour frères : c'est ce qu'elle ne comprit pas en 1789, et c'est ce qui enfanta les orages qui suivirent. Mais avant de dire quel usage la bourgeoisie fit de sa puissance, il importe de montrer de quelle manière cette puissance fut conquise et s'établit.

Or, si l'on examine avec soin comment la bourgeoisie

française s'est développée dans l'histoire, on verra qu'elle est arrivée :

A la jouissance des droits civils par les communes ;

Au pouvoir politique par les états généraux ;

A l'indépendance de la vie laïque par les parlements appuyés sur les philosophes ;

A la souveraineté industrielle par les jurandes et les maîtrises.

Avec les communes, elle a détruit l'aristocratie féodale ;

Avec les états généraux, elle est parvenue à asservir la royauté ;

Avec les parlements, elle a secoué le joug de l'Église ;

Avec les jurandes et les maîtrises, elle a dominé le peuple.

Nous la suivrons dans ces diverses phases de son développement. Mais comme les deux premières se trouvaient seules accomplies lorsque le protestantisme prit pied en France, celles-là seules nous occuperont en ce moment. Les deux dernières auront leur place dans le tableau du dix-huitième siècle.

CHAPITRE PREMIER

PROGRÈS DE LA BOURGEOISIE

LES COMMUNES

Bourgeois et manants. — La féodalité d'autrefois : ce qui faisait son éclat et sa force. — Les communes n'ont été que l'organisation militaire de la bourgeoisie. — La féodalité vaincue par les communes plutôt que par les rois.

Parmi ceux qui ont parlé du tiers état, de son développement, de sa destinée, du rôle éclatant qu'il a joué dans la Révolution de 89, nul n'a dit qu'au sein même du tiers état existait le germe d'une révolution bien autrement profonde et redoutable. Le tiers état ne formait-il qu'une classe au-dessous de la noblesse? Et devons-nous regarder comme un fait purement contemporain la division de la société en bourgeois et prolétaires? Ce serait une grave erreur.

En parcourant les documents historiques du moyen âge, soit qu'il s'agisse de chartes accordées aux communes, soit qu'il s'agisse d'ordonnances rendues par les rois, on retrouve à tout moment ces mots : *bourgeois et manants*. C'est qu'en effet, au-dessous des nobles il y avait deux classes bien distinctes. « Les viles personnes du menu peuple, dit Loiseau dans son *Traité des ordres*, n'ont pas droit de se qualifier bourgeois. La preuve, c'est qu'ils n'ont pas de part aux honneurs de la cité, ni voix aux assemblées, en quoi consiste la bourgeoisie[1]. » Voilà

---

[1] *Traité des ordres*, chap. IX, n° 8.

donc la distinction clairement établie. Les manants, c'étaient ceux qui n'avaient pas droit de participer aux affaires de la commune.

Le droit de bourgeoisie constituait un privilége. Cela est si vrai qu'on ne devenait bourgeois, en général, qu'en remplissant des formalités déterminées à l'avance, et moyennant certaines conditions qu'il n'était pas donné à tous de remplir. Voici ce qu'on lit dans une ordonnance rendue en 1327 par Philippe le Bel :

« Quand aucun veut entrer en aucune bourgeoisie, il doit aller au lieu dont il requiert être bourgeois, et doit venir au prévôt du lieu, ou à son lieutenant, ou au maire quand il reçoit les bourgeois, et dire à cet officier : « Sire, je vous requiers la bourgeoisie de cette ville, et suis appareillé de faire ce que je dois. » Alors le prévôt, ou son lieutenant, ou le maire, en la présence de deux ou trois bourgeois de la ville, du nom desquels les lettres doivent faire mention, recevra sûreté de l'entrée dans la bourgeoisie, et que le récipiendaire fera ou achètera, dans l'an et jour, une maison de la valeur de soixante sols parisis au moins. »

Et qu'on ne pense pas que cette ordonnance établissait un droit nouveau, elle ne faisait que constater un droit établi. Remontez à l'époque de la grande insurrection des communes et jetez les yeux sur la charte de Laon, qui servit de modèle à tant de communes, l'article 15 de cette charte porte :

« Quiconque sera reçu dans cette paix (commune) devra, dans l'espace d'un an, se bâtir une maison, ou acheter des vignes, ou apporter dans la cité une quantité suffisante de son avoir mobilier, pour pouvoir satisfaire à la justice, s'il y avait par hasard quelque sujet de plainte contre lui. »

Dans cette France du moyen âge, si peu compacte, si morcelée, où tant de villes vivaient isolées les unes des autres, où les coutumes étaient si diverses, où il n'y avait pas même unité de langage, il était tout simple que le droit de bourgeoisie ne s'acquît point partout à des conditions absolument identiques. Ainsi, pour devenir bourgeois, d'après la coutume de Calais, il fallait payer la somme de vingt-cinq sols tournois, et celle de quarante sols d'après la coutume de Metz. Dans la commune de la Gorgue, il fallait payer quatorze patards; et à Nieuport, la fixation du prix de bourgeoisie était laissée à la discrétion des échevins. Dans certaines villes même, la bourgeoisie s'acquérait par mariage; dans d'autres, par prescription; dans quelques-unes enfin, il suffisait, pour être bourgeois, d'être fils de bourgeois. Mais le fait général, saillant, incontestable qui ressort de la diversité des coutumes, c'est la ligne de démarcation tracée entre les bourgeois et les manants.

« Quand un non-bourgeois, est-il dit dans la coutume de la Gorgue, succède à un bourgeois, il doit payer pour le droit d'issue, le *treizième denier de la valeur des biens estant dans ladite ville.* »

Ceci posé, je dis que c'est au moyen des communes que la bourgeoisie a renversé le régime féodal.

Quelle étonnante lutte que celle des seigneurs et des communes! quelle singulière épopée! Ici, des marchands, des artisans, fils de vaincus, s'agitant sous la chaîne héréditaire ; là des guerriers que possède le goût des aventures, qu'un orgueil indomptable anime, et qui portent dans le sang l'amour des combats. Que de ces deux sociétés mises en présence, la première eût été vaincue, c'était tout simple. Pourquoi le contraire est-il arrivé?

Depuis 1789, on a traité le régime féodal avec un dédain bien puéril. Voyez combien était grande la force que puisait dans le désintéressement et la vivacité de sa foi cette société féodale si décriée! A la fin du onzième siècle, un moine s'avise qu'il faut affranchir les chrétiens de terre sainte, et arracher aux infidèles le tombeau du Sauveur des hommes. Il prêche cela, et tout à coup la société féodale éprouve un tressaillement héroïque. Nul système d'administration qui puisse la faire mouvoir avec ensemble; nul lien politique qui rassemble les parties diverses dont elle se compose... N'importe, la voilà qui s'ébranle le même jour, presque à la même heure; la voilà qui, par la seule force du lien moral, se lève d'un subit élan, pour aller au pays inconnu. Les pèlerins prennent le casque; adieu le manoir, et pour toujours peut-être! Les écuyers attendent, les destriers hennissent, les pennons flottent, l'armée est en marche. Est-ce que notre civilisation moderne, si savante, si active, en France surtout, a jamais produit un mouvement plus énergique et plus passionné?

A cette force morale, née de l'ardeur des croyances, s'ajoutait celle qu'enfante le principe du dévouement. Jamais ce principe ne reçut une application plus vigoureuse et plus féconde qu'au moyen âge. La chevalerie n'était pas une institution; elle n'eut rien de systématique dans son origine, c'était le produit naturel des mœurs féodales, mœurs naïves, formées d'un inconcevable mélange de férocité et de tendresse. « Je jure, disait le jeune homme admis au rang et à la vie des guerriers, je jure de soutenir le bon droit des plus faibles, comme des veuves, des orphelins et des demoiselles en bonne querelle. » On sait que la veille ou l'avant-veille de son admission, l'aspirant devait revêtir une robe rouge. C'était la désignation symbolique du rôle sanglant qui lui était réservé dans le monde, et cette robe emblématique, il ne la prenait qu'au sortir du bain, parce qu'il faut être pur pour se dévouer. Suivez ces formalités jusqu'au bout, tout y est simple et touchant, plein de grâce et de grandeur: le récipiendaire arrive à l'église, il s'agenouille devant le seigneur qui le doit armer chevalier, et qui lui dit : « A quel dessein voulez-vous entrer dans l'ordre? si c'est pour être riche, pour vous reposer et être honoré, sans faire honneur à la chevalerie, vous en êtes indigne. » De là ces traditions de générosité si religieusement suivies ; de là cette protection errante accordée pendant si longtemps au malheur.

Les mœurs étaient grossières, sans doute, et pourtant voici qu'à travers ce débordement de passions brutales, auxquelles l'habitude des guerres privées fournit un aliment toujours nouveau, la femme nous apparaît protégée avec passion, honorée à l'égal de Dieu, et toute-puissante par sa faiblesse. Dans le tournoi qu'il avait entrepris à Carignan, en Piémont, Bayard, comme il est dit en son histoire, refusa de recevoir le prix qu'il avait mérité, affirmant que tout l'honneur de la journée revenait au manchon que sa dame lui avait donné. L'historien ajoute que le manchon fut rendu à la dame.

Quoi de plus bizarre que cette souveraineté calme, souriante, précieuse parce qu'elle est fragile, planant ainsi au-dessus du violent empire de l'épée? Que ce culte de la femme soit né de la philosophie chrétienne, cela n'est pas douteux ; mais c'est une des gloires de la féodalité de s'être laissé si aisément pénétrer par le christianisme.

La société féodale se montre donc, dans l'histoire, appuyée sur ces trois grandes puissances par qui les sociétés durent : la foi, le dévouement et l'amour.

Étudierez-vous l'histoire de la féodalité dans les rapports des possesseurs de fiefs entre eux, vous serez frappé de ce qu'il y avait de noble et de moral jusque dans leur inégalité. Le suzerain devait appui et protection au vassal ; le vassal devait au suzerain affection et fidélité. Tels étaient les termes du contrat sur lequel reposaient l'investiture et l'hommage. Le commandement perdait ainsi ce qu'il a de dur, et l'obéissance ce qu'elle a de dégradant.

Cette réciprocité de devoirs établissait même, entre les divers membres de la hiérarchie féodale, le seul genre d'égalité qui soit possible entre le fort et le faible dans une société encore imparfaite. Toutefois, comme l'unité politique n'existait pas, comme il n'y avait au centre de cette société aucun pouvoir assez étendu pour en atteindre toutes les extrémités, en pénétrer toutes les parties, en faire mouvoir harmonieusement tous les ressorts, des iniquités eurent lieu, des passions sauvages se donnèrent carrière. Il arriva que les grands fiefs s'étendirent aux dépens des petits, et que la protection due au vassal devint un prétexte d'usurpation ou une cause de tyrannie ; on vit le droit fléchir quelquefois, on vit la force triompher. Mais ces violences ne se commettaient pas sans avoir à briser bien des obstacles. Si le régime féodal avait ses abus, il avait aussi ses garanties. Le vassal, injustement attaqué par son suzerain, trouvait dans le suzerain supérieur un protecteur, la plupart du temps intéressé à le défendre ; et tel était l'enchaînement de toutes ces petites royautés partielles, qu'elles étaient naturellement appelées à se faire équilibre.

Étudiée dans les rapports des seigneurs avec leurs colons et leurs serfs, la féodalité se présente sans doute sous un jour beaucoup moins favorable. Ici, tout est arbitraire, odieux ; c'est l'abus insolent de la force ; c'est l'excès de la victoire dans ce qu'il peut avoir de plus affreux. Et pourtant, croit-on que la condition des prolétaires d'aujourd'hui soit de beaucoup préférable à celle des serfs d'autrefois ? Ce que les serfs avaient de moins en dignité, ils l'avaient de plus en sécurité. Ils pouvaient sans pâlir s'arrêter à l'idée de leur lendemain. S'ils gémissaient sous une rude tyrannie, ils la voyaient en face, du moins, cette tyrannie ; ils la touchaient en quelque sorte du doigt, ils pouvaient la désigner par son nom propre. Combien n'est pas plus lourde, hélas ! celle qu'exprime aujourd'hui ce mot effrayant et vague, *la misère!* La liberté avec la misère et l'isolement, c'est une servitude aussi, et quelle servitude, mon Dieu! Le despotisme féodal était dans les hommes, le despotisme bourgeois est dans les choses; despotisme mystérieux qu'on sent partout, qu'on n'aperçoit nulle part, et au sein duquel l'indigent se voit mourir sans se rendre compte du mal qui le tue. Si donc on doit juger de l'instabilité d'un régime par la grandeur des calamités qu'il enfante, le régime féodal n'a pas dû avoir moins de consistance que n'en présente le régime qui s'est élevé sur ses débris.

Nous avons reconnu que la société féodale manquait d'unité dans son ensemble, mais cela même était de nature à la rendre durable. L'unité ne saurait exister au profit de l'action, sans exister aussi au profit de la réaction. Partout où le pouvoir se meut aisément et avec vigueur, les mouvements révolutionnaires sont redoutables et décisifs, si la société ne se sent pas heureuse. Imaginez un pays dans lequel la centralisation soit excessive, le pouvoir y sera fort aussi longtemps qu'il vivra; mais pour changer la société, il suffira d'un coup de main. La société féodale avait mille têtes: les frapper d'un seul coup était impossible; aussi, du dixième au seizième siècle, que d'ébranlements partiels, que de secousses successives! La féodalité tient bon cependant. Et pourquoi s'en étonner? Tous ces seigneurs campaient au milieu de leurs terres; ils vivaient isolés dans leurs châteaux forts: les révolutions devaient être locales comme la tyrannie même qui les provoquait.

Toutefois, le régime féodal n'était pas sans avoir des vices qui lui fussent propres. La hiérarchie des personnes, dans ce système, était calquée, comme on sait, sur la hiérarchie des terres. Le service féodal était dû en raison du domaine qu'on possédait. La hiérarchie féodale devait donc s'écrouler le jour où serait détruite la hiérarchie territoriale, qui lui servait de fondement et de modèle. Or, la hiérarchie territoriale pouvait-elle se maintenir avec la faculté accordée aux propriétaires d'aliéner leurs biens? Évidemment non. L'inaliénabilité des terres était, par conséquent, le principe vital de la féodalité. Aussi, jusqu'au règne des Valois, fut-il sévèrement interdit à un gentilhomme de vendre ses fiefs sans la permission du roi. Mais cette interdiction ne dura pas longtemps. En fait, les ordonnances des Valois la levèrent. Depuis Guy de Tournebu, sire de Maisy et de Laise, à qui il fut permis, en 1292, de vendre pour une somme déterminée une partie de ses terres, les aliénations autorisées devinrent de plus en plus fréquentes. Le régime féodal en reçut une atteinte mortelle. Et il ne pouvait en être autrement. En Allemagne, en Pologne, en Angleterre surtout, la féodalité a toujours été saine et robuste, parce que, dans ces différents pays, la terre s'est perpétuée par les aînés dans les mêmes familles, sans division ni altération; parce que les droits de primogéniture et de substitution y ont été regardés comme inviolables; parce que la propriété territoriale, enfin, y a eu pour caractère dominant l'immutabilité. En France il était difficile qu'il en fût ainsi, à cause du génie même de la nation, génie inquiet, voyageur, cosmopolite, qui entraînait loin de leurs domaines les possesseurs de fiefs, presque tous grands coureurs d'aventures et contempteurs nés des travaux de la vie agricole. Il y avait chez eux un si impatient désir de sortir de leurs terres et de leurs castels ! c'était un tournoi qui les appelait, ou une expédition contre l'Anglais, ou bien encore quelque pèlerinage à la fois pieux et sanglant. Cette existence, tout extérieure, entraînait d'énormes dépenses : on voulait avoir de beaux chevaux, de riches armures; on donnait des fêtes brillantes; on se ruinait pour l'amour des dames. De retour dans leurs foyers, tous ces preux se trouvaient criblés de dettes. Venaient des contestations qui aboutissaient à des aliénations de terres. La royauté s'y prêtait de fort bonne grâce, en haine de la noblesse ; et les parlements, issus du peuple conquis, rendaient encore plus rapide la pente qui conduisait à l'abîme les aveugles rejetons de la race conquérante. Il y avait donc dans la constitution de la féodalité, combinée avec la nature particulière du génie français, un vice radical par où elle aurait tôt ou tard péri. Et cependant, un semblable régime portait en lui-même assez de germes de vie pour se maintenir longtemps, si son libre développement n'avait pas été contrarié par un élément étranger. La féodalité succomba sous l'effort de la *bourgeoisie organisée en communes.*

On a beaucoup et très-diversement écrit sur les communes. La première question qui se présente est celle-ci : qu'étaient les communes, considérées dans leur origine ? La réponse est écrite dans toutes les chartes[1] : les communes étaient des confédérations de bourgeois s'engageant, sous la foi du serment, à se soutenir l'un l'autre.

Quant au but que les bourgeois se proposaient en se confédérant, il est fort aisé de le définir. Les bourgeois pliaient sous le fardeau des taxes arbitraires ; la faculté de tester leur était enlevée ; ils ne pouvaient, sans acheter l'agrément du seigneur, faire entrer leurs fils dans l'état ecclésiastique ou marier leurs filles ; en un mot, ils n'avaient la jouissance intégrale d'aucun des droits dont se compose la liberté civile. Eh bien, si les villes se formèrent en communes, ce fut pour obtenir ces différents

---

[1] Voici quelques exemples : les citer tous est impossible. Charte de Bray : « Omnes communiam jurabunt. » *Rec. des ordon.*, t. XI, p. 296.

Chartes de Compiègne et de Crespy en Valois : « Juraverunt quod alter « alteri secundum opinionem suam auxiliabitur. » *Rec. des ordon.*, t. XI, p. 241 et 305.

Charte de Dourlens : « Unusquisque jurato suo fidem, vim, auxilium « consiliumque præbebit. » *Rec. des ordon.*, t. XI, p. 311.

droits et acquérir en même temps la puissance militaire qui devait les faire respecter. C'est ce que prouvent encore les chartes [1].

M. Augustin Thierry me semble s'être trompé sur la nature et la portée du mouvement communal lorsqu'il a écrit [2] : « Pour garantie de leur association, les membres de la commune constituaient, d'abord tumultuairement, et ensuite d'une manière régulière, un *gouvernement électif*, ressemblant sous quelques rapports au gouvernement municipal des Romains, et s'en éloignant sous d'autres. » Ce *gouvernement électif* des villes ne se rattache en aucune sorte à la formation des communes. Dans presque toutes les cités des Gaules il existait bien avant qu'on y eût vu éclater le mouvement communal dont M. Augustin Thierry le fait dériver. Qu'on parcoure ces chartes, histoire unique des communes, on n'y trouvera rien qui se rapporte, soit à l'élection du maire et des échevins par les bourgeois, soit aux attributions de la magistrature locale. On y parle, à la vérité, de *majeur*, de *jurés*, mais comme de magistrats dont la juridiction est depuis longtemps reconnue, et n'a besoin ni d'être créée,

---

[1] Charte accordée par Philippe Auguste, en 1189, à la ville de Sens, art. 12 : « Mortuas autem manus omnino excludimus. » *Rec. des ordon.*, t. XI, p. 262.

Charte accordée, en 1182, à la ville de Chaumont, art. 1. « Ut omnes « qui in eadem permanent communitate ab omni tallia... liberi et immunes « jure perpetuo permaneant. » *Rec. des ordon.*, t. XI, p. 225.

Charte de Soissons, art. 5 : « Homines etiam communionis hujus uxores « quascumque voluerint, licentia a dominis requisita, accipient, et si domini « hoc concedere noluerint et absque consensu et concessione domini sui « aliquis uxorem alterius potestatis duxerit, et si dominus suus in eum « implacitaverit, quinque tantum solidis illi inde emendaverit. » *Rec. des ordon.*, t. XI, p. 219.

M. Augustin Thierry, en citant ce dernier article de la charte de Soissons, a omis le mot *tantum*, omission grave, car c'est précisément le mot qui exprime la limite posée aux prétentions du seigneur : le faire disparaître, c'est changer le sens de la clause citée.

[2] *Lettres sur l'histoire de France*, p. 256.

ni même d'être définie. C'est ce que M. Guizot[1] a très-bien fait observer au sujet de la charte de Laon; mais si l'on prend la peine de feuilleter patiemment le *Recueil des ordonnances*, on peut voir que ce qui est vrai de la charte de Laon, l'est de toutes celles qui sont nées de l'insurrection des bourgeois contre les seigneurs. Ce n'est que dans les *villes neuves*, où tout était à créer, qu'on trouve des règles concernant l'administration de la cité par des officiers municipaux. Je le répète, si les villes se formèrent en communes, ce fut pour conquérir le libre développement de la vie civile et militaire, et non pour obtenir des *franchises municipales*, franchises qu'elles possédaient déjà depuis longtemps.

Les historiens ont eu grand tort de confondre l'histoire des municipalités avec celle des communes. Ce sont deux histoires tout à fait distinctes. Les communes n'ont pas du tout un caractère administratif : elles ont été guerrières par essence. La féodalité avait fondé son empire par le glaive : c'était donc par le glaive qu'il fallait le détruire. Lors de l'établissement des fiefs, l'exercice des armes n'était permis qu'à ceux qui vivaient noblement[2] : eh bien, l'établissement des communes naquit de la nécessité de renverser ce privilége oppresseur. Tous les documents historiques du douzième siècle témoignent du caractère essentiellement guerrier des communes. Ainsi elles avaient droit de paix et de guerre : aucun doute sur ce point. D'après la charte de Villeneuve en Beauvoisis, aucun ne pouvait, dans le cours d'une expédition, prêter de l'argent à un *ennemi de la commune ;* et la charte de Beauvais défendait à tout bourgeois de parler à un *ennemi de la commune*[3] pendant la durée de la guerre. Tout habitant de Rouen devait, sur l'ordre des magistrats, sortir en

---

[1] *Cours d'histoire moderne*, p. 183.
[2] *Traité de la noblesse*, par de La Roque, chap. vii, p. 10.
[3] *Rec. des ordon.*, t. XI, p. 624.

armes de la ville : le délinquant était condamné à payer une amende ou à voir sa maison démolie. Enfin on lit dans la charte de Roye que si quelqu'un cause du dommage à la commune, et refuse, après sommation du maire, de le réparer, le maire doit marcher à la tête des habitants pour détruire l'habitation du coupable, le roi promettant son secours s'il s'agit d'un lieu fort dont les membres de la commune ne puissent se rendre maîtres[1]. De telle sorte que faire la guerre n'était pas pour les communes un droit seulement : c'était un devoir. Suger raconte que Louis le Gros ayant assiégé Thury, les *communes* des paroisses du pays prirent part à ce siège. Quel sens aurait ici le mot *communes*, s'il n'était pas synonyme du mot *milices ?* Orderic Vital, auteur contemporain de l'établissement des communes, dit d'une manière formelle que l'obligation du service militaire fut l'objet unique des communes[2]. Il ajoute : « Après le règne de Philippe Ier, Louis VI fut obligé d'implorer le secours de tous les évêques de France, pour arrêter les mutineries et les brigandages qui désolaient son royaume. *Ce fut alors que les communes furent établies.* » Dans sa remarquable Préface du tome XI du *Recueil des ordonnances*, le savant M. de Bréquigny soupçonne Orderic Vital d'avoir, du fond de son couvent, fait trop d'honneur ici aux évêques ; mais, quoi qu'il en soit de cette opinion, ce qui résulte clairement du passage que nous venons de citer, c'est qu'au temps d'Orderic Vital, les communes étaient considérées comme la bourgeoisie sous les armes. En voici une preuve nouvelle et frappante. Lorsqu'une ville *n'avait pas de commune*, c'était son seigneur qu'elle suivait à la guerre, sauf celui-ci à se rendre, selon le devoir de son fief, aux ordres du roi ; lorsqu'une ville, au contraire, *était en commune*, elle devait le service mili-

---

[1] *Rec. des ordonn.*, t. XI, p. 228.
[2] *Collection des histoires de Normandie*, par Duchesne.

taire au roi immédiatement. Que conclure de là, sinon que le droit de commune était le droit accordé aux villes de faire la guerre, en dehors de toutes les règles de la féodalité? Enfin, ces chartes qui consacraient les conquêtes de la bourgeoisie, n'étaient-ce pas des traités de paix véritables? La charte concédée en 1128 par Philippe Auguste est désignée par les mots de *institutio pacis*, *établissement de paix*[1]. Dans la charte accordée en 1112 à divers lieux dépendant de l'abbaye d'Aurigny, on lit : « Habeant communiam pro pace conservanda, » *qu'ils aient une commune pour conserver la paix*[2]. C'est par ces expressions *pactum pacis*, *pacte de la paix*, qu'Yves, évêque de Chartres, désigne la charte d'Amiens[3], dans une lettre adressée à Louis VI. Toujours le mot *paix* employé en opposition au mot *commune*.

Du reste, on sait quelle fut, sous la seconde race, la loi de formation des armées. La cavalerie ne se composait que de nobles. L'infanterie était fournie par les villes. Or, l'obligation imposée aux villes de fournir à l'armée des fantassins coïncide précisément avec l'institution des communes, dont elle détermine ainsi le véritable caractère. Par les communes, la bourgeoisie ne se mit pas seulement en état de défense contre les possesseurs des fiefs ; elle s'introduisit dans la composition des armées, elle y prit racine, elle attira insensiblement à elle une partie de la force militaire.

Une association guerrière née de la révolte légalisée des bourgeois contre les seigneurs, voilà la commune.

De là, entre le municipe et la commune, une distinction profonde et qui ne nous paraît pas avoir été jusqu'ici comprise.

Le municipe, c'est la cité considérée en elle-même. La

---

[1] *Rec. des ordon.*, t. XI, p. 185.
[2] *Ibid.*, p. 508.
[3] Yvon. Carnot. *Epistolæ*, p. 446.

commune, c'est la cité dans ses rapports avec les pouvoirs qui pèsent sur elle.

Le municipe, c'est la bourgeoisie s'administrant elle-même par des magistrats sortis de son sein. La commune, c'est la bourgeoisie prenant la hache et faisant capituler la féodalité qui la gêne dans son essor.

Veut-on une preuve manifeste de la réalité de cette distinction? La charte de Guise, concédée en 1279, accorde à la ville le droit d'avoir des juges élus, *elle lui donne un pouvoir municipal*. Et, d'un autre côté, elle lui interdit d'une manière expresse jusqu'au désir *d'être en commune*. Commune, Municipe, étaient donc deux choses essentiellement distinctes.

M. Augustin Thierry, dans ses *Considérations sur l'histoire de France*, a cité la charte de Guise; mais il n'a vu dans la clause singulière que nous venons de rapporter qu'un curieux *exemple de la haine et de l'appréhension qui s'attachèrent longtemps au nom de commune*[1]. Cette explication est évidemment insuffisante. Pourquoi cette haine attachée au *nom* seulement? C'était la *chose* que détestaient les ennemis de la bourgeoisie. Et pourquoi? parce que *commune* répondait, non pas à des idées de pouvoir municipal, d'élection, de magistrature urbaine, mais à des idées de révolte, de luttes passionnées, de guerre.

Lyon eut de tout temps un corps municipal, et l'origine en remonte aux empereurs romains. Or, le parlement rendit en 1273 un arrêt ainsi conçu : « Lyon n'ayant jamais eu ni université ni commune[2]. » Donc aux yeux des auteurs de cet arrêt, municipe et commune étaient choses parfaitement distinctes.

Que le mot *commune* ait été étendu, dès l'origine, aux

---

[1] *Considérations sur l'histoire de France*, chap. v, p. 295.

[2] M. de Bréquigny, dans la Préface du tome VI du *Rec. des ordon.*, cite le fait sans en tirer la conséquence.

villes assez heureuses pour obtenir sans coup férir des chartes calquées sur celles que des villes voisines avaient obtenues l'épée à la main ; que, par une de ces altérations si fréquentes dans l'histoire des langues, le mot *commune* ait été peu à peu détourné de sa signification propre et primitive; enfin, qu'il ait dû à sa physionomie moderne de remplacer définitivement l'expression toute romaine de *municipe*, on le conçoit. Mais il n'en est pas moins vrai que, pour bien comprendre les communes, démêler leur caractère spécial, connaître leur mission historique, il faut interroger, avant tout, les écrits contemporains de leur établissement et les chartes où sont réunis tous les titres constitutifs de leur existence.

Aussi bien, à dater du seizième siècle, époque, comme on le verra ci-après, où la féodalité tombe en pleine décadence, le mot *commune* cesse d'être employé et fait place au mot *communauté*, jusqu'en 1789, où il est repris et défini de la sorte : « Les citoyens français considérés sous le rapport des relations locales qui naissent de leur réunion dans les villes et dans de certains arrondissements du territoire des campagnes, forment les *communes*. »

M. Raynouard a écrit un livre sur le *droit municipal*. Avec une curiosité patiente et sincère, il a suivi, à travers les ténèbres des premiers âges de notre histoire, la trace du régime municipal des Romains ; et comme il trouvait jusque dans le douzième siècle les vestiges des anciens municipes, il a fait remonter au delà de l'invasion des barbares la filiation des communes françaises, méconnaissant ainsi tout ce que le mouvement communal avait eu de spontané, d'original, et, pour ainsi dire, d'indigène.

Après lui, est venu M. Augustin Thierry, qui, frappé du spectacle des grandes luttes soutenues par les villes du moyen âge, a cru pouvoir rapporter à ces luttes toute l'existence de la bourgeoisie, et a donné l'insurrection pour point de départ à ce qu'il appelle une *sur-organisation du gouvernement municipal des cités*. Erreur manifeste, puisque, en général, là où l'on voit une commune s'établir tumultuairement, il y avait déjà un maire, des échevins, héritage que la société romaine avait légué aux cités des Gaules.

Ainsi, pour n'avoir pas fait la distinction que nous venons de signaler, MM. Raynouard et Thierry nous paraissent avoir commis tous les deux, en sens inverse, deux erreurs également graves. L'un a dit des communes ce qui n'était vrai que des municipes; l'autre, des municipes ce qui n'était vrai que des communes.

Quant à M. Guizot, ne sachant comment concilier ces deux systèmes opposés, il a pris le parti d'assigner à la commune plusieurs origines diverses, créant de la sorte un troisième système assez vaste pour que l'opinion de M. Raynouard y pût trouver place à côté de celle de M. Thierry.

Oui, l'association communale a été la phase guerrière de l'existence de la bourgeoisie; elle n'a été que cela. Et tout le prouve : les circonstances du déclin des communes, aussi bien que les lois de leur formation.

Car à quelle époque la vie communale commence-t-elle à s'affaiblir, à s'éteindre? A quelle époque disparaissent ces chartes laborieusement conquises? Précisément à l'époque où la féodalité, à qui elles avaient été arrachées, se laisse désarmer par les rois et va s'affaissant sur elle-même.

M. Guizot a été trop absolu lorsqu'il a resserré l'époque féodale entre le dixième siècle et le quatorzième. « Voyez, s'écrie Montaigne en parlant de la féodalité au seizième siècle, voyez aux provinces éloignées de la cour, nommons Bretaigne, par exemple, le train, les subjects, les officiers, les occupations, le service et cérémonie d'un seigneur retiré et casanier, nourri entre ses vassaux, et voyez aussi le vol de son imagination ; il n'est rien de plus royal ; il entend parler de son maître une fois l'an, comme du roi de Perse, et ne le recognoit que par quelques vieux cousinages que son secrétaire tient en registre. »

La féodalité n'était donc pas sans éclat même au temps de Montaigne. Il faut reconnaître, cependant, que les onzième, douzième et treizième siècles forment la partie la plus saillante de l'histoire féodale. Ce n'est plus tout à fait cette confusion effroyable qui a éclaté sous les successeurs de Charlemagne, et ce n'est pas encore cet ordre symétrique qui doit plus tard fonder l'omnipotence de la royauté. C'est du dixième au quatorzième siècle que la hiérarchie des fiefs se constitue définitivement. Du fond de ces châteaux forts construits sur des montagnes que bordent ravins et précipices, s'élancent à chaque instant des hommes intrépides, avides de butin, impatients de repos, et dont nulle puissance humaine n'a encore le droit d'enchaîner l'ardeur ou de prévenir les violences. La guerre est partout ; on élève des remparts autour des églises, on creuse des fossés autour des monastères ; d'un bout de la France à l'autre, la féodalité se montre à cheval et en armes.

C'est donc à cette époque, surtout, que les communes doivent faire acte de présence dans l'histoire. Et voilà précisément ce qui arrive. Parallèlement à cette vie de la féodalité, si active, si énergique, si éclatante jusque dans ses excès et ses brigandages, l'histoire nous montre l'existence des communes aussi forte, aussi libre, aussi honorée par les rois qu'elle pouvait l'être. Pour tenir en échec l'humeur vagabonde des seigneurs, des milices bourgeoises sont établies, véritables *communes permanentes*. Veiller à l'entretien des remparts, pourvoir à la défense de la ville, devient la première obligation des officiers municipaux. C'est le maire qui possède tous les droits du commandement; c'est à lui qu'est confié le soin des fortifications, c'est entre ses mains que sont déposées les clefs de la ville. Partout on voit se former des compagnies d'archers, d'arbalétriers, et la poudre n'est pas plutôt inventée, que des compagnies d'arquebusiers viennent grossir les rangs de ces petites armées bourgeoises. Puis, pour exciter l'esprit militaire parmi ces soldats de la cité, que fait-on? Tantôt on leur donne le droit de porter la livrée du roi, tantôt on leur accorde des exemptions d'impôt, comme on fit au quinzième siècle pour les arbalétriers de Paris et de Rouen; tantôt enfin on institue des fêtes ayant pour objet spécial d'encourager, par des dénominations honorifiques: *roi de l'arquebuse, roi de l'arbalète*, les bourgeois qui se livrent à des exercices guerriers.

Ainsi, du dixième au quatorzième siècle, la puissance militaire de la féodalité a son contre-poids dans l'organisation militaire de la bourgeoisie ou dans les communes. Maintenant, que de ces deux forces la première succombe, l'autre ne doit pas tarder à périr faute d'emploi. C'est encore ce qui arrive.

En effet, qu'on se transporte à la fin du treizième siècle. Déjà la féodalité commence à s'affaiblir. C'était dans son indépendance militaire qu'avait consisté toute sa force: mais en 1296, Philippe le Bel rend une ordonnance par laquelle il interdit toutes les guerres privées, *aussi longtemps que durera sa guerre:* « Statuit quod, durante guerra sua, nulla allia guerra fiat in regno. » Voilà donc le droit de guerre restreint au profit de la couronne. En 1314, la prohibition prononcée par Philippe le Bel est renouvelée, et en 1355 paraît une ordonnance du roi Jean, laquelle défend toutes les guerres privées, sous les peines les plus sévères. C'est la féodalité qu'on désarme.

Aussi, est-ce à partir de ce moment que les communes

disparaissent de l'histoire; tant que la féodalité avait menacé les villes du haut de ses donjons, elles avaient dû rester en armes, et il y avait eu des *communes*. Le danger ayant cessé, on put faire descendre l'enfant qui, placé dans le clocher de l'église, était chargé d'annoncer l'approche de l'ennemi, et il n'y eut plus que des *municipes*.

Ainsi s'explique tout naturellement ce que les historiens ont appelé la décadence des communes aux quatorzième et quinzième siècles. Le jour où elles cessèrent de comprendre qu'il leur importait de vivre, elles se laissèrent mourir. Il y en eut même qui, lasses de payer la redevance annuelle, prix de la charte qui leur avait été vendue par la cupidité des rois, demandèrent qu'on les délivrât du droit de commune comme d'un fardeau. C'est ce que fit en 1325 la ville de Soissons. D'autres cités, il est vrai, se résignèrent moins aisément à l'abolition d'un ordre de choses qui leur rappelait des souvenirs glorieux, mais la résistance ne fut ni générale ni passionnée. La disparition des communes ne fut, à proprement parler, que le désarmement volontaire de la bourgeoisie.

Les choses en étaient venues à ce point vers le milieu du quinzième siècle, que Charles VII put, d'un seul coup et sans rencontrer d'obstacles, s'emparer de la puissance militaire de la bourgeoisie par la création des *francs-archers*, et de celle de la féodalité par la création des *compagnies d'ordonnance*. Ce fut une révolution immense, mais elle était préparée depuis longtemps. La bourgeoisie ne pouvait en murmurer, car, si elle avait tiré l'épée, c'était uniquement parce que les possesseurs de fiefs en tenaient une continuellement levée sur sa tête; une fois qu'elle n'eut plus à craindre d'agression brutale, pourquoi ne se serait-elle pas livrée tout entière aux pacifiques travaux qui devaient fonder sa prépondérance? La noblesse seule aurait pu se plaindre; mais elle n'avait déjà plus ni vigueur ni jeunesse. Dans les luttes intérieures qu'avait provoquées l'établissement des communes, elle s'était de ses propres mains déchiré les entrailles. Les guerres étrangères étaient venues ajouter à cet épuisement, fruit amer des discordes civiles, et elle avait perdu le plus pur de son sang dans les fatales plaines de Crécy, de Poitiers, d'Azincourt. Aucune voix ne s'éleva donc pour empêcher Charles VII de rompre avec tout le passé militaire de la France. La féodalité conserva encore de l'éclat, mais elle fut dépouillée de sa force réelle. La France n'eut plus, pour ainsi dire, qu'une épée, et cette épée fut placée dans la main du roi. Alors disparut, et pour jamais, la vieille hiérarchie militaire de la féodalité. Plus de bannerets obligés de soudoyer cinquante hommes d'armes, en déployant avec orgueil leur bannière indépendante; plus de bacheliers faisant flotter autour de la bannière leurs modestes pennons. L'organisation de la féodalité armée venait d'être frappée au cœur, et tout plia bientôt sous les lois de l'unité militaire.

Eh bien, cette immense concentration des forces matérielles de la société entre les mains d'un homme, fut en grande partie l'œuvre des communes. D'abord, en enlevant aux nobles le droit exclusif de faire la guerre, elles brisèrent le plus fort privilège qui puisse servir de base à l'oppression; ensuite elles furent l'occasion et fournirent le prétexte d'une foule de petites guerres, qui, sans les communes, n'auraient point éclaté au sein de la féodalité, et qui mirent en jeu tous les éléments de désordre qu'elle contenait.

Ce que les communes avaient fait pour la ruine de l'autorité matérielle des conquérants de la Gaule, les anoblissements le firent pour la ruine de leur autorité morale. Des fiefs n'anoblissaient pas sans le consentement du prince, dit de La Roque dans son *Traité de la noblesse*[1], la noblesse émanant de l'autorité souveraine comme les rivières émanent de la mer.

L'ordonnance de Blois porte, article 258, que « les roturiers achetant des fiefs nobles, ne sont point pour cela élevés au rang des nobles. » D'où il suit que la noblesse, ne se pouvant recruter d'elle-même, son éclat devait, tôt ou tard, venir se perdre dans celui de la royauté.

Que fallait-il pour ôter à la noblesse son prestige? Anoblir des roturiers. Les rois le pouvaient, et ils usèrent largement de ce droit, Dieu merci.

Philippe Ier est-il, comme on l'a prétendu, le premier de nos rois qui ait concédé des lettres d'anoblissement? Est-il vrai qu'il ait usé de ce droit en faveur d'Eude le Maire, qui avait bien voulu exécuter, pour Sa Majesté, le vœu qu'elle avait fait d'aller à Jérusalem visiter le saint sépulcre? De La Roque regarde la chose comme fort douteuse.

Quoi qu'il en soit, les anoblissements furent très-rares à la fin du treizième siècle et au commencement du quatorzième. On en cite trois, sous Philippe le Bel, un, sous Louis X, quatre, sous Philippe le Long, cinq sous Philippe de Valois.

Cependant, à mesure que la féodalité déchoit, le nombre des anoblissements augmente. Après ceux par lettres viennent ceux par édits. En 1564, Charles IX crée douze nobles, il en crée trente en 1568; Henri III ira plus loin : par son édit de 1576, suivi de plusieurs déclarations diverses, il ne créera pas moins de mille nobles! Et, sur cette pente, la royauté ne devait plus s'arrêter.

Mais ce qui contribua surtout à la déchéance morale

---

[1] Chap. XIII, p. 66.

des rejetons de la race conquérante, ce fut l'anoblissement des villes, qui coïncide avec l'affaiblissement matériel de la féodalité. Après Charles V, qui accorde la noblesse aux maires, échevins, ou pairs de Poitiers, de la Rochelle, de Saint-Jean-d'Angely, d'Angoulême, paraîtra Louis XI, cette forte et royale tête donnée par la Providence à la bourgeoisie, et par lui deviendront nobles, dans la personne de leurs magistrats municipaux, les villes de Tours, de Niort, de Cognac, de Bourges, d'Angers.

L'anoblissement des hôtels de ville, quel coup terrible porté au prestige des grands noms ! Maintenant ne vous étonnez pas si, plus tard, vous entendez les écrivains bourgeois du dix-huitième siècle répéter en chœur ces paroles de Claude d'Expilly : « Les gentilshommes ne sont pas tombés du ciel. Il n'y en a point qui, si on allait à la source, ne trouvât celle de sa famille plus haute que celle de sa noblesse. »

Les anoblissements avaient continué l'œuvre commencée par les communes; et la féodalité, après avoir perdu son épée, n'avait pu conserver longtemps son auréole.

Il va sans dire que, dans les lettres ou édits d'anoblissement, la plupart des rois ne virent qu'une ressource financière. Déjà, en 1354, il en coûtait trente écus d'or à Jean de Rheims pour devenir noble; et l'année suivante, Aimery de Cours payait quatre-vingts écus d'or le droit d'oublier son origine.

La bourgeoisie pourtant n'avait pas atteint, au quatorzième siècle, un bien haut degré d'opulence. Lorsque, plus tard, par le développement de l'industrie, elle eut acquis ces grandes richesses qui ont fini par lui livrer le gouvernement de la société, les rois ne se contentèrent pas de vendre la noblesse aux roturiers; ils les forcèrent souvent à l'acheter, et ils allèrent jusqu'à expédier des lettres de noblesse avec le nom en blanc ! Tant de cupidité devait les perdre, et l'avilissement de la noblesse entraîner celui du trône.

Quoi qu'il en soit, les écrivains qui ont attribué la destruction de la féodalité à la sagacité politique des rois sont tombés dans une étrange erreur. Cette protection que les rois accordèrent aux communes, ces lettres d'anoblissement par lesquelles ils élevèrent peu à peu la bourgeoisie au niveau de la noblesse ne furent, en général, de leur part, que des moyens de battre monnaie. Le principe féodal fut vaincu directement, non pas seulement par le principe monarchique, comme on l'a tant dit et répété, mais encore par le principe communal.

Malheureusement, les bourgeois étaient à peine sûrs de leur victoire, que tout changea dans le régime intérieur des villes. Comme ils n'avaient pris les armes que pour se défendre, comme c'était par l'industrie et non par la guerre que leur force était appelée à se développer, ils se plongèrent tout entiers dans des préoccupations purement mercantiles. Non-seulement ils désapprirent l'usage des armes, mais ils perdirent jusqu'au goût de la vie publique. Ils en sentaient moins vivement la nécessité; ils en redoutèrent les orages. Ils craignirent que ceux qui vivaient à leurs pieds ne profitassent à leur tour de cette formidable puissance d'agitation. Alors naquit cet amour de l'ordre qui caractérise aujourd'hui la bourgeoisie, amour inquiet qui a aussi ses emportements et ses violences. Les traditions de l'hôtel de ville furent donc oubliées ou dédaignées; la cloche des assemblées resta muette dans le beffroi; tout frémissement héroïque cessa dans les âmes, et bientôt, là où avaient existé des communes, il n'y eut plus même des municipes.

Voici donc, pour nous résumer, de quelle manière, dans l'ordre social, la bourgeoisie s'est développée :

Organisée militairement par les communes, elle dispute à la féodalité la force matérielle ;

Enrichie par le travail, elle ouvre sa bourse aux rois, et, par les lettres d'anoblissement qu'elle achète, elle dépouille la noblesse d'une partie de son éclat.

Rendue par le désarmement de la féodalité à des travaux pacifiques et féconds, elle donne à son génie industriel les ailes du vautour et s'empare irrésistiblement de l'espace.

Tout la sert donc, tout lui profite : ce qu'elle semble perdre aussi bien que ce qu'elle gagne ; et au fond de ses défaites apparentes, il y a de réelles et grandes conquêtes.

Cependant, quand la féodalité aura tout à fait succombé, ce ne sera pas la bourgeoisie qui recueillera immédiatement l'héritage, ce seront les rois. Mais patience! la logique de l'histoire finira par avoir raison. Quand les philosophes de la bourgeoisie auront achevé leur œuvre, une révolution éclatera, et le lendemain, à côté d'un trône par terre, nous trouverons la bourgeoisie debout.

CHAPITRE II

PROGRÈS DE LA BOURGEOISIE

LES ÉTATS GÉNÉRAUX

La bourgeoisie dans les états généraux. — Le peuple appelé mais exclu. — Ce que les états généraux firent ; ce qu'ils représentaient. — Histoire de Marcel. — La *Jacquerie*. — Les états généraux assurent le futur triomphe de la bourgeoisie sur la royauté.

Sous le règne de Philippe le Bel, une immense révolution se fait dans la société : la bourgeoisie monte, la féodalité décline.

Que de ruines entassées dans l'espace de quelques années! Il ne s'agit plus ici seulement de la papauté que frappe à la joue le gantelet de fer de Colonna, ni du clergé que le roi rançonne en l'humiliant, ni de ces évêques à qui les portiers du parlement peuvent venir dire, une ordonnance royale[1] à la main : «Vous n'entrerez pas ici.» A côté de la puissance religieuse qui s'amoindrit, la féodalité se meurt, et, avec elle, tout ce qui avait fait la force et la poésie du moyen âge.

En quoi consistait le génie militaire de la féodalité? Était-ce dans l'art des campements, ou la science des siéges, ou les marches hardies, ou les manœuvres habilement combinées, ou la stricte observation des lois de la discipline? Non ; il suffisait aux nobles d'être vaillants, de savoir monter à cheval ou manier une lance. La féo-

---

[1] Ordonn., I, p. 316.

dalité militaire repoussait par sa nature même le système des grandes armées et des expéditions lointaines. Les flots de sang inutilement versés dans les croisades ne l'avaient que trop cruellement prouvé. Or, jusqu'à Philippe le Bel, et sauf les croisades, la vie active de la féodalité ne s'était composée que d'une série de petites guerres civiles. Mais voici qu'étendant les règlements de saint Louis, qui, d'ailleurs, n'avaient guère été observés, Philippe le Bel interdit tout à coup les guerres privées[1] : innovation décisive! car, de féodales qu'elles étaient, les guerres vont devenir nationales, et la transformation sera si rapide, que, sous Philippe le Long, le chevalier banneret ne rougira pas de recevoir, que dis-je? de demander une solde de vingt sols par jour[2]. Il faudra combattre, non plus corps à corps, mais par grandes masses; il faudra que ces intrépides et indisciplinables cavaliers se commettent avec les fantassins flamands et les mercenaires d'outre-Manche. N'était-ce pas là, pour la féodalité, une cause certaine de ruine?

Aussi, que voyons-nous déjà? Sous Philippe le Bel, des milliers de gentilshommes courent s'entasser à Courtray dans un fossé bourbeux, et périssent assommés par les maillets de plomb des tisserands de Bruges, en attendant que leurs héritiers aillent mourir, à Crécy, sous le couteau des montagnards de Galles, et, à Poitiers, sous les flèches des archers anglais.

C'est la féodalité qu'on décime.

Jusqu'à Philippe le Bel, les juridictions seigneuriales avaient été respectées, sinon regardées comme inviolables, et le grand principe de l'inaliénabilité des terres n'avait été que faiblement ébranlé par l'ordonnance de Philippe le Hardi, relative à l'acquisition des choses féodales par les *non-nobles*. Mais voici que, sous Philippe

[1] Voy. plus haut, p. 136.
[2] Ordonn., XI, p. 120 et suiv.

le Bel, se répandent par tout le royaume des sénéchaux, des baillis, des procureurs, chargés d'intervenir judiciairement entre le créancier noble et le débiteur roturier. C'en est fait : le démembrement de la propriété féodale va commencer. La noblesse de robe s'élève en face de la noblesse d'épée; et, pour parler le langage du marquis de Mirabeau, « de cette époque date la lente conquête de la province par l'écritoire. »

C'est la féodalité qu'on dépouille.

Jusqu'à Philippe le Bel, l'ordre des templiers était resté debout, et c'était là une institution éminemment féodale. Combattre et prier, porter la croix et l'épée, unir par un poétique et touchant mélange la vaillance du chevalier à l'austérité du moine et à l'enthousiasme du pèlerin, telle était, qui l'ignore? la mission du templier. Le Temple était donc l'expression à la fois la plus élevée et la plus forte de la féodalité. Il la représentait sous son double aspect : l'esprit et la matière, le prêtre et le guerrier. Que la corruption ait pénétré au sein de cette franc-maçonnerie fameuse, que ces jésuites armés soient peu à peu descendus des hauteurs du mysticisme à des superstitions grossières, et, d'une exaltation trop aride, à des voluptés sans nom ; qu'ils aient renié le Christ et craché sur la croix dans des fêtes dont les ténèbres ensevelissaient l'impureté, ceci est encore un secret pour l'histoire. Toujours est-il que jusqu'à Philippe le Bel, leurs vices avaient été obscurs et leurs vertus éclatantes. Or, voici que ce prince les fait condamner ignominieusement par des prêtres que soufflent des gens de loi. Des bûchers s'allument pour les plus illustres des croisés.

C'est la féodalité qu'on dégrade.

Et qu'on le remarque bien : au fond de toutes les mesures prises sous ce règne, on ne trouve qu'une chose, le besoin d'avoir de l'argent.

Si Philippe le Bel apprend aux rois à secouer le joug de

la papauté, c'est parce que, dans sa bulle *Clericis laicos*, Boniface VIII ne veut pas qu'on impose le clergé.

Si Philippe le Bel défend les guerres privées, c'est parce que la guerre pour les nobles n'est que pillage, dévastations, et qu'au milieu de ces continuels brigandages toute levée d'impôt est impossible.

Si Philippe le Bel établit en France un commencement de centralisation administrative, c'est parce que, sans unité dans l'administration, le trésor ne s'emplirait point.

Si Philippe le Bel détruit l'ordre des templiers, c'est parce que cet ordre est extrêmement riche, qu'il possède neuf mille manoirs, qu'il a rapporté de la terre sainte des sommes plus lourdes que n'en peuvent porter dix mulets[1], et qu'il y a là une proie immense à dévorer.

Et qu'est-ce que la vie de Philippe le Bel, sinon une recherche haletante et honteuse de tous les moyens d'avoir de l'or? Tantôt il protége les juifs et leur donne le pauvre à dépouiller; tantôt il les chasse pour s'emparer du fruit de leurs rapines. Il se fait un jeu de la banqueroute; il altère les monnaies. Pour cette âme besoigneuse et insatiable, gouverner le royaume, c'est le piller. Sous un tel prince, et lorsque toutes les affaires sont dominées par des nécessités d'argent, la bourgeoisie peut-elle ne pas croître en force et en importance? D'ailleurs, comme tout la sert, comme tout semble l'appeler sur la scène! N'est-ce point pour elle que la boussole est perfectionnée, pour elle que la lettre de change est inventée et la circulation rendue si rapide? Regardez autour du trône : ce ne sont plus des gentilshommes qui l'entourent, mais des avocats, des banquiers, des Lombards, d'avides financiers accourus de Florence : les Plasian, les Nogaret, les

---

[1] Voy. ce que dit sur les richesses des templiers, dans le vol. III de son *Histoire de France*, p. 155, M. Michelet, qui a fort bien compris le caractère historique du règne de Philippe le Bel.

Musciato, une aristocratie de gens de robe et de prêteurs.

Philippe le Bel est donc un roi essentiellement bourgeois. Aussi est-ce lui qui va fonder la puissance politique de la bourgeoisie. Non content d'instituer le parlement, il introduit le tiers état dans le maniement des grandes affaires. Les états généraux s'ouvrent avec le quatorzième siècle.

Avant d'examiner quelle pouvait être la portée de cette assimilation politique, établie par Philippe le Bel, entre le tiers état et les deux autres *ordres* de la nation, il importe de savoir ce que c'était que le tiers état. Était-ce le peuple, tout le peuple ?

Et d'abord, les députés des campagnes, c'est-à-dire les députés des deux tiers de la nation, ne furent admis aux états généraux que sous la régence de madame de Beaujeu, en 1484. Jusque-là, les ordonnances de convocation qui nous ont été conservées ne parlent que des députés des bonnes villes [1].

A dater de 1484, il est vrai, l'admission des députés des campagnes devient un fait incontestable [2]; et on peut

---

[1] On lit dans le procès-verbal des délibérations des états de 1356 : « Se transportèrent aux Cordeliers à Paris chacun en son estat, c'est à sçavoir le clergé d'une part, et les nobles d'autre part, et les *bonnes villes* d'autre. » (Bibliothèque du roi, 1035.)

[2] Le savant M. Monteil dit, dans l'*Histoire des Français des divers états*, que, jusqu'en l'année 1789, les habitants des campagnes n'avaient pas été représentés. M. Monteil apporte à l'appui de son opinion des preuves de nature à frapper. Cependant, voici des procès-verbaux dont l'autorité nous paraît imposante. « Le dimanche, 6ᵉ jour de juillet 1614, en la galerie de l'église dudit Nouzillay, issue de la 1ʳᵉ messe, auquel issue se font ordinairement les plus grandes assemblées des habitants d'icelle, par-devant nous, bailly susdit, se sont comparus lesdits habitants de Nouzillay en grand nombre, lesquels ont dit avoir cejourd'hui ouï, au prosne de la messe, lecture des lettres de Sa Majesté, à l'effet de dresser et représenter un cahier de leurs remontrances au jour 14ᵉ de ce mois, neuf heures du matin, devant M. le lieutenant général, auquel effet ils ont nommé les personnes auxquels et chacun d'eux en l'absence de l'autre, ils ont donné pouvoir;

ajouter que personne, si ce n'est à Paris, n'était exclu des assemblées électorales.

C'était le suffrage universel, sinon dans toute sa sincérité, au moins dans toute sa pompe. Lorsqu'il plaisait au roi, car c'était de son bon plaisir que dépendait la tenue des états généraux, d'invoquer l'assistance des trois ordres, il adressait les lettres de convocation aux baillis et sénéchaux. Ceux-ci en faisaient passer des copies aux juges du second ordre, qui, à leur tour, transmettaient la volonté royale aux curés et aux fabriciens des paroisses. Il y a plus : tous les moyens de publicité étaient mis en usage : publication à son de trompe et affiches dans les villes[1]; publication au prône dans les villages[2]. C'était, je le répète, le suffrage universel.

Mais le peuple en était-il mieux représenté pour cela? Non, certainement, et, pour s'en convaincre, il suffit de voir en quoi consistait le mécanisme électoral pour ce qui concernait le tiers état.

---

puissance, mandat spécial de présenter ledit édit desdittes plaintes en laditte assemblée, etc..... » (Greffe du bailliage de Touraine.)

Ce droit électoral des habitants des villages est prouvé par nombre de procès-verbaux analogues, parmi lesquels nous citerons celui du juge de Spoy, greffe du bailliage de Troyes; celui du notaire de Chabargue, greffe du bailliage de Touraine ; celui du notaire Perrenay, greffe du bailliage de Tours.

Tous ces procès-verbaux se rapportent aux états généraux de 1614; mais nous pourrions citer des pièces plus anciennes, et, par exemple, le cahier du village de Blaigny, daté de 1576, et sur lequel nous aurons lieu de revenir.

Au surplus, nous n'avons parlé ici de ces procès-verbaux que pour prouver l'*exercice* du droit électoral des villages; car, quant à la reconnaissance du principe, elle remonte à l'origine même de notre histoire.

[1] « Il est ordonné, ce requérant le procureur du roi, que les lettres présentement lues seront registrées au greffe de la cour céans, pour y avoir recours toutefois et quantes besoin sera, et publié ès carrefours, cantons et autres lieux accoutumés à faire cris et publications, à ce qu'aucun n'en puisse prétendre cause d'ignorance. » (Sentence du lieutenant général de Poitiers, 21 juillet 1588. Greffe du bailliage de Poitiers.)

[2] Voy. plus haut le procès-verbal du juge de Nouzillay.

Les habitants des villages se rassemblaient, au jour fixé, sous le porche ou sous la galerie de l'église; ils choisissaient quelques-uns d'entre eux pour rédiger leurs plaintes ou remontrances; c'était ce qu'on appelait les cahiers. Puis, ils nommaient des députés pour porter ces cahiers, non pas à l'assemblée des états généraux, non pas même à celle du bailliage principal, mais à l'assemblée du bailliage du second ordre[1]. Là[2], tous les cahiers des villages étaient compilés et réunis en un seul; et les députés des villages nommaient d'autres députés pour l'assemblée du bailliage principal. Ici, nouvelle compilation des cahiers; députés nouveaux nommés pour l'assemblée générale des états. Ainsi, pour les habitants des villages, l'élection n'était qu'au troisième degré; et leurs plaintes n'arrivaient au pied du trône qu'après avoir subi deux altérations successives.

Dans les villes principales, voici comment les choses se

[1] Voici un procès-verbal du bailly de Châtillon-sur-Indre, qui fournit tout à la fois la preuve et l'exemple de ces formalités :

« Aujourd'hui samedi, 28 juin 1614, par-devant nous, Jean de Puymmaret, sieur de La Barre, lieutenant ordinaire de M. le baillif de Touraine au siége royal de Châtillon-sur-Indre, est comparu en sa personne M. Louis Gaulin, notaire royal, qui nous a baillé un papier souscript..... lequel étant par nous ouvert, avons trouvé une missive par laquelle nous est mandé nous envoyer sept copies de l'ordonnance et mandement du roi, notre sire, pour la convocation des trois états en la ville de Sens; sur quoi avons mandé les gens du roi, pour être ordonné sur l'exécution desdits mandement et convocation, et sur l'ordonnance du siége présidial, et dès à présent avons envoyé deux desdites copies, l'une à Me Jean Bonneau, prêtre prieur de l'église de cette ville, et l'autre à Me Antoine Fournin, prieur de l'autre paroisse de cette ville, pour chacun desdits Bonneau et Fournin faire publier ès dittes paroisses de Toizelay et de Saint-Martin, le jour de demain, dimanche, aux prônes des messes paroissiales qui y seront célébrées, afin que le service du roi ne soit différé, etc..... » (Greffe du bailliage de Tours.)

[2] Dans les sénéchaussées de Toulouse et de Carcassonne, les assemblées du second ordre ne se tenaient point par bailliages, mais par diocèses. C'est ce qui résulte du procès-verbal de la maison consulaire d'Alby, 18 août 1614 (greffe de la sénéchaussée de Toulouse).

passaient. Chaque communauté d'arts et métiers, chaque corps de ville, élisait des représentants. Chaque paroisse de la ville en faisait de même.

Ces députés, réunis à l'Hôtel de Ville, en nommaient d'autres, qui s'en allaient, à l'assemblée du bailliage principal, en nommer d'autres encore. Qu'on juge du remaniement des cahiers ! Si bien qu'il n'était pas jusqu'aux grandes villes qui ne fussent soumises à tous les inconvénients, à tous les mécomptes de l'élection de troisième degré [1].

Paris était la seule ville de France à qui fût réservé le bénéfice de l'élection directe. Mais, en revanche, il s'en fallait bien que tous les habitants eussent droit de faire partie, *même indirectement*, de l'assemblée du sein de laquelle sortaient les députés. Cette assemblée, qui se tenait à l'Hôtel de Ville, sous la présidence du prévôt des marchands, savez-vous de qui elle était composée? Des échevins et conseillers de ville, de l'évêque quand il lui prenait fantaisie d'y assister, des députés du chapitre de Notre-Dame et autres communautés ecclésiastiques, des gardes et maîtres de la marchandise et des métiers, des quarteniers enfin, et de dix notables *par eux choisis* dans chaque quartier [2]. Je le demande, une assemblée ainsi formée pouvait-elle être considérée comme la représentation du peuple de Paris? Ne constituait-elle pas une véritable oligarchie bourgeoise? Et n'est-il pas évident que, dans toutes ces étranges combinaisons, Paris était moins bien traité que le dernier des villages du royaume? A la vérité, depuis 1576, on avait imaginé de placer dans la salle appelée le *grand bureau de la ville* un coffre des-

---

[1] Voy. les procès-verbaux de la ville et du bailliage de Troyes (greffe du bailliage de Troyes, année 1560).

[2] Voy. le procès-verbal de l'assemblée de la ville de Paris, 14 juin 1614 et jours suivants. (Hôtel de Ville de Paris, année 1614. Ms. abbaye Saint-Germain.)

tiné à recevoir les mémoires, observations et notes de tous les citoyens[1]. Mais, de bonne foi, quelle était la valeur politique d'une formalité semblable?

Pour peu qu'on réfléchisse à la nature du mécanisme que je viens de décrire rapidement, on comprendra qu'il tendait à concentrer peu à peu aux mains de la bourgeoisie toute la puissance politique. Et si cette concentration avait été rendue plus forte à Paris que partout ailleurs, à quoi cela tenait-il, sinon aux craintes qu'inspirait à la bourgeoisie parisienne la foule qui, au-dessous d'elle, s'agitait, foule menaçante jusque dans son silence, puissante jusque dans son inertie?

Non, le peuple, celui qui gémit dans les villes, celui qui gémit dans les campagnes, n'était pas représenté réellement aux états généraux. La bourgeoisie seule, sous le nom menteur de tiers état, y avait sa place à côté de la noblesse et du clergé.

Ceci posé, deux choses sont à considérer dans l'histoire des états généraux : le droit et le fait, le principe et l'application.

Comme constatation d'un droit, comme représentation d'un principe, l'importance des états généraux était capitale. On n'a qu'à se rappeler les circonstances qui provoquèrent leur convocation, à diverses époques de notre histoire.

En 1302, un grand débat s'élève entre la cour de Rome et le roi de France : il s'agit de la plus haute question qui puisse agiter la chrétienté ; il s'agit de la puissance temporelle des papes, de l'indépendance des couronnes. Qui la résoudra, cette question formidable, si hardiment posée devant le monde par Grégoire VII? Entre Boniface VIII, disant dans sa bulle *Ausculta, fili :* « Dieu nous a constitués, quoique indirectement, au-dessus des rois et

---

[1] Hôtel de Ville de Paris, année 1576. Ms. Talon.

des royaumes, » et Philippe le Bel repoussant, par la bouche de ses conseillers, la suzeraineté temporelle de Rome, qui décidera? On convoque les états généraux.

En 1328, la couronne de France se trouve comme suspendue entre Édouard III et Philippe de Valois, se proclamant tous deux héritiers légitimes. On convoque les états généraux [1].

En 1356, Jean est vaincu à Poitiers. — Plus de roi sur le trône, bien que le roi soit vivant. Par qui le royaume sera-t-il gouverné? On convoque les états généraux.

En 1380, le trône n'est occupé que par un enfant; tout est anarchie dans le royaume; les quatre oncles du roi sont occupés à s'arracher l'un à l'autre l'autorité par lambeaux. Ce ne sont que brigandages d'un côté, révoltes de l'autre. Comment sortir de cette effroyable confusion? On convoque les états généraux.

En 1484, le gouvernement de la France et la tutelle d'un roi mineur sont disputés à madame de Beaujeu par le premier prince du sang. Qui videra cette grande querelle? On convoque les états généraux.

En 1576 et 1588, le trône se trouve occupé par une espèce de fantôme, cachant tour à tour sa vie dans les ténèbres du confessionnal et dans la nuit d'une alcôve doublement souillée; bigot impur qui mène de front la prostitution de son corps à des menins et la prostitution de son âme à des prêtres. A côté de lui, agitant le royaume de toutes les fureurs d'une religion en délire, Guise le Balafré se fraye vers le trône une route où le sang des protestants coule à flots, mêlé au sang des catholiques. Déjà

---

[1] Ceci ne résulte, il est vrai, ni de la Grande Chronique de Saint-Denis, ni de la Chronique de Froissart. Mais Jean de Montreuil, qui écrivait sous les règnes de Charles V et de Charles VI, affirme que les états généraux furent tenus à cette occasion. C'est ce qu'affirment aussi (*Chronique des états généraux*), Savaron, d'après Papon, et l'un des continuateurs de Guillaume de Nangis.

la sœur de ce puissant maire du palais montre, suspendus à sa ceinture, les ciseaux d'or qui doivent tondre l'héritier des rois fainéants. Mais il faut pour cela que l'édit de tolérance soit aboli, que le fameux acte de l'union des catholiques reçoive une consécration solennelle, que le roi de Navarre soit proscrit et, en quelque sorte, déposé à l'avance. Toutes ces choses, malgré son audace, Guise n'ose pas lui-même les tenter. Il fait convoquer les états généraux.

Enfin, lorsqu'en 1614, ils sont convoqués de nouveau, c'est au sortir d'une guerre civile qui a mis le pouvoir royal en litige. Cette convocation, c'est le prince de Condé qui l'impose à Marie de Médicis par le traité de Sainte-Menehould, dans l'espoir de dominer les états, et par les états, la cour, et par la cour, le royaume.

Pour prouver combien était grande, au moins en droit, l'importance des états généraux, ai-je besoin d'en dire davantage? On a recours à eux lorsque le trône est vacant, ou lorsque le royaume est en danger; on les appelle à résoudre toutes les questions fondamentales. Qu'ils exercent ou non la souveraineté, ils en décident.

Au reste, quel était le langage des rois dans leurs ordonnances de convocation[1]? Ils reconnaissaient si bien la souveraineté des états, que, dans plusieurs ordonnances, on retrouve cette remarquable formule[2] : « Les assurant que de notre part ils trouveront toute bonne volonté et affection de faire suivre, observer et exécuter entièrement ce qui sera résolu sur tout ce qui aura été proposé et advisé auxdits états, afin que un chacun en son endroit, en puisse recevoir et ressentir les fruits

---

[1] Voy. la *Lettre de Philippe le Long aux habitants de Narbonne*; lettre du roi pour les seconds états de Blois, 31 mai 1588, Fontanon, t. IV, fol. 728 ; lettre du roi pour les états à Sens, 16 juin 1614 (greffe du bailliage de Sens).
[2] *Ibid.*

que l'on peut et doit attendre d'une si belle et si notable assemblée. »

Maintenant le fait répondait-il au droit? La réalité était-elle d'accord avec les apparences?

Au jour fixé par les lettres de convocation, les députés des trois ordres se réunissaient dans la ville indiquée par ces mêmes lettres; et, avant tout, à n'interroger du moins que les traditions du seizième siècle, une procession avait lieu, qui ouvrait carrière à toutes les vanités de caste. Les députés entendaient la messe dévotement, communiaient, puis jeûnaient quelques jours durant. Venait la séance d'ouverture, dans laquelle, après un discours du chancelier, les orateurs des trois ordres étalaient successivement les trésors d'une érudition ridicule. Cela fait, chaque ordre se retirait séparément, le clergé dans quelque église, la noblesse dans quelque château, le tiers état à l'hôtel de ville.

Là, chaque ordre s'occupait à rédiger ses doléances ou son cahier. Nouvelle assemblée générale, dans laquelle, par l'organe de leurs orateurs respectifs, le clergé récriminait contre la noblesse et le tiers état, la noblesse contre le tiers état et le clergé, le tiers état contre le clergé et la noblesse. Les pouvoirs des trois ordres s'éteignaient par la présentation des cahiers. Vaine formalité! car la cour ne se croyait pas obligée à l'examen des griefs qui lui étaient soumis. Dans l'assemblée tenue à Blois, en 1588, l'orateur du tiers disait avec amertume : « L'assemblée des états fut en 1576. Le cahier compilé et présenté par les trois ordres NE FUT VU QUE TROIS OU QUATRE ANS APRÈS. »

Voilà le cas qu'on faisait à la cour de ces doléances bruyantes. Quelquefois cependant elles donnaient lieu à une ordonnance, mais cette ordonnance était toujours rédigée au gré des intérêts ou des fantaisies du monarque. Encore fallait-il qu'elle fût enregistrée au parlement.

Au surplus, rien de réglé, rien d'uniforme dans le mécanisme de cette étrange institution. Le nombre des députés, par exemple, variait de la façon la plus singulière. Aux états de 1614, il n'y eut que quatre cent cinquante-quatre députés, tandis que, sous le roi Jean, à une époque où le royaume était beaucoup moins étendu, les états en réunirent huit cents. A côté d'une sénéchaussée qui envoyait aux états trois députés, il y en avait une qui en envoyait quatre, cinq, et jusqu'à dix. Je ne parle pas de cette année 1356, où l'on vit les états généraux, séant à Paris, refuser au Dauphin, avec emportement, ce que lui accordaient de bonne grâce d'autres *états généraux*, siégeant à Toulouse ; ce dualisme bizarre s'explique assez par la séparation qui existait alors entre les provinces de la langue d'oil et celles de la langue d'oc. Mais même sans remonter à ces époques pleines de désordres, de confusion et de ténèbres, qui pourrait trouver dans les *états généraux*, tels que le souvenir nous en a été transmis, la trace d'une véritable institution politique ?

Si ces assemblées avaient eu quelque force réelle, cette force n'aurait-elle pas trouvé à se déployer dans ces horribles temps où le besoin de l'autorité était partout et où l'autorité n'était nulle part ?

Or, cependant, c'est surtout dans les situations difficiles que la vie des états généraux se montre languissante et stérile. Prenons pour exemple la crise qui suivit le désastre de Poitiers. Aussi bien, c'est de toutes les époques de notre histoire celle qui été le moins comprise et méritait le plus d'être étudiée.

Après la bataille de Poitiers, les états généraux se réunirent à Paris. Le roi était absent ; il était captif ; le pouvoir se trouvait aux mains d'un pâle jeune homme de dix-neuf ans, qui n'avait ni les grâces ni la verdeur de la jeunesse, pour qui une lance était un poids trop lourd, et dont le *visage longuet* déplaisait au peuple. L'occasion était belle assurément pour faire acte de puissance : l'assemblée, en effet, s'essaya un instant à la domination, et on put croire qu'il y avait quelque vitalité dans les états généraux, lorsqu'on les vit morigéner le Dauphin, proscrire les plus pervers de ses conseillers et lui imposer un nouveau conseil formé de douze prélats, de douze nobles et de douze bourgeois. Le Dauphin tenta vainement de lutter, vainement il trouva je ne sais quel futile prétexte pour congédier l'assemblée ; trois mois après, il était obligé de la rappeler et de se soumettre. Mais combien se sont trompés ceux qui ont attribué aux états généraux l'honneur de cette rapide victoire? Les états généraux, à cette époque, vivaient dans un homme. Et cet homme, c'était Marcel, héros d'un 93 anticipé, vrai Danton du quatorzième siècle. Froissart nous a conservé un mot qui montre combien fut grande la puissance de ce prévôt des marchands. Le jour où il monta dans l'appartement du Dauphin, pour y frapper, sous ses yeux, deux des plus hautes têtes de la noblesse, il commença par dire au jeune prince que c'était à celui qui devait hériter du royaume à le purger des bandes qui l'infestaient. A quoi le Dauphin répondit : « C'est à celui qui a les droits et profits à avoir aussi la charge du royaume[1]. » Le véritable roi ici, c'était donc Marcel, et il le montra aussitôt en faisant tuer les maréchaux de Champagne et de Normandie, ou, mieux encore, en coiffant de son propre chaperon, comme pour le protéger, le fils de Jean, qui, voyant des gouttes de sang sur sa robe, s'écriait tout éperdu : « Sauvez-moi la vie! » Plus tard, ce terrible exemple devait être suivi, et un autre Marcel devait couvrir du bonnet rouge la royale tête de Louis XVI.

Ce qui est certain, c'est que Marcel avait conçu les vastes desseins auxquels n'ont pu suffire, ni à force d'au-

---

[1] Froissart, liv. III, p. 288.

dace, ni à force de génie, les plus célèbres révolutionnaires de 1793. Marcel voulait centraliser le pouvoir politique, et jamais la nécessité de la centralisation ne s'était plus clairement révélée. Des brigands sur toute la surface du royaume; les villageois en pleurs fuyant leurs demeures dévastées; les nobles rebelles à l'égard du chef, tyrans à l'égard du peuple; la France foulée aux pieds par ceux qui auraient dû la gouverner ou la défendre... tel est le tableau que nous trace de ces temps affreux le continuateur attristé de Guillaume de Nangis [1].

Quant à la cause de ces maux, les historiens contemporains s'accordent à la trouver dans l'absence de tout pouvoir dirigeant, en d'autres termes dans le défaut d'unité politique [2]. Eh bien, cette unité, Marcel, sur les instances des citoyens opprimés [3], entreprit de l'établir. Pour y réussir, c'eût été trop peu des forces qu'il puisait dans la commune de Paris : grâce à lui les états généraux furent convoqués, et pendant quelque temps il les anima de son souffle, il les fit vivre de sa vie. Veut-on savoir ce que devait être, dans la pensée de Marcel, la puissance de ces états généraux? Froissart nous l'apprend : « Toutes manières de choses se devoyent rapporter par ces trois estats, et devoyent obeyr tous autres prélats, tous autres seigneurs, toutes autres communautez des citez et des bonnes villes à tout ce que ces trois estats feroyent et ordonneroyent [4]. »

---

[1] « Tunc enim incœpit patria et tota terra Franciæ induere confusionem « et mœrorem, quia non habebat defensorem in aliquo nec tutorem. » Contin. Guill. de Nangis, p. 226-227.

[2] Froissart dit, de son côté, en parlant des trois fils du captif de Poitiers : « Or, moult étoient ieunes d'âge et de conseil. Si avoit en eux petits recouvrer, ne nul d'eux ne vouloient entreprendre le gouvernement du royaume de France. » Froissart, vol. I, chap. CLXX, p. 182.

[3] « Ipsum plures adierunt exorantes. » Cont. Guill. de Nangis, p. 228.

[4] Froissart, vol. I, chap. CLXX, p. 183.

Au reste, les vues de Marcel sont parfaitement développées dans cette immortelle ordonnance de 1387, que les états arrachèrent au Dauphin, et qui fut l'ouvrage du prévôt des marchands. Cette ordonnance combattait l'anarchie politique par la formation d'un conseil chargé de surveiller les gaspillages de cour et de mater toute tyrannie capricieuse; l'anarchie féodale, par l'intervention, devenue permanente, du tiers état dans les affaires; l'anarchie administrative, par l'envoi de commissaires tirés du sein de l'assemblée; l'anarchie territoriale enfin, par la prépondérance assurée à la ville de Paris dont on faisait comme le cœur et le cerveau de la France[1]. Charlemagne avait-il osé davantage? Mais ce que Charlemagne avait tenté pour l'établissement d'une centralisation monarchique, Marcel le tentait pour l'établissement d'une centralisation démocratique. C'est pour cela qu'il avait fait décider qu'à l'avenir toute délibération serait stérile sans l'assentiment du tiers état. Bien sûr, d'ailleurs, que dans le voisinage redoutable de la Commune de Paris, l'influence du troisième ordre aurait bien vite absorbé celle des deux autres.

A ces tentatives hardies, le Dauphin opposa l'intrigue, flattant le prévôt[2] en public, mais l'environnant d'obstacles en secret. Bientôt la division s'introduit dans les états; les deux ordres se déclarent contre le troisième; la puissance créée par Marcel semble avoir hâte d'abdiquer, et il est forcé de se replier sur la Commune, abandonné[3] par tous ceux qui, dans la révolution par lui préparée,

---

[1] Voy. les articles 6, 7, 25, 26 et 39 de cette remarquable ordonnance.

[2] « Si se dissimuloit le duc au gré du prévost et d'aucuns de Paris. » Froissart, vol. I, chap. CLXXX, p. 189.

[3] « Or, vous dy que les nobles du royaume de France et les prélats de saincte Église se commencèrent à ennuyer de l'emprise et l'ordonnance des trois estats : si en laissoient le prévost des marchands convenir et aucuns des bourgeois de Paris pour ce qu'ils s'entremettoient plus avant qu'il ne voulsissent. » Froissart, vol. I, chap. CLXXIX, p. 188.

tremblaient d'être entraînés trop loin. Marcel ne se décourage pas. Il tire de prison le roi de Navarre; il l'oppose au Dauphin; il épouvante les hommes de la cour; et, pour remplacer cette souveraineté collective des trois ordres, dont prêtres et nobles ne veulent pas, il fait, pour ainsi dire, sortir de son audace et de sa volonté une assemblée nouvelle presque entièrement composée de ses compères de l'Hôtel de Ville.

Alors, on vit commencer entre le Dauphin et Marcel la même lutte qui, à la fin du dix-huitième siècle, éclatait entre la Gironde et la Montagne. Le fils de Jean sort de Paris pour aller exciter, dans les états de Normandie et ceux du Vermandois, la province contre Paris. Chose étrange! c'est le pouvoir royal ici qui appelle à son aide l'esprit fédéraliste; c'est la monarchie qui, dans la personne du Dauphin, ose s'armer contre l'unité! Guerre impie! car ce fut de l'anarchie qu'elle servait à entretenir que sortit la Jacquerie. Que pouvaient ces malheureux paysans, dont on pillait les demeures, dont on déshonorait les femmes et les filles, qu'on égorgeait comme de vils troupeaux, et qui n'avaient contre les nobles, transformés en brigands, ni appui, ni protecteur? Ils se résignèrent longtemps, et cette résignation était telle que les nobles en faisaient un objet de sarcasme, appelant ces infortunés *Jacques bonhomme*[1]. Et eux, ils se creusaient des habitations sous la terre, et là ils attendaient sur le fumier et dans les ténèbres la visite de la faim, moins redoutée que celle de leurs oppresseurs. On raconte que les habitants des rives de la Loire passaient leurs journées sur des barques, au milieu du fleuve, trouvant hélas! moins de sécurité à vivre sur ses rivages que sur ses flots!

---

[1] « Tunc temporis nobiles derisiones de rusticis et simplicibus facientes, « vocabant eos *Jaque bonhomme*. Truphati et spreti ab aliis hoc nomen « *Jaque bonhomme* acceperunt, et rustici perdiderunt nomen. » Cont. Guill. de Nangis, p. 223.

Mais un moment vint, où tant de patience s'épuisa et se convertit en rage. Pâles et furieux, ils se levèrent un jour la vengeance dans le cœur et le blasphème à la bouche. Ce fut une horrible boucherie de nobles, jusqu'à ce que, revenus de leur surprise, les nobles à leur tour se fussent entendus. Et alors l'extermination continua en sens inverse! « Il n'était pas besoin, s'écrie le continuateur de Guillaume de Nangis, que les Anglais vinssent de leur pays pour détruire le nôtre. Les Anglais, qui étaient les ennemis mortels du royaume, n'auraient pas fait plus pour sa ruine que ne firent les nobles qui y étaient nés[1]. »

Il est à remarquer que, dans ces circonstances, Marcel prit parti pour les *Jacques*, auxquels il envoya des secours ; tandis que le roi de Navarre, au contraire, se mit à la tête des nobles pour massacrer les paysans. Comment se fait-il que ce rapprochement ait échappé aux historiens, qui ont reproché à Marcel son alliance avec le roi de Navarre? Marcel ne s'était allié au roi de Navarre que pour se servir contre le Dauphin de l'ambition de ce prince. Attaquée de toutes parts, la Commune de Paris comptait sur Charles le Mauvais comme sur un homme qui, s'il eût été loyal et fidèle, eût pu la protéger efficacement contre la noblesse[2]. Voilà tout le secret de cette alliance. Elle était nécessaire, et qu'avait-elle de honteux? Marcel était si peu asservi aux passions du roi de Navarre, qu'après l'avoir fait nommer capitaine de Paris, il n'hésita pas à lui enlever ces fonctions, aussitôt qu'il eut appris que ce prince penchait pour la cause des nobles[3].

---

[1] « Non oportebat per destruendam patriam Anglicos accedere inimicos..., etc. » Cont. Guill. de Nangis, p. 241.

[2] « Credebant enim Parisienses ab ipso et a suis contra ducem regentem et nobiles optime defensari. » Cont. Guill. de Nangis, p. 256.
Ce témoignage est confirmé par celui de Froissart, vol. I, chap. CLXX, p. 183.

[3] « Quod quia nobilis erat, cum aliis conspirasset. » Cont. Guill. de Nangis, p. 237.

Cependant, le Dauphin menaçait la capitale. Marcel se prépare à une vigoureuse défense. Il fait creuser des fossés, élever des remparts. Les monastères, les couvents, les églises, qui gênent l'achèvement des travaux, il les fait abattre sans pitié. Les ouvriers travaillaient jour et nuit : bientôt Paris fut en état de soutenir un siége. Service immense rendu au royaume, et que Froissart, malgré son amour pour les nobles, n'hésite pas à reconnaître[1].

Mais les nobles semblaient avoir juré dans leur cœur la ruine de la capitale. Placés à Corbeil, ils dominaient de là le cours de la Seine, arrêtaient les arrivages, et affamaient Paris. Le Dauphin avait paru à Saint-Denis avec trois mille fantassins ; et, de son côté, le roi de Navarre, à Charenton, faisait battre la campagne par ses cavaliers. Contre tant d'obstacles, contre tant de dangers, que pouvait le prévôt des marchands ? Paris étouffait dans ses murs, fallait-il en ouvrir les portes à la noblesse et au Dauphin, perdre le fruit de tant d'efforts, abandonner la cause du peuple ? Eh bien, pour échapper à ces extrémités, un seul moyen restait : recourir au roi de Navarre, dompter par lui le Dauphin, sauf à briser plus tard l'instrument s'il devenait dangereux. C'est ce que Marcel tenta, et c'est là que ses ennemis l'attendaient. La haute bourgeoisie parisienne n'avait pu voir, sans ressentiment, son repos troublé à ce point et sa sécurité compromise. Elle résolut de renverser Marcel, et n'osant attaquer de front sa popularité, elle conspira bassement contre lui[2]. On sait qu'il fut tué d'un coup de hache près de la porte Saint-Antoine, sous prétexte qu'il avait voulu livrer la ville à Charles le Mauvais.

---

[1] « Et vous dy que ce fut le plus grand bien qu'oncques prévost de marchands fit, car autrement elle eust esté depuis gastée et robée par moult de fois et par plusieurs actions. » Froissard, vol. I, chap. CLXXXIII, p. 191.

[2] Froissart, vol. I, chap. CLXXXV, p. 194.

Or, écoutons ce que dit Froissart : « Cette propre nuict que ce devoit advenir, inspira Dieu aucuns des bourgeois de Paris, qui toujours avoient été de l'accord du duc, c'est à savoir Jean Maillard, Simo, son frère, et plusieurs autres, lesquels, par inspiration divine (ainsi le doit-on supposer), furent informez que Paris devoit estre couru et détruit[1]. »

De ce récit il résulte : 1° que Maillard et les siens conspiraient contre Marcel en faveur du Dauphin, avec lequel ils étaient d'intelligence ; 2° que l'assassinat de Marcel était une chose résolue à l'avance. Car, comment auraient-ils pu savoir ce qui devait se passer dans cette nuit qu'ils rendirent sanglante ? « Par inspiration divine, dit malicieusement Froissart ; *ainsi le doit-on supposer.* »

Le récit du continuateur de Guillaume de Nangis n'est pas moins concluant. « Ils voulaient, dit-il en parlant des gardiens que Marcel trouva à la porte Saint-Antoine, ils voulaient que les proclamations fussent faites au nom du duc régent ; le prévôt voulait, au contraire, que le nom du duc fût passé sous silence[2]. » Là-dessus la querelle s'engage, et le prévôt est assassiné.

Le lendemain, Maillard, rassemblant la foule aux halles, calomniait devant elle la mémoire de l'homme intrépide dont il avait été le compère et qu'il avait trahi. Et le peuple, trompé, applaudissait ! Marcel venait d'être égorgé ; il était maudit. Destinée commune à tous les grands cœurs qui se dévouent !

Le Dauphin rentra dans Paris comme un libérateur. Il

---

[1] « Si y avoit en la ville de Paris aucuns suffisans hommes (tels comme Jehan Maillard, Simo son frère). » Froissart, vol. I, chap. CLXXXV, p. 192.

[2] « Qui custodes volebant quod proclamationes nomine domini ducis « regentis fierent, et propositus volebat quod nomen ducis taceretur. » Cont. Guill. de Nangis, p. 244.

y rentrait pour fouler aux pieds cette souveraineté populaire que Marcel avait proclamée, et qu'il aurait établie peut-être, si les états généraux, qui lui devaient servir d'instrument, eussent été autre chose qu'un monstrueux composé d'éléments hétérogènes.

Nous pourrions suivre ainsi pas à pas dans notre histoire la trace des états généraux, et nous les trouverions toujours indécis, toujours impuissants, tour à tour instruments aveugles de quelque mauvais prince et jouets de quelque faction impie.

Au reste, quelle preuve plus frappante pourrions-nous donner de la stérilité de l'institution que celle qui résulte des éternelles redites des cahiers? Lisez ceux de 1484, ceux de 1576, ceux de 1588, ceux de 1614 ; lisez-les tous : ce sont toujours les mêmes plaintes formulées dans les mêmes termes [1].

Quelle était donc la portée de cette institution des états généraux? Ne nous hâtons pas de répondre avec dédain; n'oublions pas que si, en fait, l'importance historique des états généraux était à peu près nulle, en droit elle était immense. Or, les institutions valent moins par leur application que par leur principe. Ce qu'elles expriment est plus essentiel que ce qu'elles produisent, au moins immédiatement.

A vrai dire, les états généraux n'exprimaient la souveraineté d'aucun des trois ordres, puisqu'ils se formaient de la réunion des trois ordres. Ils n'exprimaient pas non plus la souveraineté du peuple, puisque le peuple est un et qu'ils avaient, eux, un caractère multiple. Mais qu'importe? ils représentaient quelque chose de puissant quoi-

---

[1] Voy., pour les états de 1484, le *Rec. gén. des états tenus en France*, p. 88 et suiv., et pour ceux de 1576, le Manuscrit de l'abbaye de Saint-Germain des Prés, n° 355; pour ceux de 1588, le *Rec. gén. des états*, p. 61 et suiv.; pour ceux de 1614, le *Journal de Florimond Rapine sur les états de 1614*; discours de Miron, prévôt des marchands.

que vague. Ils répondaient à une force peu agissante, réelle pourtant, inévitable et reconnue. La souveraineté dont ils témoignaient, pour être mal comprise et mal définie, n'en était pas moins de nature, selon le sentiment de tous, à contrebalancer, au besoin, le principe monarchique et même à l'asservir. C'était un pouvoir politique mis en réserve, pour ainsi dire, et n'attendant pour entrer en exercice que des intérêts capables de le saisir. A force de rendre hommage à une souveraineté indépendante du trône, la royauté s'effaçait peu à peu; elle perdait, sans y prendre garde, ce genre de puissance attaché à tout ce qui est unique. Les rois disaient aux états : « Des subsides encore, des réformes ensuite. » Un jour devait venir où, retournant la phrase, les États diraient : « Des réformes d'abord, ensuite des subsides. » Et ce jour-là, qui empêcherait des mains hardies de couper les abus à la racine, en portant la cognée sur la monarchie elle-même?

On vient de voir comment avait été consacré en France le grand principe de la souveraineté des assemblées. Il nous reste à chercher au profit de quelle classe cette souveraineté devait naturellement s'exercer.

Et d'abord il est évident que les états généraux ne pouvaient profiter ni au clergé ni à la noblesse, puisqu'ils fournissaient au tiers état et à la noblesse l'occasion de dévoiler librement tout ce qui était faute, rapines, abus et tyrannies.

Quant à la noblesse, à part ce que ces révélations avaient de funeste pour elle, les états généraux tendaient inévitablement à sa ruine, par cela seul qu'ils faisaient une concurrence victorieuse aux états provinciaux, derniers refuges de la féodalité.

Quoi qu'en aient dit tous les historiens, ce n'est point seulement par la monarchie que l'unité nationale a été établie. Et si l'on nous demande par qui elle l'a été encore, nous répondrons sans hésiter. par les états généraux.

Dans la filiation des choses humaines, on attribue en général trop d'importance à celles qui se peuvent, en quelque sorte, voir et toucher. Des villes prises, des batailles gagnées, des négociations diplomatiques accomplies dans une vaste sphère, le passage d'un grand homme à travers le monde, voilà de ces événements dont l'influence est immédiate, éclatante, facile à reconnaître et à constater. Mais il est d'autres influences, d'un ordre supérieur peut-être, influences occultes, lentes à se développer, et qui constituent proprement la philosophie de l'histoire. Je sais tel principe, déposé dans une législation mal comprise, qui finira par apporter plus de changements parmi les hommes que les ravages d'Attila ou les bruyantes conquêtes d'Alexandre. Les quatre lignes qui, dans le code Napoléon, consacrent la division des héritages, modifieront peut-être plus profondément les destinées du peuple français que n'ont fait toutes les victoires de l'Empire réunies. L'action des états généraux sur les pays d'états n'eut assurément rien de direct, rien de matériellement appréciable; mais le fait seul de leur existence avait quelque chose de plus décisif que tous les efforts de la royauté. Par cela seul qu'ils faisaient partie du droit public des Français, les états généraux conservaient intacte une tradition supérieure à tous les préjugés et à toutes les passions de localité. Leur convocation, bien qu'elle n'eût lieu qu'à des époques indéterminées et peu rapprochées l'une de l'autre, rappelait sans cesse aux esprits qu'au-dessus des provinces il y avait la nation. Les intérêts qui s'agitaient au sein de ces grandes assemblées n'étaient-ils pas communs à toutes les parties du territoire? Les iniquités qu'on y dénonçait ne pesaient-elles pas également sur les prolétaires du Nord et sur ceux du Midi? Paris, lorsqu'il était le théâtre de ces solennels débats, n'avait-il pas le droit de s'écrier : Je suis la France !

Les états généraux furent aux états provinciaux ce que la royauté fut aux puissances féodales.

Les états généraux représentaient le principe d'unité à l'égard des provinces, comme la royauté le représentait à l'égard des fiefs.

Et, de même que ceux-ci devaient aller peu à peu se perdre dans la royauté, de même, par la nature des choses, les états des provinces devaient aller insensiblement se perdre dans les états de la nation.

Deux sortes d'unité se trouvaient ainsi en présence avant 1789 : l'unité administrative et l'unité nationale.

L'établissement de la première, nous l'avons prouvé, fut l'œuvre de la bourgeoisie agissant par les communes. On peut juger déjà que l'établissement de la seconde fut l'œuvre de la bourgeoisie agissant par les états généraux.

Par l'unité administrative, la féodalité fut chassée des fiefs ; par l'unité nationale, elle devait être chassée des assemblées.

Il était donc dans la force des choses que, tôt ou tard, les états généraux devinssent pour le clergé et la noblesse un tombeau, pour la bourgeoisie un piédestal.

En résumé, nous avons voulu montrer dans ce chapitre :

Que les états généraux en France datent de la décadence du régime féodal ;

Que leur importance, en droit, a été fort grande depuis leur origine ;

Que, jusqu'en 1789, leur importance, en fait, a été fort petite ;

Qu'ils portaient dans leurs flancs, malgré cela, une révolution immense, à cause du principe qu'ils représentaient ;

Que ce principe était celui de la souveraineté des assemblées ;

Que la reconnaissance d'une semblable souveraineté ne pouvait profiter ni au clergé, parce qu'elle était de nature à dévoiler les fautes et les abus de l'Église, ni à la noblesse, parce qu'elle rendait impossible l'existence des états provinciaux, dernier refuge de la féodalité aux abois ;

Qu'elle devait, par conséquent, profiter moins au peuple qu'à la bourgeoisie, seule admise à prendre place, dans les états généraux, à côté de la noblesse et du clergé.

CHAPITRE III

PROGRÈS DE LA BOURGEOISIE

POLITIQUE DE RICHELIEU

Par quels terribles coups Richelieu délivre la bourgeoisie de l'anarchique tyrannie des grands seigneurs. — A qui devait profiter la création des Intendances. — Comment Richelieu prépare, pour le compte de la bourgeoisie, le gouvernement de l'intelligence et la ruine du pouvoir absolu.

Quand Richelieu fut appelé au conseil, le royaume était divisé et plein de troubles. Le pouvoir, s'échappant des faibles mains de Louis XIII, flottait à l'aventure entre l'insuffisant Condé et la reine mère. Tandis que la cour était livrée à mille intrigues dont le bien public n'était pas même le prétexte, le parti protestant formait dans l'État une sorte de royaume à part, qui avait ses cercles, ses assemblées politiques, ses places fortes, pour capitale la Rochelle, pour gouverneurs militaires les plus illustres seigneurs et capitaines : Lesdiguières, Chatillon, La Trémouille, Soubise et Rohan. L'autorité royale, *ravalée au dernier point*[1], était forcée de subir les menaces de ces grands seigneurs, d'acheter la capitulation des uns, de guerroyer contre les autres. La révolte avait ses ar-

---

[1] *Testament politique de Richelieu*, chap. I. — On sait que le *Testament politique* est regardé par Voltaire comme une œuvre apocryphe. Mais l'authenticité de cette pièce longtemps contestée n'est plus aujourd'hui contestable, comme l'a très-bien prouvé M. Henri Martin, dans le t. XI de sa belle *Histoire de France* (4ᵉ édition. Paris, Furne, 1855).

moiries; et les réformés, agitant le Midi, tenant la mer, osaient lever des impôts et des troupes par commissions données sous leur grand sceau « qui était une Religion appuyée sur la croix, ayant en main un livre de l'Évangile, foulant aux pieds un vieux squelette qu'ils appelaient l'Église romaine[1]. » Les finances dilapidées, grevées de pensions, offraient un tel désordre, que le marquis d'Effiat, à son entrée en charge, « trouva, dit-il, la recette dépensée et la dépense à faire. » Sur dix-neuf millions de tailles, il n'en revenait que six millions au trésor, le reste étant absorbé au passage par les innombrables officiers de la finance. Le peuple gémissait dans la condition la plus dure. A la faveur des guerres civiles et en l'absence de tout pouvoir central, les nobles avaient exercé à leur aise les droits du plus fort. Ceux-ci usurpaient les communaux des villages; ceux-là exigeaient du paysan des corvées arbitraires. Quelques-uns, ruinés par le jeu et par la folie de leurs désordres, forçaient le laboureur à leur servir de caution[2]; d'autres s'étaient permis de lever des contributions, d'établir des banalités nouvelles, c'est-à-dire des moulins et des fours où le peuple était obligé de faire moudre son blé et cuire son pain. Profitant de l'indiscipline des armées, les gens de guerre se débandaient dans les marches, envahissaient la chaumière du paysan, lui volaient ses hardes et ses épargnes, *rompaient malicieusement ses meubles*[3], et, dételant la charrue du laboureur, prenaient les chevaux pour leurs bagages. Quant à la bourgeoisie, elle était d'une part entravée dans son commerce par les créations sans cesse renouvelées de ces charges inutiles qu'elle appelait *la mangerie* des officiers; d'autre part, elle avait

---

[1] *Mémoires de Richelieu*, liv. XII, p. 235, t. VII de la Collect. Michaud et Poujoulat.
[2] *Code Michau*, art. 210.
[3] *Ibid.*, art. 267.

à essuyer, en attendant l'heure de la vengeance, les insolents mépris de la noblesse qui, aux états de 1614, s'était si fort indignée qu'on osât appeler frères les trois ordres du royaume.

Ainsi, la France présentait, à l'avènement de Richelieu, tous les symptômes d'un empire qui penche : administration anarchique, princes impunis, rébellion, fédéralisme. L'unité était donc alors le premier besoin de la France : on devine à qui cette unité devait surtout profiter.

Mais d'abord, quels sont les principes de Richelieu, et quel est cet homme? Sous des dehors aimables il voile, au début, ses vastes projets. Ambitieux dans la galanterie, il commence par courtiser deux reines; il finira par leur parler en maître. Car, s'il a la souplesse qui mène au succès, il a aussi la fierté qui donne le commandement. Ministre, il efface en lui le prêtre; il lui faut des gardes, et on le voit, quand il dit la messe, environné de mousquetaires. Ne se plaisant ni aux médiocres périls ni aux embarras de second ordre, il rendra la charge du gouvernement si lourde, que seul désormais il y pourra suffire. Du souverain il fait son secrétaire : on ne l'aime pas, on lui obéit. Bientôt, élevant ses passions personnelles, ses haines, ses jalousies, à la hauteur d'un intérêt d'État, il sera plus que le roi, il sera la royauté. Tout sacrifier à la chose publique, *unique fin du prince et de ses conseillers*[1], voilà son principe. Abaisser au dehors la maison d'Autriche, et au dedans le parti des grands seigneurs révoltés, voilà son but. La force maniée avec génie, voilà son moyen. Richelieu va donc clore la politique de Machiavel, importée en France par les Médicis. L'astuce de ces Florentins fera place au lumineux bon sens qui est le fond même du génie gaulois, et le glaive

---

[1] *Testament politique*, chap. III, p. 222.

remplacera le poignard. Mais à qui la veut pour agir, non pour s'y complaire, l'autorité impose quelquefois des devoirs violents : Richelieu se montrera terrible, jamais vil, la bassesse étant inutile à la force. D'ailleurs, bien sûr de ne frapper dans ses ennemis que ceux de l'État, il ne reculera en rien, il ne reculera jamais. Les grands verront leurs forteresses démolies, leurs conspirations déjouées, leurs chefs les plus puissants décapités en Grève; et un ministre, qui est des leurs, les préparera à l'égalité civile par l'égalité devant le bourreau.

Tel est ce Richelieu, et, par un heureux destin, il rencontre sur le trône l'homme le mieux fait pour seconder passivement ses vues. Monarque languissant, triste et cruel, Louis XIII a toutes les infirmités et tous les vices voulus par son rôle. Sa faiblesse l'assujettit; sa mélancolie le retient à l'écart; sa cruauté vient en aide aux rigueurs systématiques du ministre. A être sans pitié il se dédommage de l'humiliation d'obéir. Ordonner des supplices dont la portée lui échappe est, pour lui, une manière d'être roi. Notons, en outre, que Louis XIII était brave de sa personne et que le goût des armes pouvait seul le tirer de la somnolence où le plongeaient de mystiques amours : circonstance très-favorable aux desseins de Richelieu, qui allait mettre l'Europe en feu et la France en mouvement.

Disons-le tout d'abord : Richelieu n'avait pas d'entrailles pour le peuple, et jugeait la bourgeoisie en grand seigneur. Le peuple, il le comparait aux mulets, qui se gâteraient par le repos[1]. Et, quant à la bourgeoisie, il écrivait, en parlant d'elle, qu'une basse naissance produit rarement les qualités nécessaires au magistrat; que, dans les petites extractions, il se rencontre beaucoup d'esprits d'une austérité épineuse, et si diffi-

---

[1] *Testament politique*, chap. IV, sect. V, *du Peuple*, p. 150.

ciles à conduire, que leur vertu même est préjudiciable¹. A mérite égal, il préférait celui qui pouvait relever par le lustre extérieur la dignité de sa charge. Le même arbre, selon qu'on le plante dans une bonne ou dans une mauvaise terre, donne des fruits plus ou moins beaux : pour Richelieu, la bonne terre, c'était un sang noble. Adversaire de la vénalité des offices, il y trouvait toutefois cet avantage, qu'elle excluait les gens de basse condition². Voilà pourtant l'homme à qui Dieu avait réservé la mission de déblayer la route par où allait s'avancer en France la bourgeoisie ! Car les grands hommes ne sont que de puissants aveugles. La partie qu'ils jouent n'est presque jamais la leur. Le résultat présent les éblouit, il les emploie, tandis que le souverain ordonnateur des causes décide des conséquences dernières et prépare les lointains contre-coups.

Appelée à grandir par l'industrie et le commerce, la bourgeoisie devait désirer vivement qu'on mît un frein aux déprédations de la noblesse, de cette noblesse qui, aux derniers états généraux, s'était écriée : « Il y a autant de différence entre nous et le tiers comme entre le maître et le valet³. » C'est à quoi pourvut la célèbre ordonnance de janvier 1629, connue sous le nom de *Code Michau*.

Doit-on faire honneur de cette ordonnance à Richelieu ? Lui-même il en parle comme d'une œuvre à laquelle il n'eut point de part⁴, et qui fut, non-seulement rédigée, mais conçue par le garde des sceaux Michel de Marillac. La vérité est que le premier auteur du *Code Michau* ce fut la France. Car les éléments qui servirent

¹ *Testament politique*, chap. IV, sect. I, p. 133 et 134.
² *Ibid.*
³ Florimond Rapine, *Assemblée des trois états en l'an 1614.*
⁴ « Tant le garde des sceaux était affectionné à cet ouvrage qui ÉTAIT SIEN. » *Mémoires de Richelieu*, t. VII, p. 587.

à le composer avaient tous été fournis par les états de 1614 et de 1626. Mais si Richelieu ne fit pas l'ordonnance de janvier, il l'adopta et ce fut grâce à lui qu'elle fut, d'un bout du royaume à l'autre, exécutée : service immense rendu à la bourgeoisie! Car comment se livrer au commerce quand les chemins étaient couverts de bandits armés, de traînards de régiments en marche abusant de la terreur qu'ils inspiraient? Quelle sécurité pour le petit propriétaire, dans un pays où le soldat se logeait à son gré, insultait le paysan, et se payait de sa solde par la maraude la plus effrontée! Quelle gêne humiliante pour le tiers état que cette souveraineté de la rapière! Quel désordre que celui d'un royaume dans lequel un simple gentilhomme de province, tel que Lesdiguières, avait osé établir, maintenir, de son autorité privée, la terrible douane de Valence, regardée par les marchands comme un coupe-gorge! Il était grand temps de mettre fin à une pareille anarchie : le *Code Michau* fut impitoyable. Ceux qui prenaient logement dans les villages, sans permission, devaient être réputés vagabonds, voleurs; et les communes étaient invitées à leur courir sus au son du tocsin [1]. « Défendons à tous gouverneurs et lieutenants généraux de province, dit un autre article, de quelques qualité, dignité et conditions qu'ils soient, à tous nos baillis et sénéchaux, trésoriers de France, etc..., de faire lever ou souffrir être levés aucuns deniers et contributions sur nos sujets, si ce n'est en vertu de lettres patentes expédiées sous notre grand sceau, à peine de confiscation de corps et de biens. » Maintenant, que Richelieu fasse un exemple; que le privilége de l'impunité soit enlevé aux grands, la loi règne, tout rentre dans l'ordre, la bourgeoisie respire; les routes, purgées de bandits, s'ouvrent plus librement

---

[1] *Code Michau*, art. 25.

à un commerce plus facile; délivrée de mille tyrans subalternes, *petits tiercelets de roi*, dit Voiture, la partie laborieuse de la nation recouvre le sentiment de sa dignité, elle s'aperçoit que la qualité des coupables ne les sauve pas. Que dis-je? le *Code Michau* est là pour apprendre à la bourgeoisie que jusque dans l'armée, dernier refuge de la noblesse, « le soldat par ses services, pourra monter aux charges et offices des compagnies de degré en degré, jusqu'au grade de capitaine, et *plus avant* s'il s'en rend digne[1]. »

Mais, dans l'accomplissement de tels projets, Richelieu devait rencontrer des résistances. Il s'y attendait, et il ferma son âme à la pitié. Ah! sans doute il est bien difficile de ne pas se sentir ému, quand au fond de la salle où ces grands desseins se traduisirent en arrêts de mort, on aperçoit les sinistres figures d'un Laubardemont, d'un Laffemas; quand on songe au maréchal de Marillac, décapité pour *un peu de paille et de foin* qu'on l'accusait, disait-il, d'avoir détourné; quand on se rappelle Marie de Médicis expirant à Cologne dans l'abandon et la misère, et cette hécatombe de gentilshommes, si tranquilles, si fiers à leurs derniers moments, et qui du moins savaient mourir partout, même en place de Grève. Un jour, étendu sur son lit et presque éteint, Richelieu voit entrer et se traîner jusqu'à lui un autre malade: c'est Louis XIII. Auprès de la couche du cardinal, on en dresse une pour le monarque languissant. Et de quoi s'entretiennent à voix basse les deux moribonds? ils concertent des supplices. Oui, sans doute, ce sont là d'horribles scènes. Mais, qu'on y prenne garde! parmi ces condamnés illustres que frappa Richelieu, pas un qui ne fût en guerre ouverte contre le bien public. Boutteville paya de sa tête la violation de la loi. L'as-

---

[1] Art. 229 de l'ordonnance de janvier.

cendant funeste des favoris fut détruit dans la personne de Chalais. Montmorency expia la rébellion des provinces excitée par les nobles. Les connivences avec l'étranger et la trahison d'État coûtèrent la vie à Cinq-Mars et à de Thou. Marillac fut sacrifié à la nécessité d'un exemple au milieu des scandales d'une concussion universelle. Et quant aux reines, elles eurent bien d'autres torts que celui d'offenser l'amour ou d'irriter l'orgueil de Richelieu. *Hélas! faut-il mourir à vingt-deux ans?* s'écriait Cinq-Mars. — Et la postérité a entendu cette parole si humaine, si mélancolique; elle a trouvé que Cinq-Mars était trop jeune pour mourir; elle a oublié qu'aux yeux du cardinal, Cinq-Mars était bien jeune pour trahir!

Une fois à l'abri des vexations de la noblesse armée, que fallait-il encore à la bourgeoisie pour qu'elle se développât librement? Elle ne pouvait évidemment arriver à régner par l'individualisme, si on ne lui procurait d'avance l'unité d'administration, sans laquelle l'individualisme serait la dissolution même. Car l'unité ne saurait être entièrement bannie d'une grande réunion d'hommes, et, quand elle n'existe plus ni par la communauté des efforts ni par celle des croyances, au moins est-il nécessaire qu'on la retrouve dans la police de l'État. Une administration centrale, vigoureusement établie, qui à mille *petits tiercelets de roi* substituât un seul maître, qu'on verrait plus tard à contenir ou à jeter par terre, voilà ce que la bourgeoisie avait à demander au cardinal, et ce que le cardinal lui donna en créant les Intendants.

Impossible de porter un plus rude coup à l'anarchie dont profitaient les nobles et surtout les aristocrates de la finance. Le chiffre de l'impôt, arrêté dans le sein du conseil, était transmis aux trésoriers généraux de France; mais, depuis plusieurs années, ces puissants officiers mettant leurs fantaisies à la place de l'autorité royale, la répartition de l'impôt et son recouvrement étaient tombés dans un désordre favorable aux concussions : l'arbitraire y dominait, toujours funeste à la classe la plus faible. « Ils se sont rendus tellement difficiles à l'exécution de nos édits et commissions, dit le préambule de l'ordonnance, qu'il semble qu'ils s'y soient voulu directement opposer et les traverser [1]. » Mais non moins que le fédéralisme des seigneurs, Richelieu détestait celui des financiers. Il envoya donc dans chaque province un commissaire qui, sous le nom d'Intendant, dut présider souverainement à l'assiette de l'impôt, convoquer les élus pour le jour qu'il lui plairait consacrer à ce travail [2], empêcher les surcharges du pauvre, gouverner enfin les finances, le domaine, la voirie, c'est-à-dire imposer partout la volonté du conseil. Plus d'empêchement, plus de retard. Les trésoriers de France ne conservèrent que l'ombre de leur ancienne autorité. Sans eux, les intendants purent ordonner l'enregistrement des édits sur les finances, et pour éviter toute contestation entre eux et les cours des aides, les procès furent évoqués au conseil du roi [3]. De là partirent les ordres; là on vint rendre les comptes. Ainsi reparurent les *missi dominici* dont les capitulaires de Charlemagne avaient réglé les fonctions et qui avaient servi à contenir la féodalité, sous les rois de la seconde race [4]; ainsi fut inaugurée la centralisation moderne.

Mais ce n'était pas encore assez pour la bourgeoisie qu'un gouvernement attentif et tutélaire, qu'une administration vigoureuse. Classe naturellement amie de la paix, vouée à la finance, au commerce, à la cléricature, à

---

[1] *Recueil d'Isambert*, ordonnance de mai 1635.
[2] Art. 17 de l'ordonnance.
[3] Art. 2 et 9 de l'ordonnance.
[4] Mollard, *Hist. du système politique de la France*, t. I, p. 164 et suiv.

l'étude des arts, la bourgeoisie se trouvait condamnée à un rôle obscur dans une société où le signe distinctif de la noblesse était l'épée. Comment détrôner définitivement la force ? en inaugurant la royauté de l'esprit : Richelieu fut l'ami des gens de lettres, le protecteur du Poussin, l'inquiet rival de Corneille, le fondateur de l'Académie française.

Que lorsqu'il créa l'Académie, le grand cardinal, continuateur de la Renaissance, ait rêvé pour notre langue l'avenir brillant de celle de Rome, de celle d'Athènes, on peut l'admettre. Mais avait-il compris qu'une langue perfectionnée, devenue claire et logique, se met tôt ou tard au service du droit et facilement se change en levier de révolution partout où des millions d'hommes souffrent ? S'était-il douté que cette monarchie absolue édifiée par lui avec tant de peine, serait renversée précisément par la pensée dont le langage est la vie ? Savait-il que rendre une langue digne de servir de monnaie universelle aux échanges de l'esprit, c'est fournir un même mot d'ordre à tous les peuples opprimés ? Avait-il prévu et pouvait-il prévoir qu'un jour, pour les rois émus, pour l'Europe réduite à camper, la langue française s'appellerait la Propagande ? Mais en vérité, il importe peu que le fondateur de l'Académie française ait mesuré toute la portée de son œuvre ; qu'il ait entrevu jusqu'où irait cette puissance du talent, une fois reconnue par lettres patentes. Peut-être bien n'eut-il d'abord d'autre dessein que de se faire une compagnie de flatteurs et de donner à son éloge l'importance d'une tradition. Pourquoi non ? Souvent, chez les hommes supérieurs, les plus hautes pensées ont un côté personnel et masquent une faiblesse. Conduire d'une main la *guerre de trente ans*, travailler de l'autre à l'unité de la monarchie, cela ne suffit pas à Richelieu. La France lui obéit : pourquoi la Muse ne lui serait-elle pas soumise ? La vanité de Richelieu nous vaudra l'Académie française.

N'est-il pas aussi fort singulier que l'homme qui présidait aux fêtes de la place de Grève se soit échauffé à composer des tragi-comédies, pour la représentation desquelles il dépensait jusqu'à cent mille écus? Tremblant, il attendait la levée du rideau et l'arrêt du parterre. « Il se sentait, dit Pélisson[1], transporté hors de lui-même lorsqu'on l'applaudissait. Tantôt il se levait debout, tantôt il se montrait à l'assemblée en avançant hors de la loge la moitié du corps, ou il imposait silence pour faire entendre des endroits encore plus beaux. » Ne sourions pas de ce naïf enthousiasme d'un auteur qui s'admire dans les péripéties de *Mirame*, après avoir changé la face du royaume de France, poussé les armées de Luther contre celles de Rome, rempli l'Europe du bruit de ses négociations et de ses victoires, ébranlé la monarchie de Charles-Quint. D'incalculables conséquences naîtront de cette humaine infirmité. Il en résultera, parmi beaucoup d'autres causes, l'avènement officiel des lettres, leur ascendant, la dignité des écrivains et des penseurs, la magistrature de l'esprit.

Un jour que la reine mère entrait chez le cardinal, celui-ci la reçut sans se lever; et loin de chercher une excuse dans son état maladif, il osa prétendre que la pourpre romaine lui donnait le droit de rester assis, même devant la mère du roi. Eh bien, ce même cardinal, il avait introduit dans son intimité des poëtes obscurs, Gombault, Desmarests, Colletet, Boisrobert; et lorsqu'il causait familièrement avec eux, livrant ses manuscrits à leurs ratures ou poursuivant la coupe d'un alexandrin, il exigeait qu'ils demeurassent assis et couverts[2].

Toutefois, il suffit de lire le *Testament politique*, pour juger que Richelieu était bien loin de désirer la diffusion des lumières et de la prévoir: « Si les lettres, dit-il,

---

[1] *Hist. de l'Académie.*
[2] Bazin, *Hist. de France sous Louis XIII*, t. IV.

étaient profanées à toutes sortes d'esprits, on verrait plus de gens capables de former des doutes que de les résoudre, et beaucoup seraient plus propres à s'opposer aux vérités qu'à les défendre[1]. » Le grand nombre des colléges porte ombrage à ce ministre; il souhaite aux laboureurs et aux commerçants de ne point connaître les lettres; il préfère la rudesse de l'ignorance comme étant plus propre à former des soldats. Mais là où l'on institue une haute école qui enseigne à penser et à bien dire, comment tracer une limite à l'expansion des idées et à leur pouvoir?

Autre singularité. Ce fut sous le patronage de Richelieu que naquit la *Gazette de France*, le premier de nos journaux politiques. Richelieu crut peut-être donner au despotisme un instrument de plus: nous savons aujourd'hui combien était menaçante pour la monarchie absolue la souveraineté de ces feuilles volantes.

Occupé d'une guerre continuelle à soutenir, tantôt contre les Espagnols dans la Valteline, tantôt contre les Impériaux sur le Rhin, et, au sein du royaume, contre les deux grands chefs du parti huguenot, Soubise et Rohan, Richelieu avait peu de loisir pour étudier, du moins en détail, les besoins du commerce, la réformation de l'impôt, tout ce qui intéressait directement la bourgeoisie; et pourtant il sut mettre à profit les courts intervalles de repos que lui laissaient tant d'ennemis, poser des principes larges et féconds, prendre ou indiquer des mesures décisives, les seules qui convinssent à son caractère. Ce que Louis XIV devait accomplir, Richelieu le prépara. Ce fut dans l'assemblée des notables de 1626, tenue aux Tuileries, que le cardinal demanda une marine. Toutefois, ce qu'il y avait au fond de sa pensée, c'était moins le commerce que la guerre: il avait juré de soumettre la Rochelle, et le côté politique dominait dans ses vues;

---

[1] *Testament politique*, chap. ii, sect. x.

mais la bourgeoisie s'en appropria le côté industriel. La vérité est que, lorsqu'il fit aux notables la proposition si bien accueillie par eux de fonder une marine, Richelieu se rappelait amèrement l'humiliation essuyée par Sully, qui, s'étant embarqué à Calais sur un vaisseau portant les couleurs de la France au grand mât, avait été contraint de baisser pavillon devant une ramberge anglaise, dont les boulets *percèrent le cœur de tous les bons Français*[1]. Cet affront subi par Henri IV, Richelieu le ressentait aussi vivement qu'une injure personnelle. Il lui fallait une flotte, et pour prévenir le retour d'une telle insolence, et pour châtier les huguenots sans être obligé d'emprunter les vaisseaux de la Hollande.

Mais les desseins que lui inspirait la politique enfantèrent des résultats dont le commerce devait profiter. Car une marine appelle des colonies, et son existence se lie à la nécessité des expéditions lointaines. Aussi Richelieu fut-il conduit à former la compagnie du Morbihan, à l'instar des grandes compagnies d'Angleterre et de Hollande. Il la chargea du commerce des deux Indes, et lui accorda des priviléges considérables : le pouvoir de fabriquer navires, de fondre canons et balles, de faire poudre et salpêtre, de tenir deux marchés par semaine et quatre foires par an ; le droit d'enrôler, d'armer sous ses ordres les mendiants valides et les vagabonds ; enfin la concession du port de Morbihan et de sa banlieue, avec juridiction spéciale, indépendante du parlement de Bretagne[2].

Les efforts de cette compagnie ayant avorté, Richelieu ne se découragea point ; deux ans après, il la remplaçait par une association plus accréditée, à laquelle furent prodigués faveurs, encouragements, exemptions.

Et il attachait à ces mouvements tant d'importance qu'il

---

[1] *Testament politique.* — *De la puissance sur la mer*, p. 501.
[2] Art. de la compagnie de Morbihan, cités *in extenso* par Forbonnais, t. I, p. 572.

voulut en être l'âme en quelque sorte. La charge de l'amiral de France pouvait le traverser dans ses projets : il la fit rembourser à M. de Montmorency, la supprima et se mit en sa place sous le titre de surintendant général de la navigation et commerce de France. La tempête ayant, vers ce temps-là, brisé sur nos côtes des navires portugais, Richelieu en refusa les épaves, dont on lui offrait deux cent mille livres, et il profita de l'occasion pour abolir le *droit de bris et naufrage*, dont l'origine appartenait aux époques de barbarie.

Or, il se trouva qu'en agissant ainsi, le cardinal déchargeait le commerce d'un grand poids. On avait remarqué, dit Forbonnais, que les droits et formalités exigés par l'amiral ou ses officiers étaient une des causes du dépérissement du commerce et un sérieux obstacle au rétablissement de la marine.

Nous avons eu occasion de dire que la bourgeoisie aspirait et devait aspirer au règne de la tolérance... Mais peut-on prononcer le mot de tolérance en parlant de Richelieu? Il est cependant vrai que ce prêtre si entier dans son vouloir respecta la liberté religieuse. Que les réformés n'eussent pas de places fortes, des armes, des chefs pour les conduire à la guerre civile, voilà ce que demandait Richelieu. Un système de dragonnades lui eût paru, non pas un crime mais une faute. Sans pitié pour les calvinistes qui troublaient l'État, il s'inquiétait peu, au fond, de leur opinion sur l'eucharistie. La véritable impiété des huguenots, à ses yeux, c'était leur alliance avec l'étranger. En toute chose, et avant tout, Richelieu était ministre. L'intérêt du sacerdoce ne passait dans son cœur qu'après celui du royaume ; et c'est même un des traits distinctifs de cette grande figure, qu'étant prêtre, Richelieu osa tenir tête au Vatican, et n'oublia jamais que le prince de l'Église était ministre de France. Aussi, lui qui abattait, à la Rochelle, les protestants secourus par la flotte de Buckingham, il n'hésita pas à les couvrir de son alliance, quand, sous les ordres de l'héroïque Gustave-Adolphe, ils marchaient contre les armées de la catholique maison d'Autriche et de la sainte inquisition. Richelieu eut le fanatisme de la raison d'État : il n'en eut pas d'autre.

Jusqu'au dernier soupir, il parut assuré du désintéressement de ses vues. Et pourtant ce prêtre terrible avait éprouvé dans sa vie des défaillances. A la veille de triompher de Gaston et de ses complices, il avait eu des instants d'angoisse et de frayeur. On raconte qu'évitant les soldats de Cinq-Mars, il marchait à l'aventure par des chemins détournés, s'arrêtant le soir dans des lieux où il n'était pas attendu [1]. Il se releva de ces faiblesses de sa frêle nature par le courage de l'intelligence, le plus noble de tous. Le jour de sa mort, entouré de courtisans qui tremblaient de le voir se redresser, et de quelques amis qui fondaient en larmes, car il eut des amis, il se montra plein de sérénité. « Voilà mon juge, » dit-il quand on lui présenta l'hostie consacrée, comme s'il se fût confié, non pas à la clémence de Dieu, mais à sa justice. Toutefois, il eut un accès d'attendrissement. Il pressentait que sa mémoire allait être déchirée; peut-être se rappelait-il les paroles écrites par lui-même à la nouvelle de la mort de Wallenstein : « Quand l'arbre est tombé, tous accourent aux branches pour achever de le détruire... L'affection des hommes ne regarde pas ce qui n'est plus [2]. »

En considérant, au Louvre, le portrait célèbre qui révèle si bien la physionomie morale de Richelieu, que la bourgeoisie s'en souvienne : c'est son introducteur aux affaires que représente ce personnage élégant et fier, sorti du grave pinceau de Philippe de Champagne. La malice

---

[1] Sainte-Aulaire, *Hist. de la Fronde*, t. I, p. 71.
[2] *Mémoires de Richelieu*, t. VIII de la Collect. Michaud, liv. XXV, p. 523.

des conteurs a bien pu nous montrer Richelieu frivole, atteint de vanité, quittant la soutane pour courir en habit de cavalier chez Marion Delorme ; mais quand il traverse l'histoire, il est drapé dans sa robe rouge, qu'on dirait teinte du sang de la noblesse révoltée. Homme heureux, homme unique ! il chargea les parlements de venger sur ses rivaux les blessures de son amour, les défaites de son orgueil ; il fit agir souvent ses passions personnelles sous le couvert de la justice nationale ; et c'est à peine si, aujourd'hui encore, on peut distinguer ce qu'il voulut confondre, tant il sut s'identifier à la France, enveloppée et comme emportée dans sa fortune !

CHAPITRE IV

PROGRÈS DE LA BOURGEOISIE

LA FRONDE ET LE JANSÉNISME

Le parlement. — Délibérations de la chambre de Saint-Louis : révolution bourgeoise avortée. — Le parlement arrive à l'omnipotence et s'en effraye. — La Fronde du parlement vaincue par elle-même. — Inanité de la Fronde des princes. — Naissance du Jansénisme; son importance historique dans l'histoire de la haute bourgeoisie. — Vie de Port-Royal. — Caractère politique et révolutionnaire des *Provinciales*. — Le Jansénisme, c'était le parlement dans l'Église.

En écrasant les restes de la féodalité, Richelieu n'avait fait que préparer à la royauté absolue des ennemis nouveaux. Le contre-poids ne fut pas détruit, mais seulement déplacé. Aux résistances armées de la noblesse succéda l'opposition légale de la haute bourgeoisie : l'ancien intermédiaire ayant disparu, le trône et le parlement se trouvèrent face à face.

Or, le parlement n'était plus, comme dans l'origine, une simple compagnie judiciaire. Par l'habitude qu'on lui avait laissé prendre d'enregistrer les édits et de les enregistrer en les critiquant, il était devenu un corps politique : il avait considération et richesses. Dans son sein venaient siéger les ducs et pairs, les princes du sang. Derrière lui se tenaient, toujours prêtes à le soutenir, nombre de compagnies faites à son image et animées de son esprit. Il avait pour clientèle les possesseurs des offices de judicature et de finance, clientèle imposante et nombreuse, à qui l'hérédité des charges donnait la consistance d'une aristocratie. Il marchait à la tête de quarante-cinq mille familles.

L'ambition des corps politiques est violente de sa nature et infatigable, parce que ceux mêmes qu'elle emporte la prennent volontiers pour la passion du bien public, et qu'elle réunit de la sorte l'énergie du dévouement à l'âpreté de l'égoïsme. Le parlement brûlait du désir d'essayer ses forces, de les accroître; et, pour cela, l'occasion était admirable à la mort de Richelieu.

Échappée aux étreintes d'un despotisme intelligent mais dur, la France s'élançait joyeusement vers la liberté. On s'indignait d'un trop long repos dans la servitude; on voulait des garanties écrites; on cherchait des lois amies; on se demandait pourquoi les princes ne vivraient pas sous une règle immuable, et ne seraient pas, suivant la belle expression du coadjuteur de Retz, « semblables à Dieu qui obéit toujours à ce qu'il a commandé une fois[1]. »

La mort de Louis XIII, qui suivit de près son ministre au tombeau, vint ajouter à l'impétuosité de ce mouvement. Une minorité! quelle carrière ouverte aux tentatives de l'ambition! Et n'était-ce pas déjà pour les parlementaires un vif encouragement à l'orgueil que la régence par eux décernée à l'impérieuse Anne d'Autriche?

Quel homme d'ailleurs avait-on devant soi? Après la terrible *Éminence rouge*, Mazarin fit presque pitié! Les qualités puissantes de son prédécesseur, trop voisines des siennes, les firent paraître ternes et vulgaires. On rapetissa injustement par la comparaison ses vertus, ses vices et jusqu'à ses défauts. Son habileté, un peu souterraine, fut réputée hypocrisie, et sa prudence faiblesse. Il était fin : on le déclara fourbe. On le crut lâche, parce que son courage était seulement celui de la circonstance, et

---

[1] *Mémoires du cardinal de Retz*, t. I, p. 125.

que sa hardiesse ne dépassa jamais le besoin qu'il avait d'être hardi. On l'attaqua enfin parce que Richelieu l'avait choisi pour se survivre et qu'il disparaissait dans l'éclat de Richelieu.

Ainsi s'explique l'origine de la Fronde ou, plutôt, des deux Frondes ; car il y eut celle du parlement et celle des princes. Elles échouèrent l'une et l'autre ; mais la première était l'annonce d'une révolution, et la seconde ne fut que l'avortement d'une intrigue.

Ce pouvait être un jour mémorable à jamais dans l'histoire de la bourgeoisie que celui où le parlement se réunit à la cour des aides et à la cour des comptes, dans la chambre de Saint-Louis, pour poser une digue au pouvoir absolu et créer une charte. Mais cette élévation de sentiments qui rend les obstacles petits à force de vouloir des choses grandes, mais cette résolution d'aller, s'il est nécessaire, au delà du but pour être sûr de l'atteindre, mais ce désintéressement que donnent l'enthousiasme de la justice et les ivresses généreuses, voilà ce qui manquait aux réformateurs de la chambre de Saint-Louis. Leur œuvre le prouva bien.

Ils demandèrent qu'à l'avenir aucune taxe ne fût levée qu'après avoir subi leur contrôle, exprimé librement[1] : c'était, contre l'arbitraire royal, usurper la souveraineté du peuple. Ils demandèrent, pour augmenter la valeur vénale de leurs offices, qu'il ne fût plus permis d'en créer de nouveaux[2] : c'était faire de leur intérêt propre une loi de salut public. Ils proposèrent de ne pas même rembourser aux traitants leurs avances[3] : c'était

---

[1] Délibérations arrestées en l'assemblée des cours souveraines, tenues et commencées en la chambre Sainct-Louis, le 30 juin 1648. — Art. 3.

[2] *Ibid.*, art. 19.

[3] Le président Le Coigneux dit au chancelier Séguier : « Qu'il s'étonnait qu'après avoir manqué de parole à tous les gens d'honneur du royaume, on fît difficulté d'en manquer à cent mille coquins. » Sainte-Aulaire, *Hist. de la Fronde*, t. I, chap. IV, p. 201.

châtier des voleurs par un vol qui abaissait le gouvernement à leur niveau. Ils réclamèrent la destruction des intendances[1] : c'était sacrifier au fédéralisme des parlements de province les intérêts bien compris de la classe moyenne et l'unité de l'État.

Mais, en revanche, ils venaient dire : que désormais tout individu arrêté soit, passé vingt-quatre heures, rendu à son juge naturel ; et que les tailles soient diminuées d'un quart, au profit du peuple. Ici la révolution commençait : Paris fut ému et s'agita.

Étonné d'abord qu'on eût songé à lui, le peuple ne tarda pas à éclater en transports de reconnaissance. De là sa colère contre la cour, à la nouvelle de l'enlèvement des conseillers Blancmesnil et Broussel ; de là le docile appui que, dans la journée des barricades, il prêta aux compagnies bourgeoises, chargées de le contenir en le soulevant ; de là enfin cette exaltation extraordinaire des âmes qui força la cour à s'humilier, dans la déclaration du 24 octobre 1648, devant la charte parlementaire.

Et pourtant, l'autorité royale avait à opposer à ses adversaires le merveilleux succès de sa politique extérieure et de ses armes ; les victoires de Rocroi, de Fribourg, de Nordlingen, semblaient donner la gloire pour tutrice à Louis XIV enfant ; quand les barricades furent formées dans Paris, on achevait à peine le *Te Deum* qui célébrait la bataille de Lens, gagnée par la jeunesse de Condé ; et le jour même où la cour s'avouait vaincue par la magistrature, le 24 octobre 1648, le traité de Munster[2] rendait l'Alsace française et pour toujours.

De pareils rapprochements montrent assez qu'à cette époque l'influence du parlement était prépondérante. D'où vient donc que l'élan révolutionnaire s'éteignit si

---

[1] *Délibérations*, etc., art. 10.
[2] Le président Hénault, *Abrégé chronologique*, t. II, p. 682.

vite? D'où vient qu'à quelques mois de là, les ardeurs de la place publique se dissipaient en séditions de boudoir et en conjurations frivoles? Suivez le parlement à travers le bruit des révoltes par lui-même excitées ; interrogez-le.

Violant ses promesses, la cour s'est enfuie; elle a rassemblé des troupes, elle assiége la capitale, et Condé commande.

Mais combien est imposante et forte la situation de ce parlement assiégé! Il n'a eu qu'à faire un signe, et Paris s'est trouvé debout. C'est pour lui que les compagnies bourgeoises sont en armes dans la cité qui ne dort plus; c'est lui qui, par le coadjuteur de Retz, dispose des emportements populaires ; c'est comme héroïnes de sa cause que les duchesses de Bouillon et de Longueville traversent la place de Grève et montent les degrés de l'Hôtel de Ville, aux acclamations du peuple ravi de leur courage et de leur beauté. Une alliance s'est formée entre la magistrature et la noblesse ; mais la magistrature y paraît sur le premier plan. Ces robins, jusqu'alors méprisés par les gens d'épée, les voilà qui traînent à leur suite, compromis et perdus dans leur querelle, un prince de Conti, un prince de Marcillac, les ducs d'Elbeuf, de Bouillon, de Beaufort, le maréchal de La Mothe; et, dans la foule mêlée qui remplit les galeries du palais ou les salles de la maison commune, la cuirasse du gentilhomme produit moins d'effet que la robe longue du conseiller.

Or, quelle est pendant ce temps la préoccupation du parlement arrivé au faîte? Il a peur du peuple.

Lorsqu'en 1646 le contrôleur général Émery était venu proposer l'établissement d'un tarif sur toutes les marchandises introduites dans Paris, on avait vu le parlement repousser d'abord le tarif comme destructeur des priviléges en matière d'impôt, puis l'admettre en exemptant de la taxe *tout ce qui provenait du cru des bourgeois.* Ce fait, que Forbonnais a justement flétri[1], juge le parlement. Il eut peur du peuple parce qu'il ne l'aimait pas.

Soyons juste et n'oublions rien. On était, lors du siége de Paris, en 1649 ; et à l'extérieur, l'esprit de révolte soufflait avec une violence inaccoutumée. En Italie, la ville de Naples était pleine du souvenir de Mazaniello vainqueur et elle frissonnait encore ; à Constantinople, les Janissaires triomphaient d'Ibrahim étranglé ; l'Allemagne, que la guerre de trente ans avait couverte de ses derniers ravages, saluait dans la paix de Westphalie la rébellion de Luther admise à faire partie du droit public ; et la démocratie anglaise, sur un geste de Cromwell, venait de frapper un coup de hache que toute l'Europe avait entendu.

Il n'en fallait pas tant pour qu'en France, les heureux et paisibles administrateurs de la justice s'arrêtassent épouvantés. Ils eurent le vertige sur des hauteurs qu'ils n'étaient pas faits pour pratiquer. Ce qu'ils pouvaient les surprit et les accabla.

Il est vrai que les nobles de leur parti commençaient à parler de pactiser avec l'Espagne ; et c'est l'honneur du parlement de n'avoir eu pour de semblables tendances qu'indignation et dégoût. Mais il lui eût été facile de contenir les généraux de la Fronde et de couper court aux offres avilissantes de l'étranger, sans jeter au loin pour cela le drapeau des libertés publiques. Le coadjuteur de Retz ne s'était-il pas livré tout entier au parlement, avec son génie, son audace, sa popularité ? Ne répondait-il pas de l'appui de la multitude ? Les compagnies bourgeoises reconnaissaient-elles un autre étendard que celui du parlement ? Mais, en révolution, il faut aller en avant ou tomber. Le parlement le comprit, et il aima mieux tomber que de faire un pas de plus. Aussi à me-

[1] Forbonnais, *Recherches et considérations sur les finances*, t. I, sur l'année 1646.

sure que son pouvoir grandit, son trouble augmente. Il se hâte vers la paix quand lui sont offerts de toutes parts les moyens de mener vigoureusement la guerre. Un jour, on apprend que le duc de Longueville arrive à pas pressés au secours de la capitale; que le duc de la Trémouille amène dix mille hommes du Poitou; que Turenne, passant le Rhin, vient offrir aux magistrats son nom, sa gloire, son armée...[1]; et aussitôt, éperdu, désespéré d'avoir la monarchie à vaincre et la France à conduire, le parlement, par ses négociateurs, abdique à Ruel, entre les mains de Mazarin, son ennemi. Car ce fut l'abdication du parlement que ce traité de Ruel, consécration si vaine, si mensongère, de la déclaration du 24 octobre, qu'il ne resta personne pour en réclamer l'exécution. L'article relatif à la diminution des tailles avait été abandonné[2]; la clause relative aux arrestations arbitraires, Mazarin s'empressa d'y répondre en arrêtant trois princes. Et le parlement laissa faire : il voulait être vaincu.

Pusillanimité coupable, dont Mathieu Molé doit entre tous porter la responsabilité aux yeux de l'histoire. Mais lui, du moins, il sut par sa dignité honorer sa faiblesse. Comme pour s'absoudre de la terreur que lui inspirait la souveraineté du peuple, il le brava furieux et rugissant; et il couvrit ainsi la timidité de ses vues par l'intrépidité de son cœur.

Le reste ne vaut pas qu'on s'y arrête. Combattre pour des emplois, en riant, au bruit des chansons; agiter le peuple, sans avoir une noble idée, sans ressentir une passion énergique; obéir jusqu'à la mort, jusqu'à la trahison, à des galanteries qu'on croit de l'amour; changer de parti en changeant de maîtresse; et passer à l'ennemi, même quand on s'appelle Condé, même quand on est Turenne...

---

[1] Sainte-Aulaire, *Hist. de la Fronde*, t. I, chap. vii, p. 529.
[2] Le *Traité de Ruel* porte, art. 19, qu'il sera pourvu au soulagement des contribuables, *comme Sa Majesté jugera convenable*.

voilà la Fronde des princes. Le temps des insurrections militaires et féodales était si bien passé que la noblesse, réduite à ses propres forces, ne put garder son sérieux dans la révolte.

Le pouvoir absolu triompha donc aisément dans la personne de Mazarin, ministre habile toutefois, puisqu'il eut ce rare privilège, cette gloire unique, de mourir tout-puissant et méprisé.

Mais qu'importe? On savait maintenant de quel côté pouvait venir la résistance. La bourgeoisie restait convaincue d'une vérité redoutable, savoir que son union avec le peuple déciderait, à la première occasion, du sort de la France et mettrait fin au pouvoir absolu. D'ailleurs, si la lutte cessait momentanément dans l'ordre politique, elle se continuait dans l'ordre social, plus sourde mais plus décisive peut-être, et toujours au profit de la bourgeoisie.

Nous avons vu naître les Jésuites. Leur Institut ne laissait à la personnalité humaine ni place ni refuge[1]. Leur général fut pour eux un Christ vivant. De là une absence complète de prétentions personnelles, mais aussi un prodigieux esprit de corps, une ambition collective poussée jusqu'au délire. Car c'est à la fois le vice et la force de toute association particulière, que l'égoïsme, mort en apparence dans chacun, y revive dans la masse avec une énergie indomptable. Il n'en fut pas autrement chez les jésuites. Ces moines, qu'enchaînait le vœu de pauvreté, disposèrent de toutes les fortunes. Ces volontaires esclaves d'un homme, esclave lui-même d'une règle, conduisirent en maîtres l'Europe étonnée. On les trouva s'imposant à Rome dans Rome, faisant peur à l'inquisition en Espagne, menant en France le jeu terrible des

---

[1] Cérutti, *Apologie des jésuites*, chap. x.

factions, pesant sur Naples et sur Lisbonne, s'installant à Vienne pour y allumer cette fameuse guerre dont l'Allemagne protestante brûla trente ans, partout redoutés et subis, accusés de despotisme et s'agitant par quelques-uns des leurs au fond de chaque révolte, accusés de tendances régicides et enveloppant les princes de leurs impérieux services, toujours debout dans leur humilité, tenant en main l'âme des rois, le sort des peuples, et troublant ou gouvernant les générations, du sein d'un silence formidable. Et toutefois, le monde leur eût tôt ou tard échappé, s'ils avaient eu l'insolence de le vouloir dominer en se tenant éloignés de lui. Ils le comprirent bien, et cette souplesse de leur morale, qui leur a été si fort reprochée, fut le trait le plus profond de leur politique. Par exemple, pour ne pas avoir contre eux le courant qui poussait les nations modernes vers l'industrie, ils s'adonnèrent au commerce, devenu pour eux un moyen de conquête. Ranke nous apprend qu'au seizième siècle, le *collegio romano* ne se faisait pas scrupule de fabriquer du drap à Macerata; que les jésuites avaient des représentants dans les foires; que, pour faciliter les relations entre les divers colléges, ils se livraient à des opérations de banque[1]. Le commerce leur donna les colonies; le trafic des perles, des pierres précieuses, même des nègres, leur ouvrit le Japon[2]. Ajoutons, par respect pour la vérité, qu'ils n'allèrent pas toujours à la domination par des routes aussi profanes. Ce fut la charité seule qui assujettit à plusieurs de leurs missionnaires tant de contrées barbares où devaient rester les souvenirs de leur courage et la trace de leur sang; ce fut l'ardeur de leur foi qui les poussa parmi les Illinois, les Hurons, les Nègres, les Éthiopiens[3]. Ils apportèrent au

---

[1] *Hist. de la papauté*, t. IV, p. 420.
[2] Le jésuite Scotti, *Monarchie des Solipses*; Rem. sur le chap. XVI, p. 478, publiée par Hénin de Cuvilliers, traduction de Pierre Restaut.
[3] Cérutti, chap. XII, p. 140.

Paraguay, avec des vues d'hommes d'État, des pensées vraiment chrétiennes et le glorieux désir d'organiser une société fraternelle. Mais, ailleurs, que de ruse! que d'habileté sans grandeur! quelles menées ténébreuses! que d'abaissement dans les calculs de l'orgueil! N'avait-on pas vu les jésuites de la Chine voiler l'image de la croix, comme s'ils eussent rougi du scandale de leur Dieu mort sur un gibet?

Ainsi tout fut bon aux jésuites, tout leur servit d'instrument : la patience et l'enthousiasme, le courage et les artifices, l'audace, l'intrigue, le bien, le mal. Et la surprise redouble quand on détourne la vue de leur action extérieure pour les suivre dans leur action souterraine. Les enfants leur appartenaient par l'éducation : par la confession, réduite aux conseils d'une indulgente amitié, ils charmèrent le cœur inquiet et tendre des femmes. Leur autorité se glissa presque inaperçue dans les familles, et bientôt elle y devint souveraine. Ils firent les mariages, présidèrent aux testaments, préparèrent les procès, et en vinrent jusqu'à régler les plaisirs de la maison[1].

Or, quelle était la doctrine qui pouvait le mieux convenir à cette souplesse envahissante? Évidemment celle du libre arbitre. Quoi de plus propre à établir sur d'inébranlables fondements le régime de l'autorité que de dire aux hommes : « De vous dépendent votre salut éternel et votre éternelle damnation; mais si vous vous trompez, l'enfer est là. Pour vous guider nous voici. » Telle était la véritable portée du fameux livre publié en 1588 sur la grâce et le libre arbitre, par le jésuite espagnol Molina. En se déclarant molinistes, les jésuites reniaient à demi le dogme du péché originel, qui, faisant l'homme esclave de sa propre corruption, ne rapporte le mérite de son salut qu'à la gratuite miséricorde de Dieu. Mais la

---

[1] *Des défauts du gouvernement de la société de Jésus*, par le jésuite Mariana, extrait tiré du *Mercure jésuitique*, p. 2.

théologie, chez les jésuites, avait toujours été subordonnée à la politique. Ils n'hésitèrent pas à proclamer la liberté humaine, se réservant bien d'en régler l'emploi d'une manière absolue, et comptant pour y parvenir sur leur habileté à rendre douces et riantes les pentes du devoir.

De l'opposition à cette politique et à ses effets naquit le Jansénisme.

Si le jansénisme n'avait eu que l'éclat d'une thèse théologique ; si son influence était morte étouffée entre les murs d'un couvent, il n'y aurait lieu de s'y arrêter. Mais non : le jansénisme, en donnant un vernis religieux aux passions politiques de la magistrature, seconda la marche ascendante de la bourgeoisie. Il fit battre le cœur à l'opinion publique, puissance jusqu'alors peu connue. Par lui, parlements et royauté furent mis aux prises, et précipités dans une mêlée confuse, meurtrière. Au dix-huitième siècle, quarante ans de folies sanglantes et de combats disent assez quelle fut la portée du jansénisme. Il occupa, nous le verrons, beaucoup de place dans les préoccupations de Voltaire, et nous le retrouverons au pied de l'échafaud de Louis XVI.

Vers le commencement du dix-septième siècle, une correspondance active, mystérieuse et toute pleine de sombres pensées, s'ouvrit entre deux hommes qui, sur les bancs d'une école flamande, s'étaient, jeunes encore, liés d'étude et d'amitié. Le Belge Jansénius était un patient théologien : le Béarnais Duvergier de Hauranne, depuis abbé de Saint-Cyran, était né sectaire. Il y avait du Calvin en ces deux hommes, implacables dans leur piété et adorateurs systématiques d'un Dieu terrible. Toutefois, ils ne s'avouèrent pas calvinistes, ils ne se crurent pas tels; et ce fut comme à l'ombre du grand nom de saint Augustin, qu'ils entreprirent de réformer le christianisme trop amolli, suivant eux, par les jésuites. On a recueilli et publié mainte lettre de Jansénius à son ami : il s'en exhale je ne sais quel parfum sauvage. Ce sont d'ailleurs de vraies lettres de conspirateurs. Elles sont écrites avec chiffres. Jansénius y est appelé *Sulpice*, Saint-Cyran *Rongeart*[1]. *Chinier* est l'étrange nom sous lequel les jésuites s'y trouvent désignés. Or, de quoi s'agissait-il? De peu de chose en apparence, de faire revivre contre les jésuites et les partisans du libre arbitre, cette vieille doctrine de la grâce que saint Augustin avait défendue autrefois contre Pélage, et que Luther avait reprise contre Érasme... Ne secouez pas la tête avec dédain : la politique est au fond des débats et il y aura de formidables suites.

Saint Augustin se nommait *Aurelius Augustinus* : de ces deux noms, Saint-Cyran laissa le second à son ami, et prenant le premier pour lui-même[2], il publia en 1636 un livre intitulé *Petrus Aurelius*. La théorie du jansénisme n'y était pas encore exposée, mais on y pouvait déjà découvrir le germe des luttes qu'elle contenait. Dans *Petrus Aurelius*, Saint-Cyran attaquait le système monarchique de l'Église au profit d'une aristocratie épiscopale : attendons-nous à voir tôt ou tard les jansénistes miner le pouvoir absolu de la royauté, au profit d'une aristocratie parlementaire.

Saint-Cyran était né sectaire, ai-je dit. Pendant que son ami travaillait à ce gros livre de l'*Augustinus* sur lequel devaient passer cinquante ans de dispute, lui, mêlé au monde, il cherchait, il faisait des prosélytes. Il tenta les femmes, d'abord. Pour les gagner, il n'eut recours à aucune de ces molles séductions dont s'était armé le tendre et charmant François de Sales ; il préféra le côté de la rudesse, plus conforme en effet à sa nature rigide et à ses lugubres théories. Il savait bien d'ailleurs que les

---

[1] *Mémoires d'Arnauld d'Andilly*. — *Notice sur Port-Royal*, par Petitot, t. I, p. 19, dans la *Collection des mémoires sur l'Histoire de France*.

[2] Sainte-Beuve, *Port-Royal*, liv. I, p. 331.

femmes sont extrêmes en toutes choses; que, faibles et passionnées, l'excès dans la force les attire aisément et les retient; que pour aller vers celui qu'elles aiment d'amour, nul sentier ne leur paraît trop escarpé, surtout quand leur amant c'est Dieu. Il avait des convictions violentes et dures, un front sévère; mais lorsqu'un homme habituellement inflexible descend à l'indulgence, sa domination n'en est que plus chère aux âmes soumises. Rien d'aussi doux qu'un sourire inattendu sur des lèvres austères. Saint-Cyran put donc croire au succès, et il y atteignit.

Près de Chevreuse, à six lieues de Paris, s'élevait une abbaye nommée Port-Royal, parce qu'autrefois, suivant la chronique, Philippe Auguste, égaré à la chasse, avait été retrouvé dans ce lieu par les gens de sa suite[1]. A l'époque où nous sommes, les religieuses étaient allées, depuis quelques années déjà, chercher à Paris, au faubourg Saint-Jacques, un autre Port-Royal : de sorte que Port-Royal des Champs n'était plus qu'un monastère silencieux, délabré, sans autre habitant qu'un pauvre prêtre laissé là pour desservir la chapelle[2]. Attristée par des eaux stagnantes, troublée par le sifflement des serpents, la vallée environnante était affreuse, et, comme l'écrivait plus tard madame de Sévigné, « propre à inspirer le goût de faire son salut. » Ce fut pourtant cette vallée qui donna une patrie au jansénisme. Les religieuses de Port-Royal obéissaient alors à l'impulsion de deux femmes d'un grand caractère et d'un ascétisme brûlant : Angélique Arnauld et Agnès, sa sœur. Dès leur naissance et par suite d'un privilége qui peint les mœurs du temps, elles avaient été l'une et l'autre comme enterrées vives dans le cloître,

---

[1] Du Fossé, *Mémoires pour servir à l'histoire de Port-Royal.* Utrecht, MDCCXXXIX.

[2] Fontaine, *Mémoires pour servir à l'histoire de Port-Royal*, t. p. 27. Cologne, MDCCLIII.

Angélique ayant pris, à onze ans, possession de l'abbaye de Port-Royal[1], et Agnès ayant été nommée, à six ans, coadjutrice de sa sœur[2]. Saint-Cyran les connut, les domina par sa gravité sombre, et ne tarda pas à obtenir la direction spirituelle de la communauté. Cette conquête fut décisive; et, chose singulière! elle assigne une date à un des mouvements politiques les plus importants qu'ait produits l'histoire moderne.

Angélique Arnauld avait pour neveu un avocat d'une éloquence, d'une réputation auxquelles le barreau de Paris ne savait rien d'égal. Déjà entraîné vers la pente de la dévotion par l'exemple et l'influence de sa tante, Antoine Le Maître rencontra un jour Saint-Cyran au chevet d'une mourante, il lui entendit prononcer des paroles suprêmes, il le vit ouvrant le ciel à un cœur qui allait cesser de battre, et dès cet instant il se sentit vaincu. En vain essaya-t-il de rester fidèle à ce monde qui l'enivrait de louanges : il ne se reconnaissait plus ; la puissance profane de son talent semblait l'avoir abandonné sans retour ; et lorsque, dans la salle accoutumée à ses triomphes, sa vue tombait sur le crucifix poudreux placé devant lui, alors — il l'a raconté lui-même — ses yeux se remplissaient de larmes. Il ne put résister à cette émotion intime, et bientôt Paris apprit avec étonnement que l'illustre orateur venait de se faire bâtir, dans le voisinage de Port-Royal, une petite maison, pour s'y livrer à la solitude et aux rigueurs de la pénitence. C'est à peine si l'on y crut. Lui, cependant, il était entré dans la carrière des austérités par un élan sincère et non sans une sorte d'enthousiasme sinistre. Son frère, M. de Séricourt, qui revenait des armées, l'alla voir, et l'apercevant, il le cherchait néanmoins encore « dans cet air

---

[1] Fontaine, *Mémoires pour servir à l'histoire de Port-Royal*, t. I, p. 23.

[2] *Ibid.*, p. 26.

lugubre de pénitence qui l'environnait[1]. » Alors celui-ci : « Me reconnaissez-vous bien, mon frère ? Voilà ce M. Le Maître d'autrefois. Il est mort au monde et ne cherche plus qu'à mourir à lui-même. » Attendri, éperdu, le jeune major jeta son épée, et il écrivit à l'abbé de Saint-Cyran : « Je n'ai plus d'autre pensée que de suivre Jésus-Christ comme mon général, le chef et le prince des pénitents. » Il se fit donc ermite à son tour, et resta près de son aîné. Ils n'écrivaient plus que « le premier et le deuxième ermite. » Vinrent ensuite leurs trois autres frères, MM. de Saci, de Saint-Elme et de Vallemont. Puis, au groupe fraternel, se joignirent successivement le prêtre Singlin, Claude Lancelot, Toussaint Desmares. Tels furent les commencements de la secte.

Modestes commencements, on le voit, et qu'on dirait volontiers puérils ! Cependant Richelieu en prit ombrage. Et ce n'est pas une des moindres preuves de son génie, que, dans ce simple fait d'un avocat renonçant au monde pour aller, au fond d'un faubourg, s'abîmer dans la pénitence, il ait découvert le point noir par où de loin la tempête s'annonce. Saint-Cyran fut donc arrêté, emprisonné à Vincennes, interrogé. « Je n'ai pas douté, écrivait-il quelque temps après à Antoine Le Maître, que votre retraite ne fût un des chefs de mon accusation[2]. » Lignes précieuses, qui établissent bien que, dans Saint-Cyran, ce n'était pas un ennemi personnel mais un fondateur de secte que Richelieu entendait frapper. Aussi la persécution ne s'arrêta-t-elle point à la hauteur du chef. Le Maître et Séricourt avaient quitté, sur un avis de l'archevêque, le voisinage de Port-Royal de Paris et s'étaient réfugiés à Port-Royal des Champs : Laubardemont les y poursuivit de son zèle odieux ; et ils furent obligés d'aller

---

[1] *Mémoires de Fontaine*, t. I, p. 299.
[2] *Ibid.*, t. I, p. 252.

chercher plus loin, à la Ferté-Milon, un asile à leur piété devenue suspecte.

Mais, si Richelieu ne s'était pas trompé sur le danger des nouvelles tendances, il se trompa évidemment dans la manière de les combattre. La persécution enflamma des courages déjà rebelles. On mesura l'importance de la secte naissante à la haine d'un homme tel que Richelieu. Saint-Cyran, abattu d'abord, ne tarda pas à se faire de ses souffrances un sujet d'exaltation et une force. Il avait l'extérieur d'un saint, il en eut l'ascendant. Du fond de son cachot, il agitait tout. Par Singlin, il poussait au but marqué d'avance, les religieuses et les solitaires. Par l'aimable et élégant Arnauld d'Andilly, il attirait à lui la popularité des salons. Indomptable et résigné, il s'imposa au respect du gouverneur de Vincennes, il le domina. De leur côté, Le Maître et Séricourt trouvèrent bientôt la persécution endormie, et ils en profitèrent pour regagner Port-Royal des Champs. Ce fut vers cette époque, qu'au nombre des partisans du captif vint se ranger le plus jeune des frères d'Angélique, Antoine Arnauld, puissante nature de lutteur. Ainsi, peu connu encore, à peine indiqué, le jansénisme semblait se répandre précisément à cause de ce qu'il avait de flottant et de vague. On parlait, toutefois, d'un livre qui allait pour jamais fixer la doctrine : livre merveilleux, disaient à voix basse les adeptes, qui devait révéler au monde tout saint Augustin, et servir de code au christianisme régénéré. Il parut enfin, cet ouvrage, sous le titre d'*Augustinus*, en 1640, deux ans après la mort de Jansénius son auteur. C'était un pesant in-folio, écrit en latin, sur et contre le libre arbitre. Le succès fut immense, ayant été préparé par le mystère ; et ce que personne ne lut, chacun l'admira. Que pouvait-il arriver de plus heureux à Saint-Cyran ? Le 4 décembre 1642, son grand ennemi mourut. A cette nouvelle qui lui promettait la liberté, il s'écria, par un involontaire et prodigieux élan d'orgueil : « Richelieu est mort le jour de la fête de Saint-Cyran[1]. » Il ne se doutait pas que lui-même il était au moment de tomber sous la main de ce Dieu dont il osait faire son vengeur. Sorti de Vincennes, le 14 mai 1643, au bruit des décharges de mousqueterie et des fanfares; le 12 octobre 1643, il était déposé sans vie dans la paroisse de Saint-Jacques du Haut-Pas. Nombre de fidèles coururent prier autour du corps; et un gentilhomme malade se crut guéri pour avoir baisé les pieds du saint[2]. Ce gentilhomme se nommait Bascle, et il s'était fait solitaire, à la suite d'un songe qui, l'ayant conduit dans un désert semblable à Port-Royal des Champs, lui avait montré Duvergier de Hauranne dans saint Jean-Baptiste[3]. Voilà le premier anneau de cette chaîne de superstitions folles que nous verrons se prolonger dans le dix-huitième siècle, et qui, par son autre extrémité, touche au tombeau du diacre Pâris.

Saint-Cyran, du reste, était mort dans une victoire; et le livre de la *Fréquente communion*, par Antoine Arnauld, prouvait bien que Jansénius et son ami n'avaient pas emporté avec eux les destinées du jansénisme. L'impression produite par l'ouvrage d'Arnauld fut générale et profonde. On vit, chose assez digne de remarque, des gens du monde, des libertins à la mode, des femmes galantes, applaudir de concert à une thèse qui condamnait le système des dévotions faciles. Humiliés et furieux, les jésuites accusèrent Arnauld d'hérésie pour une phrase dans laquelle il mettait saint Paul sur la même ligne que saint Pierre, et ils obtinrent de la reine mère un ordre qui envoyait le coupable à Rome. Mais aussitôt clergé, parlement, université, Sorbonne, tous les corps du

---

[1] *Notice sur Port-Royal*, p. 62. — *Mémoires de Fontaine*, t. II, p. 23.

[2] *Mémoires de Fontaine*, t. II, p. 70.

[3] Sainte-Beuve, *Port-Royal*, t. I, liv. II, p. 487.

royaume se soulèvent[1]. Alors parut ce pamphlet du père Brisacier, que l'archevêque de Paris censura[2] comme gonflé des plus noirs venins de la calomnie, et qui ne fit qu'aider aux progrès de la secte dont les jésuites avaient juré la ruine.

Le nombre des solitaires, en effet, allait croissant. Au milieu des ruines de Port-Royal des Champs arrivèrent, un à un, des hommes de différents états, et plusieurs d'un rang illustre. Tantôt, c'était un cousin du duc de Saint-Simon, M. de La Rivière, tantôt un médecin célèbre, M. Hamon, ou bien encore M. Arnauld d'Andilly, dont on aimait dans le monde la spirituelle et souriante vieillesse. La colonie s'accrut aussi de plusieurs hommes d'épée, soldats fatigués par le meurtre ou duellistes repentants : MM. de Bessi, par exemple, de Pontis, de Beaumont, de La Petitière[3]. Bientôt il n'y eut plus assez de cellules pour les pénitents, et Port-Royal s'étendit peu à peu dans la vallée. L'aspect en était devenu moins sombre, grâce aux soins vigilants de d'Andilly, qui se plaisait au titre de surintendant des jardins. Madame de Guéménée, le duc de Liancourt, y eurent de fraîches maisons de campagne. On s'y rendit de toutes parts en pieux pèlerinage.

La vie, à Port-Royal, était ascétique et singulièrement laborieuse. Les solitaires se levaient à trois heures du matin. Après matines et laudes, ils baisaient la terre à la manière des chartreux ; puis, ils passaient en prières de longues heures. Ils buvaient du cidre et de l'eau, un seul excepté. Quelques-uns portaient le cilice. Tous couchaient sur la paille[4]. Les affections terrestres étaient en eux tellement dominées par la préoccupation des choses du

---

[1] Racine, *Hist. de Port-Royal*, p. 76.
[2] *Ibid.*, p. 83.
[3] *Mémoires de du Fossé*, p. 67.
[4] *Mémoires de Fontaine*, t. I, p. 151

ciel, que devant les devoirs de la hiérarchie spirituelle, ceux de la famille disparaissaient. La mère de M. de Saci, par exemple, lui obéissait comme si elle eût été sa fille, parce qu'il était prêtre et confesseur [1]. Les pratiques dévotes n'absorbaient pas néanmoins tout le temps des solitaires. Pour arracher aux jésuites la direction de la jeunesse, c'est-à-dire l'avenir, ils avaient établi à Port-Royal des écoles qui firent sa gloire et qui donnèrent Racine à la France. Lancelot fut le précepteur par excellence; Nicole le secondait; et Antoine Le Maître ne dédaignait pas de fatiguer au service d'un auditoire d'enfants sa voix éloquente. Il y avait des heures consacrées au travail des mains, à élaguer des arbres, à pourvoir aux plantations. Mais, ce qui devait immortaliser l'emploi de tant de graves journées, c'étaient tous ces doctes ouvrages que la littérature et l'enseignement doivent à Port-Royal. Ils vivaient ainsi, heureux et fiers, et s'enivrant d'espérances célestes. Quelquefois, ils montaient, au déclin du jour, sur les hauteurs, et ils faisaient retentir de leurs cantiques religieux les échos de la vallée. En 1647, ils durent céder le cloître à un certain nombre de religieuses qu'y envoya la maison de Port-Royal de Paris, devenue trop petite, et ils se retirèrent aux *Granges*, vers le sommet de la montagne. Port-Royal des Champs présenta alors un double aspect conforme à sa double origine : colonie d'hommes pieux adossée à un couvent.

A la vue d'un pareil tableau, qui ne se sentirait ému et attiré? Toutefois, qu'on pénètre parmi ces hommes, qu'on les suive dans l'histoire, et l'on sera étonné de tout ce qu'il y eut de sauvage dans leurs doctrines, de tout ce qu'ils mêlèrent de poisons aux bienfaits de leur influence.

[1] *Mémoires de Fontaine*, t. I, p. 221.

Comment lire sans indignation et sans effroi, dans le *Dictionnaire du jansénisme*, les maximes qui précisent, qui résument l'esprit de la secte? — « Jésus-Christ n'est pas plus mort pour le salut de ceux qui ne sont pas élus, qu'il n'est mort pour le salut du diable [1]. » — « Dieu a pu avant la prévision du péché originel prédestiner les uns et réprouver les autres…, tout cela est arbitraire dans Dieu [2]. » — « Dieu a fait par sa volonté cette effroyable différence entre les élus et les réprouvés [3]. » — « Dieu seul fait tout en nous [4]. » — « L'homme criminel, sans l'aide de la grâce, est dans une nécessité de pécher [5], etc…, etc… »

Ces propositions, du reste, et tant d'autres du même genre qu'on trouve développées dans les ouvrages jansénistes, avaient leur source dans l'*Augustinus*. Suivant l'auteur, la liberté n'avait pleinement existé que chez le premier homme. Mais par l'abus qu'il en avait fait, par sa chute, il avait perdu en lui tous ses descendants. Par conséquent, l'homme n'avait plus, depuis le péché originel, qu'une nature fondamentalement corrompue, qu'une volonté soumise à l'empire du mal. Il n'y avait que la grâce qui le pût retirer du fond du gouffre; mais cette grâce bienfaisante, souveraine, irrésistible, Dieu, qui ne la devait à personne, la donnait à certains seulement, par une préférence gratuite, dont nul n'avait droit de lui demander compte. Heureux les élus! c'était pour eux, et non pour tous les hommes, que Jésus-Christ était mort.

Un des hôtes de Port-Royal, Fontaine, rapporte naïve-

---

[1] Jansénius, *de Gr. Christ.*, t. III, lib. III, chap. xxi, p. 166, col. 2, littera A.

[2] Boursier, *Action de Dieu sur les créatures*, sect. vi, part. III, chap. iv.

[3] Nicole, *de la Grâce et de la Prédestination*, t. I, sect. ii, chap iv.

[4] Le Tourneux, *Explication de l'épître de saint Cyriaque*, t. III, p. 510. — *Figures de la Bible*, par Royaumont, fig. 30.

[5] Gerberon, *Miroir de la piété*, p. 86.

ment dans ses Mémoires un entretien qui éclaire sur ces étranges théories. Un jour, Saint-Cyran étant allé voir à Port-Royal Antoine Le Maître, comme ils s'entretenaient ensemble des voies de salut, ils furent tout à coup interrompus par un grand cri. C'était un paysan qui appelait au secours pour sa femme en couche dont l'enfant venait de mourir. Antoine Le Maître demanda aussitôt à Saint-Cyran ce qu'il pensait de l'état de ces enfants qui mouraient de la sorte, au seuil même de la vie. Or, d'après la relation, fort peu suspecte assurément, de Fontaine, Saint-Cyran répondit : « Il est certain que le diable possède l'âme d'un petit enfant dans le ventre de sa mère [1]. »

Pour ceux que la faim poursuit, que l'excès du travail accable, dont on condamne l'intelligence aux ténèbres, et que la société laisse gémir dans ses bas-fonds, de quel bénéfice pouvait être le fatalisme janséniste? Pourquoi ne se serait-on pas résigné à voir des millions d'hommes plongés dans une misère sans issue, quand on croyait des millions d'âmes destinées d'avance à des supplices sans fin? N'était-il pas bien naturel de conclure de la fatalité de la damnation à la fatalité de la misère? Sinistres déductions, dont le sort du peuple devait inévitablement se ressentir, et dont on ne saurait trop méditer la profondeur! Mais si le jansénisme tendait à consacrer et presque à sanctifier la tyrannie des choses, en revanche il menait droit à affaiblir la tyrannie de l'homme. A qui donner le commandement absolu là où l'obéissance n'est possible qu'à l'égard de Dieu?

Jusqu'ici, rien dans les jansénistes que nous n'ayons déjà remarqué dans Calvin ou ses disciples. Mais les protestants avaient été complétement logiques : les jansénistes ne le furent qu'à demi. Les protestants avaient

---

[1] *Mémoires de Fontaine*, t. II, p. 79.

repoussé le pape : les jansénistes le menacèrent et le subirent. Jansénius, dans son fameux livre, avait fait cette déclaration solennelle : « Je suis décidé à suivre jusqu'au dernier moment, ainsi que je l'ai fait depuis mon enfance, l'Église romaine, le successeur de Pierre[1]. » Les disciples, à l'exemple du maître, se gardèrent bien de rompre complétement avec Rome. Lorsque, le 1er juin 1653, le pape Innocent X condamna comme hérétiques et blasphématoires les cinq propositions dans lesquelles se trouvait resserrée la doctrine de l'*Augustinus*, l'occasion était belle pour les jansénistes de déclarer guerre ouverte à la papauté. Que firent-ils, cependant ? Ils se bornèrent à prétendre que les propositions condamnées n'étaient pas contenues dans l'ouvrage de leur maître ; et quand une bulle d'Alexandre VII vint affirmer le contraire, ils crurent avoir comblé la mesure des hardiesses permises en demandant si l'infaillibilité du pape s'étendait à une simple question de fait[2]. Et avec quelle passion ils repoussèrent le reproche de calvinisme! quelle fougue ils apportèrent à bien établir qu'ils se séparaient des protestants sur l'article des sacrements d'ordre, d'eucharistie et de pénitence! L'horreur de Saint-Cyran pour l'hérésie était si sincère, si voisine même de la superstition, qu'il n'ouvrait jamais un livre hérétique qu'après l'avoir exorcisé d'un signe de croix, ne doutant point que le démon n'y résidât[3].

Le jansénisme ne fut donc qu'un protestantisme bâtard, qu'une espèce de compromis entre le principe d'individualisme et le principe d'autorité.

Mais c'est précisément par où son importance éclate dans l'histoire. Grâce à sa nature mixte, en effet, le jansénisme convenait à la haute bourgeoisie, à cette bour-

---

[1] Cornelii Jansenii *Augustinus*, t. III, lib. I, cap II.
[2] Ranke, *Hist. de la papauté*, t. IV, p. 445.
[3] Sainte-Beuve, *Port-Royal*, t. II, liv. II, p. 190.

geoisie du parlement qui, placée entre la royauté et le peuple, ne voulait ni de l'absolutisme monarchique ni de l'égalité populaire.

Aussi voit-on la secte se recruter principalement parmi des avocats au parlement, des fils de maîtres des comptes, des gens de robe. Ce fut l'imposante et nombreuse famille des Arnauld qui forma le premier, le vrai noyau de Port-Royal et donna le ton au jansénisme. Cette gravité traditionnelle, ces habitudes sévères et compassées de la magistrature française, Port-Royal les reproduisit dans toute leur roideur. Là, nul abandon : le respect de l'étiquette y glaçait le langage des affections même les plus tendres : « Monsieur mon père, » écrivait à son père Antoine Le Maître [1], et en s'adressant à Saint-Elme, il disait : « Monsieur mon très-cher frère [2]. » De pareils traits sont caractéristiques. Une violence contenue, des dehors rigides, une piété ascétique quoique adoucie et distraite par l'amour des lettres, le goût de la vie intérieure combattu par l'attrait des agitations, un fond de dureté, un esprit d'intolérance uni à des entraînements factieux, beaucoup de dédain pour le peuple, et, avec cela, une tendance manifeste à humilier les courtisans, à mettre la royauté aux abois... voilà bien la physionomie du jansénisme : et n'est-ce pas celle du parlement ?

Il était donc tout simple que les soulèvements de la magistrature contre la cour, que les prétentions du parlement au partage du pouvoir, trouvassent appui dans les disciples de Saint-Cyran ; et c'est ce qui explique pourquoi, pendant la Fronde, le jansénisme palpita dans les meneurs de Paris révolté. Le duc de Luynes, qui eut place dans le conseil supérieur de la Fronde, et René-Bernard de Sévigné, qui commanda le régiment levé par

[1] *Mémoires de Fontaine*, t. I, p. 235.
[2] *Ibid.*, p. 359.

le coadjuteur de Retz, étaient des jansénistes zélés ; le coadjuteur lui-même, ami d'Antoine Arnauld, entretenait avec Port-Royal des relations suivies ; et la duchesse de Longueville n'était plus séparée du jansénisme que par les galanteries dont, alors, elle épuisait le scandale.

Au reste, l'esprit politique qui animait les jansénistes parut assez clairement lorsque, le 18 décembre 1652, le coadjuteur devenu cardinal de Retz fut jeté dans le donjon de Vincennes. A cette nouvelle, d'après l'auteur de l'*Histoire de l'Église de Paris*, dont Petitot rappelle et confirme le témoignage [1], à cette nouvelle, les jansénistes prirent feu. De solennelles prières furent faites, à Port-Royal, pour la liberté du prisonnier. Il y eut soulèvement parmi les chanoines de Notre-Dame et les curés de Paris, déjà gagnés au jansénisme pour la plupart. Ordre fut donné d'exposer le saint sacrement, et de chanter tous les jours un psaume d'un ton lugubre, de manière à frapper l'imagination de la multitude. Comme on s'attendait à la mort prochaine de l'archevêque de Paris, et que son neveu, le cardinal de Retz, avait intérêt à être informé à propos de l'événement, on plaça près de celui-ci un prêtre janséniste qui, tout en lui disant la messe, s'étudiait à déjouer la surveillance des gardiens. « Il fut convenu qu'aussitôt que l'archevêque serait mort, le prêtre, en lisant la partie du canon où se trouvent les prières pour les puissances, élèverait la main plus haut que de coutume, et prononcerait ces mots : *Joannes, Franciscus, Paulus antistes noster*, ce qui suffirait pour apprendre la nouvelle au prisonnier, puisque le nom de Paul le distinguait seul de son oncle [2]. Le plan était bien conçu et fut exécuté. C'était peu ; il fallait pourvoir aux suites. A quatre heures du matin, l'archevêque de Paris était mort ; à

---

[1] *Notice sur Port-Royal*, p. 93.
[2] *Ibid.*, p. 94.

cinq, le chapitre de Notre-Dame s'assembla. Mais, pour que quelqu'un pût prendre possession du siége en l'absence et au nom du cardinal, une procuration de lui était nécessaire : on eut recours à un faux dont le principal du collège des Gressins consentit à charger sa conscience. Tout à coup, Le Tellier entre dans l'église. Il vient, de la part du ministère, requérir le chapitre de prendre le gouvernement du diocèse... Il était trop tard, dix heures sonnaient, et déjà on fulminait au jubé les bulles du nouvel archevêque. Jamais plus honteuses supercheries n'avaient servi l'ambition d'un plus scandaleux pasteur ; et cependant, les pieuses filles de Port-Royal ne cachèrent pas leur joie. Peu de temps après, transféré du donjon de Vincennes dans le château de Nantes, le cardinal de Retz s'évadait, grâce au zèle du janséniste Sévigné, et les jansénistes s'unissaient aux Frondeurs pour troubler Paris du bruit de leur allégresse[1]. Un auteur du temps, qui parle avec la double autorité de témoin et d'acteur, rapporte que le cardinal de Retz étant à Rotterdam, un nommé Saint-Gilles l'alla trouver, de la part des jansénistes, pour le presser d'unir sa cause à la leur[2]. Et, plus loin, le même auteur attribue à messieurs de Port-Royal la lettre de reproches que lança contre Mazarin, du fond de son exil, le fougueux chef de la Fronde[3].

On doit convenir, néanmoins, que la complicité des jansénistes proprement dits, dans les troubles de la Fronde, n'eut rien de direct, rien d'éclatant. Ce fut, avant tout, une complicité d'espérances. Mais ce qu'il importe de remarquer, c'est que l'ennemi dont les Frondeurs cherchaient à se débarrasser dans la sphère politique, fut le même contre lequel les jansénistes s'armèrent dans la sphère religieuse. Cet ennemi, c'était l'ancien principe

---

[1] Petitot, *Notice sur Port-Royal*, p. 97.
[2] *Mémoires de Guy Joli*, t. II, p. 64.
[3] *Ibid.*, t. II, p. 76.

d'autorité, représenté pour les premiers par la monarchie absolue, pour les seconds par les jésuites.

En attaquant les jésuites, le jansénisme ne fit que poursuivre, sous une autre forme, la guerre déclarée par le parlement à la royauté. Les jésuites soutenaient le trône : les jansénistes servirent d'appui à la haute bourgeoisie, impatiente déjà de mettre le trône en tutelle.

Or, à quel moyen les jésuites avaient-ils eu recours pour faire accepter le joug du principe d'autorité ? A l'attrait d'une morale facile. Il fallait donc, pour les désarmer, décrier leur morale. Et c'est à quoi les jansénistes s'appliquèrent avec une heureuse ardeur. La question de savoir si les cinq propositions étaient ou n'étaient point dans le livre de Jansénius, le demi-siècle de combats sorti de cette question ridicule et fameuse, les persécutions qu'elle attira sur Antoine Arnauld, la condamnation de ce docteur par la Sorbonne, tout cela ne mériterait que dédain ou pitié si tout cela n'eût servi à masquer, en les multipliant, les coups sous lesquels le principe d'autorité devait enfin succomber.

Un jour — c'était au plus fort des rumeurs excitées par les coups d'État de la Sorbonne — Antoine Arnauld lisant à ses amis un écrit qu'il venait de composer pour sa défense, s'aperçut que l'auditoire restait glacé. Se tournant alors vers un solitaire au front vaste, au regard plein de pensées : « Mais vous, lui dit-il, qui êtes jeune, vous devriez faire quelque chose [1]. » Pascal fit les *Provinciales*.

Qui dira l'effet de ces lettres incomparables ? Lorsqu'à l'abri d'un pseudonyme, elles parurent coup sur coup, lorsqu'elles éclatèrent, ce ne fut, dans Paris, qu'un cri de surprise et d'admiration. Quel était donc ce puissant inconnu qui semblait avoir inventé le vrai style de l'ironie

---

[1] Petitot, *Notice sur Port-Royal*, p. 121.

et de la colère? Quel était ce Louis de Montalte qui, avec un si redoutable enjouement, venait dénoncer aux hommes les piéges des casuistes, leur théorie des restrictions mentales, leur *probabilisme*, l'approbation dont ils couvraient les plus lâches capitulations de conscience, toute leur frauduleuse morale enfin? Le gouvernement s'inquiéta d'un tel livre et le proscrivit. La haute bourgeoisie applaudissait en riant. Les jésuites furent atterrés.

On se demande comment il advint que les jésuites ne se purent défendre, eux qui avaient alors le pouvoir en main et qui, dans l'immense réseau d'un dévot espionnage, tenaient la société comme prisonnière. Le talent déployé dans les *Provinciales* explique bien l'éclat de leur succès, il n'en explique pas l'impunité.

La vérité est que le livre de Pascal dut en partie sa fortune aux sympathies d'une classe ascendante dont il servait les intérêts. La haute bourgeoisie comprit que la cause du jansénisme, ici, était la sienne; que, pour enlever le pouvoir absolu aux rois, il fallait arracher aux jésuites, leurs directeurs spirituels, le gouvernement des familles. L'autorité des rois, c'était la force militaire; les jésuites avaient, pour se faire accepter, cette molle indulgence qui attirait doucement sous leur empire les âmes trompées. Le parlement, qui depuis longtemps opposait à la force militaire le droit de remontrances, fut ravi d'avoir à opposer au dangereux attrait du molinisme la sévérité de Port-Royal.

Aussi, qu'arriva-t-il? Que les *Provinciales* trouvèrent dans la haute bourgeoisie des protecteurs nombreux et dans le parlement une complicité sourde mais active. L'avocat général inclinait au jansénisme, et, dans un récent discours, il avait à moitié trahi le secret de son penchant: le premier président de Bellièvre fit mieux: lecteur assidu des *Provinciales*, il s'en montra charmé, et ce fut lui qui ordonna la levée des scellés mis à l'imprimerie d'un des libraires de Port-Royal. Dans une note de M. de Saint-Gilles, agent principal de la publicité clandestine des *Provinciales*, on lit : « Il fallait d'abord se cacher et il y avait du péril ; mais, depuis deux mois, tout le monde et *les magistrats eux-mêmes* — il aurait pu dire *les magistrats surtout* — prenant grand plaisir à voir dans ces pièces d'esprit la morale des jésuites naïvement traitée, il y a eu plus de liberté et moins de péril[1]. » De fait, entre le jansénisme et le parlement l'alliance était déjà si étroite que, pour arriver jusqu'à l'oreille des conseillers de la grand'chambre, solliciteurs et sollicitcuses allaient droit à Port-Royal[2]. Rien de plus naturel ; car, le jansénisme, c'était le parlement dans l'Église.

La grande victoire des *Provinciales* fut donc le résultat et la preuve de l'importance croissante de la haute bourgeoisie.

Cependant, les jésuites revenaient peu à peu de leur première consternation. « Votre ruine, leur avait crié Pascal d'une voix terrible, votre ruine sera semblable à celle d'une haute muraille qui tombe d'une chute imprévue, et à celle d'un vaisseau de terre qu'on brise, qu'on écrase en toutes ses parties par un effort si puissant et si universel, qu'il n'en restera pas un test avec lequel on puisse puiser un peu d'eau ou porter un peu de feu, parce que vous avez affligé le cœur du juste[3]. » Pour échapper à cette éloquente prophétie, voici ce que les jésuites tentèrent.

Une *Apologie des casuistes*, qu'ils avaient risquée, ayant été condamnée en Sorbonne d'abord, puis à Rome, ils changèrent de tactique, et imaginèrent de compromettre sans retour la papauté dans leur querelle, en la

---

[1] Note citée par M. Sainte-Beuve, *Port-Royal*, t. II, p. 551.
[2] *Ibid.*, p. 563.
[3] Lettre XVI.

mettant aux prises avec les jansénistes, sur la question d'infaillibilité en matière de fait. De là l'idée d'un formulaire qu'on imposerait aux ecclésiastiques, aux communautés, aux instituteurs de la jeunesse, et qui fut rédigé en ces termes par Marca, archevêque de Toulouse : « Je condamne de cœur et de bouche la doctrine des cinq propositions de Cornélius Jansénius contenues dans son livre intitulé : *Augustinus*, que le pape et les évêques ont condamnées, laquelle doctrine n'est point celle de saint Augustin, que Jansénius a mal expliquée et contre le vrai sens de ce docteur. »

C'était jeter les jansénistes dans l'alternative de braver Rome ou d'abdiquer. Ils n'hésitèrent pas. Résister au pape sans l'abattre convenait à leurs intérêts et à leurs passions, comme il convenait aux intérêts et aux passions du parlement de harceler la royauté sans la détruire.

La lutte s'engagea donc, et les alliés ne manquèrent pas aux jansénistes. Quatre évêques prirent parti pour eux ouvertement, avec violence. Leurs cris furent répétés par les chanoines réguliers de Sainte-Geneviève, par les bénédictins de Saint-Germain des Prés, par les oratoriens, par quelques chartreux. Le clergé eut beau tenir des assemblées générales, le pape lancer des bulles, la cour se répandre en menaces, rien ne put vaincre une résistance où l'emportement politique se mêlait au fanatisme monacal ; et l'Église de France incertaine, troublée, entendit s'élever autour d'elle le mugissement de l'opinion. L'opposition fut surtout ardente de la part des religieuses de Port-Royal, *pures comme des anges*, suivant l'expression de Péréfixe, *mais orgueilleuses comme des démons*[1]. Ces filles, qui s'appelaient les humbles servantes du Christ, mirent à repousser le formulaire,

---

[1] Racine, *Hist. de Port-Royal*, p. 554.

à distinguer la question de droit de celle de fait, un zèle qui résista aux exhortations de Bossuet lui-même[1]. On essaya de tourner leurs scrupules ; et les grands vicaires composèrent tout exprès pour elles un formulaire nouveau, moins péremptoire que l'ancien. Mais, « sur la seule peur d'être obligées de le signer, plusieurs tombèrent malades[2]. » La sœur de Pascal en mourut[3].

Obscurs débats, dira-t-on peut-être, scènes de couvent révolté ! Mais quoi ! la politique y avait part, et l'opinion entourait Port-Royal d'une sympathie frémissante. Longtemps on ne parla que de la mère Angélique, de son stoïcisme, de son pieux courage, de sa lettre à la reine, lettre digne de sainte Thérèse et que n'eût pas désavouée l'âme romaine de Cornélie. Le parti opposé, d'ailleurs, avait, lui aussi, ses fanatiques. Il s'était formé à Caen une société de dévots qui, sous le nom d'*Ermites de Caen* combattaient le jansénisme avec une exaltation voisine du délire. On eut des spectacles singuliers, monstrueux. Gerberon raconte qu'un jour une demoiselle N..., s'étant coiffée de ses brassières et ayant un pied nu, assembla quelques laïques, quelques jeunes filles, et sept prêtres, lesquels avaient renversé leurs soutanes et pris des écorces d'arbres pour ceintures. Dans cet équipage, ils allèrent jusqu'à Seez et firent le tour de la ville en hurlant : « Seigneur, criaient-ils, ayez pitié de nous, et convertissez les jansénistes[4]. »

C'était trop de bruit pour le despotisme naissant de Louis XIV. La mort de Mazarin l'ayant rendu, en 1661, monarque actif et libre, il le prit avec Port-Royal sur un ton de maître. Une lettre de cachet enjoignit aux

---

[1] Gerberon, *Hist. générale du jansénisme*, t. III, p. 114. Amsterdam, MDCC.
[2] Racine, *Hist. de Port-Royal*, p. 269.
[3] *Ibid.*
[4] Gerberon, *Hist. générale du jansénisme*, t. III, p. 449.

religieuses des deux monastères de renvoyer postulantes et pensionnaires, et les petites écoles furent supprimées. Il était trop tard : le jansénisme déjà rayonnait au loin. Le gros de la bourgeoisie ne l'avait pas adopté, il est vrai, à cause de ce fonds de rigidité qu'il tenait de son origine théologique; mais il s'était incarné dans la haute bourgeoisie, il possédait le parlement. Aussi Louis XIV commit-il une erreur grossière, quand, plus tard, il crut anéantir le jansénisme en faisant démolir un cloître dont on ne respecta pas même les tombeaux : le jansénisme devait survivre à son persécuteur et huer au passage le monarque en route pour Saint-Denis.

C'est qu'en effet, les peuples ne se passionnent pas ainsi pour de pures chimères, lorsqu'ils restent passionnés longtemps. Quelle que soit la folie humaine, elle ne va pas jusqu'à remplir l'histoire de batailles creuses et de tumultes vains. Dans la succession des âges, où quelquefois les minutes ont tant de prix, il ne se peut qu'un siècle entier soit inutile.

CHAPITRE V

PROGRÈS DE LA BOURGEOISIE

ADMINISTRATION DE COLBERT

Colbert, tuteur et instituteur de la bourgeoisie. — Nécessité de sa mission et sagesse de ses règlements. — Activité qu'il imprime à la nation. — La France au nombre des peuples producteurs. — Comment il convient de juger le système protecteur adopté par Colbert ; la question du libre échange insoluble dans toute autre doctrine que celle de la fraternité. — Ingratitude des reproches adressés à la mémoire de Colbert par l'école du *laissez-faire.* — A mesure que la bourgeoisie s'élève, la royauté décline.

Mazarin était mort, offrant son immense fortune à Louis XIV : Colbert et cinquante millions. Mais, dans cet héritage du cardinal, le roi fit deux parts : il refusa les millions et prit Colbert.

Quel contraste entre le serviteur et le maître! Celui-ci rayonnant de jeunesse, et d'un facile esprit, élégant, fastueux, impatient de briller, et assez beau pour être aimé de La Vallière sans qu'elle pensât au roi ; l'autre sévère et simple, endurci à la peine et opiniâtre dans la méditation, lent à concevoir, mais incapable d'oublier. Un front sourcilleux, des traits accentués et durs, marquent chez Colbert les labeurs de l'intelligence, une violence contenue, et une volonté qui ne sait point fléchir. Eh bien, ce bourgeois de Reims, rude et sans manières, devient l'ami, l'intime confident d'un roi qui est la fleur des gentilshommes. Dans le secret de leurs entretiens, tandis que le prince raconte ses amours, le plébéien dévoile sa capacité et ses projets. Tour à tour employé chez un marchand de Lyon, clerc de procureur, commis aux parties casuelles, intendant de Mazarin, Colbert résume en lui les fortes qualités de la classe moyenne : l'exactitude du comptable, l'application du négociant, la hardiesse du spéculateur et la prudence de l'homme d'affaires. Avare du bien d'autrui, jaloux du sien propre, Colbert est un habile intendant et un calculateur intéressé. Mais ces qualités n'auront rien de médiocre ; elles vont s'élargir, elles vont prendre les proportions du génie. Que manque-t-il à Colbert ? D'être ministre. Une fois au pouvoir, il sentira ses vertus mêmes s'ennoblir, et sera tout à fait averti de sa grandeur. Il ne s'agit plus désormais de gérer les biens d'un cardinal, mais d'administrer les richesses d'un royaume ; la caisse qu'il faut garder, c'est le trésor public ; la maison de commerce qu'il faut conduire, c'est la monarchie. Imposantes spéculations que celles dont l'Europe et les deux Indes vont fournir le théâtre ! Ainsi, pour le véritable homme d'État, monter c'est grandir. Car l'étendue des horizons dépend de l'élévation du point de vue.

La place que devait illustrer Colbert était occupée par un personnage difficile à renverser, le surintendant Fouquet : millionnaire aimable et scandaleux qui, sous les yeux de Louis XIV, exerçait la royauté de l'or, rehaussée par le prestige du talent. Rival insensé du monarque, le surintendant nourrissait la prétention de l'éclipser par un luxe prodigieux. A la faveur du désordre inouï des finances, il prenait sans compter et sans rendre compte[1], *il faisait plus de pensions que le roi*[2]. Bien-

---

[1] *Mémoires de l'abbé de Choisy*, t. I, p. 215. Édit. Monmerqué.
[2] Mot de l'abbé Fouquet. Voy. la curieuse notice consacrée à Fouquet par M. P. Clément, dans son *Histoire de la vie et de l'administration de Colbert*, ouvrage fort riche en documents précieux.

tôt, enivré des splendeurs qu'il avait commandées, de la devise qu'inventa son orgueil : *Quo non ascendam?* il rêva de recommencer la Fronde, fortifia Belle-Isle-en-Mer, se donna des gardes, ne craignant pas d'étaler ses concussions, humiliant par la magnificence de ses fêtes l'orgueil inquiet de Louis XIV, et faisant au roi lui-même les honneurs de la banqueroute de l'État. Triste leçon donnée par l'histoire ! on dirait que les grandes prévarications sont une force. Il fallut quatre mois pour en venir à l'arrestation de Fouquet, tramée dans le silence [1]. Louis XIV en fut réduit à ourdir contre son ministre un vaste complot, et pour s'emparer d'un traître, il dut employer la trahison. Jusqu'au dernier moment, il dissimule, fait bon visage, accorde un sourire ; mais, au jour marqué, le roi est à Nantes ; deux barques descendent la Loire, l'une conduisant Fouquet, l'autre portant Colbert et la fortune de la France. Le surintendant est arrêté, jugé, emprisonné pour toujours ; et son infortune est si grande qu'elle éveille la compassion dans les cœurs. Pellisson en fut plus éloquent ; la marquise de Sévigné en eut plus d'esprit, et La Fontaine, se souvenant de la générosité de son ami, se hâta de le déclarer innocent parce qu'il le voyait malheureux.

Mais il y eut à la cour un homme dont l'inexorable probité ne pardonna point à Fouquet. Ce fut Colbert. Pour lui, tant de folies constituaient des crimes ; et il poursuivit la condamnation du coupable avec un emportement dont il aurait dû mieux couvrir l'excès. Car, s'il faut le dire, c'était un des crimes de Fouquet que d'avoir été le brillant rival de Colbert.

Quoi qu'il en soit, le signal est donné ; tout va prendre un aspect nouveau : la bourgeoisie en personne est aux affaires. Une honnêteté courageuse, mais rendue fa-

---

[1] *Instructions au Dauphin*, dans les *Œuvres de Louis XIV*, t. I, p. 102.

rouche par les circonstances, annonce l'avénement de Colbert. Instituée par un édit violent, une chambre de justice prépare des châtiments exemplaires à qui sera *prévenu d'avoir malversé dans nos finances et appauvri nos provinces*, dit le préambule[1]. Les fortunes suspectes vont être contrôlées ; on recherchera, on en découvrira l'origine. Depuis les superbes complices de Fouquet jusqu'au dernier sergent de la gabelle, quiconque a touché aux deniers publics doit fournir un état justifié de ses biens, des héritages reçus, des sommes données en mariage à ses enfants. Que chacun produise ses actes au jour ; et malheur à ceux qui, par la vanité de leurs profusions, auraient déjà trahi une opulence illégitime !

Ainsi le veut Colbert. Et aussitôt les traitants sont en fuite ou en prison ; quelques-uns sont condamnés à mort ; et tandis que Fouquet, volontairement couché sur la paille, expie ses déprédations dans le repentir [2], Colbert se désole qu'on n'ait pas envoyé un tel coupable à l'échafaud [3].

Ah ! ce fut pour la France un moment décisif. Réduire des deux tiers les rentes sur l'Hôtel de Ville, abaisser de mille livres à trois cents [4] le capital des rentes sur les tailles, rompre tous les marchés de Fouquet, confisquer les octrois des villes, reprendre les domaines aliénés..., c'était là sans doute une terrible inauguration du bon ordre ; mais ces coups d'État arrêtèrent une banqueroute plus générale. Cent dix millions, restitués par les traitants [5], rentrèrent au trésor ; les spéculateurs qu'avait

---

[1] Édit. de novembre 1661.
[2] Lemontey, t. V, aux *Pièces justificatives*, p. 241. Œuvr. compl. Édit. Sautelet, 1829.
[3] *Mémorial de Colbert* ou *Testament politique*. — *Hist. de Colbert* par M. de Serviez.
[4] Potherat de Thou, *Recherches sur l'origine de l'impôt*, p. 194.
[5] Journal manuscrit du sieur d'Ormesson, cité par M. Clément.

enrichis la détresse publique, ceux qui avaient acheté les octrois à vil prix, les faux créanciers furent sacrifiés au salut de l'État, qu'ils dévoraient; et Colbert posa les principes qui, un siècle plus tard, devaient sauver la Révolution française.

Heureuse influence de la probité dans un grand caractère! la présence d'un honnête homme suffit pour amener à composition l'ancien despotisme. On ne sait point assez de nos jours, ce qu'on entendait alors par *ordonnances de comptant*. C'étaient les fonds secrets de l'ancienne monarchie: quatre-vingt millions dans un an quelquefois[1]! La cause de la dépense n'était connue que du souverain; et ces mots *comptant entre les mains du roi* couvraient la corruption. Trois cent quatre-vingt-quatre millions furent dépensés dans l'espace de cinq ans, par fausses ordonnances et bons de comptant simulés[2]. Sous les yeux de Colbert, un semblable désordre ne se pouvait maintenir: l'administration fut réformée; un conseil des finances en centralisa la direction; le roi se résolut à signer les *comptants* après examen des motifs, et à en demeurer ainsi responsable, sinon devant la chambre des comptes, du moins devant sa conscience. Les acquits durent être brûlés chaque année, en présence du roi[3], comme si l'on eût craint les regards de la postérité; mais un premier rayon venait d'éclairer ces ténébreuses finances. Or, le despotisme est tout d'une pièce. Pour peu qu'on entame les pouvoirs absolus, on prépare leur inévitable écroulement.

Ayant de la sorte aplani les voies, Colbert se mit à l'œuvre. Ici reparaissent les plans de Richelieu. Ce qu'avait entrevu, commencé ou prédit le cardinal, Colbert le réa-

---

[1] Forbonnais, *Rech. sur les finances*, t. I, p. 267; années 1655 et suiv.
[2] D'Audiffret, *Syst. fin. de la France*, t. I, p. 420.
[3] Ils ne le furent pas tous. Voy. l'*État du comptant*, relevé aux Archives par M. Clément, p. 129 de son *Histoire de Colbert*.

isa; et ses travaux étonnent par leur variété, leur étendue, et, surtout, par les vues d'ensemble qu'on y remarque.

Colbert l'a décidé, le roi le veut : que chaque peuple du monde livre les secrets de son industrie, et bientôt il se verra dépassé par les travailleurs qu'aura façonnés la discipline de Colbert. A l'un on dérobe l'art de tremper l'acier; à l'autre celui de cuire et d'émailler l'argile. Les Van Robais viennent de Hollande fonder à Abbeville les manufactures de draps fins; Jean Althen ranime et développe chez nous la culture de la garance [1]; l'Angleterre nous vend le secret des métiers à bas, que nous avions perdu après l'avoir inventé [2]; de Beauvais, des Gobelins, sortent des tentures qui effaceront les hautes lisses de Flandre; à la Savonnerie, on surpasse les tapis de Perse. Les fabriques de Sedan et d'Aubusson étaient tombées : Colbert les relève; et afin que personne ne reste inactif, il invite des centaines de jeunes filles [3] à venir dans nos provinces du nord former des élèves, dont les mains délicates s'emploieront aux dentelles, aux broderies, aux points de Gênes et d'Angleterre, et enrichiront de leurs ouvrages à l'aiguille les villes de Reims, de Château-Thierry, de Loudun, d'Arras, d'Alençon. A Auxerre, on travaille le point de France; et, sur dépêche de Colbert [4], les échevins récompensent les filles qui se rendent sans retard à la manufacture. Lyon, Tours, fabriquent des étoffes de soie et d'or, qui auparavant venaient à grands frais d'Italie, et dont Paris consommait à lui seul plus que l'Espagne [5]. Partout le peuple travaille. Ici l'on apprend à épurer les métaux, à planer le cuivre ou l'étain, à maroquiner

---

[1] Henri Martin, *Hist. de France*, t. XIII, p. 142 (4ᵉ édition).
[2] D'Audiffret, *Syst. fin. de la France*, t. II, p. 431.
[3] Voltaire, *Siècle de Louis XIV*, chap. xxix.
[4] Dépêche d'août 1670, etc., citée par M. Clément, p. 233.
[5] Mémoire adressé à l'assemblée des notables de 1626, cité dans Forbonnais, t. I, p. 185.

le cuir; là on s'occupe à fondre le verre; plus loin on le raffine; et l'ambassadeur vénitien, conduit au faubourg Saint-Antoine, se mire étonné dans nos grandes et belles glaces de Venise. Ainsi la volonté de Colbert imprime à la nation le mouvement de l'industrie, lui en souffle l'activité, lui en communique la fièvre, et l'on entend battre des métiers dans la France entière.

Sans doute l'industrie, en France, est fort ancienne, et nos monuments historiques pourraient en offrir au besoin des traces qui étonneraient. Mais il est permis de croire que l'industrie n'avait pas sur notre sol des racines bien profondes, puisqu'on y voyait, d'un règne à l'autre, des manufactures disparaître[1], des branches de commerce s'anéantir. Sully avait pensé que *labour et pâture sont les deux mamelles de l'État,* maxime dont l'insuffisance frappait Henri IV, moins moral mais plus intelligent que Sully. Aussi, pendant que son ministre avait regret à l'établissement des plantations de mûriers[2], source pourtant si féconde de richesses, Henri IV encourageait quelques manufactures de tapisserie et les fabriques de toile façon de Hollande. Mais les tendances de Sully l'avaient emporté. Quant à Richelieu, les troubles de la Fronde passèrent sur son œuvre commencée; et l'on peut dire que, jusqu'à l'avénement de Colbert, la France fut surtout un pays agricole.

Or, c'était la noblesse principalement qui possédait le sol; sa domination avait pour fondement la propriété immobilière. L'importance donnée à l'industrie ou propriété mobilière, était donc le grand moyen de développement de la bourgeoisie. Voilà le coup qu'allait porter aux vaincus de la Fronde le continuateur de l'*Éminence rouge,* le Richelieu de la paix.

---

[1] Mirabeau le père, *Réponse à la voirie.* On la trouve imprimée à la suite de *l'Ami des hommes,* t. VI, p. 108.

[2] Forbonnais, *ubi supra,* p. 45; années 1601-1602.

Et si Colbert entraîna dans l'exécution de ses desseins le premier des gentilshommes, c'est qu'il devait plaire à Louis XIV de voir s'élever une puissance rivale de ces nobles par qui fut troublée sa minorité, et qui le firent voyager, enfant, parmi tant de périls et *en des appareils si divers*.

Pour renouveler les arts depuis longtemps oubliés, il fallait fournir des instructions à leur habileté novice : Colbert puisa les siennes aux meilleures sources. Armé d'une patience héroïque, il apprit lui-même comment se fabriquent les glaces, les tapisseries, les cristaux, les points de Venise, les draps, les serges, les droguets, les étamines ; il connut la qualité des étoffes, la convenance des longueurs et des largeurs, la bonne teinture. Une fois en possession des connaissances qu'il avait acquises, grâce à une volonté de fer, il leur donna force de règlement et en forma le tissu d'ordonnances lumineuses, qu'il imposa résolûment, sûr de convaincre, impatient d'être obéi. Que s'il plia son robuste génie à l'observation de mille détails, qui aujourd'hui paraissent superflus à notre expérience ; s'il fut despotique dans ses édits ; s'il organisa de nouvelles jurandes [1], rien ne marque mieux l'intérêt vigilant qu'il prenait à l'industrie. Il ne la gouvernait ainsi qu'en vue de sa grandeur future, et parce qu'il la voulait florissante, loyale et supérieure. S'agit-il de l'encourager ? Colbert devient libéral, magnifique : douze cents livres à chaque teinturerie ; six pistoles à l'ouvrier qui se marie dans le rayon de sa manufacture ; deux pistoles dès la naissance de son premier enfant ; à l'apprenti devenu compagnon, trente livres et des instruments de travail [2], instruments sacrés que jamais le créancier ne peut saisir, et dont la justice elle-même n'ose approcher. Secours,

---

[1] Voy. plus bas le chapitre des jurandes.
[2] Clément, *Hist. de Colbert*, p. 235.

logements, avances, priviléges, Colbert n'épargne rien pour stimuler : il est inexorable s'il faut punir. Quiconque fabrique une étoffe défectueuse nuit au consommateur ignorant qui l'achètera : Colbert, dans l'emportement de son zèle, ordonna [1] que les mauvaises marchandises *seraient exposées sur un poteau; ensuite brûlées, déchirées ou confisquées.* Car il voulait établir pour principe la bonne foi, pour récompense l'honneur, pour peine la honte.

On se tromperait si, d'après la violence de ces mesures, on jugeait l'âme de Colbert inaccessible à tout sentiment de bonté. Que la sévérité dominât en lui, on ne le peut nier, et il la montrait jusque dans ses rapports avec ses enfants, qu'il lui arriva de châtier par le bâton [2]. Mais quelque dur que fût son front, dont les plis sinistres faisaient pâlir madame de Sévigné [3] et déconcertaient les solliciteurs, Colbert ne manquait pas de sensibilité. Un jour qu'il regardait la campagne, *l'homme de marbre* [4] fut tout à coup saisi d'un mouvement de mélancolique tendresse, et, laissant échapper des larmes, il s'écria : « Je voudrais que ces campagnes fussent heureuses, que l'abondance régnât dans le royaume, que tout le monde y fût content, et que, sans emploi, sans dignité, banni de Versailles, l'herbe crût dans ma cour [5]. »

Au surplus, la sévérité de Colbert ne venait que de son ardente sollicitude pour les intérêts de cette bourgeoisie dont il était ministre, il se souvenait du temps

---

[1] Clément, *Hist. de Colbert*, p. 234.
[2] Lettre de Bussy-Rabutin, rapportée dans l'*Histoire de Paris* par Dulaure. *Tableau moral sous Louis XIV.*
[3] Elle l'appelait *le Nord.* Voy. Lemontey, t. V des Œuvres complètes, p. 243.
[4] Expression de Guy Patin, *Hist. de la marine*, par Eugène Sue.
[5] *Éloge de Colbert*, par ***, 1773. Genève. — *Éloge* du même, par Necker, t. XV des Œuvres, 1821.

où, jeune encore, il était allé à Lyon apprendre le métier de son aïeul. Le petit-fils du marchand de laine de Reims avait bien pu, au milieu de la cour de Louis XIV, descendre à la faiblesse de payer un généalogiste; mais il prouva bien par l'ensemble de sa conduite que le respect de son origine ne l'avait pas abandonné [1].

Aussi, comme il veille sur tout ce qui touche au négoce! comme il a soin d'écrire aux intendants *d'être plutôt un peu dupes des marchands que de gêner le commerce* [2] ! comme il tient à la liberté des grandes foires, quand il recommande *une adresse, une vigilance excessive pour ne pas éloigner les vendeurs et acheteurs* [3] ! L'ordonnance sur le commerce est un monument de cette austère et féconde inquiétude. Éducation des apprentis, devoir du maître, qualité des étoffes, qualité des matières brutes, contrats, livres de compte, rien n'est oublié. En faveur du commerçant, on multiplie les tribunaux consulaires, on consacre les arbitrages [4], on condamne l'intérêt composé [5], on soumet à la compétence des consuls la lettre de change. La bourgeoisie peut maintenant s'élancer dans les voies du commerce : on a préservé le négociant de ses trois grands ennemis : la mauvaise foi, la chicane et l'usure.

Voilà quels services Colbert rendit à la classe moyenne. C'est pour elle qu'au parlement rassemblé, il faisait distribuer des actions de la compagnie des Indes [6]; pour

---

[1] Voy. le curieux manuscrit de la Bibliothèque royale, si soigneusement raturé par le fils de Colbert, et découvert par M. Eugène Sue, qui l'a publié en *fac-simile*. *Hist. de la marine*.

[2] Dépêche de Colbert à M. de Sonzi, intendant de Flandre, rapportée dans Forbonnais, *Rech. sur les finances*, t. I, p. 139.

[3] *Instruct. aux commis des manufactures*, citées par M. Clément, *ubi supra*, p. 226.

[4] Titre IV de l'*Ordonnance du commerce*.

[5] Titre VI.

[6] Journal manuscrit de M. d'Ormesson, cité plus haut.

elle que, s'éveillant à la pointe du jour, il cherchait l'impérieuse formule de ses règlements redoutés; pour elle enfin qu'il avait habitué Louis XIV à quitter Montespan ou Fontange, quand l'heure était venue de calculer des tarifs de douane sur la table du conseil. Et maintenant que la bourgeoisie est nantie de la force, maintenant qu'elle est arrivée au succès, que n'embrasse-t-elle, à son tour, le peuple dans cette sollicitude, dont elle-même profita si heureusement, lorsque la triomphante royauté de Louis XIV lui tendit la main, la prit sous son égide, lui donna du crédit, des instruments de travail, lui enseigna les sciences, les manufactures et la navigation, lui creusa des ports, lui ouvrit les mers, et la conduisit aux Indes sous le pavillon que Duquesne faisait respecter!

Mesurons de l'œil la distance déjà parcourue. La bourgeoisie a fait un pas immense; elle a pris le rôle des peuples producteurs. Mais comment se procurera-t-elle les matières premières que ne fournit point notre sol? Abandonnera-t-elle les mers aux seize mille[1] vaisseaux des Hollandais? Renoncera-t-elle aux bénéfices du transport? Et par où s'écoulera l'excédant de nos marchandises?

Ces questions, Colbert les avait déjà résolues dans sa pensée. Comme Richelieu, il avait tourné ses regards vers les colonies; il voyait nos côtes baignées par deux mers; il comprenait que la surexcitation du travail au dedans appelle l'épanouissement au dehors. Colbert releva donc la marine que Mazarin avait laissée dépérir, ou plutôt il la créa de nouveau en attendant de couronner sa création par l'immortelle ordonnance de 1681. Il avait trouvé la flotte composée de trente bâtiments de guerre[2],

---

[1] Dépêche de Colbert à M. de Pomponne. « Les Français, dit la dépêche, n'en avaient que six cents! »

[2] *Agenda de marine* de Colbert, manuscrit de la Bibliothèque royale, relevé par M. Eugène Sue dans son *Histoire de la marine*, t. IV, chap. IV.

dont trois seulement de soixante-dix canons, et il laissa une marine militaire de deux cent soixante-seize bâtiments à la mer ou en construction[1] !

Ce fut donc le génie de Colbert qui servit de base à la diplomatie de Lyonne et à la grande politique de Louis XIV. Pendant que le roi de France avisait à rétablir sa puissance morale sur l'Océan, faisait battre Ruyter par Duquesne, bombardait Alger, négociait le rachat de Dunkerque aux Anglais, son ministre développait dans un ordre merveilleux les plus vastes desseins. Pour lui les deux marines n'en firent qu'une. L'ambition navale de Louis XIV avait besoin de matelots : les navires marchands lui en fournirent. La marine marchande avait besoin de protection et de sécurité : les vaisseaux de guerre lui servirent d'escorte, et la mer fut nettoyée de pirates. Établissant l'indestructible solidarité des deux marines, Colbert ordonna que les gens de mer passeraient alternativement de l'une à l'autre, et changeraient de service tous les deux ans[2] : admirable conception qui substituait l'inscription maritime au barbare régime de la presse des matelots... Mais comment s'engager dans les détails de cette immense organisation[3] devant laquelle l'esprit s'arrête épouvanté? Et comment concevoir qu'un seul homme y ait pu suffire, quand on songe qu'avant Colbert, la France tirait de la Hollande ses munitions navales, et jusqu'à des ancres, de la mèche, des câbles préparés, des cordages, du salpêtre, même de la poudre à canon[4]?

On a fait de Colbert la personnification du système

---

[1] *Agenda de marine* de Colbert, *ubi supra*.
[2] Ordonnance du 17 septembre 1665.
[3] Voy. les *Principes de Colbert sur la marine*, manuscrit de 700 pages, qui n'est lui-même que le résumé des travaux de Colbert. *Archives de la marine*, dans Eugène Sue, t. IV.
[4] Lafont de Saint-Yenne, l'*Ombre du grand Colbert*, p. 95.

protecteur, et les écrivains de la bourgeoisie n'ont épargné à ce ministre ni les attaques sérieuses ni les trop faciles railleries. Dans le camp du *laissez-faire*, nous trouverons les économistes du dix-huitième siècle, Quesnay, Turgot, les révolutionnaires de 89, l'école anglaise, la Constituante, toutes les puissances du tiers état ; et nous les entendrons s'écrier : « A quoi bon tant de règlements et de tarifs par où les gouvernements nous veulent protéger? Leur prévoyance nous pèse, leur sollicitude nous fatigue ; qu'on nous laisse le champ libre : heureux les forts... et malheur aux vaincus! » Mais ce langage, comment la bourgeoisie en est-elle venue à le pouvoir tenir impunément? A qui doit-elle sa forte virilité, et de se sentir en état de promener par le monde sa fière indépendance? Où en serait-elle aujourd'hui, si, faible encore, ignorante, inexercée, Colbert l'avait abandonnée aux hasards de la concurrence étrangère, si Colbert n'avait pas travaillé à ses tarifs, à ses règlements de douanes, à ses négociations mercantiles, seize heures[1] par jour pendant vingt-deux années ?

En jugeant ce grand homme, on a trop oublié les circonstances auxquelles il dut commander, et que la question du libre échange ne saurait être séparée de l'état général du monde.

Supposons pour un instant les peuples réconciliés. Une paix éternelle a été promise au genre humain ; les haines s'apaisent et meurent ; les rivalités s'éteignent ; la guerre a été rendue impossible à jamais. Les nations ne forment plus qu'une immense famille destinée à se partager, par un continuel échange, les fruits de la terre ; et ce partage, qui élève le niveau des jouissances communes, assure lui-même la concorde entre les peuples, l'effet devenant cause à son tour.

---

[1] Clément, *Hist. de Colbert*, p. 147.

Dans cette vaste donnée qu'on a coutume d'appeler un rêve, le problème tant agité trouve naturellement sa solution. Quand le soleil des tropiques fait mûrir aux Antilles la canne à sucre, pourquoi l'Européen irait-il se fatiguer à extraire au moyen d'appareils coûteux le sucre que peut contenir la plante de son potager? Est-ce qu'il n'est point pour chaque production de la terre une contrée de prédilection? Le café, les vins généreux, le thé, la vanille, n'ont-ils pas une patrie? et pourquoi, dès lors, créer péniblement des climats factices aux produits que, par delà les douanes, une heureuse température nous livre spontanément ou meilleurs? Le libre échange est donc un des bienfaits du système de fraternité.

Mais qu'on déchaîne dans le monde la concurrence, la question aussitôt change de face. Car, pour tout souverain prudent, chef de république ou ministre d'un monarque absolu, Cromwell ou Colbert, il y a urgence, il y a devoir de protéger le peuple qu'il gouverne contre les chances d'une lutte où le plus faible périt toujours. C'est la guerre qui crée la nécessité des camps retranchés : la prohibition est un camp retranché parce que la concurrence est une guerre. Les économistes n'ont pas pris garde qu'ils maudissaient l'effet après avoir béni la cause, le libre échange n'étant que le principe de fraternité appliqué à l'univers.

Or, quel était, à l'avénement de Colbert, l'état de l'Europe commerçante? L'Acte de navigation, signé par Cromwell, venait d'être renouvelé par Charles II. La prohibition était partout. Louis XIV écrivait à M. de Turenne[1] : « *De quelle façon sont traités les vaisseaux français allant en Angleterre et en Hollande?* » M. de Turenne répondait : « Les vaisseaux français payent en Angleterre et en Hollande plus que ceux du pays; on les y souffre

---

[1] Demandes relatives au commerce faites par le roi au maréchal de Turenne, année 1662, *Œuvres de Louis XIV*, t. II, p. 399.

avec peine, et ils ne peuvent prendre des marchandises à fret, quand il se trouve des navires du pays pour le même voyage, *ce qui ne se pratique pas en France à leur égard.* » Et en effet, la France avait longtemps apporté jusque dans son commerce une sorte de modération chevaleresque et mis une généreuse nonchalance à se venger de certaines avanies. La douane espagnole prenait environ quinze pour cent sur nos marchandises quand nous ne prélevions que deux et demi pour cent sur les marchandises venues d'Espagne. Tandis que les Anglais fournissaient le royaume entier de draps, *à la ruine entière de nos draperies,* dit encore M. de Turenne [1], les draps de France étaient saisis en Angleterre par ordre de justice. L'accueil fait à nos marchands et à nos marins par le commerce étranger était celui d'une hostilité jalouse, quelquefois insolente. Les Anglais, redoublant envers nous d'âpreté et de rigueur, tarifaient dans les bureaux de leurs douanes jusqu'à la personne des négociants français. En Irlande, un étranger, convaincu d'y avoir acheté des laines pour l'exportation, aurait eu le bras coupé [2]. Voilà ce qu'il ne faut pas perdre de vue, si l'on veut être juste envers Colbert.

Fouquet, qui ne manquait pas de coup d'œil, avait enfin répondu à tant d'hostilité, et opposé à l'Acte de navigation le droit de cinquante sols par tonneau sur les navires étrangers qui mouilleraient dans nos ports. Colbert s'empressa d'adopter cette mesure, qu'il savait décisive pour relever alors la marine marchande et lui rendre le cabotage ; et il ne fit qu'obéir aux lois de la situation, lorsque dans un mémoire au roi, il dictait les seules règles de la science en matière de douane : *Réduire les droits à la sortie sur les denrées et les manufactures du royaume;*

---

[1] *Ubi supra.*
[2] Antoine de Montchrétien, *Traité d'économie politique,* cité par M. Cochut, dans la *Revue des Deux Mondes* du 1er août 1846.

diminuer aux entrées les droits sur tout ce qui sert aux fabriques; repousser par l'élévation des droits les produits des manufactures étrangères.

Qu'on se figure maintenant Colbert au centre du mouvement qu'il a créé. Manufactures, commerce, navigation, colonies, finances, il embrasse par sa volonté cet ensemble effrayant. Il le possède et le résume dans sa forte tête, encyclopédie vivante où viennent se ranger en bon ordre et les innombrables règlements de l'industrie et les détails de tant de belles ordonnances qui ont pourvu à l'aménagement des forêts, à l'inscription des gens de mer, à la sécurité du négociant. Il sait au juste tout ce qui entre de marchandises dans le royaume, tout ce qui en sort. Il s'enquiert de l'abondance des récoltes, pour permettre, modérer ou défendre l'exportation des grains [1]; de la situation du laboureur, pour diminuer sa taille et augmenter le nombre de ses bestiaux [2]. Il suit d'une âme inquiète les opérations de la compagnie des Indes, la marche de nos vaisseaux, les succès de nos pêcheries. Si Riquet, cet autre grand homme, tombe malade, Colbert s'alarme au nom de l'État : comment s'achèveront les merveilleux ouvrages du canal des deux mers? Quel ingénieur *rétablira le désordre arrivé à la grande jetée du cap de Cette* [3]? Ainsi, rien qui échappe au regard de Colbert. Pas de repos pour ce puissant esprit. La nuit même, dans l'insomnie et le silence, sa pensée fait la revue du royaume, et il le protége encore de son repos vigilant.

Qui s'attendrait à voir une existence aussi remplie donner place au goût de l'art, à la protection de l'intelli-

---

[1] Necker, *Éloge de Colbert*, t. XV de ses Œuvres, p. 56 et suiv.

[2] Édit du mois d'avril 1667, qui défend de saisir les bestiaux. — Les tailles furent réduites, sous Colbert, de cinquante-trois millions à trente-deux.

[3] Lettre de Colbert au fils de Riquet, relevée aux Archives de la marine, par Clément, p. 210.

gence et des lettres? Richelieu avait fondé l'Académie française : Colbert, son infatigable émule, fonda l'Académie des sciences, celle des inscriptions, l'école de France à Rome. Richelieu avait songé à perfectionner la langue vivante : sous les auspices de Colbert, on étudia, on reconstruisit les langues mortes. Baluze, du Cange, recherchèrent parmi les débris de l'histoire les vestiges des peuples qui ne sont plus. Que servira d'être noble, d'avoir des aïeux, lorsque du haut de l'Observatoire bâti par Colbert, des roturiers auront mesuré les mondes ; lorsque, appelé de Bologne, Cassini aura commencé avec Picard cette méridienne que Voltaire appelle le plus beau monument de l'astronomie [1] ; lorsque le génie de la classe moyenne aura trouvé à l'Académie des sciences une chaire pour s'illustrer ; au Jardin des Plantes un abrégé de la nature pour étudier l'univers : époque éternellement mémorable où la bourgeoisie, gagnant ses lettres de noblesse, faisait sortir de ses rangs Molière et Corneille, Racine et La Fontaine, Bossuet, le Poussin, et inondait de lumière le despotisme qu'elle devait renverser !

On sait quelle fut la mort de Colbert : il mourut de son honneur soupçonné. Il avait été le mentor et l'ami de Louis XIV, il l'avait redressé, il l'avait flatté pour servir l'État ; mais il ne lui pardonna pas l'outrage d'un mot imprudent.

Quant à Louis XIV, il allait se sentir tout embarrassé de sa grandeur. Pendant que, sur la route tracée par Colbert, la bourgeoisie marchait à pas pressés vers la Révolution française, la monarchie déclinait, abandonnée à elle-même. Colbert absent, Louis XIV ne sut que faire de son orgueil ; et de la royauté, il ne resta plus que le roi.

[1] Voltaire, *Siècle de Louis XIV*, chap. XXXI.

CHAPITRE VI

PROGRÈS DE LA BOURGEOISIE

MONARCHIE SOUS LOUIS XIV

Comment Louis XIV mit la royauté sous la dépendance de la bourgeoisie. — Louis XIV en rendant le travail hostile à la religion mine la puissance du clergé. — Louis XIV, véritable destructeur de la monarchie absolue en France : portée révolutionnaire de la déclaration de 1682. — La bulle *Unigenitus*, son origine, son introduction en France, ses suites. — Résultats du gouvernement personnel de Louis XIV contraires à son but.

C'est le propre et la punition du despotisme de prétendre toujours à se suffire et d'y être toujours impuissant. Louis XIV absorba si bien en lui toute chose, qu'il fit la monarchie sujette aux accidents et aux misères dont se compose la vie d'un homme; il sut pratiquer, avec une majesté souveraine et une profondeur qu'on n'égalera point, l'art difficile, l'art funeste de la royauté; mais par là il le rendit plus funeste encore et l'épuisa; il fut égoïste dans des proportions telles qu'il écrasa tout; son orgueil, pour ne pas toucher à la folie, aurait eu besoin de contrepoids; et il n'en trouva, malheureusement, qu'au dehors : dans les désastres de la guerre de succession et l'insolence du vainqueur. Aussi Louis XIV déploya-t-il, à l'égard des ennemis de la France, qui furent les siens, une magnanimité véritable et presque du génie. Mais cette hauteur d'âme, dont il resta le maître et qu'il régla devant les rois ses égaux, il la laissa, devant ceux qu'il appelait ses sujets, s'exalter jusqu'au délire; il se plut, dans les derniers temps, à rabaisser outre mesure ceux qui l'entouraient, afin de se mieux rehausser par le contraste. Les supériorités, qu'il avait encouragées d'abord, finirent par lui porter ombrage, bien qu'employées à son service; et, comme il en était venu à ne souffrir rien de grand qui n'émanât de lui, il s'entoura de ministres et de généraux incapables, les aimant pour leur incapacité même. Il lui fallut donc peu d'années pour dévorer les ressources de plusieurs règnes; de sorte que, vers la fin, quand son autorité fut devenue immense comme son orgueil, il n'y eut plus rien au-dessous d'elle pour l'étayer, ni vigoureux esprits, ni fiers caractères, ni capitaines et ministres d'élite, ni trésors ni armées; c'est à peine s'il restait un peuple. Le pouvoir était sans bornes et complétement vain; il lui manquait des supports, des instruments et jusqu'à des victimes.

Le règne de Louis XIV est trop connu pour nous arrêter longtemps. Nous dirons seulement ce qu'il vint ajouter aux causes si anciennes, si nombreuses et si diverses de la Révolution.

Et d'abord, la noblesse n'eut pas de plus fatal ennemi que Louis XIV.

A Richelieu demandant six millions au clergé, l'archevêque de Sens répondait, en 1641 : « L'usage ancien de l'Église, pendant sa vigueur, était que le peuple contribuait ses *biens*, la noblesse son *sang*, le clergé ses *prières* aux nécessités de l'État. » Ces mots définissent très-bien la fonction historique de chacun des trois ordres.

La prépondérance devait donc appartenir au clergé, sous des chefs superstitieux; à la noblesse, sous des rois guerriers; et, sous une royauté dépensière, à la bourgeoisie.

La royauté avait été superstitieuse pendant la période barbare, et guerrière pendant la période féodale. Louis XIV ayant attiré les nobles à la cour, il ne put les y retenir sans se ruiner en fêtes, en festins, en parades, en pensions; il épuisa de la sorte le trésor public et mit le royaume sous la dépendance de celui des trois ordres dont la fonction historique était de payer.

Oui, malgré les batailles qui remplissent le dix-septième siècle, le règne de Louis XIV eut pour caractère dominant, moins le goût de la guerre que celui du faste. La guerre elle-même n'était-elle pas alors une fête? Le roi n'y conduisait-il pas ses maîtresses en carrosse? Inutile de rappeler les trésors que ce règne dévora. « Sire, disait un jour au roi le sage Colbert, Votre Majesté a tellement mêlé ses divertissements avec la guerre de terre, qu'il est bien difficile de les diviser. Et si Votre Majesté veut bien examiner en détail combien de dépenses inutiles elle a faites, elle verra que, si ces dépenses étaient toutes retranchées, elle ne serait pas réduite à la nécessité où elle est. » Louis XIV laissa, en effet, une dette de deux milliards quatre cent douze millions; et comme le tiers état avait seul charge de la payer, il devenait le maître.

Voilà donc la Révolution expliquée en partie et d'avance; et Louis XIV aurait pu la prévoir lorsqu'il se vit réduit, lui qui avait compté parmi ses flatteurs tant de princes et tant d'hommes de génie, à descendre du haut de son orgueil, pour se faire le flatteur d'un banquier. Samuel Bernard fut invité à visiter Marly. Le roi et l'homme de finances s'y trouvèrent face à face; et de ces deux puissances ce fut la première qui courtisa l'autre.

Encore si, pour remplir ses coffres, le roi eût pu recourir impunément à la violence! Mais non; la bourgeoisie était en possession du droit de voter les subsides. L'institution des états généraux n'était pas morte; elle attendait seulement l'heure d'agir. Donc, quand le protecteur des manufacturiers écrivait à Louis XIV : « Un repas inutile de mille écus me fait une peine incroyable, » il ne faisait qu'ouvrir une série de formidables contrôles. Colbert paraissant au milieu des fêtes de Louis XIV avec un visage sévère et sombre, c'était comme le fantôme de la bourgeoisie venant écrire, sur les murs de la salle du festin, l'arrêt de mort de la noblesse absorbée par la monarchie.

Louis XIV ne contribua pas moins, sans le vouloir et le savoir, à miner la puissance du clergé.

Par le protestantisme, la France était devenue industrielle. Repoussés des emplois, les protestants avaient pris le travail pour moyen, et pour but la richesse; si bien qu'avant la révocation de l'édit de Nantes, on disait: « Riche comme un protestant. » De là une transformation sourde du vieux génie de la France et de sa vie sociale. De pays agricole, elle devenait pays de manufacture. La domination des guerriers s'effaçait devant celle des marchands. Et ce fut au plus fort de ce mouvement, quand il n'était déjà plus temps ni de l'arrêter ni de le détruire, que Louis XIV donna le signal d'une persécution atroce et folle entre toutes celles qui ont souillé l'histoire. Des milliers de citoyens paisibles foulés aux pieds des chevaux ou massacrés, le pillage d'un quart du royaume, l'héritage des pères promis à l'apostasie des enfants, la guerre au foyer des familles, une lamentable émigration de travailleurs emportant avec eux la richesse et allant bâtir sur le sol étranger des villes neuves, la faveur du prince assurée aux délateurs, aux faux convertis, aux hypocrites, à des fanfarons de zèle, à des apôtres du meurtre, tels furent les effets de la révocation de l'édit de Nantes. Et quelles suites! On en vint jusqu'à outrager dans les religionnaires la sainteté de l'éternel repos; cette terre natale qu'on leur avait refusée pour vivre, on la leur refusa pour mourir; des cadavres furent jugés, ils furent condamnés pour crime d'hérésie; il y eut à Paris des exemples de défunts enterrés pendant la nuit sous une borne, au détour des rues désertes ; et les enfants de Duquesne s'enfuirent avec les ossements de leur père.

L'autorité morale du clergé pouvait-elle résister à de semblables horreurs, lorsqu'on en rejetait sur lui l'odieux ? Que les excès de la tyrannie se tolèrent dans un pays agricole, on le conçoit : l'homme y est enchaîné au sol, et la terre ne voyage pas. Mais l'industrie voyage ; les manufactures suivent le manufacturier, et vont, quand la tyrannie se montre, où la liberté les appelle, laissant dans les lieux qu'elles ont une fois animés le goût du mouvement, l'ardeur des besoins éveillés, une misère devenue remuante, l'indestructible désir enfin de renaître à la vie par l'indépendance. C'est ce qui arriva justement après la révocation de l'édit de Nantes. Par ce terrible exemple, la France nouvelle et dominante, la France des manufacturiers apprit ce que vaut, pour le développement des richesses, la liberté de conscience. Le travail devint hostile à la religion. D'un côté se trouvèrent les industriels, de l'autre les prêtres.

En absorbant la noblesse, en traînant le clergé à sa suite dans les voies de la persécution et du fanatisme, Louis XIV servait puissamment les intérêts de la bourgeoisie : il les servit bien mieux encore par les rudes, par les mortelles atteintes qu'à son insu il porta au principe monarchique. Car le véritable destructeur de la monarchie absolue en France, dans le monde des idées, c'est Louis XIV ; assertion si étrange en apparence et qui ressemble si fort à un paradoxe que, pour la justifier, quelques développements sont nécessaires.

Nous avons laissé les jansénistes sous le coup des premières rigueurs de Louis XIV. Depuis, la persécution s'étant calmée, leurs forces s'étaient accrues au point que la papauté ne dédaigna pas de traiter avec eux : au lieu de la *signature pure et simple*, jusqu'alors exigée par le formulaire, Clément IX se contenta de la *signature sin-*

cère; et cette ridicule transaction, source intarissable d'équivoques et de subtilités, fut pompeusement appelée la *paix de l'Église*. Les jansénistes en devaient le bénéfice à la protection de Lyonne, chargé des affaires étrangères, à l'amitié de la princesse de Conti, et surtout à celle de la duchesse de Longueville, rendue à la dévotion par la lassitude des amours.

La paix une fois conclue, le parti en usa et en profita comme d'une victoire. Saci, qu'on avait mis à la Bastille, en sortit aussitôt et triomphalement. Antoine Arnauld put se montrer dans Paris, où il devint l'objet d'une curiosité qu'ennoblissait l'enthousiasme. Desmares parut en chaire et tint la capitale attentive. De Lyonne étant mort, on appela au ministère des affaires étrangères Pomponne, fils d'Arnauld d'Andilly. Arnauld d'Andilly lui-même fut présenté à la cour, et reçu avec une grâce si encourageante par Louis XIV qu'il osa lui dire : « Sire, j'ai une chose à souhaiter : c'est que Votre Majesté daigne m'aimer un peu. » A quoi Louis XIV répondit en embrassant le spirituel et beau vieillard [1]. Sans compter que la réputation littéraire de Port-Royal prit, vers ce temps, un vol prodigieux, grâce au premier volume des *Essais de morale*, par Nicole, et au livre *de la Perpétuité de la foi*, dans lequel Nicole se joignit à Arnauld pour accabler les protestants. Bientôt on ne parla que du savoir de messieurs de Port-Royal, de leurs vertus, de leur éloquence et de ce tour d'esprit mâle, vigoureux, animé, qui faisait le caractère de leurs livres et de leurs entretiens [2]. » Madame de Sévigné les admirait et ne s'en cachait pas. Boileau, sans se donner à leur doctrine, prodiguait à leur talent, les témoignages d'une estime dont on le savait avare. Racine, leur élève, un moment éloigné d'eux par l'anathème dont Nicole avait frappé le théâtre,

[1] Petitot, *Notice sur Port-Royal*, p. 208.
[2] Voltaire, *Siècle de Louis XIV*, chap. xxxvii.

l'illustre Racine ne tarda pas à céder aux reproches de son cœur et courut se jeter aux pieds d'Antoine Arnauld, lui faisant hommage de sa gloire. Un seul nuage était passé sur tant d'éclat : les religieuses de Port-Royal de Paris avaient été soumises à une direction antijanséniste, et séparées, par arrêt du conseil, de leurs sœurs de Port-Royal des Champs [1], qui, plus tard, se déclarèrent leurs ennemies.

Telle était donc la situation du parti, lorsque des complications inattendues vinrent le pousser au rôle qui lui était réservé dans le prologue de la Révolution française.

Louis XIV était entouré, à cette époque, d'un prestige auquel il n'y eut d'égal que son orgueil. Au dehors, il s'était imposé par les guerres de Flandre et par le grand ton de sa diplomatie. Au dedans, il avait imprimé à la royauté un caractère si auguste, que sa cour, composée d'hommes de génie et de héros, ressemblait à celle d'un demi-dieu. L'Europe fut couverte de confusion, elle trembla. Menacée du joug de ce monarque et fatiguée de ses hauteurs, il ne lui suffit point de former contre lui des ligues armées qui l'enveloppèrent ; elle lui chercha, elle lui suscita dans l'intérieur de son propre royaume des ennemis ténébreux. Pour ébranler un trône dans l'ombre duquel tout semblait disparaître, elle eut recours à la turbulence fanatique des théologiens ; et, pendant que l'Empire, l'Espagne, l'électeur de Brandebourg unissaient contre Louis XIV leurs ressentiments et leurs soldats, l'Autriche allemande et l'Autriche espagnole circonvenaient le pape et s'étudiaient à l'aigrir contre le fils aîné de l'Église. Louis XIV en est informé, et sa vengeance éclate. Des confiscations arbitraires atteignent les biens ecclésiastiques ; les bénéfices de l'Église sont grevés de

---

[1] *Mémoires de Fontaine*, t. I, p. 59.

pensions militaires; une surveillance menaçante pèse sur les porteurs de rentes romaines; et enfin, deux déclarations du conseil, l'une de 1673, l'autre de 1675, étendent à des provinces qui en avaient été jusqu'alors affranchies, l'exercice de la *régale*. Or, la *régale*, on le sait, donnait au roi le droit de jouir des revenus d'un évêché pendant sa vacance, et de conférer les bénéfices qui en dépendaient. C'était se mettre en guerre ouverte avec le saint-siége.

Si les jansénistes n'avaient pas craint de perdre dans le repos leur importance acquise dans les troubles, auraient-ils pris parti, en cette occasion, pour la cour de Rome, qui les avait poursuivis de ses exigences avec tant de rigueur? Et les aurait-on vus, réveillant la colère endormie de Louis XIV, courir au-devant de sa haine? Ce qui est certain, pourtant, c'est que de leur côté vint l'opposition à l'exercice du droit de *régale*. Ce furent deux prélats jansénistes, les évêques d'Alet et de Pamiers, qui figurèrent au premier plan de la révolte, animés, encouragés par le pape, dont ils avaient sollicité l'appui, et bien résolus à pousser les choses jusqu'au bout. Ils se tinrent parole à eux-mêmes: Le vieux Pavillon, évêque d'Alet, fit tête au monarque le plus absolu de l'univers, de manière à lasser la persécution. On le réduisit à vivre d'aumônes[1], mais on ne le put vaincre; et il mourut debout, pour ainsi dire, dans sa résistance, laissant à son collègue de Pamiers l'héritage de son pieux délire. Pendant ce temps, Clément X mourait, lui aussi, et un adversaire digne de Louis XIV montait sur le trône de Saint-Pierre. C'était Odescalchi de Côme. Il était venu à Rome, à l'âge de vingt-cinq ans, l'épée au côté, le pistolet à la ceinture[2]; il aimait l'Autriche; il haïssait le

---

[1] Ranke, *Hist. de la papauté*, t. IV, p. 456.
[2] *Ibid.*, p. 454.

roi de France ; et dans l'humilité du prêtre il conservait l'ancienne vigueur du soldat. Son avénement ne fit qu'enflammer la lutte.

Alors commença pour les jansénistes une période de misère et de terreur. La mort leur enlevant la duchesse de Longueville et la disgrâce Pomponne, ils se trouvèrent sans défense sous la main d'un prince irrité. Leur sort devint lamentable. Saci et l'auteur des *Mémoires*, Fontaine, coururent se cacher dans le château du ministre abattu. Les solitaires du vallon de Chevreuse furent dispersés, les religieuses privées de leurs confesseurs. Antoine Arnauld, Sainte-Marthe, Tillemont, Nicole, s'enfuirent vers les Pays-Bas, où ils tombèrent dans tous les maux de l'exil, à charge aux uns, décriés par les autres, forcés de changer continuellement de demeure, et quelquefois couchant sur la paille[1]. C'est à la suite de ces cruelles épreuves, que l'indomptable Arnauld dit à Nicole, qui faiblissait : « Vous voulez vous reposer ? Eh ! n'avez-vous pas pour vous reposer l'éternité tout entière[2] ? »

Jeux singuliers de l'histoire ! il arriva que de la ruine apparente des jansénistes sortit le plus fécond de leurs succès.

L'affaire de la *régale* avait mis le parlement en éveil. Impatient d'étendre sa juridiction aux dépens de la juridiction ecclésiastique et d'arracher à l'Église la tutelle de la royauté, il encourageait les ressentiments du prince et apportait une ardeur systématique à envenimer la querelle. De quel droit le pape osait-il porter la main sur la couronne de France ? Convenait-il de laisser les destins du royaume à la merci d'une puissance étrangère ? Il était temps de secouer cette lointaine dictature, qu'on

---

[1] Lettre de Nicole, citée par Petitot, p. 228.
[2] *Ibid.*, p. 227.

cessât de payer à Rome le honteux tribut des annates; qu'on ne fît plus aux évêques français l'injure de les appeler évêques en vertu d'une permission venue de Rome[1]. De tels discours charmaient Louis XIV. Pourquoi, d'ailleurs, aurait-il hésité? Il était à ce point maître de son clergé, que le prince de Condé disait : « S'il prenait fantaisie au roi d'embrasser le protestantisme, le clergé serait le premier à l'imiter[2]. » Une assemblée générale du clergé eut donc lieu à Paris, et elle reçut ordre de se prononcer sur les prétentions de la papauté. Surpris et l'âme en proie au tourment d'une vague inquiétude, Bossuet voulut d'abord se jeter en médiateur entre le roi et le pape. Mais si Bossuet était prêtre, il était aussi courtisan; et Louis XIV entendait qu'on lui obéît sans réserve : la déclaration de 1682 parut, composée de quatre articles que Bossuet lui-même avait rédigés :

« Le pape n'a aucune autorité sur le temporel des rois;

« Le concile général est au-dessus du pape;

« Les libertés de l'Église gallicane sont inviolables;

« Les décisions du pape en matière de foi ne sont irréformables qu'après que l'Église les a acceptées[3]. »

La portée politique d'un pareil acte était immense. En élevant les rois au-dessus de toute juridiction ecclésiastique, en dérobant aux peuples la garantie que leur promettait le droit accordé au souverain pontife de surveiller les maîtres temporels de la terre, de les contenir, de les suspendre, de délier leurs sujets du serment de fidélité, la déclaration de 1682 semblait placer les trônes dans une région inaccessible aux orages. Louis XIV y fut trompé; il crut avoir donné à la monarchie absolue

---

[1] *Siècle de Louis XIV*, t. III, chap. xxxv, p. 113.
[2] Ranke, *Hist. de la papauté*, t. IV, p. 458.
[3] Voy. le texte latin dans les Œuvres complètes de Bossuet, t. IX, p. 9 : *Cleri gallicani de ecclesiastica potestate declaratio.*

des bases éternelles, en la dégageant du plus respecté des contrôles. Mais en cela son erreur fut profonde et fait pitié. Le pouvoir absolu, dans le vrai sens du mot, est chimérique, il est impossible. Il n'y a jamais eu, grâce au ciel! et il n'y aura jamais de despotisme irresponsable. A quelque degré de violence que la tyrannie s'emporte, le droit de contrôle existe toujours contre elle, ici sous une forme, là sous une autre, mais réel partout, partout impérissable, et tôt ou tard agissant. Dans l'effroi que vous inspire la force de ce tyran qui a plus de bourreaux que d'esclaves, gardez-vous de nier d'avance sa chute : s'il n'y a pas de bill qui l'arrête, une insurrection le menace; et quand la révolte populaire vient d'impuissance mourir à ses pieds, la pointe cachée d'un poignard touche peut-être à son cœur. La déclaration de 1682 ne changeait rien à la nécessité du droit de contrôle. Donc, elle ne faisait que le déplacer, en l'enlevant au pape; et elle le déplaçait pour le transporter au parlement d'abord, puis à la multitude.

Que les papes n'aient pas fait tourner, bien souvent, à l'avantage des peuples le haut patronage qu'immortalisa le génie de Grégoire VII, c'est trop certain; et sous ce rapport, il y a beaucoup à reprendre aux arguments dirigés contre le gallicanisme par deux illustres écrivains de nos jours, MM. de Lamennais et Joseph de Maistre. Mais c'est précisément la folie de Louis XIV et de ses ministres de n'avoir pas compris que la compétence des papes en matière de souveraineté protégeait les rois, loin de leur être contraire, puisqu'elle offrait aux peuples une garantie presque toujours illusoire, et qui les pouvait rassurer, sans les servir. La suite le prouva bien. Le moment vint, en France, où la nation s'aperçut que l'indépendance des rois, c'était la servitude des peuples. La nation alors se leva indignée, à bout de souffrances, demandant justice. Mais les juges de la royauté manquant, la nation se fit justice elle-même, et l'excommunication fut remplacée par un arrêt de mort.

Le second article de la déclaration n'était pas moins révolutionnaire que le premier. Car, affirmer la supériorité des conciles sur les papes, c'était conduire à celle des assemblées sur les rois. Quel motif pour qu'une monarchie temporelle fût plus absolue qu'une monarchie spirituelle? Une couronne était-elle donc plus sacrée qu'une tiare? Voilà vers quel rapprochement redoutable la déclaration de 1682 précipitait les esprits. L'exemple des Anglais était là, d'ailleurs. On avait vu Pym et Cromwell, des meneurs d'assemblées, frapper des coups dont le retentissement durait encore; et quand Louis XIV le hasardait imprudemment, ce tumultueux principe des souverainetés multiples, quarante ans ne s'étaient pas écoulés depuis que l'Angleterre, par ses communes, avait tué son roi.

Et pourtant, cette doctrine où le régicide germait, Louis XIV l'établit avec une satisfaction hautaine; que dis-je? pour qu'elle grandît en quelque sorte dans la génération naissante, il en fit l'objet d'un enseignement public et forcé. Il n'en fallait pas tant; car les jours de la bourgeoisie approchaient. Les quatre articles furent donc salués par une longue acclamation. Arnauld, que Rome sollicitait à les attaquer, par l'appât du chapeau de cardinal, n'entra en lice que pour les défendre [1]. Les parlementaires tressaillirent d'espoir. Un même élan réunit les disciples de Calvin, ceux de Jansénius, tous les partis déclassés, toutes les opinions grondantes. De telles manifestations n'auraient-elles pas dû avertir Louis XIV de la faute commise? Mais non: elles irritèrent son orgueil, sans parler à son intelligence. Il lui déplut que des partis abhorrés par lui triomphassent d'une déclaration,

[1] Racine, *Hist. de Port-Royal*, p. 175.

œuvre de sa volonté souveraine, et dont il avait espéré pour lui seul tout le bénéfice et toute la joie. Des applaudissements qu'il ne commandait point l'offensèrent comme une usurpation de son droit. Et c'est alors que, pour montrer aux calvinistes que la vigueur de son bras ne s'était point perdue à frapper Rome, il éclata par cette effroyable révocation de l'édit de Nantes, dont nous avons dit les effets.

Ainsi, après avoir, dans la déclaration de 1682, fourni aux adversaires du principe d'autorité une arme terrible, il les poussait par la persécution à l'agiter et à s'en servir. C'était entrer dans une carrière de folies qu'il parcourut jusqu'au bout.

Toutefois, les violences que sa colère gardait aux jansénistes se trouvèrent comme suspendues, tant que le père de La Chaise fut son confesseur. Mais lorsque, abaissé sous le double joug du farouche Tellier et de madame de Maintenon, il eut contre lui les artifices combinés du mauvais prêtre et de la femme sans cœur, tout se précipita. On persuada aisément à ce prodigieux égoïste que c'était à ses sujets à payer la rançon de son âme. Des milliers d'hommes avaient péri, pour sa gloire, sur les champs de bataille, quand il était jeune et guerrier : dans sa vieillesse dévote, il lui sembla naturel de proscrire, pour son salut, le quart de son royaume. La destruction de Port-Royal fut résolue.

Les détails nous en ont été conservés dans le chapitre placé en tête des *Mémoires de Fontaine* : ils sont odieux. On vit une bande d'archers insolents fondre sur une maison qu'habitaient des filles d'une piété sombre mais sincère. Interdites, épouvantées, on les rassemble, on les compte ainsi qu'on fait d'un vil troupeau, et, au milieu des propos licencieux, au bruit du rire moqueur des soldats, on les chasse [1]. Puis, pour couronner le scan-

---

[1] *Mémoires de Fontaine*, t. I, p. 93 et suiv.

dale et ôter à la crédulité populaire tout prétexte aux pèlerinages pieux, vient l'arrêt du 22 janvier 1710, en vertu duquel les murs du cloître sont démolis, leurs ruines jetées au vent, les sépulcres ouverts et les ossements dispersés [1].

C'était peu : il fallait au confesseur, il fallait à la favorite une espèce de pierre de touche au moyen de laquelle ils pussent reconnaître leurs ennemis cachés et les perdre auprès du roi. De là l'idée de demander au pape, sous couleur de bulle, un code ecclésiastique de proscription.

Qu'après les troubles excités par l'*Augustinus*, il ait été donné à un ouvrage du même genre de disputer l'attention des hommes aux événements les plus fameux, et que de cet ouvrage soient sortis, comme d'une source empestée, des maux sans nombre, des persécutions inouïes, l'emprisonnement pour les uns, pour les autres l'exil, le soulèvement de la magistrature par tout le royaume, des séditions, des scènes d'une bouffonnerie tragique au pied des autels ou au milieu des tombeaux, un affreux débordement enfin de haines, de scandales et de folies, qui n'en éprouverait un sentiment profond de surprise et une pitié mêlée d'horreur ? Telle fut pourtant la destinée du livre de Quesnel intitulé *Réflexions morales sur le Nouveau Testament*.

Ce livre qui commentait l'Évangile, en exhalait, dans mainte page, le parfum sacré. Il était devenu cher aux âmes pieuses, et longtemps il fut à l'abri de toute censure. Attaqué en 1703 par un auteur qui ne se nommait pas, il avait eu cette fortune insigne d'être défendu par un évêque qui se nommait Bossuet [2] ; et le cardinal de Noailles, archevêque de Paris, n'avait cessé de le couvrir d'une

---

[1] *Mémoires de Saint-Simon*, t. XIII chap. x, p. 154. Édit. Sautelet, 1829.

[2] *Hist. du livre des Réflexions morales sur le Nouveau Testament et de la constitution* Unigenitus, t. I, p. 97. Amsterdam, MDCCXXIII.

protection éclatante. Il est vrai qu'en 1708 un bref du pape le condamna «comme sentant l'hérésie jansénienne; » mais le bref n'ayant pas été reçu en France, on ne s'en préoccupait plus quand Tellier conçut le projet de faire revivre l'acte de censure sous une forme solennelle. Humilier le cardinal de Noailles, son ennemi; venger les jésuites de la haine sourde de ce prélat et de ses mépris austères; réduire le jansénisme aux abois, et, suivant les triviales mais énergiques paroles de Saint-Simon, avoir « un pot au noir pour barbouiller qui on voudrait et qui ne s'en pourrait douter[1], » voilà ce que Tellier avait résolu.

Qui le croirait? dans cette ténébreuse besogne, il eut pour auxiliaires, à côté de Bissy que tentait la pourpre romaine, le doux et tolérant archevêque de Cambrai. Oui, Fénelon lui-même ne craignit pas de se faire l'agent d'un système de persécution[2], soit qu'ayant encouru, pour son livre des *Maximes des Saints*, le blâme du saint-siége, il cédât au désir secret et coupable d'effacer sous le malheur d'autrui la trace de son propre malheur, soit qu'il n'y eût dans sa déclaration de guerre au jansénisme que la révolte d'une âme tendre contre un rigorisme sans élévation et des dogmes inhumains.

Les choses allèrent donc au gré du confesseur. Louis XIV se crut sauvé s'il obtenait de Rome qu'elle accablât de sa colère, dans un livre qu'il n'avait pas lu, des thèses qu'il ne comprenait pas; et le 12 décembre 1711, le cardinal de La Trimoille reçut l'ordre de demander au pape une *Constitution* qualifiant toutes les propositions hérétiques contenues dans le livre de Quesnel.

« Prenez garde! prenez garde! criaient au saint-père quelques vieillards prudents, ce qu'on vous demande,

---

[1] *Mémoires de Saint-Simon*, t. XIII, chap x, p. 157.
[2] *Hist. de la constitution* Unigenitus, t. 1, p. 101. — *Journal de l'abbé Dorsanne*, t. 1, p. 5. MDCCLVI.

c'est une torche qui peut embraser tout un royaume. »
Mais Tellier envoyait à l'ambassadeur français courriers
sur courriers ; le cardinal Fabroni n'épargnait rien pour
enflammer le zèle des qualificateurs du saint-office ; le
jésuite Daubenton était là pressant l'affaire au nom de
son impérieuse compagnie; Louis XIV insistait, il promettait la soumission de la France ; et l'on distribuait
autour du Vatican un mémoire contre le jansénisme,
écrit de la main du Dauphin[1] et tiré de sa cassette : la
bulle *Unigenitus* parut. Elle avait été signée par Clément XI le 8 septembre 1713, après dix-huit mois d'un
laborieux examen ; et elle apportait en France un demi-
siècle de discordes.

Le bruit qu'elle a fait dans notre pays serait inconcevable si toutes les propositions condamnées eussent été
du genre de celles-ci : « Il n'y a point de charmes qui ne
cèdent à ceux de la Grâce, parce que rien ne résiste au
Tout-Puissant. — C'est en vain qu'on crie à Dieu : Mon
père, mon père, si ce n'est pas l'esprit de charité qui
crie. — Le dimanche doit être sanctifié par des lectures
de piété, etc., etc... » Mais Quesnel avait dit dans son
livre : « La crainte d'une excommunication injuste ne
nous doit point empêcher de faire notre devoir. » Or,
condamner cette proposition, comme le faisait la bulle
Unigenitus, c'était proclamer de nouveau le droit des
papes à dominer la conscience des rois, à gouverner les
royaumes par la terreur des divins anathèmes; c'était
renverser de fond en comble la doctrine que la déclaration
de 1682 avait consacrée. Là était le côté sérieux de la
bulle, et Louis XIV ne la pouvait accepter sans se donner
à lui-même un démenti scandaleux. Mais égaré alors au
milieu des disputes théologiques, affaibli par l'âge, entouré d'images lugubres, il sacrifiait tout à l'horreur de

---

[1] *Journal de l'abbé Dorsanne*, t. 1, p. 15.

cette nuit éternelle dans laquelle il se sentait à la veille d'entrer.

La bulle passa les monts. Mais aussitôt l'agitation commence. Le parlement s'alarme et cherche une issue à son mécontentement qu'on enchaîne. Espérant aigrir dans le cardinal de Noailles le sentiment de la défaite, les jansénistes se pressent avec ardeur autour de lui ; et Quesnel, humble et soumis jusqu'alors, s'écrie, aux applaudissements des siens : « La bulle vient de frapper d'un seul coup cent une vérités. L'accepter, ce serait réaliser la prophétie de Daniel lorsqu'il dit qu'une partie des forts est tombée comme les étoiles du ciel [1]. » Pendant ce temps, les prélats qui se trouvaient à Paris s'assemblent, délibèrent, se mêlent ou se séparent dans le tumulte des plus haineux débats. Quarante se prononcèrent pour la constitution et pour une instruction pastorale qui en devait répandre l'esprit ; neuf, parmi lesquels M. de Noailles, demandèrent des explications. Irrité, Louis XIV interdit au cardinal Versailles et sa présence ; il intime aux huit prélats opposants l'ordre de regagner sous trois jours leurs diocèses, et, bien résolu à forcer par lettres patentes, enregistrées au parlement, l'acceptation de la bulle, il mande les gens du roi.

Il avait accoutumé le parlement à obéir en silence ; et cependant, il lui fut adressé, en cette occasion, des paroles au fond desquelles semblaient déjà gronder sourdement les futures révoltes. Le monarque entendait-il, par ses lettres patentes, se rendre juge entre des évêques et décider d'une question de foi ? Jamais assemblée pareille à celle qui venait d'être tenue sur la constitution n'avait été confirmée de la sorte. Aussi bien, les constitutions de Rome n'obligeaient point en France ; et la bulle *Unigenitus* émettait, au sujet de l'excommunication, des princi-

[1] Picot, *Mémoires ecclés.*, t. II, p. 90.

pes trop contraires aux maximes du royaume pour qu'on la pût accepter sans réserve. Voilà ce que le procureur général d'Aguesseau et Joly de Fleury représentèrent à l'altier monarque [1]. Et ils demandaient que, tout au moins, on remplaçât, dans les lettres patentes, le mot *enjoignons* par celui d'*exhortons* [2]. Louis XIV se montra disposé d'abord à souscrire à ce changement; mais il se ravisa bien vite, et le 15 février 1714, les lettres patentes, rédigées dans le style du pouvoir absolu, furent portées au parlement. Les Grand'Chambre et Tournelle avaient été convoquées, suivant la coutume; mais plusieurs présidents et conseillers s'absentèrent de parti pris [3], « ou se tinrent collés à la muraille près la porte, comme simples spectateurs [4]. » D'autres, plus courageux, s'étaient promis de tenter les hasards de la résistance. Dans le discours où il requérait l'enregistrement, l'avocat général, Joly de Fleury ne manqua pas de rappeler à quels abus les propositions sur le droit d'excommunier pouvaient ouvrir carrière, et il fit expressément réserve des droits et maximes du royaume [5]. Le mot *enjoignons* fut ensuite critiqué avec une fermeté mêlée de prudence par l'abbé Pucelle, auquel se joignirent plusieurs conseillers. Mais comme l'un d'eux prenait la parole, le président, pour couper court à une discussion pleine de périls, se tourna vers le greffier et lui dit : « Qu'on écrive le nom de monsieur [6]. » Il n'en fallut pas davantage pour faire rentrer dans le silence une assemblée que l'ombre seule de Louis XIV épouvantait. Toutefois, les lettres patentes et l'arrêt d'enregistrement ne furent point publiés dans la

---

[1] *Journal de l'abbé Dorsanne*, t. I, p. 102 et 103.
[2] *Ibid.*
[3] *Hist. de la constitution* Unigenitus, t. II, p. 2.
[4] *Journal de l'abbé Dorsanne*, t. I, p. 107.
[5] Picot, *Mémoires ecclés.*, t. I, p. 93.
[6] *Journal de l'abbé Dorsanne*, t. I, p. 108.

forme ordinaire. On défendit aux colporteurs de les crier par les rues : on se contentait de les présenter, sur la voie publique, à qui les voulait acheter [1].

Ainsi fut introduite en France cette fameuse bulle *Unigenitus*, par qui la doctrine des quatre articles était renversée. Mais il était trop tard. Le principe de la souveraineté des assemblées prévalait déjà dans les esprits. Les protestants l'adoptèrent, en haine de Rome ; les jansénistes, par opposition à la cour, qui les persécutait; les parlements, parce qu'ils brûlaient de mettre la royauté en sous-ordre ; les philosophes, parce qu'ils voulaient innover ; tous les mécontents, parce qu'ils voulaient détruire. Aussi la bulle *Unigenitus* ne fit-elle que fournir le champ de bataille où allaient se livrer, pendant cinquante ans, les combats de la pensée. La royauté y reçut des blessures mortelles. Louis XIV, en 1682, avait posé les prémisses du syllogisme dont les Conventionnels tirèrent, plus tard, la conclusion en frappant Louis XVI.

Tels sont les graves enseignements qui se peuvent tirer de la vie du grand roi ; ceux que donne sa mort ne sont pas de moindre importance : il convient de la rappeler, cette mort, pour l'éternelle satisfaction du peuple vengé.

Jeune, on avait vu Louis XIV étonner les hommes, les éblouir. Son bonheur semblait avoir dépassé les limites humaines. L'Europe qu'agitaient ses guerres et que l'éclat de ses fêtes humiliait, n'avait pu se défendre de l'admirer et de le subir. La France le contemplait à genoux. Suivi d'un cortége de grands hommes, il avait traversé son siècle en le remplissant de sa présence.

Maintenant, vieux, atteint de langueur, seul parmi les fantômes de son passé, et, quand la mort vint s'a-

---

[1] *Journal de l'abbé Dorsanne.*

battre sur toute sa maison, réduit à craindre un empoisonneur dans son neveu, il ne représentait plus, de la France monarchique, que son épuisement et son deuil. Pour qu'il ne cessât point de se croire un potentat, on lui avait donné Port-Royal à détruire, les consciences à violenter : c'était fournir à son despotisme un aliment nouveau et rajeunir son rôle. Mais cela même ne put suffire. Le monarque le plus absolu qui fut jamais succombait au sentiment de son impuissance. « Du temps que j'étais roi, » disait-il avec amertume; et il se cherchait dans son palais vide.

On se souvient de ce prétendu ambassadeur de Perse reçu à Versailles en audience solennelle[1]. Ce jour-là, en présence de sa cour, Louis XIV parut, pâle déjà de sa mort prochaine, mais couvert de pierreries et souriant. On eût dit que son siècle achevé revivait à ses yeux, qu'il en écoutait encore le bruit dans ses souvenirs. Et pourtant ce n'était qu'une mensongère parade imaginée par quelques courtisans pour tromper la mélancolie de leur vieux maître et raffermir son orgueil découragé.

Ce devaient être là les dernières joies de Louis XIV. Six mois après, il était étendu sur son lit de mort. Et ce fut alors un spectacle aussi instructif que terrible. Pas un visage ami, pas un consolateur suprême autour de ce roi qui s'était cru adoré. Tellier était à ses intrigues, et le cardinal de Rohan à ses plaisirs. Ennuyée de la compagnie d'un moribond duquel on n'avait plus rien à attendre, madame de Maintenon avait pris la route de son couvent[2]. A cent pas de son père, qui l'avait aimé jusqu'au scandale et qui agonisait, le duc du Maine faisait rire ses familiers en leur racontant une histoire

---

[1] *Mémoires de Duclos*, t. X de la Collection Michaud et Poujoulat, p. 477.
[2] *Mémoires de Saint-Simon*, t. XII, p. 492.

plaisante¹. Quant aux courtisans, ils affluaient chez le duc d'Orléans et prenaient date.

Ainsi Louis XIV mourut, cherchant en vain autour de lui un regard secourable, se frappant la poitrine, récitant le *Confiteor*, et n'ayant là pour le pleurer que quelques valets, dont c'était l'office.

Son cœur fut porté à l'église de Saint-Antoine, par six jésuites entassés dans un carrosse², et son corps à Saint-Denis. La multitude ne se divertissait pas depuis longtemps : les funérailles du roi la ranimèrent. Elle couvrit gaiement la plaine. On y apportait toute espèce de mets et de rafraîchissements³. On but, on chanta ; le trône fut insulté jusque dans un cercueil : évidemment une révolution approchait.

¹ *Mémoires de Saint-Simon*, t. XII, p. 492.
² Lemontey, *Hist. de la Régence*, t. I, p. 40.
³ *Mémoires de Duclos*, t. X de la Collection Michaud, p. 498.

CHAPITRE VII

PROGRÈS DE LA BOURGEOISIE

RÉGENCE. — SYSTÈME DE LAW

Destinées parallèles de la maison d'Orléans et de la bourgeoisie. — Philippe d'Orléans obtient la régence ; ce qu'il fait pour la bourgeoisie. — Arrivée de Law à la cour du Régent. — Law médite non-seulement une révolution financière, mais la plus vaste et la plus profonde révolution sociale qui ait jamais été tentée. — Conception de Law ; grandeur et beauté de cette conception. — En quoi consista la véritable erreur de Law. — Établissement du système ; ses développements successifs. — Causes qui le pervertissent. — Saturnales financières — La noblesse et l'agiotage. — Le système aide au triomphe de la bourgeoisie — Politique extérieure de la Régence en contradiction avec sa politique intérieure. — Les Anglais se servent de Dubois pour perdre Law ; leur but en cela. — Chute du système. — Law calomnié. — Abaissement et affaiblissement de tout ce qui n'était pas la bourgeoisie. — Souffrances du peuple.

Voilà ce qu'était la bourgeoisie au commencement du dix-huitième siècle. Il nous reste à approfondir les principales circonstances historiques qui la favorisèrent, les idées qui la servirent, ce qui rendit enfin son triomphe complet et la Révolution inévitable.

Et d'abord, pour s'emparer du pouvoir politique, la bourgeoisie avait besoin d'un chef : elle en trouva un dans la maison d'Orléans.

Car il est arrivé que la maison d'Orléans et la bourgeoisie ont grandi parallèlement dans notre histoire, s'appuyant l'une sur l'autre et fortes de ce mutuel appui.

Durant le règne de Louis XIV, on avait pu remarquer entre les deux branches de la famille royale les indices d'une lutte sourde et voilée, mais réelle pourtant, continue, envenimée par la jalousie et des inquiétudes confuses. Vers la fin, l'opposition éclatait déjà en toutes choses.

Ici, dans le silence de Versailles, cette cour du grand roi que nous avons montrée si dévote et si sombre; là, dans le tumulte de Paris, la cour luxurieuse et impie d'un prince ardent au plaisir, des seigneurs presque toujours ivres, des duchesses confondues par l'habitude des voluptés sans pudeur avec la lie des courtisanes, beaucoup d'éclat d'ailleurs, de tolérance, d'esprit, et, pour faire les honneurs de ce désordre à la fois brillant et immonde, l'abbé Dubois, fourbe à mine de renard, bègue par fausseté, et devenu l'ami nécessaire du Régent son élève, pour l'avoir dressé à la débauche et au blasphème.

Le contraste ne pouvait être plus frappant; mais ce qui le rendait sérieux et profond, c'est qu'il répondait dans la société à une division qui la traversait depuis le sommet jusqu'à la base. La branche aînée s'appuyait sur les jésuites, sur les sulpiciens, sur la puissance militaire, sur les nobles : la branche cadette fournit un signe de ralliement et un étendard aux jansénistes, aux oratoriens, aux protestants, aux philosophes, à l'autorité civile, aux industriels.

Entre la maison d'Orléans et la bourgeoisie l'alliance était ainsi préparée de longue main : elle fut scellée le 2 septembre 1715.

Sachant que le testament de son père avait été trouvé chez un obscur marchand, Louis XIV avait renfermé le sien à triple clef, au fond d'une armoire de fer creusée dans la grosse tour du parlement. Vaine précaution! ce testament, qui enlevait au duc d'Orléans la réalité du pouvoir et enchaînait sa régence, fut apporté devant une assemblée de magistrats, et déchiré là sans façon. Le duc, qui ne croyait pas à une victoire si facile, avait inondé les abords du parlement et les vestibules, d'aventuriers portant des armes cachées sous leurs habits : la fougueuse docilité des magistrats lui épargna les scandales de la violence. Et comment les parlementaires ne se seraient-ils pas faits volontiers complices d'un tel renversement des règles de la monarchie? Ils y gagnaient la restitution du droit de remontrances et la faculté de disposer du pouvoir souverain.

C'est ainsi que la maison d'Orléans et la bourgeoisie montèrent ensemble sur la scène politique. Et dès le premier jour elles se partagèrent les dépouilles de l'ancienne royauté : partage décisif, plein de périls, qui mettait les trônes et les assemblées en présence, opposait à la force muette des hommes d'épée l'orageux empire de la parole, et transformait en monarchie mixte une monarchie absolue.

Cela n'empêcha pas le parlement de s'humilier outre mesure devant le principe monarchique, dans le lit de justice qui se tint dix jours après. Les présidents et conseillers ayant mis genou en terre, le premier président dit au roi : « Tous s'empressent à l'envi de vous contempler comme l'image visible de Dieu sur la terre, de vous y voir exercer la première et la plus éclatante fonction de la royauté, et recevoir les hommages, les commissions et le serment solennel de l'inviolable fidélité de votre royaume[1]. » Le roi était un enfant de cinq ans. Un gentilhomme le portait dans ses bras. Ayant ôté et remis son chapeau, il dit : « Messieurs, je suis venu ici pour vous prouver mon affection ; M. le chancelier vous dira ma volonté. » Sa volonté était que, durant sa minorité, le duc d'Orléans gouvernât, selon ce que les par-

---

[1] *Recueil général des anciennes lois françaises.* Collect. Isambert.

lementaires avaient décidé. Il n'en fut pas autrement ; et, à la suite du duc d'Orléans, la Révolution entra aux affaires.

Cela devait être si l'on considère, en dehors même des nécessités de la situation, de quelles qualités, bonnes ou mauvaises, était doué le nouveau régent.

Enjoué, d'humeur facile, mélange de mollesse et d'intrépidité, charmant de grâce et d'abandon, éperdu dans le vice, le règne des dévots, leur sombre discipline lui faisaient horreur. Continuer le système de persécution et de fanatisme en vigueur sous son oncle, il n'y pouvait consentir, n'ayant d'intolérance qu'en fait de courage, et méprisant trop les hommes pour être capable de haïr. Prompt à tout nier comme à tout comprendre, l'autorité de la règle irritait son indépendance moqueuse. Elle eût d'ailleurs gêné ses plaisirs. Comment aurait-il respecté les traditions? il lui fallait pour le subjuguer des croyances qui ne fussent pas anciennes. Car il était passionné pour l'inconnu en même temps que sceptique. Ne l'avait-on pas vu, lui, l'ennemi déclaré des pratiques vulgaires, des superstitions banales, s'enfoncer témérairement dans des recherches ténébreuses d'où il sortit avec une réputation d'empoisonneur qu'il ne méritait point? La religion le faisait rire : l'alchimie le séduisit et le charma. Il ne crut pas en Dieu et il crut à la magie. On sent combien un pareil prince était propre à rompre avec le passé, à tenter l'avenir. D'autant qu'il joignait, chose bizarre, à une extrême audace de pensée un caractère irrésolu et faible à l'excès, ce qui le faisait dépendre de la hardiesse des subalternes, toujours plus aventureuse que celle du maître.

Aussi la Régence mérite-t-elle une large place dans l'histoire du développement de la bourgeoisie et dans le récit des causes qui amenèrent la Révolution.

Nous avons dit quelle importance avait toujours conservée dans les esprits la tradition des états généraux : il y parut bien clairement sous la Régence, par le procès des princes légitimés.

Louis XIV avait-il pu donner à ses bâtards le droit de succéder à la couronne après les princes du sang ? Ceux-ci le nièrent avec emportement ; et, dans la requête qui fut présentée à ce sujet, ils laissèrent échapper des aveux étranges, redoutables. Admettre éventuellement à la couronne le duc du Maine et le comte de Toulouse, c'était, suivant les princes du sang, ôter à la nation le plus beau de ses droits, qui est, quand la famille royale s'éteint, de disposer d'elle-même [1].

Or, voici ce que les princes légitimés répondaient [2] : « Les princes légitimés sont par leur nature du sang royal : ils sont donc renfermés dans le contrat fait par la nation avec la maison régnante. En donnant la couronne à une certaine maison, les peuples ont en vue la conservation de leur repos, et se proposent d'éviter les inconvénients des élections. Tout ce qui recule l'extinction de la famille régnante est donc censé conforme aux désirs de la nation, convenable à ses intérêts. » Et plus loin : « Cette affaire ne peut être décidée que par le roi majeur, ou à la requête des *trois états*. »

De son côté, le roi, dans l'édit par lequel il révoquait celui de son aïeul, s'exprimait en ces termes [3] : « Si la nation française éprouvait ce malheur (l'extinction de la famille régnante), ce serait à la nation qu'il appartiendrait de le réparer par la sagesse de son choix ; et puisque les lois fondamentales de notre royaume nous mettent dans une heureuse impuissance d'aliéner le domaine de la couronne, nous nous faisons gloire de reconnaître qu'il

---

[1] *Requête des princes du sang.*
[2] *Mémoire des princes légitimés.*
[3] Édit du 1ᵉʳ juillet 1717.

nous est encore moins libre de disposer de notre couronne même. »

Enfin, une protestation parut, que trente-neuf membres de la haute noblesse avaient signée, et elle portait qu'un semblable procès concernait la nation, et ne pouvait être jugé que par l'assemblée des *états*.

Ainsi s'écroulait sous un commun effort la fameuse maxime : « Le roi ne tient sa couronne que de Dieu. » Combien est imprévoyant l'égoïsme des passions humaines! Ce n'étaient ni des hommes du peuple ni des bourgeois, c'étaient des princes du sang, des pairs de France, des gentilshommes, c'était le roi, qui invoquaient ici le principe destructeur par essence des priviléges et de la royauté! Ils étaient là creusant tous à l'envi la fosse qui les devait tous engloutir.

La souveraineté des états généraux, proclamée si hautement, promettait à la bourgeoisie une victoire que précipitèrent les nombreux changements introduits dans l'État par la Régence.

La bourgeoisie voulait que la production nationale fût encouragée; que le régime des distinctions perdît ce qu'il avait d'humiliant pour les inférieurs; qu'on abaissât le clergé; qu'on mît un frein à la domination des jésuites; que la liberté individuelle et la liberté de conscience fussent placées hors d'atteinte; en un mot, que l'industrie pût se développer à l'aise sans avoir à craindre les fureurs du fanatisme et les coups d'une tyrannie ombrageuse.

Ces intérêts, ces instincts, le Régent les servit moins par calcul ou politique qu'en s'abandonnant à sa nature et aux circonstances. Les commencements de son administration furent tels que, pour les caractériser, on inonda Paris d'estampes qui représentaient des sacs d'écus[1].

---

[1] Œuvres de Lemontey, t. VI, p. 42. Édit. Paulin. Paris, 1852.

A peine aux affaires, il prohiba les tissus de l'Inde et fit brûler par le bourreau les marchandises saisies[1]. L'étiquette, sous lui, parut moins blessante. Il ordonna la révision des lettres de cachet. Tolérant par mansuétude de mœurs et par scepticisme, on le vit se complaire dans une impiété presque fastueuse et choisir les jours de fête pour ses débauches d'éclat; mais, en même temps, il éloignait Tellier, faisait sortir de prison les jansénistes[2], assignait aux soldats calvinistes et étrangers qui servaient en France des lieux pour l'exercice de leur culte, et donnait des cimetières aux sujets des puissances protestantes morts dans le royaume[3].

Ainsi, à l'intérieur, le Régent seconda d'une manière efficace les progrès de la bourgeoisie; mais, à l'extérieur, au contraire, il se laissa entraîner par son égoïsme à les combattre.

Tant que, dans notre pays, la puissance publique était venue de ces deux sources de la puissance romaine, l'agriculture et la guerre, la nation avait pu, sans inconvénient, se tenir enfermée dans la ceinture de ses montagnes et de ses ports. Mais, par les progrès de la bourgeoisie, la France était devenue manufacturière. Or, à un peuple manufacturier il faut la mer. Le soin des intérêts privés le commande, et, plus encore, celui de la grandeur commune. Car, lorsque rien ne la relève, l'ardeur du gain perd les empires : elle accoutume, en effet, aux petites pensées, elle agite et remplit les cœurs sans les élargir, elle abaisse les caractères, elle efface l'idée de patrie. Quand le goût des richesses devient le mobile dominant d'une société, il importe d'ennoblir ce mobile en l'associant à la splendeur des vastes desseins, en le faisant concourir à la fortune même de l'État; et, pour l'empêcher

---

[1] Œuvres de Lemontey, t. VI, p. 56. Édit. Paulin. Paris, 1832.
[2] *Hist. de la constitution* Unigenitus, t. III, p. 570 et 571.
[3] Œuvres de Lemontey, t. VII, p. 150.

d'être une cause d'amoindrissement général, ce n'est pas trop de lui donner, comme ont fait les Anglais, l'Océan à soumettre et le monde à conquérir.

L'industrie, d'ailleurs, a cela de dangereux, chez les sociétés imparfaites, qu'en agglomérant une population inquiète dans les villes, elle y introduit l'esprit de faction, arme le pauvre contre le riche par l'envie, et prépare des troubles qui deviennent terribles, si, manquant d'issues, les passions populaires ne trouvent pas à se dissiper et à s'éteindre soit dans l'emportement des guerres, soit dans l'imprévu des voyages.

Des colonies, des vaisseaux, la vie du dehors, la mer, voilà donc ce que réclamait l'importance croissante de la bourgeoisie ; et voilà ce que, dans un intérêt tout personnel, le Régent allait sacrifier à la politique des Anglais et à leur fausse amitié.

Ainsi, sous la Régence, la bourgeoisie oscilla entre deux mouvements opposés : l'un intérieur et qui lui fut favorable, l'autre extérieur et qui lui était fatal. Cette politique double et contradictoire vaut qu'on s'y arrête, qu'on en cherche les causes, qu'on en marque les résultats ; car elle caractérise le rôle historique des d'Orléans dans ce pays.

Or, des deux mouvements dont il vient d'être parlé, le premier fut représenté plus particulièrement par Law, le second par Dubois.

Un jour, au milieu de cette cour de France, autrefois si militaire, un jeune Écossais parut, qui venait vanter à des fils de preux ruinés les prodiges de la banque. Il était beau, éloquent, audacieux et riche. Il avait parcouru, en homme d'étude et en joueur, les principales villes de l'Europe commerçante, Londres, Amsterdam, Gênes, Venise, les étonnant tour à tour par son faste, son bonheur et ses projets. Partout il s'était montré prodigue de sa fortune, mais ne livrant qu'une partie de ses pensées. Car c'était contre la tyrannie de l'argent, contre le privilége de l'oisiveté qu'il conspirait dans le secret de son cœur. On ne le devina point, d'abord. Le Régent et ses roués crurent qu'il venait payer les dettes de Louis XIV et fournir aux plaisirs coûteux des courtisans. Plus tard, quand on commença de le deviner, il tomba.

Rendre l'État dépositaire de toutes les fortunes et commanditaire de tous les travaux; faire de la France un commerçant, comme il est arrivé à des monarques guerriers d'en faire un soldat, et la pousser, par delà les mers, à la conquête des terres vierges, telle était, dans ce qu'elle offre de plus général, la conception de Law.

Cette conception, dont il ne nous semble pas qu'on ait jusqu'ici montré la grandeur, était belle, neuve et hardie. Si elle devait avoir pour effet, considérée en elle-même, d'éveiller l'esprit mercantile, c'était, du moins, en l'ennoblissant, en l'élevant à la hauteur d'un intérêt d'État, en lui donnant le monde pour théâtre et des proportions héroïques. Elle conduisait, d'ailleurs, au plus vaste, au plus vigoureux établissement démocratique qui fut jamais. Malheureusement, comme il paraîtra dans la suite de ce récit, elle fut exagérée à l'intérieur par une cour avide, et combattue dans son épanouissement au dehors par une politique asservie à l'influence des Anglais. Il ne faudra donc pas s'étonner, si l'on voit le système, corrompu et dénaturé, introduire en France, au lieu de passions éclatantes, viriles, l'ardeur des petites affaires, le goût du jeu, le mauvais côté des mœurs de l'industrie. Et du reste, cela même aidait à la ruine morale de la noblesse, et poussait à l'avénement de la domination bourgeoise. Aussi ne craindrons-nous pas d'approfondir ce sujet, aucun des grands faits du dix-huitième siècle n'ayant été moins étudié que celui-là, moins éclairci, et n'ayant influé cependant d'une manière plus directe sur la Révolution française[1].

« Il n'est pas, disait Law, de marque plus sûre d'un État penchant vers la misère que la cherté de l'argent. Il serait à souhaiter qu'il se prêtât pour rien ou dans la seule vue de partager avec l'emprunteur le profit qu'il en tirera... L'idée naturelle de l'usure enferme tout prêt qui, sous l'apparence d'un bienfait, met le bienfaiteur plus à l'aise et conduit à sa perte l'emprunteur qu'il fallait soulager[2]. »

Ainsi, ce qui frappait Law, ce qui révoltait son âme généreuse, c'était la tyrannie exercée par certains possesseurs de richesses mortes sur le peuple, qui est la richesse vivante. L'affranchissement du peuple fut son but et le crédit son moyen.

Law ne confondait pas, comme on l'a prétendu, la monnaie et le capital. Il n'ignorait pas que des écus ou des billets de banque ne sauraient suppléer au pain dont on se nourrit, aux vêtements dont on se couvre, à la maison où l'on s'abrite. « La puissance et la richesse, a-t-il écrit, consistent dans l'étendue de la population et dans les magasins de marchandises nationales ou étrangères[3]. » Oui, Law savait fort bien que les premières sources, que les sources directes de la richesse sont les progrès de la culture, l'emploi de l'activité de tous, les

---

[1] M. Thiers a écrit sur Law une notice insérée dans le *Dictionnaire de la conversation*. Ce travail, d'ailleurs si brillant, présente de graves lacunes. M. Thiers s'est trompé sur la nature des doctrines économiques de Law; il n'a montré, du système, ni sa portée sociale ni son côté politique; il n'a pas dit les véritables causes de sa chute. Mais la partie purement financière du système est exposée dans la notice en question, sauf quelques erreurs matérielles, avec une sagacité rare, beaucoup d'élégance, et cette admirable clarté qui caractérise et distingue le talent de M. Thiers.

[2] *Première lettre sur le nouveau système des finances; Mercure de France*, février 1720.

[3] *Œuvres de Law, Considérations sur le numéraire*, p. 145. Paris, 1790.

découvertes de la science, la sagesse des institutions et des lois : n'avait-on pas vu la paresseuse Espagne tomber dans l'indigence, les mains pleines de l'or du Pérou ? Mais Law savait aussi que l'usage de la richesse dépend du commerce et le commerce de la monnaie[1]; qu'il peut y avoir dans le Nord, par exemple, tel sac de blé qui se gâterait faute de consommateur, et dans le Midi tel travailleur qui périrait faute d'emploi, si, grâce aux échanges successifs facilités par la monnaie, le sac de blé n'arrivait jusqu'au travailleur et ne fécondait son activité en le nourrissant.

La monnaie provoquant d'une manière indirecte des travaux qui, sans elle, ne se seraient jamais accomplis, Law en concluait qu'il fallait tendre à l'augmenter dans une juste mesure, c'est-à-dire jusqu'à ce qu'il ne restât plus dans le royaume ni un seul produit stagnant ni un seul bras inoccupé. De là, l'importance qu'il attachait, en fait de monnaie, à la question de *quantité;* de là ces mots qui reviennent à chaque instant sous sa plume : « Il convient que la quantité de la monnaie soit toujours égale à la demande[2]. »

Vainement lui aurait-on objecté que la prospérité d'un peuple consiste dans son capital et non dans son numéraire, dans l'abondance des choses représentées et non dans celle du métal ou du papier qui les représente; que tous les écus et tous les billets du monde ne feraient pas pousser un épi sur un roc infertile ou dans une plaine de sable; qu'en doublant les espèces, on n'aboutit qu'à rendre deux fois plus chers les objets à acquérir; qu'il n'y a par conséquent aucun avantage à augmenter la monnaie, puisque c'est perdre par l'avilissement ce qu'on gagne sur la quantité : de pareils arguments, quelque

---

[1] OEuvres de Law, *Considérations sur le numéraire*, p. 145. Paris, 1790.
[2] Ibid., p. 128 et *passim*.

spécieux qu'ils fussent, ne pouvaient suffire à Law, esprit non moins pénétrant qu'audacieux.

Sans doute, il importerait peu que la monnaie fût abondante ou rare, si elle ne servait qu'à représenter des subsistances, des étoffes, des bois de construction, des pierres à bâtir, le capital national enfin. Mais ce capital, la monnaie sert à le répandre par la circulation, à la manière du sang qui fait courir la vie dans nos veines. Un navire qu'on laisserait pourrir dans un chantier serait-il une richesse? Si vous voulez qu'il fasse partie du capital national, avisez à le charger, et qu'on le lance à la mer. Mais pour cela une série d'échanges est nécessaire, et quel en est l'instrument? La monnaie. Elle influe donc sur la richesse, au moins d'une manière indirecte, et c'est dans ce sens que Law a dit : « Une augmentation de numéraire ajoute à la valeur d'un pays. » C'est qu'il considérait la monnaie, non pas seulement comme signe et commune mesure des valeurs, mais comme instrument des échanges : distinction profonde, et qui touche plus qu'on ne croit au salut des empires.

Qu'arriverait-il dans un pays qui ne connaîtrait pas l'usage des billets de banque et dont tout le numéraire se trouverait réduit à un seul écu? Cet écu aurait beau valoir, par convention, la totalité de ceux qu'il aurait remplacés; valût-il un milliard, les échanges n'en seraient pas moins impossibles. Il faudrait donc le diviser à l'extrême; et rien ne montre mieux combien, dans la théorie des monnaies, on doit tenir compte de la question de *quantité*, quoi qu'en aient dit les économistes modernes, et M. de Sismondi lui-même.

La rareté de la monnaie a des conséquences terribles : elle crée la tyrannie de l'usure. La surabondance de la monnaie est loin de présenter les mêmes périls, d'engendrer de pareils fléaux. Car quand le numéraire en vient à excéder les besoins, si ce n'est pas l'effet de quelque mesure brusque et violente, tout ce qui en advient c'est que l'excédant se trouve peu à peu annulé par une insensible dépréciation des espèces, sans qu'il y ait eu interruption dans le cours des relations commerciales et paralysie dans le travail.

Que l'attention du lecteur se soutienne encore pendant quelques instants : du sein de ces froides abstractions, du sein de cet aride exposé vont sortir les plus étranges événements qui aient jamais tourmenté l'imagination et agité le cœur des hommes.

On vient de voir pourquoi Law désirait que la monnaie fût abondante : on comprendra sans peine pourquoi il préférait, comme monnaie, le papier au métal. Ce n'était pas seulement parce que le papier est plus facile à délivrer, parce qu'il simplifie les comptes et économise le temps, parce qu'il se transporte à moins de frais, parce qu'il est moins sujet à la contrefaçon ; ces considérations, très-graves au point de vue économique, n'occupaient cependant qu'une place secondaire dans la pensée de l'homme d'État écossais. Ce qui déterminait sa préférence pour le papier, le voici :

Quand un peuple veut se procurer des métaux précieux, afin de les employer comme monnaie, il faut ou qu'il les tire des mines, ce qui nécessite de grandes avances et de grands labeurs, ou qu'il les demande à l'étranger, et lui offre en échange une valeur commerciale équivalente. Les services rendus par la monnaie métallique sont donc onéreux de leur nature : on n'en jouit qu'après les avoir achetés. La création du papier-monnaie, au contraire, ne coûte rien ou presque rien.

D'un autre côté, la quantité de la monnaie métallique dans un pays ne pouvant augmenter que par suite du travail des mines ou du commerce fait avec l'étranger, il en résulte que, si parmi les divers canaux de la circulation, quelques-uns restent vides, l'or et l'argent ne viennent les remplir qu'avec lenteur. Et pendant ce temps, que d'échanges manqués, d'heures perdues, de capitaux morts ! Que d'angoisses endurées par le pauvre, qui n'ayant pas de pain n'a pas d'emploi ! Avec le papier-monnaie, quoi de semblable? C'est un instrument que l'État se procure à volonté ; c'est un agent qu'il a sous la main : dans une société où tout ne serait pas abandonné aux désordres de l'individualisme et aux hasards de la concurrence, ce serait *une quantité* qui pourrait être approximativement *égalée à la demande*.

Turgot et les économistes de son école ont posé en principe que, pour servir de commune mesure aux valeurs, la monnaie doit être elle-même une valeur, une marchandise[1]. Aussi ont-ils déclaré les métaux précieux, l'or et l'argent surtout, plus propres que le papier à faire office de monnaie. Il est certain que le numéraire a sur le papier cet avantage qu'il possède une valeur propre, intrinsèque, indépendante de toute convention. Le numéraire est le *signe* des richesses, et il en est le *gage* ; il les *représente*, et il les *vaut*. Il donne au possesseur une sécurité et des garanties que le papier ne lui donne pas. En conclurons-nous que Turgot et ses disciples avaient raison ? Oui, eu égard à l'ordre social qu'ils avaient en vue, ordre social fondé sur l'individualisme, sur la haine et le désarmement du principe d'autorité, sur l'universel antagonisme des intérêts, c'est-à-dire sur un perpétuel et inévitable système de défiance. Mais tel n'était pas l'ordre social auquel Law rapportait sa théorie du papier-monnaie. Il la rattachait, comme on le verra bientôt, à une conception dont il convient de ne point la séparer, et qui tendait à établir entre tous les membres d'une même nation une étroite solidarité d'efforts, d'intérêts et d'espérances.

[1] Turgot, *Réflexions sur la formation et la distribution des richesses*, § 42. Édit. Guillaumin, t. I.

Le principe de tout régime d'individualisme, c'est la défiance : un pareil régime doit avoir pour monnaie le numéraire. Le principe de l'association, c'est la confiance, le crédit ; la monnaie de l'association, c'est le papier.

Voilà ce que Law avait pressenti, voilà ce qui était apparu à son génie précurseur, et ce qui explique cette définition, si différente de celle qui, depuis, fut donnée par Turgot : « La monnaie n'est pas la valeur *pour* laquelle les marchandises sont échangées, mais la valeur *par* laquelle les marchandises sont échangées [1]. » Turgot a émis, sous forme d'axiome, la proposition suivante : « Une monnaie de pure convention est une chose impossible [2]. » Law était si loin d'admettre ce prétendu axiome qu'il écrivait : « Si l'on établit une monnaie qui n'ait aucune valeur intrinsèque, ou dont la valeur intrinsèque soit telle qu'on ne voudra pas l'exporter, et que la quantité ne sera jamais au-dessous de la demande dans le pays, on arrivera à la richesse et à la puissance [3]. » Nous l'avons dit : Turgot partait du principe de concurrence : Law avait en vue le principe d'association.

On peut juger déjà de la portée révolutionnaire du problème que Law venait soulever ; et pourtant nous n'avons encore indiqué, de ce problème, ni son côté le plus neuf, ni son aspect le plus saillant.

L'avoir d'une nation ne se compose pas seulement de ce que les riches possèdent, richesse matérielle et présente, il se compose aussi de ce que les pauvres valent, richesse morale et future ; et c'est l'échange continu de ces deux genres de richesse l'un contre l'autre qui constitue la vie industrielle des sociétés modernes. Que si l'instrument de cet échange ou la monnaie, au lieu

---

[1] Œuvres de Law, *Considérations sur le numéraire*, p. 143.
[2] Turgot, *Réflexions sur la formation et la distribution des richesses*, § 42.
[3] Œuvres de Law, *Considérations sur le numéraire*, p. 146.

d'avoir un prix de convention, a un prix intrinsèque et réel, s'il fait partie des choses que le riche possède, il est clair que l'équilibre se trouve rompu au détriment du pauvre. Car ce qui leur est indispensable à tous les deux, le premier seul en dispose ; et cela suffit pour lui assurer une supériorité de position où sont contenus mille germes de tyrannie. Frappé des abus qu'entraîne une série de transactions particulières dans lesquelles toute la force est d'un côté, Law n'aspira pas moins qu'à transporter de l'individu à l'État le soin de mettre en présence le capital et le travail : la richesse d'aujourd'hui et celle de demain. Or, dans sa pensée, la réalisation d'un tel projet se trouvait intimement liée à l'adoption du papier-monnaie.

L'homme actif et industrieux, mais pauvre, n'ayant à donner qu'une simple promesse écrite en échange de ce qui lui est nécessaire pour vivre et travailler, Law proposait la création d'une banque d'État, qui aurait eu pour mission de vérifier les promesses de l'homme pauvre, d'accepter celles qui auraient été jugées valables, et de les remplacer dans la circulation par des billets revêtus du sceau de la puissance publique, sous la garantie du souverain, propres en un mot à faire l'office de l'argent.

Law voulait donc empêcher ceux qui portent en eux-mêmes leur fortune, de laisser périr, faute d'emploi, le trésor de leur intelligence et de leurs forces. Il voulait que, grâce à une régulière, à une permanente intervention de l'État, les facultés intellectuelles et morales du pauvre eussent leur signe et leur moyen d'échange tout aussi bien que les choses matérielles possédées par le riche. Celles-ci étaient représentées par une monnaie de métal : pour représenter les premières, Law demandait la création d'une monnaie de papier. C'était fonder sur la justice et l'intérêt de tous l'échange des richesses existantes contre les richesses à naître, de ce que les uns possèdent contre ce que les autres valent. C'était placer au-dessus des luttes de l'égoïsme et de la cupidité le principe générateur de la prospérité publique.

Voilà dans quelles vues, aussi nobles que profondes, Law poussait d'abord à la multiplication des monnaies, ensuite à l'adoption d'un genre de monnaie dont l'État pût disposer ; et c'est ce que n'ont pas aperçu ceux qui accusent l'économiste écossais d'avoir cherché ailleurs que dans le travail les sources de la force et du bonheur.

Mais Law ne s'était-il pas trompé en donnant l'emploi du papier-monnaie pour point de départ à une révolution sociale qui aurait dû déjà être accomplie à moitié pour que l'adoption du papier-monnaie fût sans péril? N'aurait-il pas dû comprendre que sous un prince plongé dans le scepticisme et la débauche, qu'au milieu d'une cour sans frein, que dans une société encore ignorante, encore atteinte de la folie de l'égoïsme, il y avait imprudence à toucher ce ressort du papier-monnaie qui exige, pour agir régulièrement, une éducation préalable des esprits, la pratique des idées d'association, des habitudes de confiance, un ensemble de mœurs et d'institutions nouvelles? Law ne commençait-il pas justement par où on ne pouvait que finir? C'est ce que la suite de notre récit prouvera.

Quoi qu'il en soit, ce fut Law qui introduisit en France l'idée de ce fameux système des assignats que nous retrouverons plus tard, produisant des résultats terribles, mais qu'il ne faut pas maudire cependant ; car il racheta des calamités passagères par d'immortels services, et mit la Révolution française en mesure d'accabler ses ennemis.

Puissance de l'esprit ! un monde magique allait éclore ; on était au moment de voir, sous l'influence d'un Écossais qu'on eût pu croire armé de la baguette des fées, toute une nation ivre d'espoir, les classes confondues, les rangs oubliés, des métamorphoses prodigieuses autant que soudaines, la noblesse égarée dans les carrefours, d'anciens mendiants vêtus d'or et de soie, des milliers d'hommes haletants sur l'échelle des fortunes, un grand peuple enfin agité, transformé, exalté, tourmenté... et cela, pour certaines évolutions de la pensée dans le cerveau d'un inconnu. Il avait donc bien raison de dire, ce même Law, qu'un seul changement dans les principes importe plus à la fortune des empires que la perte ou le gain d'une bataille[1].

Law, par l'établissement d'une banque générale, entendait faire de l'État le distributeur de la richesse publique, le caissier des riches, le banquier des pauvres.

On sait que les banques d'escompte ne gardent jamais en caisse, sous le nom de réserve, qu'une partie du numéraire correspondant au papier qu'elles ont émis. Elles placent le reste, et augmentent par là leurs bénéfices. Ainsi aurait fait la banque générale. Seulement, les bénéfices qui, dans le système des établissements privés, vont grossir la fortune de simples individus, l'État, ici, les aurait recueillis, dans l'intérêt commun. De l'argent mis en dépôt dans ses coffres, il aurait fait deux parts, destinées, l'une à rembourser, au besoin, les billets rentrants, l'autre à faire face aux dépenses publiques.

Il est vrai que c'était investir le gouvernement du droit de toucher au dépôt dans la mesure de ses besoins; mais les déposants, suivant Law, n'avaient pas à s'en inquiéter, puisque l'intégralité des sommes déposées se trouvait remplacée, entre leurs mains, par des billets ayant cours de monnaie et payables à bureau ouvert.

---

[1] Œuvres de Law, *Deuxième mémoire sur les banques*, p. 297.

Cependant, il pouvait arriver que, non content d'employer aux dépenses publiques la portion disponible du numéraire concentré dans sa caisse, le gouvernement s'avisât d'entamer la *réserve*. Et, dans ce cas, de quel discrédit ne seraient pas frappés des billets qui auraient perdu leur gage? La confiance ne s'évanouirait-elle pas en un moment? Et le système de crédit venant à crouler soudain, les déposants ne demeureraient-ils pas écrasés sous ces débris? Law avait prévu l'objection. Voici en quels termes il y répondait :

« Il est de toute impossibilité que le roi touche jamais au système. Car enfin, pourquoi y toucherait-il? Pour avoir l'argent du royaume, qu'il préférerait à son crédit? Il a déjà cet argent, dans une supposition, et il perdrait gratuitement un crédit, décuple de ce fonds : ce serait un homme, possesseur de dix maisons, qui, pour en garder une, que personne ne lui dispute, détruirait les neuf autres [1]. »

Law se trompait, cette fois : il jugeait impossible dans une monarchie absolue ce qui ne l'eût été que dans un régime de garanties. Qui peut trop, en vient à oser encore plus qu'il ne peut.

Mais, comme conception applicable à un gouvernement démocratique, le système de Law portait l'empreinte du génie. Après avoir fait ressortir les calamités qu'engendre la défiance, lorsqu'elle s'élève ainsi qu'une barrière entre le gouvernement et le peuple, « quel principe, s'écriait Law, peut prévenir un si grand mal? Je le dirai, malgré la frayeur qu'en pourrait avoir l'homme vulgaire : c'est de porter tout l'argent chez le roi, non par voie de prêt, l'intérêt lui serait à charge; ni par voie d'impôts, son propre avantage est de les

---

[1] *Deuxième lettre sur le nouveau système des finances : Mercure de France* du mois de mars 1720.

ôter ; mais en pur dépôt à la banque, pour ne le retirer qu'à proportion de vos besoins [1]. »

De sorte que, par une combinaison aussi neuve que hardie, Law prétendait arriver à la suppression complète et des impôts et des emprunts.

Dès lors, plus de violences fiscales. L'odieuse importance des traitants disparaissait. Pour acquitter les charges de l'État, on avait une portion du numéraire volontairement apporté à la banque commune par la confiance réfléchie des citoyens; le cultivateur reprenait courage; le pauvre commençait à respirer : c'était le crédit qui payait l'impôt.

Pour résumer cet ensemble d'idées et le rendre en vives images, nous dirons que, suivant Law, la monnaie était dans l'État ce que le sang est dans le corps humain. Il comparait le crédit à la partie la plus subtile du sang ; et, de même qu'il y a dans le corps humain un organe de la circulation du sang, qui est le cœur, Law voulait qu'il y eût dans la société un organe de la circulation des richesses, qui eût été la banque.

Quant à la philosophie de son système, elle éclate dans ces belles paroles : « Ceux qui veulent amasser l'argent et le retenir sont comme des parties ou extrêmités du corps humain, qui voudraient arrêter au passage le sang qui les arrose et les nourrit : elles détruiraient bientôt le principe de la vie dans le cœur, dans les autres parties du corps et enfin dans elles-mêmes. L'argent n'est à vous que par le titre qui vous donne droit de l'appeler et de le faire passer par vos mains, pour satisfaire à vos besoins et à vos désirs : hors ce cas, l'usage en appartient à vos concitoyens, et vous ne pouvez les en frustrer sans commettre une injustice pu-

---

[1] *Deuxième lettre sur le nouveau système des finances : Mercure de France* du mois de mars 1720.

blique et un crime d'État. L'argent porte la marque du prince et non pas la vôtre, pour vous avertir qu'il ne vous appartient que par voie de circulation et qu'il ne vous est pas permis de vous l'approprier dans un autre sens[1]. »

Un pareil langage n'aurait eu rien d'extraordinaire dans la bouche d'un homme éprouvé rudement par la souffrance et sollicité aux études austères par la pratique de la pauvreté. Mais quand il dénonçait avec tant de passion le despotisme systématique de l'argent, Law était deux fois millionnaire[2]. Sa jeunesse semblait ne s'être employée jusqu'alors qu'à entreprendre d'heureux voyages, qu'à tenter le hasard et l'amour. Loyalement vainqueur dans un duel qui intéressait l'honneur d'une femme et que Voltaire a calomnié en l'appelant un meurtre, il s'était vu forcé de quitter Londres. Il avait fait, à Venise, figure de gentilhomme; et, à Paris, l'hôtel de Gesvres avait pu saluer en lui le plus magnifique des joueurs[3]. C'étaient là les habitudes premières de Law. Tant il est vrai que, dans certaines natures, l'honnêteté des sentiments naît de la seule beauté du génie !

Arrivé au point où nous sommes, le système de Law s'élevait, en s'agrandissant, à des proportions admirables. Si le commerce est une source abondante de richesses, dans un pays où il n'est pratiqué que par des individus isolés qui se nuisent l'un à l'autre et se ruinent mutuellement, au sein d'une mêlée confuse, que serait-ce dans un royaume qui ferait le commerce en corps, sans néanmoins l'interdire aux particuliers[4]? Et si un commerçant

---

[1] *Deuxième lettre sur le nouveau système des finances.*
[2] *Hist. du système des finances sous la minorité de Louis XV*, t. I, p. 78. La Haye, 1739.
[3] *Ibid.*, p. 70.
[4] *Deuxième lettre sur le nouveau système des finances; Mercure de France*, mars 1720.

a raison de mesurer aux fonds dont il dispose ses projets et ses espérances, que ne devrait-on pas attendre d'une immense compagnie qui, confondue avec l'État, jouissant de son crédit, appuyée sur la banque générale, réunirait en faisceau toutes les forces, ramènerait à un centre commun tous les capitaux épars, et, armée pour les entreprises lointaines, pour les vastes desseins, marcherait à la conquête du bonheur des hommes, sous l'étendard, avec les trésors et aux applaudissements d'un grand peuple?

Ainsi, la banque et la compagnie auraient agi de concert, puissances jumelles. La première serait venue au secours des producteurs en quête d'avances; la seconde aurait fait valoir les fonds en quête d'un placement. Au moyen de la banque, l'État serait devenu dépositaire de la monnaie métallique, signe et gage de la richesse : au moyen de la compagnie, il aurait eu la gestion de la richesse même.

Sans compter que le remboursement de la dette publique devenait alors très-facile. Car l'État trouvait à s'acquitter, en associant ses créanciers aux bénéfices de la compagnie et en leur donnant, à la place de leurs titres de rente, des actions productives d'un intérêt égal et peut-être supérieur.

Donc, avec la banque, plus d'emprunts et plus d'impôts ; avec la compagnie plus de dettes.

Tel était le système que Law vint proposer, dans un moment de détresse générale et de désespoir. La dette laissée par Louis XIV était, nous l'avons dit, de deux milliards quatre cent douze millions, et, pour en payer les intérêts, nulle ressource. L'impôt se trouvait, en grande partie, dévoré d'avance. Il avait fallu recourir à un *visa* pour convertir en un seul papier et réduire les six cent millions d'effets royaux répandus dans le public sous différents noms; mais il en restait encore pour deux cent cinquante millions, appelés *billets d'État*, et ils perdaient jusqu'à soixante-dix pour cent; quelques-uns disent quatre-vingt-dix[1]. Un tribunal terrible, la *Chambre de justice*, avait été établi, à la satisfaction du peuple, pour dépouiller et frapper les traitants, gorgés de rapines; mais il n'était résulté de là que perquisitions odieuses, vengeances, trahisons domestiques[2]. Encouragés par d'affreux édits, les délateurs pullulaient, comme au temps de Rome dégénérée[3]. L'argent se cachait; l'industrie était mourante; Law, enfin, avait devant les yeux un royaume accablé, une cour aux abois, des milliers de créanciers frémissants ou frappés de stupeur, des ministres à bout d'expédients, le trésor vide, l'imminence d'une banqueroute.

Son ardeur s'en accrut; il développa quelques-unes de ses idées avec une éloquence simple et forte; il mit à risquer sa fortune dans l'entreprise une générosité remplie de grâce[4]; il plut aux femmes, il occupa la ville, enchanta la cour et séduisit le Régent.

Aussi bien, les mesures prises par Law pour assurer l'établissement proposé étaient empreintes de sagesse et de prudence. Il avait prévu toutes les difficultés, répondu à toutes les objections. Sa confiance était si grande, si sincère, que, non content de s'engager à donner, de son bien[5], cinq cent mille livres aux pauvres, en cas d'insuccès, il s'était cru le droit d'écrire au Régent : « Le service du roi, la part que le sieur Law a l'honneur de prendre à l'intérêt de ce royaume et des sujets de Sa Majesté, et aussi sa propre réputation, le portent à insister pour avoir la conduite de son affaire. Il se connaît ca-

---

[1] *Hist. du système*, t. I, p. 61.
[2] Lemontey, Œuvres, t. VI, p. 65.
[3] *Ibid.*
[4] *Premier mémoire sur les banques*, p. 210.
[5] *Ibid.*, p. 202.

pable, et soumet sa tête pour répondre de sa droiture, de sa capacité et du succès[1]. »

Cependant, prêt à entrer dans une carrière aussi nouvelle, Philippe hésita, et Law dut commencer par l'établissement d'une banque privée. Elle était autorisée à émettre des billets à vue, à escompter les lettres de change; à ouvrir, moyennant une rétribution presque imperceptible, des comptes courants, et à administrer la caisse des particuliers[2]. Son fonds, qui fut en partie fourni en billets d'État, se composa de douze cents actions de mille écus chacune, ce qui faisait six millions[3]; et Law, pour la soutenir, fit venir deux millions que lui gardait l'Italie[4].

Le succès fut rapide, prodigieux. La valeur du billet ayant été déclarée invariable, on le préféra aux espèces, que les perpétuelles variations des monnaies avaient décriées. L'or, l'argent affluaient à la Banque, pour s'y échanger contre du papier. La confiance se ranima, la circulation reprit son cours; les étrangers reparurent sur notre marché, d'où les avait chassés l'incertitude des négociations, fruit amer et inévitable de tant de révolutions financières; on se mit à bénir l'heureux Écossais, on crut, on espéra.

Émerveillé alors, et décidément convaincu, le Régent résolut de s'abandonner aux promesses de Law et à son facile génie. Un édit ordonna aux receveurs des finances de recevoir en billets le payement des impôts, et aux officiers comptables d'acquitter à vue les billets qui leur

---

[1] *Premier mémoire sur les banques*, p. 216.
[2] Lettres patentes du roi, du 2 mai 1716.
[3] Lettres patentes du roi, contenant règlement pour la banque générale, donné le 20 mai 1716.
[4] *Hist. du système*, t. I, p. 78. Law dit dans ses *Mémoires justificatifs* qu'il apporta en France un million six cent mille livres, le marc d'argent étant alors à vingt-huit livres.

seraient présentés[1]. Le papier de Law conquit par là le royaume tout entier. Sa banque acquérait une importance croissante, et commençait à se confondre avec le gouvernement. En étendant son empire, elle multiplia ses bienfaits; et au morne assoupissement dans lequel la France était plongée succédèrent bientôt des élans d'enthousiasme.

Mais, grâce à nos possessions d'Amérique, le système de Law allait s'élever à de plus hautes et plus orageuses destinées.

En 1682, le célèbre voyageur Cavelier de La Salle descendait la rivière des Illinois, lorsqu'il se trouva tout à coup au milieu d'un grand fleuve inconnu. Surpris et charmé, il en suivit le cours immense, il en explora les rives, gagna par des présents mainte peuplade sauvage; et, en quittant la contrée, il lui laissa le nom de Louisiane. Il y retourna, pour y périr : son neveu et ses domestiques l'assassinèrent près de la rivière des Canots[2]. Mais ses travaux ne furent pas perdus pour nous. Repris par d'Hyberville, ils donnèrent à saluer aux déserts du nouveau monde le drapeau de la France, et firent couler le Nil américain sur notre domaine agrandi.

Les Espagnols du Mexique s'en émurent, les Anglais de la Virginie et de la Caroline en prirent ombrage. Et quelle plus précieuse conquête en effet! Une contrée, supérieure à l'Europe en étendue, et arrosée, dans un cours de mille lieues, par un fleuve magnifique, des terres riches en grains et en fruits, des rivières poissonneuses, de belles carrières[3]; et, pour posséder tout cela, des travaux à accomplir, mais pas une goutte de sang à verser. Le seul aspect de la Louisiane suffisait, d'ailleurs,

---

[1] Arrêt du conseil du roi, du 10 avril 1717, extrait des registres du conseil d'État.
[2] *Hist. du système*, p. 97.
[3] *Ibid.*, t. I, p. 98 et 99.

pour enflammer les imaginations, par sa végétation vigoureuse et variée, ses immenses savanes et la majesté de ses forêts ornées de la chevelure des lianes. C'était ce même pays dont un illustre écrivain de nos jours a si poétiquement décrit la beauté : « Les deux rives du Meschacebé, ou Mississipi, présentent le tableau le plus extraordinaire. Sur le bord occidental, des savanes se déroulent à perte de vue; leurs flots de verdure, en s'éloignant, semblent monter dans l'azur du ciel, où ils s'évanouissent. On voit dans ces prairies sans bornes errer à l'aventure des troupeaux de trois ou quatre mille buffles sauvages. Quelquefois, un bison chargé d'années, fendant les flots à la nage, se vient coucher parmi les hautes herbes, dans une île du Meschacebé. A son front orné de deux croissants, à sa barbe antique et limoneuse, vous le prendriez pour le dieu du fleuve, qui jette un œil satisfait sur la grandeur de ses ondes et la sauvage abondance de ses rives. »

Law résolut de faire de cette contrée une opulente colonie. Elle n'avait donné lieu jusqu'alors qu'à des essais timides : Law, pour les féconder, forma une compagnie avec laquelle il mit son système en mouvement.

Une ère nouvelle allait commencer pour la bourgeoisie.

Combien est rapide la marche des choses quand c'est une idée qui les pousse! Dans les dernières années du siècle précédent, au sein de l'éclat dont rayonnaient les gentilshommes et leur chef glorieux, qui eût jamais pu croire qu'à un intervalle si rapproché, il se formerait en France une association de marchands investie des prérogatives de la puissance souveraine; que cette association, chargée d'exploiter des possessions lointaines, recevrait le droit d'y construire des forts, d'y lever des troupes, d'y établir comme juges des seigneurs hauts justiciers, de déclarer la guerre, d'équiper des vaisseaux; qu'elle aurait des armes; qu'elle compterait au nombre de ses directeurs le Régent de France, le Régent lui-même; et que, pour la mettre en état d'absorber les anciens hommes d'épée, on accorderait aux nobles la faculté d'aller se perdre, sans déroger, au milieu d'elle [1] !

La nouvelle compagnie reçut le nom de *Compagnie d'Occident*. Les lettres patentes contiennent cette clause remarquable : « Notre intention estant de faire participer au commerce de cette compagnie et aux avantages que nous lui accordons *le plus grand nombre de nos sujets que faire se pourra et que toutes personnes puissent s'y intéresser suivant leurs facultez*, nous voulons que les fonds de cette compagnie soient partagez en actions de cinq cents livres chacune [2]. » Il y avait toute une révolution dans ces paroles.

Mais les révolutions ne s'accomplissent pas sans blesser mille intérêts et soulever des haines implacables. Law était à peine à l'entrée de la carrière, qu'il pouvait déjà compter pour ennemis : les parlementaires, parce qu'il menaçait la vénalité des offices ; les gens de robe, parce qu'il visait à la diminution des procès; les traitants, parce qu'il prétendait chasser du maniement des deniers publics la confusion et l'obscurité, sources de tant de profits odieux; toute l'ancienne finance, parce que les combinaisons nouvelles semblaient l'accuser d'incapacité; beaucoup de personnages influents, parce qu'ils étaient jaloux de la faveur d'un étranger. Et, à la tête de ces derniers, marchait d'Argenson, qui, depuis peu, successeur de d'Aguesseau et du duc de Noailles, réunissait la justice et les finances.

D'Argenson signala ses débuts par un édit qui ordonnait une refonte générale et une forte augmentation sur les monnaies. C'était un coup manifeste porté au système

---

[1] Lettres patentes en forme d'édit, données à Paris au mois d'août 1717.
[2] *Ibid.*

de Law. Car qu'imaginer de plus fatal à un système naissant de crédit que des surhaussements d'espèces, si propres à jeter dans le commerce le trouble et l'incertitude? Cependant les adversaires de Law, ses envieux, lui firent un crime de cet édit de mai, œuvre de son ennemi [1]. Ils feignirent d'ignorer que d'Argenson dirigeait alors les finances, qu'il les dirigeait avec empire, et que, loin d'approuver l'agitation des monnaies, Law en avait démontré avec beaucoup de vigueur, dans ses écrits, les inconvénients et les dangers [2]. A la tête de ceux qui ont injustement imputé à Law l'édit de la refonte, il faut mettre Pâris-Duverney. Dans un livre où il se propose de réfuter Dutot, qui est un des apologistes du célèbre Écossais, le futur confident de la marquise de Prie s'étonne et se plaint du silence gardé par Dutot sur l'édit de mai [3]. Or, si Dutot ne parle point de cet édit, c'est par la raison toute simple que Law n'en était point l'auteur. Et, en effet, il ne se trouve pas dans le recueil des mémoires, lettres patentes, déclarations et arrêts relatifs au système [4].

Quoi qu'il en soit, le parlement s'étant élevé contre la refonte dans un arrêt en date du 20 juin 1718, et cet arrêt ayant été cassé par le conseil, Law porta, aux yeux de ses détracteurs, la responsabilité de la lutte qui venait de s'engager entre la cour et le parlement, lutte fort vive, qui fit bloquer par des mousquetaires l'imprimerie du

---

[1] *Vie de Philippe d'Orléans*, par M. L. D. M., t. I, p. 256 et 257.

[2] Voy. tout le chapitre IV des *Considérations sur le numéraire*, Œuvres de Law, p. 61 et suiv.

[3] *Examen du livre intitulé : Réflexions politiques sur les finances*, t. I, p. 221.

[4] Dans sa remarquable notice sur Law, à qui, du reste, il ne nous paraît pas avoir rendu justice, M. Eugène Daire fait à M. Thiers le même reproche que Pâris-Duverney avait adressé à Dutot, et sans plus de raison, bien entendu. Voy. la *Collection des Économistes*, p. 449. Paris, chez Guillaumin.

parlement, et poussa l'autorité royale menacée à chercher sa victoire dans la force.

A cette première attaque en succédèrent d'autres plus directes. Irrité de sa récente défaite, le parlement fit défense aux officiers comptables de recevoir les billets de banque en payement des impôts, et à tous étrangers, même naturalisés, de s'immiscer dans le maniement des deniers royaux[1]. Aussitôt Paris s'agite et la cour s'alarme. On savait que le duc et la duchesse du Maine n'étaient depuis longtemps occupés qu'à souffler à la magistrature l'ardeur des colères dont ils étaient animés. La lecture des Mémoires du cardinal Mazarin, de Joly, de madame de Motteville, avait, dit Saint-Simon, tourné toutes les têtes[2]. Les troubles venant à renaître, on était bien sûr de retrouver des Broussel, et beaucoup s'effrayèrent ou se réjouirent dans l'attente d'une Fronde nouvelle. Pour ce qui est de Law, l'animosité du parlement contre lui avait tous les caractères de l'ignorance furieuse. Il s'agissait « de l'envoyer un matin quérir par des huissiers, ayant en main décret de prise de corps, après ajournement personnel soufflé, et de le faire pendre en trois heures de temps, dans l'enclos du palais[3]. » Un acte de vigueur pouvait seul le sauver, et le sauva. Après quelque hésitation, Philippe s'était décidé à frapper un grand coup. Le 26 août, le parlement est mandé aux Tuileries. Il y arrive à pied, en robes rouges; et l'enregistrement des édits qui concernaient la banque lui est imposé dans un lit de justice.

Les ennemis de Law résolurent de le combattre avec ses propres armes. On mit en actions les fermes générales. D'Argenson en fit adjuger le bail à ses protégés, sous le

---

[1] Extrait des registres du parlement.
[2] *Mémoires de Saint-Simon*, t. XVI, chap. xxii, p. 428. Édit. Sautelet. Paris, 1829.
[3] *Ibid.*, p. 434.

nom d'Aymard Lambert, son valet de chambre[1]; et il opposa au génie de Law l'habileté des quatre frères Pâris, que la fortune et leur intelligence avaient tirés du fond d'un cabaret pour les porter au faîte de l'État[2].

Mais, plus encore que ses ennemis, Law avait à redouter ses protecteurs.

Il entrait dans son plan que la banque fondée par lui fût déclarée royale, que les actionnaires fussent remboursés, que le roi se fit garant des billets. Or, sur le point de provoquer cette décision, il ne put se défendre d'un sentiment d'effroi. Le Régent valait-il qu'on s'abandonnât à lui? C'est ce que Law mit en doute. Il demanda qu'une fois déclarée royale, la banque fût placée sous la surveillance d'une commission spéciale fournie par les quatre grandes cours du royaume: celle des aides, celle des monnaies, la chambre des comptes et le parlement[3]. Ainsi qu'on devait s'y attendre, le Régent repoussa tout contrôle. Et peut-être Law aurait-il dû mieux comprendre la portée fatale d'un tel refus; peut-être aurait-il dû se retirer alors. Malheureusement son âme n'avait pas autant de force que son génie; et d'ailleurs le Régent était de ces princes aimables et corrompus qui exercent sur ceux que leur faveur souille une séduction invincible.

La même faiblesse fit céder Law sur un point d'égale importance. Tant qu'il s'était vu à la tête d'une banque privée, il avait voulu que le billet restât monnaie invariable, afin qu'on le préférât aux espèces, que tourmentaient des mutations fréquentes. Mais quand il fut question de faire de la banque une institution politique, Law craignit qu'un trop grand avantage donné au billet sur l'espèce ne devînt pour la foule un appât dangereux, et,

---

[1] *Hist. du système*, t. I, p. 115.
[2] *Mémoires de Saint-Simon*, t. XVIII, p. 155.
[3] *Œuvres de Lemontey*, t. VI, p. 299.

pour le gouvernement, une occasion de rompre au gré de ses caprices la proportion qui, dans la circonstance, devait être maintenue entre le numéraire et le papier. Ce qui lui avait paru bon dans un établissement qu'il avait seul charge de diriger, il le regardait avec raison comme nuisible dans un établissement sur lequel allait peser la volonté d'un prince dissipateur, indifférent au bien public, et pour qui l'altération des monnaies n'était qu'un jeu. L'auteur du système eut donc soin d'omettre dans les statuts de la banque royale cette clause de l'invariabilité du billet, qui avait pourtant fait le succès de sa banque privée[1]. Mais le régent ne tarda pas à réparer l'omission! Cinq mois ne s'étaient pas écoulés depuis la transformation de la banque générale en banque royale, qu'on vit paraître un édit qui déclarait le billet non sujet aux diminutions dont les espèces étaient menacées[2].

En général, ce qui frappe dans le volumineux recueil des édits relatifs au système, quand on l'étudie avec soin, c'est qu'il présente deux ordres de règlements de tout point contradictoires : les uns dérivant des principes développés par Law dans ses écrits ; les autres au contraire dictés par l'avidité de la cour et ayant pour but de détruire les premiers ou de les fausser. Voilà ce qui n'a pas été remarqué, et c'est ce qui a fait retomber sur Law des accusations dues à la cupidité de son tout-puissant protecteur et à la malice de ses ennemis. Son vrai crime, ce fut la faiblesse ; et c'en est un, dans ces hautes sphères où s'agite le sort des peuples.

Ce fut au travers d'une foule d'obstacles et d'embûches que Law poursuivit l'accomplissement de ses desseins. Le fonds de la *Compagnie d'Occident* avait été fixé à cent millions et divisé en deux cent mille actions de

---

[1] Déclaration du roi, donnée à Paris, le 4 décembre 1718.

[2] Arrêt du conseil d'État du roi, du 22 avril 1719. — Extrait des registres du conseil d'État.

cinq cents livres chacune. Law fit décider qu'elles seraient payées en *billets d'État*. La compagnie par là ne devenait propriétaire que d'un capital en papier produisant quatre millions de rentes; et, comme il ne lui serait rien resté si, ce qu'elle allait toucher du gouvernement sous forme de rentes, elle avait dû le donner ensuite aux actionnaires sous forme de dividende, il fut convenu que les intérêts de la première année lui seraient abandonnés pour former son fonds productif. Il fallait d'autres ressources. Mais en adoptant tout d'abord une combinaison qui, au premier aspect, ne frappe que par sa bizarrerie, Law avait un but plein de hardiesse et de profondeur. Il voulait, non pas seulement relever le cours des effets royaux en leur ouvrant un débouché, mais commencer la réalisation du système par son côté social, et nous avons vu que ce système consistait à former, sous la direction de l'État, une immense association commerciale qui aurait rendu toutes les existences solidaires et aurait fait, par conséquent, de tout prêteur un associé de son emprunteur, de tout rentier un actionnaire, de toute rente un dividende.

Mais, pour mener à fin les opérations projetées, des fonds considérables et disponibles étaient nécessaires. Law fit réunir au commerce des Indes occidentales celui des Indes orientales et de la Chine, qui languissait; et il profita de l'occasion pour émettre cinquante mille nouvelles actions, qu'on nomma les *filles*[1], parce que, pour en acquérir une, il fallait en présenter quatre des anciennes. Ces cinquante mille nouvelles actions produisirent, à cinq cent cinquante livres chacune, vingt sept millions cinq cent mille livres en argent. Et la compagnie, qui, dès la fin de l'année précédente s'était rendue

---

[1] Dutot, *Réflexions politiques sur les finances*, t. II, p. 343, la Haye, MDCCXLIII.

adjudicataire de la ferme du tabac, commença ses opérations sur une échelle imposante.

Déjà, du reste, et avant même la réunion des deux commerces, qui eut lieu en juin 1719, la compagnie avait formé un établissement à la baie Saint-Joseph ; elle avait envoyé aux Illinois un gouverneur avec des troupes, et des ouvriers pour la culture du tabac; elle avait acquis seize vaisseaux, dont dix étaient partis pour la Louisiane avec sept cents hommes de recrues, cinq cents habitants et les munitions qu'exige la fondation d'une colonie [1].

Bientôt, mesurant son ambition à ses succès, elle acheta du roi, pour neuf années, la fabrication des monnaies, au prix de cinquante millions. Pour les payer, elle émit une troisième série d'actions, qui prirent le nom de *petites filles;* et tel était son crédit, que ces actions, quoique émises au capital *nominal* de cinq cents livres seulement, furent payées en réalité sur le pied de mille livres [2].

Law n'hésita plus alors à aborder un projet gigantesque qu'il méditait depuis longtemps et qui devait couronner son entreprise.

Il offrit, ce qui fut accepté, de payer, avec le produit d'actions nouvelles, les dettes de l'État jusqu'à concurrence de quinze cent millions, à condition : 1° que l'État s'engagerait, vis-à-vis de la compagnie, pour une somme annuelle de quarant-cinq millions ; 2° que les fermes générales seraient enlevées aux frères Pâris et que la compagnie en deviendrait adjudicataire [3].

Comme intérêt du capital de quinze cent millions, l'État jusqu'alors avait payé à ses créanciers une somme

---

[1] Forbonnais, *Recherches et considérations sur les finances de France*, t. II, p. 589.
[2] Dutot, *Réflexions politiques sur les finances*, t. II, p. 344.
[3] Arrêt du conseil d'État du roi, du 27 août 1719.

annuelle de soixante millions. Par l'arrangement proposé, il ne se trouvait devoir à la compagnie que quarante-cinq millions. C'était donc quinze millions qu'il gagnait par an.

Il est vrai que ces quinze millions retombaient à la charge de la compagnie; mais elle les retrouvait dans les bénéfices des fermes, qui lui étaient cédées; et elle se délivrait, en outre, d'une association rivale.

Pour réaliser le plan, il fut convenu qu'aux trois cent mille actions déjà créées on en ajouterait trois cent mille, dont cent mille furent émises le 13 septembre 1719. Le produit devait servir à payer les créanciers de l'État, et, à cet effet, on les conviait à prendre des *récépissés de remboursement*. Mais pendant que les créanciers se trouvaient retenus par les formalités qu'entraînait la délivrance des récépissés, d'autres se jetaient sur les actions émises, et avec un tel emportement, qu'elles montèrent sur-le-champ à cinq mille livres. Les titulaires de la dette publique se plaignirent alors de ce que le placement de leurs capitaux, remboursés par l'État, était au moment de leur échapper; et Law fit droit à leurs réclamations par l'arrêt du 26 septembre, qui ordonnait qu'il ne serait plus délivré de souscriptions qu'à ceux qui payeraient un dixième comptant en billets d'État, billets de la caisse commune ou en récépissés[1]. Les créanciers pouvaient-ils désirer mieux? Puisque les récépissés devenaient le payement obligé des actions, il était impossible que la valeur des premiers ne s'accrût point proportionnellement à la hausse des secondes. Law ne cherchait donc pas à frustrer les créanciers, comme quelques-uns l'ont avancé, sur la foi de Pâris-Duverney[2], si

---

[1] Arrêt du conseil d'État du roi, du 26 septembre 1719. — Extrait des registres du conseil d'État.

[2] *Examen des réflexions politiques sur les finances*, t. I, p. 254.

intéressé à rabaisser dans Law un génie supérieur au sien et un rival qui l'avait vaincu.

Nous dépasserions les bornes de notre sujet en suivant tous les détails d'une aussi vaste opération. Mais l'effet qu'elle produisit a un rapport trop direct avec cette transformation de mœurs et ce déplacement de forces d'où la Révolution devait sortir, pour que nous ne nous y arrêtions pas.

L'empressement provoqué par la vente des actions alla jusqu'à la fureur. Qui n'a entendu parler de la rue Quincampoix et de son orageuse célébrité ? Impatience du gain, espoir de relever en un moment une fortune écroulée, désir présomptueux de braver le destin, besoin d'oublier, besoin d'être ému, poignantes incertitudes que le cœur dans sa folie redoute et recherche, tourments dont il est avide : voilà ce qui se trouvait, dans un espace de quelques pieds, soulevé puissamment et mis en jeu. Aussi la rue Quincampoix vit-elle accourir, pour se confondre et rouler dans un prodigieux pêle-mêle, gens de cour, gens d'Église, artisans, parlementaires, moines, abbés, commis, soldats, aventuriers venus de tous les points de l'Europe. Devant l'égalité des faiblesses et des passions humaines, l'inégalité des rangs avait, cette fois, disparu. L'orgueil des grands de la terre était attiré en public pour recevoir, aux yeux de la multitude, un châtiment exemplaire. La fraternité régnait, en attendant mieux, par l'agiotage. Il advint donc que des prélats coururent traîner dans la cohue la pourpre romaine, et que des princes du sang se montrèrent vendant ou achetant du papier, entre des courtisanes et des laquais. Il n'y avait pas jusqu'aux souverains étrangers qui n'eussent leurs représentants au plus épais de cette foule tour à tour ivre d'espoir ou glacée de terreur, foule pressée, entassée, haletante, que le flux et le reflux du jeu incessamment agitaient, et du sein de laquelle s'élevait un mugissement sinistre. Du reste, pas une maison de la fameuse rue qui ne se divisât en repaire de spéculateurs. L'avidité s'était ménagé des cases sur les toits et jusque dans les caves. On agiotait à la clarté du soleil, on agiotait aussi à la lueur des flambeaux. Posséder dans ce quartier quelque misérable échoppe, c'était avoir sous la main une mine d'or. On citait des femmes, une dame Savalette, une dame de Villemur, qui prenaient leurs repas, au bruit de ces joutes fabuleuses[1]. Ce n'étaient que bureaux de vente et d'achat : ici le bureau du sieur Le Grand, trésorier de France ; là, celui du sieur Negret de Granville, ancien fermier dans les aides et domaines. La place manquait pour écrire : on eut recours à des pupitres vivants, et des malheureux firent fortune en prêtant leur épaule[2] ; ils auraient prêté leur âme. Et tant que la fièvre dura, le papier eut sur l'or l'avantage que l'imagination peut avoir sur la réalité. C'est ainsi qu'un jour deux hommes mirent l'épée à la main, en pleine rue, le vendeur d'actions voulant être payé en billets et l'acheteur ne voulant payer qu'en or. Bientôt, la confusion fut telle qu'il fallut établir à chaque extrémité de la rue, une garde d'archers commandée par un officier de robe courte. Mais peu à peu la cupidité se disciplina. A une compétition tumultueuse succédèrent des agitations régulières, plus terribles encore. Les Leblanc, les Vernezobre, les André, les Pavillon, les Fleury, commandaient au mouvement par leurs secrets émissaires et tenaient la clef de l'outre des tempêtes. Pour faire monter les actions, il suffisait d'un coup de cloche, parti du bureau de Pavillon ; pour les faire baisser, il suffisait d'un coup de sifflet, parti du bureau de Fleury[3].

De là pour ceux qui surent réaliser à temps leurs

[1] *Hist. du système*, t. II, p. 50.
[2] *Ibid.*, p. 51.
[3] *Ibid.*, p. 84.

gains en papier, une élévation subite, inouïe, incroyable presque et violente. Un Savoyard, ayant nom Chambery, devint millionnaire, parce que, reçu en qualité de frotteur chez un banquier de la rue Saint-Martin, il avait eu pour spéculer des occasions favorables. Une mercière de Namur, célèbre dans l'histoire du système sous le nom de la Chaumont, gagna en quelques mois de quoi acheter des terres seigneuriales en province, et, à Paris, l'hôtel où demeurait l'archevêque de Cambrai. Ce fut un renversement général des fortunes; ce fut, dans les conditions, une métamorphose qui n'a de comparable que les saturnales antiques.

Law n'avait pas cru que les esprits pussent arriver à ce degré d'emportement. Il s'aperçut avec douleur qu'en outrant son système, on en préparait la chute, et, pour arrêter la hausse des actions, il en fit répandre, dans le mois de novembre 1719, pour trente millions sur la place, et cela en une seule semaine. Tardive prudence! les actions, qui avaient atteint déjà le chiffre de dix mille livres, devaient le dépasser. L'explosion, du reste, se trouva sérieuse par son excès même. Au fond, elle avait une portée immense et préparait de plusieurs façons diverses le grand drame de la Révolution.

Et, avant tout, quoi de plus désastreux pour la noblesse, autrefois si fière, si chevaleresque, si passionnée pour la gloire, si pleine de mépris pour l'argent, que ce mélange imprévu des classes, que cette prodigieuse mobilité introduite dans les fortunes, que ce triomphe des jeux du commerce sur ceux de la guerre? Quand Turmenies disait au duc de Bourbon, qui lui montrait son portefeuille plein d'actions : « Fi! monsieur, votre bisaïeul n'en a jamais eu que cinq ou six, mais qui valaient bien mieux que toutes les vôtres[1], » il mesurait d'un

---

[1] *Mémoires de Saint-Simon*, t. XVIII, p. 184.

mot la fatale carrière fournie, en moins de trois ans, par la noblesse. Elle parvint, en effet, à dépasser ses anciennes folies par son avidité nouvelle. Le duc de Bourbon, le prince de Conti marchaient à la tête des spéculateurs en renom, et les nobles suivaient en foule. Nombre de gentilshommes couraient se presser à la porte de Law, distributeur suprême des souscriptions, et ils passaient là des heures entières, attendant sa présence avec une sordide anxiété, mendiant un regard de lui comme une faveur, et par l'excès, par l'acharnement de leur cupidité, fatiguant ses mépris. Non contents de le flatter, lui, étranger naguère obscur et fils d'un orfèvre d'Édimbourg, ils flattaient sa maîtresse, ils flattaient sa fille tout enfant, ils flattèrent Thierry, son laquais. La cour de Law se grossit de plusieurs femmes de qualité momentanément échappées à la cour du Régent, et le directeur de la Banque devint l'objet de leurs poursuites, l'ardeur du gain faisant taire jusqu'à la pudeur. Et rien ne fut omis de ce qui était de nature à dissiper tous les vieux prestiges. C'était en compagnie des Fargez, des Poterat, que Louis Henri de Bourbon, le maréchal d'Estrées, le prince de Valmont, le baron de Breteuil, gouvernaient le négoce. Dans la liste des directeurs de la compagnie des Indes, on put lire, à côté du nom du Régent de France, celui de Saint-Edme, connu à la foire de Saint-Laurent, comme chef de bateleurs [1]. C'est ainsi que le peuple s'accoutumait à mesurer d'un œil hardi la distance qui l'avait séparé des grands. Il se répandit en railleries sanglantes. Le sentiment révolutionnaire, formé dans la haine, se fortifia par le dédain. Les murs de Paris se couvrirent de placards qui semblaient annoncer ceux qui, depuis, caractérisèrent une époque à jamais tragique. Un de ces placards faisait de la foule des agio-

---

[1] Extrait du registre de la compagnie des Indes, du 22 février 1720.

teurs une armée à laquelle on donnait outrageusement pour généralissime M. le Duc; pour généraux, le maréchal d'Estrées, M. de Chaulnes, le duc de Guiche; pour trésorier, le duc de La Force; pour vivandières, mesdames de Verrüe, de Prie, de Sabran, de Gié, de Nesle, de Polignac. Sombres avertissements dont la noblesse ne faisait que rire et qui ne l'empêchaient pas de se précipiter dans l'abaissement! Un grand seigneur, le marquis d'Oyse, fils et frère cadet des ducs de Villars-Brancas, n'eut pas honte de prendre pour fiancée la fille de l'agioteur André, âgée de trois ans, à condition qu'il jouirait d'avance de la dot convenue[1]. Quand les spéculateurs, vers la fin du système, en vinrent à chercher un asile où ne pénétrât point le sabre de l'archer, ce fut un noble, le prince de Carignan, qui les recueillit, en leur louant son jardin; et, pour obliger les agioteurs de s'en servir, il obtint une ordonnance qui défendait de conclure aucun marché ailleurs que dans les baraques qu'il avait fait construire[2]. Quels traits ajouter à un aussi triste tableau? Un jour, le peuple alla voir rouer vif sur la place de Grève un homme qui avait assassiné, pour le voler, le propriétaire d'un portefeuille. Et le coupable était un parent du Régent, un petit-fils du prince de Ligne, duc d'Aremberg!

On peut juger maintenant de ce que fit la noblesse pour sa propre ruine. Louis XI l'avait contenue, Richelieu décimée: elle se déshonora sous le Régent. Et, plus tard, un successeur de ce même Régent était là qui applaudissait en la voyant se rendre à l'échafaud.

Or, tandis que l'aristocratie descendait, la bourgeoisie montait sur une ligne parallèle. Car, si le système de Law, par le jeu qui en fut la suite, ruina autant de fa-

---

[1] *Mémoires de Saint-Simon*, t. XVIII, p. 189.
[2] *Mémoires secrets de Duclos*, t. X, p. 567.

milles qu'il en enrichit; d'un autre côté, il réveilla la nation de sa torpeur et lui enfonça mille aiguillons dans le flanc. Parmi les Mississipiens, on appelait de ce nom les spéculateurs devenus subitement millionnaires, il y en eut qui ne songèrent qu'à jouir avec faste des avances de la fortune, et, par eux, le travail fut puissamment fécondé. L'un se recommandait à sa ville natale par des prodigalités utiles, témoin Rauly, qui fit réparer le pont de Castres. L'autre demandait aux arts de riches tapis, des meubles précieusement sculptés. Un troisième appelait de loin des reproductions rares et donnait des repas qui égalèrent en raffinements voluptueux les festins historiques d'Othon et d'Antoine. Un ancien garde du corps se fit livrer, en surenchérissant, de la vaisselle que le roi de Portugal avait commandée. Voici ce qu'un auteur du temps raconte du luxe d'un Mississipien : « Les mets les plus rares et les plus délicats, les vins les plus exquis, rien ne manquait, sur sa table, de tout ce que le gourmet le plus voluptueux pourrait imaginer. Les desserts qu'on y servait étaient d'une nature à surprendre les plus experts machinistes. De gros fruits, qui auraient trompé les yeux les plus clairvoyants, étaient si artistement travaillés, que quand quelqu'un, étonné de voir un beau melon en plein hiver s'avisait de le toucher, il en jaillissait sur-le-champ plusieurs petites fontaines de différentes sortes de liqueurs spiritueuses qui charmaient l'odorat; pendant que le Mississipien, appuyant le pied sur un ressort imperceptible, faisait faire à une figure artificielle le tour de la table, pour y verser du nectar aux dames, devant qui il la faisait arrêter[1]. »

La dépense, ainsi, montait bien vite au niveau du gain. Il en résulta que le nombre des manufactures s'accrut;

---

[1] *Hist. du système*, t. II, p. 119.

que les bras des mendiants furent employés ; que l'industrie eut des ailes. L'intérêt des rentes baissa. L'usure fut écrasée. On éleva des édifices dans les villes. Ceux qui tombaient en ruines furent réparés. Le système, enfin, rappela dans leur pays nombre de citoyens que la misère en avait chassés[1]. Gênes nous envoyait tout ce qu'elle possédait en damas et en velours[2]. Les rues de Paris étaient encombrées de carrosses. Sillonnée par une foule de provinciaux que la capitale attirait[3], la France présentait un mouvement inaccoutumé et qui hâtait la centralisation moderne.

Mais ce qui était d'une importance bien plus grande encore pour la bourgeoisie, c'est que le système de Law, ayant pour base une exploitation lointaine, lui promettait l'empire de la mer et tendait à porter la France au premier rang des nations maritimes et coloniales. L'Angleterre le comprit ; elle aperçut avec terreur entre nos mains le levier dont elle se servait pour soulever le monde, et ce fut elle qui, par les agents qu'elle entretenait dans le conseil du Régent, renversa Law et son système.

Voilà ce qu'il nous reste à montrer pour bien faire saisir les deux mouvements contradictoires qui se sont partagé l'histoire de la Régence et n'ont pas cessé de dominer la politique des d'Orléans. Par son système de finances, Law venait d'ouvrir les routes de la mer à la bourgeoisie : Dubois allait les lui fermer par son système diplomatique. Law donnait pour rivale la France aux Anglais : Dubois la leur soumit. En poussant la bourgeoisie française à la conquête commerciale du globe, Law n'aurait fait que transformer le caractère national : Dubois le dégrada, en nous précipitant dans une alliance

---

[1] Ordonnance du roi, du 15 octobre 1719, citée par Dutot, t. II, p. 254.
[2] Œuvres de Lemontey, t. IV, p. 311.
[3] *Hist. du système*, t. II, p. 93.

qui nous communiqua les passions mercantiles des Anglais, en même temps qu'elle nous privait des moyens d'en égaler la hardiesse et la grandeur.

Louis XIV avait fait consister sa politique à protéger les États secondaires, à fortifier la France par l'intimité de l'Espagne, à retenir l'Autriche penchée sur l'Italie, à humilier la Hollande, à dominer l'Angleterre ou à l'occuper chez elle, en pensionnant son roi d'abord, puis en ranimant les restes du parti des Stuarts.

C'était là une politique profonde et vraiment française. Protectrice des États du second ordre, la France intéressait à son salut une notable partie de l'Europe; elle se créait des positions sur tous les points; elle s'assurait, parmi les puissances principales, un rôle unique et glorieux. Par l'amitié de l'Espagne, nous conservions, dans le Midi, la liberté de nos mouvements, ce qui nous permettait de faire face au Nord, où sont nos plus sérieux sujets d'inquiétude. Veiller sur l'Autriche nous était commandé par l'intérêt qui nous appelle au gouvernement de la Méditerranée et par le souvenir des malheurs où nous jeta la double monarchie de Charles-Quint. Pour ce qui est de l'Angleterre et de la Hollande, leur amoindrissement était d'une nécessité absolue pour la France, depuis que Colbert était venu l'inviter au commerce et lui montrer l'Océan.

Mais Philippe avait, pour abandonner les traditions du cabinet de Versailles, des motifs tirés de son intérêt propre, et il leur sacrifia sans hésiter et son honneur et la fortune de son pays.

Qu'un faible enfant, que Louis XV mourût, le Régent occupait le trône; à moins que, revenant sur une renonciation forcée, Philippe V, roi d'Espagne, ne réclamât l'héritage de son aïeul Louis XIV. Le Régent pouvait donc redouter dans Philippe V un rival futur, et il ne lui en fallut pas davantage pour courir au roi d'Angleterre, en qui son ambition cherchait un auxiliaire et, au besoin, un complice. Georges Ier, de son côté, se sentait menacé par les jacobites. Des inquiétudes pareilles unirent les deux princes. Seulement, et ceci ne doit pas être oublié dans l'histoire du développement de la bourgeoisie française, le roi d'Angleterre parut dans l'alliance comme protecteur et Philippe d'Orléans comme protégé.

Il faut lire les Mémoires secrets et la Correspondance inédite de l'abbé Dubois, recueillis par Sevelinges, pour savoir avec quelle servile anxiété le Régent, aussitôt après son installation, se mit à mendier la faveur des Anglais. Non content de faire agir le marquis de Châteauneuf à la Haye et M. d'Iberville à Londres, il employa auprès de lord Stanhope la plume vénale de Dubois.

« Je serais charmé, écrivait celui-ci à lord Stanhope, que mon maître prît les mesures les plus convenables à son intérêt; que ce fût avec une nation pour laquelle j'ai toujours conservé de la partialité, et durant le ministère d'un ami aussi estimable et aussi solide que vous. Au surplus, milord, outre l'intérêt de nos deux maîtres, je déclare que je serais ravi que vous ne bussiez que du meilleur vin de France, au lieu de vin de Portugal, et moi du cidre de Goldpepin, au lieu de notre gros cidre de Normandie [1]. »

Mais à des avances dont la bouffonnerie ne couvrait qu'imparfaitement la bassesse, lord Stanhope répondait avec une froideur méprisante et calculée. Car il s'agissait pour l'Angleterre de nous faire acheter son appui par le sacrifice de notre existence maritime, c'est-à-dire de la seule chose qui pût donner à la domination de la bourgeoisie française un caractère de solidité et de grandeur.

Par le traité d'Utrecht, Louis XIV s'était engagé à démolir les fortifications de Dunkerque, à combler le port,

---

[1] *Correspondance inédite du cardinal Dubois*, t. I, p. 174.

à ruiner les écluses. Mais l'histoire lui doit cette justice que, s'il céda, ce fut en frémissant, le désespoir dans l'âme, après une guerre terrible et une série de calamités sans exemple. Il n'entendait pas, d'ailleurs, donner la Manche aux Anglais; il n'entendait pas reconnaître leur droit sur la mer, ce droit si insolemment proclamé par Selden; et la preuve, c'est qu'il se hâta de commencer un nouveau port à Mardyk. Or, l'interruption des travaux commencés, la destruction de Mardyk, tel fut le prix que, sous le Régent, l'Angleterre osa mettre à son alliance. Elle exigea, en outre, que le chevalier de Saint-Georges, l'héritier des Stuarts, malheureux et proscrit, fût brutalement chassé d'Avignon, qu'il en fût chassé avant même la signature du traité, ou, du moins, avant l'échange des ratifications..

La garantie des droits éventuels de Philippe à la couronne devait coûter cher à la France, on le voit, et pour souscrire à des conditions semblables, il fallait un excès d'humilité dont seul l'abbé Dubois était capable de partager le bénéfice et l'opprobre. Aussi la négociation lui fut-elle confiée; et comme on avait cru devoir la tenir secrète, il prétexta l'achat de quelques livres rares et des *Sept Sacrements* du Poussin pour se rendre à la Haye, où l'attendait lord Stanhope. Ce fut là, à la lueur d'une lampe d'auberge, et en se cachant comme pour un crime, que Dubois jeta les bases du système qui conduisait à l'anéantissement de notre marine. Et en effet, quatre mois ne s'étaient pas écoulés, que le système se trouvait consacré par ce fameux traité de la triple alliance qui nous coûta Mardyk et nous valut la tutelle navale des Anglais. Il fut signé le 28 novembre à minuit; et, pour en mieux marquer la portée insultante, l'Angleterre rédigea le quatrième article de manière à faire entendre que, dans l'exécution des engagements relatifs à Dunkerque, la France avait manqué de foi. De plus, lord

Cadogan demanda impérieusement que les deux exemplaires du traité fussent, malgré l'usage, rédigés en latin ; les mots *Franciæ regem* furent effacés dans les ratifications et remplacés par ceux-ci : *regem christianissimum*, le titre de roi de France n'appartenant, suivant les négociateurs anglais, qu'au souverain de la Grande-Bretagne ; enfin, et pour comble d'outrage, le nouvel ami du Régent lui prescrivit de recevoir à Dunkerque un commissaire anglais chargé de surveiller la démolition du port.

Voilà comment les intérêts de la bourgeoisie, au dehors, furent compris et servis par le chef qu'elle s'était donné.

La destruction du canal de Mardyk comblait de joie le cabinet de Saint-James : M. Crags, un des ministres de Georges Ier, écrivit à Dubois :

« Le roi reçut hier la nouvelle de votre destination à la charge de secrétaire d'État pour les affaires étrangères. Il m'a donné ordre de vous en féliciter de sa part, et de vous dire que c'est la meilleure nouvelle qu'il ait reçue depuis longtemps... C'est pour le coup que je m'attends à voir cultiver le même intérêt dans les deux royaumes, et que ce ne sera qu'un même ministère [1]. »

Dubois répondit :

« Si je ne suivais que les mouvements de ma reconnaissance, et que je ne fusse pas retenu par le respect, je prendrais la liberté d'écrire à Sa Majesté Britannique pour la remercier de la place dont le Régent m'a gratifié, puisque je ne la dois qu'à l'envie qu'il a eue de n'employer personne aux affaires communes à la France et à l'Angleterre, qui ne fût agréable au roi de la Grande-Bretagne [2]. »

Et, en effet, Dubois ne tarda pas à compléter son œuvre

---

[1] *Correspondance inédite du cardinal Dubois*, t. I, p. 244.
[2] *Ibid.*

par le traité de la quadruple alliance, qui, renversant tout notre ancien système fédératif, préparait à l'Europe un spectacle aussi scandaleux qu'inattendu. Car on vit alors la France se concerter contre l'Espagne, sa sœur, avec la Hollande, avec l'Autriche, pour tout dire, avec l'Angleterre. Et cela pendant que chassée des conseils du Régent, la politique de Richelieu et de Louis XIV devenait celle d'Albéroni, et entrait par lui dans les conseils de l'Escurial.

Habile à profiter des emportements d'une reine amazone et de l'imbécillité de ce Philippe V, auquel « il ne fallait qu'un prie-Dieu et une femme, » Albéroni, fils d'un jardinier italien, était parvenu à disposer de l'Espagne. Et il eût été mieux qu'un aventurier, si son esprit audacieux n'eût été mal servi par la trivialité de son cœur. A la ligue monstrueuse formée contre lui il opposa l'excès de l'insolence, la fourberie, les invasions à main armée, les intrigues, les conspirations, les soulèvements. Il occupa l'Autriche par les Turcs, il employa contre l'Angleterre Jacques III et le fantôme d'une guerre civile; contre le Régent il essaya de l'art des complots, il fomenta la révolte des gentilshommes bretons, il éclata par de telles colères, que les colonies lointaines en reçurent le contre-coup; il eut enfin cet honneur qu'il rendit sa chute nécessaire au repos de l'Europe.

On n'a pu oublier en France ce qui advint alors. Les deux branches de la maison de Bourbon, le neveu et le petit-fils de Louis XIV, se firent, aux applaudissements de nos ennemis transportés de joie, une guerre cruelle et insensée. Des soldats français coururent, sous la conduite de l'Anglais Berwick, attaquer le roi que la France avait donné à l'Espagne; et ce fut sous les yeux, par l'ordre, au signal d'un émissaire anglais, envoyé tout exprès de Londres pour nous commander des exploits sauvages, que des torches françaises incendièrent, dans la rade de Santogna, ce qui restait de la marine espagnole. Albéroni tomba. Et les résultats furent : pour l'Autriche, l'acquisition de la Sicile; pour l'Angleterre, l'agrandissement d'une domination maritime déjà effrayante; pour la France, la honte d'une guerre où ses ennemis s'étaient servis d'elle contre elle-même.

En écrivant à lord Stanhope : « Je vous dois jusqu'à la place que j'occupe, dont je souhaite avec passion de faire usage selon votre cœur, c'est-à-dire pour le service de Sa Majesté Britannique[1], » Dubois s'était engagé à trahir son pays. Il venait de tenir parole, et il semble que l'infamie de ses succès était assez éclatante pour qu'il s'en contentât; mais il lui restait de plus notables services à rendre à ceux auxquels il écrivait : « Je vous dois la place que j'occupe. »

Law, en effet, n'avait pu diriger les pensées de la France vers l'établissement d'un vaste système colonial sans éveiller la jalousie britannique. A Londres, sa perte fut jurée. Il importait toutefois de ne pas brusquer l'attaque, et surtout de n'en pas ébruiter les motifs. Voilà ce que ne comprit point l'ambassadeur d'Angleterre, homme emporté jusqu'à l'étourderie et téméraire à force d'impertinence. Stairs attaqua Law dans un moment où il n'eût été ni facile ni fructueux de le renverser. Law sentait sa force : il effraya de sa prompte retraite le Régent, qui avait encore besoin de lui, et Dubois se hâta d'écrire à Destouches, son agent à Londres :

« Je croyais M. Law dans les termes de modération où il était resté avec milord Stanhope; mais j'ai appris depuis qu'il était fort altéré contre la cour de Londres, qu'il avait fait entrer dans ses vues M. Le Blanc, ministre de la guerre, et qu'ils m'attaquaient comme prévenu, et favorisant l'Angleterre... Il est important de rappeler sans

---

[1] *Correspondance inédite du cardinal Dubois*, t. I, p. 247.

aucun délai milord Stairs; un plus long séjour pourrait attirer quelque éclat qui serait sans remède¹. »

La même lettre contenait ce passage caractéristique : « M. de Senneterre emmène avec lui M. de Pléneuf. L'un et l'autre sont intimes amis de M. Le Blanc, qui est dans la dernière confidence de M. Law sur ce qui regarde l'Angleterre. Conduisez-vous avec un grand respect à son égard ; mais tâchez de prendre toutes les précautions possibles pour savoir les principales liaisons de l'ambassadeur et des principaux de la maison et ne m'écrivez jamais sur ces matières que par des exprès. M. de Senneterre, ambassadeur de France, part demain : j'ai cru devoir vous en prévenir par cet avis, que vous ne communiquerez absolument à personne qu'à milord Stanhope². »

Stairs fut donc rappelé; mais cela n'empêcha pas l'Angleterre de pousser par des menées souterraines au succès d'un complot dont une lettre citée plus loin fournira la preuve et dira les auteurs. C'était en décembre 1719 que les manœuvres avaient commencé. Par des émissaires secrets, répandus dans la foule, les ennemis de Law s'étaient mis à semer ces vagues inquiétudes et ces doutes qui sont mortels à tout régime fondé sur le crédit. Mais ils ne devaient point borner là les effets de leur haine. Ils résolurent de réduire la banque royale à la nécessité de refuser les billets qu'on lui présenterait. Une compagnie étrangère y avait un fonds de plusieurs millions : il fut demandé tout d'un coup³. La banque paya noblement, sans hésitation ; mais Law venait de recevoir un avertissement sinistre. Le cœur plein de douleur et d'indignation, il court chez le Régent et lui présente le projet d'une diminution sur les espèces d'or. Son but était de faire

Correspondance inédite du cardinal Dubois, t. I, p. 312.
Ibid., p. 312 et 318.
Hist. du système, t. I, p. 160

rapporter à la banque l'or enlevé, et c'est ce qui eut lieu. Mais être condamné à de pareils expédients, c'est être déjà perdu.

D'ailleurs, il faut en convenir, la hausse des actions était monstrueuse, et Law avait contribué lui-même à la rendre telle, faute d'en avoir prévu l'excès; la baisse était donc inévitable. Seulement il est permis de croire qu'elle n'eût pas entraîné la chute du système si, par un ensemble de mesures et de suggestions perfidement calculées, on ne fût parvenu à lui imprimer la violence d'une panique. Par malheur, le chiffre exagéré de la hausse prêtait aux défiances et semblait justifier les alarmistes. Le désir de réaliser, contenu d'abord, gagne de proche en proche et acquiert, en s'étendant, une irrésistible impétuosité. Bientôt, en échange d'un papier menacé de ruine, chacun veut avoir des maisons, des étoffes précieuses, des terres, des pierreries. Partout les actions s'offrent contre des billets de banque qui, à leur tour, courent s'offrir contre des objets achetables ou des espèces. Que faire? essayer contre le luxe d'un interdit général, lancer des arrêts contre la valeur de l'or, proscrire les pierreries par ordonnance? La baisse se déclarait soudaine, terrible. Law était acculé par les réaliseurs à l'adoption d'un système qu'il avait mille fois condamné, qui devait le rendre odieux et ne pouvait le sauver : celui de l'altération systématique des monnaies; un abîme s'ouvrait sous ses pieds.

Il ne perdit pourtant pas confiance en son destin; l'année 1720 commençait; converti à la foi catholique par ambition, et depuis peu nommé contrôleur général, Law résolut d'émouvoir les âmes par une démarche d'éclat, et il parut, suivi des principaux personnages du royaume, dans la rue Quincampoix, où sa présence fut saluée par de vives acclamations. Sa popularité était si grande encore, que la foule criait sur son passage : *Vive le roi et monseigneur Law*[1]! Lui, plus sensible à cet élan spontané d'enthousiasme qu'aux hommages serviles des gens de cour, il monta sur un balcon et fit largesse au peuple charmé. Quelques jours après, il lui adressa, sous forme de lettre anonyme, une exhortation pleine d'aperçus neufs et empreinte de noblesse; il se félicitait d'avoir, par son système, encouragé la production et foudroyé l'usure; il déclarait que tout prêt d'argent devait donner droit au partage des profits, mais non à un revenu fixe et déterminé d'avance; il adjurait les créanciers de l'État de ne point refuser le remboursement qui leur était offert et les conviait à le placer en actions de la compagnie, parce que c'était un devoir pour les citoyens riches de consacrer leurs capitaux aux entreprises dont profitait le corps entier de la nation. « Être fâché, disait-il, de ne pouvoir placer son bien à constitution, c'est être fâché que l'argent soit devenu commun et qu'il n'y ait plus de malheureux[2]. » Il découvrait ainsi d'une main courageuse le fond de son système qui était, comme nous l'avons déjà dit, de remplacer le prêteur par l'associé, la rente par le dividende, les impôts et les emprunts par une portion des bénéfices résultant, soit du crédit, soit d'un vaste travail national confié à la direction de l'État. Arrivant aux secousses par lesquelles se faisaient acheter les avantages d'une aussi noble tentative, il prononçait ces mots, qu'on prendrait pour une justification anticipée de la politique des Conventionnels : « On aurait souhaité que tout le royaume eût pu s'arranger sans offenser la moindre personne; Dieu seul pourrait le faire et ne le fait pourtant pas dans l'ordre de la nature[3]. »

C'était la première fois qu'un ministre entretenait à ce point le public de ses desseins et s'étudiait à le con-

---

[1] *Histoire du système*, t. III, p. 8.
[2] *Première lettre sur le nouveau système des finances*.
[3] *Ibid.*

vaincre. Voilà comment s'éveillait l'opinion et comment naissait cet usage des comptes rendus par où devait être caractérisée l'administration de Turgot et celle de Necker, innovation bienfaisante, redoutable, qui introduisit le peuple dans les affaires et finit par ouvrir la Révolution.

Cependant, Law approchait du terme de sa fortune. Plus il avançait dans sa voie, mieux il comprenait combien peu le système monarchique se prête à l'accomplissement des généreux desseins. « Ce qui hâta, dit Saint-Simon, la culbute de la banque et du système fut l'inconcevable prodigalité du duc d'Orléans, qui, sans bornes et plus s'il se peut, sans choix, donnait à toutes mains [1]. » Et, en effet, dans le temps même où Law cherchait les moyens de conjurer une crise qui menaçait d'être terrible, le Régent distribuait six cent mille livres à La Fare, capitaine des gardes; cent mille livres à Castries, chevalier d'honneur de la duchesse d'Orléans; deux cent mille livres au vieux prince de Courtenay; une pension de soixante mille livres au petit comte de La Marche, à peine âgé de trois ans, etc., etc. « Enfin tant fut donné, que le papier manqua et que les moulins n'en purent assez fournir [2]. » De leur côté, les courtisans poursuivaient, accablaient Law d'exigences tantôt viles, tantôt menaçantes, et toujours insatiables. Il y en eut qui, pour se venger de ses refus, eurent la bassesse de courir, les mains pleines de billets, attaquer les caisses de la banque; et c'est ce que fit, par exemple, le prince de Conti, qui ramena, de la banque, trois fourgons remplis d'argent [3]. Quel système aurait pu résister à cet odieux concours de prodigalités folles, de cupidités sans frein et de vengeances sans pudeur?

[1] *Mémoires de Saint-Simon*, t. XVIII, p. 151.
[2] *Ibid.*
[3] *Ibid.*, p. 96.

Au reste, chez un peuple emporté, accessible aux impressions les plus contraires et prompt à courir aux extrêmes, il suffisait que l'alarme fût une fois donnée; au premier cri de terreur, tout se précipita. Les possesseurs d'actions cherchaient à les vendre; les porteurs de billets de banque se hâtaient d'en réclamer la valeur en espèces. Parmi ceux qui avaient du numéraire, les uns l'entassaient avidement; les autres, par une criminelle prévoyance, le faisaient passer à l'étranger. Le renchérissement des objets, devenu général, ne faisant qu'aiguillonner l'impatience des réaliseurs, les métaux précieux, les diamants, les perles, les étoffes d'or, étaient recherchés avec un empressement furieux. De leur côté, les créanciers de l'État reculaient devant la crainte de placer leurs remboursements sur des actions dont le décri commençait. De jour en jour, de minute en minute, la situation devenait plus pressante; la masse entière du papier, actions et billets, se trouvait exposée à une chute effroyable.

Pris à l'improviste, Law fit alors ce que l'approche d'une grande crise ne suffit pas à justifier, peut-être, mais semble conseiller : il frappa fort, pour couper le mal à sa racine; au décri des billets il essaya d'opposer celui du numéraire, en ordonnant une diminution sur les espèces; il en défendit le resserrement, sous peine de confiscation, et au profit des dénonciateurs; il statua qu'on n'en pourrait transporter, durant un mois, hors de Paris et des villes ayant des hôtels de monnaie, sans avoir obtenu un passe-port; il proscrivit, dans les vêtements, l'usage des pierreries. Peu de temps après, la fabrication de la vaisselle d'argent fut interdite, l'emploi des billets rendu obligatoire dans les payements au-dessus de cent livres; et enfin, l'on ne put, sous peine de confiscation, conserver plus de cinq cents livres en espèces.

C'étaient là certainement des actes d'une violence inouïe; mais pourquoi les a-t-on dénoncés comme le développement naturel du système de Law, lorsqu'il est clair, au contraire, qu'ils servirent d'arme à son désespoir et furent provoqués par une crise née des manœuvres de ses ennemis? Lui-même, du reste, il était trop éclairé pour voir en de pareils remèdes autre chose qu'un frein momentané à l'entraînement du mal. La confiance ne se décrète pas; le crédit échappe, par essence, à l'empire des rigueurs; il le savait : mais la situation était devenue plus forte que lui.

Ainsi que nous l'avons remarqué en ouvrant ce récit, Law avait pris pour instrument d'une révolution sociale ce qui n'en pouvait être que l'effet et le complément. En jetant le papier-monnaie dans une société qui n'était préparée à le recevoir, ni par son éducation morale, ni par ses mœurs, ni par ses lois, il avait commencé par où il aurait dû finir.

Ce fut sa grande et véritable erreur. Voici quelles en furent les suites : le papier-monnaie qui, appliqué à un régime d'association, n'aurait fait que réaliser dans les échanges le principe d'égalité, devint, livré à des intérêts en lutte, une force malfaisante dont ils se disputèrent la possession avec rage. L'effort de l'homme vers le bonheur, si légitime et si naturel dans un harmonieux ensemble de volontés et de travaux, ne fut, dans un milieu où l'individualisme dominait, qu'une source de haine, de jalousie et de désordres.

Et dès lors, pourquoi des édits arbitraires, des coups d'État? Law, en mettant la cupidité aux abois, n'aboutit qu'à la rendre lâche chez les uns, et, chez les autres, furieuse. Des crimes, commis coup sur coup, vinrent épouvanter Paris. Tantôt, c'était un créancier de l'État assassiné aussitôt après avoir reçu son remboursement; tantôt un maître poignardé dans son lit par un ancien domestique. La licence était telle qu'on attaquait les cochers en pleine rue[1]. Et chacun de cacher sa richesse, d'enfouir son argent. L'appel fait aux dénonciateurs portant ses fruits, la défiance était entrée au sein des familles. Les meilleurs amis s'évitaient. Un fils dénonça son père[2].

Il fallait couper court à tant d'horreurs. Law eut recours à des mesures dont la sagesse n'est pas contestable et aurait triomphé, peut-être, du péril, si l'exécution n'en avait pas été paralysée par l'abbé Dubois et d'Argenson.

Le 24 février 1720[3], à la suite d'une délibération solennelle des directeurs de la compagnie des Indes, un arrêt fut rendu, portant, entre autres clauses remarquables, qu'à l'avenir la compagnie des Indes aurait la régie et l'administration de la banque royale; qu'en aucune circonstance la compagnie ne serait obligée de faire des avances au roi; qu'il ne pourrait être fait de nouveaux billets de banque qu'en vertu d'arrêts du conseil obtenus sur les délibérations des assemblées générales de la compagnie; qu'il n'y aurait plus, à la compagnie, de bureau pour l'achat et la vente des actions[4].

Rien de mieux conçu que ces règlements[5]. Par le premier, la compagnie acquérait une importance propre à relever son crédit. Par le second, on opposait une barrière à des exigences ruineuses. Par les deux derniers, combinés, on limitait l'émission des billets, de manière à en arrêter l'avilissement.

Il est vrai qu'en fermant le bureau d'achat que la

[1] *Hist. du système*, t. III, p. 45.
[2] *Ibid.*
[3] Dutot, *Réflexions politiques sur les finances*, t. 1, p. 245.
[4] Extrait du registre de la délibération de la compagnie des Indes.
[5] Quoique adversaire déclaré de Law, Forbonnais convient de la sagesse de ces règlements, t. II, p. 615.

compagnie avait tenu ouvert jusqu'alors, on laissait tomber les actions. Mais, au point où en étaient les choses, ce qu'il importait de soutenir, c'étaient les billets de banque, parce qu'ils se trouvaient dans la main de tout le monde, parce que la loi en avait prescrit le cours, parce qu'enfin ils étaient placés sous la garantie de la foi publique; tandis que les actions, répandues d'ailleurs dans un petit nombre de mains, n'avaient d'autre source que la spéculation, dont il était naturel qu'elles courussent les chances. Voilà ce que Law comprenait très-bien. Il était donc résolu à sacrifier l'action au billet : l'arrêt du 24 février le prouve invinciblement[1].

Mais les gens de cour, gros actionnaires pour la plupart, ne l'entendaient pas ainsi. De là ce fatal arrêt du 5 mars, qui fixait arbitrairement à neuf mille livres la valeur de l'action, et lui donnait le droit d'aller s'échanger, à la Banque, contre neuf mille livres billets. Jamais coup plus violent, plus décisif, n'avait été porté au système. Forcer la Banque à acheter, au prix de neuf mille livres, chaque action qu'il plairait au porteur de vendre, lorsqu'on était déjà sur la pente du discrédit, c'était rendre inévitable la multiplication des billets; c'était, par conséquent, les avilir et étendre sur la masse entière du papier le décri qui n'aurait dû porter que sur les actions. En cela, il n'y avait pas faute seulement : il y avait crime.

Mais ce crime a été injustement imputé à Law. Loin d'avoir été commis par lui, il fut commis contre lui. Il suffit, en effet, de rapprocher l'arrêt du 24 février et celui du 5 mars, rendus à dix jours d'intervalle, pour être convaincu qu'ils émanèrent de deux influences entièrement opposées.

[1] M. Eugène Daire, qui s'est porté accusateur de Law, ne dit pas un mot dans son travail de cette célèbre délibération, si propre à justifier l'économiste écossais.

Le premier avait fermé le bureau d'achat : le second venait le rouvrir. Le premier avait eu pour but d'empêcher l'avilissement des billets en limitant leur émission : le second poussait la Banque à jeter dans la circulation une masse énorme de papier. En un mot, le premier sacrifiait l'action au billet : le second, au contraire, sacrifiait le billet à l'action.

Comment concevoir qu'en moins de deux semaines, le même homme eût voulu deux résultats si contradictoires? L'arrêt du 24 février sauvait le système, en ruinant plusieurs grands seigneurs; celui du 5 mars sauvait plusieurs grands seigneurs, en perdant le système. Il est donc manifeste que l'un fut l'ouvrage de Law, et l'autre celui de la cour.

Au reste, on en eut, plus tard, la preuve, par l'édit de juin 1725, c'est-à-dire longtemps après la chute du système. « Nous avons reconnu, porte cet édit, que la compagnie avait perdu quatorze cent soixante-dix millions effectifs, par les opérations *émanées de notre pur mouvement* pendant notre minorité, et principalement par l'achat et conversion des actions en billets de banque; et, *comme elle n'avait fait lesdites opérations et achats que par obéissance à nos ordres*, etc.[1] »

Law aurait dû résister, sans doute, protester, se retirer : il céda par une pusillanimité qui n'a pas d'excuse. Et même, il se trompa s'il crut que cette coupable condescendance désarmerait ses ennemis. Car, ce fut ce moment que Dubois, Le Blanc et d'Argenson choisirent pour le renverser. Ils représentaient au Régent que l'Écossais était un homme dangereux par la portée de ses vues et par son audace; qu'il amassait probablement des trésors et les faisait passer en secret dans les pays étrangers; qu'il n'achetait des terres que pour

[1] Voy. Dutot, *Réflexions politiques sur les finances*, t. 1, p. 251.

mieux masquer son jeu ; que, rien ne l'enchaînant à la France, il la quitterait après l'avoir dépouillée. Indignes calomnies! au milieu d'un débordement de cupidité, devenu presque universel, Law s'était montré le plus désintéressé des hommes ; il avait puisé avec une discrétion, qui étonna, dans son propre système, auquel beaucoup de ses détracteurs durent leur opulence ; et la suite montra qu'il s'était fait un devoir de placer dans sa patrie adoptive jusqu'à la moindre parcelle de sa fortune : si bien qu'en quittant la France, il se trouva n'avoir rien réservé ni pour lui ni pour sa famille, pas même le bien qu'il avait apporté dans le royaume[1]. Ajoutons qu'il fit à l'établissement de son système des sacrifices personnels qui montrent assez la grandeur de son âme. Dans ses Mémoires justificatifs, relatifs à des faits alors connus de tous, il rappelle qu'ayant à peupler la Louisiane et voulant ménager les peuples du royaume, il fit venir *à ses frais* d'Allemagne des artisans et des laboureurs, lesquels, *à ses frais*, traversèrent la France[2].

Et ceci prouve, soit dit en passant, combien Law était étranger à ces enlèvements barbares de vagabonds, contre lesquels Saint-Simon s'indigne[3] : enlèvements, du reste, dont le scandale ne marqua que la décadence du système ; car, dans les commencements « le nombre des personnes qui se présentèrent pour passer à la Louisiane était si grand, que les vaisseaux de la compagnie ne suffisaient pas pour les transporter[4]. »

Nous avons établi que Law n'était pas l'auteur de l'édit du 5 mars : il y parut bien clairement par les efforts qu'il tenta pour en détruire l'effet. Parfaitement décidé à immoler, s'il le pouvait, à l'intérêt du peuple,

---

[1] Lettre de Law au duc de Bourbon, Œuvres de Law, p. 399.
[2] *Mémoires justificatifs* de Law, dans ses Œuvres, p. 410.
[3] *Mémoires de Saint-Simon*, t. XVIII, chap. XIII, p. 182.
[4] *Mémoires justificatifs*, p. 410.

porteur de billets, l'intérêt de quelques seigneurs opulents, porteurs d'actions, Law avait imaginé de jeter dans la circulation trente millions d'espèces. La compagnie des Indes, par ses émissaires, les aurait employés de manière à retirer, pour les supprimer ensuite totalement, le plus de billets possible ; et elle aurait laissé filer au dehors des actions qui ne lui seraient pas revenues[1]. Ainsi, relever le crédit des billets de banque en les pompant, et laisser tomber peu à peu les actions jusqu'à la limite tracée par les bénéfices probables, tel fut le dernier plan que Law soumit à Philippe. « Mais, dit un auteur contemporain, les ministres de la quadruple alliance s'étant réunis contre le système des finances, qui heurtait directement leur système politique, trouvèrent des souterrains pour faire recevoir un projet de M. d'Argenson[2]. » Ce projet était, tout simplement, une déclaration de banqueroute.

L'arrêt par lequel fut instituée la banque royale avait fixé à la valeur de cent millions les billets à émettre ; un an après, on avait autorisé la fabrication jusqu'à concurrence d'un milliard ; et enfin, depuis l'édit du 5 mars, le chiffre de deux milliards six cents millions se trouvait dépassé, par suite d'émissions frauduleuses émanées de la volonté du Régent. On juge dans quel discrédit tant de causes réunies avaient dû précipiter les billets : d'Argenson proposa[3] d'en faire la déclaration publique et de prononcer la réduction graduelle de l'action à cinq mille livres et du billet à moitié.

A cette proposition inattendue, Law éclata : il y avait

---

[1] *Hist. du système*, t. III, p. 144.
[2] *Ibid.*, p. 146.
[3] Voy. la *Vie de Louis-Philippe d'Orléans*, par M. L. J. M., sans oublier que l'auteur est un ennemi acharné de Law. — Voy. aussi les *Mémoires de Saint-Simon*, t. XVIII, chap. xv, p. 211.

donc parti pris de faire crouler le système en écrasant le peuple sous ses débris! Quelle clameur n'allaient pas pousser les porteurs de billets, quand ils apprendraient que la perte de la moitié de leur fortune était consommée? Constater officiellement la chute du papier, ce n'était pas la produire, sans doute, mais n'était-ce pas l'accélérer et la rendre mortelle? Law eut beau invoquer les principes du crédit, la raison, l'évidence : d'Argenson l'emporta, soutenu qu'il était par Dubois, que Georges Ier venait de faire élever à la dignité d'archevêque de Cambrai, et qui avait hâte de témoigner à l'Angleterre sa criminelle reconnaissance. L'auteur de la *Vie de Louis-Philippe d'Orléans* assure que, dans sa haine pour Law, d'Argenson avait un jour surpris l'autorisation de le faire arrêter ; mais quand il fut question de signer l'ordre, le Régent se ravisa : d'Argenson venait de trouver un moyen bien plus sûr de perdre son ennemi. L'édit du 21 mai fut lancé; et Law, en souffrant qu'on se servît de son nom, combla la mesure des torts imputables à sa faiblesse.

Le lendemain, Paris présentait un affreux spectacle. On ne rencontrait que visages consternés ou furieux. Les plaintes, les imprécations, retentissaient de toutes parts. Ne pouvant résister à l'idée de leur ruine, quelques-uns se tuèrent de désespoir. Le bonheur de ceux qui échappaient au naufrage ou en avaient profité, semblait ajouter à la douleur publique et en redoublait les transports. En même temps des inconnus s'attachaient à répandre la terreur par des propos mystérieux. On fit circuler un avis conçu en ces termes : « L'on vous donne avis que l'on doit faire une Saint-Barthélemi samedi ou dimanche, si les affaires ne changent de face. Ne sortez ni vous ni vos domestiques. Dieu vous préserve du feu [1]! »

---

[1] *Vie de Louis-Philippe d'Orléans*, par M. L. J. M.

Le duc de Bourbon, le prince de Conti, le maréchal de Villeroi, s'empressèrent de publier qu'ils désapprouvaient vivement le dernier édit, et qu'ils ne s'étaient pas trouvés au conseil où on l'avait adopté. A son tour, le parlement s'émut et s'assembla. Il fallut révoquer l'édit sinistre. Mais le coup était porté. Law fut épargné d'abord. L'indignation populaire s'élevait contre d'Argenson ; et l'explosion fut si terrible qu'elle le renversa. Sa fermeté, ses vastes connaissances, son activité infatigable, ses services, rien ne le mit à l'abri d'une disgrâce. Le Blanc n'osait le soutenir, Dubois l'avait abandonné : il se retira au faubourg Saint-Antoine, dans un couvent qu'il avait fait bâtir, et auprès de l'abbesse dont il était réputé l'amant. Sa mort, arrivée l'année suivante, réveilla la haine du peuple, qui courut troubler ses funérailles et le poursuivit jusque dans son tombeau.

Une succession de mesures tendant à l'entière démolition du système ; la rue Quincampoix fermée ; l'agiotage allant couvrir de tentes la place Louis-le-Grand et y exhaler ses dernières ardeurs ; une émeute occasionnée par l'échange des billets de dix livres contre des espèces, émeute qui coûta la vie à trois personnes, dont Paris vit promener les cadavres et au sujet de laquelle la mère du Régent écrit : « Mon fils ne faisait que rire pendant ce brouhaha ; » Law fuyant les éclats de la haine publique, déchaînée enfin contre lui ; l'opposition du parlement et ses colères ; son exil à Pontoise ; les fêtes qui rendirent cet exil ridicule et charmant ; le retour des magistrats obtenu par corruption..... Voilà de quels traits fut marquée la fin du rêve éblouissant et tumultueux que la France venait de faire.

Les ministres anglais ne se possédaient pas de joie. Un d'eux, M. Schaub, écrivit à Dubois, le 15 janvier 1721, la lettre suivante qui jette un si grand jour sur la portée du système, les causes véritables de sa chute, les manœuvres de l'Angleterre et les trahisons de l'archevêque de Cambrai :

« Votre Excellence peut bien croire que nous n'avons pas commencé cette année sans souhaiter dans le fond de notre cœur qu'elle vous soit très-heureuse. Je m'empresse à vous le marquer dans la constante persuasion que nos vœux ne vous sont pas indifférents. Milord Stanhope a été tenté plus d'une fois d'aller vous faire les siens de bouche, vous féliciter du coup de maître par lequel vous avez fini l'année qui vient de s'écouler, en vous défaisant d'un concurrent également dangereux à vous et à nous, concerter avec vous la besogne de la nouvelle année, tant au Sud qu'au Nord, et les moyens d'affermir de plus en plus les salutaires liaisons que vous avez formées entre les deux maîtres[1]. »

Ainsi se trouve expliquée la pension que Dubois touchait secrètement des Anglais.

Pour ce qui est de Law, témoin de l'avortement de son entreprise, délaissé de son égoïste protecteur, menacé par le prochain retour du parlement, découragé, il avait obtenu un passe-port en décembre 1720. Comme il avait placé en France toute sa fortune et qu'on la confisqua, il sortit pauvre de ce royaume où il était entré riche, et où il avait eu à manier d'immenses trésors. Il en sortit dans une voiture d'emprunt, n'ayant que huit cents louis, et laissant derrière lui, pour le déchirer, la foule, partout si nombreuse, des lâches et des ingrats. A Bruxelles, où il s'était d'abord rendu, un envoyé du czar Pierre vint le presser d'aller prendre la direction des finances de l'empire russe[2]. Mais l'injustice de ses ennemis avait glacé son courage et flétri à jamais son cœur. Après avoir erré quelque temps à travers l'Europe, il se

---

[1] *Correspondance inédite de Dubois*, t. II, p. 2.
[2] Lemontey, t. VI, chap. v, p. 542.

retira à Venise. Il y reçut la visite de Montesquieu, qui fut frappé de l'audace des projets que se plaisait à enfanter encore cet indomptable esprit. Le regard sans cesse tourné vers la France, il écrivait au prince qui la gouvernait : « Souvenez-vous que c'est au souverain à donner le crédit, non à le recevoir ! » Il mourut dans l'abandon, presque dans la misère : il laissait pour héritage une mémoire calomniée.

Énervé et perverti comme il le fut, le système de cet homme illustre et malheureux ne produisit pas les résultats entrevus par son génie; mais il est facile de juger maintenant combien profonde, combien irréparable fut l'atteinte qu'il vint porter aux anciens usages, aux anciennes mœurs; et en cela, du moins, il servit puissamment la cause de la Révolution.

Elle s'avançait du reste, cette Révolution devenue inévitable, sous mille aspects divers, par mille routes éclatantes ou obscures, et avec une force invincible. On eût dit que, pendant la Régence, un vent mortel s'était levé qui allait frappant de son souffle nobles, prêtres et rois, tout ce qui avait été jadis honoré ou redouté parmi les hommes.

Ainsi, pendant que les gentilshommes s'abaissaient aux plus grossières préoccupations de la cupidité, passion pour eux si nouvelle, les gens de robe, à propos d'un vain débat de préséance, livraient les ducs et pairs aux risées de la multitude, et le parlement découvrait d'une main hardie l'origine des familles patriciennes. Dans le mémoire du parlement, on lut « que la noblesse des plus fiers seigneurs de la cour était d'une nature équivoque ou d'une date récente; que les ducs d'Uzès descendaient de Gérault Bastet, anobli en 1304 et fils de Jean Bastet, apothicaire de Viviers: que les Neuville-Villeroi sortaient d'un marchand de poisson, contrôleur de la bouche de François Ier; que la nombreuse postérité de La Rochefoucauld, Roussi, etc., tirait son origine d'un étalier-boucher, nommé Georges Vert; que la généalogie des ducs de Richelieu commençait à René Vignerot, domestique et joueur de luth chez le cardinal de Richelieu, dont il séduisit et épousa la sœur; que le vrai nom des Luynes était Albert, nom d'un avocat de Moras, lequel eut trois fils, Luynes, Brantes et Cadenet, si pauvres tous trois, qu'ils ne possédaient qu'un manteau dont ils étaient obligés de se vêtir tour à tour[1].

« Les Grecs et les Romains, ajoutait le mémoire, donnaient la préférence à la robe sur l'épée, parce que la force n'est que l'appui de la justice et ne doit être considérée qu'autant qu'elle sert à la maintenir. Les républiques de Venise, de Hollande, de Gênes, se conduisent encore selon les mêmes maximes; et ces messieurs qui, dans le cours de leurs moindres affaires, se prosternent devant ceux qui sont revêtus de la robe, se font gloire de la mépriser! »

La noblesse pouvait-elle conserver longtemps son prestige dans l'esprit du peuple, quand c'était la première magistrature du royaume qui se chargeait elle-même de porter les coups?

De son côté, l'Église ne montrait à sa tête que d'indignes prélats. Les uns, comme Bissy et Tencin, la compromettaient par leurs intrigues; les autres, comme Tressan, par un mélange inouï de scepticisme et d'intolérance; beaucoup par un cynique étalage de corruption. Parmi les libertins fastueux, on citait le cardinal de Rohan, qui vécut à s'enorgueillir de sa beauté, à donner des festins splendides, à plaire aux femmes, et qui entretenait la fraîcheur de son teint par l'usage des bains de lait. L'archevêque d'Arles s'était acquis une célébrité scandaleuse

---

[1] *Mémoire pour le parlement contre les ducs et pairs*, présenté à monseigneur le duc d'Orléans, régent.

par ses amours avec mesdames d'Arlargues et Perrin de Gravaison, religieuses de l'abbaye de Saint-Césaire. Accompagné de l'abbé de Bussy, son compagnon de débauches, l'archevêque passait dans le couvent une partie du jour, et, la nuit venue, il faisait sortir, par une porte de derrière, les religieuses qu'il avait séduites et qui ne rentraient que le lendemain matin [1]. L'abbé Dorsanne raconte [2] qu'une courtisane à Aix ayant été condamnée à être pendue, s'écria, pendant qu'on la conduisait au supplice : « Est-il possible qu'une femme qui a eu l'honneur d'être *connue* de M. l'archevêque d'Arles et de M. l'abbé de Bussy soit pendue? » En parlant de l'abbé d'Auvergne, nommé par le Régent évêque de Tours, Richelieu put dire, sans étonner personne : « Il ne pourrait jamais être évêque que d'une seule ville qu'il fallait ressusciter pour lui, qui est celle de Sodome [3]. » Et la majesté du saint-siége, par qui était-elle représentée? Par le nonce Bentivoglio, ancien soldat, licencieux, brutal, et amant déclaré d'une fille d'Opéra. Il en avait eu un enfant qui parut au théâtre sous le nom de Duval et que le public appelait la *Constitution*, à cause de la bulle *Unigenitus*.

Mais, par le hideux éclat de ses désordres, Dubois effaçait tout et semblait accaparer le mépris public. Les turpitudes décrites par Suétone dans la *Vie des douze Césars* n'ont rien que ne puisse égaler la *fête des Flagellants*, dont Dubois se fit l'ordonnateur ; et telle était sa réputation, qu'on ne le désignait, dans le peuple, que sous la qualification infamante attachée aux pourvoyeurs des plus vulgaires débauches. Il voulut être archevêque de Cambrai, pourtant ; et il le fut. Il avait fallu pour cela que deux évêques consentissent à témoigner de la pureté de ses mœurs ; ces deux évêques furent de Tressan et Mas-

---

[1] *Journal de l'abbé Dorsanne*, t. III, p. 99.
[2] *Ibid.*, p. 98.
[3] *Ibid.*, p. 198.

sillon ! Voici ce qu'on lit, à ce sujet, dans le Journal de l'abbé Dorsanne[1] :

« On ne fut pas surpris que M. l'évêque de Nantes se fût prêté à un tel témoignage, lui qui avait déjà jugé cet abbé digne du sacerdoce et qui lui avait imposé les mains ; mais tous les gens de bien furent affligés de voir M. l'évêque de Clermont, Massillon, se prostituer de la sorte. Chacun se rappelait les vérités qu'il avait si souvent prêchées dans Paris et contre lesquelles il agissait si publiquement. On ne peut dire quelle impression cette conduite fit sur bien des gens du monde, qui se croyaient en droit d'en conclure que les plus célèbres prédicateurs, et les évêques même, regardaient les vérités de la religion comme un jeu. »

Mais à ce premier scandale, Dubois sut en ajouter encore un autre plus honteux et plus éclatant. Le 9 juin 1720, il se fit sacrer au Val-de-Grâce, avec une pompe digne d'un pape. Il avait pour assistants MM. de Tressan et Massillon, les mêmes qui avaient répondu devant Dieu et devant les hommes de la sainteté de sa vie. Les princes, les seigneurs de la cour, nombre d'ambassadeurs étrangers, assistaient à la cérémonie. Par un reste de pudeur, Philippe avait résolu de s'en abstenir ; mais cette résolution fut vaincue par madame de Parabère, complice de Dubois, dans l'ivresse d'une nuit de plaisir.

Or, le sacre de l'archevêque de Cambrai venait à peine d'avoir lieu qu'une nouvelle étrange se répandit, et elle acquit tant de consistance qu'on la trouve consignée dans une dépêche officielle du ministre de Prusse[2] :

« Une femme de très-basse extraction et originaire du Hainaut, réduite à la dernière misère, vient de déclarer être mariée avec l'abbé Dubois et en avoir plusieurs enfants.

---

[1] *Journal de l'abbé Dorsanne*, t. III, p. 226.
[2] Dépêche du ministre de Prusse, Salentin, 9 août 1720.

Comme un peu plus de générosité que n'en a eu ce ministre aurait fort bien fermé la bouche à cette créature, on ne sait pas comment il a fait pour perdre son peu de jugement jusqu'au point de ne pas prévoir la prostitution que cette découverte lui attire. Au reste, beaucoup de gens lui prêtent des habitudes si infâmes, qu'à leurs yeux, c'est lui faire trop d'honneur que de lui supposer du goût pour les femmes. L'accident qui lui arrive fait voir qu'il est homme à tout faire et qu'aucun péché ne l'embarrasse. »

Si les vices de Dubois n'avaient déshonoré que lui, il ne vaudrait certes pas la peine que l'histoire s'y arrêtât ; mais il était réservé à cet homme de donner une importance historique à son immoralité, par l'habileté avec laquelle il en communiqua l'opprobre aux principaux cabinets de l'Europe et à l'Église entière. Car il ne lui manqua, pour avoir du génie, que d'avoir une âme ; et il fut, du moins, profond dans sa bassesse. Tourmenté du désir d'égaler en puissance Mazarin et Richelieu, il permit à son ambition un vol qui étonne dans un être à ce point dépravé. Obtenir le chapeau de cardinal, rendre par là le saint-siége et le sacerdoce solidaires de son indignité, et prendre en quelque sorte le catholicisme pour caution, voilà ce qu'il osa concevoir. Or, l'avilissement du clergé, à cette époque, se trouva tel, que la prétention ne parut ni folle ni insolente. Il est vrai que Dubois avait l'appui de l'Angleterre ; et c'est un des traits de la politique anglaise d'élever, en les méprisant, ceux qui la servent.

Dubois pouvait donc compter sur le succès ; mais les manœuvres qui le lui valurent resteront comme un monument éternel de la corruption où vivait alors la Rome vénale des pontifes. Pour s'en faire une idée juste, il faut remonter à la correspondance diplomatique de l'archevêque de Cambrai, il faut lire les lettres où, dans la naïveté des épanchements intimes, il trafique de sa conscience et de celle du pape. « Je ne vous répète rien, disait-il dans une dépêche confidentielle au jésuite Lafitcau, qu'il avait fait nommer évêque de Sisteron et qui était son agent d'intrigues au Vatican, je ne vous répète rien de ce que je me ferais une gloire et un plaisir de faire, non-seulement à l'égard de Sa Sainteté, mais même de M. le cardinal Albani : soins, offices, gratifications, estampes, livres, bijoux, présents, toutes sortes de galanteries ; chaque jour on verra quelque chose de nouveau et d'imprévu pour plaire[1]. »

Connaissant le goût de Clément XI pour les riches reliures, il disait dans une autre lettre :

« J'ai devant les yeux le catalogue des livres que vous avez cru pouvoir être agréables à Sa Sainteté... Je vous prie de vous appliquer à découvrir ce que je puis faire et envoyer chaque semaine, pour ainsi dire, et par tous les courriers qui seront dépêchés à Rome, pour marquer mon attention respectueuse à ce qui peut faire plaisir à Sa Sainteté. Informez-vous, des gens qui l'approchent, quels petits ouvrages de France on peut choisir pour son usage journalier ; quelles sont les reliures de livres qui peuvent lui plaire davantage ; s'il y a des estampes en France, en Angleterre ou en Hollande, qui puissent la divertir[2]. »

De son côté, et par l'ordre de Dubois, Pecquet, premier commis des affaires étrangères, écrivait à l'évêque de Sisteron :

« Vous avez si fort avancé l'affaire, qu'il faut vous aider autant qu'il est en nous à la consommer. J'ignore, monseigneur, quelles espérances vous avez laissées en dernier lieu à M. le cardinal Albani ; mais, pour vous mettre en main quelque chose de positif, notre Mécène vous permet de promettre et vous mettra en état de donner, le jour que le pape consommera cette grâce, vingt mille écus

---

[1] *Correspondance inédite de Dubois*, t. 1, p. 341.
[2] *Ibid.*, t. 1, p. 394.

romains à M. le cardinal Albani, et l'assurance de dix mille autres aussitôt que le change sera moins onéreux ; ou, si M. le cardinal Albani l'aime mieux, notre Mécène s'engagera de faire remettre à Paris, sans aucun délai, après la promotion, entre les mains que Son Éminence désignera, une somme de vingt mille livres en espèces... Vous jugez bien que ce ne sera pas le seul fruit de la reconnaissance ni le plus essentiel. »

Et, en effet, sachant que la cour de Rome trouvait très-onéreuse l'obligation de pensionner le Prétendant, Dubois promit de se substituer en secret au souverain pontife dans l'acquittement de cette charge, qui n'allait pas à moins de douze mille écus romains par an. Il trahissait ainsi Georges 1er, son protecteur suprême ; mais il n'était pas de noirceur dont ne fût capable cette vile ambition.

Heureuse encore la France, si, pour voir couronner les espérances du favori de Philippe, il ne lui en avait coûté que son or, dissipé en prodigalités dégradantes ! Mais, artificieux dans sa cupidité, Clément XI ne songeait qu'à vendre le plus cher possible ce que l'archevêque de Cambrai désirait si ardemment acheter. Il s'étudiait donc à tenir en haleine la passion de son solliciteur, l'enflammant de jour en jour davantage par des lenteurs calculées et des assurances pleines de mensonge. Livres rares, tableaux, reliures précieuses, argent, le pape prenait tout, promettait sans cesse le chapeau convoité et ne le donnait jamais. Bientôt, il exigea que la France fût mise à ses pieds : il était trop sûr d'être obéi ! De là, les efforts de Dubois pour changer en persécution la faveur que le Régent avait d'abord accordée aux jansénistes ; de là, les manœuvres qui aboutirent à faire déclarer loi de l'État cette bulle *Unigenitus*, qui devait produire un demi-siècle de haines et de déchirements.

Qu'ajouter au tableau de tant d'ignominies ? Dubois

apprit que l'évêque de Sisteron employait à payer des maîtresses et à mener une vie de plaisir, une partie des sommes qu'on lui envoyait pour acheter le pape et les cardinaux. On lit dans une lettre de l'archevêque de Cambrai : « En suivant le chemin que l'évêque de Sisteron m'a marqué avoir fait faire à des montres et à des diamants, j'ai trouvé des détours bien obscurs et d'autres trop clairs. » Pour un homme tel que Dubois, son agent en cela faisait preuve de génie. Aussi n'eut-il garde de le rappeler : il avait besoin d'être servi par des vices qui ne fussent pas médiocres. Seulement, pour relever la négociation, il adjoignit à Lafiteau le cardinal de Rohan et l'abbé de Tencin. Sur ces entrefaites, Clément XI mourut. L'intrigue alors prit un tour nouveau, et il fut convenu qu'on travaillerait à faire pape celui qui consentirait à faire Dubois cardinal. Décorer de la pourpre romaine l'homme que le Régent avait coutume d'appeler *mon drôle* était devenu la grande affaire de la chrétienté. Abrégeons ces détails hideux. L'or fut répandu à pleines mains dans le conclave. Suivant l'expression de Dubois lui-même, « on fit l'acquisition de toute la famille Albani, comme on fait une emplette de porcelaines. » Pour mille écus, l'évêque de Sisteron gagna une courtisane, Marinacia, qui exerçait, autour du Vatican, un voluptueux et irrésistible empire[1]. Conti, enfin, ne fut élu pape qu'après avoir pris par écrit l'engagement de donner le chapeau. Et, au mois de mai 1723, une assemblée générale du clergé français ayant eu lieu, le président qu'elle nomma d'une voix unanime, ce fut Dubois. Tant il avait su envelopper l'Église entière dans son déshonneur !

Restait le pouvoir royal à dépouiller de ses derniers prestiges : c'est ce que fit le Régent par une dissolution de mœurs excessive, audacieuse.

---

[1] Lettre de l'évêque de Sisteron, du 23 juin.

Selon le témoignage de Charlotte de Bavière, sa mère[1], il avait donné, à treize ans, des preuves de virilité ; et la soif des voluptés violentes ne le quitta plus. Rien, d'ailleurs, qui fût de nature à ennoblir ou à distraire en lui cette fougue des sens, son cœur ayant été de bonne heure et pour jamais fermé à la poésie de l'amour. Esprit, grâce, beauté, séductions de la pudeur, enchantement mystérieux de la tendresse, ce n'était pas ce qu'il demandait aux femmes : il les voulait, au contraire, avinées, emportées, frémissantes, et presque enlaidies par l'habitude des désirs obscènes. Il se plut aussi à l'éclat, au tumulte des orgies, de manière à y compromettre, avec sa personne, l'autorité royale qu'il représentait. Louis XIV avait su être roi jusque dans ses amours. Les freins qu'il brisait, son orgueil exigeait qu'au-dessous de lui chacun les respectât. Il tenait la cour prosternée aux pieds de ses bâtards, il lui donnait à admirer le spectacle de ses adultères; et cependant, il lui avait prescrit d'être décente, réservée, comme pour montrer que tout entrait dans les priviléges du maître, même le scandale. Mais le Régent n'était pas homme à calculer ses vices. Les aimant pour eux, il s'y abandonnait sans secrète pensée, avec insouciance, en riant, et trouvait bon qu'on prît exemple sur lui. Il laissa ainsi d'obscurs serviteurs traîner dans leurs fêtes grossières les restes de son pouvoir souillé, et il mit sa dignité à la merci des subalternes devenus ses égaux par la débauche. Quelquefois, c'était une danseuse qu'en plein Opéra il faisait venir et déshabiller dans sa loge[2]. Dans un lieu réservé du Palais-Royal, le soir, à certaines heures, il se passait de telles scènes et on courait de si étranges périls, que les habitués avaient dû se donner un surveillant, un dictateur, un maître, dans Canilhac, le seul d'entre eux qui fût invincible à l'ivresse.

[1] *Fragments de lettres originales*, part. I, p. 233.
[2] *Mélanges historiques de Boisjourdain*, t. I, p. 229.

Or, ces choses étaient connues du public; car le Régent se souciait peu qu'on les ignorât, et même il trouvait piquant d'avoir établi au centre de Paris son île de Caprée.

On doute s'il corrompit ses propres filles, et c'est son arrêt qu'on en doute. Soulavie l'accuse en termes formels d'avoir été l'amant de la duchesse de Berry, de mademoiselle de Valois, de l'abbesse de Chelles; et il ajoute : « J'en ai les preuves originales et testimoniales dans les lettres de mademoiselle de Valois, qui sont en mon pouvoir[1]. » Il est certain que, de son temps, on l'en jugea capable. On le disait idolâtre des belles mains de la duchesse de Berry; on racontait que, dans une lutte de jalousie, la princesse s'étant jetée entre son amant et son père, elle avait reçu de celui-ci, comme autrefois Poppée de Néron, un coup de pied dans le ventre[2]; on affirmait que mademoiselle de Valois n'avait obtenu qu'au prix d'un inceste l'élargissement du duc de Richelieu, prisonnier à la Bastille; et l'abbesse de Chelles n'était pas ménagée davantage[3]. Accusations horribles, qu'il faut croire mensongères, mais qui n'en volaient pas moins de bouche en bouche, parce que de frénétiques déportements les rendaient presque vraisemblables, et qui, propagées sous forme de pamphlets par l'aveugle de la porte Saint-Roch, crieur d'indulgences, apprenaient au peuple à mépriser les puissances de la terre.

Ajoutons que la vie publique du Régent finit par s'abîmer et se perdre dans les désordres de sa vie privée. Il lui arriva de livrer à des filles d'Opéra, et cela au sortir de leurs embrassements, la décision des affaires

---

[1] *Décadence de la monarchie*, t. II, p. 77.
[2] *Hist. du système*, t. I, p. 8.
[3] De là les fameux couplets attribués à Voltaire :
Enfin votre esprit est guéri...

les plus importantes. Bientôt la fureur des plaisirs prenant tout à fait possession de lui, il se déchargea sur Dubois de l'ennui de commander aux hommes. Le premier, il se mit à obéir à ce misérable, ne se réservant que le droit de l'insulter. Enfin, une politique molle vint aggraver ce qu'avait de funeste pour l'autorité royale un pareil abaissement. Car, quelque douloureux qu'en puisse être l'aveu, la terreur, dans l'esprit des peuples, fait diversion au mépris. Tibère se rendit si terrible aux Romains, il les occupa tellement de sa sinistre puissance, qu'il ne leur permit à son égard d'autre sentiment que la haine, moins à redouter que le dédain. Ses infamies ne firent point pitié, parce qu'elles firent peur. Les débauches du Régent, au contraire, n'ayant eu rien de sanglant, on en remarqua mieux le côté vil.

Lui, cependant, il ne songeait qu'à savourer les faciles délices de la toute-puissance, et il ne se demandait point si par là il ne contribuait pas à perdre la monarchie. Cette justice est due au cardinal Dubois qu'il ne partagea point jusqu'au bout l'insouciance de son maître. Car au milieu de ses emportements et de ses bouffonneries, cet homme avait toujours conservé une espèce de perversité sérieuse, et l'on eût dit que son intelligence veillait dans les ténèbres de son cœur. Élevé au rang de premier ministre, il essaya d'échapper par l'essor de ses projets au sentiment de sa bassesse. Impatient de relever le pouvoir déchu, il déploya beaucoup de vigueur et une activité brûlante; il tenta la réforme de l'administration; il affecta vis-à-vis du parlement le grand ton que Richelieu avait pris vis-à-vis de la noblesse; il entrevit l'égalité dans l'impôt. Mais la pente ne pouvait déjà plus être remontée. D'ailleurs, les excès du libertinage avaient d'avance interdit à Dubois ceux de l'ambition. Il mourut à la peine, comblé d'honneurs, gorgé de pouvoirs, et non rassasié, maudissant les hommes, blasphémant Dieu, parce qu'il mourait plein du mépris de lui-même.

Son maître ne lui survécut pas longtemps. Doué de qualités brillantes dont il dissipa honteusement le trésor, le Régent était tombé dans un incurable ennui. Impuissant pour le bonheur, il l'était devenu aussi pour le plaisir, qui en est le rêve. Les yeux à demi éteints, la tête appesantie, en proie à une soif de volupté âcre, inextinguible, et dont un amer dégoût empoisonnait l'ardeur sans la calmer, pouvait-il suffire aux soins du royaume? Il ne se sentait plus la force de vivre. On le surprit soupirant après le repos suprême, celui des tombeaux; et il ne lui restait guère plus autre chose à désirer, lorsqu'une attaque d'apoplexie le renversa mort sur les genoux de sa maîtresse épouvantée.

Que si, maintenant, on embrasse d'un seul coup d'œil les faits dont le tableau vient d'être tracé, on trouvera que la Régence marqua dans notre histoire une ère vraiment nouvelle; que le système de Law, en introduisant parmi nous la passion des affaires et les mœurs de l'industrie, poussa la France au régime de la domination bourgeoise; que le système de Dubois vint d'avance enlever à cette domination ce qui en aurait fait la grandeur, en nous précipitant dans une alliance dont l'empire de la mer était le prix; que sous la Régence, enfin, la bourgeoisie s'éleva par l'avilissement des nobles, du clergé, du trône, c'est-à-dire de tout ce qui n'était pas elle.

Et le peuple, pendant ce temps, qu'était-il devenu? Il n'avait pas cessé de souffrir, courbé sous l'antique fardeau. Mais ses douleurs ne comblèrent la mesure et ne firent explosion que durant le ministère de M. le Duc. Qu'on interroge les édits de l'époque. Car c'est dans les édits qu'il faut chercher le passé des pauvres quand on n'a plus, pour les retrouver dans l'histoire, la trace de leur sang répandu sur le champ de bataille ou le pavé des villes en révolte! Oui, pendant que, sur la pelouse de Chantilly, les dames de la cour dessinaient, en costume de bergères, des ballets gracieux ; pendant que, enivré d'amour, M. le Duc épuisait, pour la charmante marquise de Prie, les trésors de l'État et la magie des fêtes, l'annonce d'une disette agitait dans Paris l'armée lugubre des mendiants, la consternation se répandait de proche en proche dans les campagnes, et les routes se couvraient de pâles vagabonds. Alors éclata le fléau des spéculations basées sur la détresse publique; alors commencèrent les accaparements. Digne frère de ce comte de Charolais qui précéda M. de Sade dans l'art d'ensanglanter la débauche, et dont on raconte qu'il tirait sur des couvreurs pour se donner le plaisir de les voir précipités du haut des toits [1], M. le Duc se montra féroce dans la cupidité. Il n'eut pas honte, suivant le témoignage de Saint-Simon [2], de se mettre au nombre des agioteurs qui pratiquaient la science d'affamer le peuple pour s'enrichir. Aussi le pain ne tarda-t-il pas à monter dans Paris jusqu'à neuf sous la livre et à proportion dans les provinces [3]. « On vit en Normandie d'herbes des champs, écrivait à Fleury Saint-Simon indigné [4]. Je parle en secret et en confiance à un Français, à un évêque, à un ministre, et au seul homme qui paraisse avoir part à l'amitié et à la confiance du roi, et qui lui parle tête à tête, du roi, qui ne l'est qu'autant qu'il a un royaume et des sujets, qui est d'un âge à en pouvoir sentir la conséquence, et qui, pour être le premier roi de l'Europe, ne peut être un grand roi s'il ne l'est que de gueux de toutes les conditions, et si son royaume se

---

[1] Lacretelle, t. II, p. 59.
[2] Saint-Simon, chap. VII, p. 106.
[3] *Mémoires secrets de Duclos*, t. IV, p. 209.
[4] Lettre à l'évêque de Fréjus, du 25 juillet 1725.

tourne en un vaste hôpital de mourants et de désespérés. »

Parurent des édits sauvages. Pour défendre la propriété que menaçait l'extrême misère, le garde des sceaux d'Armenonville avait prononcé contre le vol domestique, sans restriction, sans distinction, sans réserve, la plus terrible des peines : la mort[1]. Bientôt, le peuple des affamés grossissant toujours, il fallut le refouler, gémissant et rebelle, dans des prisons décorées du nom d'hospices, et où, par ordre du contrôleur général Dodun, les arrivants étaient couchés, entassés sur la paille, de manière à « tenir moins de place[2]. » Fuir cette hospitalité sinistre était un crime. Mais comment reconnaître les coupables? « On résolut, dit Lemontey[3], d'imprimer aux mendiants un signe indélébile, et quelques-uns furent livrés à des chimistes, qui les soumirent à l'essai de divers caustiques. » L'expérience n'ayant pas réussi, on décida que les mendiants seraient marqués au bras par le feu. Il ne restait plus qu'à leur faire une guerre d'extermination. Mais à la vue des malheureux à la poursuite desquels on les lançait, la plupart des archers se sentirent émus d'une pitié invincible, et il arriva, chose assez nouvelle dans les fastes de la tyrannie, que là où les victimes pouvaient être impunément frappées, les bourreaux manquèrent.

Ainsi s'amassaient, dans le sein du peuple, les ressentiments et les colères dont la bourgeoisie devait un jour se servir si puissamment dans son dernier combat. Et pourtant, cette solidarité naturelle qui, en face des vieilles oppressions, liait tous les opprimés, combien la bourgeoisie était loin d'en comprendre la sainteté et les devoirs! Absorbée dans un égoïsme dont la longue

---

[1] Déclaration du 4 mars 1724.
[2] Instruction aux intendants, juillet 1724.
[3] T. II des Œuvres, p. 136.

imprudence engendra tant de désastres, ce qu'elle voyait dans le peuple, c'était bien moins des souffrances à guérir que des passions à diriger contre de communs ennemis. Il n'y a donc pas lieu de s'étonner si plus tard, après maint service payé d'ingratitude et mille excitations nombreuses, il advint que les chiens irrités se retournèrent contre les chasseurs. Qu'on médite la page suivante du ministère de M. le Duc.

Le désordre des finances étant effroyable, Pâris-Duverney avait apporté, dans les moyens de surmonter la crise, la brutalité de son caractère. Réduire de moitié la valeur légale des monnaies, imposer au prix des marchandises une limite arbitraire, faire murer la boutique de quiconque désobéissait au despotisme des règlements, lancer des soldats contre l'ouvrier mécontent ou inquiet de son salaire, tout cela, pour le conseiller de madame de Prie, n'avait été qu'un jeu. Inutiles violences ! le mal empirait ; le peuple n'avait plus que son sang à donner. Pâris-Duverney eut alors l'idée d'établir un impôt qu'il fixa au cinquantième du revenu et auquel il soumit toutes les classes de citoyens, sans exception. En d'autres termes, les procédés de la tyrannie s'étant trouvés stériles, on avait recours au seul expédient qui n'eût pas encore été employé : la justice.

Mais, aussitôt, quel soulèvement ! quelle tempête ! Ce ne furent, dans le clergé, que protestations pleines de fiel et clameurs furieuses. Quoi ! on osait porter la main sur les richesses de l'Église ! on attentait à des immunités qu'avaient respectées, non-seulement la dévotion de saint Louis, mais la volonté absolue de Louis XIV ! Le clergé avait bien voulu se condamner à la charge du don gratuit ; en exigeant davantage, on outrageait la religion, on offensait Dieu : tel fut le langage du haut clergé. Or, à cette époque, l'Église, y compris les moines bénéficiaires, possédait neuf mille châteaux, deux cent cinquante-neuf métairies ou fermes, cent soixante-treize mille arpents de vignes, quatorze cents charrues sur dix-sept cents, dans le Cambrésis; plus de la moitié des biens situés dans la Franche-Comté[1]; et l'on n'évaluait pas ses revenus annuels à moins de douze cent vingt millions[2]. Ils se réunirent, néanmoins, ces ministres d'un Dieu de charité, du Dieu qui naquit dans une étable, pour faire rejeter sur le pauvre un fardeau qui l'écrasait, et, après de tumultueuses séances, ils se séparèrent en déclarant qu'ils ne souscriraient point aux désirs du roi.

De la part de la noblesse, l'opposition ne fut ni moins haineuse ni moins coupable; mais, ce qui est digne de remarque, c'est que les résistances les plus vives, les plus animées, vinrent du corps qui représentait politiquement la bourgeoisie. Un lit de justice ayant été convoqué, le parlement s'assembla au milieu d'une agitation extraordinaire. Les visages étaient sombres, chacun composant son maintien et feignant de regarder comme la perte du royaume l'établissement du nouvel impôt. Forcé, par la nature même de ses fonctions, d'appuyer l'enregistrement, l'avocat général Gilbert affirma que ses paroles lui coûtaient autant que le sacrifice de la vie; et, le garde des sceaux allant aux voix, on lui répondit par le refus unanime de délibérer. A leur tour, les parlements de province se déchaînèrent. Ils prétendirent: celui de Bretagne, que son contrat d'union l'autorisait à refuser; celui de Languedoc, que la grêle ne permettait pas le payement de l'impôt proposé; celui de Toulouse, que c'était violer des priviléges sacrés, que de confondre avec le peuple le clergé et la noblesse.

Cependant la famine, entretenue par les spéculateurs, n'avait pas cessé ses ravages. Dans Paris, la sédition

[1] Préambule de l'ordonnance du 17 mai 1731.
[2] Lettre du cardinal Fleury au conseil de Louis XV.

grondait. La châsse de Sainte-Geneviève, promenée dans les rues, n'avait fait qu'ajouter au trouble des esprits. Il fallut fermer la porte Saint-Antoine devant la population mugissante du faubourg. Le ministère de M. le Duc ne pouvait tenir contre un pareil ébranlement, que servaient des intrigues de cour : il fut renversé, et le peuple n'obtint d'autre satisfaction que la déclaration suivante, qui caractérise si bien le retrait de l'impôt du *cinquantième*[1].

« Voulons que tous les biens ecclésiastiques demeurent exempts, et les déclarons exempts à perpétuité de toutes autres taxes, impositions et levées. »

L'auteur de cette déclaration était le cardinal Fleury, le même auquel Saint-Simon avait écrit, un an auparavant, que la misère du peuple dépassait toute mesure, qu'en Normandie on vivait de l'herbe des champs, et que le royaume « se tournait en un vaste hôpital de mourants et de désespérés. » La Révolution pouvait-elle être, hélas ! autre chose qu'une guerre, et une guerre à mort ?

[1] Déclaration du 8 octobre 1726.

LIVRE TROISIÈME

DIX-HUITIÈME SIÈCLE

LE PRINCIPE DE L'INDIVIDUALISME EST ADOPTÉ
PAR LA BOURGEOISIE

Nous voici au seuil du laboratoire brûlant où furent réunis et préparés d'une manière définitive les matériaux de la Révolution française; nous allons entrer dans le monde agité des philosophes.

Quel spectacle! De la cendre de Luther la papauté voit renaître, pour l'accabler, mille ennemis pleins d'éloquence et d'ardeur. Deux mots ont retenti que l'Europe est étonnée et ravie d'entendre : la tolérance, la raison. Le fanatisme est couvert d'opprobre, avec le souvenir des déchirements dont il donna le signal, des bûchers qu'il dressa. Les vieilles superstitions, on les livre aux coups d'un ridicule immortel. C'est pour démentir la Genèse, pour convaincre d'erreur ou d'imposture les livres des prêtres, que des savants interrogent le ciel, mesurent les montagnes, fouillent les entrailles de la terre et demandent au globe le secret de son âge. Où s'arrêtera cette puissance formidable : le libre examen?... Les uns nièrent le Christ, sans nul souci du grand vide qui par là serait fait dans l'histoire. Les autres mirent en doute l'âme de l'homme. D'autres discutèrent Dieu, âme de l'univers. La doctrine de la *sensation*, la théorie du néant furent opposées à ces aspirations invincibles qui ont pour objet l'infini, à ces désirs qui nous transportent dans les temps qui ne sont pas à nous, à cette insatiable avidité de vivre, charme et tourment de nos cœurs troublés. Ainsi, l'homme se trouva rabaissé jusqu'à n'être plus dans la création qu'un accident ; il fut appauvri de tout ce que vaut la durée éternelle. Mais, en même temps et par une étrange contradiction, comme on s'efforça de l'élever, comme on l'exalta, ce peu de matière organisée qui ne devait que passer! Jamais la démonstration de la petitesse de l'homme n'avait été plus impitoyablement poursuivie, et jamais sa grandeur ne fut plus résolûment affirmée. On demanda que sa dignité fût reconnue, sa sécurité garantie; on lui voulut une conscience inviolable et une pensée libre. Chose non moins singulière! des apôtres du froid examen apportèrent, en ce temps-là, dans leur culte de la pensée, l'enthousiasme et la passion des sectaires. Des travaux prodigieux à entreprendre, mille dangers à courir, la tyrannie à séduire ou à braver, l'éducation morale des générations à refaire, la conscience humaine à remplir d'incertitude et d'effroi, rien ne les arrêta, rien ne les fit hésiter, parce qu'après tout ils eurent, eux aussi, une croyance : ils crurent à la raison. Tel fut donc l'œuvre de ce siècle. Et tous y travaillèrent : écrivains, artistes, grands seigneurs, magistrats, ministres, des souverains même. Il y eut un moment où l'esprit nouveau se trouva maître de la société, depuis la base jusqu'au faîte, ayant pénétré à la cour de Prusse, par Frédéric ; à la cour d'Autriche, par Joseph II ; à la cour de France, par Turgot ; à la cour de Russie, par Catherine ; au Vatican, par Clément XIV. De sorte que la philosophie se glissa jusqu'auprès des rois ; elle les enveloppa; elle les subjugua; elle leur dicta des paroles d'une étrange portée; elle les poussa, enivrés de louanges, à la destruction de ces autels que les trônes avaient eus si longtemps pour appui. Mais le moment devait venir où, devant leur ouvrage, les rois reculeraient d'épouvante..., lorsque enfin tomberaient les derniers voiles, lorsque, passant de la religion à la politique et de la politique à la propriété, l'esprit d'examen aurait soulevé tant de questions auxquelles il n'y eut de réponse, hélas! qu'au prix des tempêtes : pourquoi des maîtres et des esclaves, et des générations entières broyées sur le passage d'un seul? pourquoi des rois et des nobles? pourquoi des classes qui naissent heureuses, et, au-dessous, une foule innombrable d'êtres gémissants, affamés, désespérés? pourquoi ce long envahissement par quelques-uns, de la terre, demeure de l'humanité et son impartageable domaine? « Le premier qui, ayant enclos un terrain, s'avisa de dire : Ceci est à moi et trouva des gens assez simples pour le croire, fut le vrai fondateur de la société civile. Que de crimes, de guerres, de meurtres; que de misères et d'horreurs n'eût pas épargnés au genre humain celui qui, arrachant les pieux ou comblant le fossé, eût crié à ses semblables : Gardez-vous d'écouter cet imposteur; vous êtes perdus si vous oubliez que les fruits sont à tous et que la terre n'est à personne. »

Du reste, contemplé d'un peu loin, le mouvement qui vient d'être indiqué ne présente d'abord que tumulte et confusion. Même parmi les philosophes du dix-huitième siècle qui semblent unis par les liens les plus étroits, beaucoup, à vrai dire, n'eurent de commun que le besoin de frapper, chacun frappant à sa guise, sous l'inspiration de ses haines particulières, avec les armes qui lui étaient propres : celui-ci comme déiste, celui-là comme athée, cet autre comme disciple de Spinosa. Et qu'on ne s'étonne pas si nous tenons compte, ici, de la diversité des doctrines métaphysiques. Car, nous les retrouverons plus tard, ces divisions de la pensée, nous les retrouverons vivantes; et quand passeront devant nous, transformées en passions terribles, la philosophie épicurienne de Danton, l'athéisme d'Anacharsis Clootz, le déisme de Robespierre, il deviendra manifeste qu'il n'est pas d'abstraction où la réalité ne germe; que les débats métaphysiques, si vagues en apparence dans leur objet, sont, par leurs résultats, d'une importance pratique sans égale; et que, souvent, ces forces brutales qu'on croirait uniquement déchaînées par des passions personnelles ou de grossiers intérêts, se rapportent aux travaux pleins d'angoisse, aux inquiétudes ou aux vengeances de la pensée. La diversité, d'ailleurs, ne porta pas seulement sur des questions de ce genre, parmi les philosophes du dix-huitième siècle : elle porta sur toute chose. Ainsi, des hommes qui avaient crié ensemble anathème aux prêtres, se séparèrent, étonnés, quand il fut question de crier anathème aux rois. Tel qui avait ébranlé d'une main confiante les fondements du catholicisme, se sentit pénétré d'une terreur secrète, quand on le pressa d'entrer en guerre contre Dieu. Si la bourgeoisie eut ses chefs, le peuple eut ses éclaireurs. A côté des philosophes bercés dans l'orgueil, bercés dans la joie, amis des princes, frondeurs, souriant aux ruines qu'ils allaient faire, il y eut les philosophes malades de leurs doutes, il y eut les penseurs religieux et les rêveurs farouches, il y eut les tribuns atteints d'une mélancolie suprême.

Comment donc, au milieu d'un pêle-mêle semblable, dessiner nettement la marche des idées? Rien de plus difficile, au premier abord. Et pourtant, lorsqu'on y regarde de près, on ne trouve dans le dix-huitième siècle que deux grands courants d'idées qui, le traversant sur des lignes parallèles, vont l'un et l'autre aboutir au gouffre de la Révolution.

On a vu combien avait toujours été profonde, quoique toujours masquée par des intérêts communs et de communes haines, la distinction entre le peuple et la bourgeoisie. Cette distinction dans l'ordre des faits se reproduisit, au dix-huitième siècle, dans le monde de la pensée.

Il y eut deux doctrines, non-seulement différentes mais opposées : la première ayant pour but une association d'égaux et partant du principe de fraternité ; la seconde fondée tout entière sur le droit individuel.

Réalisation de la liberté par l'union et l'amour, voilà ce que voulut la première, issue directement de l'Évangile ; la seconde, fille du protestantisme, ne chercha la liberté que dans l'émancipation de chacun considéré isolément.

Morelly, Jean-Jacques Rousseau, Mably, et, sous quelques rapports, Necker, appartinrent à la première ; la seconde eut pour représentants Voltaire, d'Alembert, Condorcet, Diderot, Helvétius, Turgot, Morellet, etc.

La première devait mener à Robespierre ; la seconde créa Mirabeau.

C'est celle-ci qui domina dans l'Assemblée constituante ; à demi étouffée, sous la Convention, elle reparut le lendemain du 9 thermidor ; elle renversa l'Empire, après l'avoir subi ; sous la Restauration, elle s'appelait libéralisme ; aujourd'hui elle règne [1]... Nous montrerons à travers quels drames singuliers, quelles luttes, quelles ruines, et par quels tragiques efforts, elle s'était frayé un chemin au gouvernement de la société, pendant ce dix-huitième siècle si imposant et si orageux.

Au point où en était venue la bourgeoisie, il n'est pas

---

[1] Ceci écrit en 1847.

surprenant qu'elle ait adopté la doctrine du droit individuel et s'y soit arrêtée.

L'unité, en effet, n'avait existé jusqu'alors : en religion, que par l'intolérance du catholicisme; en politique, que par la royauté absolue ou la tyrannie féodale; en industrie, que par le monopole.

Briser dans sa triple forme cette unité oppressive et délivrer l'individu de toute espèce d'entrave devint donc le désir dominant de la bourgeoisie.

D'un autre côté, elle avait la richesse, elle avait la force. Munie des instruments de travail qui manquaient aux prolétaires; douée d'une activité et d'une instruction qui, en général, manquaient aux nobles, la bourgeoisie possédait tous les moyens de développement qui dispensent de la nécessité de l'association et font redouter les gênes de la hiérarchie. L'individualisme lui suffisait.

Elle demanda, par conséquent, la liberté de l'esprit contre l'Église, la liberté politique contre les rois, la liberté d'industrie contre les monopoleurs; et elle ne demanda pas autre chose.

Mais sans l'égalité, qui est le lien des intérêts, et la fraternité, qui est le lien des cœurs, la liberté n'est qu'un despotisme hypocrite. Et voilà comment la bourgeoisie devait nous donner tôt ou tard : au lieu de la liberté de l'esprit, une profonde anarchie morale; au lieu de la liberté politique, une oligarchie de censitaires; au lieu de la liberté d'industrie, la concurrence du riche et du pauvre, au profit du riche.

Quoi qu'il en soit, les écrivains de la bourgeoisie, au dix-huitième siècle, se partagèrent en trois écoles, correspondant aux trois genres de tyrannie qui étaient alors à détruire. Il y eut l'école des philosophes proprement dits, dont le chef fut Voltaire; celle des politiques, que fonda Montesquieu; et celle des économistes, qui est représentée par Turgot.

Exposer quelle fut dans l'œuvre commune la part de chacune de ces trois écoles fameuses, en développant sur une ligne parallèle les doctrines rivales de Jean-Jacques, de Mably, de Necker, c'est faire l'histoire de la Révolution telle qu'elle se passa, au dix-huitième siècle, dans la tête des penseurs.

CHAPITRE PREMIER

GUERRE A L'ÉGLISE. — TRIOMPHE DE L'INDIVIDUALISME EN PHILOSOPHIE, OU RATIONALISME

VOLTAIRE

Voltaire devant le peuple, devant les rois, devant les prêtres. — Les Jansénistes devenus *convulsionnaires* et les Jésuites intolérants ; sacrilèges et scandales. — Voltaire ouvre l'attaque. — Pascal et Descartes l'importunent. — Il apporte d'Angleterre la doctrine des sensations, favorable à l'individualisme. — La *statue* de Condillac. — Diderot. — Ce que représente en politique la notion de Dieu. — Association de Diderot et de d'Alembert. — L'*Encyclopédie*. — Dîners du baron d'Holbach. — École du rationalisme. — Fréret, Boullanger, etc.. ; immense anarchie intellectuelle. — Buffon. — Théorie du *moi* par Helvétius. — Le Misanthrope de Molière dans le dix-huitième siècle : Jean-Jacques Rousseau ; sa lutte contre les philosophes de l'individualisme. — L'école opposée l'emporte. — L'Europe pensante est conquise par Voltaire. — Frédéric, philosophe. — Frédéric effrayé par le *Système de la Nature*. — Chute des Jésuites. — Les Jansénistes attaqués à leur tour. — Glorieux et universel apostolat de la tolérance. — Triomphe du rationalisme.

La Réformation avait bien, comme nous l'avons montré, introduit le principe d'individualisme dans le monde ; mais Luther, mais Calvin, avaient manqué de logique et d'audace. Ils avaient invoqué la souveraineté de la raison contre Rome, non contre les Écritures. Ils eussent pâli d'effroi, à la seule idée de discuter d'une manière purement rationnelle, Dieu, l'existence de l'âme, l'infini, l'éternité. Les questions qu'ils jugeaient résolues par les livres saints, interprétés au moyen des lumières de la foi, nul, suivant eux, n'avait le droit de les approfondir.

Ils avaient laissé à l'individu, en le déclarant affranchi, une partie de ses chaînes ; et, arrivé dans son vol à de certaines hauteurs, l'esprit humain devait aussitôt fermer ses ailes.

Les continuateurs que le dix-huitième siècle venait donner à Luther, poussèrent jusqu'à ses plus extrêmes limites l'œuvre commencée. Après avoir livré aux ravages du libre examen le domaine entier de la religion, ils lui abandonnèrent celui de la métaphysique. Ce que Luther avait osé contre les Pères de l'Église, ils l'osèrent contre Luther prosterné devant l'Évangile.

Ils proposèrent à l'essor de l'esprit l'immensité même. Ce respect exalté pour la liberté de l'esprit leur commandait la tolérance. Aussi n'eurent-ils rien de cette humeur despotique et de cette cruauté inconséquente dont nous avons vu le règne de Calvin si odieusement souillé. Eux, ils furent humains, et l'apostolat de la tolérance les trouva infatigables. Leur gloire est là. Quant à leur culte de la raison, comme la raison divise tandis que la foi réunit, ils ne purent que placer l'homme sur un monceau de ruines, au sommet desquelles nous l'apercevons aujourd'hui encore, debout et maître de lui, mais inquiet et seul.

Qu'on s'en félicite ou qu'on la déplore, une pareille révolution morale était d'une incomparable portée. Il fallait donc, ce semble, à la tête du mouvement qui la produisit, des penseurs d'une rare souplesse d'intelligence, pour que la séduction devînt universelle ; des défenseurs ardents de l'humanité, pour que toute âme généreuse saluât d'avance leur triomphe ; des écrivains d'une prodigue opulence, pour que le bienfait leur créât une clientèle ; d'invincibles railleurs, pour qu'on tremblât devant eux ; des chefs de parti à la fois opiniâtres et prudents, pour qu'il n'y eût ni temps d'arrêt dans l'attaque ni fausse manœuvre ; il fallait des historiens, des poëtes, des métaphysiciens, des conteurs, des auteurs dramatiques, des romanciers, des publicistes, admis par le génie et la gloire dans la familiarité des rois ; enfin, et pour que les peuples si longtemps opprimés eussent cette consolation d'être vengés de leurs tyrans par leurs tyrans mêmes, peut-être fallait-il des philosophes craignant Anitus et la ciguë, déliés à l'excès, insinuants, aussi habiles à endormir la persécution que prompts à la décrier, capables d'hypocrisie, sachant séduire les nobles et flatter les princes... Au dix-huitième siècle, tous ces hommes n'en firent qu'un, et leur nom fut Voltaire.

Voltaire ! Est-il permis de porter la main sur cette grande idole ? Un héritier du dix-huitième siècle le peut-il sans témérité ? Car, enfin, la route où marchent les générations vivantes, bonne ou mauvaise, c'est Voltaire qui l'a tracée ; et il a été tel, que, soit par l'amour, soit par la haine, le monde entier se trouve engagé dans les intérêts de sa gloire. Quelle destinée ! être pendant soixante ans tout l'esprit de l'Europe, être l'histoire d'un siècle ; écrire, et par là régner ; rendre les princes, ou fiers d'avoir appris à penser, ou honteux de n'être que puissants ; du fond d'une retraite studieuse et enchantée, tenir les peuples en haleine, mettre leurs dominateurs en émoi, pousser vers le but marqué d'avance une foule illustre ; noter la persécution d'infamie, lui faire peur ; proclamer la tolérance ; combattre et vaincre pour l'humanité ; dans une conspiration sans égale, se donner tous les prêtres pour ennemis, tous les rois pour complices ; ce que Luther n'avait ébranlé que par des prodiges de colère, l'abattre en souriant, et vivre heureux !.....
N'importe : à taire ce qui amoindrit ou souilla les noms qu'on adore, je ne vois que faiblesse et lâcheté. Quand un homme est monté sur ces hauteurs de l'histoire, à lui d'élever son cœur au niveau de son destin. Les vrais grands hommes n'ont pas besoin de toutes ces réticences, dont

le respect les insulte. Qu'on les montre tels que la nature les fit, leur action sur l'humanité n'y perdra rien, ayant eu le caractère des choses qui durent. Pourquoi ne dirions-nous pas de Voltaire que, d'une main puissante, il aida au progrès en renversant l'ancienne forme de l'oppression et en avançant ainsi l'heure de l'universelle délivrance; mais que, par ses opinions, ses instincts, son but direct, il fut l'homme de la bourgeoisie, et de la bourgeoisie seulement. S'il est juste qu'on le glorifie pour avoir avec tant d'éclat renversé la tyrannie qui s'exerçait par voie d'autorité, il l'est aussi qu'on le blâme d'avoir contribué à établir la tyrannie qui s'exerce par voie d'individualisme. Après tout, le soin de sa mémoire nous touche moins que le sort du peuple qu'il pouvait mieux servir. Le génie mérite qu'on le salue, mais il doit souffrir qu'on le juge. Il n'y a d'inviolable au monde que la justice et la vérité.

Non, Voltaire n'aima point assez le peuple. Qu'on eût allégé le poids de leurs misères à tant de travailleurs infortunés, Voltaire eût applaudi sans nul doute, par humanité, mais sa pitié n'eut jamais rien d'actif et qui vînt d'un sentiment démocratique; c'était une pitié de grand seigneur, mêlée de hauteur et de mépris. Ouvrez sa Correspondance : l'aristocratie de ses dédains y éclate à chaque page : « On n'a jamais prétendu éclairer les cordonniers et les servantes [1]. »

« Il me revient que cet Omer est fort méprisé de tous les gens qui pensent. Le nombre est petit, je l'avoue, mais il sera toujours respectable. C'est ce petit nombre qui fait le public; le reste est le vulgaire. Travaillez donc pour ce petit public, sans vous exposer à la démence du grand nombre [2]. »

---

[1] *Correspondance de Voltaire*, à *d'Alembert*, t. XXI, p. 191. Édit. Delangle frères. Paris, 1851.
[2] *Ibid.*, à *Helvétius*, t. XIII, p. 223.

« Je vous recommande l'*infâme* (la superstition). Il faut la détruire chez les honnêtes gens et la laisser à la canaille[1]. »

« Ceux qui crient contre ce qu'on appelle le luxe ne sont guère que des pauvres de mauvaise humeur[2]. »

« Enfin, notre parti l'emporte sur le leur dans la bonne compagnie[3]. »

« Vous aviez bien raison de dire, monseigneur, que les Génevois ne sont guère sages, mais c'est que le peuple commence à être le maître[4]. »

« La raison triomphera, au moins chez les honnêtes gens, la canaille n'est pas faite pour elle[5], etc., etc. »

Il nous serait aisé de multiplier les citations. Avoir un cordonnier dans sa famille était presque, aux yeux de Voltaire, une flétrissure : « Je le prie de passer rue de La Harpe et de s'informer s'il n'y a pas un cordonnier parent du scélérat (J.-B. Rousseau) qui est à Bruxelles, et qui veut me déshonorer[6]. »

Il se moquait de Jean-Jacques, s'adressant à des marchands de clous[7]; et lui, l'historien du czar Pierre, il ne pouvait comprendre que l'auteur d'*Émile* eût fait de l'état de menuisier le complément d'une éducation philosophique.

« Il a un jeune homme à élever, disait-il en parlant de Rousseau, et il en fait un menuisier; voilà le fond de son livre[8]! etc. »

« Je crois que nous ne nous entendons pas sur l'article du peuple, que vous croyez digne d'être instruit. J'entends

---

[1] *Correspondance de Voltaire, à Diderot*, t. XIV, p. 448.
[2] *Ibid., au prince royal de Prusse*, t. III, p. 5.
[3] *Ibid., à Helvétius*, t. XV, p. 459.
[4] *Ibid., au duc de Richelieu*, t. XVII, p. 259.
[5] *Ibid., à d'Alembert*, t. IX, p. 475.
[6] *Ibid., à l'abbé Moussinot*, t. III, p. 429.
[7] *Ibid., à d'Alembert*, t. XIII, p. 12.
[8] *Ibid., à M. le marquis d'Argence de Dirac*, t. XV, p. 274.

par peuple, la populace qui n'a que ses bras pour vivre...
Il me paraît essentiel qu'il y ait des gueux ignorants. Si
vous faisiez valoir comme moi une terre, et si vous aviez
des charrues, vous seriez bien de mon avis. Ce n'est pas
le manœuvre qu'il faut instruire, c'est le bourgeois, c'est
l'habitant des villes... Quand la populace se mêle de raisonner, tout est perdu [1]. »

C'est ainsi que dans la liberté, que dans la vérité des
épanchements intimes, Voltaire traitait les artisans, ceux
qui portent en gémissant le poids de la civilisation et de
ses injustices, le peuple.

En revanche, on sait jusqu'où il fit descendre, à l'é-
gard des grands, l'humilité de ses hommages, et dans
quelles puériles jouissances la faveur des cours retint sa
vanité captive, et combien il aimait à se parer du titre de
gentilhomme de la chambre; on sait qu'il fit de Louis XV
un panégyrique où l'excès de la flatterie touchait au scandale; qu'un jour s'adressant à ce roi, le dernier des rois,
il osa l'appeler Trajan; que le duc de Richelieu, héros
des roués fastueux et des libertins à la mode, l'eut pour
courtisan, que dis-je? pour familier; qu'il s'écriait en
parlant de Catherine, impératrice de Russie : « Je suis
catherin et je mourrai catherin [2]; » qu'il se mit aux pieds
des favorites, même de celle qu'une maison de débauche
éleva pour les plaisirs du maître, et qui, devenue la
royauté, en déshonora l'agonie; qu'enfin il écrivait à
Frédéric, roi de Prusse : « Vous êtes fait pour être mon
roi... délices du genre humain [3]. »

« Je rêve à mon prince comme on rêve à sa maîtresse [4]. »

---

[1] *Lettre à Damilaville* (1ᵉʳ avril 1766). — *Correspondance générale de Voltaire*, t. VII, p. 57. Édit. A. Aubrée. Paris, 1831.
[2] *Ibid.*, à Catherine II, t. XXIII, p. 18.
[3] *Ibid.*, à Frédéric, prince royal de Prusse, t. III, p. 58.
[4] *Ibid.*, à Frédéric, prince royal de Prusse, t. V, p. 101.

« Si vous saviez combien votre ouvrage (l'*Anti-Machiavel*) est supérieur à celui de Machiavel [1] ! »

« J'attends ici mon maître [2]. » — « J'envoie à mon adorable maître l'*Anti-Machiavel* [3]. »

« Vous avez fait ce que faisait le peuple d'Athènes. Vous valez bien ce peuple à vous tout seul [4]. »

« Votre Majesté qui s'est faite homme [5]. »

« Un prince à qui j'ai appartenu [6], etc., etc. »

Calculées ou sincères, de semblables adulations étaient sans dignité ; et Voltaire ne se serait jamais abaissé jusque-là, s'il avait eu ce généreux orgueil qui se puise dans le sentiment de l'égalité. Mais né d'ailleurs avec une nature souple, il se trouva, dès son entrée dans la vie active, égaré parmi les Vendôme, les Richelieu, les Conti, les La Fare, les Chaulieu; et, dans ce cercle où l'art du courtisan s'apprenait à l'école du bon goût, il perdit tout ce qui constitue les fiers caractères et les âmes viriles. Aussi les républiques ne lui apparaissaient-elles à travers l'histoire que par leur côté sanglant [7]. L'égalité, il la croyait réalisée, parce que Dieu a mis, pour le monarque comme pour le mendiant, la douleur à côté de la joie [8]. Quant aux priviléges de la naissance, tour à tour leur dénonciateur et leur esclave, il les attaqua, du haut de la scène, par des vers bien connus ; mais loin de la foule, loin du parterre, et quand il n'avait plus à s'en faire l'écho, le fils du notaire Arouet se rappelait avec complaisance que, par Marguerite d'Aumart, sa mère, il était de race noble, et il écrivait : « Lorsqu'on imprime que je prends à tort

---

[1] *Correspondance de Voltaire, à Frédéric, roi de Prusse*, t. V, p. 199.
[2] *Ibid.*, à Frédéric, t. V, p. 244.
[3] *Ibid.*, à Frédéric, t. V, p. 254.
[4] *Ibid.*, à Frédéric, t. VII, p. 5.
[5] *Ibid.*, à Frédéric, t. V, p. 171.
[6] *Ibid.*, à d'Alembert, t. IX, p. 452.
[7] *Ibid.*, à M. le chevalier de R..x, t. XII, p. 262.
[8] *Ibid.*, à M. Thiériot, t. IV, p. 59.

le titre de gentilhomme ordinaire de la chambre du roi de France, ne suis-je pas forcé de dire que, sans me parer jamais d'aucun titre, j'ai pourtant l'honneur d'avoir cette place, que Sa Majesté le roi mon maître m'a conservée? Lorsqu'on m'attaque sur ma naissance, ne dois-je pas à ma famille de répondre que je suis né égal à ceux qui ont la même place que moi ; et que, si j'ai parlé sur cet article avec la modestie convenable, c'est parce que cette même place a été occupée autrefois par les Montmorency et par les Chatillon [1]? »

Il était impossible qu'un homme capable de tenir un pareil langage ne professât pas le culte de la royauté. Seulement, Voltaire y porta une exagération qu'on a peine à comprendre. Il écrivait à Frédéric : « Je voudrais qu'on eût jeté au fond de la mer toutes les histoires qui ne nous retracent que les vices et les fureurs des rois [2]. » Et il est à remarquer que, sur ce point, ce fut un roi qui réfuta Voltaire [3].

Mais Voltaire ne fut pas convaincu. Il donna l'exemple en même temps que le précepte. Il n'oublia son étrange système sur les devoirs de l'historien, ni dans le *Siècle de Louis XIV*, ni dans le *Siècle de Louis XV*, ni dans l'*Histoire de Charles XII*, ni dans celle du czar Pierre. Il ne l'oublia que lorsque, dans ses mémoires, il eut à se venger de Frédéric : inconséquence de la passion.

Voltaire n'était pas fait, on le voit, pour chercher dans une révolution politique et sociale le salut du peuple. Changer hardiment, profondément, les conditions matérielles de l'État et de la société, il n'y songeait même pas, et ne commença à s'en inquiéter que sur la fin de sa carrière, aux cris poussés par Diderot, d'Holbach et Raynal. Dans les six mille neuf cent cinquante lettres

---

[1] *Correspondance de Voltaire*, à M. Kœnig, t. VIII, p. 203.
[2] *Ibid.*, à Frédéric, t. III, p. 276.
[3] *Ibid.*, Frédéric à Voltaire, t. III, p. 309.

dont se compose sa Correspondance, dans la plupart de ses ouvrages, on est frappé de cette absence de préoccupations politiques. C'est à peine s'il avait foi dans la possibilité d'une vaste rénovation du monde. On en peut juger par cette lettre écrite à M. de Bastide, en 1760, moins de trente ans avant la Révolution. Après avoir montré, dans un tableau saisissant, ceux qui labourent dans la disette, ceux qui ne produisent rien dans le luxe, de tremblants vassaux n'osant délivrer leurs maisons du sanglier qui les dévore, de grands propriétaires s'appropriant jusqu'à l'oiseau qui vole et au poisson qui nage : « Cette scène du monde, presque de tous les temps et de tous les lieux, s'écrie-t-il, vous voudriez la changer ! voilà votre folie, à vous autres moralistes... Le monde ira toujours comme il va [1]. »

N'était-ce là qu'un accès de philantropie chagrine ? Non ; et l'on doit ajouter que ce fut la tendance générale des esprits pendant une notable partie du dix-huitième siècle de négliger les questions politiques ou sociales, pour les problèmes les plus abstraits de la métaphysique. Nous marquerons l'heure où il cessa d'en être ainsi. Mais cette heure solennelle surprit Voltaire et le fit tressaillir. Comme Luther, il fut longtemps à découvrir la pente qui conduisait des abus religieux aux abus politiques, de la philosophie spéculative à la transformation matérielle de la société, de l'agitation des croyances au bouillonnement des intérêts. Nous n'avons donc plus qu'à le suivre d'abord dans sa lutte contre la puissance des prêtres, et ensuite dans ses efforts pour agrandir l'être humain en l'isolant.

Ébranler l'empire des prêtres, on ne le pouvait pas sans séparer leur cause de celle des rois. C'est à quoi Voltaire était naturellement porté, et ce fut le premier moyen

---

[1] *Correspondance de Voltaire*, à M. de Bastide, t. XII, p. 577.

qu'il employa. La longue et implacable rivalité des papes et des Césars; l'empereur Henri IV à genoux devant Grégoire VII ; tant de guerres civiles nées du fanatisme religieux; tant de séditions prêchées du haut des marches de l'autel ; des fils de roi condamnés par l'inquisition ; les confesseurs plus puissants que les favorites, s'emparant de l'autorité des princes en même temps que de leur âme, usurpant la terre au nom du ciel et gouvernant les royaumes qu'ils ne troublaient pas; les jésuites dans la Guerre de trente ans ; la Ligue ; des moines régicides..., que de ressources l'histoire ne fournissait-elle pas au plan d'attaque de Voltaire ! Il les rassembla et les mit en œuvre avec une habileté redoutable. « Si la plupart des rois, écrivait-il à Frédéric quand celui-ci n'était encore que prince royal de Prusse, si la plupart des rois ont encouragé le fanatisme dans leurs États, c'est qu'ils étaient ignorants, c'est qu'ils ne savaient pas que les prêtres sont leurs plus grands ennemis. En effet, y a-t-il un seul exemple, dans l'histoire du monde, de prêtres qui aient entretenu l'harmonie entre les souverains et leurs sujets ? Ne voit-on pas partout, au contraire, des prêtres qui ont levé l'étendard de la discorde et de la révolte ? Ne sont-ce pas les presbytériens d'Écosse qui ont commencé cette malheureuse guerre civile qui a coûté la vie à Charles Ier, à un roi qui était honnête homme ? N'est-ce pas un moine qui a assassiné Henri III, roi de France ? L'Europe n'est-elle pas encore remplie des traces de l'ambition ecclésiastique ? Des évêques devenus princes, et ensuite vos confrères dans l'électorat, un évêque de Rome foulant aux pieds les empereurs, n'en sont-ils pas des témoignages [1]. »

D'un autre côté, Voltaire s'étudiait à bien établir que les philosophes étaient les alliés naturels des rois. Lui

---

[1] *Correspondance de Voltaire*, à Frédéric, t. III, p. 134.

qui osait tout contre les puissances sacerdotales, il n'avait pas assez d'indignation contre « le misérable assez fou pour faire un libelle contre un roi. » Il est permis de croire que, s'il eût siégé à la Convention, il se serait violemment opposé à la condamnation de Louis XVI, lui qui, accusé d'avoir fait l'apologie du jugement de Charles Ier, s'en défendait en ces termes : « Où donc aurais-je fait l'apologie de cette injustice exécrable... Je viens de consulter le livre (les *Lettres sur les Anglais*) où l'on parle de cet assassinat, d'autant plus affreux qu'on emprunta le glaive de la législature pour le commettre. Je trouve qu'on y compare cet attentat avec celui de Ravaillac, avec celui du jacobin Clément, avec le crime, plus énorme encore, du prêtre qui se servit du corps de Jésus-Christ même, dans la communion, pour empoisonner l'empereur Henri VII. Est-ce là justifier le meurtre de Charles Ier [1]? » Ce désir de sceller entre la philosophie et la royauté une étroite et durable alliance était si vif chez Voltaire, qu'on en retrouve à chaque instant l'expression sous sa plume : « Pour être bon chrétien, il faut respecter, aimer, servir son prince [2]. »

« Les philosophes servent Dieu et le roi [3]. »

« Toutes les bulles du monde (en parlant d'une maladie du Dauphin) ne valent pas la poitrine et le foie d'un fils unique du roi de France [4]. »

« Les philosophes ne demandent que la tranquillité, et il n'y a pas un théologien qui ne voulût être le maître de l'État [5]. »

Ainsi, à l'exemple de Luther, à l'exemple de Calvin, Voltaire prêchait à la fois la révolte contre les autorités

---

[1] *Correspondance de Voltaire, à l'abbé Prévost*, t. III, p. 489 et 490.
[2] *Ibid., à M. le marquis Albergati Capacelli* V, t. XII, p. 481.
[3] *Ibid., à Helvétius*, t. XII, p. 5.
[4] *Ibid., à Damilaville*, t. XVIII, p. 68.
[5] *Ibid., au prince royal de Prusse*, t. III, p. 78.

spirituelles et la soumission aux pouvoirs temporels. Révolutionnaire en religion, il n'entendait pas qu'on le fût en politique ; et c'était de très-bonne foi qu'il s'obstinait dans cette inconséquence, si utile, du reste, à ses projets; car à ses amis, à ses adeptes, aux confidents de ses pensées les plus secrètes, il tint toujours le même langage qu'aux rois. Il écrivait à d'Alembert : « On ne s'était pas douté que la cause des rois fût celle des philosophes; cependant il est évident que des sages, qui n'admettent pas deux puissances, sont les premiers soutiens de l'autorité royale[1]. »

Le plan était nettement tracé : l'histoire vint en aide. Voltaire eut ce rare bonheur que ses idées furent toujours servies par les événements. Pendant qu'il pensait pour son siècle, son siècle agissait pour lui ; et, par exemple, dans le temps même où il criait aux princes de se défier des théologiens, de leur fanatisme dominateur et de leurs cabales, une guerre théologique vint embraser Paris.

Elle fut sombre, cette guerre, et furieuse; elle imprima aux passions un mouvement qui ne devait plus s'arrêter; elle couvrit les factions religieuses de ridicule et d'opprobre; elle inquiéta les rois dans le sens des projets de Voltaire; elle déchaîna en France les colères d'une presse clandestine, inévitable; et, mettant aux prises le pouvoir royal et le pouvoir parlementaire, elle hâta la Révolution dans laquelle ils coururent l'un et l'autre s'engloutir.

Nous avons dit les mœurs du haut clergé, son faste mondain, son opulence, son ardeur à défendre l'inviolabilité de ses richesses alors que le peuple haletait sous le fardeau des charges publiques; nous avons dit

---

[1] *Correspondance de Voltaire, à d'Alembert*, t. VIII, p. 18.

quelles passions battaient sous la pourpre romaine, et par quels scandales étaient compromis en France les destins de la religion. Mais la piété avait été longtemps conservée en dépôt par le clergé inférieur, par les jansénistes; longtemps ils s'étaient imposé la glorieuse tâche d'honorer leurs croyances par l'austérité de leur vie; et lorsque Fleury, devenu ministre, était descendu à les persécuter pour gagner les bonnes grâces de Rome, on les avait vus, appuyés sur l'opinion, entraîner le parlement dans leur querelle et déployer une fermeté d'âme digne de Saint-Cyran, de Nicole et d'Antoine Arnauld. Tout à coup on apprend qu'un saint homme, un diacre, nommé Pâris, vient de mourir, et, bientôt après, qu'une jeune fille a été saisie, sur la tombe du bienheureux, de convulsions étranges, surnaturelles. Aussitôt, les jansénistes se réveillent comme d'un lourd sommeil. Leur noire dévotion, exaltée par le souvenir des persécutions précédentes et par le malheur, se décide à tenter la fortune des miracles. La contagion gagne de proche en proche, elle frappe les cerveaux malades ou affaiblis, elle s'empare des âmes enthousiastes, elle attire les fourbes. Ce fut un vrai délire. Des scènes, tour à tour effrayantes et voluptueuses, se passèrent dans l'asile des morts. Des femmes venaient, dans un costume flottant et trop libre[1], frémir sur un tombeau comme la sibylle antique sur le trépied. Ce n'étaient que discours mystérieux et symboliques, extases, invocations à l'esprit de Dieu. Les unes se faisaient enlever par les pieds avec des cordes, secouaient leurs têtes échevelées, et passaient de la fureur à une immobile tristesse; les autres appelant le *secouriste*[2] d'une voix

---

[1] *Examen critique, physique et théologique des Convulsions*, p. 18.

[2] C'était le nom qu'on donnait aux personnes chargées de venir en aide aux convulsionnaires en les frappant ou en les foulant aux pieds, suivant les désirs des convulsionnaires eux-mêmes.

plaintive et caressante, demandaient qu'on leur marchât sur le corps, prenaient des attitudes lascives, se répandaient en mélancoliques prophéties ou chantaient des mélodies inconnues[1]. Signes d'en haut ! disaient les jansénistes, et ces contorsions dont s'offensaient également la raison et la pudeur, ils les appelaient des prodiges divins : nul doute que par là Dieu ne voulût annoncer la grandeur insondable de ses desseins sur l'Église ; le prophète Élie allait venir[2]. Et de telles extravagances avaient cours en plein dix-huitième siècle, après les saturnales de la Régence, au milieu d'un peuple frondeur ! En vain le cimetière de Saint-Médard, premier théâtre de l'agitation, fut-il fermé par ordre, le nombre des *convulsionnaires* ne fit que s'accroître. Emportant la terre du saint tombeau, ils se répandirent dans Paris, incrédule, mais étonné. En chaque quartier, il se tint des assemblées secrètes et sinistres dont quelques-uns parlaient avec mépris, quelques-uns avec horreur, presque tous avec surprise. Ici les patients avaient résisté, par la seule vertu de la foi, à des coups de lance ou d'épée ; là, mis en croix, ils avaient vaincu la douleur et dompté la mort. On cita, on put citer comme incontestables des faits par où éclatait la puissance de l'âme violemment agitée dans des organisations débiles. Des convulsionnaires se crurent brûlés par l'attouchement des os et des pierres tirés des ruines de Port-Royal[3]. Mais combien de jeunes filles semblaient renouveler la tragédie du Calvaire, qui ne tremblaient que des frissons de l'amour[4] ! Combien pour qui prévoir l'avenir ne fut

---

[1] De Lan, docteur, *Dissertation théologique contre les Convulsions*, part. II, p. 70. 1753.

[2] *Examen critique, physique et théologique des Convulsions*, p. 17.

[3] *Troisième lettre sur l'œuvre des Convulsions*, 1er trait, t. LVII du Recueil général.

[4] Le docteur Hecquet, *Naturalisme des Convulsions*, p. 119, 170, 183, etc. Soleure, 1733.

qu'une ressource de la pauvreté, un moyen d'assurer le présent! Et cependant, il advint que des hommes mûris par l'étude, que des personnages respectables, des écrivains en renom, des magistrats, se laissèrent toucher à des spectacles dont l'indécence avait une couleur biblique, et rappelait à des esprits dévotement prévenus, tantôt le sommeil de Noé, tantôt l'apparente folie de David, ou bien encore la nudité de Saül se roulant dans la poussière [1].

Ainsi, Port-Royal, sa sévérité, ses vertus, n'étaient plus représentés que dans des conciliabules où l'artifice se mêlait à la soif des âcres voluptés; cette crédulité qui dans Nicole n'avait été que l'exagération du zèle et dans Pascal qu'une mélancolie sublime, aboutissait à un mysticisme suspect; la théologie décriait son propre règne, déjà menacé par la Révolution, qui grondait; et les victimes destinées à Voltaire couraient d'elles-mêmes au-devant de ce roi des génies moqueurs.

Comme tout sert les révolutions, quand leur jour approche! Pendant que les jansénistes se faisaient *convulsionnaires*, les jésuites, factieux en sens inverse, devenaient intolérants jusqu'au scandale. On eût dit que, pour mieux donner raison à Voltaire, les divers représentants de l'idée religieuse mettaient une sorte d'émulation à troubler l'État.

Qu'en 1749, le clergé se soit soulevé contre l'édit par lequel Machault, ministre philosophe, imposait les biens ecclésiastiques, il n'y a rien là qui doive surprendre: en refusant de contribuer aux charges publiques, sur le pied de l'égalité, les évêques restaient fidèles à leurs habitudes. Mais ils ne se bornèrent pas à un refus hautain. Après avoir déclaré dans les remon-

---

[1] *Plan général de l'œuvre des Convulsions*, p. vij, au tome LVIII du Recueil.

trances du 24 août 1749¹, délibérées en assemblée générale, que les serviteurs de Dieu étaient seulement tenus à des *dons gratuits;* que leurs immunités, en matière d'impôt, faisaient partie de la constitution monarchique; qu'on ne pouvait frapper un impôt sur les ministres de l'Église sans *les avilir et les réduire à la condition des autres sujets du roi*, le clergé conçut l'audacieux projet d'écarter les périls d'un refus obstiné, en réveillant les querelles religieuses de manière à occuper sans réserve le parlement, la cour et l'opinion. Alors fut reprise par l'archevêque de Paris et par les jésuites cette trop fameuse bulle *Unigenitus*, brandon de discordes lancé en France du haut du Vatican; alors l'obligation d'adhérer à la bulle devint un véritable signal de guerre et comme la contre-partie des miracles ou des bouffonneries du jansénisme. Sans un billet de confession, constatant l'adhésion prescrite, plus de sacrements, plus de passe-port pour le voyage du ciel. Les jansénistes s'indignèrent, le parlement fulmina; mais les jésuites s'y attendaient et la résistance n'était propre qu'à enflammer le zèle de Christophe de Beaumont, prélat doué de vertus violentes, prêtre né pour être persécuteur ou martyr. Le désordre fut donc immense. Des curés interdits par l'archevêque s'ils accordent les sacrements sans billet de confession, et atteints, s'ils les refusent, par un arrêt du parlement; des moribonds implorant en vain les consolations dernières; des milliers d'hommes rassemblés, à la porte des églises, autour des cadavres qui attendent la sépulture; des prêtres qui s'enfuient emportant la clef du tabernacle²; toutes les familles épouvantées dans leurs croyances;

---

¹ Citées *in extenso* dans l'Introduction aux *Fastes de la Révolution française*, par Marrast et Dupont, p. clij.
² Soulavie, *Hist. de la décadence de la monarchie française*, t. III, p. 161.

l'extrême-onction administrée, non plus en vertu du pouvoir d'un homme de Dieu, mais de par la sentence des tribunaux[1]; le viatique promené dans l'émeute, le fanatisme debout entre des morts et les cercueils ouverts pour les recevoir, voilà le Paris religieux du dix-huitième siècle. Le clergé sauva ses biens...; mais son autorité?

Son autorité reçut mille atteintes mortelles. Pendant qu'une brochure célèbre, publiée sous le simple nom de *Lettres*, sapait les priviléges ecclésiastiques, un pamphlet véhément reprochait à certains prédicateurs des humbles vertus de l'Évangile leurs chevaux, leurs équipages, leurs palais, leur vaisselle d'or, leurs somptueux jardins, leurs concubines connues[2]. En même temps, dans l'intérieur des maisons; entre les piles de bois des chantiers; sur la Seine, dans des bateaux; partout enfin où il y avait chance d'éviter les regards d'un pouvoir ombrageux, on imprimait les *Nouvelles ecclésiastiques*, arme terrible, empoisonnée, que les jansénistes maniaient dans l'ombre avec une incomparable adresse. Or, ces feuilles rédigées par des théologiens contre des théologiens, par des prêtres contre des prêtres, elles avaient, colportées par la haine, une publicité dont rien ne put jamais arrêter l'essor; elles circulaient, grâce à des artifices ingénieux et sans nombre; elles étaient collées le long des murs par des enfants cachés dans des hottes que des femmes portaient sur leur dos[3]; le lieutenant de police Hérault eut l'humiliation d'en trouver des exemplaires dans sa voiture; elles pénétraient à la cour; elles inondaient la ville... Et les

---

[1] Voy. à ce sujet les *Mémoires ecclésiastiques* de l'abbé Picot, t. II, p. 220, 234, etc.

[2] Ce pamphlet fut publié sous le titre de *Remontrances du second ordre du clergé, au sujet du vingtième*.

[3] Dulaure, *Histoire de Paris, sous Louis XV*, p. 139.

philosophes d'applaudir ; car c'était à eux, à eux seuls, que devaient profiter les coups portés de part et d'autre.

Leur chef, du reste, avait déjà commencé l'attaque, si vivement annoncée par les malices de Fontenelle et par les *Lettres persanes* de Montesquieu.

Lâchement insulté, en 1726, par un grand seigneur auquel il demanda une réparation de gentilhomme et qui, pour toute réponse, le fit jeter à la Bastille, Voltaire n'était sorti de sa prison que par la porte de l'exil, et il avait trouvé à Londres un asile, la liberté d'écrire, des amis. Dans la ferme de lord Bolingbroke, où venaient Pope et Swift, il avait vu réunis les plus hardis penseurs de l'Angleterre ; il y avait entendu les sarcasmes d'une incrédulité savante ; la révélation y était niée, la théologie couverte de mépris, la métaphysique même traitée de passe-temps inutile ; on y croyait à l'existence d'un Dieu, mais d'un Dieu non révélé, inaccessible, dont il y avait folie à chercher l'énigme, et l'on invitait l'homme à épouser la nature, en se reposant dans cette idée que *tout ce qui est, est bien*[1]. C'était donc là que Voltaire avait puisé ce déisme épicurien qu'il apporta ensuite aux Français, adouci, ménagé, prêché avec élégance et bon goût, mais sans exagération d'optimisme, — car un jour Voltaire écrira *Candide*. — D'un autre côté, il avait lu les livres du sage Locke, « le seul qui ait appris à l'esprit humain à se bien connaître[2], » et il s'était rendu sans effort à la doctrine, renouvelée d'Aristote : *les idées nous viennent des sens*. Que dire encore ? L'accueil enthousiaste fait par les Anglais à la *Henriade*, épopée de la liberté de conscience, n'avait

---

[1] *Essai sur l'homme*, épître I, p. 22 de la traduction française, tome II des Œuvres. — On sait que cet ouvrage fut inspiré à Pope par Bolingbroke, son ami.

[2] *Dictionnaire philosophique*, t. VI, au mot *Locke*.

fait que l'encourager dans son dessein de tuer le fanatisme.

Ainsi, quand il revint en France, Voltaire y apportait l'éducation que l'Angleterre lui avait donnée : sa religion était le *déisme*, sa philosophie la *sensation*, sa morale la *tolérance*. Renverser le christianisme fut son but.

Au besoin, il aurait trouvé dans les circonstances de sa vie particulière des motifs pour l'agression. Des prêtres venaient de refuser la sépulture à une pauvre comédienne, à une *Phèdre* qu'il avait tendrement aimée, mademoiselle Lecouvreur. Les *convulsions !* il en connaissait mieux que personne les mensonges, lui dont le frère, Armand Arouet, s'était choisi un sérail parmi les plus jolies convulsionnaires [1]. Mais ce n'est point par des détails biographiques qu'on peut expliquer l'action des hommes de la trempe de Voltaire. Ici, pour expliquer un homme, il ne faut pas moins que l'histoire d'un siècle. Les temps étaient venus, et Voltaire éclata par les *Lettres anglaises* [2].

C'était toute une révolution intellectuelle que ces lettres : le parlement les fit brûler par la main du bourreau, et le libraire Jore perdit sa maîtrise. Mais l'impulsion était donnée. Voltaire se moqua du parlement qui avait aussi condamné l'émétique, alors qu'elle guérissait des conseillers de la grand'chambre [3]; et, réfugié au château de Cirey, chez la marquise du Châtelet, il se mit à y fourbir de nouvelles armes.

Cependant le domaine du christianisme était comme

---

[1] Note de Clogenson sur une lettre de Voltaire à l'abbé Moussinot, *Correspondance*, t. III, p. 252.

[2] Elles sont plus connues sous le nom de *Lettres philosophiques*. Refondues dans le *Dictionnaire philosophique*, elles n'existent plus en corps d'ouvrage. M. Beuchot les a seul conservées dans sa grande édition (voy. Quérard).

[3] *Correspondance de Voltaire*, t. II, p. 54.

gardé par une grande ombre, celle de Pascal, et il la fallait écarter si on voulait passer outre. Aussi Voltaire s'étudia-t-il d'abord à ébranler la gloire de Pascal.

Pour établir la vérité du christianisme, l'auteur des *Pensées* avait eu recours à un système d'une élévation imposante. Il avait présenté le christianisme comme seul propre à expliquer ce qu'il y a dans la nature humaine de sublime et de misérable à la fois.

Chargé d'ennui, aussi incapable de bonheur que de connaissance, usant le peu de jours qui lui sont comptés à poursuivre des fantômes, impatient de ses joies comme de ses maux, dévoré du besoin de s'oublier, et dans les étourdissements de son ambition, dans le tumulte de ses fêtes, ne cherchant qu'un moyen de se dérober au spectacle de lui-même, de fuir le silence de son cœur, l'homme n'était, suivant Pascal, qu'imbécillité et corruption.

Mais, d'autre part, cet être humain qu'il abaissait si cruellement, Pascal ne pouvait s'empêcher de l'admirer. Car enfin, l'homme tient de Dieu, puisqu'il en a l'idée. Ses pieds sont, il est vrai, fixés au sol par de grossières attaches; attendez un peu : le voilà qui monte au plus haut de la région des étoiles, le voilà qui veille au centre des mondes endormis. Ne vous étonnez pas si, sachant qu'il mourra dans une heure, il garde un visage calme et fier; pendant qu'on cloue les planches de son cercueil, son immortalité l'occupe. Découvrir les causes et la fin, jamais il ne le peut, mais toujours il l'essaye ; et si sa faiblesse se trahit par la constante inutilité de l'effort, sa supériorité n'en paraît que mieux dans son audace inépuisable et son désir indompté. Il aime, il veut, il espère, et ce pouvoir d'espérer est un démenti à la croyance du néant.

Comment expliquer tant de grandeur associée à tant de misère? Pourquoi l'infini attire-t-il notre pensée, puisqu'il ne peut que l'opprimer et la remplir d'épouvante? Atômes errants dans l'immensité mobile des cieux, d'où nous vient cet invincible désir de fixer autour de nous ce qui nous emporte, d'embrasser ce qui nous engloutit? Pascal, à ces questions solennelles, n'avait trouvé d'autre solution que la fameuse hypothèse de la majesté primitive de l'homme et de sa déchéance, et adoptant le dogme du péché originel, point de départ du christianisme, il s'était écrié : « Sans ce mystère, le plus incompréhensible de tous, nous sommes incompréhensibles à nous-mêmes[1]. »

Certes, c'était un coup de génie que d'avoir fait résulter la vérité de la religion chrétienne de ce que seule elle peut rendre compte de l'homme, de sa nature intime, de sa grandeur, de sa misère, et des surprenants contrastes qui se remarquent en lui. Et quelle profondeur dans ce langage adressé aux incrédules : Oui sans doute il y a quelque chose de ténébreux et de terrible dans un dogme qui nous montre toute la race des humains déchue, en expiation d'une faute commise par le premier d'entre eux; mais, si cette croyance nous manque, notre esprit entre dans une nuit bien plus épaisse encore. Car alors c'est nous, nous-mêmes, qui sommes l'effrayant et suprême mystère.

A des preuves d'une portée aussi haute, et l'on pourrait ajouter aussi épique, Voltaire opposa cette moquerie perçante, ce victorieux bon sens qui étaient son génie. Quoi! l'homme serait *inconcevable sans un mystère inconcevable*[2]! Quoi! on en était venu à transformer en explication ce qui avait si fort besoin d'être expliqué! Rendre compte des prétendues contrariétés de la nature humaine n'était point l'affaire d'une religion et n'en

[1] *Pensées de Pascal*, § 3, p. 37. Édit. de 1671.
[2] *Remarques sur les Pensées de Pascal*, t. XL des Œuvres complètes de Voltaire. Édit. de 1785.

démontrait nullement la vérité. Mais d'ailleurs quel avantage la religion chrétienne avait-elle, à cet égard, sur l'antique fable de *Prométhée* et de *Pandore*, sur les *Androgynes* de Platon, sur les dogmes des anciens Égyptiens, ou sur ceux de Zoroastre[1] ?

Voltaire suivait ainsi pas à pas l'illustre défenseur de la religion chrétienne. Si Pascal avait vécu du temps de Voltaire, imagine-t-on quel magnifique spectacle eût donné au monde le combat de ces deux intelligences souveraines ! Mais Voltaire s'attaquait à un génie tombé dans l'éternel silence. Il riait devant un tombeau.

Et du reste, il faut le dire : Pascal s'était laissé entraîner, par l'effroi que le doute lui inspirait, à des affirmations trop cruelles pour être vraies. N'avait-il pas, continuateur attristé de Calvin et de Jansénius, gravé sur l'airain de son style leur désolante doctrine ? Mais ne le jugeons pas d'après son adhésion au jansénisme, fruit amer de son désespoir. Vouloir tout connaître avait été son mal : il en mourut. Avide de certitude, il s'était adressé aux sens, au sentiment, à la raison ; et dans ces trois sources tant vantées de nos connaissances, il ne trouva que jugements faux, témoignages suspects, impressions variables et contradictoires. Le point d'appui qu'Archimède avait demandé pour soulever le globe, Pascal l'aurait voulu pour soulever le monde immatériel, et le levier que promenait autour de lui sa forte main ne rencontra que le vide. Alors, convaincu de l'impuissance de la raison, il s'efforça de croire, de croire à la manière des idiots ou des enfants. Il se fit, à plaisir, humble et petit ; sa consolation eût été de s'ignorer ; mais la foi ne lui donna point le repos que lui avait refusé la raison. La religion est-elle bien certaine ? croyons : c'est moins périlleux que de ne croire point ! Telle fut, confessée à

[1] *Remarques sur les pensées de Pascal*, t. XL des Œuvres complètes de Voltaire, p. 373. Édit. de 1785.

demi dans son livre, l'intime et constante pensée de ce grand homme aux abois. Il ne put ni douter ni croire : double et poignante impossibilité par où s'explique ce qui parut en lui de sublime et de puéril. La puérilité de Pascal... y eut-il jamais rien de plus émouvant? Donc, ne l'accusons pas sans un respect douloureux, lui si incertain, hélas ! si combattu, si complétement martyr de son propre génie, d'avoir blasphémé la cause du progrès. Mais rappelons-nous plutôt que, par quelques-unes de ses pages immortelles, il mérite d'être placé dans la tradition révolutionnaire : « La puissance des rois est fondée sur la raison et la folie des peuples, et bien plus sur la folie. L'égalité des biens est juste ; mais ne pouvant faire qu'il soit forcé d'obéir à la justice, on a fait qu'il soit juste d'obéir à la force. » — « Ce chien est à moi, disaient ces pauvres enfants ; c'est là ma place au soleil ! Voilà le commencement et l'image de l'usurpation de toute la terre. » Ainsi avait parlé Pascal quand Voltaire parut ; et jamais Voltaire ne devait aller jusqu'à ces limites.

Parmi les écrivains dominateurs du siècle précédent, Descartes, plus encore que Pascal, parut dangereux à Voltaire. Pourquoi ?

Un jour qu'enfermé seul dans une chambre d'hiver, Descartes s'entretenait avec ses pensées[1], il conçut l'héroïque dessein de détruire de fond en comble l'édifice des opinions qu'il avait jusqu'alors adoptées, sauf à le rebâtir ensuite, soit avec des idées plus vraies, mieux prouvées, soit avec les mêmes, lorsqu'il les *aurait ajustées au niveau de sa raison*[2]. Le voilà donc doutant de tout ; le voilà rejetant de son esprit, par un effort sans exemple, toutes les croyances qui reposent sur l'autorité des autres hommes. C'en est fait : il n'y a plus autour de lui que le vide et la nuit. Mais pour douter, il faut au

---

[1] *Discours sur la méthode*, part. II, p. 7 de l'édition Charpentier.
[2] *Ibid.*, p. 8.

moins penser que l'on doute, et pour penser, il faut être. Ainsi, dans la solitude des mondes évanouis comme les visions d'un rêve, une chose est restée invinciblement debout : la pensée ; et la certitude de la pensée fournissant à Descartes celle de l'existence, il a trouvé au temple des connaissances humaines une base qu'il ose proclamer inébranlable. *Je pense, donc je suis*, vérité première, incontestable, qui va lui servir, de déduction en déduction, à établir toutes les autres. De la nature pensante de l'homme, une fois admise, Descartes tirera successivement la preuve que nous avons une âme distincte du corps, la preuve qu'il y a un Dieu, la preuve que le monde extérieur est réel[1], etc... Et, après avoir de la sorte reconstruit l'édifice qu'il s'était plu à renverser, Descartes le déclarera hautement et hardiment indestructible. Ne doutez plus de Dieu, ni de l'âme, ni du monde réel : Descartes a rencontré le principe de certitude, et ces notions, qu'il en a déduites, il les donne comme aussi assurées désormais que des théorèmes de géométrie. Il est parti du doute, mais il l'a épuisé, il l'a vaincu. Il a saisi pour son usage personnel le droit d'examen, mais il l'a désarmé. Un moment révolutionnaire en philosophie, Descartes semble avoir eu la prétention de fermer à jamais la porte aux révolutions. Hier il doutait, aujourd'hui il s'impose.

On sent combien, dans l'indépendance de son esprit, Voltaire devait être blessé de ce que le dogmatisme cartésien présentait d'absolu et d'impérieux. Comment attaquer efficacement l'Église, si l'on admettait l'infaillibilité

---

[1] Voy. les *Six méditations touchant la philosophie première*.
M. de Lamennais a fait ressortir avec beaucoup de force et d'éclat ce qu'il y a de contradictoire ou d'erroné dans les démonstrations de Descartes et l'insuffisance de sa philosophie comme fondement de la certitude. Voy. l'*Essai sur l'indifférence en matière de religion*, part. III, chap. I, t. II, p. 84 et suiv. Édit. Pagnerre.

de ce Descartes qui avait employé la raison même à la démonstration des choses de foi qu'en matière de philosophie l'Église enseignait? Aussi Voltaire se montre-t-il partout, dans ses livres, fort animé contre le célèbre inventeur de la *Méthode*. Il voulait qu'on s'abstînt de le lire; il le dénonçait comme un guide trompeur et qui n'était pas exempt de charlatanisme. « Tous ses calculs sont faux, s'écriait-il, tout est faux chez lui, hors la sublime application qu'il a faite le premier de l'algèbre à la géométrie [1]. »

Au surplus, en s'attachant à ébranler la réputation de Descartes, en décriant sa métaphysique, en exaltant Locke, en prêchant la doctrine des *sensations*, Voltaire était l'homme de son époque et l'apôtre fidèle de l'individualisme. Car, si par la pensée l'homme se répand au dehors et se prodigue, par la sensation au contraire il ramène tout à lui. Prenez un philosophe croyant au sensualisme et conséquent à sa foi : rien autour de lui qui ne soit créé pour le servir ou lui plaire. Le soleil ne s'épanouit dans les cieux qu'afin de lui donner par le sens de la vue l'idée de lumière. Il devient un point de convergence au milieu de l'univers. Quelle importance attribuée à l'individu! Mais aussi quel encouragement à l'égoïsme! Dans la logique d'un tel système, n'attendez pas de l'homme ce dévouement sublime au malheur abstrait, aux douleurs éloignées : le sensualiste n'a que des notions relatives; il s'intéresse uniquement à ce qu'il touche; il ne compatit qu'aux douleurs visibles, au malheur saisissable; il n'est ému que par les gémissements qui sont venus frapper son oreille; son idéal enfin ne dépasse point les bornes de l'horizon. Il n'aura pas, à moins que son cœur ne contredise sa théorie, de ces

---

[1] *Correspondance de Voltaire*, lettre au marquis d'Argenson, t. IV, p. 391.

nobles élans qui, sur les ailes de la pensée, avec le désintéressement qu'elle donne et la soudaineté de son vol, nous transportent au delà du monde sensible et nous élèvent de la sensation environnante jusque sur les cimes d'où l'on embrasse l'humanité.

Mais c'était précisément parce qu'elle servait la cause de l'individualisme, qu'au dix-huitième siècle la philosophie des *sensations* devait prévaloir. Hobbes l'avait inaugurée en Angleterre sous des formes brutales; Locke lui avait donné de plus sages allures; Voltaire venait de l'importer en France sans pédantisme : Condillac la développa clairement, méthodiquement, avec une austère élégance, et au moyen d'hypothèses ingénieuses. Il supposa l'homme à l'état de statue organisée, puis il exposa comment les premières idées lui venaient par les yeux; comment des notions plus justes et plus complètes lui étaient ensuite fournies par le sens du toucher, instruisant celui de la vue[1]. Notre œil voit, la sensation lui apprend à regarder, l'expérience lui enseigne à discerner, à choisir. Plein de son hypothèse qu'il trouvait heureuse, Condillac la prolongeait à plaisir; il promenait à travers les mille accidents de la vie son *impressionnable* statue; il lui faisait peur des ténèbres, en attendant qu'elle fût détrompée par l'aurore, de manière à lui donner une mesure du temps et l'idée même de la durée par les alternatives du jour et de la nuit[2].

En confondant la sensation avec l'idée, ou plutôt en déclarant l'idée fille de la sensation, Condillac rendait l'âme esclave des sens; il la réduisait, même dans son essor le plus hardi, à la condition de l'oiseau qui traîne dans les airs les liens de sa servitude.

La philosophie de Condillac tendait conséquemment à

---

[1] Condillac, *Traité des sensations*, part. III, chap. III, t. III des Œuvres, p. 273.

[2] *Ibid.*, chap. VII, p. 329-331.

particulariser les sentiments de l'homme ; elle aboutissait à l'individualisme. Après avoir parcouru le monde, respiré le parfum des fleurs, écouté les harmonies de la nature, goûté les fruits de la terre et perfectionné l'éducation de ses organes, il devait arriver que la statue animée se ferait homme, proclamerait sa personnalité, se couronnerait de ses mains et remonterait sur son piédestal.

Nous avons dit le chef, indiqué le drapeau : bientôt il sera temps de faire mouvoir l'armée. Mais d'abord, à qui fut-il donné de la rassembler, de la conduire au combat? Car, presque toujours absent de Paris, Voltaire ne pouvait commander que de loin ; et c'était sous son inspiration plutôt que sous ses ordres qu'on allait marcher en avant.

Il est rare qu'il n'y ait point dans les armées un de ces capitaines cyniques, fougueux et bons, insubordonnés mais illustres, qui bravent la défaite et tentent l'impossible, qui se battent partout où l'on se bat, et qui, pour décider des rencontres, n'ont souvent qu'à se montrer, les vêtements et les cheveux en désordre, le bras étendu. Ces héros sympathiques s'appellent Kléber à Héliopolis ; dans une assemblée, Danton ; parmi les philosophes militants, Diderot.

Diderot n'était pas un grand seigneur bourgeois comme Voltaire. Le fils du bon forgeron de Langres [1] n'était pas un homme à ménager les princes en frappant sur les prêtres. Aussi, pas de précautions chez lui, pas de réticences, sa vie est tout en dehors. A travers le dix-huitième siècle, il passe et repasse à chaque instant, toujours en éveil, prêt à oser, parlant haut, débordant de verve, plein de chaleur et tourmenté du besoin de communiquer le feu qui l'anime. Doué de la plus noble

[1] C'est ainsi que Diderot appelait son père le coutelier.

des générosités, celle de l'esprit, il dépensait ses idées avec l'insouciance d'un riche dissipateur. Tantôt il insérait quelque chapitre révolutionnaire dans l'*Histoire philosophique des deux Indes* de l'abbé Raynal [1] ; tantôt il improvisait, pour la *Correspondance* de Grimm, des pages brûlantes. A son cinquième étage de la rue Taranne, où le visitaient les philosophes, les poëtes, les abbés, les fous et les princes, il ouvrait sa porte à chacun. Il donnait au premier venu son talent, son génie... il ne les vendit jamais.

L'action de Diderot sur son époque fut immense, et elle s'exerça principalement par la parole. Là éclatait sa nature révolutionnaire, et les meilleures pages de ses livres ne sont elles-mêmes que des lambeaux de discours enflammés. Dans les réunions des philosophes, chez madame Geoffrin ou bien aux Tuileries, en plein air, il étonnait par l'éclat de ses aperçus et le mordant de ses paradoxes. En vain Suard lui opposait-il quelquefois des observations délicates et justes, son éblouissante improvisation effaçait tout, et facilement il élevait la causerie jusqu'à l'éloquence, pour peu qu'on eût touché quelque fibre de sa riche organisation, instrument à mille cordes qui résonnait aux moindres vibrations de l'air environnant.

Porté sur la fantaisie, Diderot n'avait pas plutôt abordé une question qu'il en atteignait les extrémités. S'il venait à se prendre d'amour pour la nature, il l'aimait au point de la confondre avec Dieu, comme il le fit dans sa fameuse *Lettre sur les aveugles*[2]. S'il étudiait la matière, il la décomposait avec tant de passion, que bientôt s'oubliant au milieu des phénomènes admirés, il croyait y découvrir une sensibilité latente et

---

[1] De Meister, *A la mémoire de Diderot*, dans les notes.
[2] Il a expliqué lui-même sa pensée dans sa réponse à Voltaire, au sujet de cette lettre : « l'univers est Dieu, » dit-il.

sourde qui, par les combinaisons d'une industrie heureuse, pouvait se développer jusqu'à devenir la pensée, jusqu'à être la conscience [1]. S'il explorait le domaine de la morale, il arrivait à la faire dépendre de nos organes et s'écriait : « Ah ! madame, que la morale des aveugles est différente de la nôtre ! Que celle d'un sourd différerait encore de celle d'un aveugle, et qu'un être qui aurait un sens de plus que nous trouverait notre morale imparfaite [2] ! » Les mœurs ne seraient-elles pas une tyrannie d'invention humaine ? Il ne répugne pas à Diderot qu'on le pense, et lorsque, dans le *Supplément au voyage de Bougainville*, il célèbre les grandeurs et les abandons de l'état sauvage, son but est moins, ce semble, de stigmatiser la savante corruption des sociétés que de les affranchir de la pudeur. Malheureusement, la trace des hardiesses philosophiques semées dans les *Interprétations de la nature* et les *Entretiens sur le rêve de d'Alembert*, ne devait pas s'effacer de sitôt : elle reparaîtra dans les bas-fonds de la Révolution française.

En revanche, que de fécondes pensées jaillirent de ces excès de l'audace ! Ne dirait-on pas que Diderot est de notre dix-neuvième siècle, quand il écrit : « Vous avez pitié d'un aveugle ? Eh ! qu'est-ce qu'un méchant, sinon un homme qui a la vue courte [3] ? » ou bien, quand réfugié dans un coin du *Café de la Régence*, il dessine en traits impérissables la figure du *Neveu de Rameau*, personnage étrange, sans modèle dans les livres, aussi curieux que Panurge, moins banal et plus profond que Figaro. O société ! regarde de sang-froid, si tu le peux, à quel degré d'abaissement est tombée la nature d'élite de

---

[1] *Entretien sur le rêve de d'Alembert.* Les interlocuteurs sont le médecin Bordeu et mademoiselle L'Espinasse, célèbre amie de d'Alembert.
[2] *Lettre sur les aveugles*, Œuvres de Diderot, t. I, p. 298, édit. Brière.
[3] *Encyclopédie*, au mot : *Vice, Défaut*.

ce *Neveu de Rameau*[1]! Qu'as-tu fait de cette intelligence supérieure? Pourquoi sa naturelle grandeur n'est-elle plus qu'une puissante et calme bouffonnerie, que la sérénité dans l'abjection? Drapé dans ses guenilles, qui rappellent à Diderot les habits troués de sa jeunesse indigente, Rameau confesse son état de dégradation avec le bon goût d'un vieux gentilhomme. C'est un misérable, mais inoffensif, dont l'esprit s'est conservé délicat et transcendant, pendant que son âme descendait dans la boue. Un fiacre est son asile ordinaire, son unique ami. Souvent il passe les nuits claires dans l'avenue des Champs-Élysées, et on le rencontre habillé de la veille pour le lendemain. Il vit du grotesque de sa misère, dont on s'amuse en lui prêtant un écu qu'il ne rendra pas. Ses ridicules lui sont payés un morceau de pain. Caricature tragique de la dépravation à laquelle un être intelligent, un être humain, peut être réduit au sein d'une société qui, lui soufflant des passions et le laissant pauvre, lui donne à choisir entre une immoralité pressante et l'héroïsme! Ne sentez-vous point là quelque chose des préoccupations du dix-neuvième siècle, et comme un pressentiment du socialisme contemporain?

Maintenant, qu'il s'agisse pour les philosophes de faire une œuvre commune, Diderot sera l'homme indispensable. Seul, en effet, Diderot résumait les variations de l'esprit philosophique. Aujourd'hui rêveur, demain géomètre ou mécanicien, bien autrement universel que Voltaire, capable de soutenir avec les médecins matérialistes que la pensée n'est qu'une fermentation du cerveau, et d'aller ensuite pleurer, à l'Ermitage, avec le spiritualiste Jean-Jacques, sur les malheurs de la *Nouvelle Héloïse*, seul Diderot pénétrait et savait ses amis les phi-

---

[1] Voy. *le Neveu de Rameau*, t. XXII des Œuvres complètes de Diderot. Édit. Brière.

losophes, seul il était propre à leur être à la fois un lien et un aiguillon, à changer leurs doutes en colère, et à conduire à l'assaut leur troupe désordonnée, après l'avoir rendue impétueuse et résolue comme lui-même. Nous voici à la fondation de l'*Encyclopédie*.

Je me figure un architecte qui, sous prétexte de vérifier toutes les pierres qui composent un monument, les détacherait une à une, démolirait peu à peu l'édifice, et, après l'avoir détruit de fond en comble, laisserait le sol couvert de ruines : voilà l'image du travail des *encyclopédistes*.

Quelle audace! Tout examiner, tout remuer sans exception et sans ménagement [1]; réunir en un seul ouvrage les innombrables trésors de la connaissance humaine; rappeler les opinions de tant de sages de l'antiquité ou des temps modernes, leurs croyances, leurs doutes, leurs contradictions, les incertitudes ou les angoisses de leur esprit; embrasser, entasser dans un dictionnaire alphabétique ce qui ne fut jamais confondu : la théologie et la physique, le commerce et les belles-lettres, l'histoire naturelle, les arts, les langues, les religions, et cela dans l'ordre apparent que fournit le hasard des initiales, et qui n'est, à vrai dire, qu'un vaste désordre; appeler l'ancien monde au spectacle de sa décomposition, l'analyser, le mettre en pièces, et se servir des lumières du passé pour le mieux détruire..., une telle entreprise n'étonna point le génie de Diderot, génie passionné, bouillant, et, en dépit de sa mobilité journalière, opiniâtre dans ses projets.

L'*Encyclopédie*, comme c'est bien là le résumé du dix-huitième siècle philosophique, son œuvre par excellence. Le siècle de Descartes avait procédé par la synthèse, celui de Voltaire devait procéder par l'analyse.

[1] Voy. l'*Encyclopédie*, au mot *Encyclopédie*, par Diderot.

L'un avait trouvé et vanté la méthode, l'autre la dédaigne et la nie.

A parcourir l'*Encyclopédie*, on éprouve un vague sentiment de tristesse. On se croirait dans ces champs de Palmyre, célèbres par des débris. La démonstration de l'existence de Dieu, la théorie de l'entendement, les disputes des hommes sur l'âme et son origine et sa destinée, se présentent pêle-mêle avec des descriptions de machines ou des procédés de chimie. La confusion est immense. Et de tant de sciences il ne reste plus que des mots, de chaque ensemble que des parties, de chaque famille que des individus : mille pierres éparses marquent la place de tout ce qui était monument.

Mais, œuvre du scepticisme, l'*Encyclopédie* pouvait-elle affecter une autre forme? Mettre de l'ordre dans les notions et les ranger, c'est croire, c'est reconnaître un guide et le suivre. Le désordre est une manière d'être naturelle aux sceptiques : il avait caractérisé, au dix-septième siècle, le fameux livre de Bayle.

Ce n'est pas qu'il fût dans la pensée des encyclopédistes de ne léguer aux générations à venir que la destruction et la nuit. Ils allaient abattant les croyances anciennes sans scrupule, sans hésitation, parce qu'ils comptaient laisser un livre dont les matériaux serviraient à refaire les connaissances, parce qu'ils se figuraient qu'après le déluge des opinions humaines, leur arche surnagerait, remplie des éléments nécessaires pour repeupler l'univers intelligent.

Certes, il y avait à concevoir de tels projets une audace peu commune; et quelle prudence ne demandait pas l'exécution ! Or, il arriva justement que les deux qualités requises se trouvèrent chez les deux éditeurs de l'*Encyclopédie*. Diderot, le plus aventureux des penseurs, eut pour collègue d'Alembert, le plus prudent des philosophes. Puissante et singulière association ! Géomètre illustre et de premier ordre, prince de la science, dispensateur des couronnes académiques, d'Alembert avait toujours veillé attentivement sur la tranquillité de sa gloire. En fait de religion, et même de métaphysique, le doute était la constante habitude de son esprit, et toute sa correspondance le dit sceptique; mais l'incrédulité qu'il épanchait avec un sourire dans ses lettres intimes, il la voilait d'une main soigneuse aux regards orthodoxes, ou, du moins, il n'en laissait voir que le côté permis. Sa finesse, un peu cauteleuse, rachetait ainsi l'intempérance philosophique de Diderot, toujours prompt aux entreprises. Oui, tandis que le téméraire auteur de la *Lettre sur les aveugles* sortait du donjon de Vincennes aussi impétueux qu'avant d'y entrer[1]; tandis qu'il s'échappait en saillies d'impiété, déclamait ses dithyrambes contre Dieu, et ouvrait toutes grandes ses deux mains qu'il croyait pleines de vérités, d'Alembert, tacticien plus adroit que ne l'était Voltaire lui-même, se cachait pour frapper *l'infâme* et *lançait la flèche sans montrer la main*[2].

Cette circonspection de d'Alembert le rendait éminemment propre à écrire le *Discours préliminaire de l'Encyclopédie*. Talent, mesure, convenance, dignité, rien ne manquait à cette lumineuse exposition des connaissances humaines et de leur enchaînement glorieux. Suivait un tableau des merveilles enfantées par le génie moderne, tableau imposant dans lequel la France et les nations étrangères pouvaient lire avec orgueil les noms de Descartes, de Pascal, de Galilée, de Newton, de Leibnitz, et de ce François Bacon auquel, justement, d'Alembert venait d'emprunter sa méthode. Ce fut un chef-d'œuvre d'habileté que ce discours préliminaire. D'Alembert y posa les

---

[1] Il en sortit en 1749, à la veille de publier l'*Encyclopédie*. Naigeon, *Mémoires sur la vie et les ouvrages de Diderot*, p. 131.
[2] *Correspondance de Voltaire*, t. XV, p. 457.

principes de la spiritualité de l'âme et de l'existence de Dieu[1] avec autant de fermeté que l'aurait pu faire Descartes. La conscience des vérités morales, il l'appelait *évidence du cœur*[2], lui reconnaissant le même empire qu'aux axiomes mathématiques. En un mot, il affectait une orthodoxie qu'il est bien permis de suspecter.

Du reste, adoptant, dans sa partie la moins compromettante, la philosophie du jour, d'Alembert n'avait eu garde de laisser dans l'ombre la doctrine des sensations[3], qui est par essence, comme nous l'avons dit, la doctrine de l'individualisme. Aussi l'illustre écrivain tombait-il en contradiction avec lui-même lorsqu'il saluait l'autorité du génie, sentiment qui crée, l'autorité du goût, sentiment qui juge. Où règne la philosophie des sensations, chacun peut juger à sa manière et s'écrier : De quel droit m'imposerait-on des règles que ma sensation personnelle repousse? Si la frise du Parthénon ne me touche point; si la couleur de Rubens n'a rien qui m'enchante, je nie Rubens et Phidias.

Ainsi, à y regarder de bien près, le mouvement révolutionnaire n'était pas sans percer jusque dans le discours destiné à le couvrir. Car il est certain que le travail de d'Alembert n'était qu'un magnifique rideau tiré sur le renversement des croyances antérieures.

Qu'on se refuse à honorer tant de dissimulations, ce n'est pas nous qui oserions y contredire. Mais serait-il juste d'oublier sous quel régime écrivaient les philosophes et ce que doit à leurs stratagèmes notre plume affranchie? Et ils connaissaient bien leur temps! A peine quelques volumes de l'*Encyclopédie* eurent-ils paru, que

---

[1] *Discours préliminaire de l'Encyclopédie*, p. vj. Édit. de Lausanne, 1781.
[2] *Ibid.*, p. xxiv.
[3] « C'est à nos sensations que nous devons toutes nos idées. » *Ibid.*, p. ij.

le fanatisme les dévora pour y chercher des idées révolutionnaires. En vain lisait-on la signature d'un abbé au bas des articles *Ame, Athée, Dieu*[1], la sagacité des molinistes découvrait sans peine dans quelque article obscur l'hérésie du fatalisme. On put remarquer qu'au mot *Fortuit*, le malicieux géomètre ébranlait la théorie du *libre arbitre*, formellement reconnue dans le discours préliminaire. Quant aux jansénistes du parlement, parmi lesquels Voltaire distinguait des *tigres aux yeux de veau*[2], leur impitoyable clairvoyance nota le matérialisme de Diderot s'écriant : « Qu'importe que la matière pense ou non[3]? » Il n'échappa ni aux théologiens de la Sorbonne, ni aux zélés de la grand'chambre, ni aux violents défenseurs de la bulle *Unigenitus* que, si l'article *Dieu* était irréprochable, le lecteur, renvoyé à l'article *Démonstration*, y trouvait contre l'idée de l'infini des traits d'une ironie lointaine et jugée d'autant plus dangereuse.

Il fallait donc se résigner à des ménagements extrêmes, et abriter derrière la collaboration rassurante de l'abbé Yvon et du chevalier de Jaucourt les témérités philosophiques de l'abbé de Prades, de Morellet, de Dumarsais, de Raynal, de Voltaire enfin écrivant sous le nom d'un prêtre de Lausanne ; stratégie dont l'âme ardente et ouverte de Diderot ne subissait qu'en frémissant la nécessité, mais à laquelle se pliait sans effort son calme confrère. Aussi, quand Voltaire se plaignait de rencontrer dans l'*Encyclopédie* des articles de métaphysique et de théologie, dignes, selon lui, d'avoir place dans le *Journal de Trévoux*, rédigé par des jésuites,

---

[1] Ces articles sont de l'abbé Yvon. Voy. la *Correspondance de Voltaire*, t. VIII, p. 122.

[2] Voltaire appelait ainsi Pasquier dans sa *Correspondance avec d'Alembert*, t. XXI, p. 113.

[3] Voy. le mot *Locke* dans l'*Encyclopédie*.

« Il y a, répondait tranquillement le géomètre-philosophe, d'autres articles moins au jour où tout est réparé. Le temps fera distinguer ce que nous avons pensé de ce que nous avons dit[1]. »

Cependant, l'ouvrage attirait à ses deux principaux auteurs d'innombrables vexations; on les poursuivait de satires, autorisées, applaudies, récompensées, commandées par le parti du dauphin; l'œil des censeurs était continuellement sur le livre redouté: et *l'on sonnait contre lui à Versailles des tocsins*[2] qui annonçaient une persécution imminente. D'Alembert se découragea. Dans l'article *Genève*, il avait cherché à prouver que le protestantisme mène au socinianisme, c'est-à-dire à la négation de la divinité de Jésus-Christ: les ministres de Genève, qu'on félicitait de leur tendance à devenir incrédules, se tinrent pour insultés; ils protestèrent, ils se plaignirent à la cour de France, et d'Alembert résolut d'abandonner l'*Encyclopédie*. Mais Voltaire, de loin, encourageait les combattants, il conjurait d'Alembert de ne pas donner aux ennemis la joie de sa retraite; il lui demandait avec inquiétude si rien n'avait troublé l'union des associés, si Diderot persistait; il leur criait à tous: « Si vous vous séparez, vous êtes perdus[3]. » Mais la persécution ne pouvait rien contre une œuvre qui était en quelque sorte portée par le dix-huitième siècle, qui paraissait sous les auspices du comte d'Argenson[4], qui eut des protecteurs jusque dans le cabinet de Choiseul, jusque dans le palais du roi. Censurée par des brefs du pape, atteinte par des arrêts du conseil, exposée à la colère du parlement, l'*Encyclopédie* resta

---

[1] *Correspondance de Voltaire*, Lettre de d'Alembert à Voltaire, t. X, p. 13.
[2] *Ibid.*, Lettre de d'Alembert à Voltaire, p. 192.
[3] Voy. la *Correspondance*, t. X, p. 185, 199, 234, 290.
[4] *Ibid.*, t. XIV, p. 88.

debout[1]. Un nouveau *cheval de Troie* était entré dans les murs de la ville assiégée. L'ancienne société l'avait vu d'abord sans défiance s'introduire au milieu d'elle; et bientôt, conduits par Ulysse, les philosophes en sortirent armés, pour prendre, pour saccager Ilion.

L'orgueilleux et impatient désir de battre en brèche l'autorité des traditions, de convaincre le sentiment général de folie, la prétention dans chacun de se rendre juge de chaque chose, le rationalisme, en un mot, voilà ce qui parut alors prévaloir.

Et il y eut cela de remarquable, qu'au lieu de rabaisser la raison comme avait fait Montaigne, les philosophes du dix-huitième siècle se mirent à la vanter outre mesure. Voici le secret de cette différence : Montaigne avait attaqué l'état social, non pas seulement dans telle ou telle de ses formes, mais dans son essence; et c'était en niant que l'homme fût fait pour vivre en société, c'était en le comparant aux animaux qu'il avait été conduit à découronner la raison. Or, les philosophes du dix-huitième siècle, dans l'apostolat de l'individualisme, n'avaient garde d'aller aussi loin que Montaigne. Ils ne criaient pas à l'homme de fuir la société, ils lui criaient au contraire d'y rester, sauf à y vivre indépendant. Et comment assurer cette indépendance, comment briser la chaîne des croyances traditionnelles ou imposées, si l'on ne parlait pas au nom de la raison et si l'on n'en professait pas le culte ?

Malheureusement, la raison, quand chacun la cherche de son côté, n'est pas une divinité facile à reconnaître. La raison de Pascal n'avait pas été celle de Voltaire, et la raison de Voltaire ne fut pas celle de Jean-Jacques. En

---

[1] L'*Encyclopédie* parut en 1751. Le premier arrêt de suppression est du 7 février 1752; le bref du pape Clément XIII est du 3 septembre 1759. Au mois de mars précédent, le parlement avait rendu un arrêt de condamnation. Les dix premiers volumes ne parurent qu'en 1760.

proclamant, sans restriction, d'une manière absolue, la religion du rationalisme, on élevait autant d'autels rivaux qu'il pouvait y avoir de fidèles ! Aussi l'anarchie intellectuelle fut-elle immense.

Chez le baron d'Holbach, qui recevait les philosophes à dîner les dimanches et les jeudis, leur réunion faisait éclater les plus profondes dissidences ; difficilement eût-on deviné l'existence d'une école dans ces banquets périodiques, états généraux de la philosophie, où la variété des tempéraments n'était pas l'unique secret de la divergence des pensées. Entrez chez le baron d'Holbach, écoutez le bruit des conversations qui se croisent, ou bien une dispute solennelle : les convives ne sont d'accord sur aucun point, ni sur Dieu, ni sur la morale, ni sur le libre arbitre, ni sur l'âme. Diderot, couvrant toutes les voix, déclame avec chaleur contre le Dieu des fanatiques, et on croit l'entendre s'écrier : « Partout où il y a un Dieu il y a un culte, partout où il y a un culte, l'ordre des devoirs moraux est renversé. Il arrive un moment où la notion qui a empêché de voler un écu, fait égorger cent mille hommes [1]. » En vain, appuyé par Suard et Marmontel, l'abbé Morellet soutient intrépidement le Dieu de la Sorbonne, et contre l'éloquence emportée de Diderot, et contre la redoutable érudition de d'Holbach ; il faut qu'un Italien, dont nous retrouverons plus tard la figure originale, vienne au secours du déisme par quelque saillie spirituelle et familière : « Je suppose, messieurs, « mon ami Diderot jouant aux trois dés dans la meilleure « maison de Paris, et son antagoniste faisant une fois, « deux fois, trois fois, enfin constamment rafle de six. « Pour peu que le jeu dure, mon ami Diderot, qui per- « drait son argent, dira sans hésiter : « Les dés sont « pipés ; je suis dans un coupe-gorge. » Ah ! philo-

---

[1] *Mémoires de Diderot*, lettre CLIII, à mademoiselle Voland, t. XXIV. Édit. Brière.

« sophe, comment! parce que dix ou douze dés sont
« sortis du cornet de manière à vous faire perdre six
« francs, vous croyez que c'est en conséquence d'une
« manœuvre adroite, d'une friponnerie bien tissue, et
« en voyant dans cet univers un nombre si prodigieux
« de combinaisons mille et mille fois plus compliquées
« et plus soutenues et plus utiles... vous ne soupçonnez
« pas que les dés de la nature sont aussi pipés, et qu'il y
« a là-haut un grand fripon qui se fait un jeu de vous
« attraper[1]! » Ainsi, sous une forme triviale et enjouée,
Galiani renouvelait contre l'athéisme le plus sérieux argument des confesseurs de la Divinité. Voyons! y aura-t-il
une chose au monde qui ne soit mise en question par ces
philosophes rassemblés? La Divinité? Fréret la considère
comme un fantôme de notre imagination[2]. La spiritualité
de l'âme? Helvétius la range au nombre des hypothèses[3].
La métaphysique? ce n'est qu'un dédale de conjectures
suivant d'Alembert, et il jure que dans ces ténèbres il
n'y a de raisonnable que le scepticisme[4]. L'histoire?
Boullanger en fait un recueil de légendes, une galerie
de figures cabalistiques, un songe écrit[5]. On croit aux
personnages de l'antiquité, à ceux de la primitive Église?
Erreur : ce sont des êtres chimériques, et dans leur
nom même l'ingénieux et savant Boullanger prétend découvrir le secret de la vie qu'on leur attribue. L'existence
de saint Pierre n'est qu'une fiction empruntée à la tradition de l'antique Janus, accompagné du coq symbolique
et tenant les clefs des portes de l'année, comme le chef

---

[1] *Mémoires de Morellet*, t. I, p. 151 et suiv.

[2] *Lettres de Thrasybule à Leucippe*, t. IV des Œuvres de Fréret, p. 82 et 96. — Cet ouvrage, attribué à Fréret, paraît être de Lévesque de Burigny, un des amis de madame Geoffrin.

[3] Helvétius, *de l'Esprit*, t. I, p. 125, 126.

[4] D'Alembert à Voltaire, *Correspondance*, t. XXII, p. 190.

[5] *L'Antiquité dévoilée*, passim.

des apôtres tient les clefs qui ouvrent les portes du ciel¹. Pilate, au lieu d'être le juge qui voulut absoudre Jésus-Christ, n'est plus qu'un magistrat imaginaire, que dis-je? un mot hébreu, un prétérit de verbe signifiant *celui qui a jugé*. D'autres contestent le déluge universel et calculent qu'il aurait fallu pour submerger le globe vingt fois plus d'eau que les mers n'en peuvent contenir. Quelques-uns demandent avec ironie comment la terre a pu se couvrir d'habitants innombrables deux ou trois cents ans après Noé², et si la fécondité humaine fut jamais capable de mettre au jour en si peu de temps soixante milliards de personnes, comme l'assurait certain jésuite qui créait des populations *à coups de plume*. Il va sans dire que, dans cet universel effort de démolition, l'on n'avait souci des dogmes du christianisme, de ses miracles, de ses mystères; et c'était sur un ton de triomphe que Diderot répétait ces paroles d'un gentilhomme gascon : « *Quel est donc ce Dieu qui fait mourir Dieu pour apaiser Dieu*³? »

Nous n'avons pas encore nommé un des plus beaux et des plus audacieux génies du dix-huitième siècle, Buffon. C'est qu'en effet il se tenait volontiers à l'écart par crainte du péril et gravité. Mais il n'en servait pas moins le mouvement philosophique dirigé contre les anciennes croyances et la tradition religieuse, lorsqu'il composait, au moyen d'éloquentes conjectures, sa *Théorie de la terre*. Fallait-il admettre, comme il le supposait, que la terre n'était qu'un lambeau du soleil, détaché autrefois de cet astre par le choc d'une comète; que l'Océan avait, à diverses reprises, séjourné sur nos continents; que c'étaient les courants de la mer qui avaient

---

¹ Voy. la curieuse *Dissertation sur saint Pierre*, t. VI des Œuvres de Boullanger p. 177 et suiv.
² L'abbé Lenglet, projet de souscription pour une seconde édition de la *Méthode pour étudier l'histoire*.
³ Addition aux *Pensées philosophiques*, t. I des Œuvres, p. 252.

creusé les vallons, élevé les collines; qu'il y avait eu jadis des animaux dont l'espèce se trouvait aujourd'hui éteinte, mais dont l'existence était attestée par les os fossiles de grandeur et de forme extraordinaires qui se voient en Sibérie, au Canada, en Irlande? Fallait-il avec lui[1] expliquer la génération des êtres vivants par l'hypothèse de molécules organiques, indestructibles, toujours actives et spontanément fécondes? Évidemment, tout cela contredisait le texte de l'Écriture, démentait la narration de Moïse, et même donnait à penser que cette terre, tombée du soleil, avait bien pu se passer des solennités de la création racontée par la Genèse. Les prêtres ne s'y trompèrent pas. Le premier volume de l'*Histoire naturelle*, contenant la *Théorie de la terre*, avait paru en 1749; et dès le mois d'août 1750, quatorze propositions, extraites de l'ouvrage, étaient déférées à la Sorbonne. Elle allait fulminer : Buffon conjura l'orage en protestant de sa soumission aux vérités révélées et de son respect pour l'Écriture[2]; mais le coup était porté, et c'étaient de terribles coups que ceux qui partaient de semblables mains.

Que si maintenant on embrasse l'ensemble du mouvement philosophique qui vient d'être rappelé, et qu'on en veuille savoir le dernier mot, un homme l'a dit: c'est Helvétius.

Soit qu'il courût s'asseoir à la table de d'Holbach, soit qu'il réunît les philosophes à la sienne, Helvétius n'avait qu'une ambition, l'ambition de l'intelligence. Car, depuis que Voltaire l'avait gracieusement surnommé Atticus, l'élégant fermier général brûlait de ressembler autrement que par son opulence au financier romain et se montrait fort avide de gloire. Incapable, d'ailleurs, de pressurer des malheureux, Helvétius aimait mieux offrir

---

[1] Dans les *Époques de la nature*.
[2] Picot, *Mémoires pour servir à l'histoire ecclésiastique pendant le dix-huitième siècle*, t. II, p. 240 et 241.

sa bourse aux gens de lettres que d'aller puiser dans celle d'un pauvre paysan. Il avait donc abandonné les finances pour la philosophie, et il était impatient de faire un livre digne de rester. Il le fit, et comment? Tandis que, invités par Helvétius, les philosophes se livrent à leurs disputes ordinaires, lui, amphitryon silencieux et de sang-froid, il est attentif aux moindres paroles, il se tient en observation, prêt, ainsi qu'il le dit lui-même, à faire la *chasse aux idées*[1]. Pas une vérité, pas une erreur ne s'échappent qu'Helvétius ne les ramène à lui; les traits, les aperçus nouveaux, les paradoxes, il les saisit au passage et les inscrit aussitôt dans les registres de sa mémoire. Si un doute le tourmente, il le lance dans la discussion[2], au milieu des convives échauffés et aux prises, bien sûr que quelques éclairs jailliront de la bouillante verve de Diderot ou de la sagacité de Suard, de la mémoire prodigieuse du baron d'Holbach ou de la pensée de cet abbé Galiani, toujours *vif, actif, plein de raison et de plaisanteries*[3]. Eh bien, que voyons-nous sortir de ces conversations des philosophes, écoutées, enregistrées, analysées, résumées par Helvétius? quelle est, pour ainsi dire, la résultante de ces opinions mises en présence? Le livre *de l'Esprit*. Et qu'est-ce que ce livre? Le code même de l'individualisme, la théorie du *moi*. Or, n'oublions pas qu'Helvétius avait une âme généreuse et des vertus qui réfutaient sa doctrine. Tant il est vrai que c'était le secret de l'école qu'il livrait et non le sien! tant il est vrai que sa parole ici n'était qu'un écho!

Personne donc, suivant Helvétius, qui ne soit le centre et le pivot de tout : nos idées, nos jugements même ne sont que des sensations, et notre mémoire est une sensa-

---

[1] Garat, *Mémoires sur M. Suard*, t. I, p. 229 et 230.
[2] *Mémoires de Marmontel*, t. II, p. 115.
[3] *Correspondance de Voltaire*, Lettre à madame d'Épinai, t. XXIII, p. 251.

tion continuée ; le seul genre d'esprit ou de mérite que nous prisions c'est le nôtre ; nous n'admirons, nous ne poursuivons dans autrui que notre image ; nos passions n'ont qu'une source : la sensibilité physique, elles se réduisent à l'amour du plaisir et à la crainte de la douleur ; l'intérêt personnel enfin est l'unique mobile de nos actes, auxquels la société donne le nom de vertus ou de vices, selon le profit qu'elle en retire ou le mal qu'elle en éprouve.

L'intérêt personnel ! il n'est pas jusqu'aux royaumes de l'imagination qui ne relèvent de son empire. Enchanteur inaperçu, c'est lui qui remplit de doux fantômes l'âge de nos illusions et qui dessine le pays de nos rêves : « Une femme galante qui observait la lune ne croyait voir au bout de son télescope que d'heureux amants penchés l'un sur l'autre[1]. » En poussant jusqu'aux dernières limites sa démonstration, Helvétius se plaisait à établir que cette loi de l'intérêt personnel régissait despotiquement tous les êtres organisés, depuis le plus noble des hommes jusqu'au plus vil des animaux, et formait la base unique, invariable des jugements ou des instincts. Les insectes qui vivent dans la pulpe des herbes ne regardent-ils pas avec horreur le mouton qui pâture dans les plaines et dont nous avons fait l'emblème de la douceur ? S'il nous était donné de comprendre leur langage, ne les entendrions-nous pas s'écrier : « Fuyons cet animal vorace dont la gueule engloutit et nous et nos cités. Que ne prend-il exemple sur le lion et sur le tigre ? Ces animaux bienfaisants ne détruisent point nos habitations, ils ne se repaissent point de notre sang : justes vengeurs du crime, ils punissent sur le mouton les cruautés que le mouton exerce sur nous[2]. »

Ainsi, dans le livre d'Helvétius, l'absolu était banni

[1] *De l'Esprit*, t. I, chap. ii, p. 137.
[2] *Ibid.*, p. 184.

du monde. Vérité, vertu, dévouement, héroïsme, intelligence, génie, tout devenait relatif ; et chacun ne jugeant de tout que d'après lui-même, d'après lui seul, la société tombait en dissolution.

Ce n'est pas qu'il n'y eût dans ce livre fameux une foule d'observations fines, d'ingénieux rapprochements. Et même, Helvétius semblait aller au-devant des objections lorsqu'il disait : La vertu consiste à concilier son intérêt propre avec l'intérêt général. Oui sans doute la vertu ne serait que cette glorieuse harmonie dans un état social assez parfait pour supprimer la nécessité du sacrifice ; mais quand César met le pied sur la liberté romaine, Caton peut-il protester autrement que par le généreux oubli de son intérêt personnel, c'est-à-dire en se déchirant les entrailles ? N'y a-t-il pas une puérile subtilité à prétendre que ceux-là ont en vue leur intérêt personnel, qui, noblement amoureux d'une idée vraie, la proclament d'un cœur intrépide dans un siècle qui la repousse, et n'hésitent pas à appeler sur eux l'injure, la calomnie, la persécution, quelquefois la mort dans l'ignominie ?

Nous l'avons dit, il faut le répéter : la théorie du *moi*, le code de l'individualisme, voilà ce que fut et ce que devait être un livre inspiré par les discussions des philosophes du dix-huitième siècle. Mais hâtons-nous d'ajouter que, dans leur honnête candeur, ils furent effrayés de la portée de leurs doctrines, ainsi présentées et complétées. Ne voulant pas s'avouer que telles fussent les conséquences logiques de leurs principes, ils refusèrent de se reconnaître dans le miroir qu'Helvétius venait de leur mettre hardiment devant les yeux ; Voltaire gronda[1] ; et les philosophes traitèrent de paradoxal un ouvrage qui n'était que la quintessence de leurs entretiens !

---

[1] Garat, *Mémoires sur M. Suard*, t. 1, liv. III, p. 217.

Cependant, une voix s'était élevée, si mâle et si forte, qu'elle couvrit tout le bruit du dix-huitième siècle. On avait vu, soudain, se mettre en travers du mouvement qui emportait la société, un homme, un seul homme : et c'était un pauvre enfant de Genève, qui avait été un vagabond, qui avait été un mendiant et un laquais ! Immortel et infortuné Jean-Jacques ! lorsque après avoir erré de village en village, oubliant sa misère dans ses rêveries, il arrivait à la porte de madame de Warens, et tremblait, sans se l'avouer, de ne pas obtenir le morceau de pain promis et attendu, qui lui aurait dit qu'un jour il posséderait, la plume à la main, cette impétueuse éloquence de la tribune aux harangues dont s'enivrent les multitudes ; qu'un jour il aurait la gloire de rendre Voltaire jaloux ; qu'il forcerait son époque à hésiter, un instant du moins, entre lui et tant de philosophes renommés ; que ses livres seraient plus tard le catéchisme où de tranquilles tribuns puiseraient la force de faire naître et de dominer l'agitation du monde ?

Comme tout contrastait, dans Rousseau, avec l'esprit de son temps ! On exaltait la raison, qui divise : lui recommandait le sentiment, qui rapproche et réunit[1]. Au milieu des apôtres de l'individualisme, il pensait au Nazaréen qui prêcha la fraternité, et la sainteté de l'Évangile parlait à son cœur[2]. Déiste, Rousseau ne l'était pas, comme Voltaire, par un effort de l'esprit, mais par l'abondance du sentiment. Il n'oublia jamais les joies qu'il devait à son imagination, présent du ciel. Au pays de Vaud, le long des bords du lac de Genève, il s'était senti heureux d'être poëte, étant si pauvre, si abandonné ; et

---

[1] « Que vous sert de me réduire au silence, si vous ne pouvez m'amener à la persuasion ? Et comment m'ôterez-vous le sentiment involontaire qui vous dément toujours malgré moi ? » *Émile*, t. III des Œuvres complètes, p. 415. Édit. Armand Aubrée.

[2] *Ibid., Profession de foi du vicaire savoyard*, p. 472.

il n'en avait pas fallu davantage pour que son âme attendrie et reconnaissante montât facilement vers Dieu. Non, rien ne convenait à Rousseau, dans la philosophie des encyclopédistes : ni la sérénité sceptique de d'Alembert; ni cette froide statue de Condillac, qui, par la sensation, s'éveillait à la vie ; ni ce système de la fermentation des organes, par où Diderot prétendait expliquer le mystère de la pensée, ni ce vide que l'athéisme laissait dans l'univers et dans l'homme.

Jean-Jacques attaqua donc la philosophie de son temps, mais au nom de l'avenir. Et ce n'était point là une médiocre entreprise. Car les philosophes formaient une ligue redoutable, le rationalisme ne les divisant que lorsqu'il s'agissait d'affirmer, et leur servant de lien pour nier et détruire. Ils gouvernaient, d'ailleurs, l'opinion ; ils la gouvernaient souverainement par les livres, par le théâtre, par la poésie, en un mot par l'intelligence.

Il fallait décrier leur grand moyen d'action, la science et les belles-lettres, Rousseau l'essaya, et son premier *Discours* décida de sa vie. Il ne combattait pas dans ce discours tel ou tel philosophe, tel ou tel système : généralisant ses attaques avec une hardiesse inouïe, il affrontait sur le trône de l'opinion où elle venait de monter, l'intelligence elle-même ; il osait lui demander compte de la manière dont elle exerçait son pouvoir ; il reprochait aux livres de n'avoir servi jusqu'alors qu'à la propagande du mensonge, aux arts d'avoir corrompu les mœurs, aux harangues pompeuses et vaines d'avoir usurpé l'estime; et, s'élevant dans sa révolte jusqu'à trouver illégitime l'aristocratie de la pensée, il dénonçait à l'indignation du peuple « l'inégalité introduite parmi les hommes, par la distinction des talents et l'avilissement des vertus [1]. »

Le trouble et l'étonnement furent extrêmes dans la ré-

---

[1] *Discours sur les sciences et les arts*, t. 1 des Œuvres complètes de J.-J. Rousseau, p. 28.

publique des lettres : c'est ce que Rousseau avait espéré. Au fond, l'anathème dont il frappait les sciences et les arts ne pouvait être, dans son intention, qu'une tactique audacieuse et éclatante. Il redoubla dans sa *Lettre à d'Alembert sur les spectacles*. Alors, les esprits s'agitèrent autour de ses paradoxes inattendus; les philosophes sentirent bien qu'on les venait provoquer jusque dans le centre de leur empire, et ils se préparèrent à accabler Rousseau de leur vengeance. La guerre était déclarée; et Jean-Jacques la soutint en opposant à la philosophie de l'individualisme, la philosophie de l'unité. Il devait être le précurseur du socialisme moderne : ce fut son malheur et sa gloire.

Mais Rousseau, dans un discours, admirable d'ailleurs d'éloquence et de passion, n'a-t-il pas célébré, à la honte de l'état de société, les vertus, les splendeurs de la vie sauvage? Ayant des règles d'éducation à tracer, n'a-t-il pas instruit son élève à se passer du commerce des humains?... Arrêtez.

Dans le dix-septième siècle, Molière, le premier des penseurs et des poëtes, composa une pièce qui restera comme une des plus solennelles et des plus pathétiques protestations qui aient jamais retenti dans le monde. Il mit sur la scène la lutte des grands esprits contre une société qui traite leur sagesse de folie, la lutte des grandes âmes contre une société à qui leur élévation ne paraît qu'imbécillité. Or le héros de cette lutte sublime, désespérée, impuissante, comédie pour les générations passées, tragédie pour les générations futures, Molière l'appela le *Misanthrope*; mais ce misanthrope, il le montra rude et tendre, d'une franchise violente, d'une fierté un peu ombrageuse, et faible néanmoins comme un enfant dans les choses du cœur, affectant de haïr les hommes, quoique en réalité inconsolable de n'avoir pas à les aimer sincères et vertueux. Eh bien, le *Misanthrope* de Molière, au dix-huitième siècle, ce fut Rousseau, Rousseau en qui la haine n'était que de l'amour aigri, que de la tendresse effarouchée.

Quoi! vous le prendrez au mot, lui, *le plus sociable des humains*[1], lorsque avec la mollesse des sociétés civilisées, avec leur politesse hypocrite et les mille formes de leur esclavage, il viendra faire contraster l'existence grossière mais indépendante de l'homme des bois? Eh! ne voyez-vous point quelle malédiction se cache sous l'enveloppe de ce nouveau paradoxe? Ne sentez-vous point que ceci est de l'ironie à la manière de Pascal? Ce véhément délire est-il autre chose que l'exagération naturelle de la vérité en colère? Et ne comprendrez-vous pas mieux Rousseau que vous n'avez compris Alceste, quand vous avez trouvé Alceste plaisant parce qu'il s'emportait, ridicule parce qu'il était révolutionnaire, sauvage enfin parce que déchiré, navré, refoulant au fond de lui ses sanglots mais espérant peut-être des jours meilleurs, il s'écriait:

> Trahi de toutes parts, accablé d'injustices,
> Je vais sortir d'un gouffre où triomphent les vices,
> Et chercher sur la terre un endroit écarté
> Où d'être homme d'honneur on ait la liberté.

Maintenant, si l'on demande pourquoi, dans *Émile*, Rousseau s'est occupé de l'éducation particulière et non de l'éducation publique ou sociale; pourquoi il a voulu faire de son élève un *homme abstrait*[2], et *lui apprendre tout simplement le métier de vivre*[3], il en a dit lui-même les raisons: « L'institution publique n'existe plus et ne peut plus exister, parce que où il n'y a plus de patrie il ne peut plus y avoir de citoyens[4]. » Et Rousseau avait un autre motif dont il a laissé également échapper le secret.

---

[1] *Rêveries du promeneur solitaire*, première promenade.
[2] *Émile*, t. I des Œuvres complètes, liv. I, p. 22.
[3] *Ibid.*, p. 21.
[4] *Ibid.*, p. 19 et 20.

Il croyait, il savait la société à la veille d'une révolution profonde et sans exemple [1]. Par une de ces intuitions familières au génie, il voyait déjà l'Europe bouleversée, les rangs confondus, les nobles en fuite et dans l'exil, les riches réduits à l'indigence. Il jugeait donc, « vu la mobilité des choses humaines, et vu l'esprit inquiet et remuant du siècle [2], » qu'Émile devait être élevé, non pour un état d'association et de paix, mais pour un état de dissolution générale et de guerre. Oui, que son élève sût résister aux coups du sort, braver la misère, vivre, s'il le fallait, dans les glaces d'Islande ou sur le brûlant rocher de Malte ; car, l'heure approchait où la science vraiment nécessaire serait celle-là. Apprendre à Émile à être citoyen? ah! on avait *alors* quelque chose de bien plus pressé à lui apprendre : Rousseau lui voulut enseigner à être homme. Et quel imposant caractère ne revêt pas le livre d'*Émile*, considéré sous cet aspect! Quelle haute mélancolie dans des enseignements donnés et reçus au bruit de ces prophétiques paroles : La révolution va venir! Quelle accusation portée contre la doctrine qui menaçait de prévaloir, contre l'individualisme, que ce système d'éducation particulière et exceptionnelle adopté, recommandé, par cela seul que le temps de l'éducation publique n'était plus ou était bien éloigné encore !

Du reste, ce fut dans *Émile* que, distinguant sa cause de celle du passé, Rousseau la sépara d'une manière définitive de celle du présent.

Et jamais l'imagination n'avait revêtu d'aussi vives couleurs la démonstration des vérités qui servent de lien moral aux membres épars de la famille humaine. L'humble *vicaire savoyard*, que Jean-Jacques donnait pour juges aux philosophes du temps, il le montrait

---

[1] *Émile*, t. 1 des Œuvres complètes, liv. III, dans une note de Rousseau.
[2] *Ibid.*, p. 22.

sur une colline tel qu'autrefois le disciple aimé de Socrate sur le promontoire de Sunium ; et là, par un beau jour d'été, aux rayons du soleil levant, au centre d'un paysage couronné dans l'éloignement par la chaîne des Alpes, il prêtait à l'homme de paix un langage où l'onction chrétienne de Jean Hus se retrouvait dans l'éloquence grave de Platon. Or, ce n'était plus, cette fois, l'orgueil solitaire de la RAISON qui était invoqué; Jean-Jacques adjurait le siècle raisonneur par excellence de s'incliner devant l'autorité du SENTIMENT. Je sens que la faculté de comparer les impressions qui me viennent du dehors a ses racines en moi : donc, je ne suis pas l'esclave du monde extérieur. Au ravissement où me plonge le spectacle de l'univers, je sens la présence de l'invisible ordonnateur des mondes : donc, il faut que je l'atteste et que je l'adore, cet être inconnu de qui relèvent les lois mêmes de l'attraction et qui « lança les planètes sur la tangente de leurs orbites[1]. » Je sens qu'il y a en moi un principe d'activité que je cherche en vain dans la matière, et le triomphe des méchants durant la vie m'indique l'immortalité comme la justification de Dieu : donc, j'ai une âme, et elle est immortelle. Je sens qu'après avoir délibéré, je veux : donc, je suis une créature libre. Si l'intérêt personnel était l'unique inspirateur de mes actes, mes yeux auraient-ils des larmes pour un malheur éloigné, et serais-je pénétré d'admiration pour les véritables héros des siècles éteints ? Non, je le sens : donc, ma vie n'est pas à moi seulement, elle est à l'humanité. Et maintenant, que peuvent contre l'énergie de mes élans vos argumentations subtiles ? Que vous servira de m'avoir réduit au silence, quand du fond de moi s'élèvera contre vous une protestation muette mais indomptée ? Vous vous fatiguez à me convaincre ? Je veux

---

[1] *Émile*, liv. IV, p. 412.

être persuadé. Vous prétendez agir sur mon esprit? Voyons d'abord si vous avez puissance sur mon cœur.

Voilà le BON PRÊTRE, voilà Jean-Jacques. Sa mission, dans une société qui allait se décomposant, fut d'opposer au culte exagéré de la raison, qui détruit les groupes, le culte du sentiment, qui les forme et les conserve.

Et de toutes les notions dont se compose la foi de Rousseau, pas une qui ne rentre dans cette majestueuse et poétique doctrine de l'unité, de la fraternité.

S'il crut, par exemple, à l'existence de Dieu, ce ne fut pas, ainsi que Voltaire, par le désir d'expliquer plus logiquement la création, mais par le besoin de réserver un protecteur aux faibles et aux opprimés[1], protecteur par qui tôt ou tard serait rétablie la balance et dont la justice était une garantie contre l'éternité de l'oppression. Diderot, comme plus tard Anacharsis Clootz, fut poussé à l'athéisme par l'horreur que lui inspiraient les fanatiques; il aima mieux nier Dieu que le confesser féroce, et il refusa d'implorer en lui le souverain modèle des tyrans terrestres. Mais, parce qu'on avait longtemps abusé, en la défigurant, de la notion de Dieu; parce que la théologie des époques de ténèbres avait osé faire Dieu violent, vindicatif, furieux, implacable; parce que les despotes avaient eu l'étonnante insolence de donner leur splendeur usurpée pour un reflet de la lumière divine, et leurs ordres iniques pour autant d'échos des célestes commandements, fallait-il confondre l'idée de despotisme avec l'idée de tutelle? Et ne pouvait-on, sans nier Dieu, le définir autrement que n'avaient fait des bourreaux impies? C'est ce que pensa Rousseau en écrivant *Émile*, et c'est ce que, plus tard, devait penser Robespierre lorsqu'il institua la *fête de l'Être suprême*. Par-

---

[1] Voy. la lettre de Rousseau à Deleyre, un des amis de Diderot.

tisans l'un et l'autre d'un pouvoir fort tant qu'il y aurait des faibles à protéger et des malheureux à sauver de l'abandon, l'auteur du *Contrat social* et son disciple n'ignoraient pas que la forme des sociétés est la contre-épreuve de leur métaphysique et de leur théologie. Or, ils comprirent que l'athéisme consacre le désordre parmi les hommes, en supposant l'anarchie dans les cieux.

Encore un trait pour achever le tableau : on sait que Jean-Jacques, malgré l'admiration passionnée que lui inspirait l'Évangile, n'admit pas un *Dieu révélé*, qu'il fut déiste. Eh bien, il n'y eut pas jusqu'à son déisme qui ne tînt à sa doctrine de l'unité et à l'affliction que lui causait la diversité des cultes : « Dès que les peuples se sont avisés de faire parler Dieu, chacun l'a fait parler à sa manière et lui a fait dire ce qu'il a voulu. Si l'on n'eût écouté que ce que Dieu dit au cœur de l'homme, il n'y aurait jamais eu qu'une religion sur la terre[1]. »

Tels furent les efforts de Rousseau, telle fut sa mission philosophique. Mais il n'était, dans son siècle, que le représentant de la seconde moitié du nôtre. On lut avidement et l'on vanta ses livres, on refusa de suivre sa trace. *La Nouvelle Héloïse* enchanta les jeunes gens et les femmes ; à la voix du précepteur d'*Émile*, les mœurs domestiques se modifièrent, et des milliers de petits enfants durent à Rousseau d'être allaités par leur mère. Mais Jean-Jacques ne remporta pas d'autres victoires jusqu'au moment où ses ouvrages parurent sur la table du Comité de salut public.

Aussi, son existence fut-elle remplie par la douleur et condamnée à ce genre de tourment qui fit, de sa folie, la continuation de la folie de Pascal ! Tantôt réfugié à l'Ermitage, tantôt proscrit par la France et Genève, ses deux patries, tantôt errant à travers la bruyante soli-

---

[1] *Émile*, liv. IV, p. 450.

tude de Paris, où, sous le costume d'Arménien, il passait connu et respecté, mais tout entier à ses défiantes tristesses, Rousseau ne put que se traîner languissamment et mourir, jour par jour, dans l'isolement de sa gloire. Traité d'impie au parlement, et raillé par l'incrédulité philosophique, décrété de prise de corps par la grand'chambre, censuré par la Sorbonne, dénoncé par l'archevêque de Paris, qu'il accabla de sa terrible *Réponse;* en butte aux injures multipliées de Voltaire, dont il se vengea en souscrivant pour sa statue[1], inconsolable de l'amitié de Diderot perdue, et, peut-être, calomniée dans les *Confessions*, Jean-Jacques connut tous les maux, lui qui avait, pour en épuiser l'amertume, une sensibilité rare et un orgueil démesuré. Donc, s'il fut quelquefois coupable, s'il devint injuste à force d'injustices souffertes ou redoutées..., relisons ses œuvres impérissables, et qu'il soit absous par ses malheurs, qui sont la sainteté de son génie.

Quelle autre destinée que celle de Voltaire, soutenu et porté par le grand courant du dix-huitième siècle! Voltaire est absent, et il remplit la France. De Ferney, il préside les banquets d'Helvétius, anime les encyclopédistes au combat, donne le ton à l'esprit français, et force l'Europe entière à vivre de son souffle. Depuis qu'il l'a fait retentir des mâles accents de la liberté romaine, et qu'il y a montré *Tartufe les armes à la main*[2], le théâtre est à lui. Partout on récite ses vers, on répète ses romans ou ses contes; dans les livres qu'il n'ose avouer, on le devine à son talent qui déjoue sa prudence; sa moquerie est inévitable; le nombre de ses victimes échappe au calcul; et il semble qu'on n'entende plus dans son siècle que le long et formidable éclat de rire dont il a donné le signal.

[1] Musset Pathay, *Hist. de la vie et des ouvrages de J.-J. Rousseau*, p. 325.
[2] C'est ainsi que Voltaire appelait le *Mahomet* de sa tragédie.

S'il vient à Paris, ce n'est pas pour s'y cacher comme Rousseau, mais pour y marcher d'ovations en ovations, et un soir, après une représentation de *Mérope*, être embrassé dans la loge de la maréchale de Villars, au nom et aux applaudissements d'un public idolâtre. On n'attend pas de nous, ici, l'énumération de tant d'écrits lumineux que la bourgeoisie sait par cœur. Voilà bientôt cent ans que Voltaire conduit le triomphe de la classe dominante. Qu'on remonte l'histoire depuis la Révolution jusqu'à Louis XIV, on ne fera que parcourir la vie de Voltaire, vie prodigieuse et, dans le dix-huitième siècle, indispensable.

Otez Voltaire du dix-huitième siècle, la victoire de l'armée philosophique devient incertaine. Grâce à la persévérance de ce facile génie, les encyclopédistes eurent pour auxiliaires, dans leur guerre à l'Église, des princes et des rois. *Les Délices, Lausanne, Ferney*, furent les résidences royales de la philosophie. De là partait chaque jour cette correspondance que Voltaire entretenait avec les souverains, ses vaniteux confrères[1], immense labeur dont se jouait sa plume étincelante, diplomatie incomparable qui domina presque toutes les cours de l'Europe, tourna presque toutes les têtes couronnées, et réduisit de hautains monarques à se faire les courtisans d'une majesté nouvelle qui s'appelait la raison. Ministre des relations extérieures de la philosophie, Voltaire sut lui conquérir des alliances dans les diverses communions. Pour les princes allemands qui reconnaissaient en lui un continuateur de l'œuvre commencée par le prophète de Wittemberg, une flatterie élégante signée Voltaire était comme une investiture morale. Autrefois on voulait être armé chevalier : maintenant, pas un grand personnage qui n'eût l'ambition d'être

---

[1] « Après avoir vécu chez des rois, je me suis fait roi chez moi. » *Mémoires de Voltaire* t. II, édit. Delangle.

armé philosophe en recevant à Ferney l'accolade du patriarche. Pourquoi non? Voltaire n'avait-il pas séduit un pape, même un pape? Et la plume qui félicitait Catherine II d'envoyer cinquante mille hommes en Pologne pour y établir la liberté de conscience[1], n'avait-elle pas, par une audace heureuse, dédié *Mahomet* à Benoît XIV? Le fanatisme religieux attaqué en France sous les auspices du Vatican! le souverain pontife agréant la dédicace d'une tragédie dans le temps où Rousseau fulminait sa *Lettre sur les spectacles!*... Que d'imprévu déjà, et quelles nouveautés! On eût dit que les puissances de la terre, pressentant l'orage, se hâtaient de conjurer les puissances de l'esprit. A Moscou, l'impératrice de Russie se préoccupait des discours ou du silence de Voltaire; à Fontainebleau, Christian VII, roi de Danemark, s'honorait devant Louis XV d'avoir appris de Voltaire à penser[2]; Gustave III, dans l'espoir d'être admiré des philosophes, renonçait solennellement au pouvoir arbitraire[3]; Joseph II, en vrai prince du dix-huitième siècle, méditait contre les prêtres ses fougueux édits, et mettait au service des idées le bras d'un César germanique: n'y avait-il pas en tout cela quelque chose de vraiment providentiel? L'antiquité vit des rois devenir maîtres d'école; jamais on n'avait vu un petit nombre d'hommes d'esprit tenir une école de rois. Voltaire put écrire à Damilaville: « J'ai brelan de roi quatrième[4]. » Il devait gagner cette grande partie!

Parmi ces souverains, comment oublier Frédéric? On pourrait se représenter Frédéric placé de l'autre côté du fleuve qui sépare le monde ancien du monde nouveau.

---

[1] *Correspondance de Voltaire*, t. XX, p. 190.

[2] *Ibid.*, t. XXI, p. 263.

[3] *Ibid.*, à *d'Alembert* : « J'admire Gustave III, etc. » T. XXV, p. 48.

[4] *Ibid.*, à *Damilaville*, t. XIX, p. 322.

Tant qu'il reste sur la rive, il est un incontestable grand homme ; car il réunit les qualités diverses qui, dans les siècles précédents, firent les rois illustres : le génie de l'homme de guerre, l'audace d'un preneur de villes et de provinces, la science d'un administrateur, la volonté suivie d'un despote d'élite. Mais s'il passe le fleuve, le voilà aussitôt découronné ; car il se trouve, lui conquérant, au milieu de philosophes qui insultent à l'esprit de conquête ; lui guerrier, parmi les penseurs qui ont horreur de la guerre[1] ; lui monarque absolu, parmi des écrivains qui frondent la tyrannie. Ainsi, Frédéric entrait, en se faisant philosophe, dans une situation fausse, presque impossible ; et rien ne montre mieux l'influence décisive de l'esprit d'alors que le rôle double et contradictoire imposé au génie du roi de Prusse. Louis XV qui, en fait de préoccupations d'avenir, n'avait que la peur de l'enfer et qui se croyait absous d'avance de ses déportements pourvu qu'il détestât les philosophes[2], Louis XV pouvait bien se préserver de la contagion. Mais le roi de Prusse avait pour cela trop peu de préjugés et trop d'esprit. Frédéric, d'ailleurs, était occupé de la postérité comme le plus vulgaire des héros. Il avait beau douter par accès de l'immortalité de son âme ; il avait beau s'appeler *sans-souci* et donner à sa retraite favorite le nom inventé par son indifférence prétendue, il n'en chérissait pas moins, dans les philosophes, des amis de sa gloire[3] ; il était sensible aux félicitations coupables que Voltaire lui adressait au sujet de la bataille de Rosbach, un de nos désastres[4] ; il lui plaisait de savoir que, pendant qu'il

---

[1] Voy. la *Correspondance de Voltaire et de Frédéric* au sujet de la guerre, t. VI, p. 534 ; t. XXV, p. 449, 455, et t. XXVI, p. 34.

[2] Manuscrits du duc de Choiseul, cités par M. de Saint-Priest, dans son *Histoire de la chute des jésuites*.

[3] *Correspondance de Voltaire, à d'Alembert*, t. X, p. 95.

[4] « Je vous remercie de la part que vous prenez aux heureux hasards qui

combattait la France, des philosophes français, les amis de madame Geoffrin, échangeaient, groupés dans une certaine allée des Tuileries, leurs vœux pour la prospérité de son règne et le succès de ses armes[1].

Nul n'ignore comment, après avoir appelé Voltaire à sa cour en 1750, l'avoir nommé son chambellan, lui avoir donné un de ses ordres et vingt mille francs de pension[2], Frédéric, en 1752, lui préféra Maupertuis, l'humilia, le réduisit à s'enfuir, le fit insulter à Francfort par un sbire, et mérita, de la part du poëte outragé, le surnom de *Denys de Syracuse*. Mais qu'importe ? Frédéric avait besoin des philosophes ; il les servait : le pacte n'avait donc pas tardé à être scellé de nouveau, et c'était postérieurement à l'aventure de Francfort que Voltaire félicitait le vainqueur de Rosbach !

On peut juger par ce trait des sacrifices que le triomphe du philosophe coûta souvent à la dignité de l'homme. Et ce n'était pas seulement à l'égard des rois, il faut le dire, que Voltaire faisait preuve d'un excès de souplesse, c'était aussi à l'égard des prêtres, de ces mêmes prêtres dont il avait juré de ruiner l'empire. A Ferney, il n'avait garde de ne pas aller à la messe, il communiait, et il lui arriva de bâtir une église[3]. Mais ces actes de dissimulation, si peu honorables, il savait leur donner un tel vernis de bon goût et de grâce, qu'ils profitaient à son rôle sans avilir son caractère ; et il en était quitte pour écrire gaiement à ses amis : « Quand on a l'honneur de rendre le pain bénit à Pâques, on peut aller partout la tête levée[4]. »

---

m'ont secondé à la fin d'une campagne où tout semblait perdu. » *Correspondance de Voltaire*, Frédéric à Voltaire, t. X, p. 197.

[1] *Mémoires de Morellet*, t. I, p. 83.
[2] *Correspondance de Voltaire*, à madame Denis, t. VII, p. 185.
[3] *Ibid.*, t. XXIII, p. 29.
[4] *Ibid.*, à d'Alembert, p. 126.

Rien ne manquait donc à la philosophie du dix-huitième siècle pour s'emparer de la société : ni les qualités et les défauts du chef, ni l'ardeur des disciples, ni de puissants protecteurs, ni un public attentif et sympathique.

Quant aux adversaires que les philosophes avaient à combattre, c'est à peine si, après Rousseau, il est nécessaire d'en parler. Que pouvaient contre un mouvement qui passait sur Jean-Jacques lui-même, des hommes qui ne savaient résister qu'au nom des idées mortes? Que pouvaient Le Franc de Pompignan avec son discours de réception à l'Académie, Palissot avec son injurieuse *Comédie des philosophes modernes*, madame du Deffand avec sa mauvaise humeur, l'avocat Linguet avec son journal, et même ce Gilbert, si amer dans son infortune et si tendre, qui ne fit qu'*apparaître un jour et mourir!* Et puis, ce n'était pas un facile courage que celui qui consistait à affronter Voltaire ; et chacun tremblait devant l'homme qui burinait ainsi le portrait de Fréron : « Il joint les mensonges de Simon au style de Zoïle, à l'impudence de Thersite et à la figure de Ragotin [1]. » De sorte que tout contribuait à agrandir, à fortifier la souveraineté militante de Voltaire, depuis l'art de la flatterie jusqu'à celui de l'intimidation.

D'un autre côté, les anciennes croyances étaient minées jour par jour, heure par heure, dans une foule d'ouvrages sortis de plumes inconnues, publiés sous de faux noms ou attribués mensongèrement à des écrivains déjà morts. La Hollande, devenue une vaste imprimerie à l'usage des idées philosophiques, inondait l'Europe de livres antichrétiens : *le Militaire philosophe, les Doutes, Imposture sacerdotale, le Christianisme dévoilé*. Et la recommandation de Voltaire ne manquait à aucune des

---

[1] *Correspondance de Voltaire*, t. XIII, p. 87.

productions sérieusement dirigées contre l'Église, ses dogmes et ses ministres. « C'est un trésor, écrivait-il en parlant du *Testament du curé Meslier*... Quelle réponse, misérables que vous êtes, que le testament d'un prêtre qui demande pardon à Dieu d'avoir été chrétien[1] ! » A son tour, Frédéric favorisait de son mieux cette infatigable conspiration de la pensée. Mais, non content de pousser à l'assaut de l'Église des auteurs dont sa protection encourageait la fougue, il songeait à détruire les couvents dans son royaume, à séculariser les bénéfices, et ouvrait une oreille complaisante à cet éloge de Voltaire : « Votre idée d'attaquer la superstition christicole par les moines est d'un grand capitaine[2]. »

Nous avons déjà nommé le baron d'Holbach. Longtemps il avait été déiste, et même il avait fait des efforts pour ramener à sa croyance l'exalté Diderot. Un jour, le rencontrant dans un de ces ateliers où Diderot étudiait la description des arts et métiers, d'Holbach lui montre une machine dont les admirables secrets trahissaient l'invisible génie de l'ouvrier qui les inventa ; et il adjurait son ami de saluer le grand ouvrier de la nature, il cherchait à l'émouvoir, il le priait pour Dieu. Tout à coup, emporté par son émotion, il tombe à genoux, et, fondant en larmes, il supplie Diderot de renoncer à l'athéisme ; mais dans cet étrange combat, c'est Diderot qui l'emporte, et le déiste se relève athée[3]. Or, c'était d'Holbach qui, en 1770, publiait, sous le nom de Mirabaud, le code d'athéisme le mieux raisonné, le plus complet, qui eût encore paru.

Le *Système de la nature* fait époque dans le dix-huitième siècle. Jusqu'alors, l'athéisme ne s'était guère échappé qu'en saillies : dans le *Système de la nature*, il

---

[1] *Correspondance de Voltaire*, t. XIV, p. 197 et 205.
[2] *Ibid.*, t. XX, p. 9.
[3] Garat, *Mémoires sur M. Suard*, t. I, p. 208 et suiv.

se produisait sous une forme dogmatique et tranchante. Spinosa, dans le siècle précédent, avait bien nié, lui aussi, le Dieu personnel des chrétiens, mais en substituant à leur dogme un système plein de poésie et de majesté. Faire de Dieu une substance unique, infinie, dont les deux attributs sont la pensée et la matière, et dont les êtres finis ne sont que des modes, ce n'était point créer le vide dans le monde, c'était au contraire montrer l'univers tout rempli de Dieu. Dans le *Système de la nature* rien de semblable. Jamais avec plus de calme, jamais avec une sérénité plus effrayante, on n'avait entassé pareilles ruines.

D'après le *Système de la nature*, l'homme *est un être purement physique*, et ce que nous appelons l'homme moral *n'est que cet être physique considéré sous un certain point de vue*[1]. L'homme résulte d'une agrégation de certaines matières, douées de propriétés particulières, dont l'essence est de penser, de sentir, de se mouvoir[2]. Ce que l'homme est en petit, la nature l'est en grand : voilà tout. Humectez de la farine avec de l'eau et renfermez ce mélange, vous aurez des êtres organisés, vous aurez la vie[3]; mettez le feu en contact avec la poudre, vous aurez le mouvement : la matière contient donc le mouvement et la vie[4]. L'âme? organe matériel. Les passions? molécules indiscernables à la vue et qui fermentent[5]. Le libre arbitre? nécessité renfermée au dedans de nous-mêmes[6]. L'immortalité? heureuse chimère. « Laissons à l'enthousiaste ses espérances vagues, laissons au superstitieux les craintes dont il nourrit sa mélancolie; mais que des

---

[1] *Système de la nature*, t. I, chap. I, p. 16.
[2] *Ibid.*, p. 25.
[3] *Ibid.*, chap. II, p. 38.
[4] *Ibid.*
[5] *Ibid.*, chap. XII, p. 276.
[6] *Ibid.*, chap. XI, p. 247.

cœurs raffermis par la raison ne redoutent plus une mort qui détruira tout sentiment[1]. »

Ce livre, auquel nous reviendrons dans le chapitre suivant, consacré à la politique, causa une émotion universelle. Imagination, nobles espoirs, logique des affections sublimes, certitudes des poëtes, voilà ce qui était réputé faiblesse, dans des pages où respirait néanmoins l'enthousiasme de la vertu et où se révélait Diderot! Quelle témérité philosophique était encore possible, après un hymne aussi sombre, aussi terrible, chanté au hasard et au néant? Frédéric se troubla, même comme philosophe, et, de la plume que Voltaire lui avait appris à manier, il réfuta le *Système de la nature*. Voltaire, non moins effrayé, poussa un de ces cris que tout son siècle entendait. La division, introduite dans le camp de la philosophie, éclata aux yeux de l'Europe entière.

Ainsi, le rationalisme, poussé à l'excès, se dénonçait lui-même : l'anarchie intellectuelle devenait le grand événement de l'histoire.

Mais cette réaction, animée d'ailleurs par l'exagération contraire du principe d'autorité, ne s'opérait pas sans profit pour la cause du progrès ; et, bien que divisés, les philosophes n'en atteignaient pas moins de leur inévitable colère l'ennemi commun.

« Je vois tout couleur de rose, » disait depuis quelque temps d'Alembert. Ce qu'il voyait, c'était la compagnie de Jésus mourant de mort violente, en attendant que les jansénistes mourussent de leur mort naturelle. Or, l'abolition des jésuites ne tarda pas à justifier les pressentiments de d'Alembert ; et ce fut une victoire que la philosophie du dix-huitième siècle remporta dès sa première campagne. Car, il ne faut pas confondre les causes géné-

---

[1] *Système de la nature*, t. I, chap. XIX, p. 330.

rales de la chute des jésuites avec les accidents qui servirent à la précipiter.

On est d'abord surpris quand on se rappelle par où commença l'ébranlement de « cette haute muraille » dont Pascal avait prédit la ruine. Qui avait porté les premiers coups? Peut-être un ministre philosophe, un correspondant titré de Voltaire, un souscripteur de l'*Encyclopédie?* Non : par une de ces singularités qui sont le jeu de l'histoire, il advint que le premier destructeur des jésuites était un ami de la sainte inquisition, l'altier marquis de Pombal. Il ne détestait en eux qu'une influence importune à son tyrannique pouvoir, et une tentative d'assassinat commise sur la personne du roi de Portugal fut le prétexte qu'il prit pour les frapper. Ce n'était donc là, de sa part, qu'une exécution politique, et il eut soin de s'en expliquer devant l'Europe, dans des manifestes où il semblait refuser aux philosophes la gloire d'avoir armé son bras. Mais, comme il avait flétri son triomphe par sa cruauté, ses déclarations mêmes furent profitables à la philosophie, qui jouissait ainsi du résultat sans qu'on fût en droit de lui imputer l'odieux des moyens. L'Europe, en effet, avait été saisie d'horreur en apprenant qu'à la suite de deux coups de pistolets tirés par une personne inconnue sur Joseph Ier, amant de la marquise de Tavora, toute la famille de dona Teresa avait été enveloppée, presque au hasard, dans une accusation capitale et jugée par un tribunal d'exception asservi aux haines personnelles du ministre portugais; que sur un échafaud dressé en face du Tage on avait vu paraître, la corde au cou, le crucifix à la main, et mourir de la main du bourreau, dona Éléonor de Tavora, une femme; que son mari, ses fils, plusieurs de ses serviteurs avaient péri dans d'affreux tourments; et qu'enfin attaché sur la roue, rompu vif, le duc d'Aveiro était mort au milieu des tortures et en remplissant la place du supplice de hurlements épouvantables[1]. Certes, la philosophie dut être charmée qu'on ne la rendît pas responsable de l'expulsion des jésuites portugais, alors que cette expulsion se trouvait associée à tant de barbarie. Aussi Voltaire, Diderot, d'Alembert, s'empressèrent-ils de mêler leur voix aux cris de réprobation qui s'éleva de toutes parts. Mais, encore une fois, le résultat leur était acquis; et lorsque Voltaire s'apitoyait sur le sort du P. Malagrida, pauvre vieillard mis en prison, puis, sous prétexte d'hérésie, étranglé et brûlé par ordre de Pombal, Voltaire savait bien que sa pitié ne sauverait pas les jésuites. En Portugal, ils venaient d'avoir contre eux un ministre violent; mais partout ils avaient contre eux le roman de *Candide* et la philosophie. Ils devaient tomber comme ces fruits trop mûrs qui se détachent de l'arbre au moindre souffle. C'est ce qui arriva. Successivement chassés du Portugal par Joseph Ier, de la monarchie espagnole par Charles III, de la France par madame de Pompadour unie au duc de Choiseul, il ne leur restait plus qu'à subir l'anathème de Rome, dont ils étaient la milice; et ils n'échappèrent pas à ce dernier malheur, témoignage éclatant de la puissance de l'esprit nouveau.

A peine Ganganelli est-il devenu Clément XIV, que les rois très-chrétiens le pressent de détruire l'ordre des jésuites; l'Autriche elle-même se prête à ce commencement de révolution; et ce sont les ambassadeurs des grandes cours qui portent à Rome le vœu des encyclopédistes. Le duc de Choiseul, qui ne faisait pas aux jésuites l'honneur de les haïr, avait eu la spirituelle insolence de choisir pour aider à leur destruction, auprès du Vatican, un homme d'État, célèbre par ses petits vers, le gracieux cardinal de Bernis. Le pape hésita longtemps, dominé qu'il était par une frayeur vague et de noirs soupçons[2]. Mais son siècle l'entraînait. Après avoir abusé des délais,

---

[1] Saint-Priest, *Hist. de la chute des jésuites*, p. 22.
[2] *Ibid.*, p. 147.

des temporisations, artifices de sa faiblesse, Ganganelli signa le fameux bref *Dominus ac redemptor* qui supprimait les jésuites dans tout l'univers[1].

Quelques mois après, quoique doué d'une constitution robuste, Ganganelli tomba dans une subite décrépitude. Ses forces l'avaient abandonné, le sommeil l'avait fui. Bientôt, les ambassadeurs étonnés n'eurent plus devant eux qu'un spectre, dont les regards trahissaient une raison à demi égarée. Caché au fond de son palais, plein de la peur de lui-même, l'infortuné pontife se sentait mourir. Quand l'heure vint, ses os s'exfolièrent comme l'écorce d'un arbre flétri; et alors on se souvint qu'en signant le bref de la suppression des jésuites, Clément XIV s'était écrié : « Cette suppression me donnera la mort[2]. » Les médecins avaient parlé bien bas, dit un historien de nos jours, M. de Saint-Priest; les funérailles parlèrent trop haut. Les entrailles de Clément rompirent le vase qui les contenait; les ongles tombèrent; la peau demeura collée aux habits; la chevelure du cadavre était restée tout entière sur le coussin de velours : Rome et l'Europe crurent à un empoisonnement.

Mais ce n'était pas encore assez pour les encyclopédistes que d'avoir abattu les jésuites. « Que nous servirait d'être délivrés des renards, disait Voltaire à La Chalotais, si on nous livrait aux loups[3]? » Les loups, c'étaient les jansénistes. Aussi, en écrivant l'*Histoire de la destruction des Jésuites*, d'Alembert se garda bien de briser sur des ennemis morts les armes dont il avait besoin contre des ennemis vivants. Il transforma l'épitaphe de la société de Jésus en une satire à l'adresse de la *canaille jansénienne*[4].

---

[1] Le bref de Clément XIV est de 1773. — Choiseul alors était tombé; es jésuites avaient été chassés de France en 1762.
[2] Crétineau-Joly, *Hist. de la Compagnie de Jésus*, t. V, p. 393.
[3] *Correspondance de Voltaire*, t. XV, p. 37.
[4] *Ibid.*, d'Alembert à Voltaire, t. XI, p. 115.

L'intolérance, la cruauté judiciaire, la superstition étaient des monstres que les philosophes brûlaient d'autant plus de détruire, que chaque jour quelque nouvelle atrocité venait surexciter leur ardeur. Tantôt c'était l'horrible et absurde condamnation du calviniste Calas, roué vif à Toulouse; tantôt c'était Sirven flétri, quoique innocent; ou bien encore on apprenait que, pour n'avoir pas ôté leur chapeau à trente pas d'une procession et avoir frappé le poteau d'un crucifix, deux jeunes gens, le chevalier de La Barre et d'Étallonde avaient été condamnés par les juges jansénistes d'Abbeville et du parlement de Paris à avoir le poing coupé, la langue arrachée avec des tenailles, et enfin à être brûlés vifs [1].

Indignés, les philosophes s'emportèrent contre la barbarie des parlements, contre le fanatisme des *Busiris en robe*. Voltaire surtout fut irrité à ce point que cette fois, oubliant son procédé ordinaire, la raillerie, il rencontra le génie de l'indignation. Il sentait que les bons mots ne convenaient pas aux massacres. Les échafauds de Calas, de La Barre se dressant dans son esprit, il récapitula ces procès ténébreux, outrages à la raison, qu'il ressentait comme autant d'injures personnelles. Pour réhabiliter le chevalier de La Barre, il écrivit une *Relation* étincelante du feu de sa colère, et où reparaissait la passion qui avait inspiré le *Traité sur la tolérance*. A son tour, il fulmina contre les juges d'Abbeville et contre le parlement de Toulouse des réquisitoires d'une violence admirable. Peut-être devons-nous un des bienfaits de la Révolution française aux anathèmes de Voltaire [2]. Des jugements secrets! des condamnations sans motifs! « Y a-t-il une plus exé-

---

[1] D'Étallonde parvint à s'échapper et fut accueilli dans son infortune par Voltaire. Quant à La Barre, il fut décapité avant d'être brûlé, aux termes de l'arrêt définitif.

[2] « Laissons Voltaire dans le calendrier de nos saints, » a dit un démocrate, M. Thoré; et c'est justice.

crable tyrannie que celle de verser le sang à son gré sans en rendre raison? Ce n'est pas l'usage, disent les juges? Eh! monstres! il faut que cela devienne l'usage. Vous devez compte aux hommes du sang des hommes[1]. » Et Voltaire s'appuyait de cette maxime de Vauvenargues, qui semblait écrite pour la circonstance : « Ce qui n'offense pas la société n'est pas du ressort de sa justice[2]. »

L'année même où le parlement appliquait la peine des parricides à une étourderie d'écoliers, on reçut à Paris le traité *des Délits et des Peines*, de l'Italien Beccaria, et l'abbé Morellet, sur l'invitation de Malesherbes, se hâta de traduire en français un ouvrage où la magistrature janséniste allait lire son déshonneur. On devine l'impression que dut produire un pareil livre au milieu des récits du supplice de La Barre. Sept éditions furent épuisées en six mois ; et, cédant aux prières de son traducteur, Beccaria partit de Milan pour venir visiter à Paris tant de lecteurs sympathiques. Helvétius, madame Geoffrin, le baron d'Holbach, Malesherbes l'accueillirent avec effusion ; mais lui, sombre et mélancolique, le cœur saignant d'une blessure de l'amour, il ne pouvait dissimuler à ses hôtes l'altération de sa physionomie et le fond de ses tristesses[3]. Il nous quitta emportant sa douleur, et nous léguant sa mansuétude.

Ah! ce fut la vraie conquête des philosophes du dix-huitième siècle que la tolérance en matière de religion. Par là, du moins, ils furent unis, ils s'aimèrent, ils firent école. En dépit de leurs continuelles dissidences, au sortir des dîners bruyants où nous les avons écoutés disputant sur l'âme et sur Dieu, ils se rappelaient en souriant leurs controverses, et le plus ferme déiste

---

[1] *Correspondance de Voltaire, au comte d'Argental*, t. XIV, p. 340.
[2] Vauvenargues, *Réflexions et maximes*, CLXIV.
[3] *Mémoires de l'abbé Morellet*, t. I, p. 164.

écrivait le lendemain à son adversaire : *Monsieur et cher athée*[1].

On ne saurait ouvrir un seul de leurs livres, qu'on n'y soit arrêté par d'éloquentes attaques à l'inquisition et à Calvin. Dans *la Cruauté religieuse*, Boullanger déroulait les scènes de carnage qui souillent l'histoire de l'Église[2]. Helvétius consacrait un chapitre de *l'Esprit* à flétrir la persécution ; il se demandait si les chrétiens, enfants de l'Évangile, devaient recommencer les sacrifices du paganisme et imiter Agamemnon traînant Iphigénie à l'autel pour honorer les dieux[3]. L'abbé Raynal invoquait les douces vertus ; il traçait, dans l'*Histoire des deux Indes*, le portrait de cet armateur, qui, traitant la couleur du nègre comme une hérésie de la nature, calcule froidement la recette et la dépense de son brigandage[4]. Avant de traduire Beccaria, Morellet avait lancé le *Manuel des Inquisiteurs*, où on lisait que, pendant la première moitié du siècle, et dans un seul royaume, le nombre des victimes de l'inquisition s'était monté à onze mille, dont deux mille trois cents avaient péri dans les flammes[5]. Enfin, l'on se plaisait à redire les austères mais tendres maximes de ce Vauvenargues, sitôt enlevé, hardi capitaine qui chargeait à la tête de son régiment un jonc à la main, et qui, devenu moraliste, détesta le bourreau autant qu'il méprisait la mort.

Il n'était pas jusqu'aux simples littérateurs qui ne prissent en main la cause de la tolérance. Par ce côté le *Bélisaire* de Marmontel s'élevait à l'importance d'un roman philosophique, et si le fanatisme religieux était montré dans *les Incas* sous son véritable jour, c'est que

---

[1] *Mémoires de l'abbé Morellet*, t. I, p. 132.
[2] Boullanger, t. VI des Œuvres, p. 271, 281, 299, etc.
[3] Chap. XXIV, *Des moyens de perfectionner la morale*. t. I, p. 390, 591.
[4] Raynal, *Hist. philosophique des deux Indes*, t. IV, liv. XI, p. 171.
[5] Voy. l'*Éloge de Morellet*, par Lemontey, t. I des *Mémoires*, p. vj.

Marmontel, ami de Diderot, de Raynal et d'Helvétius, n'avait pas de peine à colorer ses écrits d'un reflet de leurs conversations ; et comment aurait-il pu d'ailleurs fournir à l'*Encyclopédie* son contingent littéraire, sans y gagner, comme tant d'autres, cette hérésie de la tolérance qui avait pénétré, par Benoît XIV et Ganganelli, jusque dans les conseils du Vatican?

Ainsi, trop dédaigneuse de l'autorité du sentiment, l'école des encyclopédistes exagéra l'importance de la sensation, vanta outre mesure le rationalisme, et ne chercha la dignité morale de l'individu que dans son isolement. Mais elle eut cette gloire d'arracher à la superstition le pouvoir d'opprimer les hommes. La tolérance était le beau côté du rationalisme : Rousseau, sur ce point, ne parla pas autrement que Voltaire; et au sein d'une crise où tout fut exception et violence, nous entendrons la voix la plus redoutée demander respect pour la conscience humaine.

CHAPITRE II

GUERRE AUX ROIS ABSOLUS. — TRIOMPHE DE L'INDIVIDUALISME
EN POLITIQUE, OU RÉGIME CONSTITUTIONNEL

MONTESQUIEU

Fleury avait énervé la monarchie : Louis XV la déshonore. — Infamie de ses amours. — Madame de Pompadour est la royauté. — Excès et folies du pouvoir absolu. — Absence de garanties. — Inanité politique des parlements; leur insuffisance comme autorité judiciaire. — Le prévôt des maréchaux. — Oppression de l'individu; nécessité de l'affranchir. — École de l'individualisme en politique : Montesquieu, de Lolme. — École rivale : Jean-Jacques Rousseau. — Les idées de Montesquieu l'emportent. — Tous les penseurs réunis contre les rois absolus. — Attaques de d'Holbach, de Diderot, de Raynal. — Dernier effort du pouvoir absolu; Maupeou détruit les parlements. — La magistrature nouvelle couverte de ridicule par Beaumarchais. — La scène politique appartient à la bourgeoisie.

Pendant que l'ancienne société religieuse s'écroulait ainsi sous les coups redoublés de la philosophie, quel spectacle présentait la société politique? et sous l'effort de quel principe allait-elle périr à son tour?

Après le tumulte et les convulsions de la Régence, le royaume s'était laissé aller de lassitude aux pieds d'un vieillard ennemi de l'éclat, importuné par le bruit, doux, craintif et prodigieusement égoïste. A peine installé, le cardinal de Fleury ne prit le gouvernement de la première nation du monde que pour une retraite ménagée au calme de ses vieux jours. Modeste de son naturel, et n'ayant plus dans les veines qu'un reste de sang qui commençait à se glacer, il trembla d'avoir à conduire un peuple ému de puissants désirs. Un seul moyen s'offrait à lui de vivre et de mourir en paix, restant ministre : c'était de mettre à profit la fatigue de la France, fatigue d'un jour, et de la rendre humble, inerte, languissante comme lui-même. Ce fut toute sa politique. Attentif à rejeter dans l'ombre les conceptions du génie, à écarter des affaires les esprits vigoureux ou les âmes profondes, il eut horreur des hommes et des intérêts d'État. Voulant éviter à tout prix les aventures en matière de finances, il fit descendre la science du crédit jusqu'à l'avarice. Impatient de décourager l'ambition nationale, de la détourner des hasards, il livra aux Anglais notre marine et la mer. Telle était en lui la passion des petits moyens et des petites choses, qu'elle le poussa jusqu'aux limites de la trahison. En 1733, par exemple, si Stanislas, père de la reine, perdit ce trône où l'avaient appelé des vœux que servaient nos épées, ce fut l'effet du mauvais vouloir de Fleury et de l'insuffisance de ses secours, perfidement calculée : félonie que couvrit sans l'absoudre le bonheur diplomatique auquel nous dûmes la Lorraine ! De sorte que Fleury se dédommageait de son impuissance à empêcher la guerre, en mettant obstacle à la victoire ; tant il craignait, pour la France, les emportements de l'orgueil et l'agitation des triomphes !

Dans ses belles années, Louis XIV avait, du moins, su couvrir la monarchie absolue d'un manteau éclatant : sous Fleury, la gloire venant à tomber, on aperçut le squelette. D'ailleurs, agir et en imposer est une des conditions de la force. Quoi de plus ridicule que d'être tout et de disparaître, que de pouvoir tout et de ne rien faire ?

A qui ne voulait qu'amoindrir la monarchie il fallait un monarque énervé : grâce à Fleury, Louis XV n'était encore, à vingt-deux ans, qu'un enfant voluptueux et timide. Bientôt, la bassesse des flatteurs cherchant un emploi aux désirs dont le jeune prince était secrètement consumé, Fleury s'en félicita, loin d'y contredire, bornant sa prévoyance à amener un choix qui le laissât en repos sur la durée de son crédit. Or, parmi les dames de la cour, il n'y en avait peut-être alors qu'une seule dont l'âme, fermée à l'ambition, fût digne d'appartenir tout entière à l'amour : Fleury la devina, et les artifices de sa tolérance l'encouragèrent[1]. C'était madame de Mailly, noble femme, aussi tendre que La Vallière et bien plus malheureuse, puisqu'elle eut à pleurer, dans le triomphe d'une rivale, l'ingratitude et la cruauté d'une sœur!

Voilà comment s'ouvrit la longue série des dissolutions qui marquèrent, en France, les derniers jours de l'ancienne monarchie. On vit quatre sœurs[2], tour à tour attirées dans les bras du maître, se disputer le scandale de ses embrassements et le familiariser avec l'inceste.

Et pourtant, après la mort de Fleury, en 1744, lorsque Louis XV tomba malade à Metz, de vives douleurs éclatèrent, que sa guérison changea en transports de joie. C'est qu'en effet une métamorphose inattendue semblait s'être opérée en lui. Il avait armé son fils chevalier ; il courait au-devant d'une bataille, qui fut la victoire de Fontenoy ; et on lui savait gré d'avoir renoncé aux langueurs de Versailles pour les travaux du camp. Ses faiblesses mêmes, on les vantait alors, madame de Châteauroux ayant appris le rôle d'Agnès Sorel et donné l'héroïsme pour condition à l'amour.

Mais la vie de Louis XV n'eut que cet éclair. Madame de Châteauroux mourut ; et, peu de temps après, le roi s'informait d'une belle inconnue que souvent, dans ses chasses de la forêt de Sénart, il avait rencontrée, au dé-

[1] *Mémoires historiques et Anecdotes sur la Cour de France*, p. 20. 1802.
[2] Soulavie, *Décadence de la monarchie française*, t. III, p. 26. 1803.

tour des allées, audacieuse, provocante, penchée sur un phaéton d'azur. On la nomma, il la voulut connaître, et la marquise de Pompadour ne tarda pas à gouverner la France.

Elle y parvint sans peine : Louis XV ne demandait qu'à être affranchi de la fatigue de vouloir. Non qu'il se fît illusion sur les dangers de l'inertie dans un siècle d'emportement; doué d'une clairvoyance rare, il avait découvert, il avait montré le point noir qui déjà montait à l'horizon. Mais, d'un autre côté, il s'était mis à mesurer avec une sagacité froide et sûre l'intervalle qui le séparait des suprêmes périls; et que lui importait, pourvu qu'il n'y fût pas englouti, le naufrage de la royauté? Dédaignant les choses parce qu'il méprisait les hommes, jamais il n'apporta dans le conseil où se débattait l'avenir de son royaume, qu'une indolence dont sa timidité masquait l'égoïsme. Quand il ne s'absentait pas de son règne, il ne faisait qu'y assister, spectateur indifférent et silencieux.

Madame de Pompadour tira merveilleusement parti de ces dispositions. Mais le besoin de régner jusqu'au bout lui imposait une tâche difficile à remplir : il fallait *amuser le roi*. Car le vide s'était fait dans sa pensée, et il avait le cœur chargé d'ennui[1]. Importuné de l'éclat des fêtes et de sa propre grandeur, la solitude avait pour ses sens altérés ce honteux attrait qui fit d'une île cachée à tous les regards le séjour aimé de Tibère. Et, dans la solitude, les loisirs que lui laissait la volupté l'accablaient. Par une douloureuse et singulière contradiction de sa nature, il avait peur de la mort, et continuellement il en évoquait l'image. Un jour, comme il passait devant une colline que des croix surmontaient, il s'arrêta tout à coup, saisi de tristesse, et dit à un homme de sa suite :

---

[1] *L'Espion anglais*, t. 1. p. 12. 1779. — *Mémoires de madame du Hausset.*

« Allez voir s'il n'est pas dans ce cimetière quelque fosse nouvellement faite[1]. » Il était à la fois avide et dégoûté de la vie : l'aider à vivre était l'étude de la favorite; et c'est parce qu'elle y réussit à moitié que sa puissance fut sans bornes.

Elle en vint à renverser et à recomposer les ministères. L'abbé de Bernis arriva au pouvoir : il avait été agréable; il cessa de plaire : il tomba. Quelles que fussent les ressources de son facile génie et son audace, le duc de Choiseul ne se serait jamais élevé jusqu'au faîte, s'il n'y eût été porté par la favorite. Vainement les gentilshommes en qui avait survécu l'orgueil des vieilles races, s'indignaient-ils tout bas de voir la noblesse aux pieds d'une marquise d'emprunt, cousine d'un valet de chambre du roi et fille d'un commis taré. Ce qui avait survécu dans ces gentilshommes, c'était l'orgueil sans l'honneur : l'idole qu'ils insultaient dans l'ombre, ils mettaient de l'émulation à l'adorer publiquement; et la favorite, qui supposait l'injure de leurs secrets commentaires, les châtiait par le dédain de son attitude. C'était à sa toilette qu'elle recevait grands seigneurs, généraux, prélats, princes du sang, et nul n'était admis à s'asseoir devant elle[2]. Il lui plut d'être dame du palais de Marie Leczinska, de la reine : ce scandale eut lieu. L'offenser fut un crime. Le comte de Maurepas expia par un long exil les hardiesses d'une épigramme. Pour un billet menaçant qu'on la soupçonnait d'avoir placé dans le berceau du petit duc de Bourgogne, madame Sauvé fut jetée à la Bastille, dont les portes se refermèrent à jamais sur elle. Pour quelques vers satiriques dont on avait trouvé chez lui le brouillon, le chevalier de Rességuier fut mis au mont Saint-Michel dans une cage de fer où l'on ne pou-

---

[1] *Mémoires de madame du Hausset*, p. 83.
[2] *Mémoires historiques sur la Cour de France*, p. 79.

vait ni se tenir debout ni s'étendre, et son supplice dura sept ans[1].

Madame de Pompadour avait, cependant, des qualités précieuses. Elle aimait les arts, elle les cultivait. Elle demanda grâce à la postérité par la protection dont, souvent, elle couvrit la philosophie. Elle eut des attachements inviolables, et rien ne put rompre son pacte avec la rude franchise et la vertu de Quesnay. Que de fois on la surprit écoutant d'un cœur ému les rumeurs lointaines de la place publique, et versant des larmes sur sa puissance qu'on maudissait ! Mais elle était condamnée à fournir au monde un mémorable exemple de tout ce que la conservation du pouvoir absolu entraîne de nécessités ignominieuses et conseille d'horreurs.

Il y avait à Versailles une habitation qu'on nommait l'Ermitage. Les dehors annonçaient une ferme ; dans l'intérieur, ce n'étaient que peintures lascives, que charmants réduits ménagés au mystère, que sentiers fuyant sous de dangereux ombrages. Madame de Pompadour y fixa le théâtre de ses plus savantes séductions. C'était là que vêtue tantôt en reine, tantôt en laitière ou en sœur grise[2], elle s'étudiait à ranimer par mainte rencontre en apparence fortuite et par mille scènes imprévues l'imagination éteinte de son amant. Mais comment s'arrêter en pareilles voies ? Quand elle sentit que la jeunesse et la santé l'abandonnaient ; quand, après avoir cherché dans de violents breuvages et un régime meurtrier[3] des forces nouvelles pour séduire, elle en fut réduite à s'avouer l'inutilité de ses efforts, elle eut recours à des moyens qui allaient conduire le pouvoir absolu à l'épuisement par la honte.

On risque d'irriter les princes en se dévouant à leur

---

[1] *Mémoires historiques sur la Cour de France*, p. 65, 74 et suiv.
[2] *Ibid.*, p. 226.
[3] *Mémoires de madame du Hausset*, p. 92.

gloire ; on est bien près de les dominer quand on se dévoue à leurs vices. La marquise le comprit ; et ce fut par des services impurs qu'elle résolut de racheter auprès de son amant les torts d'une beauté affadie et d'une santé désormais rebelle au plaisir. Cachant sous une poétique abnégation le côté vil de ses calculs, elle affecta de s'élever au-dessus de la jalousie par un désintéressement passionné. « C'est là, disait-elle au roi en lui mettant la main sur le cœur, c'est là que j'en veux [1]. » Elle se donna donc et se choisit des rivales, reines d'une nuit qu'elle se réservait de détrôner le lendemain. Des portraits furent mis sous les yeux du prince, dans le but d'exciter en lui des mouvements de curiosité ardente. On alla jusqu'à peindre sur le lambris du laboratoire de Marie Leckzinska des visages de jeunes filles, chastement encadrés dans des tableaux pieux [2], et dont on indiquait de la sorte au roi les modèles tenus en réserve. Alors, la maison de l'Ermitage devint le *Parc-aux-Cerfs*. Alors, au sein de mœurs différentes et sous des noms modernes, reparut cette race des anciens affranchis qu'on croyait perdue, et dont Tacite avait immortalisé l'infamie vénale. Louis XV eut des ravisseurs à gages chargés d'épier, de surprendre, de conduire au repaire où la luxure royale attendait sa proie, les victimes que vendait la misère ou qu'on dérobait à la vigilance des familles. Ce qu'on poursuivait surtout, c'était la beauté unie aux grâces et à l'ingénuité de la puberté naissante, l'innocence ayant le cruel et double avantage de mieux ménager les inquiétudes de la favorite et d'aiguillonner plus vivement les désirs du maître. Lui, soit raffinement de volupté, soit superstition véritable, il se plaisait, au milieu de ses désordres, à des pratiques de dévotion dont il imposait la règle aux enfants livrées à son caprice ; et

[1] *Mémoires de madame du Hausset*, p. 104.
[2] *Mémoires historiques sur la Cour de France*, p. 251.

il les voulait agenouillées, disant leur prière, aux pieds mêmes de la couche où il allait leur donner l'éducation de la débauche[1]. Celles qui, ne cherchant pas à connaître leur séducteur, se résignaient à lui servir de jouet, on se contentait de les séparer de leurs enfants aussitôt qu'elles devenaient mères ; et, couvertes de diamants, enrichies aux frais de l'État, on les mariait à quelque être assez vil pour épouser leur précoce déshonneur ; mais malheur à celles dont le roi se faisait aimer ou qui se montraient capables de lui plaire longtemps : sur un signe de la favorite alarmée, la Bastille s'ouvrait, et Louis XV, signant l'ordre d'arrestation, avait la bassesse de punir l'amour qu'il ressentait ou qu'il avait inspiré[2].

Ce que devaient coûter de semblables dissolutions, on le conçoit. Louis XV, qui était avare à l'excès ; qui avait souffert que madame de Mailly se ruinât pour lui; qui ne rougissait pas d'amasser un pécule, denier par denier, au milieu de la détresse générale; qui maniait en agioteur le commerce des blés,... Louis XV souriait aux trésors de l'État engloutis par ses largesses du *Parc-aux-Cerfs*. Elles montèrent à cent millions, disent les écrivains modérés[3] ! Comment, d'ailleurs, mesurer le scandale? Trop connus, les désordres de Louis XV répandirent la corruption et l'encouragèrent. Des familles respectables furent troublées par la découverte d'espérances cyniques. Le roi de France reçut des lettres telles qu'aux époques de dépravation fameuse en recevaient les acteurs en renom. La prostitution courut au-devant de lui.

[1] *Mémoires historiques sur la Cour de France*, p. 238.
[2] C'est ainsi, par exemple, que mademoiselle Tiercelin fut mise à la Bastille.
[3] Lacretelle, *Histoire de la France pendant le dix-huitième siècle*, t. III, p. 174.

On s'indigna d'abord, et l'on finit par s'inquiéter. Des bruits, renouvelés d'un autre âge, commencèrent à circuler parmi le peuple. On parlait de bains de sang humain prescrits à Louis XV comme un dernier moyen de rallumer sa vie[1]. Et, pour accréditer l'affreuse rumeur, on s'appuyait sur la nature du pouvoir absolu, qui est de tout oser, se trouvant en des mains perverses. Est-ce que des excès n'avaient pas été déjà commis qui dépassaient la mesure commune? Où étaient les lois protectrices du citoyen? Pourquoi un prince effréné dans ses plaisirs s'arrêterait-il, quand il serait question de son existence, devant des crimes contre lesquels on n'avait d'autre garantie que leur énormité même? On s'anime, on s'excite par ces discours à croire aux plus monstrueux complots; et voilà que soudain Paris se lève en tumulte. C'en est fait : des enfants ont été arrachés à leurs mères; on en a la preuve; on cite des circonstances effrayantes; on rapporte des paroles étranges échappées à l'imprudence des ravisseurs. Les places publiques retentissent de clameurs furieuses, auxquelles se joint le gémissement d'une foule de mères éplorées. L'hôtel du magistrat, gardien de la cité, fut impétueusement envahi. Le lieutenant de police dut s'enfuir par des jardins, menacé qu'il était d'être égorgé. L'émeute enfin ne se dissipa que devant un brutal emploi de la force. Mais la force, depuis, ne cessa de décroître, à mesure que s'exaltaient les colères. Un enlèvement de vagabonds avait suffi pour causer cette épouvante; et quelle preuve plus frappante de la profondeur que le peuple apportait déjà dans ses défiances et dans sa haine?

Telle se montrait, au dedans, la royauté de Louis XV; et son rôle, au dehors, fut au niveau de tant d'opprobre.

---

[1] Lacretelle, *Histoire de la France pendant le dix-huitième siècle*, t. III, p. 180.

Qu'on se figure un prince servi dans les diverses cours de l'Europe par des agents secrets d'une admirable clairvoyance; un prince tenant dans ses mains, au moyen d'une correspondance mystérieuse, tous les fils de la politique européenne; instruit à l'avance des projets formés contre lui par ses ennemis, et connaissant beaucoup mieux que ses propres ministres la marche à suivre pour disposer de la paix ou féconder la guerre : ce prince, ce fut Louis XV. Mais, encore une fois, que lui importait la destinée du royaume? Dans cette correspondance intime et particulière qu'il entretenait à grands frais, que cherchait-il? Un préservatif contre l'ennui dont il était obsédé; un spectacle vain, une force qui lui permît de sortir de lui-même; une occasion de prendre en défaut la sagacité de ses ministres, de railler leur ignorance, de se raffermir dans son mépris des hommes et son dégoût des affaires humaines. Jamais il n'était plus heureux que lorsque, témoin des désastres prévus ou annoncés par lui sans qu'il se fût mis en peine de les prévenir, il pouvait dire à ses conseillers : « J'avais raison! » C'étaient là ses divertissements; et les humiliations, les calamités de son royaume, il les faisait servir aux triomphes moqueurs de son amour-propre.

Asservie à un semblable monarque, alors que personne ne se portait héritier de Richelieu, que pouvait la France? Notre diplomatie devint la risée de l'Europe. Une guerre avait été entreprise en 1741, dans l'orgueilleux espoir d'arracher à Marie-Thérèse l'Allemagne impériale et de rendre l'Angleterre à la race des Stuarts. Or, quel est le résultat obtenu, après mainte campagne héroïque, après la victoire de Fontenoy? Le traité d'Aix-la-Chapelle, en 1748, nous donne Marie-Thérèse à reconnaître et Charles-Édouard à proscrire.

On sait combien avait été vif et passionné l'accueil

fait par la France à ce malheureux prince, quand un corsaire de Saint-Malo était venu le jeter sur nos rivages, pleurant son courage trahi, ses espérances perdues, ses amis livrés à d'abominables supplices, et sa cause abandonnée par un successeur de Louis XIV. On se plaisait à rappeler ses aventures chevaleresques, colorées par son malheur; on l'aimait dans ce généreux pays de France, parce que la fortune l'avait accablé sans l'avilir, parce qu'il avait erré sous le poids de la défaite dans des marais et des bruyères, seul, ayant faim et couvert de haillons. Tout à coup une nouvelle se répand : au milieu de Paris, en plein Opéra, devant une foule immense, sur un ordre exprès de Louis XV, le Prétendant a été arrêté; un sergent aux gardes l'a renversé comme il se mettait en défense, et on le conduit à Vincennes, captif, insulté. Ce fut, d'un bout du royaume à l'autre, un élan d'indignation qu'il faut renoncer à peindre. En apprenant l'arrestation du prince Édouard, Voltaire s'écria, tout panégyriste de Louis XV qu'il était : « O ciel! est-il possible que le roi souffre cet affront et que sa gloire subisse une tache que toute l'eau de la Seine ne saurait laver[1]! » La royauté n'avait rien de mieux à offrir à la France, en dédommagement des scènes du *Parc-aux-cerfs*.

Ce n'est pas tout. En 1741, la France s'était armée au profit de Frédéric II contre Marie-Thérèse; en 1756, elle s'arme au profit de Marie-Thérèse contre Frédéric II. Et ne vous étonnez pas d'un aussi brusque changement, d'une pareille atteinte à la politique suivie par Henri IV, par Richelieu, par Louis XIV. Si l'on abandonne ce grand projet de l'abaissement de la maison d'Autriche; si l'on affronte le génie guerrier de Frédéric II; si l'on se condamne à porter au delà du Rhin toutes les forces de la

---

[1] *OEuvres de Voltaire*, t. VII, p. 21. Édit. Delangle.

France, attaquée alors par l'Angleterre sur la Méditerranée et sur l'Océan, c'est que la marquise de Pompadour le veut ainsi. On connaît les suites. La défaite de Rosbach, quatre-vingts millions de subsides[1] payés bénévolement à l'Autriche, des armées entières englouties dans des expéditions folles, trente-sept vaisseaux de ligne et cinquante frégates pris ou détruits par les Anglais[2], le Canada par nous sacrifié définitivement à leur dictature avide, ainsi que la Guadeloupe, la Martinique, Tabago, Saint-Vincent, Sainte-Lucie, nos comptoirs de l'Afrique et de l'Inde... voilà ce que produisit la GUERRE DE SEPT ANS, voilà ce que valut à la France le titre de *ma bonne amie* donné par Marie-Thérèse à la maîtresse d'un monarque absolu.

Chez un peuple qui n'est pas absolument dégradé, la gloire est, dans la science du despotisme, un artifice indispensable : car, la gloire et la liberté absentes à la fois, c'est trop de vide. Sous Louis XV, la France avait fini par manquer d'air : on travaillait à lui faire une situation impossible.

Nous avons rappelé ce que fit Louis XV, ce qu'il fit impunément : c'est assez dire qu'à la veille de ne plus pouvoir rien, la royauté pouvait tout. Voici, en effet, un monarque dont l'avilissement même constate la puissance. Vous demandez s'il a le droit de contraindre ses sujets ? ses impudicités sont le désespoir ou la terreur des mères ; s'il a le droit de puiser dans le trésor public ? il y prend la dot de chaque vierge qu'il a séduite ; d'attenter à la liberté des citoyens ? son nom au bas de quatre lignes, et on lève le pont-levis de la Bastille ; de créer capricieusement des impôts ? il en assoit pour son compte personnel, par l'agiotage, sur la famine ; de nommer aux emplois ?

---

[1] Extrait des registres particuliers de Louis XV, par Soulavie, *Hist. de la décadence de la monarchie française*, t. III, p. 275.

[2] *Ibid.*, p. 227.

sa maîtresse les distribue; de faire la paix ou la guerre? sa maîtresse en décide.

Eh quoi! aux débordements d'une puissance ainsi exercée la constitution politique du pays n'offrait-elle donc aucun obstacle, aucune barrière? Non : ce que la royauté avait devant elle, ce n'étaient pas des obstacles, c'étaient des périls; ce n'était pas une barrière, c'était un abîme.

Mais ce *droit de remontrances* dont le parlement, depuis Louis XI, se trouvait investi?... Arme vaine, maniée par des mains sans vigueur. Les *remontrances* ne pouvaient être un frein qu'à la condition de répondre à une force; elles ne pouvaient servir de garantie aux libertés publiques, qu'à la condition d'être soutenues par beaucoup d'audace, par des colères généreuses, par un dévouement fougueux et systématique à la cause du peuple. Or, n'oublions pas que les parlementaires étaient des juges. Et comment la colère d'un tribun s'allumerait-elle dans un juge? Les ardeurs politiques s'accordent mal avec cet attachement aux anciennes formes, ce culte de la coutume, ce respect des pouvoirs établis et ces graves habitudes qui caractérisent le magistrat, qui lui sont imposées. La liberté veut qu'on marche : le propre de la magistrature est d'être assise.

D'ailleurs, les charges étant devenues vénales et héréditaires, le parlement s'était habitué à regarder l'administration de la société comme un patrimoine. On avait acheté ou trouvé dans sa famille un domaine qu'on entendait laisser intact à ses enfants; et vu ainsi à travers les illusions de l'intérêt privé, l'intérêt public reculait, il s'amoindrissait outre mesure, il s'effaçait presque.

C'est peu : les parlementaires se montraient fiers du privilége de noblesse qu'on leur avait conféré. Ils ne consentaient pas à se croire du peuple, de la bourgeoisie. Leur impuissance faisait partie de leur vanité.

Enfin, il n'y avait pas jusqu'à la composition du parlement qui ne fût de nature à lui interdire dans les luttes politiques les honneurs d'un rôle actif et vraiment sérieux. Ici, en effet, cinq chambres des *Enquêtes* et deux des *Requêtes*, où se pressaient les jeunes conseillers ; là une *Grand'Chambre*, où l'on n'était admis que par rang d'ancienneté et dans laquelle les présidents à mortier étaient compris. Donc, au sein même du parlement, la fougue des uns devait être à chaque instant combattue par l'âge et la craintive prudence des autres. La *Grand'Chambre* pesait sur les *Enquêtes* de tout le poids de l'expérience, de la vieillesse, de la hiérarchie, du respect que commandent de longs services et des mœurs austères.

Aussi, quels traits marquent, jusqu'au dix-huitième siècle, le rôle politique du parlement ?

Sous Charles IX, il approuve, par faiblesse et non par conviction, l'assassinat de Coligni, dont il fait pendre aux fourches de Montfaucon le glorieux cadavre.

Pendant la Ligue, il adhère à *l'Union* d'une manière solennelle, sans autre but que de la trahir ; et il court se prosterner devant le Béarnais vainqueur, après l'avoir proscrit [1].

Sous Richelieu, nous le voyons traversant Paris à pied, par forme d'amende honorable, se mettant à genoux devant Louis XIII, et subissant l'outrage de ces dures paroles : « J'enverrai sept ou huit d'entre vous dans un régiment de mousquetaires pour y apprendre l'obéissance [2]. »

Pendant la Fronde, il s'effraye de se trouver un jour tout-puissant, et il se hâte de conjurer ceux qu'il a vaincus de le délivrer des soucis de son triomphe [3].

---

[1] Voy. plus haut le chapitre de la *Ligue*.
[2] Sainte-Aulaire, *Hist. de la Fronde*, introduction, p. 21.
[3] Voy. plus haut le chapitre de la *Fronde*.

Sous Louis XIV, il est comme mort.

Sous le Régent, sa créature et son complice, il essaye d'élever la voix, et aussitôt il est exilé à Pontoise. Par qui? Par Dubois, étonné que des magistrats lui résistent.

Et ce qui prouve bien que la faiblesse du parlement comme corps politique tenait à la nature même de ses fonctions et de ses prérogatives, c'est qu'il avait, après tout, pour se faire respecter, deux moyens redoutables, décisifs : la cessation de service et les démissions combinées. Il en fit grand usage dans les derniers temps. Et l'on sent combien devait être alarmante une soudaine interruption du cours de la justice. Que d'intérêts en émoi! quel trouble subitement apporté dans les relations civiles! Encore si l'orage ne s'était formé que dans la foule inquiète des clients! Mais les avocats prenaient feu; et l'outre des tempêtes, c'est la parole. Bientôt, la bazoche grondait; le peuple, sans trop s'inquiéter des motifs de la querelle, se précipitait dans le mouvement; amazones de l'émeute, les femmes de la Halle accouraient sur le premier plan; il s'en fallait de peu que la patrie ne fût déclarée en danger. D'où vient donc qu'une telle ressource était vaine? Nous l'avons dit, et si l'on en veut une explication plus complète encore, on la peut lire dans un mémoire remis au Régent par l'abbé Dubois [1].

« Quelle force pourrait s'opposer à l'exécution de la volonté du roi? Les parlements? Ils ne peuvent faire que des remontrances : encore est-ce une grâce qu'ils doivent à Votre Altesse Royale; le feu roi, extrêmement jaloux de son pouvoir, leur ayant sévèrement défendu d'en faire. Et si, toutes leurs remontrances finies, il ne plaît pas au roi de retirer ou de modifier la loi, ils doivent l'enregistrer. Si, au contraire, le parlement la

---

[1] Rapporté dans l'*Introduction au Moniteur*.

refuse encore, le monarque lui envoie des ordres ultérieurs. Alors paraissent de nouvelles remontrances qui sentent la faction. Les parlements ne manquent pas de faire entendre qu'ils représentent les peuples, qu'ils sont les soutiens de l'État, les gardiens des lois, les défenseurs de la patrie, avec bien d'autres raisons de cette espèce. A quoi l'autorité répond par un ordre d'enregistrer, ajoutant que les officiers du parlement ne sont que des officiers du roi et non des officiers de la France. Petit à petit, le feu s'allume dans le parlement, les factions s'y forment et s'agitent. Alors, il est d'usage de tenir un lit de justice, pour conduire au point qu'il faut messieurs du parlement. S'ils s'y soumettent, on est obéi, et c'est tout ce que peut vouloir le plus grand roi du monde ; s'ils résistent encore, au retour dans leurs chambres, ou bien on exile les plus mutins et les chefs des factions, ou bien on exile à Pontoise tout le corps du parlement. Alors, on suscite contre lui la noblesse et le clergé, ses ennemis naturels ; on fait chanter des chansons, on fait courir des poésies plaisantes et fugitives ; et l'opération, dont nous connaissons bien la marche et les résultats, n'occasionne que des émotions légères, qui n'ont aucun grave inconvénient, et le parlement n'en est pas moins exilé pour avoir été désobéissant. On prend alors les jeunes conseillers qui dominent dans ce corps, par famine. Le besoin qu'ils ont de vivre dans la capitale, l'habitude des plaisirs, l'usage de leurs maîtresses, leur commandent impérieusement de revenir à leurs foyers, à leurs femmes entretenues, à leurs véritables épouses. On enregistre donc, on obéit, et on revient. »

Tel était, décrit par le génie pénétrant et cynique de Dubois, le mécanisme des résistances parlementaires. Cela suffisait-il pour constituer un régime de garanties ?

La vérité est que le parlement ne fit jamais efficacement obstacle qu'aux entreprises de Rome et de la partie ultramontaine du clergé, et c'est sous ce rapport qu'il servit la domination de la bourgeoisie ; mais contre les excès de la monarchie absolue, son influence était nulle. Seulement ses doléances empêchaient la nation de s'endormir trop longtemps dans le silence du despotisme ; ses protestations, étouffées par la violence, formaient un permanent et dramatique appel à la liberté ; sa prétention de représenter les états généraux le poussait à en évoquer, de loin en loin, l'imposant fantôme ; et il gardait la place d'une révolution.

Quand la liberté n'est point au sommet de l'État, elle n'est nulle part : sous l'ancienne monarchie, les intérêts publics flottaient à l'aventure ; et l'inanité du pouvoir politique des parlements laissait à découvert jusqu'à leur pouvoir judiciaire. S'agissait-il d'un innocent à punir, d'un coupable à sauver, d'un procès injuste à faire gagner à quelque personnage en crédit, le roi *évoquait* l'affaire, c'est-à-dire la portait devant le *grand conseil*, tribunal exceptionnel et servile, placé sous la main du prince, pour fournir le moyen d'éluder la juridiction du parlement.

Et puis, à côté de la justice régulière des cours souveraines, des présidiaux, des baillis, il y en avait une autre étrangement irrégulière et sauvage : la prévôté des maréchaux. Originairement, les prévôts des maréchaux n'avaient eu à connaître que des crimes commis à la suite des armées ; mais combien leur juridiction s'était étendue ! Vagabonds, gens de guerre, condamnés, voleurs errants, composaient la foule des justiciables du prévôt. Et ici nulle forme protectrice, pas de recours, pas de retard : c'était l'arbitraire sur les grands chemins.

Aussi, que de violences, malheureusement trop certaines, trop bien attestées par les continuelles remontrances des parlements ! Tantôt ce sont des voyageurs que, sous prétexte de vagabondage, la maréchaussée arrête, *à cause de l'argent trouvé sur eux*[1]; tantôt c'est un jeune homme, né imbécile, et qu'on maltraite, qu'on juge, qu'on flétrit, qu'on emprisonne comme muet volontaire, parce que, rencontré non loin du lieu de sa naissance, il n'a pu ni s'expliquer ni répondre[2]. Vainement, l'ordonnance de 1670 avait-elle prescrit au juge prévôtal de faire juger sa compétence au présidial le plus prochain[3] : les réclamations des parlements sont là pour prouver que l'arbitraire avait alors une vie que les ordonnances n'avaient pas.

La justice! était-ce autre chose qu'un vain nom, quand la royauté se permettait de livrer ses ennemis à des commissions choisies par elle, ivres du désir de la venger, et au milieu desquelles le prince paraissait lui-même, comme Louis XIII, en qualité de témoin à charge[4] ?

Dans Rome dégénérée, les empereurs ne s'étaient pas crus dispensés de connaître ceux que leur toute-puissance atteignait; pour frapper, ils avaient besoin de haïr. En France, avant la Révolution, une combinaison exista qui rendait le prince injuste à l'avance, au hasard, dans l'intérêt des caprices d'autrui. Des ordres d'arrestation où le nom de la victime est laissé en blanc et dont on fait cadeau à des favoris, à sa maîtresse, voilà un genre d'attentat auquel probablement la postérité refusera de croire. On commença par donner des lettres de cachet en blanc, on finit par les vendre : la tyrannie fut mise dans le commerce.

---

[1] *Remontrances de la Cour souveraine de Lorraine*, 25 février 1756, citées par Marrast et Dupont dans l'*Introduction aux Fastes de la Révolution française*, p. XXXIX.
[2] *Ibid.*
[3] Pothérat de Thou, *Recherches sur l'origine de l'impôt en France*, p. 275.
[4] Sainte-Aulaire, *Hist. de la Fronde*, voy. à l'Introduction.

Pour comble de malheur, cet insolent mépris de la liberté et de l'existence des citoyens était bien vite descendu des actes de la royauté dans ses ordonnances et de ses ordonnances dans les mœurs. Rien de plus odieux, rien de plus effrayant que l'esprit de la procédure criminelle, par exemple, avant la Révolution. La règle était celle-ci : la certitude de la répression est tout, les garanties dues à l'accusé ne sont rien. D'après l'ordonnance criminelle rendue sous Louis XIV, le procès d'un accusé présent pouvait être l'affaire de vingt-quatre heures [1]. A peine un homme était-il accusé d'un crime, qu'on le tenait pour coupable. Le magistrat, qui aurait dû être son juge, devenait aussitôt son ennemi [2]. Et toujours la répression se tenait dans l'ombre, comme si la société eût rougi de sa justice ! Audition des témoins, procédure, confrontation, conclusions de la partie publique, tout était secret [3]. Qui le croirait ? on craignait tant de voir éclater l'innocence de l'accusé, qu'il était défendu au procureur du roi de motiver la poursuite [4]. S'agissait-il de péculat, de concussion, de banqueroute frauduleuse, de vols de commis ou associés en matière de finance ou de banque, de supposition de part, de fausseté de pièces, le juge alors avait le droit *facultatif* de donner un conseil à l'accusé : pour les autres crimes, le ministère de l'avocat était interdit [5]. Plus la peine doit être sévère, plus il importe évidemment que la culpabilité soit bien prouvée : c'était le contraire qui avait lieu. On ne mesurait jamais à l'accusé avec une parcimonie plus cruelle les moyens d'éta-

---

[1] Potherat de Thou, *Recherches sur l'origine de l'impôt*, p. 272.
[2] *Commentaire sur le livre des Délits et des peines*, Œuvres complètes de Voltaire, t. XXXIX, p. 95.
[3] *Ibid.*, p. 89.
[4] Ordonnance criminelle, titre XXIV, art. 3, citée par Potherat de Thou, p. 276.
[5] Titre XIV, art. 8 de l'Ordonnance criminelle.

blir son innocence que lorsqu'on lui demandait sa tête. S'il avait pris la fuite, on pouvait le condamner par défaut, sans que son crime fût prouvé[1]. Et, quant au système pénal, il était terrible. La société se réservait de n'assurer au besoin ses vengeances par la peine de mort qu'après les avoir déshonorées par la torture.

Si, en matière criminelle, la barbarie dominait ; en matière civile, ce qui dominait, c'était la confusion poussée à l'extrême. Et d'abord, comme l'a fort bien observé un judicieux et savant écrivain[2], il existait, au dix-huitième siècle, entre le droit civil et le droit commercial, une anomalie complète. Les lois sur les contrats, sur les successions, sur l'état des personnes, en un mot tous les rapports que règle le droit civil, portaient l'empreinte de la féodalité, tandis que c'étaient des institutions modernes qui gouvernaient la nation commerçante, nation moderne. De là, dans les profondeurs mêmes de l'ordre social, une lutte perpétuelle et funeste entre des éléments contraires. Que d'entraves pour le commerce dans un royaume où chaque procès presque soulevait un conflit de juridiction ! où le justiciable était toujours en peine de savoir si sa fortune dépendait ou des parlements, ou des cours des aides, ou du grand conseil, ou des cours des monnaies, ou des intendances ! dans un royaume enfin qui, parallèlement au droit romain, reçu dans les pays de droit écrit, comptait soixante coutumes principales et trois cents législations partielles[3] !

Un mot résume cette situation de la France avant 89 : oppression de l'individu.

C'était donc naturellement à affranchir l'individu que devait tendre l'effort révolutionnaire des penseurs.

Mais il y avait deux manières d'envisager la question :

---

[1] *Commentaire sur le livre des Délits et des peines*, p. 90.
[2] Potherat de Thou, p. 265 et suiv.
[3] *Ibid.*, p. 268.

fallait-il anéantir toute force dans le pouvoir, ou s'étudier à rendre la force dans le pouvoir bienfaisante et tutélaire? Deux écoles politiques se formèrent, comme il s'était formé deux écoles philosophiques, comme nous verrons se former dans le chapitre suivant deux écoles économiques : là est le secret des luttes terribles qui devaient sortir des entrailles mêmes de la Révolution.

Ici, et tout d'abord, un grand nom se présente : Montesquieu.

Mais, dans la région des idées rénovatrices, Montesquieu avait des ancêtres qu'il serait injuste d'oublier. Il descendait en ligne directe, non pas, ainsi qu'on l'a tant dit et répété, de Bodin, auquel il n'emprunta que ses vues sur l'influence des climats, mais d'Hotmann, d'Hubert Languet, de l'auteur du *Dialogue d'Archon et Politie*, des publicistes protestants du seizième siècle.

Et ne croyez pas que cette chaîne de penseurs se fût rompue complétement, même pendant le dix-septième siècle, où tout ce qui n'était pas bruit de guerre et de gloire semble n'avoir été que silence. Oui, jusque dans le sein du dix-septième siècle, la révolte intellectuelle continua de germer et de mûrir. *Soupirs de la France, esclave qui aspire à la liberté*, tel est le titre qu'on s'étonne de lire en tête d'un ouvrage ayant pour date 10 août 1689! Et quel est le représentant de la tradition révolutionnaire sous Louis XIV? C'est un prélat, c'est un grand seigneur, c'est l'oracle des ducs de Beauvilliers et de Chevreuse, c'est le candidat des jésuites au ministère, c'est le précepteur d'un héritier du trône, c'est un prêtre tenté légèrement par l'ambition, mais charmant de douceur et de grâce mystique, trop tendre peut-être, c'est Fénelon.

Qu'on y prenne garde, néanmoins : Fénelon ne fut révolutionnaire ni logiquement ni par système ; il le fut par élan, et ses idées se ressentirent de la mobilité de ses inspirations. Tantôt, préoccupé des abus du pouvoir, il disait à Télémaque : « N'entreprenez jamais de gêner le commerce pour le tourner selon vos vues. Il faut que le prince ne s'en mêle point de peur de le gêner[1]; » tantôt, préoccupé des dangers de la licence, il montrait la sagesse, sous les traits de Mentor, « établissant des magistrats à qui les marchands devaient rendre compte de leurs effets, de leurs profits, de leurs dépenses et de leurs entreprises[2]. »

Nul doute qu'il ne fût trop avant dans l'avenir, quand il écrivait : « Il ne faut permettre à chaque famille, dans chaque classe, de pouvoir posséder que l'étendue de terre absolument nécessaire pour nourrir le nombre de personnes dont elle sera composée. »

Nul doute, d'autre part, qu'il ne fût trop avant dans le passé, quand il se plaignait du sort des *vrais seigneurs* réduits à attendre dans les antichambres, ou à cacher leur misère au fond des provinces[3]; quand il donnait le premier rang, dans son plan de Salente, à ceux qui avaient *une noblesse plus ancienne et plus éclatante*[4]; quand il demandait que l'inégalité des priviléges de naissance et des conditions se retrouvât jusque dans la diversité des costumes : vêtement blanc avec frange d'or aux personnes du premier rang, habit jaune et blanc aux derniers du peuple[5].

Fénelon était noble[6] : il ne l'oublia point assez ; mais son opposition au pouvoir absolu, dans le siècle du despotisme, à Versailles, sous les yeux de Louis XIV, n'en a

---

[1] *Télémaque*, liv. III, dans les Œuvres complètes de Fénelon, t. VIII, p. 87. 1822.

[2] *Ibid.*, liv. XII, p. 276.

[3] *Directions pour la conscience d'un roi*, Direct. XXXIII, t. VI des Œuvres complètes, p. 351.

[4] *Télémaque*, liv. XII, p. 278.

[5] *Ibid.*, p. 279

[6] *Essai historique sur Fénelon*, p. 5.

pas moins droit aux souvenirs reconnaissants du peuple. Taxes excessives, répartition inique des impôts, goût du faste, idolâtrie de l'or, Fénelon mit à attaquer tous les abus dont le peuple souffrait, beaucoup de courage et de dignité. Il osa rappeler au plus orgueilleux des monarques qu'il y avait en France une autre puissance que la sienne : les états généraux, et une autre majesté que le prince : la nation. Il osa écrire l'histoire de Louis XIV dans cette phrase : « Le roi, qui ne peut être roi tout seul, et qui n'est grand que par ses peuples, s'anéantit lui-même peu à peu par l'anéantissement des peuples dont il tire ses richesses et sa puissance [1]. »

Un homme digne d'être placé, après l'archevêque de Cambrai, dans la famille des précurseurs de la Révolution, c'est l'abbé de Saint-Pierre, âme naïve et intrépide égarée au milieu des désordres de la Régence, publiciste plein de séve, et qui eut cette fortune, étant un mauvais écrivain, d'être traduit en beau style par Jean-Jacques. Le Régent avait établi autant de conseils qu'il y avait de genres d'affaires à traiter ; et l'abbé de Saint-Pierre avait pris la plume pour faire l'apologie de cette récente forme d'administration. Mais ce n'était là que le but apparent : le but réel était plus haut et plus loin. La *Polysynodie ou pluralité des conseils* cachait une vive et noble protestation contre le pouvoir absolu. Qui n'a pas les épaules d'Hercule et veut soutenir le monde doit s'attendre à être écrasé : donc, suivant l'abbé de Saint-Pierre, un despote n'avait rien de mieux à faire, s'il voulait jouir de sa puissance, et concilier avec la vie animale l'empire des dieux, que de garder pour lui les vrais honneurs, l'oisiveté, en remettant à d'autres les devoirs à remplir. « Par cette méthode, ajoutait l'auteur avec une

---

[1] *Télémaque*, liv. XII, p. 291.

ironie amère, le dernier des hommes tiendra paisiblement et commodément le sceptre de l'univers[1]... Le sage, *s'il en peut être sur le trône,* renonce à l'empire ou le partage... Mais ce que ferait le sage a peu de rapport à ce que feront les princes[2]. »

Un pareil langage nous paraît tout simple aujourd'hui; mais, du temps de l'abbé de Saint-Pierre, parler ainsi était un acte de courage et un danger : l'auteur de la *Polysynodie* fut accusé d'avoir manqué de respect à la mémoire de Louis XIV, et l'Académie le chassa de son sein comme factieux. Lui se consola en poursuivant des travaux qu'il savait utiles à l'humanité, et qui ne jetèrent point assez d'éclat pour avertir la persécution. D'ailleurs, le bon abbé devançait tellement son époque par ses idées, qu'il n'eut pas de peine à obtenir l'indulgence des ignorants et des sceptiques. Comment se serait-on inquiété, il y a plus de cent ans, d'un homme qui publiait un *projet de paix perpétuelle,* et qui, dans l'espoir de rendre la guerre désormais impossible, proposait de porter les querelles de prince à prince ou de peuple à peuple devant un grand tribunal européen? Jean-Jacques Rousseau lui-même trouva le plan trop hardi, eu égard à l'état de l'Europe, et il le déclara presque inexécutable en l'admirant[3]. Cependant nous l'avons vue appliquée de nos jours, quoique dans un sens odieux et par des potentats, cette belle idée d'un arbitrage général; nous avons eu la sainte alliance des rois; nous sommes entraînés par un courant qui conduit à la sainte alliance des peuples; et un avenir prochain expliquera le jugement de Rous-

---

[1] *Polysynodie* de l'abbé de Saint-Pierre, chap. i, dans les Œuvres complètes de J.-J. Rousseau.
[2] *Ibid.*
[3] « Si jamais vérité morale fut démontrée, il me semble que c'est l'utilité générale et particulière de ce projet. » (*Jugement sur la paix perpétuelle,* par J.-J. Rousseau.)

seau sur le *projet de paix perpétuelle :* « C'est un livre solide et sensé ; il est important qu'il existe[1]. »

Il faut ici presser le pas ; il faut arriver à ce président du parlement de Bordeaux, à ce baron de la Brède et de Montesquieu, véritable héritier des publicistes protestants du seizième siècle[2], inspirateur des travaux de l'Assemblée constituante, et dont l'influence, empreinte dans nos institutions modernes, ne saurait être à demi acceptée ou à demi combattue. Célèbre dès 1721 par les *Lettres persanes*, satire élégante et sensuelle, escarmouche philosophique en attendant la grande bataille, Montesquieu avait, depuis, visité Venise dont le gouvernement soupçonneux lui fit peur, Gênes dont le séjour le remplit de tristesse, Florence où il fut surpris et charmé de voir le premier ministre du prince régnant, assis devant sa porte sur une chaise de bois et en chapeau de paille, Londres enfin d'où il rapporta un chapitre de l'*Esprit des lois*, auquel se lient invinciblement deux dates fameuses : 1789 et 1830.

Ce n'est pas la force qui mène le monde, quoi qu'en puissent dire les apparences : c'est la pensée ; et l'histoire est faite par des livres. Mais leur action est plus ou moins immédiate : celle de l'*Esprit des lois* fut directe et décisive. Exposer simplement les doctrines politiques de cet ouvrage tant vanté ne suffirait donc pas : ce n'est qu'après les avoir appréciées que nous serons en état de bien comprendre les faits qui en sont sortis.

Distinguant trois espèces de gouvernement, le républicain[3], le monarchique et le despotique, Montesquieu

---

[1] *Jugement sur la paix perpétuelle*, par J.-J. Rousseau.

[2] Voy. plus haut le chapitre iv du livre I.

[3] Montesquieu comprend sous ce mot les démocraties et les aristocraties : « Le gouvernement républicain, dit-il, est celui où le peuple en corps, ou seulement une partie du peuple, a la souveraine puissance. » *Esprit des lois*, liv. II, chap. i.

donne pour principe ou ressort : au premier la vertu, au second l'honneur, au troisième la crainte.

Ainsi, d'après Montesquieu, pas de démocratie possible sans beaucoup de vertu ; et, pour qu'on ne se méprenne pas sur sa pensée, il a soin de dire : « Ce qui ne signifie pas que, dans une certaine république, on soit vertueux mais qu'on devrait l'être [1]. » Depuis, la maxime a fait fortune ; adoptée d'abord sans examen, elle a fini par être protégée contre l'examen par sa trivialité même, et les partisans du régime constitutionnel ont crié triomphalement à leurs adversaires : « Vous voulez être républicains, et vous ne savez pas être vertueux ! »

Mais en faisant de la vertu le ressort indispensable des États démocratiques, Montesquieu n'aurait-il pas confondu le principe avec le résultat et donné pour base à l'édifice, ce qui n'en est que le couronnement?

Au point de vue social, la vertu consiste dans l'harmonie entre l'amour que l'homme se porte à lui-même et celui qu'il doit à ses semblables ; elle est dans le monde moral ce que l'ordre est dans le monde physique. Or, le régime démocratique tend, par essence, à concilier le sentiment individuel et le sentiment social. Il rend hommage au premier en admettant la représentation de chaque intérêt, au second en soumettant tous les intérêts à la loi de l'égalité. Ne séparant jamais l'homme du citoyen, et ce qui revient à l'individu de ce que la société réclame, les démocraties disent : « Tu mourras pour ton pays, parce que c'est ta propriété ; pour tes citoyens, parce qu'ils sont tes frères ; pour ta patrie, parce qu'elle est ta mère. »

Les monarchies, au contraire, reposant sur un principe d'exclusion parce que le privilége d'un seul amène celui de plusieurs, elles sont obligées de créer un faux

---

[1] *Esprit des lois*, liv. III, chap. xi.

intérêt social au profit duquel une foule d'intérêts individuels sont méconnus ou écrasés. Le régime monarchique met donc la société en perpétuelle contradiction avec la nature humaine; ceux qu'il exclut, il les condamne à l'isolement, il les fait rebelles ou lâches. Dans une monarchie constitutionnelle, l'homme dit : « le pays, » dans une démocratie, le citoyen dit : « ma patrie. »

Mais de ce que la vertu est plus facilement praticable et plus commune dans un État démocratique, devrons-nous conclure, à l'exemple de Montesquieu, qu'elle y soit plus nécessaire? De ce que la vertu est le résultat naturel des institutions démocratiques, devrons-nous conclure qu'elle en soit la condition?

Les démocraties, dont le trait caractéristique est l'*admissibilité*, imposent évidemment à la masse des citoyens moins de sacrifices et se peuvent maintenir à moins de frais, si elles sont bien réglées, que les monarchies, dont le trait caractéristique est l'*exclusion* : il est surprenant que Montesquieu ne s'en soit point aperçu. Où donc faudra-t-il de la résignation, de la modestie dans les désirs, un respect absolu de l'ordre établi, la résolution de souffrir plutôt que de troubler l'État, si ce n'est là où les nstitutions demandent du respect à ceux qu'elles abaissent, de l'amour à ceux qu'elles repoussent, une volontaire obéissance à ceux qu'elles dépouillent?

Il n'est pas vrai non plus, malgré ce qu'en pense Montesquieu, que l'ambition ait dans les démocraties des dangers inconnus aux gouvernements monarchiques.

Les ambitions ont moins de colère dans une démocratie, précisément parce qu'elles ont un cours prévu et régulier. Le principe d'admissibilité, en leur permettant l'espoir, les éloigne de la violence. L'intervention toujours active de l'opinion dans la vie des citoyens leur interdit les bassesses de l'intrigue, et l'espérance du succès leur vient de cet orgueil intime qui se mêle aux vastes désirs.

Dans une monarchie, malheur au gouvernement si l'ambition s'est étendue avec les lumières, et s'il se rencontre parmi la foule des âmes orgueilleuses et fortes! Car, bientôt, heurtant la digue opposée aux légitimes ambitions, et ne pouvant suivre avec calme les voies légales, elles s'élanceront frémissantes dans les voies révolutionnaires; elles iront, prenant sur leur passage toutes les douleurs inconsolées, toutes les haines qui attendent... et qu'arrivera-t-il? On avait attaqué les institutions par la parole, on les attaque par l'épée; l'opposition monte jusqu'à l'émeute; l'émeute grandit jusqu'à l'insurrection; et un jour vient où les royautés égarées n'ont plus qu'à choisir entre l'exil et l'échafaud.

« Il ne faut pas, assure Montesquieu, beaucoup de probité pour qu'un gouvernement monarchique ou un gouvernement despotique se maintienne : la force des lois dans l'un, le bras toujours levé du prince dans l'autre, règlent et contiennent tout[1]. »

La force des lois! Mais elle est bien moindre dans une monarchie que dans une démocratie. Comment les lois auraient-elles une grande force morale, quand les citoyens y peuvent voir un intérêt d'homme ou de caste, s'imposant aux destinées d'un peuple entier? Et comment ne seraient-elles pas, au contraire, environnées d'éclat et de majesté, quand elles représentent la volonté de tous, garantie par la puissance de tous? Dans une démocratie, c'est avec une imposante autorité que l'État fait courber les têtes rebelles; car son glaive ne se lève ici qu'au nom de l'ordre social, et sa sévérité s'appelle justice nationale, jamais vengeance particulière. Dans une monarchie, quoi de semblable? si le pouvoir d'un roi se met sous la sauvegarde des épées, c'est en son nom qu'il se défend; c'est dans le sentiment égoïste de sa conservation qu'il

---

[1] *Esprit des lois*, t. 1, liv. III, chap. III.

semble puiser le courage de la lutte; et, s'il triomphe, il se déshonore.

Montesquieu a tracé un éloquent tableau des effets de la corruption dans les républiques[1] : la corruption est-elle dans les monarchies plus difficile à introduire ou moins funeste? N'est-ce pas autour des trônes, au milieu de tant d'ambitions casanières réunies à l'ombre d'une immobile majesté, que la corruption se présente armée de ses plus savantes caresses, de ses plus molles séductions? N'est-ce pas dans les cours que la corruption devient une science? Une monarchie tempérée trouvera toujours son Walpole, et aura peu de chose à faire pour dégénérer en monarchie absolue.

Plier des âmes républicaines à la servitude, on le peut sans doute, mais non sans de longs efforts ou des tentations prodigieuses. Même après que Rome fut descendue par des pentes perfides jusque sous la dictature de Sylla, il fallut employer à l'achat de la liberté les richesses de l'univers conquis. Mais il n'est pas dans le cours ordinaire qu'un seul homme puisse, comme Pompée, faire présent d'un cirque à la multitude, ou, comme Lucullus, servir aux convives d'une nuit les trésors d'un opulent royaume.

Et quant aux effets de la dépravation publique en ce qui concerne l'indépendance des États, qu'importe la nature des institutions? Montesquieu cite l'exemple d'Athènes; et il est très-vrai qu'elle avait perdu son antique vertu, quand Philippe l'emporta. Mais si elle avait épuisé dans la volupté le reste de ce sang jadis prodigué aux batailles héroïques; nation de poëtes, si elle n'entendait plus le nom de Thémistocle dans le murmure des flots de Salamine; nation de guerriers, si elle n'éprouvait plus à la voix de Démosthènes de magnanimes tressaille-

[1] *Esprit des lois*, t. I, liv. III, chap. III.

ments, cette dégénération tenait à des causes tout à fait étrangères à la nature des institutions politiques. Arrivée, sous le gouvernement d'un monarque, au degré de corruption qui la perdit sous un gouvernement républicain, Athènes aurait-elle mieux défendu sa vieille indépendance et sa gloire? La monarchie aurait-elle rendu victorieux à Chéronée ceux qui ne voulaient pas que l'on convertît aux usages de la guerre l'argent destiné aux théâtres?

Quand on étudie sérieusement Montesquieu, on s'étonne de le trouver si affirmatif, à la fois, et si faible. Sa profondeur prétendue n'est qu'à la surface : c'est un déguisement de ses erreurs.

On voit combien peu étaient fondées les prédilections politiques de Montesquieu. Mais le spectacle de l'Angleterre l'avait ébloui ; et, plus heureux que les publicistes du seizième siècle, dont il continuait la tradition, il était destiné à introduire en France ce qu'ils n'avaient fait, eux, qu'admirer de loin et annoncer [1]. Jetez les yeux sur l'*Esprit des lois;* vous y trouverez décrit, rouage par rouage, tout le mécanisme politique d'aujourd'hui : une assemblée issue de l'élection, armée du droit de voter les impôts, et partageant le pouvoir de faire les lois avec une assemblée de nature aristocratique; en face, un roi héréditaire, sacré, inviolable, chargé de l'exécution des lois, et pouvant leur refuser son assentiment ; au-dessous et à côté d'une magistrature permanente dont les fonctions judiciaires ne se confondent ni avec la puissance qui fait la loi, ni avec celle qui l'exécute, des juges passagers, tirés du corps de la nation, et en qui l'accusé reconnaît ses pairs [2].

Or, quand Montesquieu vint proposer à la France l'a-

---

[1] Voy. plus haut, au livre I, le chapitre intitulé : *Publicistes protestants du seizième siècle.*

[2] Voy. dans l'*Esprit des lois*, liv. XI, tout le chapitre vi.

doption du système politique depuis longtemps établi en Angleterre, y avait-il entre les deux pays une analogie de situation qui autorisât de notre part un pareil emprunt?

En Angleterre, la royauté, la chambre des lords, la chambre des communes, ne furent jamais que trois *fonctions*, que trois manifestations diverses d'un même pouvoir, celui de l'aristocratie : c'est ce que Montesquieu ne remarqua point. Il crut que la constitution anglaise reposait sur le jeu de trois *pouvoirs* naturellement et nécessairement rivaux; et il ne soupçonna pas que, si ces trois prétendus pouvoirs, au lieu de n'être que des fonctions, avaient été de véritables forces, des forces distinctes, ennemies, faites pour se contenir mutuellement, disposées à se combattre, la constitution anglaise aurait porté dans son sein les germes d'une effroyable anarchie!

Car enfin, mettre en présence le principe héréditaire et le principe électif, un roi et une assemblée, n'est-ce pas créer au sommet de la société la nécessité d'une lutte pleine de périls? Et si, en cas de conflit, nul moyen légal n'existe de faire céder, soit le monarque, parce qu'il est inviolable ; soit l'assemblée, parce que le droit de voter les subsides la rend toute-puissante, n'est-il pas évident que la société flotte incertaine entre une révolution et un coup d'État? En construisant le corps de l'homme, Dieu a voulu que la tête eût sur le bras une autorité souveraine : la tête veut, le bras exécute. Le régime constitutionnel, interprété dans le sens de Montesquieu, avait cela d'absurde, que, dans le corps social, il appelait le bras à contrôler les décisions de la tête.

Il est vrai que, prévoyant la lutte, Montesquieu confiait à un troisième pouvoir le soin de la prévenir ou de l'apaiser. Mais est-il raisonnable que, pour arriver à une médiation, l'on commence par faire naître une cause de discordes? N'inventez pas le mal : vous n'aurez pas à en inventer le remède.

A supposer, d'ailleurs, que l'autorité médiatrice remplisse exactement son rôle, est-ce qu'une impulsion vigoureuse sortira jamais de l'arrangement mécanique de ces trois forces éternellement en peine de leur équilibre? Un tel équilibre, bon tout au plus pour empêcher, que vaudra-t-il pour agir? Imaginé en vue du repos, produira-t-il le mouvement? Montesquieu répond : « Ces trois puissances devraient former un repos ou une inaction; mais comme, par le mouvement nécessaire des choses, elles sont contraintes d'aller, elles seront forcées d'aller de concert[1]. » Mais le cours du fleuve entraîne-t-il celui qui se tient sur la rive? Or, le vice des pouvoirs constitutionnels est justement de s'agiter en dehors du mouvement de la société, absorbés qu'ils sont par leurs querelles intestines et par l'embarras de vivre. Aussi bien, n'en déplaise à Montesquieu, les gouvernements, dignes de ce nom, guident la marche des sociétés, loin de se traîner honteusement à leur suite. Quoi! n'éprouver d'autre souci que d'exister; s'user en disputes vaines; perdre à défendre sa prérogative ou à empiéter sur celle d'autrui le temps dû aux travaux qu'il faudrait diriger, aux questions qu'il importerait d'approfondir; abaisser à de petites intrigues, prostituer au désir d'avoir une majorité servile le génie dont la tutelle est réclamée par des millions de malheureux,... ce serait là, chez un grand peuple, la condition du pouvoir! Oh! que nous avons une bien plus haute idée des obligations que ce mot exprime! Être le pouvoir, c'est chercher la sécurité de tous dans le soulagement de ceux qui souffrent; c'est protéger les faibles contre les forts, et les forts contre eux-mêmes, hélas! c'est faire que la liberté soit une

---

[1] *Esprit des lois*, liv. XI chap. vi.

richesse commune, et non le patrimoine de quelques-uns, c'est découvrir et rassembler toutes les forces intellectuelles de la nation ; c'est étudier, c'est se dévouer ; être le pouvoir, c'est aussi être novateur, parce que les sociétés se meuvent d'un mouvement continu, et que régulariser leur travail éternel est le premier devoir de qui ose commander aux hommes.

Mais à chaque siècle sa tâche. Avant la Révolution, le fait dominant, nous l'avons dit, c'était l'oppression de l'individu. Jusqu'alors, on n'avait guère connu les gouvernements que par leur tyrannie et leurs rapines ; on n'aspirait qu'à briser, de quelque forme qu'ils fussent, les moules du despotisme ; on avait horreur du principe d'autorité. Et quoi de plus propre à flatter cette disposition générale des esprits que le système recommandé par Montesquieu ? Un trait caractérise ce système, et il nous est fourni par l'*Esprit des lois* : « Pour qu'on ne puisse abuser du pouvoir, il faut que, par la disposition des choses, LE POUVOIR ARRÊTE LE POUVOIR [1]. » Voilà le dernier mot de la théorie constitutionnelle. Il s'agissait de donner à l'autorité tant d'occupation chez elle, qu'elle n'eût pas à s'occuper de ce qui se passait au dehors ou au-dessous ; il s'agissait d'amoindrir autant que possible l'État au profit de l'individu, et de résoudre ce singulier problème : « Annuler le principe d'autorité sans le détruire. »

Ainsi s'expliquent les brillantes destinées de l'*Esprit des lois*. La valeur de ce livre, ce fut en partie sa date. Charmant de grâce et de finesse dans les *Lettres persanes*, écrivain fier et d'une ampleur admirable, soit dans son livre de la *Grandeur et décadence des Romains*, soit dans son *Dialogue d'Eucrate et de Sylla*, Montesquieu, par l'*Esprit des lois*, ne se plaça qu'au second rang des pu-

[1] *Esprit des lois*, liv. XI, chap. v.

blicistes ; et jamais il n'aurait acquis la réputation d'un penseur, s'il n'avait eu pour en imposer aux lecteurs inattentifs une concision savamment étudiée, et un style bref, convaincu, impérieux. Avant d'être livré à l'impression, l'ouvrage avait été communiqué à des amis de l'auteur et avait rencontré parmi eux des juges sévères : Helvétius lui reprochait un asservissement trop marqué aux préjugés ; le président Hénault ne le regarda que comme un recueil de matériaux propres à faire un livre ; Silhouette, le même qui fut contrôleur général, conseilla brusquement à Montesquieu de jeter au feu son manuscrit [1].

Et, du reste, lorsqu'il parut en 1748, l'*Esprit des lois* fut assez froidement accueilli. Voltaire, qui le réfuta, le comparait à « un cabinet mal rangé, avec de beaux lustres de cristal de roche [2]. » Le succès du livre commença par deux femmes, madame de Tencin et madame Geoffrin, qui se déclarèrent hautement en sa faveur [3]. Le public était alors tout entier aux querelles de théologie ou de philosophie pure : bientôt la passion politique s'éveilla ; la bourgeoisie n'eut pas de peine à reconnaître et salua volontiers dans Montesquieu son véritable législateur ; elle fut entièrement séduite par un système qui promettait à l'individu tant de garanties nouvelles, désarmait l'autorité, tendait à faire de chacun son maître en l'affranchissant de toute action sociale, et supprimait l'obstacle au profit des forts, dût l'appui être supprimé au détriment des faibles.

Plus tard, l'œuvre commencée par Montesquieu, de Lolme l'acheva en publiant un ouvrage qui analysait avec beaucoup de soin les diverses parties de la constitution

---

[1] Auger, *Vie de Montesquieu*, en tête de l'*Esprit des lois*, p. xxxiij. Édit. Touquet.
[2] *Correspondance de Voltaire*, t. VIII, p. 551.
[3] Auger, *Vie de Montesquieu*, p. xxxv

anglaise, et en faisait d'une manière ingénieuse ressortir les avantages. Sous un régime déshonoré par le scandale des *lettres de cachet*, les arrestations arbitraires, les cruautés ensevelies dans l'ombre de la Bastille, et les arrêts qui, souvent, condamnaient aux flammes les plus belles productions de l'esprit humain, aurait-on pu lire sans une sorte d'émotion jalouse, que, chez un peuple voisin, la liberté individuelle était inhérente à la personne même du citoyen et réputée *droit de naissance*[1]; que nul Anglais n'avait à craindre d'être emprisonné, sinon en vertu d'un jugement conforme aux lois du pays[2]; qu'aux termes de l'acte d'*Habeas corpus*[3], tout officier, ou concierge de prison, qui ne délivrait pas à son prisonnier, six heures après demande, copie du *warrant* d'emprisonnement, encourait des peines graves[4]; qu'en Angleterre enfin, chacun avait le droit non-seulement de porter ses plaintes devant les chambres par voie de pétition, mais de s'adresser librement au peuple par la presse : « Droit redoutable à ceux qui gouvernent, dit de Lolme, et qui, dissipant sans cesse le nuage de majesté dans lequel ils s'enveloppent, les ramène au niveau des autres hommes[5]. »

Le système politique proposé à la France par Montesquieu, et les réformes indirectement provoquées par de Lolme, avaient pour la bourgeoisie une importance énorme; mais suffisaient-elles pour le peuple? Le bienfait de la liberté individuelle était-il de nature à être convenablement apprécié par tant de malheureux, que leur seule

[1] De Lolme, *Constitution de l'Angleterre*, t. I, chap. VIII, p. 93. Genève, MDCCLXXXVIII.
[2] *Ibid.*
[3] Le véritable titre de l'acte est : *Acte pour mieux assurer la liberté du sujet et prévenir l'exil au delà des mers.*
[4] Voy. les principaux articles de l'acte d'*Habeas corpus*, dans de Lolme, t. I, chap. XIII, p. 188, 189.
[5] De Lolme, t. II, chap. XII, p. 39.

obscurité protégeait contre l'arbitraire de la cour? La liberté de la presse avait-elle son prix, aux yeux de tant de pauvres prolétaires qui n'écrivaient pas et qui même ne savaient pas lire? Ce qu'il leur fallait à eux, ce n'était donc pas un régime de garanties seulement, c'était un régime de protection. Jean-Jacques le comprit bien; et tel nous l'avons vu dans l'arène de la philosophie, tel il se montra dans celle de la politique.

Comment n'aurait-il pas senti la nécessité d'un pouvoir tutélaire et les dangers de l'abandon, lui qui, tout enfant, avait dû ses fautes et ses malheurs à la liberté des grands chemins, lui qui avait été réduit à vivre de l'aumône des hôtelleries et à connaître le tourment des nuits sans gîte, lui l'ami de madame de Warens devenu le laquais de madame de Vercellis! Ah! il a eu beau, dans les *Confessions*, donner à la protestation de ses souvenirs un accent tendre et résigné, on devine quels trésors d'indignation s'amassèrent au fond de son âme, lorsque, livré aux défaillances et aux tentations de sa misère, il était un de ces mendiants sur lesquels on essayait alors l'effet des caustiques.

Aussi, rien de comparable comme emportement de logique et d'éloquence au *Discours sur l'origine et les fondements de l'inégalité parmi les hommes*. Ce n'était plus, cette fois, la bourgeoisie réclamant son émancipation : un nouvel ordre de citoyens se présentait, demandant sa place dans le monde. Le style de Rousseau rappelait, ici, le langage pathétique et véhément d'un fils de Cornélie. Ce sentiment si fier, cette mélancolie animée, cette phrase si ferme, si harmonieuse, si pleine de vie, et qui au relief de Montaigne mariait la vigueur de Calvin, tout cela se trouvait au service des damnés de la terre; et le siècle étonné applaudissait à l'invective de l'écrivain, tant il saisissait peu le sens révolutionnaire de ces paradoxes, qu'on prenait pour de simples hardiesses littéraires, mais qui bientôt devaient retentir dans les assemblées de la nation, sous la forme de vérités dogmatiques, et tranchantes comme l'épée.

Le *Discours sur l'inégalité* était une sombre déclaration de guerre aux vices de la société du temps et au despotisme : Jean-Jacques s'attacha, dans le *Contrat social*, à établir la théorie de la souveraineté du peuple. La manière dont il posa la question est admirable :

« Trouver une forme d'association qui défende et pro« tége de toute la force commune la personne et les biens « de chaque associé, et par laquelle chacun, s'unissant « à tous, n'obéisse pourtant qu'à lui-même et reste aussi « libre qu'auparavant[1]. »

Ainsi, de même que la Boëtie[2], Jean-Jacques n'allait à la liberté que par l'association, et il criait aux hommes de vivre en frères pour vivre heureux.

Quand on place le souverain d'un côté, la société de l'autre, et qu'on n'établit entre eux aucun lien de mutuelle dépendance, d'affection réciproque, on arrive inévitablement à cette conséquence que la société ne saurait trop se précautionner contre le pouvoir et que tout gouverné a dans les gouvernants autant d'ennemis. Aussi Montesquieu, qui voyait le souverain en dehors et audessus de la société, avait-il été amené à ne chercher les garanties de la liberté que dans des complications anarchiques. Rousseau, lui, ne salua le souverain que dans la société elle-même, dans la société tout entière, et il eut le droit de dire : « Le souverain n'étant formé que « des particuliers qui le composent n'a ni ne peut avoir « d'intérêt contraire au leur ; par conséquent, la puis« sance souveraine n'a nul besoin de garant envers les

---

[1] *Contrat social*, liv. I, chap. VI.
[2] Voy. plus haut, liv. I, chap. IV : « Il ne faut pas faire doute que nous « soyons tous libres, puisque nous sommes compagnons. » *Discours de la servitude volontaire*, p. 121 et 122.

« sujets, parce qu'il est impossible que le corps veuille
« nuire à tous ses membres[1]. »

Faire résulter la liberté de chacun de son fraternel accord avec ses semblables, et de la nature même du pouvoir souverain ce qui doit servir de sauvegarde au peuple, voilà les deux idées fondamentales du *Contrat social*, et on n'en saurait imaginer de plus belles.

Car, mettre les garanties du pouvoir en dehors de lui au lieu de les mettre en lui, c'est le menacer imprudemment, c'est l'irriter, c'est lui souffler le désir de prendre ce qu'on lui refuse, de détruire par violence ou par ruse les obstacles qu'on lui oppose; c'est faire naître le désordre en attendant le despotisme. Et souvent il arrive qu'il faut rendre si forte l'autorité modératrice, qu'elle en vient à avoir besoin d'être modérée à son tour. A Carthage, on créa les *Suffètes* pour réprimer le *Sénat;* le *Tribunal des cent* pour réprimer les *Suffètes;* le *Tribunal des cinq* pour réprimer le *Tribunal des cent* : on ne faisait que troubler l'État en déplaçant la tyrannie.

Parce qu'après avoir donné à l'ensemble des citoyens la puissance législative et défini la loi : « l'expression de la volonté générale[2], » Rousseau déclare la souveraineté du peuple inaliénable[3], indivisible[4], sujette à erreur mais toujours digne cependant d'être obéie[5], on a reproché[6] à Rousseau d'avoir tout simplement retourné le système de Hobbes et attribué à la multitude le terrible despotisme que Hobbes avait attribué à la volonté d'un seul. Le reproche n'est pas fondé. Rousseau a grand soin,

---

[1] *Contrat social*, liv. I, chap. VII.
[2] *Ibid.*, liv. III, chap. I.
[3] *Ibid.*, liv. II, chap. I.
[4] *Ibid.*, chap. II.
[5] *Ibid.*, chap. III.
[6] Voyez le *Cours de littérature française*, par M. Villemain, XXIIe leçon, p. 434.

au contraire, de « distinguer les droits respectifs des citoyens et du souverain, et les devoirs qu'ont à remplir les premiers en qualité de sujets du droit dont ils doivent jouir en qualité d'hommes[1]. » Il ne veut pas que le souverain puisse charger les sujets d'aucune chaîne inutile à la communauté[2] ; et, en matière de religion, par exemple, il décide que chacun peut avoir telles opinions qu'il lui plaît, sans qu'il appartienne au souverain d'en connaître[3].

Seulement, comme il est des croyances qui touchent aux relations des hommes entre eux, des croyances qui, regardant la vie présente et non la vie à venir, ont une importance sociale et non théologique, Rousseau accorde au souverain, c'est-à-dire à la société considérée dans son ensemble, le droit de fixer les articles d'une profession de foi à laquelle chacun se doit soumettre s'il veut rester dans l'association. Mais n'oubliez pas que la profession de foi dont il s'agit est *purement civile*, et ne va pas au delà de « ces sentiments de sociabilité sans lesquels il est impossible d'être un bon citoyen[4]. »

En vérité, il serait étrange que celui-là n'eût fait que forger aux hommes un joug nouveau, qui avait si impétueusement défendu la cause de la liberté et de la dignité humaine, contre Hobbes, contre Grotius, contre tous les publicistes de la tyrannie, contre les odieux logiciens *du droit du plus fort*. Non, non, grâce au ciel, il n'en a pas été ainsi. Ce qui domine dans le *Contrat social*, c'est précisément la préoccupation de la liberté[5]. Quand Rousseau invoque l'unité sociale, et ne reconnaît de lois légitimes que celles dont la volonté générale fut

---

[1] *Contrat social*, liv. II, chap. iv.
[2] *Ibid.*
[3] *Ibid.*, liv. IV, chap. viii.
[4] *Ibid.*
[5] Voy. notamment le chapitre iv du livre II.

la source, c'est qu'il a en vue l'oppression possible du plus faible par le plus fort, c'est qu'il sent la nécessité d'opposer au despotisme, soit organisé, soit anarchique, de quelques-uns la puissance régulière de tous : de sorte qu'en composant le code de l'association, Rousseau se trouve avoir donné à l'individu ses véritables garanties et tracé le seul chemin qui puisse conduire *tous les hommes également* au bonheur et à la liberté.

Il est aisé maintenant de mesurer l'intervalle qui sépare les principes émis par Montesquieu de ceux qu'adopta Rousseau. Aussi, combien diverses les conséquences ! Montesquieu avait admis l'aristocratie des plus nobles : Rousseau ne s'inclina que devant l'aristocratie des plus vertueux, des plus dévoués et des plus dignes. Montesquieu n'avait voulu que rendre moins lourd le sceptre des rois : Rousseau poussait à le briser. Le premier devait être suivi naturellement par la bourgeoisie, le second par le peuple.

Mais enfin tous les deux ils avaient attaqué le despotisme monarchique, puissant ennemi, contre lequel se réunirent les disciples de l'un et de l'autre, vers la fin du dix-huitième siècle.

Pendant longtemps la guerre n'avait été menée que contre l'Église, et on a vu comment, dans la surprenante conspiration ourdie par lui, Voltaire s'était donné les rois pour complices. Peu importait qu'on fût un despote, pourvu qu'on fût un philosophe : si bien que les souverains tinrent à honneur d'entrer dans la ligue antichrétienne, traînant après eux ministres, ambassadeurs, courtisans, gentilshommes. Mais le moment vint où entre les princes et les prêtres se révéla une solidarité, masquée en vain et en vain méconnue. Le mouvement philosophique, représenté par Voltaire, n'avait pas encore emporté les autels, que déjà le mouvement politique, déterminé par Montesquieu et Jean-Jacques, ébranlait les trônes. Le *Système de la nature*, publié en 1770, signala avec un éclat sinistre cette nouvelle forme de la grande révolte du dix-huitième siècle. Voltaire avait prétendu que *la cause des rois était celle des philosophes*[1] : il reçut alors de ses propres disciples d'audacieux démentis. « Que voyons-nous, s'écriaient d'Holbach et ses collaborateurs, dans ces potentats qui, *de droit divin*, commandent aux nations, sinon des ambitieux que rien n'arrête, des cœurs parfaitement insensibles aux maux du genre humain ; des âmes sans énergie et sans vertu, qui négligent des devoirs évidents dont ils ne daignent pas même s'instruire, des hommes puissants qui se mettent insolemment au-dessus des règles de l'équité naturelle, des fourbes qui se jouent de la bonne foi[2] ? » Et ailleurs : « Parmi ces représentants de la Divinité, à peine dans des milliers d'années s'en trouve-t-il un seul qui ait l'équité, la sensibilité, les talents et les vertus les plus ordinaires[3]. » Venait ensuite une sombre peinture des crimes nés du despotisme monarchique soutenu par le despotisme sacerdotal. Jusqu'alors le mot d'ordre philosophique avait été : « Plus de prêtres ! » On disait maintenant : « Ni prêtres ni rois absolus ! »

Frédéric se sentit frappé au cœur. Il fut humilié d'avoir joué avec tant de passion une partie qui cessait d'être la sienne. Ses lettres à ses anciens alliés se remplirent de fiel ; il entoura d'une protection fastueuse les jésuites dont son royaume était devenu l'unique asile ; et apprenant « qu'on s'arrachait le *Système de la Nature* dans toute l'Europe[4], » il eut recours, pour combattre, au raisonnement : les armées qui lui avaient servi à voler la Silésie ne pouvant rien contre un livre.

---

[1] *Correspondance de Voltaire*, voy. plus haut.
[2] *Système de la Nature*, part. II, chap. viii, p. 265.
[3] *Ibid.*, p. 264.
[4] *Correspondance générale de Voltaire*, t. XXIII, p. 97.

Voltaire, de son côté, avait tressailli. Il était, à cette époque, au plus haut de sa gloire; on se préparait à lui dresser une statue aux frais de tous les penseurs affranchis ; et la liste de souscription allait recevoir le nom du roi de Prusse; l'heureux vieillard s'émut d'un signal qui ne venait pas de lui. Après avoir loué le *Système de la nature*, il se repentit, il se rétracta, et bientôt, Frédéric irrité s'imposant à sa faiblesse, il expia par un torrent d'injures adressées au *terrible livre*[1] l'indiscrétion des premiers éloges[2].

Mais l'impulsion était donnée. On respectait toujours Voltaire : on ne lui trouvait plus assez d'audace. « Si le prince dit au sujet mécréant qu'il est indigne de vivre, n'est-il pas à craindre que le sujet ne dise que le prince infidèle est indigne de régner? » Tel avait été le langage de Diderot[3] dans l'*Encyclopédie*, et ce qu'il avait émis sous forme d'interrogation, maintenant lui et ses amis l'affirmaient. Dans son *Histoire politique et philosophique des deux Indes*, Raynal s'écriait : « Peuples lâches! imbécile troupeau! vous vous contentez de gémir, quand vous devriez rugir! » et il s'indignait de voir des millions d'hommes conduits par une « douzaine d'enfants appelés rois, qu'armaient de petits bâtons appelés sceptres. » Le *Système social*, par d'Holbach; le *Despotisme oriental*, publié sous le nom de Boullanger ; l'*Homme*, par Helvétius, ne parlaient pas autrement. On était bien loin du temps où d'Argenson, ministre philosophe, se croyait très-hardi en demandant le maintien de la monarchie pure un peu mitigée par la liberté communale.

Coïncidence vraiment providentielle! Ce fut, à cette même époque, qu'en France le pouvoir despotique dépassa la mesure connue de son déshonneur et de ses pré-

---

[1] Expression de Voltaire, *Correspondance*, t. XXIII, p. 113.
[2] Voy. la *Correspondance de Voltaire*, t. XXIII, p. 191, 200, 273.
[3] Art. *Intolérance*.

tentions. Madame de Pompadour était morte en 1764 ; et, dans ses amours, Louis XV était parvenu à descendre encore. Une femme, échappée aux bras des laquais, avait apporté dans la vie du prince des habitudes sans nom, et le captivait par des plaisirs dont la saveur consistait en une grossière infamie. On pouvait se borner à mépriser la favorite : on l'envia. Une duchesse de Grammont se fit rivale de madame du Barry, et fut vaincue. Devant la maîtresse nouvelle, le duc de Choiseul osa se souvenir qu'il était premier ministre et orgueilleux : ses dédains préparèrent sa chute.

Inutile d'ajouter que, dans un État gouverné par les caprices de pareilles femmes, le désordre des finances était devenu épouvantable. A la fin de 1769, la dépense ordinaire et extraordinaire excédait les revenus disponibles de 100 millions ; on devait 110 millions sur les services arriérés : de sorte que la dette exigible ne s'élevait pas à moins de 210 millions[1]. L'abbé Terray mit un fer rouge sur la plaie. Voyant que le roi refusait de réduire ses dépenses ; que les financiers refusaient d'abandonner, dans la détresse publique, une partie de leur proie accoutumée ; que le clergé se prétendait *de droit divin* exempt d'impôt ; que les parlementaires et les nobles se tenaient, avec un égoïsme impitoyable, retranchés dans leurs priviléges, Terray entra froidement, sans passion et sans peur, dans la voie des violences financières. Il réduisit les pensions d'un, de deux, de trois dixièmes ; il reprit aux nobles les domaines royaux engagés ; il diminua d'un cinquième les rentes de l'Hôtel de Ville ; il força les propriétaires d'offices à prêter 28 millions à l'État ; il arracha 26 millions au clergé[2] : il se fit maudire et mit à porter

---

[1] *Introduction aux fastes de la Révolution française*, par MM. Marrast et Dupont, p. clviij.

[2] Voy. dans l'*Introduction aux fastes* un excellent résumé de l'administration de l'abbé Terray.

le poids de l'exécration publique une sérénité que rien ne put troubler, pas même l'indignation de Voltaire. Terray avait laissé intactes les pensions qui n'excédaient pas 400 francs; terrible aux riches, il avait eu souci des pauvres; il avait répondu aux chanteurs de l'Opéra exigeant leur payement comme une chose sacrée : « Il est juste de payer ceux qui pleurent avant ceux qui chantent[1]. » Mais les intérêts lésés étaient ceux qui ont la voix haute; et en voulant sauver la monarchie, Terray l'ébranla jusque dans ses fondements.

Alors parut en scène un homme qui tenta dans le domaine de la justice ce que Terray osait dans le domaine des finances. Nommé chancelier en 1768, Maupeou avait juré la ruine des parlements, et il tint parole. Audacieux et rusé, ferme et insinuant, opiniâtre avec une rare souplesse de courtisan, rude quand il était utile d'imprimer la crainte, bouffon dans le danger pour inspirer la confiance, Maupeou avait, en orgueil et en bassesse, tout ce qui mène au succès.

Quand il conçut son hardi projet, la magistrature semblait inébranlable. Les parlements de province s'étaient coalisés sous les ordres du parlement de Paris, avaient adopté la dénomination de *classes*, et pris pour devise ces mots significatifs : *unité et indivisibilité*. Impatient de frapper un coup qui servît à prouver sa force, et secrètement protégé par le duc de Choiseul, le parlement de Paris, en ce temps-là, se disposait à condamner le duc d'Aiguillon, accusé d'avoir commis dans son gouvernement de Bretagne une foule d'excès, et encore tout meurtri de sa lutte contre La Chalotais et les états bretons.

Maupeou ne recula pas un instant devant la grandeur du péril. En se déclarant le protecteur du duc d'Aiguillon, favori de la maîtresse du roi, il détournait à son

---

[1] *Introduction aux fastes*, p. CLX.

profit l'influence que donnait à madame du Barry la science du plaisir. Le parlement ayant rendu un arrêt qui déclarait le duc d'Aiguillon *entaché* et le suspendait de ses droits de la pairie, ce fut l'occasion que Maupeou choisit pour commencer ses attaques. Elles furent poussées avec une incroyable ardeur. « C'est demain, disait Maupeou, le 6 décembre 1770, que j'ouvre la tranchée devant le parlement. » Le lendemain, en effet, éclatait ce foudroyant *édit de discipline* qui anéantissait les *classes*, transformait le droit de remontrances en une formalité vaine, interdisait les *démissions combinées*, et défendait aux magistrats de suspendre, pour quelque cause que ce fût, le cours de la justice.

Maupeou avait tout prévu : le parlement devait résister; mais le mot d'ordre était donné aux mousquetaires, et les lettres de cachet étaient prêtes. Les plaideurs devaient se plaindre de l'interruption de la justice; mais le plan d'une organisation nouvelle se trouvait déjà tracé. L'opinion publique devait s'émouvoir; mais, afin de l'apaiser, Maupeou allait proclamer la suppression de la vénalité des charges et la gratuité de la justice. Que d'habileté dans un pareil ensemble de mesures! que de hardiesse, de vigueur, de prévoyance!

Mais quoi! changer l'ancienne forme de la monarchie, n'était-ce pas donner à l'esprit révolutionnaire un dangereux exemple? Innover au profit du despotisme quand de toutes parts s'élevait contre le despotisme le cri des penseurs en révolte, n'était-ce pas faire à la royauté une violente agonie?

Maupeou eut beau déployer les ressources de son génie et triompher; il eut beau se couvrir de l'approbation de Voltaire [1], et montrer par l'institution d'un tribunal nou-

---

[1] *Correspondance de Voltaire, au maréchal duc de Richelieu :* « Le solitaire regarde les nouveaux établissements faits par M. le chancelier

veau qu'on pouvait se passer de l'ancienne magistrature, le déchaînement universel prouva bien que les temps du pouvoir absolu étaient passés. Un fait, inouï dans les annales des cours, le prouva mieux encore. Lorsque appelant au ministère le duc d'Aiguillon, madame du Barry renversa enfin le duc de Choiseul et le fit exiler à Chanteloup, les courtisans suivirent en foule dans sa retraite le ministre disgracié, et son infortune compta plus de flatteurs que n'en avait connu sa puissance.

Ainsi, l'insouciant Louis XV s'était laissé mettre dans la main le fouet insolent de Louis XIV. Les rancunes d'une courtisane et la volonté d'un ministre hautain avaient suffi pour détruire le plus ancien corps du royaume et faire disparaître avec lui jusqu'à l'ombre de toute résistance. La royauté était en pleine dictature. Cet effort devait être le dernier.

La magistrature nouvelle cependant s'installait aux applaudissements de Voltaire, et c'était beaucoup. Le parlement dissous avait décrété de prise de corps tant d'écrivains généreux et fait brûler tant de livres par la main du bourreau, que les encyclopédistes souriaient en secret aux violences du chancelier, et Voltaire poursuivait dans leur défaite de sa colère ardente, infatigable, « les assassins de Calas, de La Barre, de Lally[1]. »

Mais cette fois, l'opinion jugeait autrement que Voltaire. Le nom de *parlement Maupeou*, donné au parlement usurpateur, annonçait son impopularité, et qu'il lui serait bien difficile de laver la tache de son origine. La France ne voulait à aucun prix reconnaître pour siens des juges qu'on avait vus envahir le Palais sous

---

comme le plus grand service qu'on pouvait rendre à la France. » T. XXIV, p. 23.

[1] *Correspondance de Voltaire*, à madame du Deffand, t. XXIV, p. 4.

les auspices d'un détachement de mousquetaires [1], et il répugnait au Paris aimable, tolérant et frondeur du dix-huitième siècle, que la justice fût rendue en vertu d'un coup d'État. Si donc le parlement royal avait de son côté le patriarche de Ferney, il avait contre lui la nation ; et bientôt le sentiment public rencontra un interprète redoutable dans un autre Voltaire, plus jeune, plus intrépide, un Voltaire éloquent : Pierre-Augustin Caron de Beaumarchais.

Jamais la nature ne fit un pareil lutteur ; et jamais tant de circonstances ne se réunirent pour développer un caractère irascible, quoique maître de lui. Beaumarchais savait employer les ressources de la colère et en éviter les imprudences. De l'habileté dans l'audace, l'à-propos du courage, une âme à l'épreuve de la fortune, un esprit éblouissant, un style sculpté, fouillé et en relief comme ces manches de poignard que ciselait l'orfévre florentin, tout cela mis en jeu fit de Beaumarchais un révolutionnaire, de sa vie un combat, de ses ennemis autant de victimes, du parlement-Maupeou la risée publique.

Comment s'ouvrit cette lutte mémorable et de quoi s'agissait-il? Un procès d'argent était engagé entre Beaumarchais et le légataire universel de Pâris-Duverney, le comte de La Blache, celui-ci poussant l'animosité jusqu'au délire. Jeune et immensément riche, le comte de La Blache, contestait une créance incontestable, non dans un intérêt de justice, mais par haine contre Beaumarchais, et avec l'intention *avouée* de dépenser cent mille écus qu'il pouvait garder plutôt que de payer quinze mille francs qu'il devait. Beaumarchais perdit sa cause. Mais son procès principal venait de s'aggraver d'un incident formidable. Il fut accusé par le rapporteur du procès, le conseiller

---

[1] Lacretelle, *Histoire de France pendant le dix-huitième siècle*, t. IV, p. 264, 265.

Goëzman, d'avoir voulu le corrompre en achetant son suffrage; et cette accusation, reconnue bientôt calomnieuse, ne tendait pas à moins qu'à faire flétrir Beaumarchais par la main du bourreau. Puissants de la terre, gardez que votre bras n'atteigne un homme de génie. Si un tel homme se trouve enveloppé dans quelque injustice, sa seule indignation est capable d'engendrer des événements. Un moine irrité peut changer la face du catholicisme, si ce moine s'appelle Luther. Un particulier aux prises avec toute une magistrature peut la jeter par terre, s'il s'appelle Beaumarchais. On reconnaît un homme d'élite à ce trait qu'il généralise ce qui l'intéresse. Ses affaires privées s'éclairent d'un jour inattendu. Il entraîne des peuples entiers dans ses querelles. Comparaît-il devant un parlement, aussitôt il élargit l'enceinte du prétoire; il prend une nation à témoin et pour auditoire l'humanité; et à une époque, dans un royaume, où il n'existe encore qu'un roi et des sujets, il s'élève de l'humiliation de l'accusé à l'importance de l'accusateur.

Et quel était donc celui qui poursuivait Beaumarchais *en corruption de juge?* C'était un conseiller de qui Beaumarchais n'avait pu obtenir une audience qu'après vingt-deux démarches inutiles[1], et au prix de deux rouleaux de cinquante louis remis à la femme de ce magistrat. Était-ce la faute du plaideur si la porte du conseiller ne s'était ouverte — une seule fois — que devant un messager porteur de louis d'or, et si l'on avait eu ensuite l'ignominie d'exiger une montre enrichie de diamants et *quinze louis* de surplus pour une seconde audience promise par l'épouse et non accordée par le mari? Fallait-il que Beaumarchais, ruiné d'après l'avis de M. Goëzman,

---

[1] Voy. le tableau des courses inutiles, dans le *Mémoire à consulter pour P.-A. Caron de Beaumarchais*, t. III, p. 19. Édit. Furne.

dont la partialité s'était si imprudemment trahie, eût encore la mortification de laisser les *quinze louis* entre les mains de madame Goëzman, qui, après avoir restitué les rouleaux et la montre, prétendait retenir ces *quinze louis*, sans doute à titre d'épingles sur un marché aussi déshonorant pour le magistrat qu'onéreux au plaideur? Solliciter une entrevue afin d'éclairer son juge, on appelait cela tenter de le corrompre! Comme si la honte d'avoir vendu des audiences devait noircir le solliciteur éconduit et rançonné[1]!

Voilà ce que les inimitables *Mémoires* de Beaumarchais mirent au jour avec une dialectique pressante, une verve irrésistible, et dans un langage plaisant jusqu'à la bouffonnerie, sérieux jusqu'à l'éloquence.

Prévenu contre le parlement, le public épousa la querelle de Beaumarchais. La curiosité, s'éveillant de toutes parts, se changeait en une sympathie universelle. Dix mille exemplaires vendus en deux jours[2], faisaient des moindres détails de ce procès une source inépuisable de conversations et de sarcasmes. On ne s'entretenait que des rouleaux et de la répétition enrichie de diamants. On répétait partout les noms d'Arnaud Baculard, du gazetier Marin et de Bertrand Dairolles, désormais voués à la célébrité du ridicule pour s'être portés chevaliers de la dame *aux quinze louis*. Grâce à tant de milliers d'exemplaires volant de main en main, le public étonné pénétrait ces mystères du greffe qui sont la pudeur des procédures. Il se laissait conduire à travers les obscurs détours du Palais de Justice, dans ces réduits destinés aux interrogatoires, aux confrontations, aux récolements; formalités que Beaumarchais savait rendre si curieuses, faisant de leur mise en scène une comédie vivante comme *Figaro*

---

[1] Addition au *Mémoire à consulter*, t. III, p. 215.
[2] Le fait est avoué par Marin, ennemi de Beaumarchais.

et donnant déjà le rôle de *Basile* au parlement-Maupeou.

En effet, tout en se défendant d'avoir voulu *déprisor pied à pied* le tribunal, Beaumarchais, dont le courage était aussi de la clairvoyance, généralisait ses attaques afin d'agrandir sa cause, et prêtant l'oreille aux favorables murmures, il écrivait : « La nation n'est pas assise sur les bancs de ceux qui prononceront; mais son œil majestueux plane sur l'assemblée. Si elle n'est jamais le juge des particuliers, elle est en tout temps le juge des juges [1]. »

Ces paroles retentissaient alors comme une nouveauté révolutionnaire. Les quinze louis étaient un événement. Tandis que les gazettes d'Utrecht et de la Haye entretenaient l'Europe des péripéties de l'action commencée [2], les *Mémoires* de Beaumarchais se lisaient à Trianon aussi avidement qu'à la ville ; ils amusaient madame du Barry ; ils égayaient Louis XV lui-même; le flagrant délit constaté dans la maison d'un magistrat ouvrait carrière à mille soupçons injurieux, et la nation, flattée en ses mécontentements, apprenait à mépriser les grands corps de l'État, en attendant leur ruine.

Enfin arriva le jour où Beaumarchais dut comparaître en personne au parlement; et rien ne saurait mieux prouver l'absence de garanties légales dont souffrait alors l'individu que le trouble où fut jeté un innocent, d'ailleurs intrépide, par les circonstances de cette comparution. Au moment d'entrer dans la salle du parlement, qui ressemblait à un temple, Beaumarchais entend prononcer à haute voix, par le greffier, qui le devançait, ce mot latin *adest, adest* : il est présent, voici l'accusé ; et la crainte se glisse dans son cœur. Il faut lire ce drame dans la quatrième philippique de Beaumarchais ; il faut

---

[1] *Quatrième Mémoire à consulter* contre M. Goëzman, t. III, p. 299.
[2] Supplément au *Mémoire à consulter*, p. 65, dans les notes, et p. 298 du *Quatrième Mémoire*.

se représenter l'écrivain, lorsqu'un profond silence ayant succédé à un bruit de voix confuses, il fut conduit à la barre devant les chambres assemblées, en présence de soixante magistrats uniformément vêtus, et dans une salle attristée par la rareté des flambeaux. Qu'était-ce qu'un simple particulier sans protecteur officiel, sans défenseur, seul en face des robes rouges du parlement? Aussi Beaumarchais fut-il ému au point que son sang d'abord se glaça [1]. Mais bientôt l'accusé se raffermit, se redresse, et, retrouvant la netteté de son esprit, il tient tête au premier président de la cour souveraine, juge et partie dans le débat. Interrogé, il divise les questions, les décompose, les analyse, et y répond avec précision, avec force, toujours fidèle aux convenances, mais hardi, subtil et redoutable. Il n'oublie pas et il rappelle que sa cause est celle de tous les citoyens.

Le parlement-Maupeou condamna madame Goëzman et Beaumarchais à être mandés à la chambre *pour, étant à genoux, y être blâmés*, et ordonna que les *Mémoires* de Beaumarchais seraient lacérés et brûlés par l'exécuteur[2]. Mais à peine ce jugement fut-il connu que le courageux écrivain se vit entouré par l'estime publique. Le prince de Conti mit une noble affectation à se faire inscrire à la porte de Beaumarchais avec tout Paris; et la première magistrature du royaume dut subir l'outrage des honneurs prodigués au citoyen qu'elle avait voulu flétrir.

Ce triomphe moral de l'écrivain qui, plus tard, devait compléter son œuvre révolutionnaire par le *Mariage de Figaro*, disait assez que l'ancien parlement ne tarderait pas à être rappelé. Mais nous avons expliqué ce qui rendait celui-là même insuffisant et désormais impossible.

---

[1] *Quatrième Mémoire à consulter*, t. III, p. 502.
[2] Jugement du 26 février 1774.

Supposez donc qu'à l'approche de l'heure solennelle, le dix-huitième siècle eût produit un homme assez pénétrant pour embrasser d'un coup d'œil l'ensemble des faits et saisir la loi de leur enchaînement, cet homme aurait pu dire :

Le jour approche où une grande révolution éclatera. Car la société est en gestation d'événements terribles. Cette monarchie qui se couronne de fleurs, qui n'exerce sa dictature que par des courtisanes, qui, lorsque de tous côtés l'orage gronde autour d'elle, court cacher sa tête dans le sein des adolescentes violées ou des femmes impudiques, cette monarchie est trop faible, elle est trop vile pour ne pas tomber dans l'asservissement. Elle perdra la réalité du pouvoir exécutif.

Ce parlement, plein de morgue et pusillanime, qui fait servir d'arme aux factions le glaive saint de la justice, qui n'est ni assez fort pour s'emparer de l'autorité ni assez résigné pour la subir, qui ne fait pas les lois et empêche de les faire, ce parlement s'abîmera dans son impuissance séditieuse. Il disparaîtra, léguant à une autre assemblée ses prétentions au pouvoir législatif.

Alors, la bourgeoisie, qui concentre en elle toutes les ressources de la richesse et de l'esprit, qui a décrié le clergé par les philosophes, qui a vaincu la noblesse par les communes, la bourgeoisie agitera mille épées victorieuses. Elle mettra la main sur le pouvoir exécutif et dira au roi : « Je vous permets de régner ; » elle saisira le pouvoir législatif et s'écriera : « C'est moi qui gouverne. »

CHAPITRE III

GUERRE AUX MONOPOLES. — TRIOMPHE DE L'INDIVIDUALISME
EN INDUSTRIE, OU CONCURRENCE

TURGOT

Situation du peuple avant la Révolution : jurandes et maîtrises ; les mendiants ; les corvées ; la milice ; tableau des violences et des iniquités de l'impôt. — École de l'individualisme : Quesnay, Mercier, de La Rivière, le marquis de Mirabeau ; Gournay. Turgot représente cette école et la résume. — École de la fraternité : Morelly, Mably. — Débats redoutables. — Galiani et ses *Dialogues*. — Lutte entre Turgot et Necker. — Leur entrevue. — Turgot, ministre ; doctrine qu'il apporte au pouvoir. — *Guerre des farines*. — Abolition des corvées. — Chute des corporations. — Triomphe de l'individualisme en industrie. — La Révolution est accomplie dans les idées.

La Révolution ne devait pas bouleverser seulement le domaine de la religion et celui de la politique, elle devait aussi transformer l'industrie et donner à la vie du peuple une physionomie nouvelle.

Ainsi, pénétrer au sein de la société d'autrefois ; porter la lampe dans ces tristes profondeurs ; décrire la longue et cruelle agonie de vos pères, hommes du peuple ! et dire ensuite par quels penseurs, au nom de quel principe, furent provoqués les premiers soulèvements... telle est la tâche qu'il faut remplir pour faire comprendre une révolution qui ne nous apparaîtrait, sans cela, que comme le rêve sanglant d'un pays en délire.

Mais, dans les maux d'un siècle éteint, peut-être

allons-nous retrouver des douleurs encore vivantes, des douleurs qui auront changé de nom sans changer de nature. Dans ces millions de victimes que la Révolution vengea et dont elle espérait affranchir la race, peut-être vont-ils se reconnaître ceux qui, de nos jours, s'étonnent après tant d'efforts de leur misère immuable.

Eh bien, que ceux-là même se gardent du désespoir. Si l'histoire nous montre la vie de l'humanité se composant d'une innombrable série de morts, elle nous prouve aussi que chaque nouveau genre d'oppression amène une moindre somme de calamités et que le mal s'épuise par la diversité de ses formes. Oui, au bruit de ce vaste gémissement qui se prolonge de siècle en siècle, et sur cette route où tant de générations périssent misérablement broyées, l'humanité marche d'un pas sûr vers la lumière, vers la justice, vers le bonheur.

Quel était, avant la Révolution, l'état de la société? Quelle situation faisaient au peuple les jurandes et les maîtrises, les corvées, la milice, les édits sur la mendicité, les impôts levés par les traitants? Voilà le tableau que nous avons d'abord à tracer.

La devise des six corps de marchands[1] de la ville de Paris avait pour âme ces mots: *Vincit concordia fratrum.*

La fraternité fut donc le sentiment qui présida, dans l'origine, à la formation des communautés de marchands et artisans, régulièrement constituées sous le règne de saint Louis. Car dans ce moyen âge qu'animait le souffle du christianisme, mœurs, coutumes, institutions, tout s'était coloré de la même teinte; et parmi tant de pratiques bizarres ou naïves, beaucoup avaient une signification profonde.

Lorsque, rassemblant les plus anciens de chaque mé-

---

[1] C'étaient les drapiers, les épiciers, les merciers, les pelletiers, les bonnetiers, les orfèvres. Voy. Sauval, *Antiquités de Paris*, t. II.

tier, Étienne Boileau fit écrire sur un registre les vieux usages des corporations, le style même se ressentit de l'influence dominante de l'esprit chrétien. Souvent, la compassion pour le pauvre, la sollicitude pour les déshérités de ce monde se font jour à travers la concise rédaction des règlements de l'antique jurande. « Quand les maîtres et jurés boulangers, y est-il dit, iront par la ville, accompagnés d'un sergent du Châtelet, ils s'arrêteront aux fenêtres où est exposé le pain à vendre, et si le pain n'est pas *suffisant*, la fournée pourra être enlevée par le maître. » Mais le pauvre n'est point oublié, et les pains qu'on trouve trop petits, on les distribue au nom de Dieu ; *ceux que l'on trovera petits, li juré feront doner por Dieu le paix* [1].

Et si, en pénétrant au sein des jurandes, on y reconnaît l'empreinte du christianisme, ce n'est pas seulement parce qu'on les voit, dans les cérémonies publiques, promener solennellement leurs dévotes bannières et marcher sous l'invocation des saints du paradis ; ces formes religieuses cachaient les sentiments que fait naître l'unité des croyances. Une passion qui n'est plus aujourd'hui ni dans les mœurs ni dans les choses publiques, rapprochait alors les conditions et les hommes : la charité. L'Église était le centre de tout. Autour d'elle, à son ombre, s'essayait l'enfance des industries. Elle marquait l'heure du travail, elle donnait le signal du repos. Quand la cloche de Notre-Dame ou de Saint-Merry avait sonné l'*Angelus*, les métiers cessaient de battre, l'ouvrage restait suspendu, et la cité, de bonne heure endormie, attendait le lendemain que le timbre de l'abbaye prochaine annonçât le commencement des travaux du jour [2].

---

[1] *Livre des métiers* d'Étienne Boileau, dans les *Documents inédits sur l'histoire de France*, titre I, des *Talemeliers*.

[2] *Livre des métiers.* — Règlements des *Lampiers, Charpentiers, Maçons*, etc.

Mêlées à la religion, les corporations du moyen âge y avaient puisé l'amour des choses mystérieuses et la superstition, poésie de l'ignorance ; mais protéger les faibles était une des préoccupations les plus chères au législateur chrétien. Il recommande la probité aux mesureurs ; il défend au tavernier de jamais hausser le prix du gros vin, commune boisson du menu peuple[1] ; il veut que les denrées se montrent en plein marché, qu'elles soient bonnes et *loyales*, et afin que le pauvre puisse avoir sa part, au meilleur prix, les marchands n'auront qu'après tous les autres habitants de la cité, la permission d'acheter des vivres[2].

Ainsi, l'esprit de charité avait pénétré au fond de cette société naïve qui voyait saint Louis venir s'asseoir à côté d'Étienne Boileau, quand le prévôt des marchands rendait la justice[3]. Sans doute on ne connaissait point alors cette fébrile ardeur du gain qui enfante quelquefois des prodiges, et l'industrie n'avait point cet éclat, cette puissance qui aujourd'hui éblouissent, mais du moins la vie du travailleur n'était pas troublée par d'amères jalousies, par le besoin de haïr son semblable, par l'impitoyable désir de le ruiner en le dépassant. Quelle union touchante, au contraire, entre les artisans d'une même industrie ! Loin de se fuir, ils se rapprochaient l'un de l'autre, pour se donner des encouragements réciproques et se rendre de mutuels services. Dans le sombre et déjà vieux Paris du treizième siècle, les métiers formaient comme autant de groupes. Les bouchers étaient au pied de la tour Saint-Jacques. La rue de la Mortellerie rassemblait les maçons. La corporation des tisserands donnait son nom à la rue de la Tixeranderie qu'ils habitaient. Les changeurs étaient rangés sur le Pont-au-Change, et

---

[1] *Livre des métiers*, titre vii, *des Taverniers de Paris*.
[2] *Ibid.*, titre x, *des Regratiers qui vendent fruit*.
[3] Voy. la savante introduction de M. Depping au *Livre des métiers*.

les teinturiers sur les bords du fleuve. Or, grâce au principe d'association, le voisinage éveillait une rivalité sans haine. L'exemple des ouvriers diligents et habiles engendrait le stimulant du point d'honneur. Les artisans se faisaient en quelque sorte l'un à l'autre une fraternelle concurrence.

Ajoutez à cela que l'intérêt public n'avait pas été perdu de vue ; car c'était pour porter les ouvrages d'art et d'industrie à leur plus haut degré de perfection, qu'on avait confié aux ouvriers anciens et expérimentés la direction des novices.

Malheureusement, à côté d'un principe d'ordre et d'amour, les corporations de métiers renfermaient un principe d'exclusion. Il y avait bien dans la société une famille de travailleurs, mais cette famille n'admettait pas tous ceux qui avaient besoin de travailler pour vivre. Là était le vice fondamental de l'institution. Il y parut à peine dans les premiers temps, et à côté du mot fatal *s'il a de coï*, le *Livre des Métiers* porte presque à chaque page ces mots que la liberté dictait : *Il est permis à cil qui voudra*, ou encore *le puet franchement*. Mais quand un germe de tyrannie existe quelque part, il n'est qu'un moyen de l'empêcher de grandir, c'est de l'extirper. L'esprit de fraternité habitait l'édifice : l'esprit d'oppression ne tarda pas à venir veiller aux portes. Peu à peu le sentiment chrétien s'affaiblissant, le bien diminua, le mal s'accrut ; et ce qui avait été d'abord une grande école pour la jeunesse des travailleurs[1] finit par se transformer en une association jalouse de son savoir, et de plus en plus exclusive, de plus en plus tyrannique.

Il aurait fallu combattre cette mauvaise tendance des corporations : les rois de France, par avidité, l'encouragèrent. On vendit aux communautés mille odieux privi-

---

[1] Vital Roux, *Rapport sur les jurandes et maîtrises*. 1805.

léges; on leur permit, moyennant finance, de limiter le nombre des apprentis; on alla jusqu'à délivrer à prix d'or des lettres de maîtrise, sans que les titulaires fussent tenus à faire épreuve ou apprentissage. Bientôt, le travail organisé offrant à l'impôt une proie facilement saisissable, on fouilla cette mine jusqu'à l'épuiser. On créa, on vendit une multitude inouïe d'offices, que les jurandes étaient ensuite obligées de racheter : offices de syndics, de contrôleurs, d'inspecteurs, de mesureurs, de visiteurs, de commissaires de toute espèce. Et comme l'édit de Louis XIV avait étendu au royaume entier l'esprit réglementaire renfermé dans les villes jurées par les édits de Henri III, l'industrie française se trouva pour ainsi dire affermée à des compagnies exclusives. Celles-ci, de leur côté, ne manquèrent pas, en élevant le prix des marchandises, en aggravant les conditions pécuniaires de l'apprentissage, de rejeter sur le peuple le fardeau dont la royauté les accablait. Si bien qu'au dix-huitième siècle, le noble et fécond principe d'association disparaissait, dans les jurandes, derrière un monstrueux mélange d'abus et d'iniquités.

Lorsqu'on passe en revue les innombrables obstacles qu'à la veille de la Révolution, le pauvre valide devait absolument franchir pour exercer une· profession, pour arriver à vivre de son travail, on demeure saisi de douleur et presque d'épouvante.

Et d'abord, chaque maître ne pouvant avoir plus d'un apprenti[1], trouver un maître était une première difficulté.

L'apprentissage était la seconde. Les frais s'élevaient à une somme si considérable, que beaucoup mouraient avant d'y atteindre. Il fallait que l'apprenti passât devant no-

[1] *Considérations sur les compagnies, sociétés et maîtrises*, p. 18. — Cet ouvrage, publié sous l'anonyme, fut composé par Cliquot de Blervaches et inspiré par Gournay. Londres, 1758.

taire un brevet par lequel il s'engageait à servir le maître pendant cinq ou six ans, non pas en recevant un salaire, mais en payant au contraire les services qu'il allait rendre. Le brevet une fois enregistré au bureau de la communauté, l'aspirant avait à solder, en entrant, les droits de cire, de chapelle, de confrérie, de bienvenue ; il devait payer les honoraires des gardes, payer ceux des jurés, payer ceux du clerc. Pour être admis à l'apprentissage dans les moindres professions, il n'en coûtait pas moins de cinq cents livres [1].

Pendant les sept ans qui formaient la durée moyenne de l'épreuve, l'apprenti était soumis à une imposition annuelle, destinée à l'acquit des charges de la communauté. Jusqu'à l'expiration du service, il ne s'appartenait pas. Son maître tombait-il malade, on le pouvait vendre à un autre pour le temps qui lui restait à servir. Changeait-il de maître, c'était trente livres pour le transport du brevet. Changeait-il de boutique, il payait encore, dans certains métiers, pour cette mutation. Que le maître mourût sans héritiers, l'apprenti n'en était pas plus libre ; il devait aller demander à la prévôté un nouveau maître [2]. Enfin, on lui permettait de se racheter à prix d'argent, non de se marier.

Après l'apprentissage, commençait une seconde servitude, celle du compagnon. Parfaitement instruit dans son art, le compagnon en portait les insignes. On le voyait suspendre à une de ses boucles d'oreilles un fer à cheval s'il était maréchal ferrant, une équerre et un compas s'il était charpentier, une essette et un martelet s'il était couvreur [3] ; mais ces emblèmes dont il avait le

---

[1] Bigot de Sainte-Croix, *Essai sur l'abus des privilèges exclusifs*, publié dans les *Éphémérides du citoyen*, janv. 1775.

[2] Titre XL, *des Ouvriers de draps de soye*, p. 93 et *passim* des *Documents inédits de l'histoire de France*.

[3] Monteil, *Hist. des Français des divers états*, t. X, décade des compagnons.

droit de se parer et qu'il n'étalait pas sans quelque orgueil, n'était qu'une vaine consolation de son asservissement, c'étaient les signes visibles de l'injustice sociale qui, en le reconnaissant habile, lui défendait d'employer pour lui-même son habileté. Le compagnon, en effet, ne pouvait pas encore prétendre à la maîtrise. Seulement, il recevait un salaire, et il demeurait dans cette condition pendant un espace de temps toujours double de celui de l'apprentissage, quelquefois triple [1].

Arrivait enfin, pour le compagnon, le moment d'être reçu dans la maîtrise ; mais ici l'attendaient de nouveaux obstacles, souvent insurmontables. La lettre de maîtrise était le titre qui conférait le droit exclusif de vendre, de fabriquer, de faire travailler en son nom : il fallait payer l'enregistrement de cette lettre, le droit royal, le droit de réception de la police, le droit d'ouverture de la boutique, les honoraires du doyen, des jurés, des maîtres anciens, des maîtres *modernes*, et ceux de l'huissier et ceux du clerc. Mais, avant même d'être admis à ces formalités ruineuses, il y avait un examen à subir, un *chef-d'œuvre* à exécuter, chef-d'œuvre indiqué parmi les ouvrages les plus difficiles de la profession, comme la courbe rampante d'un escalier, par exemple, s'il s'agissait d'un charpentier. Et ne croyez pas que tous fussent soumis à l'épreuve : on pouvait s'en affranchir..., mais à prix d'argent ! L'admission à la maîtrise était donc tout simplement une affaire de finance et de monopole, un procédé imaginé par les corporations pour alléger le poids de leurs dettes et diminuer le nombre des maîtres dans les communautés où il n'était pas fixé invariablement. Des auteurs graves portent à deux mille livres le prix de la réception [2] ; et, comme le clergé ne s'oubliait pas, une

---

[1] Cliquot de Blervaches, *ubi supra*, p. 22.

[2] *Encyclopédie*, au mot *Maîtrises*. L'article est de Roland de la Platière, depuis ministre de la Révolution.

partie de cette somme s'en allait en pain bénit, en cierges, en *Te Deum*. Dans la communauté des pâtissiers, le seul titre d'*ancien* coûtait douze cents livres[1]. Que dire encore ? L'innocente liberté qu'ont les jeunes filles de cueillir des fleurs et d'en composer un bouquet fut transformé en privilége[2] : on ne fut que moyennant deux cents livres maîtresse bouquetière de Paris.

Voilà quelles barrières se dressaient, de distance en distance, sur la route du travail, au moins devant l'*étranger ;* car on appelait ainsi quiconque avait le malheur de n'être pas fils de maître : tant la ligne de démarcation était profonde entre la bourgeoisie et le peuple ! Au prolétaire *étranger* tout le mal, au *fils de maître* toutes les faveurs. Que le *fils de maître* travaillât chez son père jusqu'à l'âge de dix-sept ans, on ne lui en demandait pas davantage, et il se trouvait compagnon de droit. Pour lui, dans la plupart des corps, ni frais et formalités d'apprentissage, ni obligation du chef-d'œuvre[3].

Perpétué de la sorte dans les mêmes familles, le privilége de fabriquer et de vendre constituait une classe distincte; et tel était l'orgueil jaloux de cette classe qu'une *veuve* de maître perdait ses droits, si elle cherchait un second mari en dehors de la maîtrise[4]. Police arbitraire, qui, contrariant les inclinations du cœur, poussait à la débauche ou au concubinage ! Législation monstrueuse, qui, clandestinement introduite dans les communautés, y était devenue la consécration de l'égoïsme

---

[1] Bigot de Sainte-Croix, *Essai sur l'abus des priviléges exclusifs.*

[2] *Discours de l'avocat général Séguier*, dans le lit de justice du 12 mars 1776.

[3] Cliquot de Blervaches, *Considérations sur les compagnies, sociétés et maîtrises,* p. 27.

[4] Voy., entre autres, les Règlements des *Bouchers,* art. 13, dans les lettres patentes de février 1587; Lamare, *Traité de la police,* t. II, titre xx.

et tendait à élever autour de la bourgeoisie d'infranchissables murailles!.

Allons jusqu'au bout dans cette douloureuse exploration : quel spectacle! Plus de fraternité entre les corps d'un même métier ; plus de solidarité entre les villes laborieuses d'un même royaume. Dans la corporation des menuisiers, on considère les charrons ainsi qu'on ferait de quelque peuplade lointaine. Le serrurier de Lyon est aussi étranger dans le corps des serruriers de Paris [1], de Rouen ou de Lille, que s'il fût venu des Amériques. Un compagnon, reçu maître dans une ville, ne saurait exercer la maîtrise dans une autre, sans être assujetti à une réception nouvelle, à de nouveaux droits, souvent doubles, triples et même quadruples.

A voir les communautés lever tant d'impôts sur le travail, recevoir de l'argent par tant de canaux à la fois, on est tenté de croire qu'elles possédaient d'immenses richesses. La vérité est cependant que la plupart étaient obérées, et par les frais énormes de leur administration intérieure, et par les emprunts dont il fallait payer l'intérêt, et par les étrennes aux jurés, si fortes qu'un arrêt du conseil les dut limiter à huit cents livres. Onéreuses aussi étaient les saisies résultant de l'inquisition domiciliaire que les jurés exerçaient sur les ouvriers et sur leurs ouvrages. Mais les communautés avaient dans les procès la cause la plus active de leur ruine. Leurs registres, en portant à près d'un million par an les frais de procédure[2], attestent que d'interminables querelles troublaient le domaine du travail. Entre les libraires et les bouquinistes, c'est une lutte perpétuelle, sur la question de savoir ce qui distingue un bouquin d'un livre ; les selliers attaquent les charrons ; les taillandiers se plaignent

---

[1] Arrêt du conseil de 1755.
[2] Forbonnais, *Recherches sur les finances*, t. I, p. 178.

des maréchaux ferrants; les cloutiers ne veulent pas qu'il soit permis aux serruriers de fabriquer les clous dont ceux-ci ont besoin; il n'est pas jusqu'aux crieurs de vieux fers qui n'aient leur jurande; et, pour comble de dérision, dans un procès qui dure depuis trois siècles entre les fripiers et les tailleurs, quatre ou cinq mille jugements sont intervenus sans pouvoir bien marquer la limite qui sépare un habit neuf d'un vieil habit[1]. C'était, on le voit, un désordre effroyable, et le pire de tous les désordres puisqu'il avait sa source dans l'égoïsme ou dans l'orgueil. Qu'étiez-vous devenues, pieuses et charitables jurandes du temps jadis?

Des mille distinctions dont nous venons de rappeler le scandale, naquit la vanité bourgeoise, et elle se trahissait jusque dans la diversité des nuances du costume. Au fond de sa boutique, le marchand trônait en souverain sur une forme qui dominait les autres sièges et sous une perruque devenue un signe distinctif dans la hiérarchie des jurandes. Le tailleur devait se contenter d'une perruque terminée par une seule boucle; l'orfèvre s'en permettait deux; l'apothicaire s'enorgueillissait d'en porter trois, quand le maître perruquier lui-même était condamné à deux simples tours[2]. Grotesques frivolités, qui cachaient des conséquences sérieuses!

Comment s'étonner, après cela, du nombre formidable de bandits errants par tout le royaume? Fermer les avenues du travail à tant de prolétaires, c'était refouler violemment les moins honnêtes dans l'affreuse industrie de la rapine et du meurtre. De là, autour de la population occupée, une population vouée à la fièvre du crime, et qui forçait l'État à dépenser en maréchaussées, en prisons et en bagnes, plus qu'elle n'aurait coûté à

[1] Vital Roux, *Rapports sur les jurandes et maîtrises*, p. 24.
[2] Monteil, *Hist. des Français des divers états*, t. IX, décade des artisans.

nourrir. De là aussi l'expatriation volontaire d'une foule d'hommes laborieux, entreprenants, qui aimaient mieux courir la fortune des voyages que de vivre dans un pays où ils ne pouvaient passer maîtres et où ils n'auraient pu se marier sans mettre au monde des misérables.

Restait la profession de mendiant; et elle avait, à son tour, ses difficultés officielles, ses écoles, ses maîtres, nous allions dire ses jurandes. Car, par exemple, recevoir l'aumône à la porte des églises constituait un privilége dont les heureux dépositaires portaient, parmi les pauvres, le nom de *trôniers*[1]. Tout le long du dix-huitième siècle, on entend le bruit sourd que fait cette armée permanente de la misère. De loin en loin, des édits sauvages sont rendus pour la contenir, l'effrayer. « Les vagabonds ou gens sans aveu, porte une ordonnance de 1764, seront condamnés, *encore qu'ils ne fussent prévenus d'aucun crime ni délit*, les hommes de seize à soixante-dix ans, à trois années de galères, les hommes de soixante-dix ans et au-dessus, ainsi que les infirmes, filles et femmes, à être renfermés pendant trois années dans un hôpital. » Il y eut un moment où l'on ajouta trois deniers par livre à l'impôt des tailles, et le produit en fut employé à bâtir aux mendiants des maisons de force. Ils y travaillèrent sous le fouet. Mais leur travail faisait concurrence à certaines maîtrises : elles se plaignirent. D'ailleurs, entassé dans des *renfermeries* infectes, un peuple en haillons devait bientôt devenir un embarras sinistre. Chaque dépôt était un foyer de hideuses maladies, un théâtre sur lequel la mort ne paraissait qu'avec le désespoir. Voici que, parmi ces mendiants qu'on n'ose ni tuer ni laisser vivre, plusieurs franchissent les murs, forcent les portes et s'échappent; les autres... mais que fera de ces inertes pensionnaires l'autorité, qui se fatigue à les punir? elle

---

[1] Ordonnance contre les mendiants, du 27 juillet 1777.

les renvoie dans leur pays et respire, jusqu'à ce qu'ils reviennent plus sombres, plus menaçants que jamais. En 1767, on arrête jusqu'à CINQUANTE MILLE mendiants : c'était trop pour les trente-trois renfermeries du royaume [1] : on ouvre au superflu de la population les hôpitaux, les ateliers de charité, les prisons. Le nombre des affamés va croissant. Dix ans plus tard, à la suite de disettes successives, on compte jusqu'à UN MILLION DEUX CENT MILLE mendiants [2]. La philosophie alors s'en inquiète ; les gazettes en parlent ; on imprime livres et brochures sur ce qu'un million d'hommes est en peine de subsister ; et un simple avocat, Linguet [3], propose cinquante louis de sa bourse à donner en prix au meilleur ouvrage touchant la suppression de la mendicité. Inutiles efforts ! Là où le travail est un privilége, on n'empêchera pas la misère de pulluler. La commandite du geôlier ne retiendra pas, non plus, les mendiants : ils aiment mieux traîner leurs guenilles en liberté et au soleil, promener leurs ulcères d'un bout de la France à l'autre, voler ou mendier le jour, coucher la nuit dans les granges où les admettra l'hospitalité de la peur, vaguer enfin par les chemins et les campagnes, tantôt gémissants tantôt grondants, jusqu'à ce qu'arrivés à quelque grand centre de population, ils y trouvent la mendicité organisée en corps, des ordres, des chefs, des troubles, des révolutions !

De toutes les iniquités du régime féodal, il n'en était peut-être pas de plus odieuse que la corvée, surtout de plus blessante par ses formes. A certains jours de l'année, on voyait les officiers royaux parcourir les campagnes,

---

[1] Necker, *Administration des finances*, t. III, chap. XV, p. 164 et suivantes.
[2] Monteil, *Hist. des Français des divers états*, t. X, décade de Verdeille.
Annales politiques de Linguet, t. III, p. 342. 1778.

arracher de pauvres paysans à leurs familles, à leurs travaux nécessaires, et chasser devant eux ce troupeau d'hommes, pour leur faire construire les chemins publics, à trois ou quatre lieues des chaumières.

L'esclave, s'il est traité comme le bétail, est du moins nourri par le maître; mais les corvoyeurs n'avaient pour subsister pendant leur travail que le pain mendié aux heures de repos. Leur maître, c'était un chef inconnu, inhumain, qui leur commandait durement sans les payer[1].

Qu'on se représente quelle indignation dut peu à peu s'amasser dans les âmes que n'avait point complétement abruties la misère, alors qu'un paysan pouvait se dire : « Ma vie, c'est mon salaire, et l'on me condamne à travailler sans salaire. Ma famille compte sur mon labeur, et l'on m'enlève mes journées pour me contraindre à aplanir les grands chemins sous la roue des carosses, sous les pas du marchand ou du prêtre ou des cavaliers élégants. J'ignore l'art d'empierrer les routes; mais on ne tient aucun compte de mon ignorance, et si mon ouvrage est mal fait, on viendra dans quelques mois me redemander mes journées pour le refaire. Je suis homme, et l'on me traite avec une dureté qu'on épargne aux bœufs et aux mulets. Je paye la taille que le clergé et la noblesse ne payent point, et l'on me fait casser les pierres du chemin pour le clergé et la noblesse qui en profitent sans même m'en savoir gré. On me vend le sel jusqu'à soixante-deux livres le quintal[2]; on me vole sur le tabac; on me condamne à loger les gens de guerre; et lorsque je donne une semaine entière de mon travail, on ne m'indemnise point; et si mes bestiaux meurent de fatigue, on ne m'en

---

[1] *Considérations sur le gouvernement de la France*, par le marquis d'Argenson.

[2] Voy. plus bas les pages 484 et suivantes sur la *gabelle*.

payera pas la valeur; et si je m'estropie, on me renverra brutalement à la charité publique. »

Venait le moment d'être soldat, de tirer au sort; et les exemptions accordées aux clercs tonsurés, aux collecteurs, aux maîtres d'école, aux fils aînés d'avocat ou de conseiller du roi ou de fermier, aux gens de Paris, aux valets des gentilshommes[1], ne faisaient qu'augmenter pour le pauvre paysan la part des chances fatales. Et comme rien, d'ailleurs, ne relevait à ses yeux une condition qu'on semblait flétrir, le nom, le seul nom de milicien était devenu, dans ce vaillant pays de France, un sujet d'horreur. Quand sonnait l'heure du tirage, beaucoup s'enfuyaient dans les bois, et, souvent, irrités d'une désertion qui, en diminuant le nombre, augmentait le risque, les autres s'élançaient sur la trace des fuyards. C'étaient alors des luttes furieuses. On se battait à coups de fusil, à coups de hache; les travaux des champs étaient suspendus; les paroisses prenant parti pour leurs hommes contre ceux des paroisses voisines, le désordre devenait général, le sang coulait, la terreur gagnait toute la contrée[2]. A l'habitant des pays de montagne, surtout, le service militaire était odieux, car les pays de montagne forment une patrie accidentée, pittoresque, dont l'image, facilement sculptée dans le souvenir, s'attache au cœur et ne le quitte plus.

Mais on n'aurait qu'une idée bien imparfaite des douleurs du peuple, si on ignorait ce qu'étaient alors les impôts.

Quel tableau eût présenté la France du dix-huitième siècle au voyageur qui l'aurait parcourue pour en étudier les lois fiscales! Il aurait vu ce beau royaume coupé en

---

[1] Monteil, *Hist. des Français des divers états*, t. X, décade des soldats provinciaux.
[2] *Mémoires sur la vie et les ouvrages de Turgot*, par Dupont de Nemours, p. 5 de l'errata.

tous sens, divisé, traversé par douze cents lieues de barrières intérieures[1]; la guerre organisée sur cette longue ligne de frontières artificielles; tous les passages gardés par cinquante mille hommes, dont vingt-trois mille soldats sans uniforme[2], mais armés pour contenir ou poursuivre la contrebande : il aurait vu la France composée de provinces presque étrangères l'une à l'autre, différentes par les lois et les mœurs, séparées entre elles par des douanes, distinguées par des priviléges. Le collecteur de l'impôt lui aurait dit : « Pour moi, la France se divise en pays d'état, pays d'élection et pays conquis; pour les fermiers généraux, elle est divisée en provinces nationales et provinces *à l'instar de l'étranger* ; » le jurisconsulte lui aurait montré une partie du royaume régie par le droit romain, l'autre obéissant au droit coutumier ; le président du grenier à sel lui aurait fait discerner les provinces de grande et de petite gabelle, les pays rédimés, les provinces franches, les pays de saline et de *quart-bouillon*... Dénominations barbares, affligeants contrastes! Triste morcellement d'une monarchie qui, depuis des siècles, faisait effort vers l'unité !

Si toutes ces provinces payent des impôts au souverain, si partout c'est le peuple qui en supporte le fardeau presque entier, il n'en règne pas moins dans cette commune injustice une effroyable confusion, au sein de laquelle vivent et manœuvrent à l'aise les tyrannies.

Hâtons-nous de dire, à l'honneur du principe de la représentation, que les *pays d'état* étaient plus heureux que les *pays d'élection*, moins grevés[3] et plus florissants. C'est qu'une ombre d'indépendance les protégeait. Les représentants des trois ordres y composaient périodique-

---

[1] *Mémoire de Calonne aux Notables*, n° VIII.
[2] Necker, *Administration des finances*, t. I, chap. VIII, p. 195.
[3] État des revenus, dans le discours de Necker à la Constituante. Séance d'ouverture.

ment des *états*, c'est-à-dire une assemblée provinciale qui seule avait le droit de répartir l'impôt dans la province, après l'avoir accordé au roi sous le nom de *don gratuit*, expression significative qui survivait aux traditions de la liberté disparue. Si l'impôt admettait quelque faveur, quelque franchise, c'étaient les pays d'état qui en jouissaient. Les uns, tels que la Bretagne, l'Artois, la Flandre, la Navarre, étaient exempts de la gabelle; les autres, comme la Provence, le Roussillon, la Lorraine, une partie de la Bourgogne, avaient obtenu des immunités pour les aides.

Le roi imposait la taille aux pays d'élection; il la *demandait* aux pays d'état, et ces différences dans les mots répondaient à un certain contraste dans les choses. Souverain partout ailleurs, le pouvoir des intendants se trouvait un peu balancé, dans les pays d'état, par ce rayonnement d'influence qui appartient aux assemblées. Il n'est pas jusqu'aux apparences de la liberté qui ne soient protectrices.

Soumis, au contraire, aux caprices de ces vice-rois qui parlaient, qui agissaient en maîtres, les pays d'élection étaient muets, attristés et misérables. Mais quoi! leur nom même rappelait leur servitude présente, car ils s'appelaient ainsi, parce qu'au temps de saint Louis c'étaient des prud'hommes *élus* par la communauté qui répartissaient la taille; mais depuis Charles VII, ces officiers avaient cessé d'être élus par le peuple, et quoiqu'ils fussent devenus les gens du roi, le nom dérisoire d'*élus* leur était resté[1].

Trop souvent, choisis parmi des gens de cour ignorants des choses rurales, et mus par la seule impatience de briller ou de parvenir, les intendants étaient les fléaux de leurs provinces. « Les hommes y vivent comme des trou-

[1] Guy Coquille, *Hist. de Nevers*; cité par M. Bailly dans son *Histoire des finances*.

peaux dont le loup ravit tantôt l'un, tantôt l'autre ; le maître qui est le pasteur universel est trop éloigné, et la garde étrangère à laquelle ils sont confiés est souvent celle qui les dévore[1]. » Combien de mauvais intendants, pour un Turgot! Il y en avait qui, possédés par le goût du faste, se bâtissaient des hôtels splendides, bouleversaient le chef-lieu pour aligner des avenues, et ruinaient les campagnes pour embellir leur propre résidence ; d'autres voulant plaire au ministre calomniaient auprès de lui leur généralité ; ils la représentaient comme féconde en ressources et capable de subvenir à tous les surcroîts d'impôts qu'on voudrait y lever[2]. Il savaient qu'un tel langage est toujours écouté avec faveur.

Une fois arrêté dans le secret du conseil, le brevet de la taille, pour aller au contribuable, suivait une route, et l'impôt, pour aller au trésor, en suivait une autre. Il était réparti d'abord entre les trente-deux généralités du royaume par le conseil, entre les élections de la généralité par les intendants, puis entre les paroisses de chaque élection par les élus, et enfin entre les habitants de chaque paroisse par les collecteurs. Tailles, capitation et vingtièmes, tout l'impôt direct était versé par les collecteurs aux mains des receveurs des tailles, qui les transmettaient aux receveurs généraux, et ceux-ci au trésor public[3].

Tel était ce double mécanisme ; mais sous cette apparente simplicité, que d'injustices criantes ! En dehors du conseil, personne dans le royaume ne connaissait le chiffre total de l'impôt direct. Le despotisme s'enveloppait ici d'un mystère impénétrable, le gouvernement ayant alors pour maxime que *le peuple supporte aisément son*

---

[1] Le marquis de Mirabeau, *Mémoire sur les états provinciaux*; il est imprimé dans le tome VI de *l'Ami des hommes.*
[2] *L'Espion anglais*, t. V, p. 115, 127. 1777.
[3] Necker, *Administration des finances*, t. I, p. 96.

malheur pourvu qu'on ait l'art de le lui cacher[1]. Chaque province ignorait le sort des autres et n'était informée du sien qu'après la décision irrévocable du ministère. Pas d'appel, pas de recours vraiment possible contre une volonté qui avait su rendre illusoire tout contrôle. Quiconque osait réclamer, en première instance devant les tribunaux d'élection, en appel devant la cour des aides, ne risquait pas moins que sa ruine, s'il plaisait au conseil d'État d'évoquer l'affaire[2] et de l'étrangler dans une sorte de lit de justice clandestin. Rien en France n'était au-dessus de la volonté du roi, si ce n'est pourtant cette autorité souveraine de la raison, à laquelle semblait rendre hommage le droit des *humbles remontrances*. Le bon plaisir n'avait de contre-poids que dans la conscience humaine; le seul correctif de l'arbitraire, c'était le gémissement des peuples, ou leur plus redoutable protestation, qui est le silence.

L'économiste anglais Adam Smith visita la France en l'année 1765, il vit nos grands esprits d'alors, il étudia nos finances, et lorsque, rentré dans son pays, il y composa son fameux livre sur la *Richesse des nations*, il écrivit[3] : « Les lois les plus sanguinaires existent dans les pays où le revenu est en ferme. » Ces paroles s'appliquaient justement à la France, où des huit branches principales du revenu de la couronne, cinq étaient affermées : les gabelles, les aides, les traites, le domaine et le tabac, toutes contributions indirectes.

L'histoire des fermiers généraux serait le martyrologe des contribuables. Pour les traitants, la France était un pays conquis; non contents de pressurer les peuples avec une âpreté impitoyable, ils les irritaient encore par l'étalage insolent de leur subite fortune. « Ils ne rendent le

---

[1] *L'Espion anglais*, t. V, tableau des impositions, année 1777, p. 119.
[2] Remontrances de la cour des aides. 1770.
[3] *Richesse des nations*, liv. V, chap. II.

sang, s'écrie le marquis de Mirabeau, que comme s'ils l'attiraient des vaisseaux capillaires, tandis qu'ils saignent le peuple à la gorge [1]. » Avant Necker, tout ce qui excédait le prix de leur bail composait leur énorme bénéfice. Après ce ministre, on les réduisit à partager avec l'État les quatre premiers millions de boni [2], et à céder une petite part sur le surplus. Ainsi intéressé dans leur régie et toujours obéré, d'ailleurs, le monarque n'osait refuser aux fermiers généraux les terribles armes qu'ils demandaient. Prisons, galères, potences et tribunaux féroces leur étaient accordés pour menacer la fraude, pour la punir. Leur avidité n'était réprimée que là où il ne restait plus rien à prendre, et ce n'est pas sans frémir qu'on lit dans un arrêt du conseil du roi, rendu contre le fermier général Templier, le 13 juillet 1700 : *Il y a beaucoup de gens en Bourgogne qui ne consomment aucuns sels... La pauvreté où ils sont actuellement de n'avoir pas de quoi acheter non pas du bled ny de l'orge, mais de l'avoine pour vivre, les oblige de se nourrir d'herbe et même de périr de faim* [3]...

Toutefois, sur les gains immenses des fermiers, les courtisans en faveur se faisaient attribuer secrètement de honteuses rognures, et, sous le nom de *croupiers*, ils recevaient de quoi payer une courtisane ou doter la maîtresse dont ils ne voulaient plus. Enfin, en échange de leur importance dans l'État, les fermiers généraux, à la clôture de leurs comptes, envoyaient gracieusement au roi, sur les restants en caisse, de grandes sommes d'or dans des bourses de velours [4]; et le roi ne jugeait

---

[1] Le marquis de Mirabeau, *Théorie de l'impôt*, p. 113.
[2] Necker. *Administration des finances*, t. I, p. 138.
[3] Chartrier des états de Bourgogne, cité par M. Thomas dans *Une province sous Louis XIV*, p. 64.
[4] Monteil, *Hist. des Français*, t. X, décade des onze soupers.

pas sa majesté compromise à recevoir cet ostensible pot-de-vin sur l'excès des contributions fournies par un royaume ravagé.

La détresse de l'habitant des campagnes était si profonde, que depuis Vauban jusqu'à Turgot, depuis Saint-Simon jusqu'à Necker, tous ceux qui ouvrent les yeux pour voir aperçoivent partout tableaux sinistres, misère effroyable et sans nom. Et cette révélation des maux du peuple, elle est d'autant moins suspecte qu'elle émane des grands eux-mêmes. Ce sont des ducs, des maréchaux de France, des ministres d'État, des millionnaires[1], qui ont tracé le tableau des douleurs du pauvre, qui nous ont laissé l'accablante énumération de ses souffrances. En parlant d'une seule branche d'impôts, les droits de *traite*, Necker disait : « La législation en est tellement embrouillée qu'à peine un ou deux hommes par génération viennent-ils à bout d'en posséder complétement la science[2] ! » Ces simples paroles font comprendre ce qu'était en France le dédale des impositions, et pourquoi l'historien doit se borner à faire connaître celles qui prouvent le mieux la nécessité de la Révolution.

La plus ancienne des contributions du peuple était la taille. Dans les pays d'état, et dans ceux des pays d'élection qui possédaient un cadastre, comme les généralités de Montauban, de Grenoble, de Paris, la taille était assise sur l'estimation des terres, alors elle était *réelle*. Dans les autres provinces elle était *personnelle*, c'est-à-dire qu'elle portait sur tous les biens de la personne, propriétés et marchandises. Elle était basée sur une appréciation difficile et à peu près arbitraire de la fortune des citoyens. Mais, *réelle* ou *personnelle*, la taille ne tombait que sur les biens en roture et sur les roturiers[3].

---

[1] Saint-Simon, Vauban, Turgot, Necker, Calonne, etc.
[2] Necker. *Administration des finances*, t. II, p. 173.
[3] *Mémoire sur les impositions en France*, t. II, p. 19-65. Paris, im-

Qui le croirait? cette nation française si célèbre dans le monde par sa générosité et par son esprit, elle était régie, en matière d'impôts, par deux principes également odieux : l'un était passé dans la loi sous cette forme : *le peuple est taillable et corvéable à merci;* l'autre s'était introduit dans les mœurs pour y consacrer que l'impôt était un signe de roture, un déshonneur. Sous prétexte de sauver leur dignité, les nobles et le clergé se dispensaient de payer la taille, leur égoïsme prenant les apparences et les proportions de l'orgueil. Le peuple n'en était ainsi que plus malheureux, puisqu'on le méprisait d'autant plus qu'il contribuait davantage. Il avait tout à la fois la charge et la honte.

La noblesse, il est vrai, contribuait de son sang, et, vouée au service militaire, elle se disait exempte de la taille; mais depuis que Charles VII avait rendu la taille perpétuelle pour subvenir à la solde d'une armée devenue permanente, les nobles avaient fini par servir l'État dans des troupes enrégimentées, soudoyées, et en recevant du roi de France le salaire de leur bravoure, ils avaient perdu tout droit au privilége. Les bourgeois d'ailleurs et les paysans avaient paru, eux aussi, sur les champs de bataille; ils avaient fourni jadis la milice des francs-archers; sous Richelieu, sous Louis XIV, le peuple avait disputé à la noblesse le monopole des armes; il avait su mourir sans peur et même sans renommée. Et néanmoins on laissait peser sur lui tout le fardeau des tailles!

Les nobles et le clergé, cependant, furent indirectement atteints par la taille personnelle, et voici comment : cette taille, lorsqu'elle s'appliquait aux terres, se décomposait en taille de *propriété* et taille d'*exploitation*.

---

primerie royale, 1769. Cet ouvrage est un traité officiel sur la matière. — Il est de Moreau de Beaumont.

Le clergé et les nobles étaient exempts de la première ; mais la seconde étant imposée aux fermiers, ils s'en dédommageaient par une réduction sur le fermage et, en fin de compte, c'était le propriétaire qui payait une partie de la taille personnelle de son fermier ; mais les nobles, les ecclésiastiques, les magistrats et en général les notables du tiers étaient exempts de la taille d'exploitation pour les prés, vignes et bois, et pour quatre charrues de terres labourables [1]. Les bourgeois de Paris et ceux des villes franches jouissaient de la même faveur pour les clos fermés de murs et les vergers qui entouraient leurs maisons de campagne [2].

L'impôt n'est sans pitié que pour le pauvre, et c'est sur lui que vont retomber toutes les franchises des hautes classes. Fermier du noble ou cultivateur pour son compte, il se trouve face à face avec le collecteur des tailles : toutes les avanies, toutes les duretés de l'exécution seront pour lui, et rien ne pourra l'en garantir, pas même sa probité. S'il paye exactement cette année, l'an prochain on augmentera sa taille ; car la régie n'aime point l'exactitude : les frais, les procès-verbaux, les contraintes, les ignobles remises que font les huissiers et recors, sont les revenants-bons du receveur, qui touche jusqu'à huit francs par jour pour la paye d'un garnisaire auquel il donne vingt sols. « Si certaines paroisses s'avisent d'être exactes et de payer sans contrainte, dit le marquis de Mirabeau, le receveur qui se voit ôter le plus clair de son bien, se met de mauvaise humeur, et au département prochain, entre lui, messieurs les élus, le subdélégué et autres barbiers de la sorte, on s'arrange de façon que cette exacte paroisse porte double faix pour lui apprendre à vivre [3]. »

[1] Édit de mars 1667.
[2] *Mémoire sur les impositions en France*, p. 66 et 69, t. II.
[3] *L'Ami des hommes*, t. II, p. 43. *De la circulation*.

Que si le paysan ne paye point au terme expiré, aussitôt les frais commencent, la contrainte se met en marche ; on voit le collecteur courir la campagne pour enlever de dessus les buissons les hardes qui sèchent au vent; et le linge ne suffisant point, on entre dans la maison du taillable, on prend son lit, on prend ses meubles, on démonte ses portes, on enlève jusqu'au toit s'il est en tuile. « Il est même assez ordinaire, dit le maréchal de Vauban, de pousser les exécutions jusqu'à dépendre les portes des maisons, après avoir vendu ce qui était dedans, et on en a vu démolir pour en tirer les poutres, les solives et les planches qui ont été vendues cinq ou six fois moins qu'elles ne valaient en déduction de la taille[1]. »

Ce n'est pas tout : il y avait une condition pire encore que celle du taillable; c'était celle du collecteur des tailles. Elle était si redoutée qu'il fallut rendre la collecte obligatoire pour chaque habitant à son tour. Honnête ou passionné, le collecteur se trouvait toujours dans une cruelle situation, n'ayant d'autre règle pour la répartition que l'idée vague qu'il s'était formée de la fortune de chacun. Responsable de tout le mandement de la paroisse, il grossissait pour plus de sûreté les cotes des bons payeurs au profit des négligents ; comptable des erreurs qu'il pouvait commettre, à chaque pas il tremblait de rencontrer un de ces privilégiés innombrables qui, en achetant un office quelconque, avaient acheté l'exemption de la taille, et malheur à lui, s'il taxait ce privilégié inconnu, car il était alors condamné en son propre et privé nom[2].

Du reste, en dépit de sa conscience, le collecteur était homme après tout, et la collecte était une belle occasion

---

[1] *Dîme royale*, 1707, p. 51 de l'édition Daire, chez Guillaumin.
[2] Arrêt du conseil du 4 mars 1740. Affaire du directeur des postes d'Arpajon.

d'exercer une secrète vengeance, de favoriser ses amis, de ménager les grands ; de sorte qu'il se corrompait ainsi en s'attirant la haine, car le collecteur étant maudit presque autant que la taille, chaque habitant venait à son tour assumer sur sa tête les malédictions de ses voisins. Quelquefois, c'était un paysan mal famé qui remplissait ces fonctions de justice ; le plus souvent, le collecteur, ne sachant ni lire ni écrire[1], et ne pouvant tenir aucun calcul en règle, devenait lui-même la risée publique, pendant que son ignorance dictait la taxe au hasard sur le carnet d'un lettré, et tandis qu'abandonnant ses affaires moyennant une indemnité moins forte que sa dépense, il était réduit à conduire des fusiliers de porte en porte, avec la perspective de payer pour les retardataires, ou même d'aller en prison porter la peine de l'insolvabilité du pauvre ou de la mauvaise foi du riche[2].

Telle était en France la tradition des anciennes iniquités, que les impôts les plus équitables dans l'origine ne tardaient pas à dégénérer, à se corrompre comme les autres. L'impôt de la *capitation* et celui des *vingtièmes* qui étaient d'abord des taxes proportionnellement égales sur le revenu du citoyen, avaient fini par se répartir avec la plus choquante inégalité. Louis XIV, en établissant la capitation, avait voulu qu'elle frappât tout le monde, depuis le Dauphin, qui payait deux mille livres, jusqu'au paysan qui payait vingt sols à la taille[3]. Mais bientôt se levèrent les priviléges ; le clergé parvint à s'affranchir de la capitation moyennant un don gratuit,

---

[1] *Mémoires sur la vie de Turgot*, par Dupont de Nemours. Philadelphie, 1782.

[2] Voy. les rapports faits à l'assemblée des provinces du Berri dans le remarquable ouvrage de M. de Girardot, *Essais sur les assemblées provinciales*, p. 98.

[3] Déclaration du 18 janvier 1695. Arrêt du 22 février suivant.

et à la faveur de l'appréciation incertaine des fortunes, l'arbitraire se glissa dans l'impôt et y fit de tels progrès que le peuple, dont la capitation n'était dans le principe que le sixième de la contribution totale, en payait les trois quarts au temps de Necker.

Quant aux vingtièmes, ils provenaient de ce fameux impôt du *dixième denier* que Louis XIV avait créé à l'époque de ses malheurs, et dont le duc de Saint-Simon a écrit la sombre histoire. Primitivement, il fut temporaire, mais l'impôt ne recule jamais. « Il n'est rien, dit Adam Smith, qu'un gouvernement apprenne plus vite que l'art de fouiller dans les poches du peuple[1]. » Une fois établi, le vingtième ne cessa plus ; que dis-je ? on le doubla[2], on le tripla[3], on y ajouta des sous pour livre, et l'arrêt du conseil du 2 novembre 1777 constate que les pauvres seuls payaient exactement le vingtième. Les nobles et les puissants trouvaient moyen, en masquant leur fortune, en faisant de fausses déclarations, de n'acquitter que la moitié ou les deux tiers de ce qu'ils auraient dû ; et ils s'indignaient encore qu'on les forçât de livrer ainsi les secrets de leurs familles, et qu'on y mît la combustion *par cette lampe portée sur leurs parties les plus honteuses*[4].

Un temps viendra où l'humanité, découvrant les lois harmonieuses du travail et de la répartition des richesses, saura procurer à chacun de ses membres la facilité de l'existence et les douceurs de la vie. Les hommes de cet avenir ne voudront pas croire qu'il fut une époque toute resplendissante de lumières et contemporaine des plus beaux génies, où la majorité des Français était en peine de vivre ; où les plus fortes contributions étaient levées

---

[1] *Richesse des nations*, liv. V, chap. II.
[2] Déclaration du 7 juillet 1756.
[3] Édit de février 1760.
[4] Saint-Simon, t. IX.

sur les aliments de nécessité première; où le pain, le sel, la viande, le vin étaient hors de prix; où le sel payait à lui seul un impôt de cinquante-quatre millions, c'est-à-dire autant que la contribution foncière représentée par les vingtièmes; où la population du royaume était de temps à autre diminuée par la faim; où des médecins envoyés à Montargis pour y observer une épidémie, reconnurent que toute la contrée était malade d'inanition, et la guérirent en distribuant du bouillon, du riz et du pain [1].

Les rayons du soleil, en se combinant avec l'eau de la mer, produisent le sel; c'est ce produit si nécessaire à la nourriture de l'homme et des animaux que le roi de France avait seul le droit de vendre douze fois sa valeur. Faut-il s'étonner si la contrebande était alors, pour tant de milliers d'hommes, l'unique ressource de leur misère, la seule occupation de leur courage? Ce n'étaient dans les bois que faux sauniers s'exposant aux galères et même à la mort [2] pour vendre du sel à un meilleur prix que le roi; partout des perquisitions insultantes; la maison du citoyen ouverte à toute heure aux recherches de commis brutaux et méprisés; plus de onze mille arrestations d'hommes, de femmes et d'enfants; les prisons moins grandes que le nombre des prisonniers, et sujettes, par l'entassement des victimes, à l'invasion de maladies contagieuses; des tribunaux enfin, où des juges, payés par la ferme, prononçaient sur la déposition de commis qui avaient partagé la capture, et n'envoyaient pas moins de cinq cents hommes aux galères chaque année [3]... Que de calamités dans un seul impôt! Pourquoi cette guerre, pourquoi cette double armée de contrebandiers et de

---

[1] Marquis Ducrest, *Administration des finances*, p. 120.
[2] Déclaration du 5 juillet 1704.
[3] *Mémoire de Calonne aux Notables*, n° VIII. — Necker n'en accusait que trois cents en 1784.

commis? Parce qu'il y avait des provinces, comme la Bretagne, où le sel ne payait aucun impôt, et d'autres où il en payait d'énormes. Dans l'Artois, par exemple, le sel ne valait que quatre livres ou même quarante sous le quintal, tandis qu'il valait à Amiens soixante-deux livres [1], parce que Amiens était un pays de grande gabelle, et l'Artois une province franche. La même quantité de sel, qui coûtait huit livres dans la basse Auvergne, pays rédimé, coûtait trente-quatre livres dans la haute Auvergne, sujette à la petite gabelle. Étrange royaume où l'iniquité se compliquait d'un si grand désordre, où l'égalité n'existait pas même dans l'oppression !

Et quelle prime offerte à l'audace du contrebandier, que ces monstrueuses différences entre les prix ! quelle fascination que l'espérance d'un gain si rapide ! Aussi, la gabelle était toujours présente à l'esprit du peuple. Dans les pays exempts, il aspirait à réaliser un bénéfice sur le transport clandestin du sel ; dans les pays de gabelle, il ne songeait qu'à se procurer du sel de contrebande et à se décharger d'un impôt écrasant. Chaque jour les enfants entendaient leurs familles se plaindre des rigueurs de la gabelle, maudire la loi, les greniers, les commis; et la première pensée de l'enfant des campagnes, dès qu'il pouvait courir les chemins, était de s'exercer à cette contrebande qui lui offrait, avec l'appât du gain, l'attrait du péril.

Quand il frappe sur la consommation, l'impôt laisse du moins au consommateur la faculté d'y échapper par une privation plus ou moins dure. Il en était autrement pour l'impôt du sel. Ici, la privation était condamnée, l'économie impossible. L'ordonnance ayant rendu la consommation du sel obligatoire, chaque personne, au-dessus de sept ans, devait acheter au grenier du roi sept livres de

---

[1] Necker, *Administration des finances*, t. II, p. 13.

sel, sous le nom barbare de *sel du devoir* [1]; encore ne pouvait-elle l'employer aux grosses salaisons, car les sept livres étaient seulement pour *pot et salière*. Mais, par une des contradictions inouïes qui éclataient dans ce beau système, tandis que l'habitant des pays de gabelle était forcé de consommer plus de sel qu'il n'en voulait, l'habitant des pays rédimés ne pouvait obtenir le sel qu'il demandait en sus de la taxe. A l'un on interdisait la demande, à l'autre le refus [2].

Le devoir de gabelle était si rigoureux, qu'à l'exception des nobles et des prêtres, les citoyens y étaient contraints par corps. Et, cependant, faut-il le dire? lorsqu'à certains jours, à certaines heures, les portes du grenier à sel s'ouvraient aux citoyens pressés, il se passait, à la faveur du nombre des acheteurs et de leur mouvement, mille supercheries honteuses. La trémie, ou entonnoir, qui recevait le sel pour le verser par la gouge dans la mesure, n'était jamais remplie, de peur que le poids ne fît précipiter le sel et ne l'entassât; pour la même raison, dans le temps que le mesureur emplissait la trémie, la soupape restait fermée [3]. Façonné aux artifices, l'employé procédait au versement avec des précautions telles que le sel pût se soutenir de manière à laisser des vides dans la mesure. Ces déloyales manœuvres exercées sur une grande échelle, produisaient un bénéfice qu'on appelait, dans le style de la ferme, le *bon de masse*. Les hommes qui partageaient, avec les commis, le résultat de tant de vols répétés, c'étaient les juges du grenier à sel, magistrats impitoyables armés de lois atroces : « Voulons, dit l'ordonnance, que ceux qui se trouveront saisis de faux sel,

---

[1] Titre VI de l'Ordonnance des gabelles de 1680.
[2] *Ibid.*, titre XVI.
[3] *L'Antifinancier*, p. 54. Amsterdam, 1763. — Cet ouvrage est de Darigrand, avocat au parlement, qui lui-même avait été commis dans les fermes. Voy. *Bachaumont*.

ou convaincus d'en faire trafic, soient condamnés, savoir : les faux sauniers avec armes, aux galères pour neuf ans et en cinq cents livres d'amende, et en cas de récidive, pendus et étranglés[1]. »

A ces lois de la gabelle, il y avait pourtant quelques exceptions. Était-ce pour les pauvres? non ; mais pour les grands seigneurs, les membres des parlements, les gens de cour. Le roi faisait à ses favoris des distributions gratuites de sel qu'on appelait des *francs-salés*. Et par un raffinement de bassesse, les dignitaires qui recevaient cette aumône, affectaient de s'en glorifier. De même qu'on avait attaché à la taille une idée de flétrissure, on attachait au *franc-salé* une idée d'honneur[2]. Il est vrai qu'à la sortie de pareilles distributions, le courtisan pouvait rencontrer une malheureuse famille défendant contre les huissiers quelques gerbes de blé glanées par les enfants. Et à l'étranger qui aurait demandé la cause de tant de rigueur, on pouvait répondre : Cette famille étant trop pauvre pour saler ses aliments, on a décerné une contrainte à raison de la quantité de sel qu'elle devrait consommer et qu'elle ne consomme point!

Il semble que les financiers aient voulu faire expier à notre pays les faveurs que lui a prodiguées la nature. La France, dont le climat tempéré produit le meilleur sel du monde, était, aux siècles derniers, le pays où le sel coûtait le plus cher[3]. Partout les bienfaits du ciel, pris à rebours, tournaient au préjudice du royaume. Ainsi, les bords de la mer ne sont guère propres qu'au pâturage, et l'on défendait aux bestiaux d'en approcher, de peur qu'on ne leur fit boire gratuitement l'eau salée du rivage. Le sel est salutaire aux animaux comme à l'homme ; il rend

[1] Ordonnance des gabelles, titre XVII, art. 5.
[2] Necker, *Administration des finances*, t. II, p. 21.
[3] *Mémoire sur les impositions*, t. III, p. 58. Composé par ordre de la cour de France, 1769. Imprimerie royale.

le lait des vaches plus abondant, la laine des moutons plus fine ; mais son extrême cherté forçait les paysans à priver leur bétail de cette nourriture, et les terres humides d'un engrais qui leur est excellent. Il est en Provence des cantons où la nature forme le sel d'elle-même : la ferme y envoyait chaque année des gardes qu'on appelait la *bande noire*, qui veillaient jusqu'à ce que les pluies eussent fait fondre et emporté cette richesse naturelle[1]. Enfin la France est le pays de l'univers qui produit les vins les plus variés, les meilleurs, et cependant l'impôt des *aides* était si intolérable, surtout depuis les ordonnances de Louis XIV, que les vignerons, découragés et endettés, arrachaient les vignes et réduisaient les trois quarts du royaume à ne boire que de l'eau. Au témoignage de Bois-Guillebert, on faisait huit lieues de chemin dans les routes vicinales sans trouver à apaiser sa soif[2].

Ici encore, il est impossible de dépouiller entièrement aux yeux du lecteur la ténébreuse législation des aides. C'est comme une vaste machine dont les rouages innombrables se croisent dans une obscurité favorable à l'oppression. Les financiers eux-mêmes ne la connaissaient que bien imparfaitement, mais la fantaisie rapace des agents de la ferme était là qui suppléait à l'insuffisance de leur savoir. Et, comme pour ajouter encore à cette obscurité, la ferme avait inventé une langue barbare, dont le sens n'était compréhensible qu'au moment où elle se traduisait en exactions cruelles.

Avant d'arriver au consommateur, le vin avait sup-

---

[1] Letrosne, *Administration provinciale*, p. 145, in-4.
[2] *Détail de la France*, p. 197 de l'édition Guillaumin. — M. Henri Martin, dans le tome XIII de son *Histoire de France*, a vigoureusement réfuté les assertions historiques de Bois-Guillebert ; mais ce dernier écrivain, quoique un peu passionné, n'en conserve pas moins de l'autorité pour les faits purement économiques.

porté une telle quantité de droits, qu'il était d'un prix exorbitant pour le peuple, sans avoir indemnisé le vigneron de sa culture et de ses avances. Six semaines après la vendange, les commis visitaient les caves, celliers et pressoirs, inventoriaient les vins, confisquaient ceux qu'on n'avait point déclarés, et, comme le particulier ne pouvait consommer qu'une quantité de vin fixée par les règlements, genre de servitude qui est peut-être sans exemple dans l'histoire de l'ignorance opprimée, l'employé de la ferme exigeait, pour le surplus, le payement des droits de gros, sous le nom de *gros manquant*. Le peuple des villes était également exercé, c'est-à-dire sujet aux mêmes perquisitions, et, s'il avait excédé la consommation permise, il était censé avoir vendu en fraude, et sur cette pure supposition, il payait le droit de détail qu'on appelait *trop bu*[1] !

Augmentés, modifiés, doublés, accumulés sous divers règnes, supprimés quelquefois, toujours rétablis, les droits d'*aides* en ce qui touche le vin, la bière et les liqueurs seulement, présentent une nomenclature effrayante. La denrée ne pouvait faire un mouvement sans en acheter la permission, sans la payer[2]. A l'entrée et à la sortie des villes, à l'entrée de certaines provinces, sur les chemins, sous les ponts, dans les auberges, dans les cabarets, partout et à chaque pas, la pièce de vin rencontrait des commis chargés de lever les droits de gros et augmentation, d'anciens cinq sous, de nouveaux cinq sous, de subvention, de quatrième, d'octroi des villes, de don gratuit..., que sais-je ? des inspecteurs aux boissons dont l'office était de prélever des sous pour livre[3], des lieutenants de ferme qui percevaient les *douze deniers des conservateurs*, des courtiers-gourmets pour

---

[1] *L'Antifinancier*, p. 10.
[2] Lettres patentes du 13 février 1725.
[3] Arrêt du conseil du 24 mars 1637.

goûter le vin, moyennant dix sous par muid, des jaugeurs pour mesurer la futaille, moyennant cinq sous, et d'autres courtiers encore et d'autres jaugeurs qui, par suite des étranges révolutions de la finance, étaient venus s'arroger des droits nouveaux sous un nom toujours le même[1].

La bière était également sujette aux visites, aux contrôles; elle était dégustée par des essayeurs qui touchaient trente-cinq sous par muid. Et ainsi, sous prétexte de protéger les consommateurs par la surveillance de l'État, on les pressurait de mille façons; sauf à leur bien prouver qu'on n'avait après tout qu'un médiocre souci de leurs intérêts, lorsque par des ordonnances successives l'on supprimait les offices, en continuant de lever l'attribution au profit du roi.

Mais pourquoi faut-il que dans le récit des malheurs passés nous retrouvions si souvent l'histoire des calamités présentes? Quelle est donc la secrète puissance qui donne à l'injustice une durée si longue, et par quelle force invisible se maintiennent donc les maux les plus exécrés? Après tant de batailles livrées par nos pères et dans le champ de la pensée et sur la terre qu'ils ont trempée de leur sang, pourquoi faut-il que le pauvre soit toujours attelé seul au chariot, toujours accablé du même faix, frappé des mêmes coups; qu'enfin, sous des noms qui varient sans cesse, l'antique oppression ne change point?

Les droits de détail formant la partie la plus considérable du produit des *aides*[2] et se percevant pinte à pinte, c'est sur le menu peuple que retombe ici le principal fardeau, et il en va de même pour les autres impôts compris dans la ferme des aides. Alors, comme au-

---

[1] Déclaration du 10 octobre 1689.
[2] *Mémoire sur les impositions en France*, t. III, p. 406.

jourd'hui, les droits sur la viande, appelés *inspecteurs aux boucheries*, furent égaux pour des qualités inégales ; les riches eurent ce privilége que le poisson frais fut taxé au même taux que le poisson salé ; le vin des tables somptueuses au même taux que le vin grossier du peuple[1]. Que dis-je? on vit la ferme percevoir chaque année sans honte des droits d'entrée sur quelques hottées de marc données par charité à une famille de mendiants, qui allait se faire une méchante boisson en jetant des seaux d'eau sur cette lie du pressoir[2].

Le côté moral de l'impôt des aides en était le plus triste. Il entretenait dans les cœurs la haine de l'État et le désir constant de le frauder. C'était, tout le long des barrières intérieures du royaume, une dispute éternelle. Des deux cent cinquante mille hommes chargés de lever tous les divers genres d'impôts, vingt-sept mille étaient occupés à tourmenter les citoyens, à fouiller leurs maisons et leurs caves, à sonder leurs tonneaux, à compter leurs bouteilles. Et que de piéges tendus aux contribuables! que de fourberies! Tantôt un espion travesti, un faux mendiant vient demander en gémissant un verre de vin, pour signaler ensuite comme vendeur le citoyen charitable ; tantôt on découvre dans la maison d'un honnête homme la denrée de contrebande que viennent d'y cacher des gardes dont la parole fait foi. La fraude vient de ceux-là même qui la doivent réprimer!

Tous les pays du monde ont eu l'idée de clore les confins de leur territoire. Il était réservé à la France d'établir des douanes dans son intérieur, de rendre des provinces étrangères l'une à l'autre, de les tenir dans un état d'hostilité réciproque, d'élever, pour ainsi dire, des Pyrénées en plein royaume. Un tel désordre offensa l'in-

---

[1] Monthyon, *Particularités sur les ministres des finances*, p. 29.
[2] Darigrand, *l'Antifinancier*, p. 17.

telligence de Colbert. Dans la pensée de reculer un jour les douanes aux frontières, il voulut rendre partout uniforme son redoutable et fameux tarif de 1664, mais une moitié de la France environ ayant refusé d'obéir à ce tarif, forma les *provinces réputées étrangères*, l'autre moitié composa les *provinces des cinq grosses fermes*, et l'altération du langage répondant aux mesures qui défiguraient la patrie, on appela du nom bizarre d'*étranger effectif*, l'Alsace, la Lorraine, les Trois-Évêchés qui communiquaient librement avec l'Allemagne, ainsi que les ports francs, tel que Marseille, Dunkerque, Bayonne, Lorient [1].

On ne sait plus aujourd'hui ce que veulent dire ces mots de *rêve, haut passage, imposition foraine, trépas de Loire, triple cloison d'Angers, comptablie*, etc., qui, avant la Révolution, servaient à désigner les différents droits payés aux douanes provinciales. Chose étrange! on avait déployé, pour entraver la circulation du commerce, plus de génie qu'il n'en fallait pour la rendre facile. Que des hommes graves eussent employé leur vie à ranger par ordre alphabétique, dans des volumes in-folio, toutes les marchandises du globe, depuis l'aloès jusqu'à la véronique, depuis l'albâtre jusqu'au zinc, et à rechercher avec patience quel droit devait frapper le mouvement de ces matières [2], on peut déjà s'étonner et sourire; mais comment concevoir qu'au sein même du pays, entre Français, l'échange des denrées et leur transport se trouvât hérissé d'obstacles sans nombre, quand on songe que le souverain croyait par là travailler à son profit?

Nos rivières, nos fleuves étaient pour les marchands des voies redoutées. Sur les bords de la Loire, par

[1] Ordonnance de 1687, titre I, art. 5.
[2] Necker, *Administration des finances*. t. II, p. 182.

exemple, s'élevaient une suite de bureaux où les commis attendaient le voyageur au passage pour le rançonner, en levant des droits de *traite* au nom de l'État, des *péages* au nom des communautés ou des seigneurs. Forbonnais nous apprend que de Saint-Rambert en Forez jusqu'à Nantes, on ne comptait pas moins de vingt-huit péages, et l'opulente abbaye de Fontevrault en imposait un chaque année pendant quinze jours de janvier et quinze jours de mai [1]. Des surprises effroyables, quelquefois les pures fantaisies de la force étaient les origines de la plupart de ces droits. Le connétable Lesdiguières, de son autorité privée, avait établi sur le Rhône la douane de Valence pour l'entretien de ses troupes ; elle fut maintenue pendant deux siècles, malgré les clameurs du commerce. « Ce subside, disait-on, a eu la naissance et l'accroissement d'un crocodile, et en peu de temps il s'est rendu l'effroi de ceux qui voyagent par eau, ainsi que des marchands qui vont par terre. Les marchands effrayés s'éloignent de ce passage comme d'un coupe-gorge. S'ils y tombent, on les y fait languir des semaines entières avant que de composer du payement, et la liberté ne leur est rendue que lorsqu'on a vu le fond de leur balle et de leurs bourses [2]. » Mais un seul trait suffit à peindre cette tyrannie insensée des douanes provinciales. Après avoir fait trois ou quatre mille lieues, après avoir échappé aux tempêtes et aux pirates, les denrées venues de la Chine ou du Japon ne coûtaient en France que trois ou quatre fois ce qu'elles avaient coûté au Japon ou en Chine ; tandis qu'une mesure de vin, en passant de l'Orléanais dans la Normandie, devenait au moins vingt fois plus chère : valant un sou à Orléans, elle se payait vingt et même

[1] Letrosne, *Administration provinciale*, p. 188.
[2] Discours d'un député de Lyon aux états du Dauphiné, dans Forbonnais, *Recherches sur les finances*, t. I, p. 41.

vingt-quatre sous en Normandie ; de sorte que les douanes provinciales étaient six fois plus terribles pour le commerce des liqueurs que n'eussent été les tempêtes et les pirates et l'Océan presque entier à parcourir [1].

On peut juger maintenant combien désastreuse était, avant la Révolution, la situation du peuple. Pour la changer, qu'allait-on faire ? et quel principe devint l'arme des penseurs ?

Au-dessus des appartements de madame de Pompadour, à Versailles, il y avait un entre-sol obscur où vivait le médecin de la favorite, François Quesnay, homme instruit et ingénieux, qui passait sa vie à méditer sur l'agriculture, à en calculer les produits, et qui aspirait à fonder sur ses calculs une science nouvelle. Dans son étroite demeure, et tandis qu'à ses pieds se croisaient les intrigues de la politique et de l'amour, Quesnay rassemblait à sa table les philosophes de son temps : Diderot, d'Alembert, Helvétius, Buffon ; des amis qui bientôt deviendraient ses disciples, et un homme qui, à son tour, serait maître : Turgot [2].

Élevé à la campagne, Quesnay avait soigneusement analysé ce qui se passait sous ses yeux, et il en avait conservé des souvenirs qui venaient donner à ses discours une grâce et une couleur absentes de ses écrits. L'autorité de sa parole, son expérience fécondée par la méditation, la nouveauté de ses aperçus ou plutôt de ses définitions, le tour systématique de son esprit, lui valurent des prosélytes dont sa modestie lui fit des admirateurs. Bientôt il forma autour de son fauteuil une école qui allait remplir la seconde moitié du dix-huitième

---

[1] *Factum de la France*, par Bois-Guillebert, p. 512 de l'édition Guillaumin.

[2] *Mémoires de Marmontel*, t. II, p. 28, 34. — *Mémoires de madame du Hausset*.

siècle d'agitation et de bruit. Dans ses visiteurs entrevoyant des adeptes, tantôt il les prenait un à un pour les endoctriner, tantôt les rassemblant avec une gravité douce, il leur exposait des théories qui devaient avoir sur la marche de la Révolution une influence incalculable, et dont voici la substance[1] :

— L'homme vit de produits matériels. D'où les tire-t-il? de la terre. Donc c'est la *matière* qui constitue le caractère essentiel de la richesse, et c'est la *terre* qui en est la véritable source.

Mais pour mettre la terre au service de l'homme, que faut-il ?

D'abord, un champ propre à la culture, des bâtiments pour le laboureur, des écuries pour les chevaux, des magasins pour les fruits. Ce sont les *avances foncières*.

Que faut-il encore ? Des bestiaux, des charrues, divers instruments aratoires, des semences. Ce sont les *avances primitives*.

Est-ce tout ? ne faut-il pas pourvoir à mille travaux dispendieux, semer, cultiver, récolter ? ne faut-il pas nourrir les ouvriers agricoles, alimenter les animaux domestiques ? Ce sont les *avances annuelles*.

De ces trois sortes d'*avances*, également productives, puisque leur concours donne naissance à la récolte, les premières sont faites par le propriétaire ; les deux dernières par le cultivateur.

Maintenant, supposons la récolte faite : ce que vous avez dû dépenser pour vous la procurer, n'aurez-vous pas à le dépenser encore pour vous en procurer une nouvelle? Ne vous faudra-t-il pas, en semences, en nourriture pour les animaux, en salaires pour les ouvriers, une somme égale au moins à celle de l'année qui vient de finir ? Et à cette somme n'y aura-t-il pas lieu d'en ajouter une

[1] Ceci est un résumé exact des doctrines de Quesnay et de ses disciples, Mercier de La Rivière, Letrosne, Baudeau, etc.

autre destinée à la réparation de la charrue endommagée, ou au renouvellement des outils détériorés par un long usage, ou au remplacement du cheval hors de service? Il y a donc à prélever sur la récolte présente, en vue de la récolte future: 1° la totalité des *avances annuelles*; 2° l'entretien des *avances primitives*. Ce sont les reprises du cultivateur.

L'excédant, c'est l'intérêt des *avances foncières*, c'est le revenu du propriétaire, c'est le PRODUIT NET.

Toucher par l'impôt aux reprises du cultivateur, on ne le pourrait sans porter un coup mortel à la récolte future; car, si les dépenses que la culture réclame sont diminuées, la culture en souffrira, et si l'on réduit trop les profits légitimes du cultivateur, il fuira la campagne et cherchera l'industrie des villes. Il n'est donc qu'un produit qui soit vraiment libre, vraiment disponible, et sur lequel on doive asseoir tout l'impôt[1]: c'est le revenu du propriétaire, le *produit net*.

Mais prenons garde! si le *produit net*, attaqué par l'impôt, cessait d'être assez considérable pour intéresser le propriétaire à la culture du sol, il arriverait bientôt que le capital déserterait l'agriculture; que les champs cultivés feraient place à des landes et à des déserts; que la grande source des jouissances, des richesses, de la vie des nations se trouverait tarie. D'où cette conséquence que l'augmentation du PRODUIT NET est le but le plus élevé que se puisse proposer la sagesse des gouvernements. Qu'ils ne craignent donc pas de pousser à la cherté des subsistances[2]. Le haut prix des denrées enrichira le propriétaire; le propriétaire, enrichi, s'attachera au sol; mieux cultivée, la terre multipliera ses dons; et, l'abondance se ré-

---

[1] Quesnay, *Maximes générales*. Voy. Impôt non destructeur.

[2] Quesnay, *Maximes générales*. « Qu'on ne fasse point baisser le prix des denrées. — Qu'on ne croie pas que le bon marché est profitable au même peuple. » Maximes XVIII et XIX.

pandant au moyen des échanges sur la nation entière, l'ouvrier des manufactures aura pour payer son pain devenu plus cher, un salaire devenu plus fort. —

Telles furent les premières déductions de Quesnay. Et déjà il est facile d'entrevoir la portée d'une doctrine si simple en apparence et si candide. Quoi! le procédé sauveur qu'on allait vanter comme la découverte d'un génie bienveillant et tutélaire, c'était le renchérissement du blé! c'était le haut prix de l'aliment qui ne fait vivre le pauvre qu'en l'empêchant tout juste de mourir! On venait affirmer au peuple que si son pain commençait par devenir plus cher, son travail finirait par être plus largement rétribué; mais quel serait son sort pendant le temps que l'équilibre mettrait à s'établir? Et puis, en admettant, chose très-controversable, que la hausse dans les prix dût être compensée par une hausse exactement équivalente dans les salaires, à quoi se réduisait cette compensation pour le malheureux qui, manquant d'ouvrage, ne touche point de salaire, pour le travailleur atteint d'une infirmité subite, pour le malade? Quesnay oubliait trop qu'ici les chiffres alignés par lui représentaient des hommes, et qu'il y a des situations où la cherté du pain est un arrêt de mort. Aussi, que de clameurs quand fut enfin divulgué le secret de l'école nouvelle! Mauvais juge des causes, selon le mot de Galiani, mais grand connaisseur des effets, le peuple trembla de perdre ce qu'il s'agissait de faire gagner aux propriétaires. Il se défia d'une théorie qui allait nier la solidarité humaine et dont l'esprit se trahissait dans ces mots imprudents, irréparables : seuls les cultivateurs forment la *classe productive;* le reste est une *classe stérile.*

Et c'était là, en effet, ce que le médecin de Louis XV avait dû conclure de son principe. Ayant déclaré que la terre était l'unique source des richesses, il fut amené à n'admettre d'autre *classe productive* que celle des cultivateurs. L'artisan, le marchand, le médecin, le philosophe, le savant, l'artiste..., *classe stérile* [1].

Il est bien vrai que, pour Quesnay et son école, le mot dépassait ici la mesure de la pensée. Ils n'avaient garde de méconnaître l'utilité des fonctions diverses que leur vocabulaire semblait flétrir; mais cette utilité, au point de vue économique, ils la jugeaient secondaire. Un d'eux, le plus spirituel peut-être, écrivait à madame de***, en expliquant le catéchisme de l'école : « Vous voyez, madame, dans un simple déjeuner, réunies sous vos yeux et sous vos mains, les productions de tous les climats et des deux hémisphères. La Chine a vu former ces tasses et ce plateau; ce café naquit en Arabie; le sucre dont vous l'assaisonnez fut cultivé en Amérique; le métal de votre cafetière vient du Potose; ce lin, apporté de Riga, fut façonné par l'industrie hollandaise; nos campagnes ne vous ont fourni que le pain et la crème[2]. » Et, après avoir montré l'univers servant, en vertu des prodiges de l'industrie et du négoce, au déjeuner de madame, l'auteur se contentait d'appeler agréables et jugeait dignes tout au plus d'un salaire honnête, des services qui représentaient mille obstacles surmontés, des dangers sans nombre affrontés avec courage, une énergie trompée quelquefois, mais toujours puissante, les mers triomphalement parcourues, la nature conquise.

Et si l'on demande sur quoi se fondait la prééminence absolue accordée par Quesnay et ses disciples aux cultivateurs, le voici :

« Pendant que l'artisan travaille, disaient-ils, que le philosophe médite, que le marchand fait voyager la ri-

---

[1] Quesnay, *Dialogues sur le commerce et les travaux des artisans.* Collection des économistes, édit. Daire, chez Guillaumin.

[2] L'abbé Beaudeau, *Explication du Tableau économique*, § 6, p. 846 de l'édition Daire.

chesse, que l'artiste s'occupe à charmer notre vie, ne faut-il pas qu'ils subsistent? Et d'où leur viennent les moyens de subsistance sinon de la terre? La terre nourrit donc ceux qui ne la cultivent pas, avec l'excédant laissé disponible par la nourriture de ceux qui la cultivent. Donc cet excédant, ce *produit net* sert à solder tous les travaux de l'industrie, du commerce, de l'intelligence. Le propriétaire, possesseur du *produit net*, voilà le vrai dispensateur des largesses de la nature, le distributeur des trésors de la terre, le suprême caissier de l'industrie. Et quant au créateur du *produit net* ou cultivateur, quel autre que lui a droit aux honneurs de la production? Sans doute, l'artisan ajoute une valeur à la matière qu'il façonne, mais qu'importe si, pendant son travail, il consomme une valeur égale? Seul, celui-là mérite le nom de *producteur* qui crée à la fois pour lui et pour les autres. Et tel est précisément le cultivateur, puisqu'il tire du sein de la terre sa subsistance d'abord, et, en outre, le *produit net*, c'est-à-dire le prix avec lequel se payent, la source à laquelle viennent puiser trafiquants, artistes, manufacturiers, médecins, hommes de lettres, avocats, savants, tous ceux enfin qui, n'étant pas cultivateurs, forment l'autre partie active de l'humanité. »

Ainsi, la doctrine de Quesnay, qu'on appela Physiocratie, gouvernement de la nature, aboutissait à diviser la société en trois classes : la classe des *propriétaires*, subdivision de la *classe productive*, la classe des cultivateurs ou *classe productive* proprement dite, la *classe stérile*, comprenant l'ensemble des artisans, des marchands, des artistes.

Encore si les physiocrates avaient honoré du nom de producteur le malheureux qui se fatigue et qui meurt à creuser le sillon où l'épi mûrira! Mais ils auraient craint d'outrager le cultivateur, qui paye, en élevant jusqu'à lui le pauvre paysan, qui est payé; et, à leurs yeux, la *classe productive* était caractérisée, même aux champs, non par le travail, mais par la dépense.

Notez bien ce point de départ : vous aurez à vous en souvenir lorsque, plus tard, après la séance du Jeu de Paume, au bruit du canon tiré sur la Bastille, au sein des cris d'enthousiasme poussés vers le ciel par un peuple qui devait se croire affranchi, l'Assemblée constituante divisera la nation en citoyens actifs et citoyens inactifs, et confiera au hasard les intérêts de la pauvreté.

Combien, en revanche, était enviable, combien splendide la part faite au propriétaire par les physiocrates ! Placé au sommet de la classe productive, on le supposait investi de la plus haute des fonctions sociales ; et, pour la remplir, il n'avait qu'à jouir de sa fortune. Seul assis au festin, son rôle était de consommer tranquillement ses revenus, tandis que, rangés autour de la table, les artisans et autres membres de la classe stérile viendraient offrir au maître, en échange de ses restes, les fruits de leur industrie et de leur talent.

Et cependant, il arriva que, par une préoccupation étrange, les propriétaires furent saisis d'effroi. Quesnay, on l'a vu, avait demandé que tous les impôts fussent remplacés par un impôt territorial unique. Les propriétaires n'aperçurent que ce côté d'une théorie qui enflait démesurément leur importance, leur faisait une oisiveté pompeuse, et tendait à mettre à la place de l'ancienne aristocratie militaire une aristocratie rustique. Il leur échappa que ce surcroît d'impôt dont on semblait menacer leurs revenus, Quesnay entendait bien le faire payer indirectement à l'industrie par le haut prix des denrées. Ils poussèrent donc tous un même cri d'alarme; et l'opulent Voltaire écrivit contre les physiocrates son conte de l'*Homme aux quarante écus*.

D'autre part, l'émotion fut générale, et parmi les financiers tels que Forbonnais, et parmi les partisans de l'égalité tels que Jean-Jacques Rousseau ou Mably. Né dans une république sans territoire et qu'avait enrichie la fabrication des montres, Necker se disposa par l'étude au combat; et les physiocrates eurent à compter avec cet abbé italien, avec ce Galiani, dont le rire était presque aussi redoutable que celui de Voltaire. La lice venait de s'ouvrir : on s'y précipita en foule. Les uns y entraient, conduits par le bel esprit; les autres, par un secret besoin d'agitation; quelques-uns par une crainte passionnée des résultats. Car, au fond, il s'agissait de savoir si, l'ancienne aristocratie une fois par terre, on se résignerait à en subir une nouvelle; si, en acceptant la division de la société en *classe productive* et *classe stérile*, on laisserait s'introduire dans le langage des formules contraires au grand dogme de la solidarité humaine, si, grâce à l'apothéose tout à fait imprévue et bizarre du PRODUIT NET, on souffrait que l'opulence oisive s'installât à la place d'honneur dans le gouvernement des sociétés. Aussi l'attaque fut-elle vive et pressante.

« D'où vous vient, criait-on aux physiocrates, cette hardiesse d'insulter par des distinctions arbitraires à la majesté de l'intelligence et à la fécondité de l'industrie ? Non, la richesse n'est pas seulement dans la matière, elle est dans la matière appropriée aux besoins de l'homme, à ses jouissances, et marquée à son empreinte. Le blé, pour nous, serait-il une richesse si l'industrie humaine n'en devait faire du pain ? Le mariage de la nature et de l'homme, l'union de la matière et du travail, voilà ce qui crée la richesse. Vous avouez que les travaux des manufactures, du négoce, de l'intelligence, sont d'une grande utilité; il ne vous déplaît pas qu'on les encourage, qu'on les honore, et même, au besoin, qu'on les admire... Et pourtant, quiconque ne *dépense* pas en vue de l'exploitation directe du sol, est rejeté par vous dans la *classe stérile !* Ou votre doctrine ne roule que sur de vaines subtilités de langage, sur des jeux de mots ; ou elle a une signification sérieuse, et, dans ce cas, elle est évidemment fausse. Quoi ! celui-là était de la classe productive qui fit tirer de la carrière le bloc de marbre destiné au ciseau de Phidias, et Phidias était de la classe stérile ! Voici un champ sur lequel la charrue passe pour le féconder : et le propriétaire qui n'a pas fait le champ, méritera mieux le nom de producteur que le charron, qui a fait la charrue ! Mettons les producteurs d'un côté, dites-vous, et les façonneurs de l'autre. Eh ! ne voyez-vous pas qu'en réalité le travail agricole est tout simplement une façon donnée à la terre? L'agriculture, c'est la manufacture du sol, comme la pêche est la manufacture des mers. Que si vous voulez aller au fond des choses, il n'y a que des façonneurs ici-bas : le vrai producteur, c'est Dieu. »

Mais les physiocrates jouissaient à la cour d'un crédit qui les animait à la lutte. Madame de Pompadour entourait leur maître de sa puissante amitié ; et Louis XV les protégeait de son insouciance. Lorsque, à la fin de 1758, Quesnay publia son *Tableau économique*, c'était le roi qui, de ses mains, avait tiré les premières épreuves[1]. Bientôt Quesnay eut à son service des plumes ardentes et dévouées. Coup sur coup, et sans parler du marquis de Mirabeau, auquel nous réservons une place à part, Mercier de La Rivière publia *l'Ordre naturel des sociétés politiques*, et Dupont, de Nemours, *la Physiocratie*, que devait suivre, à quelques années d'intervalle, le traité de *l'Intérêt social*, par Letrosne : ouvrages pesants et ténébreux qui auraient médiocrement servi la doctrine, si elle ne s'était échappée du fond des livres pour se répandre en feuilles volantes. Quesnay avait été des pre-

---

[1] Dupont, de Nemours, *Notice sur les Économistes*, imprimée en tête de l'*Éloge de Gournay*, par Turgot. Édit. Guillaumin.

miers à saluer dans l'opinion la souveraine des temps modernes. Un jour, un homme en place ayant dit devant lui : *C'est par la hallebarde qu'on mène un royaume.* — *Et qui mène la hallebarde ?* repartit le philosophe[1]. Les physiocrates voulurent donc avoir des journaux, et ils en eurent.

Cependant, une autre école s'était formée. Aussi passionné pour le négoce que le médecin de madame de Pompadour l'était pour l'agriculture, M. de Gournay, intendant du commerce, avait observé un à un tous les phénomènes engendrés par le vieux système des prohibitions, des douanes, des priviléges, des maîtrises. Il avait vu le fabricant aux prises avec le texte des ordonnances, le négociant en guerre avec le fisc, l'ouvrier sous le joug des corporations. Que de lois, de statuts, de règlements ne fallait-il pas connaître ou consulter, avant de fabriquer une simple pièce d'étoffe ? Si elle n'était pas coupée régulièrement de trois aunes en trois aunes, si elle n'avait pas la longueur et la largeur déterminées, si elle dépassait le nombre de fils voulus, c'étaient aussitôt des amendes, des procès... Et quels procès que ceux où un fabricant qui ne savait pas lire était jugé par un inspecteur qui ne savait pas fabriquer[2] ! Depuis longtemps les peuples commerçants par excellence, l'Angleterre, la Hollande, avaient secoué ces entraves regardées par eux comme les derniers restes de la barbarie ; et Gournay qui, tantôt voyageur pour son instruction, tantôt négociant pour son profit, avait pu contempler s'agitant sous ses yeux, de Cadix à Hambourg, le plus grand commerce de l'univers, Gournay avait puisé dans sa longue expérience la haine du principe d'autorité en matière d'économie politique. Il fallait une formule à cet empire de

---

[1] Eugène Daire, *Notice sur la vie et les travaux de Quesnay*, p. 16, collection des Physiocrates.

[2] *Éloge de Gournay*, par Turgot, t. I, des Œuvres, p. 268.

l'individualisme qui allait être inauguré; Gournay la trouva : Laissez faire, laissez passer.

Ce qui devait naturellement séparer l'école de Gournay de celle des physiocrates, on le devine. Comment des penseurs qui professaient le culte de l'industrie et du commerce auraient-ils consenti à reconnaître la prééminence du laboureur? Aussi eut-on, sur ce point, quelque peine à s'entendre. Mais les deux écoles avaient une tendance commune : l'individualisme; et elles eurent une commune devise : Laissez faire, laissez passer.

Et en effet, dans sa fameuse théorie du *produit net*, le chef des physiocrates n'avait pas manqué de conclure à la liberté absolue du propriétaire. Il voulait que, chargé de tout l'impôt, le propriétaire pût hausser selon son caprice le prix de sa denrée, emmagasiner au lieu de vendre, porter ses grains à l'étranger[1], user enfin et abuser, sans aucun correctif à sa liberté, sans aucune limite, si ce n'est la liberté des autres propriétaires, c'est-à-dire la Concurrence.

Ainsi deux hommes, partis de deux points différents, celui-ci élevé dans une ferme, celui-là dans un comptoir, après avoir cheminé séparément dans le domaine de la réflexion, en étaient venus à se rencontrer tout à coup à un certain poteau de la route, où était écrit le mot *liberté*. Ce mot, il s'agissait de le bien comprendre. Et que de malheurs épargnés au peuple si on l'avait défini par la fraternité, sans laquelle le faible ne devient libre que dans l'abandon! Mais le principe d'autorité avait tellement fatigué le monde que les penseurs aboutissaient presque tous à la victoire du principe opposé, à l'affranchissement pur et simple de l'individu. Propriétaire ou commerçant, riche ou pauvre, l'homme allait être livré

---

[1] *Maximes générales.* « ... Qu'on n'empêche point le commerce extérieur des denrées du cru. »

à lui-même. Il était censé connaître son intérêt mieux que personne ; et à cet orgueil, à cette passion de l'intérêt privé l'on ouvrait l'espace. Plus de surveillants, plus de gardiens, plus de barrières, dut-on ajouter : plus de tutelle! L'individu était son maître : Laissez faire, laissez passer.

Les deux écoles n'en firent donc qu'une et, prenant le même nom, celui d'*Économistes*, elles marchèrent, sous des drapeaux amis[1], au double triomphe de la bourgeoisie par l'agriculture et le commerce.

Or, un homme, au dix-huitième siècle, résume les économistes, c'est Turgot ; et un livre résume leurs doctrines, c'est le traité de Turgot sur *la Formation et la Distribution des richesses.*

Vainement chercherait-on dans ce traité quelques-uns de ces aperçus neufs, de ces traités inattendus par où se révèlent les conquêtes d'un puissant esprit. Disciple respectueux de Quesnay, si Turgot fut lui-même, comme nous l'avons dit, honoré du titre de maître, il le dut uniquement à l'estime que son caractère inspirait et à la dignité de sa vie. Mais l'importance historique de ses écrits est justement dans la fidélité avec laquelle ils reproduisent l'ensemble des tendances, des idées, des sophismes de toute une école, et de l'école qui enfanta, sous le rapport économique, la Révolution de 89.

Le traité de la *Formation et Distribution des richesses* ne fait que reprendre, sur la division de la société en trois classes, sur la prééminence de l'agriculture, sur la nature et l'origine du *produit net*, les diverses propositions que nous avons déjà passées en revue ; nous nous bornerons donc à demander au livre de Turgot si la théorie des économistes apportait aux hommes du peuple leur charte d'affranchissement.

---

[1] Voy. la *Notice sur les Économistes*, de Dupont, de Nemours.

Écoutez : « Le simple ouvrier, qui n'a que ses bras et son industrie, n'a rien qu'autant qu'il parvient à vendre à d'autres sa peine. Il la vend plus ou moins cher ; mais ce prix, plus ou moins haut, ne dépend pas de lui seul : il résulte de l'accord qu'il fait avec celui qui paye son travail. Celui-ci le paye le moins cher qu'il peut ; comme il a le choix entre un grand nombre d'ouvriers, il préfère celui qui travaille au meilleur marché. Les ouvriers sont donc obligés de baisser le prix à l'envi les uns des autres. *En tout genre de travail, il* DOIT *arriver et il arrive que le salaire de l'ouvrier se borne à ce qui lui est nécessaire pour lui procurer sa subsistance*[1]. »

Voilà le phénomène décrit avec beaucoup d'exactitude. C'est ainsi en effet que les choses se passent sous l'empire de l'individualisme ; dans une société où chacun rapporte tout à soi ; dans cette lice où, poussés par la concurrence, les malheureux prolétaires sont forcés de se disputer le travail ainsi qu'une proie, au risque de s'entre-détruire. Mais n'y a-t-il pas en tout ceci désordre, injustice ou violence ? Quand le fort est d'un côté, le faible de l'autre, la liberté du fort n'est-elle pas l'immolation du faible ? Questions profondes, et que Turgot n'a garde de s'adresser ! Le principe auquel on a trouvé, de nos jours, cette lâche et cruelle formule : *Chacun pour soi, chacun chez soi*, Turgot a eu le malheur de l'adopter, et, le principe une fois admis, si les conséquences sont funestes, qu'y faire ? *Cela doit arriver.* Oui, sans doute, il *doit arriver* que l'ouvrier soit réduit au strict nécessaire, quand on a pris pour point de départ le droit individuel ; mais en serait-il de même dans un régime de fraternelle association ?

Turgot prouve excellemment que le travail des esclaves produit peu parce que l'esclave n'a pas un intérêt suffi-

[1] *Réflexions sur la formation et la distribution des richesses*, § 6.

sant au succès de l'œuvre[1]; et cette considération, il l'oublie quand il s'agit du labeur de l'ouvrier libre, libre en droit, mais esclave de la misère. Qu'il y ait une flagrante et injuste inégalité dans la répartition des peines et des récompenses, sous l'aveugle dictature du laissez-faire, Turgot ne s'en émeut pas ; il ne voit là qu'un résultat naturel du cours des choses ; il décrit et semble craindre de juger.

Rien de plus vif et de mieux senti que la manière dont Turgot énumère et fait valoir les services du capital dans l'industrie[2] ; mais, comme toute l'école qu'il représente, Turgot établit entre le capital et le capitaliste une confusion entièrement arbitraire et fausse, pour arriver à cette conclusion que la nécessité de l'un entraîne la légitime souveraineté de l'autre. D'ailleurs, si le capital est indispensable, le travail l'est-il moins ? Si le capital exprime la richesse d'hier, n'est-ce pas le travail qui en tirera celle de demain ? Et quand on vous dit que le salaire du travailleur doit seulement représenter ce qui empêche de mourir..., est-ce qu'à défaut de votre raison, votre cœur n'a rien à répondre ? Singuliers et tristes entraînements de la logique dans un système erroné ou incomplet ! Turgot, homme de bien, fut conduit par son principe jusqu'à la théorie de l'usure. On concevrait de reste qu'il eût proclamé le droit du prêteur, en le faisant dériver de l'utilité sociale ; mais non, ce droit paraissait à Turgot si absolu, si indépendant de toute idée de bien public et de devoir fraternel, qu'il ne voulait même pas qu'on donnât pour motif au prêt à intérêt le service rendu à l'emprunteur[3]. Non ; pour que

---

[1] *Réflexions sur la formation et la distribution des richesses*, § 23.
[2] *Ibid.*, § 61.
[3] Voici ses propres termes : « Le profit qu'on peut se procurer avec de l'argent est sans doute un des motifs les plus fréquents qui déterminent l'emprunteur à emprunter moyennant un intérêt; c'est une des sources de

le prêteur eût droit d'élever à son gré le niveau de ses exigences, « il *suffisait* que son argent fût à lui. »

Combien étaient plus nobles, plus dignes d'un génie élevé, ces belles paroles de Law : « L'argent n'est à vous que par le titre qui vous donne le droit de l'appeler et de le faire passer par vos mains, pour satisfaire à vos besoins et à vos désirs : hors ce cas, l'usage en appartient à vos concitoyens, et vous ne pouvez les en frustrer sans commettre une injustice et un crime d'État. »

Qu'on rapproche les deux doctrines, et qu'on décide !

Il faut tout dire : Turgot proclama, il proclama en termes magnifiques *le droit de travailler*. Ce sera, dans l'avenir, un de ses titres d'honneur. Avant la chute définitive d'un régime où l'on avait osé faire du travail un privilége *domanial* et *royal*, c'était beaucoup que de mettre le travail au nombre des propriétés imprescriptibles.

Ne vous y trompez pas, toutefois : Turgot n'alla jamais jusqu'à reconnaître *le droit au travail*. Il voulait bien qu'on laissât les pauvres libres de développer leurs facultés, mais il n'admettait pas que la société leur dût les moyens d'y parvenir. Il entendait bien qu'on supprimât les obstacles qui peuvent naître de l'action de l'autorité, mais il n'imposait pas à l'État l'obligation de servir de tuteur aux pauvres, aux faibles, aux ignorants. En un mot, c'était *le droit de travailler* et non *le droit à travailler* qu'il admettait : distinction capitale et dont on n'a point assez jusqu'ici creusé la profondeur.

Que servait de crier au prolétaire : « Tu as le droit de

---

la facilité qu'il trouve à payer cet intérêt; mais ce n'est point du tout ce qui donne droit au prêteur de l'exiger ; il suffit pour cela que son argent soit à lui, et ce droit est inséparable de la propriété. »

Et un peu plus haut : « Puisque l'argent est à lui, il est libre de le garder ; rien ne lui fait un devoir de le prêter ; si donc il le prête, il peut mettre à son prêt telle condition qu'il veut. » § 74.

travailler, » quand il avait à répondre : « Comment voulez-vous que je profite de ce droit? Je ne puis semer la terre pour mon compte : en naissant, je la trouve occupée. Je ne puis me livrer ni à la chasse ni à la pêche : c'est un privilége de propriétaire. Je ne puis cueillir les fruits que la main de Dieu fit mûrir sur le passage des hommes: ils ont été *appropriés* comme le sol. Je ne puis couper le bois, extraire le fer, instrument nécessaire de mon activité : grâce à des conventions auxquelles on ne m'appela point, ces richesses que la nature semblait avoir créées pour tous, sont devenues le partage et le patrimoine de quelques-uns. Je ne saurais donc travailler sans subir les conditions que vont me faire les détenteurs des instruments de travail. Si, en vertu de ce que vous nommez la liberté des contrats, ces conditions sont dures à l'excès ; si l'on exige que je vende mon corps et mon âme ; si rien ne me protége contre le malheur de ma situation ; ou même si, n'ayant pas besoin de moi, les distributeurs du travail me repoussent... que vais-je devenir? Me restera-t-il la force d'applaudir à la chute des tyrannies à face humaine, quand je me serai débattu en vain contre la tyrannie des choses? Me croirai-je vraiment libre, lorsque viendra pour moi l'esclavage de la faim? Le droit de travailler me paraîtra-t-il un don bien précieux, lorsqu'il me faudra mourir d'impuissance et de désespoir au sein de mon droit? »

Le droit, considéré d'une manière abstraite, n'était donc qu'un mirage propre à entretenir le peuple dans le tourment d'un espoir toujours trompé. Tel que le définissaient les économistes du dix-huitième siècle, tel que le comprenait et le proclama Turgot, le droit ne devait servir qu'à masquer ce que l'inauguration de l'individualisme avait d'injuste et l'abandon du pauvre de barbare.

Ce fut, pourtant, cette définition de la liberté qu'allaient adopter les révolutionnaires de 89 ; mais, pour la changer, pour en donner une meilleure, d'autres révolutionnaires devaient se lever, et à ceux-ci nous entendrons dire : « La liberté consiste non dans le Droit mais dans le Pouvoir accordé à l'homme d'exercer, de développer ses facultés, sous l'empire de la justice et la sauvegarde de la loi. »

On vient de voir combien était fausse et dangereuse la doctrine des économistes du dix-huitième siècle. Ne nous hâtons pas, cependant, de les condamner. Ils adoptèrent avec une passion aveugle le principe d'individualisme parce que le principe contraire, celui d'autorité, avait fait d'une réaction violente la nécessité de l'époque. Quand une baguette a été courbée dans un sens, on ne la redresse qu'en la courbant encore, et dans le sens contraire : telle est la loi des révolutions. Sachons la respecter en gémissant ; sachons tenir compte, même à ceux qui se sont trompés, du bienfait de leurs erreurs, si elles ont contribué à en détruire de plus graves et de plus funestes. Mais à ceux-là seulement notre admiration, qui devançant leur époque, ont eu la gloire de pressentir l'aurore et le courage d'en saluer la venue. Car enfin, élever une voix indépendante et fière, quand on a contre soi le mugissement public ; s'attaquer à la puissance, qui vous calomniera, au profit d'une foule qui ne vous comprend point ou qui vous ignore ; être à soi-même son encouragement, sa force, son espérance ; d'une âme indomptable et dans une sainte avidité de justice, aller vers le but sans regarder si l'on est suivi, puis, arrivé sur des hauteurs dont on n'a fait qu'indiquer la route à son siècle attardé, achever de vivre dans l'amère solitude de son intelligence et de son cœur, ah ! voilà ce qui est digne d'un éternel hommage, et c'est pour ceux qui furent capables d'un tel effort que doit fumer l'encens de l'histoire.

Nous avons exposé les doctrines de Turgot : ses actes

furent d'un citoyen vertueux et d'un administrateur dévoué. Intendant de la province du Limousin dans le temps même où il composait son livre, il se fit aimer, il se fit bénir. Ses revenus, employés noblement, soulagèrent les pauvres. Il ouvrit des routes de communication. Il apprit au peuple le bienfaisant usage des pommes de terre [1]. Il supprima la corvée dans son intendance [2]. Mais, chose qui ne saurait être trop remarquée! Turgot ne put accomplir tout le bien auquel le poussaient les inspirations de son âme, qu'en tenant une conduite contraire souvent à ses écrits. « Il combattit l'égoïsme, dit un de ses plus ardents panégyriques [3], il le combattit fortement, et même par des mesures coercitives. » N'était-ce pas aller au delà des principes sur lesquels il avait fait reposer le droit du prêteur? Il organisa des ateliers de charité : n'était-ce pas entrer dans le système de l'intervention de l'État en matière d'industrie? Il écrivit en tête d'une instruction adressée aux bureaux de charité, ces touchantes, ces admirables paroles : *Le soulagement des hommes qui souffrent est le devoir de tous et l'affaire de tous :* n'était-ce pas condamner cette théorie de la concurrence qui fait du sort des pauvres l'affaire du hasard? Turgot ne fut donc pas toujours conséquent à ses principes : ne le lui reprochez pas ; c'est sa gloire.

On peut juger maintenant des efforts qui furent tentés, au dix-huitième siècle, en faveur du droit individuel ; mais le droit social n'y manqua point de défenseurs, bien qu'en désaccord avec le mouvement général des esprits.

[1] Nougaret, t. V, p. 75. *Règne de Louis XVI.*
[2] Et Monthyon ajoute qu'il y procéda d'une manière irrégulière, ayant employé au rachat de la corvée des fonds destinés à des décharges d'impositions en faveur des contribuables qui avaient éprouvé des pertes dans leur récoltes. *Particularités sur les ministres des finances*, p. 181.
[3] Eugène Daire, *Notice historique sur Turgot*, p. xliv. Édit. Guillaumin.

Dès 1755, Morelly avait posé, dans un livre intitulé *Code de la nature*, les bases d'un nouveau système social. Il importe d'en faire connaître ici les points principaux :

« Maintenir l'unité indivisible du fonds et de la demeure commune ;

« Établir l'usage commun des instruments de travail et des productions ;

« Rendre l'éducation également accessible à tous ;

« Distribuer les travaux selon les forces, les produits selon les besoins ;

« Conserver autour de la cité un terrain suffisant pour nourrir les familles qui l'habitent ;

« Réunir mille personnes au moins, afin que, chacun travaillant selon ses forces et ses facultés, consommant selon ses besoins et ses goûts, il s'établisse sur un nombre suffisant d'individus une moyenne de consommation qui ne dépasse pas les ressources communes, et une résultante de travail qui les rende toujours assez abondantes ;

« N'accorder d'autre privilége au talent que celui de diriger les travaux dans l'intérêt commun, et ne pas tenir compte, dans la répartition, de la capacité, mais seulement des besoins, qui préexistent à toute capacité et lui survivent ;

« Ne pas admettre les récompenses pécuniaires : 1° parce que le capital est un instrument de travail qui doit rester entièrement disponible aux mains de l'administration ; 2° parce que toute rétribution en argent est ou inutile ou nuisible : inutile, dans le cas où le travail, librement choisi, rendrait la variété et l'abondance des produits plus étendues que nos besoins ; nuisible, dans le cas où la vocation et le goût ne feraient pas remplir toutes les fonctions utiles ; car ce serait donner aux individus un moyen de ne pas payer la dette de travail et de s'exempter des devoirs de la société sans renoncer aux droits qu'elle assure[1]. »

Utopie, va-t-on s'écrier! rêve d'un penseur qui sans doute méditait à l'écart! Morelly, en effet, paraît avoir fort peu mêlé sa vie à l'histoire de son temps, soit crainte des persécutions, soit dédain philosophique. Mais ce qui est remarquable, c'est que son utopie fut aussi celle d'un homme qui, ayant traversé les affaires publiques, y avait déployé une rare habileté. Secrétaire du cardinal de Tencin, lorsque Tencin était ministre, Mably avait passé plusieurs années à faire le travail dont un autre recueillait les profits; il avait étudié les dépêches de tous les cabinets de l'Europe, conduit des négociations importantes, et acquis par une laborieuse expérience la pratique du pouvoir, pour lequel il semblait né. Comment, après avoir ainsi manié les hommes et les choses, en vint-il à embrasser le culte d'un ordre social si différent de celui où il avait été applaudi, où il avait brillé, et dont il savait mieux que personne qu'on n'ébranlerait pas facilement les bases? Mably était doué d'une intelligence assez puissante pour secouer le joug des idées reçues aveuglément et caressées depuis l'enfance; Mably avait un grand cœur : voilà l'explication. Aussi le trouverez-vous, si vous interrogez les souvenirs de sa vie, fier avec mesure, brusque par honnêteté, méprisant les distinctions vaines, se défiant du poison des richesses, tantôt répondant aux avances d'un haut personnage : « Je le verrai quand il ne sera plus en place, » tantôt refusant un fauteuil à l'Académie pour n'avoir point à prononcer un éloge menteur, arrivant enfin sans fortune mais sans reproche à un âge avancé, et, même alors, économisant sur un revenu de trois mille livres

---

[1] Nous empruntons textuellement cette courte et substantielle analyse du système de Morelly, à son ingénieux et savant éditeur, M. Villegardelle. Voy. le *Code de la nature*, p. 14. Édit. de 1841.

de quoi secourir les indigents et grossir le petit héritage que sa reconnaissance destinait à un vieux domestique.

Mably pensait donc, d'accord en cela avec la raison de Morelly et le sentiment de Jean-Jacques, que les hommes sont *inégaux* en facultés et en besoins, mais *égaux* en droits; il pensait que, chacun d'eux ayant reçu de Dieu la loi d'être utile et de vivre, tous ils ont un droit *égal* à développer leurs facultés et à jouir des conditions de l'existence. La justice, il la faisait consister à exiger davantage de qui peut davantage, et à donner plus à qui la nature imposa plus de besoins. Si ma force est double, je dois porter un double fardeau. Si je retiens comme superflu ce qui est nécessaire à mon voisin pour qu'il exerce son droit de vivre, non-seulement je substitue à l'idée de société l'idée de guerre, mais je m'oppose à l'accomplissement de la loi divine, et je suis impie[1].

Comme application de ces principes, et conformément au système de Morelly, son devancier, Mably proposait à la société la famille pour modèle, la famille où la répartition des charges se fait selon les forces et celle des fruits selon les besoins, la famille où il y a commandement désintéressé de la part du père, obéissance volontaire de la part des enfants, surcroît de sollicitude et de dépenses pour l'être infirme et malade.

Quant à la famille elle-même, il va sans dire que, dans ce système, elle était religieusement maintenue. Le mariage, dans le code de Morelly, n'est à la vérité ni une affaire de convenance sociale ni un marché d'argent: c'est une sainte et inviolable union de deux âmes l'une vers l'autre attirées. Toutefois, le divorce est per-

---

[1] Voy. en entier le chapitre II du *Traité de la législation ou principes des lois*. Œuvres complètes de l'abbé de Mably, t. IX. 1792.

mis ; mais après dix années de mariage seulement, et moyennant certaines formalités tout à fait analogues à celles qui, depuis, ont été prescrites par le Code civil[1]. Si les enfants reçoivent une éducation commune, c'est à l'âge où il devient nécessaire de les former aux devoirs de la société. Jusque-là, qu'on les laisse grandir sous l'aile des parents : est-il rien de comparable à ce que sait, devine et peut apprendre l'amour d'une mère ? « Les mères, dit Morelly, allaiteront elles-mêmes leurs enfants[2], » et il n'admet qu'un motif pour les dispenser de ce devoir : l'impossibilité absolue et prouvée de le remplir.

Morelly et Mably étaient, d'ailleurs, convaincus que, loin de rendre la hiérarchie impossible, leur système de fraternel accord était le seul moyen de l'asseoir sur des fondements solides, inattaquables[3]. Quel intérêt la médiocrité aurait-elle à briguer les premiers emplois, lorsque le commandement aurait cessé d'être une source de priviléges et, sans rapporter plus de profit, imposerait de plus grands devoirs ? Nul doute que chacun ne tendît à se classer lui-même d'après sa vocation particulière et ses aptitudes, là où toutes les fonctions seraient tenues pour également honorables et pesées dans la même balance.

Il n'y avait pas à craindre que la paresse s'installât au sein d'une association privée des stimulants de l'égoïsme. Morelly et Mably niaient résolûment que la paresse fût un vice naturel à l'homme. La paresse, disait Morelly, vient uniquement « des distinctions qui, jetant les uns dans l'oisiveté et la mollesse, ont inspiré aux autres du dégoût et de l'aversion pour des devoirs forcés...

---

[1] Morelly, *Code de la nature*, p. 167 et suiv.
[2] *Ibid.*, p. 169.
[3] *De la législation ou principes des lois*, Œuvres complètes de Mably, t. IX, chap. II.

Il est si vrai que l'homme est une créature faite pour agir, et pour agir utilement, que nous voyons cette espèce d'hommes que l'on nomme riches et puissants, chercher le tumulte fatigant des plaisirs pour se délivrer d'une oisiveté importune[1]. » Que ne faisait-on du travail un plaisir en le dégageant du caractère odieux que lui impriment l'excès, l'interdiction du choix et la contrainte? On redoutait la paresse! Eh bien, qu'on lui donnât le nom qu'elle mérite en effet dans toute association libre : qu'on appelât le paresseux un voleur. Le point d'honneur, si efficace sur un champ de bataille, était-il impossible à introduire dans un atelier ? On avait amené les hommes à sacrifier à l'honneur le plus cher des biens, la vie : ne les pouvait-on amener à sacrifier à l'honneur quelques heures d'un lâche repos? Et la paresse ne serait-elle pas bannie de la société, le jour où reculer devant le travail serait devenu aussi honteux que reculer devant l'ennemi? A Mercier de La Rivière, à Turgot, à l'école entière des économistes qui donnaient l'âpreté du gain pour l'unique aiguillon de l'activité humaine, Mably opposait le souvenir de l'établissement fondé au Paraguay par les Jésuites[2]. Il aurait pu citer encore l'exemple des *Frères Moraves* dont le nombre s'était élevé, sous la direction de Hutter, jusqu'au chiffre de soixante-dix mille, et qui, de l'aveu des historiens détracteurs de l'anabaptisme, avaient formé la plus active, la plus féconde famille de travailleurs qui ait jamais paru dans le monde[3].

Tandis que, perdus dans une foule qui se précipitait vers l'individualisme, quelques hommes courageux et

---

[1] *Code de la nature*, p. 79.
[2] *Doutes proposés aux philosophes économistes sur l'ordre naturel et essentiel des sociétés.* Œuvres complètes de Mably, t. II, lettre 1re.
[3] Voy. l'*Histoire des Anabaptistes*, par Catrou, liv. IV, p. 130. Paris, 1706.

convaincus reprenaient ainsi l'impérissable tradition conservée, à travers les siècles, par la philosophie platonicienne, par le christianisme, et par les Albigeois, les Vaudois, les Hussites, les Anabaptistes, la doctrine qui allait devenir dominante rencontrait dans les défenseurs du despotisme pur d'habiles et fougueux adversaires. L'école économiste que Morelly et Mably attaquaient au nom de la fraternité, Linguet l'attaqua au nom d'un système dont le dernier mot eût été l'esclavage oriental. Rien de plus odieux que l'idéal politique de Linguet ; rien de mieux conduit que sa guerre aux économistes. On en jugera par le passage suivant : « L'esclave était nourri lorsqu'il ne travaillait pas. Mais le manouvrier libre, qui est souvent mal payé lorsqu'il travaille, que devient-il lorsqu'il ne travaille pas ? Qui est-ce qui s'inquiète de son sort ? A qui en coûte-t-il quelque chose quand il vient à périr de langueur et de misère ? Qui est-ce qui est par conséquent intéressé à l'empêcher de périr ?... L'esclave était précieux à son maître, en raison de l'argent qu'il lui avait coûté. Mais le manouvrier ne coûte rien au riche voluptueux qui l'occupe. Du temps de la servitude, le sang des hommes avait quelque prix ; ils valaient du moins la somme qu'on les vendait au marché. Depuis qu'on ne les vend plus, ils n'ont réellement aucune valeur intrinsèque. Dans une armée, on estime bien moins un pionnier qu'un cheval de caisson, parce que le cheval est fort cher et qu'on a le pionnier pour rien. La suppression de l'esclavage a fait passer ce calcul de la guerre dans la vie commune, et, depuis cette époque, il n'y a point de bourgeois à son aise qui ne suppute en ce genre comme font les héros[1]. »

Mais il était encore trop tôt pour la fraternité, et il était déjà trop tard pour le despotisme. Vainement les idées

---

[1] Linguet, *Théorie des lois civiles*, liv. V, chap. 30.

socialistes du dix-huitième siècle furent-elles servies par Jean-Jacques Rousseau dans son *Contrat Social*, par Helvétius lui-même dans certains passages de son *Traité de l'homme*, par Diderot dans quelques-unes de ses bonnes inspirations. L'individualisme envahissait irrésistiblement la société. Mably le sentait bien lui-même, et mainte page de ses écrits[1] prouve qu'il ne se faisait aucune illusion sur la puissance des idées par lui combattues.

Comment s'y tromper, en effet? Des philosophes célèbres, des littérateurs applaudis, de graves magistrats, la plupart des habitués de l'*Encyclopédie*, des ministres, des prélats, tels avaient été les premiers économistes. On distinguait parmi eux, et à côté de Turgot, de Mercier de La Rivière, de Dupont de Nemours, de Letrosne, le cardinal de Boisgelin, M. de Malesherbes, M. de Cicé, archevêque de Bordeaux, les deux Trudaine, l'ancien ministre d'Invau, l'illustre chimiste Lavoisier, l'abbé Raynal, de Saint-Péravy, et, tirailleurs infatigables de cette nouvelle armée, l'ardent journaliste Baudeau, l'abbé Morellet, l'abbé Roubaud enfin, celui à qui Voltaire écrivait: « J'ai pour vous une estime aussi illimitée que doit l'être, selon vous, la liberté illimitée du commerce[2]. » Car Voltaire, qui avait besoin d'appuis, ne tarda pas à demander grâce, par d'ingénieuses flatteries, pour les attaques de *l'Homme aux quarante écus*. D'autant que, mieux comprise, la doctrine des économistes n'avait rien dont pût s'alarmer le seigneur de Ferney, lui qui disait, après Turgot: « Le grand nombre doit vivre de sa peine[3]. »

N'oublions pas que l'école économiste était dirigée ou appuyée par des nobles, des grands seigneurs, des sou-

---

[1] Voy. notamment le chap. IV de la *Législation*, liv. I.
[2] *Correspondance de Voltaire*, t. XXII, lettre CCCXLII.
[3] Voltaire, *Siècle de Louis XIV*.

verains même. Le marquis de Condorcet, le chevalier de Jaucourt, Turgot, issu d'une des plus anciennes familles de Normandie, le marquis de Mirabeau, voilà ceux qui poussaient à la chute définitive de la féodalité française, aux applaudissements du chancelier de Lithuanie, du grand-duc de Bade, de milord Lansdowne, de l'archiduc Léopold, de l'empereur Joseph II [1].

Comme il arrive dans les écoles naissantes, où l'on se dédommage par l'orgueil de n'avoir pas encore l'empire, ce qui n'était qu'une doctrine fort controversable fut appelée LA SCIENCE; on ne salua plus que du nom de MAÎTRE le médecin de madame de Pompadour; et les apôtres du *laissez-faire* donnèrent à leur polémique le ton d'une intolérance hautaine. Du reste, on les vit, dès le commencement, déployer une activité louable à déraciner les préjugés qui tenaient le travail captif, à démasquer les traitants, à glorifier l'agriculture, à défendre le peuple des villes exclu des jurandes ou rançonné par elles, et le peuple des campagnes qu'on écrasait d'impôts, qu'on poussait à coups de bâton, sans paye, sans pain, à la corvée des chemins publics. Livres, brochures, pamphlets, feuilles périodiques, tout fut employé par la secte pour gagner définitivement cette puissance souveraine et déjà grondante : l'opinion. Une même année (1765) vit paraître le *Journal d'agriculture*, qui eut pour rédacteurs Dupont, de Nemours, et l'abbé Roubaud, et les *Éphémérides du citoyen*, qui, à peine fondées contre les économistes, furent mises à leur service par l'abbé Baudeau, adversaire subitement converti [2]. Impatiente de se produire, la doctrine prenait toutes les formes. Saint-Lambert lui prêtait le langage de la poésie dans *les Saisons*; elle se glissait à la Comédie-Française dans le

---

[1] Notice de Dupont, de Nemours, servant de préambule à l'*Éloge de Gournay*, Œuvres de Turgot, tome II de la collection Guillaumin.

[2] *Notice sur l'abbé Baudeau*, par Eugène Daire. Collection Guillaumin.

drame¹ d'*Albert I*ᵉʳ ; et il n'était pas jusqu'aux personnages des opéras-comiques de Favart² qui n'eussent charge de populariser les maximes du *Tableau économique*.

Mais un écrivain qui a survécu sous le nom d'*Ami des hommes*, c'était le titre de son premier ouvrage, le marquis de Mirabeau, père du fameux orateur, avait déjà répandu à profusion dans une suite de livres avidement recherchés et les idées de Quesnay et les siennes propres, bientôt rangées sous la discipline du maître. *Fils aîné de la doctrine*, comme il s'appelait lui-même³, il en avait été le propagateur le plus turbulent ; à lui l'honneur de présider les assemblées des économistes. Il les recevait tous les mardis à sa table, et son caractère répondait parfaitement à son rôle. Passionné pour l'agriculture, patron du paysan, lui-même était un noble rustique, une espèce de gentilhomme du Danube, qui parlait avec attendrissement du pauvre peuple, quoique tout plein de l'orgueil de sa race. « Depuis cinq cents ans, disait-il, on a souffert des Mirabeau qui n'étaient point faits comme les autres ; » et, sans doute pour se singulariser autant que ses ancêtres, il affectait d'être simple au milieu des habits brodés. Il fulminait contre les *conquêtes de l'Écritoire*, lui si fier d'avoir composé cinquante volumes⁴. Humoriste paradoxal et spirituel, plutôt que d'écrire la langue de tout le monde, il gonflait son style d'hyperboles, de néologismes. Il y entassait avec tant de bizarrerie les idées et les phrases, qu'il aurait couvert de ridicule la science des économistes, si, d'autre part, ses ouvrages n'eussent été vivants, remplis quelque-

---

¹ Joué le 4 février 1775, à la Comédie-Française.
² *Les Moissonneurs*, donnés à la Comédie-Italienne.
³ *Éloge de Quesnay*, par Mirabeau, *Éphémérides du citoyen*, 1775.
⁴ Voy. sa lettre au bibliothécaire de Milan, dans les *Mémoires*, par Lucas Montigny.

fois d'une originalité vraie, semés d'heureuses boutades et d'éclairs. Ses défauts mêmes profitèrent à la doctrine et la mirent en vogue, tant il y avait de relief dans ses livres confus où, remuant tout sans rien éclaircir, il soutenait tantôt les petits contre les grands, tantôt les grands contre les *brouillons;* accablait de ses mépris les courtisans qui demandent l'aumône en talons rouges ; et ne vantait que la noblesse d'autrefois : celle qu'il nous montre buvant trop, dormant peu, jouant à la paume ou battant le fer dans les salles d'armes, à cheval de grand matin pour la chasse, et menant une vie dure, agreste et loyale[1].

Le marquis de Mirabeau eût été presque un homme de génie s'il y avait eu de l'ordre dans sa tête ; mais, à la seconde génération, ce chaos se débrouilla, et il en sortit le plus grand orateur des temps modernes.

Amphitryon des économistes, le marquis de Mirabeau était bien véritablement leur aîné. Toutes leurs idées, il les avait, avant eux, agitées dans ses livres. Au temps même où Quesnay donnait à l'*Encyclopédie* ses célèbres articles *Grains et Fermiers,* Mirabeau avait publié son Traité de la population : *l'Ami des hommes*[2]*;* et déjà il y énonçait plusieurs principes chers aux économistes. Il vantait la liberté absolue du commerce des grains comme l'unique moyen de prévenir les disettes, et il résumait ainsi son opinion : « Pour maintenir l'abondance dans le royaume, que faut-il faire ? Rien[3]. »

Dans la *Théorie de l'impôt,* dont les hardiesses déplurent fort à Voltaire, il avait dénoncé avec une verdeur sans égale les traitants, leurs mensonges, leurs rapines, leur

---

[1] *Ami des hommes,* t. I, p. 141.

[2] L'ouvrage proprement dit ne se compose que de trois volumes. Il fut publié en 1756. Plus tard, on a compris sous le titre général d'*Ami des hommes* d'autres ouvrages de Mirabeau, étrangers au premier.

[3] *L'Ami des hommes,* t. III, Commerce étranger, p. 40.

tyrannie, les accusant d'avoir investi les villes, épuisé les campagnes, et appauvri à ce point une terre naturellement fertile, qu'il n'y restait plus, pour ainsi parler, que des chercheurs de trésors après la dévastation du Pérou[1]. Reprenant l'aphorisme imprimé de la main même de Louis XV : *Impositions indirectes : pauvres paysans ; pauvres paysans : pauvre royaume*, il le rendait sensible en disant : « L'impôt direct sur la glèbe est le plus utile à la glèbe, attendu que, ni plus ni moins, elle supporte tous les autres ; mais la différence est grande de porter d'aplomb ou de côté[2]. »

Ce qui avait particulièrement exercé le bon sens du marquis en donnant prise à sa verve désordonnée et à sa mordante hyperbole, c'était la question des corvées. Campagnard, il savait mieux que personne combien la corvée était ruineuse, et pour le paysan traîné à trois lieues de sa demeure, condamné à des travaux qui ne rapportaient ni salaire ni nourriture ; et pour le fermier qui voyait avec peine découcher ses chevaux par les intempéries du ciel ; et pour l'État qui, en échange de chemins imparfaitement construits et qu'une colonie de taupes pouvait détruire en un an[3], venait enlever à l'agriculture des journées d'un prix inestimable.

Ainsi, même avant que Dupont, de Nemours, Mercier de La Rivière, l'abbé Baudeau l'eussent mise en lumière, la théorie de Quesnay avait trouvé dans le marquis de Mirabeau un défenseur impétueux, incisif, sans clarté, sans méthode, mais non sans relief ; et par lui fut ouverte cette série de travaux que devait couronner plus tard avec tant d'éclat, en les redressant et les complétant, le livre du célèbre Anglais Adam Smith.

Tel était donc le mouvement des esprits, lorsqu'un

---

[1] *Théorie de l'impôt.* Entretien V.
[2] *Introduction au Mémoire sur les états provinciaux*, p. 72.
[3] *L'Ami des hommes*, t. I, p. 120.

champ de bataille s'offrit tout à coup aux doctrines rivales.

« Vers l'an 1750, dit Voltaire[1], la nation, rassasiée de vers, de tragédies, de comédies, d'opéras, de romans, d'histoires romanesques, de réflexions morales plus romanesques encore, et de disputes théologiques sur la grâce et sur les convulsions, se mit enfin à raisonner sur les blés. On oublia même les vignes pour ne parler que de froment ou de seigle. On écrivit des choses utiles sur l'agriculture : tout le monde les lut, excepté les laboureurs. On supposa, au sortir de l'Opéra-Comique, que la France avait prodigieusement de blé à vendre. Enfin, le cri de la nation obtint du gouvernement, en 1764, la liberté de l'exportation. » On exporta aussitôt ; mais une année stérile étant survenue, des plaintes s'élèvent, le peuple s'émeut, le gouvernement se trouble, et la question de la liberté du commerce des grains agite, d'un bout de la France à l'autre, le monde des intelligences. Elle était grave en soi, cette question, puisqu'il y allait de la subsistance du peuple ; mais ce qui ajoutait à l'intérêt de la querelle et lui donnait un véritable caractère de grandeur, c'est qu'elle mettait aux prises les deux écoles qui se disputaient l'empire de la société.

On remarquait, à cette époque, mêlé à la foule des économistes, quoiqu'il ne partageât point leurs principes, un Napolitain d'un rare talent et plein de pensées, homme d'esprit qui cachait un homme d'État, tête de Machiavel sur un corps de bouffon[2]. C'était un abbé, mais un abbé du dix-huitième siècle, c'est-à-dire un prêtre philosophe, au propos leste, aux allures cyniques, ayant manié tous les livres, même le bréviaire, ayant tout approfondi et pouvant apporter dans chaque question les lumières d'une

---

[1] *Dictionnaire philosophique*, art. *Blé*.
[2] *Mémoires de Marmontel*, t. II, p. 121.

intelligence originale et forte. Il ne manquait ni les mercredis de madame Geoffrin, ni les jeudis du baron d'Holbach, ni les petits soupers où sa verve jaillissait en étincelles, quand elle n'éclatait pas en traits de génie. Accueilli avec une sorte de crainte dans le cercle des économistes, tantôt il les abordait par des objections imprévues et leur montrait quelque vérité fine à travers le scandale de ses paradoxes ; tantôt, monté sur une table en bateleur[1] et tenant à la main sa perruque dont il faisait comme le pivot de ses plaisanteries, il s'étudiait à exciter l'hilarité de son auditoire. Mais un moment venait où les rires s'éteignaient tout à coup. On s'étonnait ; on se sentait troublé. Car le bouffon avait disparu, il ne restait plus que Machiavel ; et, souvent, ceux qui n'étaient venus que pour applaudir à un moqueur charmant, se retiraient marqués des griffes de l'aigle.

Voilà quel homme les économistes, dans la question des grains, allaient avoir pour adversaire. Ils avaient choisi comme point de départ le droit individuel : Galiani partit du droit social. Afin d'assurer au propriétaire de gros bénéfices en lui ouvrant un vaste marché, ils avaient vanté l'indifférence de l'État en matière de grains : Galiani les ramena vigoureusement aux vrais principes, en leur imposant la raison d'État associée aux plus chers intérêts du peuple.

Ce fut parmi eux un trouble inexprimable, lorsque dans ses *Dialogues sur le commerce des blés*[2], livre paradoxal, mais admirable de clarté et de force, de vivacité et de profondeur, Galiani s'écria : « Quelqu'un sait-il si la France a du superflu en blé ? Est-on bien sûr qu'en allant offrir du blé à son ennemi on ne va pas en priver son frère ? et comment le saurait-on, puisque la France

---

[1] *Mémoires de Morellet*, t. I, p. 131.
[2] Ces *Dialogues* roulent sur l'édit de 1764.

étant coupée de douanes intérieures, jamais les provinces abondantes n'ont encore pu secourir librement les provinces en détresse? Avant de permettre l'exportation, ne serait-il pas prudent de pourvoir à la libre circulation des grains dans l'intérieur du royaume? Quel sage économiste a pu demander qu'on laissât déborder le vase, avant de savoir s'il était rempli[1]? »

La théorie du droit individuel, qui de sa nature est absolu, avait amené les économistes à ne tenir aucun compte, dans la solution du problème, de la différence des climats, de la diversité des lieux ou des circonstances : Galiani, le long de son livre, promenait son interlocuteur par toute l'Europe ; il le conduisait à Gênes, à Naples, à Rome, en Espagne, en Angleterre, en Hollande, et lui montrant ici des républiques sans territoire, là des peuples agriculteurs sans marine, il lui apprenait à consulter les lieux, les temps, les circonstances, la géographie de la question. « J'en conviens, disait-il ironiquement aux économistes, l'agriculture est partout l'unique source des richesses, même à Genève, qui n'a pour terres labourables que le pavé de ses rues ! Vous admirez la prospérité de la Hollande, où le commerce des grains jouit d'une liberté entière ; et vous ne prenez pas garde, imitateurs inconsidérés, que, dans un pays stérile, le blé, au lieu d'être le revenu de la nation, en est la première dépense ! Montés sur leurs vaisseaux qui vont chercher du blé aux extrémités du monde, s'il le faut, les Hollandais peuvent-ils craindre la famine? Leur marine leur donne le marché de l'univers. Vous avez donc pris, en parlant de la Hollande, la dépense pour la recette et la recette pour la dépense ; légère méprise, en vérité[2] ! »

Mais, pouvait-on répondre du côté des économistes,

[1] *Dialogues sur le commerce des blés*, p. 135-138.
[2] *Ibid.*, p. 63 et suiv.

il n'appartient qu'à un peuple d'esclaves d'abandonner à ses chefs le soin de sa subsistance. Si le moine trouve toujours ouvertes, à l'heure sonnante, les portes du réfectoire, c'est qu'il est soumis à une discipline austère. Si le soldat n'a point à se mettre en peine de sa nourriture, c'est qu'il est dans son rôle d'obéir. « Je te nourrirai, tu me serviras, » voilà le contrat de la servitude. Le jour où un peuple est chargé de sa propre existence, il est reconnu majeur, il est affranchi. Ce côté de la question n'avait point échappé à la vue perçante du publiciste napolitain. Il reconnaissait que le soin d'entretenir l'abondance et le bas prix des grains était la préoccupation principale du pouvoir dans toutes les contrées de la servitude, au Caire, dans le royaume de Maroc, à Constantinople; il avouait que la politique du grand visir se résumait dans ces mots : *Il faut approvisionner Stamboul;* et il n'ignorait pas ce qu'était devenue Rome au temps où ses empereurs disaient : « Donnons à la multitude du pain et des spectacles. » Mais la prévoyance que les despotes s'imposent dans leur intérêt, Galiani ne pensait pas qu'on dût l'interdire aux tuteurs des peuples. Or, la France en était-elle à ce point qu'on y pût abandonner sans péril la vie de la multitude aux caprices de l'égoïsme encouragé par l'indépendance? Était-ce un peuple en état de parfaite santé que celui qu'on voyait courbé encore sous le double joug de la misère et de l'ignorance? Il aurait, du moins, fallu respecter la convalescence du malade, lui ménager une transition entre la clôture et le grand air. *Nil repente*, disait Galiani; et dans le fameux édit de 1764 il dénonçait une concession trop précipitée, trop aventureuse à l'esprit d'individualisme.

Au reste, les attaques de Galiani portaient sur l'application prématurée du principe, non sur le principe lui-même. Devinant à l'horizon la Révolution française, il avait soin de réserver l'avenir ; et il allait, dans ses prévisions, bien au delà du libéralisme de 89, lorsqu'il écrivait : « J'attends un code entier au lieu d'une seule loi. La politique ancienne, l'administration de nos pères, la police, fille aînée de la politique, roulaient entièrement sur la défiance réciproque du peuple et du souverain. Si la confiance prend sa place, il faut changer toute la machine. *Novus rerum mihi nascitur ordo :* un nouvel ordre de choses se présente à ma vue. »

Nous avons déjà dit que la secte des économistes était née de la réunion de deux écoles, dont l'une, sous le nom spécial de *Physiocratie*, penchait pour l'agriculture, l'autre pour le commerce. Bien que la bourgeoisie, au dix-huitième siècle, se sentît à la veille de pouvoir fonder sa puissance sur la possession d'une partie du sol, cependant le véritable levier de la classe ascendante n'était encore que dans la richesse mobilière ; et les physiocrates ne se seraient probablement pas maintenus, s'ils n'avaient pu se perdre dans les rangs des disciples de Gournay. La France bourgeoise était manufacturière, par essence ; et, en cette qualité, elle dut vivement applaudir aux coups que Galiani, dans son livre, vint porter aux sociétés purement agricoles : car la question des grains n'avait été pour Galiani qu'une occasion de se livrer aux plus vastes aperçus et de s'élever à un merveilleux examen des lois générales de la politique. C'est un tableau bien imprévu et bien saisissant que celui des nations agricoles tracé par Galiani dans ses *Dialogues*. Rien n'égale l'éclat qu'il a su donner ici à ses vues. Ses idées neuves, il les cache en quelque sorte sous son manteau comme des lanternes sourdes ; puis, les découvrant à l'improviste, il les présente aux yeux du lecteur et l'éblouit. Qui ne sait l'histoire du joueur, son caractère âpre et généreux, ses transes mortelles, et ses dettes et ses folies, son luxe mêlé d'indigence, ses superstitions, sa ruine presque inévitable? Eh bien, cette histoire, suivant Galiani, c'est celle d'un peuple exclusivement agricole[1]. Voyez ce laboureur : il jette des rouleaux de louis sur une vaste table de pharaon, qui est la terre ; mais ce sont les éléments qui tiennent la banque. L'inconnu est donc le dieu qu'un peuple agricole invoque toujours. Ballotté sans cesse entre la crainte et l'espérance, un peuple agricole est continuellement exposé à voir le sort déjouer ses calculs ; il croit aux maléfices : il est *superstitieux*. D'un autre côté, mâle, endurci au travail, et naturellement fier, il ne redoute point les combats : il est *belliqueux*. Mais la guerre est le luxe des nations : c'est par là qu'elles se ruinent quand elles n'ont pas assez de manufactures pour parer au surcroît de dépenses que la guerre entraîne. On aliène à vil prix, on emprunte à gros intérêt : c'est l'époque du joueur endetté. Chez un peuple agricole, les grands se laissent aller volontiers à opprimer les faibles, et il arrive un jour où la multitude, de désespoir, appelle à son secours le despotisme d'un seul ; le joueur est en prison : c'est la monarchie.

Ainsi, avec l'épi de blé qu'il avait ramassé sur son chemin, Galiani écrivait l'histoire de France. Et en effet, superstition, guerre, féodalité, despotisme, n'était-ce point là l'histoire de la nation française, tant qu'elle était restée agricole, c'est-à-dire jusqu'à l'épanouissement des manufactures au signal de Colbert?

Au dix-huitième siècle, les livres étaient des événements : l'ouvrage de Galiani produisit une impression immense et universelle. Les femmes le lisaient et le portaient dans leur sac à ouvrage. Voltaire fut émerveillé[2]. Turgot, passant en revue les économistes, ne trouvait point parmi eux un écrivain capable d'engager le com-

---

[1] *Dialogues sur le commerce des blés*, de la page 104 à la page 115.
[2] *Correspondance de Voltaire*, lettre MCCCLXXI, au comte d'Argental.

bat contre un jouteur aussi redoutable [1]. Ayant appris que l'abbé Morellet avait l'intention de réfuter Galiani, Turgot mit à le détourner d'une telle entreprise[2] une franchise honorable. Mais, quoique les conseils de Turgot fussent en général des ordres pour ses amis, Morellet eut l'imprudence d'entrer en lice. Inviolabilité absolue, permanente, du droit de l'individu sur sa chose, la *Réfutation* de Galiani par l'abbé Morellet ne sortait pas de ces limites. L'esprit du livre et de l'école qui l'inspira se trouve tout entier dans le passage suivant : « Un homme ne fait qu'un usage simple de sa propriété, de sa maison, lorsqu'il s'y met à couvert des injures de l'air, sans même ouvrir sa porte à celui qui souffre au dehors [3]. »

L'école des économistes prévalait cependant; chaque jour, son cercle s'étendait; et l'heure vint enfin où elle s'empara du pouvoir.

Le 10 mai 1774, Louis XVI montait sur le trône; et trois mois après, Voltaire écrivait : « Si Louis XVI continue, il ne sera plus question du siècle de Louis XIV. Je l'estime trop pour croire qu'il puisse faire tous les changements dont on nous menace. Il me semble qu'il est né prudent et ferme; il sera donc un grand et bon roi. Heureux ceux qui ont vingt ans comme lui, et qui goûteront longtemps les douceurs de son règne [4] ! »

Ce règne dont Voltaire saluait ainsi la bienvenue, commença par une imprudence. Louis XVI, qui avait des mœurs réglées et un caractère sérieux, se donna pour premier ministre et pour guide un vieux courtisan, en qui la frivolité n'était que le vernis d'une corruption

---

[1] Lettre de Turgot à mademoiselle Lespinasse, 26 janvier 1770.
[2] *Mémoires de Morellet*, t. I, p. 167.
[3] *Réfutation des Dialogues sur le commerce des blés*, cap. IV, p. 107 et 108. Londres, 1770.
[4] *Correspondance de Voltaire*, à madame d'Épinay.

systématique. Bientôt, sous l'œil et par la volonté du comte de Maurepas, le ministère fut complétement renouvelé. D'Aiguillon fit place au comte de Vergennes, le comte du Muy eut le portefeuille de la guerre; Maupeou fut remplacé par Hue de Miroménil; et Turgot, appelé d'abord à la marine, ne tarda pas à succéder à l'abbé Terray aux finances. Dans la personne de Turgot, les économistes étaient au gouvernail, et ils ne doutaient pas que, grâce au zèle, à l'intrépidité du nouveau contrôleur général, leurs idées n'allassent recevoir enfin une application éclatante.

Nous avons montré Turgot écrivain et administrateur : que serait le ministre?

Turgot avait une figure belle et sévère. Élevé pour l'état ecclésiastique, auquel la philosophie l'enleva, il avait apporté dans le monde des habitudes de réserve et de pudeur qui, ennoblies par son orgueil, en imposèrent à la frivolité de ses égaux. Si pour transformer, en la calmant, une société qui se sent mal à l'aise et qui s'agite, il suffisait de posséder une instruction vaste, Turgot eût été plus digne que personne de veiller sur l'ébranlement de son pays. Car il s'était essayé par l'étude dans toutes les directions et il avait fait en quelque sorte le tour de chaque science.

Mais son esprit manquait d'étendue. Il n'avait pas ce puissant coup d'œil qui, dès l'abord, mesure la portée d'un principe. De là ses erreurs et ses contradictions. Il aimait le peuple assurément, lui par qui tombèrent le monopole des corporations et la tyrannie des corvées ; et cependant, à la place de l'antique oppression, que venait-il proposer? La dignité de l'homme dans son isolement, sa grandeur dans son égoïsme, la guerre entre les intérêts sous le nom de concurrence, le délaissement du pauvre sous le nom de liberté, pour les forts la protection du laissez-faire, pour les faibles la dérisoire tutelle du hasard ! Ne vous étonnez pas si, dans son intendance du Limousin, il fit preuve pour le peuple d'une sollicitude paternelle ; si, après avoir proclamé en théorie la légitimité de l'usure, il essaya d'en combattre par des voies détournées l'humiliant et cruel empire ; s'il décréta la bienfaisance, après avoir prêché dans ses livres la religion du droit individuel, idole à laquelle devaient être immolées tant de victimes humaines..., Turgot avait de la droiture : comment le publiciste n'aurait-il pas été maintes fois dans lui réfuté par l'homme de bien ? Aussi est-ce le trait le plus saillant de sa vie, que ce contraste entre le mérite de ses actions et la fausseté de ses vues.

Sa bonté, au surplus, n'était que celle de l'esprit. Son austère éloignement pour les femmes fut une de ses faiblesses. Il ne connut pas cette généreuse tendresse du cœur qui, en échauffant l'intelligence, la féconde et l'éclaire. Il n'eut ni cette sensibilité forte qui résiste au contact glacé des affaires, ni cette imagination vive et réglée qui par l'attrait du beau nous conduit à la vérité aussi sûrement que la raison elle-même. Passionné, Turgot le fut, mais un peu à la façon des sectaires, et non comme doit l'être un homme d'État. Il faisait tenir le salut d'un peuple dans le triomphe mathématique d'une école. Disons-le sans détour : rien de tout à fait grand ne parut en lui, si ce n'est pourtant le courage.

Et toutefois, pas de rival, à cette époque, qu'on eût été en droit de lui opposer, à l'exception de Necker.

Né à Genève, il n'était encore connu que par un *Éloge de Colbert* que l'Académie avait couronné ; mais, dans cette œuvre, l'écrivain laissait deviner le ministre. Il est certain que Necker s'était senti de bonne heure la passion de gouverner, et ceux qui le connaissaient l'en jugeaient digne. Sa femme, douée des plus bienfaisantes vertus et d'un grand caractère, lui avait voué un culte mêlé de vénération et de tendresse ; et dans leur salon, où grandissait un enfant qui fut madame de Staël, il régnait une sorte de gravité officielle qui annonçait les projets de l'ambition.

S'il faut en croire Lavater, tout révélait dans Necker l'homme d'État et le philosophe. Ses sobres discours et le calme de son maintien disposaient aux sages pensées. On l'aimait sans familiarité; on le respectait sans embarras. Quand Lavater le vit, c'était après une de ces poignantes défaites qui remplissent de trouble les âmes vulgaires. Necker se montra sérieux, mais tranquille; avec une parfaite liberté d'esprit, avec une aisance naturelle, il fit au visiteur attendu les honneurs de sa maison; seulement, il parla peu, en homme qui s'est fait dans sa pensée un refuge contre les orages de la vie. Heureux s'il n'avait pas eu contre lui une fortune acquise trop rapidement, des spéculations trop bien conduites et un génie soupçonné!

Mais on lui aurait pardonné son opulence, peut-être; ce qu'on ne lui pardonna pas, ce fut son dédain pour les penseurs en vogue, ce fut l'indépendante supériorité de son esprit. Car il avait dénoncé le mensonge de certains mots pompeux avec lesquels on endort les douleurs de la multitude abusée; il avait compris et osé dire que le droit de vivre et d'être heureux est un leurre pour qui n'en a pas le pouvoir; que la liberté de l'indigent est un des modes de l'esclavage; que toute prétention de l'individu doit avoir le bien général pour règle, pour limite, et l'État pour juge.

Là fut le véritable crime de Necker aux yeux des économistes. Mais pendant qu'ils le poursuivaient de leur colère et quelques-uns de leurs calomnies; pendant qu'humilié de le haïr, Turgot cherchait à se cacher à lui-même les blessures de son orgueil en affectant pour son rival un mépris violent et faux, Necker s'attachait à ne combattre dans ses adversaires que leurs idées, et opposant à leurs injures une invincible politesse, il les accablait de sa modération.

Du reste, comme hauteur de vues et chaleur de sentiment, nul doute que Necker ne fût supérieur à Turgot.

Mais les opinions de ce dernier allégeaient singulièrement la charge du pouvoir. Détruire les obstacles, puis laisser faire, c'était gouverner, selon Turgot. Et s'il fallait, pour cela, le courage de l'homme d'action, on se pouvait passer de l'intrépidité du penseur. Necker voulait, au contraire, qu'on fît à l'autorité une laborieuse et grande situation. Suivre à travers les complications sociales, suivre d'un cœur ému et vigilant l'existence agitée du pauvre ; pourvoir à la subsistance de tous et à ce que chacun trouvât place dans le domaine sacré du travail ; avoir de la force pour les faibles, de la sagesse pour les ignorants ; défendre, sinon le bonheur, au moins le pain de la multitude contre le brutal régime de la concurrence et les désordres d'un antagonisme universel..., voilà par quels soins et par quelle sollicitude Necker entendait mériter l'honneur de gouverner un empire.

C'était demander à un ministre un ensemble de qualités qu'il ne fut pas donné à Necker de réunir. Il devait donc lui arriver, quand il serait aux affaires, d'être écrasé sous le poids de sa propre conception.

Armé d'un principe absolu, ne se proposant que d'abattre, et bien résolu à s'en reposer des suites sur la clairvoyance de l'intérêt privé, Turgot n'eut qu'à marcher droit devant lui. Il n'en fut pas ainsi de Necker, que possédait le désir de tout régler et de tout prévoir. Une fois monté sur le faîte, il se sentit des forces, une volonté inférieures à son idéal ; il eut peur d'être insuffisant ; il hésita entre la honte d'être inutile ou médiocre et la crainte de trop oser, d'autant plus indécis et troublé que son regard portait plus loin ; car l'indécision est le tourment de la clairvoyance.

Turgot s'éleva donc au-dessus de ses écrits ; Necker descendit au-dessous des siens.

Toutefois, la popularité de Necker fut immense, nous le verrons ; et rien ne devait manquer à son rapide triomphe, ni les acclamations de la place publique, ni l'enthousiasme des femmes, ni cette foule d'envieux que tout homme éminent traîne après lui, furieuse, impuissante, et condamnée à grossir de ses clameurs le bruit que la gloire fait en passant.

A peine arrivé au contrôle général, Turgot avait songé à y installer la doctrine des économistes ; et, le 13 septembre 1774, un arrêt du conseil ordonnait la libre circulation des grains dans l'intérieur du royaume. Toute l'école fut transportée de joie. Alors Necker prit la plume, et d'un sujet que Galiani semblait avoir épuisé, il fit sortir un livre puissant, un livre où régnait d'un bout à l'autre une grave éloquence, une émotion contenue, et dont certaines pages eussent pu être également avouées par un homme d'État et par un poëte. Ne cherchant dans la question des grains qu'une occasion de combattre, au profit du peuple, le système de l'individualisme, et remontant aux principes constitutifs des sociétés, Necker les soumettait à un examen aussi élevé qu'audacieux.

Celui qui, dans l'origine, planta quelques pieux autour d'un terrain et y jeta la semence, aurait-il jamais obtenu à ce seul titre le privilége exclusif de ce terrain pour tous ses descendants jusqu'à la fin des siècles ? Non, non, répondait Necker. « Tant d'avantage ne pouvait point appartenir à ce petit mérite[1]. » Le droit de pro-

---

[1] *Sur la législation et le commerce des grains*, part. I, chap. VI, p. 173. MDCCLXXVI.

priété, aux yeux de Necker, n'était donc basé que sur la présomption de son utilité sociale ; et à ceux qui osaient ne donner à leur droit d'autre fondement que leur droit même, il demandait : « Votre titre de possession est-il écrit dans le ciel ? Avez-vous apporté votre terre d'une planète voisine ! Quelle force avez-vous que vous ne teniez de la société[1] ? »

Necker ne définissait pas la liberté avec moins de justesse. Que pour des hommes élevés dans l'obéissance et frappés du long spectacle de leur servitude, le mot, le seul mot *liberté* fût un enchantement, et que celui de *prohibition* retentît au fond de leur âme comme le bruit d'une chaîne non encore brisée, Necker n'en était pas surpris ; mais il ne lui avait pas échappé qu'au milieu d'une lutte universelle, et quand les armes sont inégales, la liberté est tout simplement l'hypocrisie de l'oppression. Au nom de la liberté, permettriez-vous à l'homme robuste d'améliorer son sort aux dépens de l'homme faible? Or, disait Necker, « l'homme fort dans la société, c'est le propriétaire, l'homme faible, c'est l'homme sans propriété[2]. »

Et pour mieux montrer à quels scandales peut conduire l'idée du *droit*, quand on ne l'interprète pas avec le cœur, il avait recours à une hypothèse saisissante[3]. Il supposait quelques hommes trouvant moyen de s'approprier l'air comme d'autres s'étaient approprié le sol ; puis, il les représentait imaginant des tubes, inventant des pompes pneumatiques, qui leur permissent de raréfier l'air ici, de le condenser ailleurs : ces quelques hommes seraient-ils reçus à disposer arbitrairement de la respiration du genre humain ?

Ainsi, sans attaquer radicalement le droit de pro-

---

[1] *Sur la législation et le commerce des grains*, chap. XXVI, p. 176.
[2] *Ibid.*, p. 184.
[3] *Ibid.*, part. I, chap. v, p. 225.

priété, et précisément parce que la liberté lui était chère, Necker leur assignait pour mesure le bien public. Appliquant à la question des grains ces principes, il en tirait des conséquences diamétralement contraires au système des économistes. A l'individu isolé disant : « Je veux faire ce qui me plaît, » il opposait la société disant : « Je ne veux pas qu'un homme puisse faire ce qui me blesse[1]. » Vous affirmez que votre blé est à vous ? « Oui, répond la société, mais pour qu'il serve à tous. »

Or la liberté constante, absolue, d'exporter les grains, de les vendre ou de ne les vendre pas, d'en user et d'en abuser, pouvait-elle, dans certains cas, devenir mortelle au peuple ? Necker s'étonnait qu'on posât la question. En fait de grains, le superflu du propriétaire, c'est la vie de l'homme de main-d'œuvre. Abandonner aux caprices, à la cupidité de l'intérêt personnel, la disposition d'un superflu si précieux, c'était, selon Necker, donner aux uns sur les autres droit de vie et de mort.

Et il s'agissait ici de compter, non pas seulement avec le plus impérieux des besoins de la multitude, mais avec son imagination et ses alarmes. Qu'on se figure cent mille hommes dans un espace fermé ; cent mille pains sont nécessaires à leur nourriture journalière, et ces pains, quelques marchands viennent chaque jour les apporter. Tant que la fourniture est faite exactement, le prix convenu ne change point ; mais qu'un jour deux pains viennent à manquer, rien que deux pains, vide qui prive deux personnes de leur subsistance, la crainte d'être l'un de ces malheureux va exciter une ardeur d'acheter, incalculable dans ses effets ; et où s'arrêteront alors les prétentions des marchands ?

La libre exportation des grains ne paraissait admissible

---

[1] *Sur la législation et le commerce des grains*, part. I, chap. XXVII, p. 181 et 182.

à Necker que sous l'empire d'un traité de commerce qui aurait assujetti les étrangers à une exacte réciprocité; mais que la France ouvrît ses greniers à des nations qui lui fermaient les leurs, et cela au gré, selon la fantaisie ou les calculs d'un petit nombre de particuliers, un pareil laissez-aller cachait un criminel dédain, un dédain téméraire, pour les intérêts et la vie du peuple.

« Vous voulez protéger l'agriculture, disait Necker aux économistes? Voici des terres qu'on laisse incultes, et vous voulez qu'on les cultive? Eh bien, des avances sagement faites aux possesseurs de ces terres, une manufacture établie dans le voisinage, une franchise momentanée d'impôts, un canal creusé, une rivière rendue plus navigable, une baisse générale produite, dans l'intérêt de l'argent, par une bonne administration, voilà les vrais moyens d'exciter la culture, et les seuls qui soient dignes d'un homme d'État. Mais lier l'encouragement de l'agriculture à la faculté donnée aux propriétaires de grains de s'enrichir par des hausses subites qui plongeront des milliers de familles dans la détresse, dans le désespoir, c'est un jeu plein de cruauté et de périls. »

Sous prétexte que les salaires finissent toujours par se proportionner au prix des denrées de première nécessité, les physiocrates prétendaient que le haut prix des subsistances n'avait rien de contraire aux intérêts du peuple: Necker réfutait, avec émotion, ce dangereux sophisme. C'est aujourd'hui que le pain devient plus cher; et c'est dans un, dans deux, dans trois mois seulement que mon salaire augmentera! Dans l'intervalle, faudra-t-il que je meure? Et Necker s'écriait :

« Demandez à cet homme qui conduit une charrue; demandez à cette horde de moissonneurs, à qui l'on donne en argent la plus petite récompense possible, s'ils désirent la cherté des subsistances ; ils seraient bien étonnés, s'ils savaient lire, d'apercevoir que c'est en leur nom qu'on la réclame. C'est un grand abus que de faire servir la compassion pour le peuple à fortifier les prérogatives des propriétaires : c'est presque imiter l'art de ces animaux terribles qui, sur les bords des fleuves de l'Asie, prennent la voix des enfants pour dévorer les hommes [1]. »

Quant à la liberté intérieure du commerce des grains [2], Necker en dévoilait avec sagacité les inconvénients sans en dissimuler les avantages. Aussi bien, il était loin de conclure à la suppression de cette liberté ; il se bornait à indiquer les règles qui pouvaient empêcher qu'à l'égard du pauvre elle ne se transformât en tyrannie. Le peuple ne tient guère à la société que par ses douleurs, et de tout cet espace immense qu'on appelle l'avenir, il n'aperçoit que le lendemain : Necker concluait de là qu'assurer le lendemain du peuple est le devoir le plus pressant, le plus sacré de l'État. « Eh quoi! les représentants de l'ordre public pourraient me contraindre à éteindre un incendie, à mourir dans une bataille, et ils ne veilleraient pas à ma subsistance! ils n'établiraient pas les lois qui peuvent la garantir! ils ne modéreraient pas l'abus possible de la richesse envers l'indigence, de la force envers la faiblesse [3]! »

Le livre finissait par ces profondes paroles [4] :

---

[1] *Sur la législation et le commerce des grains*, part. I, chap. xxvi, p. 180.

[2] Croirait-on que les économistes ont accusé Necker de mauvaise foi pour avoir traité dans son livre, et de la circulation intérieure, et de l'exportation, alors que l'édit de Turgot portait seulement sur la circulation intérieure? Comme s'il n'était pas dans le droit et du devoir d'un écrivain, quand il aborde une question de cette nature, de l'envisager sous tous les aspects! Le reproche, ici, se trouvait d'autant plus injuste, que, si l'exportation n'était pas dans l'édit de Turgot (dont Necker au surplus ne parle pas), elle était, au su de tous, dans les docrines, les écrits et les projets de l'école.

[3] *Sur la législation et le commerce des grains*, part. I, chap. xxiv, p. 163.

[4] Aussi n'a-t-on pas manqué de les relever dans l'*Encyclopédie nou-*

« On dirait qu'un petit nombre d'hommes, après s'être partagé la terre, ont fait des lois d'union et de garantie contre la multitude, comme ils auraient mis des abris dans les bois pour se défendre contre les bêtes sauvages. Cependant, on ose le dire, après avoir établi les lois de propriété, de justice et de liberté, on n'a presque rien fait encore pour la classe la plus nombreuse des citoyens. Que nous importent vos lois de propriété, pourraient-ils dire? nous ne possédons rien ; vos lois de justice? nous n'avons rien à défendre; vos lois de liberté? si nous ne travaillons pas demain, nous mourrons[1]. »

Au mois d'avril (1775), Necker sollicita la permission d'imprimer son livre, et il se présenta chez le contrôleur général. L'entrevue de ces deux hommes eut quelque chose de froid et de solennel. L'abbé Morellet était présent[2] : il fut témoin de la hauteur du banquier et de la fierté du ministre. Necker tenait à la main son manuscrit, et il venait offrir de ne le point publier pour peu qu'on le jugeât de nature à troubler l'ordre. Turgot répondit avec une dédaigneuse indifférence qu'il ne voyait pas d'inconvénient à l'émission de pareilles doctrines, qu'on ne craignait rien. Les deux interlocuteurs se séparèrent ennemis.

Le livre de Necker parut, et, autant que l'admiration, la haine en consacra le succès. Diderot l'en félicita comme d'une œuvre de génie[3]. Beaucoup de ceux dont on attaquait les idées et les intérêt s'emportèrent en injures[4]; mais l'ouvrage était dédié au malheur : les femmes, qui

---

velle, de MM. Pierre Leroux et Jean Reynaud, œuvre qui exprime avec tant d'élévation le sentiment moderne.

[1] *Sur la législation et le commerce des grains*, part. III, chap. xii, p. 406.

[2] *Mémoires de Morellet*, t. I, chap. xi, p. 231.

[3] *Correspondance de Diderot*, t. XII des Œuvres, p. 440.

[4] Bachaumont, *Mémoires secrets*, t. VIII, p. 31.

sont toujours du parti de la générosité, applaudirent. Et alors commença, pour l'écrivain, parmi celles dont on vantait le plus l'esprit et la beauté, cet enthousiasme qui devait survivre à la fortune du ministre [1].

Cependant, Turgot déployait au pouvoir une impatience de réformes et une intrépidité qui n'avaient pas tardé à lui faire de glorieux périls. Malgré sa résistance, dominée par le crédit de Maurepas, on avait rappelé, dès le mois de novembre 1774, ces parlements que Maupeou semblait avoir foudroyés; et déjà leur opposition aux plans du contrôleur général s'annonçait par de sourdes attaques. Turgot avait, d'ailleurs, contre lui les prêtres, qui ne lui pardonnaient pas d'avoir trempé dans l'*Encyclopédie*; certains financiers, dont il avait menacé noblement la scandaleuse importance, et les courtisans, que sa fierté de philosophe faisait rougir. On se ligua pour le perdre; et, dans quelques églises, de séditieuses paroles tombèrent du haut de la chaire. La récolte de 1774 avait été mauvaise; le peuple souffrait; les âmes étaient ouvertes à cette vague inquiétude qui précède les révolutions... Tout à coup des rumeurs menaçantes se répandent. La multitude prête l'oreille : un mot qu'elle n'entendit jamais sans tressaillir, le mot *disette* a été prononcé.

On était à la fin d'avril. Des troubles venaient d'éclater à Dijon, où le peuple irrité avait envahi la demeure des monopoleurs, abattu un de leurs moulins, et jeté par les fenêtres leurs meubles brisés. Pour comble, il était échappé, disait-on, au commandant de la ville un mot stupide et féroce, un de ces mots dont les révolutions fournissent

---

[1] Après avoir constaté cet enthousiasme des femmes pour Necker, Sénac de Meilhan ajoute : « On a vu la duchesse de Lauzun, de toutes les femmes la plus douce et la plus timide, attaquer, dans un jardin public, un inconnu qu'elle entendait mal parler de Necker, et sortir de son caractère au point de lui dire des injures. » *Du gouvernement, des mœurs et des conditions en France avant la Révolution*, p. 181.

le commentaire : « *Mes amis, l'herbe commence à pousser, allez la paître*[1]. »

De proche en proche, l'agitation gagna les environs de Paris. Une troupe d'hommes armés de bâtons parurent d'abord dans les marchés de Pontoise, de Poissy, de Saint-Germain, pour y soulever le peuple, détruire les fours, piller les farines, puis se montrèrent en tumulte à Versailles, le 2 mai 1775, annonçant que le lendemain ils se porteraient sur Paris. L'alarme pénètre au château, les grilles se ferment, et Louis XVI, surpris par des clameurs qu'il ne connaissait pas encore, se hâte de faire afficher dans Versailles une ordonnance qui taxait le pain à deux sous la livre. Aussitôt l'émeute s'apaise[2], et le jeune roi écrit de sa main lettres sur lettres à Turgot, alors à Paris, pour l'informer des mesures prises : on avait pourvu au libre arrivage des farines par la Seine et la Marne ; le tumulte s'éteignait[3].

Mais, dans cette nouvelle, Turgot ne voit qu'une chose : la taxation du pain, c'est-à-dire la violation de la liberté des boulangers. Il court à Versailles, il représente à Louis XVI qu'il ne faut pas laisser reculer les principes, que la compassion ici est une faute ; et à l'instant même il obtient du roi l'ordre aux boulangers de ne vendre le pain qu'au prix courant[4].

A Paris, du reste, tout était préparé pour recevoir l'émeute annoncée ; et le contrôleur général se promettait bien que, cette fois, l'autorité ne fléchirait point. Les mousquetaires, les gardes suisses, les gardes françaises,

---

[1] Extrait d'une lettre de Dijon du 20 avril 1775, rapportée dans les feuilles du temps.

[2] Nougaret, *Règne de Louis XVI*, t. V, p. 97.

[3] Lettres de Louis XVI à Turgot, du 2 mai, dans l'*Observateur anglais*, lettre I, p. 411. Édit. de 1777.

[4] Extrait d'une lettre de Versailles, du 2 mai, citée en note dans la *Relation historique de l'émeute arrivée le 3 mai 1775*, p. 259. — Elle est imprimée à la suite des *Mémoires sur l'abbé Terray*.

le guet, toutes les troupes de la maison du roi étaient sur pied et devaient garder les halles sous les ordres du maréchal de Biron. Mais, le 3 mai, les séditieux entrèrent dans Paris de grand matin par diverses portes à la fois ; et tandis que le maréchal de Biron perdait le temps à faire bénir les drapeaux, — car c'était le jour consacré à cette cérémonie, — les boutiques des boulangers furent pillées et des distributions de pains faites au peuple par la révolte. On donnait des pains à tous ceux qu'on rencontrait, on en jetait aux maçons sur leurs échafaudages. Le désordre dura deux heures ; il avait cessé déjà quand le maréchal de Biron vint enfin occuper les postes. Les bourgeois sortirent alors en curieux pour chercher l'émeute, mais ils ne trouvèrent que des rebelles rassurés par la contenance des troupes et échangeant avec les gardes des propos amis, signe avant-coureur de ce qui devait arriver à l'ouverture de la Révolution [1].

Cependant, on s'inquiétait de l'origine voilée de ces troubles. Des placards remplis de menaces avaient été affichés dans le jardin des Tuileries. On racontait que des inconnus à cheval avaient porté chez maint fermier des billets anonymes : « Ne vendez pas votre blé, y disait-on, il va devenir plus cher [2]. » On parlait de bandits arrêtés avec des demi-louis d'or dans leurs poches [3], de granges brûlées, de farines jetées à la rivière, de paysans à la solde de quelques curés factieux [4]. Qui sait si la révolte ne répondait pas à un vaste complot formé par des agitateurs de haut rang ? Ces suppositions, fondées sur un frappant concours de circonstances, étaient d'ailleurs accréditées

---

[1] *Relation historique*, p. 258.
[2] *Ibid.*, p. 278.
[3] Soulavie prétend, fait peu vraisemblable, que parmi les victimes de cette émeute, on trouva un rebelle en *cordon bleu*. *Mémoires du règne de Louis XVI*, t. II, p. 293.
[4] *Instruction aux curés.*

par les économistes, soucieux de leur doctrine engagée dans les hasards d'une émotion populaire. Ils accusaient aussi le livre de Necker, livre écrit, disaient-ils, à l'adresse des passions de la multitude, et dans lequel la rébellion était venue chercher son mot d'ordre [1]. Tout autre était le langage des adversaires de l'école économiste. Fallait-il donc assigner des causes si mystérieuses à ce qui avait pour causes manifestes la misère, un commencement de disette, les appréhensions semées par la trop fameuse théorie du *produit net*, et les arrêts du conseil où l'on affirmait, où l'on osait affirmer que le pain doit être cher [2] ? Que des actes d'aveugle fureur eussent été commis ; qu'on eût pris sur le fait des colères vénales ; que les ressentiments d'un certain nombre de magistrats, de nobles et de prêtres eussent sourdement fait alliance avec le désordre, c'étaient des accidents de la révolte, ce n'en était pas le principe.

Au milieu de ces clameurs contraires, Turgot se montrait ardent et irrité. Il ne doutait pas que les meneurs n'eussent voulu décrier le système des économistes, le rendre odieux ou ridicule en laissant croire à ceux-ci que la liberté du commerce amènerait avec elle la cherté du grain, à ceux-là qu'elle embraserait tout. Il déploya donc un luxe inattendu d'énergie, d'activité, de vigueur, bien résolu à inaugurer le règne de la liberté par un coup d'État. Il donna des factionnaires aux boulangers ; il se plaignit de la mollesse du maréchal de Biron ; il exigea la destitution du lieutenant de police Lenoir, qui parta-

---

[1] On a vu combien ce reproche était injuste, d'après la relation de l'abbé Morellet lui-même, économiste zélé. Le livre de Necker parut le jour de l'émeute. Il ne la provoqua donc pas, à supposer que de pareils ouvrages fussent lus à cette époque par la multitude.

Voy. aussi, à ce sujet, l'*Histoire du règne de Louis XVI*, par Droz, t. I, p. 165.

[2] Bachaumont, *Mémoires secrets*, t. VIII, p. 54.

geait, sur le commerce des grains, les idées de Necker; il se rendit à l'hôtel de M. d'Aligre pour l'avertir que le parlement n'avait pas à se mêler de la répression de l'émeute; il lança des lettres de cachet et fit jeter à la Bastille, entre autres personnes, Saurin et Doumerc, préposés sous le ministère de Terray à la régie des grains[1]. Les prisons furent remplies d'insurgés ou de suspects, qu'on avait remarqués pendant le jour et arrêtés la nuit.

De son côté, le parlement, soulevé contre les économistes, contre Turgot surtout, prit le 4 mai un arrêté contre les attroupements, et ordonna que le roi serait très-humblement supplié de baisser le prix du pain *à un taux proportionné aux besoins du peuple*[2]. Rien ne pouvait être plus sensible à Turgot, attaqué directement dans son système : il n'hésita pas à employer contre ses adversaires la dictature de la cour. L'arrêt du parlement sortait à peine de chez l'imprimeur, que le ministre envoya des mousquetaires pour empêcher la vente et briser les planches[3]. Les feuilles, déjà placardées, furent arrachées de par l'autorité du maréchal de Biron, comme si Paris eût été en état de siége, et l'on affecta de couvrir l'arrêt d'une cour souveraine d'un *de par le roi*, sans date, sans signature, et qui défendait, sous peine de mort, d'exiger le pain au-dessous du prix courant. Pendant ce temps, M. de Malesherbes, que les économistes appelaient le *Pontife*, rédigeait, sur les instances de Turgot, son ami, une déclaration qui ôtait au parlement la connaissance de tout ce qui avait rapport aux blés. Une lettre de cachet enjoignit aux magistrats de se rendre en robes noires à Versailles le lendemain, 5 mai, pour un lit de justice.

[1] Ils furent reconnus parfaitement innocents pendant le ministère même de Turgot, *Bastille dévoilée*, livraison IV, p. 45 et 46.
[2] Arrêt du 4 mai 1775.
[3] *Relation historique*, p. 266.

Turgot voulait frapper un grand coup. Il demanda qu'on le fît pour quelques jours ministre de la guerre. Il n'a pas plutôt le blanc-seing du roi, qu'il court, la nuit même, à l'hôtel des chevau-légers, réveille le poste au cri *de la part du roi*, et se présentant aux soldats, en habit noir, les cheveux au vent, leur intime l'ordre de partir ; car l'émeute venait d'éclater de nouveau à Pontoise[1].

Le 5 mai, le parlement parut à Versailles, à l'heure indiquée. Mais, dans l'intervalle, M. de Maurepas, qui avait trouvé plaisant de se montrer à l'Opéra le soir du pillage, et dont tout ce bruit amusait la frivolité, sut persuader à Louis XVI qu'il fallait se borner à enlever la punition des coupables au parlement et les livrer à la justice prévôtale, sans étendre plus loin les effets de la déclaration. Sur ce nouvel avis, les expéditions de la veille devant être modifiées, on fit attendre le parlement en lui servant un grand dîner[2], singulier contraste avec la famine dont on parlait tant, et, à cinq heures, le lit de justice commença. Louis XVI annonça la résolution de sortir momentanément de l'ordre commun et de donner une extension extraordinaire à la juridiction prévôtale. Il congédia les parlementaires par ces mots : *Je vous défends de faire aucunes remontrances.*

Les magistrats se retirèrent donc, dépossédés du droit de rendre la justice dans une circonstance capitale, mais au fond charmés de n'avoir pas à encourir l'impopularité qui allait s'attacher au châtiment des coupables. Car l'attitude menaçante du pouvoir ne paraissait plus suffisamment justifiée par la gravité du péril. Et pendant que Turgot formait un vaste plan de campagne ; pendant qu'il mettait en mouvement gendarmes, gardes françaises, gardes suisses et jusqu'aux Invalides ; pendant

---

[1] Nougaret, *Règne de Louis XVI*, t. V, p. 101.
[2] *Ibid.*, p. 103.

qu'il envoyait les mousquetaires noirs sur les rives de la Marne et les mousquetaires gris dans la basse Seine, les Parisiens, voyant la paix rétablie, chansonnaient à la fois le contrôleur général, le maréchal de Biron et son armée. Les femmes portaient déjà des *bonnets à la révolte*, et les plaisants demandaient si le maréchal de Biron touchait vingt-quatre mille livres par mois pour braquer les canons de l'arsenal contre les hirondelles de la Seine. Rires étranges qui laissaient le peuple sérieux et préoccupé ! Derniers éclairs de la vieille gaieté française, au moment d'une crise qui n'allait plus permettre à la France que l'enthousiasme ou la terreur !

On cherchait un complot : on ne put le découvrir, ou peut-être n'osa-t-on le dévoiler. C'est qu'en effet le vrai complot, c'était la protestation instinctive du pauvre contre la liberté dans l'abandon ; le vrai complot, en cette question solennelle de la subsistance de tous, c'était l'agitation des prolétaires tourmentés du souci de vivre et disant avec Necker aux novateurs qui croyaient les affranchir par le *laissez-faire* : « Que nous importent vos lois de propriété ? nous ne possédons rien ; vos lois de justice ? nous n'avons rien à défendre ; vos lois de liberté ? si nous ne travaillons pas demain, nous mourrons. »

Le 11 mai 1775, deux potences de dix-huit pieds de haut furent dressées en place de Grève et donnèrent à la multitude, redevenue silencieuse, le spectacle d'un double supplice. Nous avons interrogé, sur la Révolution, un vieillard qui l'avait traversée tout entière ; et il nous semble encore le voir ému jusqu'aux larmes en commençant par le récit de cette exécution la sombre histoire de ses souvenirs. « On garda, nous disait-il, une impression douloureuse du supplice de ces deux hommes. » Ils expiaient l'entraînement des alarmes populaires; et leur cri suprême, adressé au peuple, fut qu'ils mourraient pour sa cause[1].

Turgot n'avait eu, dans cette crise, ni l'attitude ni la sérénité d'un homme d'État[2]; mais du moins ses emportements furent ceux d'une conviction forte. Et combien aisément on les oublie quand on récapitule tant de services qui marquèrent ou, plutôt, immortalisèrent l'administration de Turgot. Couper court aux bénéfices honteux des *croupiers*, abolir les *contraintes solidaires*[3]; anéantir une multitude de droits locaux et de monopoles particuliers qui tendaient à renchérir la subsistance du peuple; délivrer le paysan de l'obligation de mettre au service des convois militaires, quand il en était requis, ses charrettes et ses chevaux; enlever à l'Hôtel-Dieu, aux applaudissements de tout Paris, le privilége de vendre exclusivement de la viande pendant le carême; améliorer la navigation intérieure; pourvoir au perfectionnement des routes et des moyens de transport; détruire les entraves féodales qui s'opposaient, dans l'intérieur du royaume, à la circulation des vins; pousser à l'établissement d'une *caisse d'escompte*, pour amener le bas prix des capitaux; réduire de vingt-deux millions à quinze l'ancien déficit, et cela par le seul procédé de l'économie; ranimer le crédit, à force de loyauté..., c'était faire plus et mieux, en vingt mois, que n'avaient fait dans le cours d'une longue carrière les ministres les plus puissants et les plus hardis[4].

[1] *Relation historique*, p. 280.
[2] M. Blanqui lui-même en convient dans son *Histoire de l'Économie politique*.
[3] Voy. plus haut ce qu'étaient les *croupiers* et les *contraintes solidaires*.
[4] Les actes du ministère de Turgot se trouvent rapportés avec détail et rassemblés dans le tome II de ses Œuvres (édition Guillaumin), depuis la page 165 jusqu'à la page 585. Nous ne pouvons qu'y renvoyer le lecteur. — Voy. aussi les *Mémoires sur la vie et les ouvrages de Turgot*, par Dupont, de Nemours. Philadelphie, 1782.

Mais, appuyé sur Malesherbes qu'il avait fait appeler dans le conseil, Turgot entendait porter à l'ancien ordre social des coups bien autrement décisifs. Écrite sous son inspiration, une brochure fut lancée au milieu de ces esprits d'alors si ardents aux choses nouvelles. Son but ? l'abolition des corvées ; son titre ? elle n'en avait pas ; son auteur ? on nommait Voltaire. Aussitôt, du camp des privilégiés s'élève un cri de douleur et d'alarme, le prince de Conti s'indigne, d'Éprémenil éclate, et le parlement supprime le livre. C'était défier Turgot : il accepta le combat ; et, le 5 février 1776, le parlement reçut communication de l'édit qui abolissait les corvées. Le ministre les remplaçait par un impôt sur les biens-fonds sujets aux *vingtièmes*, ménageant ainsi les propriétés de l'Église, mais frappant celles des nobles. Ce que furent les remontrances, on le pressent. « Le peuple de France est taillable et corvéable à volonté, s'écrièrent les magistrats : c'est une partie de la constitution que le roi ne peut changer. » Et, de son côté, organe des orgueilleux mépris de la noblesse, le prince de Conti osa prétendre qu'il n'était pas permis de substituer un impôt quelconque à la corvée, parce que ce serait effacer sur le front de la plèbe la tache originelle de sa servitude[1]. Quel scandale que de pareilles résistances déshonorées par de pareils motifs ! Turgot redoubla de fermeté. Il répondit victorieusement, dans le conseil, aux objections de Miroménil, dompta le mauvais vouloir de Maurepas, entraîna Louis XVI ; et, dans un lit de justice, tenu le 12 mars 1776, le parlement fut contraint d'enregistrer un édit par lequel se trouvaient en même temps abolies les corvées et les jurandes.

Deux mois après, enveloppé par une ligue furieuse, ténébreusement attaqué par ses propres collègues, privé

---

[1] *L'Observateur anglais*, t. III, p. 168.

du concours de Malesherbes qui, de fatigue, s'était retiré, trahi par Maurepas, abandonné par Louis XVI, Turgot tombait du pouvoir ; et l'on s'évertuait à relever l'édifice qu'il avait jeté par terre... Mais la Révolution était là. Le principe qui avait prévalu en philosophie et en politique venait de remporter, par la destruction des jurandes, une victoire sur laquelle il n'y avait déjà plus à revenir. Il fallait qu'à un système oppressif d'association succédât la concurrence.

On raconte que le jour où la chute des corporations fut décidée, il y eut à Paris de singuliers et fougueux transports. Les ouvriers quittaient en foule leurs maîtres. On en vit qui couraient par la ville, éperdus de joie. Quelques-uns se promenèrent triomphalement en carrosse, tandis que, répandus dans les salles de festin, la plupart célébraient par de gais repas l'émancipation promise et répétaient en chœur ce mot si cher et si doux : la liberté. Ils ne savaient pas qu'il y avait une pénible phase à traverser avant d'arriver à l'épuisement de toutes les formes de la servitude ; qu'elle reparaîtrait, moins dure il est vrai, mais trop dure encore, après un demi-siècle de soulèvements et de funérailles ; que sous un autre nom, sous un autre masque, au profit d'un autre genre de force, la concurrence ramènerait au sein des sociétés modernes comme une image de l'égoïsme des peuples incivilisés ; que le prolétariat, libre et affamé, en viendrait à écrire sur l'étendard des guerres civiles une devise impossible à oublier désormais ; et qu'aux yeux de plusieurs milliers d'hommes en peine de leur lendemain, le *laissez-faire* serait le *laissez-mourir*.

Ainsi, par l'effet d'une loi qui semble être celle de toutes les révolutions, les sociétés ne font divorce avec un mauvais principe que pour se donner sans prévoyance et sans réserve à un principe entièrement opposé. A la veille de 89, la France était prête à chercher des garanties :

Contre l'intolérance, dans le scepticisme ;

Contre le pouvoir absolu, dans l'anarchie constitutionnelle ;

Contre le monopole, dans l'isolement.

La doctrine de l'individualisme était, d'ailleurs, la seule qui eût été suffisamment et complétement élaborée. Mais, on l'a vu, parmi les philosophes, parmi les publicistes, la cause de la fraternité n'avait pas manqué tout à fait de défenseurs. C'est pourquoi la Révolution se composa de deux actes, dont le dernier ne fut qu'une protestation violente, terrible, mais sublime, mais prodigieuse.

Et ne vous étonnez pas si sur la table où furent rédigés les décrets qui faisaient tressaillir la France et bravaient l'Europe en la soulevant, on vous montre un de ces écrits qu'avait médités le long des sentiers paisibles de sa retraite certain rêveur attristé. Car, ce qui caractérisera jusqu'au bout les luttes célèbres que nous avons à décrire, ce sera, nous le verrons, le fanatisme des idées. La multitude irritée passera devant nous, conduite par des penseurs au visage impassible et des tribuns studieux ; les plus hardis représentants d'une époque agitée par tant de colères nous apparaîtront, au milieu d'une mêlée tumultueuse, comme les héros de l'abstraction ; et telle sera leur énergie, puisée dans le seul enthousiasme du cerveau, qu'elle dépassera tout ce que fournirent jamais d'inspirations violentes l'ivresse de la gloire, la haine, l'envie, les fureurs de l'esprit de conquête, les emportements de l'amour.

Aussi,—et c'est ce que ne devait point leur pardonner la jalousie de Napoléon,—à des hommes inhabiles au maniement du cheval et de l'épée, à des *idéologues* il sera donné de traîner à leur suite la force d'une main souveraine, de mettre la victoire en mouvement, et d'élever, de maintenir la dictature à des hauteurs où se serait troublé le génie de César.

Oui, le culte tour à tour véhément et concentré d'un principe, l'intelligence exaltée jusqu'à devenir la plus orageuse des passions, voilà par où éclate l'originalité de la Révolution française. Il fallait donc chercher de quels travaux continués d'âge en âge elle était la suite et comme l'explosion.

Mais quoi ! même quand c'est la souveraineté de l'idée pure qui se débat, du sang, toujours du sang ! Quelle est donc cette loi qui, à tout grand progrès, donne pour condition quelque grand désastre? Semblables à la charrue, les révolutions ne fécondent le sol qu'en le déchirant: pourquoi? D'où vient que la durée n'est que la destruction qui se prolonge et se renouvelle? D'où vient à la mort ce pouvoir de faire germer la vie? Lorsque, dans une société qui s'écroule, des milliers d'individus périssent écrasés sous les décombres, qu'importe, disons-nous ? l'espèce chemine. Mais est-il juste que des races entières soient tourmentées et anéanties, afin qu'un jour, plus tard, dans un temps indéterminé, des races différentes viennent jouir des travaux accomplis et des maux soufferts? Cette immense et arbitraire immolation des êtres d'hier à ceux d'aujourd'hui, et de ceux d'aujourd'hui à ceux de demain, n'est-elle pas de nature à soulever la conscience jusque dans ses plus intimes profondeurs? Et aux malheureux qui tombent égorgés devant l'autel du progrès, le progrès peut-il paraître autre chose qu'une idole sinistre, qu'une exécrable et fausse divinité ?

Ce seraient là, on en doit convenir, des questions terribles, si, pour les résoudre, on n'avait ces deux croyances : solidarité des races, immortalité du genre humain. Car, quand on admet que tout se transforme et que rien n'est détruit ; quand on croit à l'impuissance de la mort ; quand on se persuade que les générations successives sont des modes variés d'une même vie universelle qui, en s'améliorant, se continue ; quand on adopte, enfin, cette admirable définition échappée au génie de Pascal : « L'humanité est un homme qui vit toujours et qui apprend sans cesse, » alors le spectacle de tant de catastrophes accumulées perd ce qu'il avait d'accablant pour la conscience ; on ne doute plus de la sagesse des lois générales, de l'éternelle justice ; et, sans pâlir, sans fléchir, on suit les périodes de cette longue et douloureuse gestation de la vérité, qu'on nomme l'histoire.

Seul, le bien est absolu ; seul, il est nécessaire. Le mal dans le monde ! c'est un immense accident. Et voilà pourquoi son rôle est d'être incessamment vaincu. Or, tandis que les victoires du bien sont définitives, les défaites du mal sont irrévocables : l'imprimerie restera ; et l'on ne rétablira pas la torture, on ne rallumera pas les bûchers de l'inquisition. Que dis-je ? il devient manifeste, par la marche des choses et la tendance commune aux graves esprits, que le progrès ne s'accomplira plus désormais à des conditions violentes. Déjà, dans les relations de peuple à peuple, l'industrie est venue montrer que, pour la propagation des idées, on peut se passer de la guerre ; et, dans les relations civiles, la raison prouve de mieux en mieux que l'ordre peut se passer du bourreau. Les religions ont cessé de faire des martyrs : il faudra bien que la politique, à son tour, cesse de faire des victimes.

Ici se termine, en ce qui touche la Révolution française, le récit des aventures de la pensée. Maintenant, la scène va changer d'aspect ; les idées vont devenir des actes ; une fois encore, les livres seront des combats, et les philosophes des gladiateurs.

DÉVELOPPEMENTS HISTORIQUES

GUERRE DES PAYSANS

Ce n'était pas la papauté seulement qui menaçait ruine ; le cri que Luther avait poussé contre Rome, des milliers de voix l'allaient pousser contre les rois, les princes, les contempteurs du peuple, les oppresseurs du pauvre : nous voici à la guerre des paysans ; nous voici au prologue de la Révolution française.

Doctrine de la fraternité humaine proclamée dans le tumulte des camps et des places publiques ; convictions saintes, et pourtant farouches, dévouements sans bornes, scènes de terreur, supplices, grands hommes méconnus, principes de céleste origine renversés en vain dans le sang de leurs défenseurs, voilà par quels traits la Révolution française s'annonce dans la guerre des paysans ; voilà par quelle trace enflammée nous avons à suivre dans l'histoire l'esprit de nos pères.

Pendant que Luther se cachait dans son asile de la Wartbourg, un autre réformateur s'était levé dans Wittemberg. Il se nommait Nicolas Storck. Il avait une figure que la mélancolie voilait, un grave maintien, des paroles d'une douceur inexprimable, et, dans toute sa personne, quelque chose de mystérieux par où se révélait la profondeur de ses pensées. Sa doctrine n'est parvenue jusqu'à nous que mêlée à des commentaires qui la défigurent ou à des appréciations qui la calomnient ; on n'en trouve les lambeaux que dans des écrivains imbus des préjugés du moyen âge, âmes sans élévation et sans chaleur, intelligences pleines de ténèbres. Et cependant ils en ont dit assez pour que de leurs écrits la vérité sorte vivante.

Nicolas Storck ou Pelargus ne tendait pas à moins qu'à étendre aux choses d'ici-bas les principes d'émancipation émis par Luther relativement aux choses du ciel. Il voulait détruire et la servitude morale du peuple et sa servitude matérielle ; créer l'égalité du bonheur dans l'inégalité des aptitudes ; remplacer, dans la constitution de la hiérarchie sociale, le procédé de la contrainte par la loi de l'amour et l'empire qu'on subit par celui qu'on accepte ; donner à la famille les proportions de l'État ; abolir enfin tous les priviléges qui, faisant des esclaves, des sujets, des serviteurs, des pauvres, ont jusqu'ici transformé la vie de l'humanité en une tragédie sanglante et le globe en un vaste champ de carnage [1]. C'était la doctrine

---

[1] « Ob id enim se peculiari a Deo miraculo ad vindicandam e tenebris Christi

de l'Évangile. La Révolution en a essayé, depuis, la réalisation partielle au milieu de terribles convulsions; et les sociétés modernes en conservent dans leurs profondeurs le germe impérissable.

Mais Storck n'ignorait pas que, pour atteindre le but, il fallait refaire l'éducation des hommes. De là ses efforts pour arracher la jeunesse au respect de la fausse science contenue dans les livres des docteurs; de là, aussi, ses efforts pour accoutumer le peuple à mettre au-dessus des froids calculs de l'esprit les élans d'un cœur noblement inspiré.

D'un autre côté, ce laborieux passage des hommes de leurs idées d'autrefois à des idées si nouvelles, n'était-il pas utile de le marquer par une sorte de consécration religieuse, par un symbole révéré? C'est sous ce grand aspect que Storck envisagea le baptême. Luther n'avait vu, du baptême, que le côté théologique : Storck en vit le côté social et vraiment religieux. Luther s'en tenait au baptême des enfants, bien que la vertu du baptême, suivant lui, consistât dans un acte de foi dont les enfants sont incapables : Storck demanda le baptême pour les hommes arrivés à l'âge où l'on comprend et où l'on aime. Luther faisait du baptême un gage de salut pour le chrétien : Storck en voulut faire le symbole de la régénération du monde et de la rédemption de tous les opprimés.

Telle était la doctrine qu'on a flétrie sous le nom d'ANABAPTISME.

Storck, ainsi que nous l'avons dit, avait commencé à la répandre durant le séjour de Luther à la Wartbourg. Elle fit des progrès rapides. Après s'être glissée dans les entretiens particuliers, dans les thèses, dans les prédications, elle pénétra le cœur du peuple et en fit tressaillir toutes les fibres. Des docteurs renommés l'adoptèrent[1], et, parmi eux, Carlstadt, Marc Zuicchaw, Gabriel Didyme, George More. Elle plut à la nature flexible de Mélanchthon[2], qu'elle conquit en le charmant. Bientôt Storck acquit l'importance d'un prophète et la popularité d'un tribun. De toutes parts on accourait vers lui. Mais, selon l'usage, les disciples renchérirent sur le maître. Avec une ardeur moins intelligente que sincère, Gabriel Didyme et George More convièrent la jeunesse à abandonner pour les travaux manuels l'étude des lettres. Carlstadt se fit voir dans les rues de Wittemberg, vêtu d'un habit grossier et s'en allant de porte en porte, interroger le peuple sur le sens des Écritures. « Car, disait-il, Dieu cache souvent aux sages les mystères de sa doctrine, et c'est aux petits qu'il a éclairés de sa lumière qu'on doit avoir recours dans les choses douteuses[3]. » Le mouvement gagnait, néanmoins, de proche en proche. Mathias Cellarius, un des plus habiles et des

---

« doctrinam missum ; quo fideles omnes, in unum collectos, ad novum qui « brevi sit oriturus orbem deduceret. » Meshovius, *Historiæ anabaptisticæ libri septem*, lib. I, p. 5. Cologne.

[1] « Socios Pelargus non vulgaris eruditionis habuit. » Meshovius, *Hist. anabapt.*, lib. I, p. 2.

[2] Meshovius, *Hist. anabapt.*, lib. I, p. 2.

[3] « Sic æterno Dei consilio decretum qui quum profunda doctrinæ suæ mys- « teria sapientes latere voluerit, parvulos solum quibus ea revelavit in rebus « dubiis adeundos præceperit. » Meshovius, *Hist. anabapt.*, lib. I, p. 4.

plus ardents sectateurs de Luther, essaya de se mesurer avec Storck, fut vaincu et se fit anabaptiste.

Que serait-il arrivé, si Luther eût poussé son entreprise jusqu'à ces limites? Mais les générations n'étaient pas encore prêtes; les diverses formes de l'oppression n'étaient pas encore épuisées; et, sous certains rapports, en effet, Luther n'était venu apporter aux hommes qu'un nouveau genre de tyrannie.

Aussi l'entendit-on, dès son retour à Wittemberg, éclater contre les *Prophètes célestes* en injures et en menaces. Il contint le peuple, il ramena sous le joug de son impérieuse amitié le timide Mélanchthon, il effraya l'électeur de Saxe, et, refusant aux autres la liberté qu'avec tant de fougue il avait réclamée pour lui-même, il fit chasser de la ville George More, Didyme, Nicolas Storck et jusqu'au vieux Carlstadt, son ancien ami [1].

Il y avait alors à Alstedt sur les confins de la Thuringe un homme propre aux desseins les plus hardis. Toutes les qualités qui entraînent la foule, Thomas Münzer les possédait : l'audace, l'énergie, une éloquence sauvage, un noble front, un regard fier et inspiré. Storck l'alla trouver, et ils n'eurent pas de peine à s'entendre. Un moment, Münzer espéra dans le chef de la Réformation; il se rend à Wittemberg, demande une entrevue à Luther, et le presse d'embrasser la cause du peuple. Luther s'y refuse, non sans hauteur; et, la discussion s'enflammant, ces deux hommes ardents se séparent ennemis.

A dater de ce jour, Münzer s'abandonna tout entier au démon de son cœur. Supérieur au danger, invincible à la fatigue, il parcourut les campagnes, appelant le peuple à la liberté. Et ce n'était pas dans les églises qu'il aimait à annoncer le Dieu de l'Évangile, c'était dans les chaumières, le long des chemins, sous la voûte flottante des forêts : la nature fut son temple, et les paysans le révérèrent à l'égal d'un envoyé du Christ. Ils le reconnaissaient de loin à son feutre blanc, à son abondante chevelure, à sa barbe qu'il laissait croître suivant la mode orientale; et, quittant leurs travaux quand il passait, ils accouraient en foule pour l'écouter. Lui, le corps frémissant, les yeux et les mains levés vers le ciel, il leur tenait un langage terrible et profond : « Nous sommes tous frères, tous fils d'Adam. Est-il juste que les uns meurent de faim tandis que les autres regorgent de richesses? » Puis il leur rappelait ce passage du Nouveau Testament : « Tous ceux qui se convertissent à la foi mettent leurs biens, leurs travaux et leur vie en commun; ils n'ont tous qu'une âme; ils ne forment ensemble qu'un même corps. Nul ne possède rien en particulier, mais toutes choses sont communes entre eux. C'est pourquoi il n'y a point parmi eux de pauvres. Tous ceux qui ont des biens les vendent et en mettent le prix à la disposition des apôtres, qui le distribuent ensuite à chacun selon ses besoins. » (*Actes des apôtres*, II, 44; IV, 32.) « Ainsi vivaient les chrétiens sous la loi des premiers successeurs du Christ, continuait Münzer; et,

---

[1] « Pelargum, Morum, Didymum, Carlstadium, recepto solum in gratiam « Melanchthone, urbe dignitateque summovit ac gravissimo in exsilium edicto « pepulit. » Meshovius, lib. I, p. 4.

s'il en va de la sorte, que tardons-nous? Jusques à quand tolérerons-nous le règne oppresseur des impies? Jusques à quand nous résignerons-nous à une vie pleine de tant de misère et de tourments? La nature ne nous a pas destinés à la servitude : elle nous a créés libres. Agissez donc, si vous aimez la liberté, si vous vous souvenez des Écritures, si vous respectez la parole de Dieu. »

Et à de pareils discours, les paysans répondaient par des cris d'enthousiasme, d'autant plus émus qu'ils trouvaient à Münzer quelque chose de surnaturel et de divin. Car, il avait des révélations intérieures, il expliquait les songes, il sentait continuer la vie brûlante de ses pensées dans l'agitation de ses nuits, et c'était par des moyens dérobés à la poésie des royaumes inconnus, qu'il se hâtait vers la délivrance de la terre. Peut-être n'était-ce qu'un calcul pour frapper l'imagination des hommes; peut-être aussi une continuelle fermentation de sentiments et d'idées l'avait-elle jeté dans un pieux délire où il se complut et s'absorba. Il connut, toutefois, les préoccupations de l'amour. Une jeune fille l'aima, qui était belle et tendre; mais ce ne fut qu'après l'avoir gagnée à ses croyances, qu'il l'accepta et l'emporta dans les hasards de son destin.

Cependant, l'incendie s'étendait avec une activité prodigieuse. Münzer ne fut pas plutôt de retour à Alstedt, que la ville se remplit d'hommes du peuple attirés vers lui par un secret et irrésistible instinct. On venait d'Eisleben, de Mansfeld, de Hall, de Frankenhausen, de toutes les cités environnantes.

Luther se sentit alors saisi d'un effroi mêlé de colère. Il écrivit à l'électeur de Saxe que les luttes de la parole se pouvaient tolérer, tant qu'elles ne dépassaient pas certaines limites, mais qu'il y fallait couper court aussitôt qu'elles étaient poussées au point de mettre en mouvement les passions de la multitude[1]. Par là, le chef de la Réformation désignait Münzer aux coups d'ennemis puissants.

Et en effet, Münzer fut obligé de quitter Alstedt. Mais, en partant, il éclata contre son persécuteur par un pamphlet d'une amère et forte éloquence[2]. Il reprochait à Luther son orgueil, ses emportements, ses fureurs envieuses, et de s'être fait l'ami des princes, leur courtisan, leur familier. C'était peu que de crier sans cesse : la foi ! la foi ! et de remplir avec ce mot d'énormes volumes : avoir la foi, c'était croire et travailler au soulagement des misères publiques, à l'affranchissement des esclaves, au futur triomphe de la justice sur toute la terre, au salut de l'humanité. Que Luther ne parlât point des persécutions qu'il avait souffertes : où étaient ces persécutions? ne l'avait-on pas toujours vu nager dans l'abondance, se bercer dans le plaisir? Qu'il ne se vantât point de sa fermeté à Worms; il y avait trouvé pour protecteurs une foule de nobles, conviés par lui à la curée des monastères. Ainsi qu'un autre Ésaü, il serait remplacé par Jacob, lui qui avait vendu son droit d'aînesse pour un plat de lentilles

---

[1] Ulenbergius, *de Vita prædicantium lutheranorum*, caput XII, p. 225. Cologne, 1622.

[2] *Ibid.*

et abandonné pour la faveur des grands la cause sacrée du peuple ; il serait rejeté, lui qui, s'embarrassant dans le texte des Écritures, en avait méconnu l'esprit vivifiant, le sens libérateur, et n'avait proposé aux adorations du monde que comme un fantôme de Dieu [1].

Ces attaques mirent Luther hors de lui. Apprenant que Münzer cherchait un asile à Mulhausen, il se hâta d'écrire aux magistrats : « Gardez-vous de recevoir cet homme, loup dévorant caché sous une peau de brebis. Il vous dira qu'il est envoyé pour enseigner le peuple : demandez-lui d'où lui vient sa mission ; s'il répond : De Dieu, sommez-le de le prouver par un miracle. Car la mission de qui ose interrompre le cours ordinaire des choses ne se peut prouver que par des miracles [2]. » Combien n'était-il pas facile de rétorquer contre Luther ce qu'il disait ici dans l'espoir d'accabler son ennemi ! Mais, admis au bénéfice de la puissance, il en avait déjà l'aveuglement et l'injustice. Avec un empressement brutal, il accepta de l'électeur Frédéric la mission de semer en Saxe et en Thuringe l'horreur des anabaptistes, et il partit en effet pour aller prêcher aux populations le devoir des douleurs patientes et la servitude résignée [3]. Étrange office dans un homme qui avait si ardemment proclamé, devant Rome, ce droit de résistance à la tyrannie que, par une flagrante inconséquence, il voulait maintenant restreindre ! Il oubliait que lui-même il avait débuté dans la carrière des protestations par ces lignes homicides : « Puisque nous châtions les voleurs par la potence, les brigands par le glaive, les hérétiques par le feu, pourquoi n'attaquons-nous pas avec toutes les armes qui sont en notre pouvoir ces professeurs de perdition, ces papes, ces cardinaux, cette sentine de la Sodome romaine qui, sans fin ni cesse, corrompt l'Église de Dieu ? Pourquoi ne lavons-nous pas nos mains dans leur sang [4] ? »

Luther se rend d'abord à Iéna, et il y tonne contre Münzer, qu'il appelle *l'esprit d'Alstedt*, contre ses disciples ou ses admirateurs. Carlstadt était présent. Il se croit désigné ; et, au sortir du sermon, il va trouver Luther à l'auberge de l'*Ourse noire*, « lieu remarquable, dit Bossuet, pour avoir donné le commencement de la guerre sacramentaire parmi les nouveaux réformés [5]. » Dans cet entrevue dont Bossuet n'a mis en relief que les côtés bizarres, mais dont Ulemberg a raconté fidèlement jusqu'aux moindres dé-

---

[1] « Ipsum revera negare Dei verbum, ejusque quamdam umbram et larvam mundo proponere. » Ulenbergius, *de Vita prædic. luth.*, cap. XII, p. 227.

[2] Meshovius, lib. I, p. 10. — Ulenbergius, cap. XII, p. 228. — Bossuet, *Hist. des Variations*, liv. I, p. 529 des Œuvres complètes.

[3] « Ea res monuit electorum Fridericum ut Wittemberga Lutherum in Thurin-« giam evocaret, quem auctoritate sua facile motus istos sedaturum sperabat. » Ulenbergius, *de Vita prædic. luth.*, cap. XII, p. 228.

[4] Dans les *Mémoires de Luther*, livre si intéressant d'ailleurs et si bien fait, M. Michelet dit, t. I, p. 274, à propos du passage ci-dessus : « Je ne sais de quel ouvrage de Luther Cochlœus a tiré ces paroles. »
La citation est, cependant, d'une exactitude parfaite. Ces paroles se trouvent dans le premier volume des Œuvres latines de Luther, après l'écrit polémique de Sylvestre Prierias.

[5] *Hist. des Variations*, liv. II, p. 537 des Œuvres complètes.

tails¹, et qu'il importe de retracer pour montrer l'esprit du protestantisme dans son fondateur, tout l'avantage fut du côté de Carlstadt. Après s'être plaint de l'injustice et de la cruauté avec laquelle Luther l'avait, à mots couverts, dénoncé comme un complice des fauteurs de complots, comme un apôtre du meurtre et de la rapine, il accusa Luther d'avoir mal enseigné l'Évangile en affirmant la présence réelle dans le sacrement de l'eucharistie. « Mais, ajouta-t-il, à supposer que l'erreur fût venue de moi, ne deviez-vous pas, comme chrétien, m'avertir en particulier, fraternellement, au lieu de me percer en public d'une flèche empoisonnée? Charité, charité, dites-vous toujours dans vos sermons ; et qu'est-ce donc que cette charité qui, vous faisant donner un morceau de pain à l'indigent, ne vous porte pas à ramener dans le bon chemin votre frère que vous croyez égaré? » Luther se défendit avec une affectation de dédain qui couvrait l'embarras de son rôle. Il prétendit qu'il avait averti Carlstadt de ses erreurs, qu'il lui en avait apporté la liste, au nom de l'université de Wittemberg. A ces mots, surpris et indigné : « Vous faites violence à la vérité, seigneur docteur, s'écria impétueusement Carlstadt ; jamais pareille liste ne m'a été présentée. » Le débat s'échauffant de plus en plus, Luther s'écria d'un ton dédaigneux : « Eh bien, courage ! attaquez-moi au grand jour. — Je le ferai certainement. — Soit ; et, pour arrhes, si vous voulez, je vous donne un florin d'or. » Aussitôt, tirant de sa poche un florin et le tendant à Carlstadt : « Prenez, dit Luther, et tombez vaillamment sur moi². » Carlstadt prit le florin, et se tournant vers les assistants : « Vous le voyez : ceci est le signe en vertu duquel Luther me donne pouvoir d'écrire contre lui. » Ensuite, ils touchèrent dans la main l'un de l'autre et, suivant la mode du pays, burent à plein verre des coups égaux³. « Vous promettez, seigneur docteur, dit Carlstadt, que vous ne me ferez pas obstacle auprès de mes imprimeurs, et que vous ne me tourmenterez pas dans le genre de vie que j'ai intention d'embrasser ; car, notre querelle vidée, je ne veux plus vivre que du travail de mes mains, en labourant la terre. — Ne vous ai-je pas donné pour arrhes un florin d'or? répondit Luther. Allez, ne craignez rien et ne m'épargnez pas. Plus rude sera la guerre, mieux je vous aimerai. »

L'engagement était sacré : Luther le viola. Étant allé à Orlamunde, dont Carlstad était pasteur, il y fut d'abord reçu avec une extrême déférence : mais comme il y prêchait la foule assemblée, un cordonnier se leva tout à coup et engagea contre lui une discussion théologique, à la suite de laquelle les magistrats de la ville se prononcèrent en faveur de l'artisan contre le docteur. Luther partit donc, hué de la multitude, le sourire du mépris sur les lèvres et la vengeance dans le cœur. Les effets ne tardèrent pas à suivre. L'homme auquel il avait donné sa foi, dont il avait serré la main, avec lequel il avait bu afin de marquer, à la façon des Allemands, qu'il se liait envers lui, Luther le dénonça impitoyablement à l'é-

---

¹ *De Vita prædic. luth.*, cap. XIII, p. 231 et seq.
² « Accipe et fortiter in me fac impetum. » *De Vita prædic. luth.*, p. 241.
³ « Qui quum æqualem haustum bibisset, more germanico. » *Ibid.*

lecteur de Saxe et le fit proscrire : de sorte que pour n'avoir pas cru à la *présence réelle* et s'être trop vivement opposé au culte des images, un pauvre vieillard se vit chassé de sa ville, poursuivi de refuge en refuge [1]; et par Luther.

C'est que Luther, nous l'établirons, n'était venu proclamer qu'au nom du principe d'individualisme les droits de la conscience et la théorie du libre examen. Or, l'individualisme mène tôt ou tard à l'oppression; et cette histoire, qui est celle du triomphe de la bourgeoisie, prouvera malheureusement trop bien que la liberté devient un mensonge, aussitôt qu'on la sépare de l'égalité et de la fraternité, ses sœurs immortelles.

Pendant ce temps, Münzer s'était fait recevoir à Mulhausen, et il y dominait. La doctrine de la fraternité humaine n'avait depuis longtemps trouvé plus éloquent prédicateur. Nouveau saint Paul, Münzer en renouvelait, dans ce qu'ils eurent de social, les hardis principes. « Il y a variété de dons spirituels, mais il n'y a qu'un même esprit. Il y a variété de ministère; mais il n'y a qu'un même Seigneur. Il y a variété d'opérations surnaturelles; mais il n'y a qu'un seul Dieu qui opère tout en tout. Les dons du Saint-Esprit sont donnés à chacun pour l'utilité générale de l'Église. L'un reçoit de l'Esprit la parole de sagesse, et l'autre la parole de science; l'un reçoit la vertu de communiquer la foi, l'autre de guérir les maladies....; mais c'est un seul et même esprit qui opère ces choses, distribuant à chacun ce qu'il lui faut... Le corps n'a pas un membre seulement, il en a plusieurs. Si tout le corps était œil, où serait l'ouïe? Et s'il était tout ouïe, où serait l'odorat? c'est pourquoi l'œil ne peut pas dire à la main : Je n'ai pas besoin de votre secours; non plus que la tête ne peut dire aux pieds : Vous ne m'êtes pas nécessaires. Mais, au contraire, les membres du corps qui paraissent les plus faibles sont les plus nécessaires, et les parties qui sont les moins belles sont les plus parées, car celles qui sont belles n'ont pas besoin d'ornement. Ainsi Dieu, en ornant davantage ce qui manquait en beauté, a voulu par ce tempérament empêcher des divisions dans le corps, et que les membres prissent soin les uns des autres. » (Saint Paul *aux Corinthiens*, XII, 4 et 5.) Or, Münzer mettait à répandre ces idées une si généreuse ardeur; il y avait tant de séduction dans sa personne; et, dans sa parole, un tel mélange de force et de tendresse, d'énergie sauvage et d'abandon, que peu de jours lui suffirent pour acquérir sur les femmes une autorité souveraine. Les magistrats de la ville essayent de se liguer contre lui : on les dépose [2]. Par les femmes Münzer s'était emparé des familles; par elles il gouverna souverainement la cité.

Mulhausen offrit alors un spectacle qui vaut qu'on le rappelle dans l'histoire des triomphes de la pensée. Sans qu'une goutte de sang eût été répandue, sans l'intervention de la force, et par l'unique effet de l'entraînement général, tous se mirent en famille, comme au temps des apôtres [3].

---

[1] Ulenbergius, cap. XIV, p. 254, 255 et 256.
[2] Meshovius, lib. I, p. 10.
[3] « Omnes cives ad vitam apostolicam, bonis in communem massam comportatis. » Meshovius, lib. I, p. 10.

Aux moins forts les moins durs travaux, et à chacun dans la hiérarchie sociale des fonctions conformes à ses aptitudes. Toutes les fonctions étant également honorées et n'aboutissant à d'autre différence que celle des devoirs, absence d'orgueil dans le commandement et obéissance volontaire. Dès lors, aussi, nulle prise pour les brigues, pour la cupidité, pour les rivalités haineuses, pour les sordides ambitions. C'était la famille agrandie.

Comment douter que Münzer, si le choix lui eût été permis, n'eût préféré cette paisible victoire aux chances d'une lutte meurtrière? Mais il semble, hélas! qu'il soit dans les conditions de toute révolution d'avoir à combattre des résistances injustes qui la poussent aux extrêmes par des voies nécessairement obscures et sanglantes. Dans ses courses à travers la Saxe, la Thuringe, la Franconie, la Souabe, Nicolas Storck avait fait luire aux yeux des paysans l'espoir d'une délivrance prochaine, et déjà l'Allemagne prenait feu. Les villages se concertèrent, les chemins se couvrirent de bandes formées en tumulte; des conciliabules se tenaient dans le diocèse de Mayence chez l'aubergiste Georges Metzler ; la forêt Noire s'ébranla. Que demandaient les paysans? Ce que demandèrent, plus tard, les cahiers de la Révolution française :

Voici le résumé des douze articles qui composaient le programme des paysans [1] :

« Qu'il nous soit permis de choisir nos pasteurs.

« Que la dîme du froment soit employée à fournir aux communs subsides, à nourrir le pasteur, à soulager les pauvres.

« Obéissance aux magistrats dans les choses permises et chrétiennes, mais plus de servitude.

« A tous, les oiseaux, et les poissons dans les fleuves, et les bêtes dans les forêts ; car à tous, dans la personne du premier homme, le Seigneur a donné droit sur les animaux.

« Plus de corvées excessives.

« Qu'il nous soit loisible de posséder des fonds de terre en d'en vivre. Pour notre travail, un juste salaire.

« Diminution des taxes.

« Qu'on nous juge suivant les formalités autrefois prescrites, non au gré de la faveur ou de la haine.

« Les prés et les pâturages usurpés par les seigneurs doivent retourner à la commune. S'il y a eu vente légitime, on transigera fraternellement avec l'acheteur.

« Plus de tribut imposé à la veuve et aux enfants, après la mort du père de famille.

« Si nous nous sommes trompés en quelque chose, nous le reconnaîtrons, pourvu qu'on nous le prouve par la parole de Dieu et l'autorité de l'Écriture. »

Ces demandes étaient modérées, équitables, appuyées sur le texte de

---

[1] Voy. le texte développé dans Gnodalius, *Rusticanorum tumultuum vera historia*, p. 31 et seq.

l'Évangile, conformes surtout à son esprit : les paysans crurent pouvoir compter sur Luther[1]. Mais c'était l'individualisme, nous l'avons dit, et non la fraternité que la Réformation venait apporter au monde. Mélanchthon laissa tomber de sa plume quelques paroles mêlées de compassion et de blâme. Quant à Luther, il éclata contre les paysans. De quel droit résistaient-ils au magistrat? On les foulait au pied : sans doute; mais ignoraient-ils donc que se faire justice à soi-même est un crime; que le chrétien doit souffrir en silence ; que Jésus-Christ ordonna autrefois à Pierre de remettre l'épée dans le fourreau ; qu'on meurt par le glaive quand on tire le glaive? Le magistrat les dépouillait de leurs biens : mais en le dépouillant, lui, de son pouvoir, que faisaient-ils autre chose que rendre usurpation pour usurpation[2]? Grande était leur folie de se vouloir affranchir de la servitude : est-ce qu'Abraham et la plupart des saints n'avaient pas eu des esclaves? Leur principe d'égalité! absurdité pure et ineptie[3].

Voilà Luther et sa grande inconséquence : liberté en religion, mais, en politique, servitude; plus de pape, mais toujours l'empereur.

En même temps il écrivait aux princes : « Prenez garde. Parmi les réclamations du paysan, il en est de justes. L'autorité a été établie pour protéger les peuples, non pour les réduire au désespoir. Si vous ne faites trêve à la tyrannie, je prévois d'affreux malheurs. Un glaive est sur vos têtes, et voici une révolution qui perdra l'Allemagne[4]. » C'était un appel au sentiment de la peur : pas un mot qui vînt du sentiment de la fraternité.

Inutile, hélas! d'ajouter que la modération des paysans, méconnue, se changea en fureur. Allumé dans le diocèse de Mayence, sur les confins de la Franconie, l'incendie bientôt s'étendit au loin. Accourus de toutes parts, les paysans firent leur jonction dans une vallée de la forêt Noire et choisirent pour chef l'aubergiste Metzler, homme audacieux et violent, espèce de Catilina rustique[5]. Ils avaient pour but avoué le triomphe des *douze articles*, pour signe une croix blanche; et la roue de la fortune était peinte sur leur bannière. Ils se mirent en marche, guidés par leurs fureurs. Ils se représentaient avec indignation — car, déjà une première révolte avait été étouffée dans une autre partie de l'Allemagne — ils se représentaient leurs frères massacrés à Leipheim ; ils s'animaient au souvenir de ceux dont le sang avait rougi les eaux du Danube, de ceux qui étaient morts sur une

---

[1] « Patronum habituri arbitrabantur. » Gnodalius, *Rustic. tumult. hist.*, p. 41.

[2] « Magistratus adimit vobis possessiones, iniquum est; vos autem juridictionem adimitis. Vos ergo nocentiores illis. » Gnodalius, *Rustic. tumult. hist.*, p. 47.

[3] « Vos co spectatis ut omnium sit eadem conditio, sint omnes æquales : « hoc autem est absurdum et ineptum. » Gnodalius, *Rustic. tumult. hist.*, p. 63.

[4] « Huc jam accedit ista seditio popularis quæ Germaniam funditus perdet. » Gnodalius, *Rustic. tumult. hist.*, p. 68.

[5] « Auctore Metzlero caupone... Catilinariis facinoribus aptissimo. » Gnodalius, *Rustic. tumult. hist.*, p. 80.

croix ou dans les flammes[1]. Eux-mêmes, d'ailleurs, n'avaient-ils aucune injure à venger? L'un rappelait sa fiancée ravie et déshonorée; un autre son champ livré au ravage de quelque chasseur tout-puissant et impitoyable; un troisième montrait sur son corps la trace de violences récemment souffertes; tous invoquaient l'Évangile, interprété dans le sens de leurs colères. Alors éclata par des accès grossiers d'orgueil et par l'outrage cette passion de l'égalité, terrible, quand on la force à se mettre au service de la vengeance. « A notre tour d'être les maîtres, disaient les paysans à chaque noble devenu leur prisonnier. » Ce furent pour les gentilshommes des humiliations sans nombre, cruelles quelquefois, presque toujours inutiles. Pour racheter leurs domaines du pillage, les deux comtes de Lœvenstein furent réduits à marcher à la suite de l'armée de Metzler, vêtus d'habits rustiques et des bâtons blancs dans la main. Heureuse encore l'Allemagne, si là s'étaient bornées les vengeances! Mais tout semblait concourir à étendre les désastres. Des signes effrayants parurent dans le ciel, et Luther s'en émut. Un bras tenant un glaive, voici ce que figurait une comète qui, se levant toutes les nuits, restait cinq quarts d'heure sur l'horizon. Ce fut pour les plus fanatiques d'entre les paysans l'indice d'un courroux qui sanctifiait celui dont ils étaient animés, et leur exaltation s'en accrut. La Souabe, la Franconie furent dévastées, des monastères en ruines et l'incendie servant à marquer le sinistre itinéraire de la révolte.

Beaucoup d'historiens nous ont transmis le souvenir de ces jours de deuil, et tous ils rapportent l'affreux épisode qui suivit la prise de Weinsberg. Le comte d'Helfeinstein, gouverneur de la ville, étant tombé aux mains des paysans, on le conduisit dans une plaine voisine, et il y fut tué à coups de lance, sous les yeux de sa femme éplorée. Elle, on la mit, avec son fils âgé de cinq ans, sur un tombereau chargé de fumier; et les paysans lui criaient, au passage : « C'est sur un char doré que tu es entrée à Weinsberg; et voilà que tu en sors, couverte d'opprobre. — Je me félicite, répondit-elle, de ressembler en ceci au Sauveur, que Jérusalem reçut en triomphe et qui s'achemina vers le Calvaire, portant sa croix. » Il y avait, du reste, de part et d'autre, même acharnement et même cruauté. Car, peu de temps après, un des meurtriers du comte ayant été pris par les nobles, ils imaginèrent de l'attacher à un poteau par une chaîne longue de deux brasses. Puis, l'entourant d'une ligne de feu assez éloignée pour prolonger le supplice et assez rapprochée pour le rendre intolérable, ils se donnèrent le barbare spectacle d'un malheureux essayant en vain de fuir la douleur qu'il retrouvait partout.

Telles sont les guerres de religion. Et pourquoi s'en étonner? Une religion, quelle qu'elle soit, n'est qu'un moyen de concentrer fortement toutes les facultés de l'homme, toutes les puissances de son être. Quand une religion saisit l'homme, elle le veut, elle le saisit tout entier: Que peut-il y avoir de commun entre ces deux armées qui vont se heurter parce qu'elles ne s'accordent ni sur le droit ni sur le devoir, ni sur les choses

---

[1] Gnodalius, *Rustic. tumult. hist.*, p. 22.

que la mort termine ni sur les choses que la mort commence? Vous demandez à ce soldat, armé pour sa croyance religieuse, de se modérer, de se contenir? Plût au ciel que cela lui fût possible! Mais dans la partie qu'il va jouer, ce qu'il engage, c'est son présent, c'est son avenir, ce sont les biens qu'il touche, et ceux que l'espérance lui montre au loin, et ceux que lui fait deviner par delà les horizons de la vie cette inquiétude innommée de nos cœurs, plus tourmentante et plus nécessaire que l'espérance.

Princes, électeurs, gentilshommes, s'étaient ligués contre le commun péril, et à la tête de leurs troupes marchait Georges Truccès, habile et vaillant capitaine : de leur côté, les paysans songèrent à se choisir un chef militaire dans Goëtz de Berlichingen, un des derniers représentants de la chevalerie du moyen âge, et surnommé l'homme à la main de fer, parce qu'ayant perdu la main droite, un mécanicien lui en avait fait une de fer avec laquelle il continuait de se battre. Bien qu'un des plus grands poëtes de l'Allemagne ait voulu immortaliser Goëtz de Berlichingen, ce n'était point là le chef qu'il fallait aux paysans. Suivant la relation publiée par Gessert, le chevalier se trouvait un jour assis devant la porte de l'auberge de Gundelsheim, lorsque se détachant tout à coup du milieu d'un groupe de paysans armés, Marx Stumpf alla droit à lui : « Es-tu Goëtz? — Oui, que voulez-vous? — Que tu sois notre chef. — Prenez plutôt Satan. — Sois-le [1]. » Aussitôt, on l'entoure, on le presse; il monte à cheval, il arrive au camp, général et prisonnier... Il raconte qu'il céda uniquement pour sauver sa femme, ses enfants, et échapper lui-même au sort de tant de nobles de Weinsberg. Le fait est que sa conduite dans la guerre le rend suspect de trahison. Sa stratégie se réduisit à lancer çà et là des bandes trop fortes pour le pillage, trop faibles pour la victoire, tandis qu'il enterrait le gros de l'armée dans un camp où devaient tôt ou tard s'introduire le découragement et la fatigue.

Cependant, au bruit dont venait de retentir la Souabe et la Franconie, Mulhausen avait tressailli et s'agitait. Excitée par un fanatique, nommé Pfeiffer, l'exaltation de la multitude ne cherchait plus qu'à se répandre. Münzer tenta vainement de régler un enthousiasme dont il prévoyait le danger : le tourbillon l'entraînait. Comprenant alors qu'il fallait aller jusqu'au bout sous peine de reculer, et qu'on ne saurait être, dans les situations extrêmes, ni prudent à demi ni à demi audacieux, il adressa aux mineurs de Mansfeld un ardent, un sauvage manifeste qui le précipitait dans cette alternative : le succès par un soulèvement général de l'Allemagne, ou la mort. A la voix du tribun, les mineurs se lèvent avec transport; la ville de Frankenhausen l'appelle; de tous les villages environnants l'admiration qu'il inspire lui amène des soldats.

Qui peut dire quelle révolution serait sortie d'un tel mouvement, si le protestantisme eût été vraiment, pour les peuples, une doctrine de liberté? Mais non : pour étouffer un cri qui venait de remuer l'Allemagne jusque

---

[1] Extrait des faits chevaleresques de Goëtz de Berlichingen, recueillis et publiés par Gessert, p. 119. Pforzheim, 1840.

dans ses entrailles, pour détruire les anabaptistes, pour accabler Münzer, princes protestants et princes catholiques se hâtèrent de faire alliance. On vit marcher sous les mêmes drapeaux, et le landgrave de Hesse, qui protégeait Luther, et George de Saxe, catholique fervent, par qui Luther avait été cent fois maudit et déchiré. Le principe de fraternité était dans un camp : l'autorité et l'individualisme se réunirent dans l'autre.

Münzer s'était posté, non loin de Frankenhausen, sur une montagne escarpée, où il attendait, protégé par un retranchement de chariots. Mais que pouvait contre une armée aguerrie, ayant du canon, et commandée par des chefs habiles, un tumultueux assemblage de paysans dont la plupart étaient sans armes ? Ils s'émurent à la vue de l'ennemi, et se hâtèrent d'écrire aux princes qu'ils faisaient profession de suivre la loi de Jésus-Christ, qu'ils étaient des hommes de paix, et qu'on leur permît d'entendre librement la parole de Dieu. « Vous êtes des rebelles, répondirent les princes. Livrez-nous Münzer et ses complices : notre clémence est à ce prix. » Mais Münzer avait dans la toute-puissance de sa parole une sauvegarde assurée. Quelques mots de lui suffirent pour rallumer les courages. D'ailleurs, au moment même où il parlait, un arc-en-ciel, dont les paysans portaient l'image peinte sur leurs drapeaux, se dessina tout à coup dans les nuées [1]. Plus de doute ! la protection de Dieu s'annonçait à ceux dont la cause était juste. Les paysans se préparent donc au combat; Philippe de Hesse, de son côté, court de rang en rang, animant les siens ; les trompettes sonnent ; la charge commence. Ce ne fut pas un combat : ce fut un carnage. En un instant, le revers opposé de la montagne et la plaine se couvrirent de malheureux que la terreur éloignait du champ de bataille, non de la mort, et qui, atteints par la cavalerie des princes, périssaient par milliers sous le fer des lances ou le pied des chevaux. Alors se passa une scène étrange. Les plus convaincus d'entre les paysans, les plus religieux, ceux qui n'avaient pas reculé, refusèrent de se rendre et de combattre, voulant mourir ; et, les yeux levés vers le ciel, les mains étendues, ils reçurent le coup fatal en chantant une hymne de reconnaissance et d'amour au Dieu qui semblait les avoir trompés et qui les abandonnait.

Münzer avait été entraîné et rejeté dans Frankenhausen par le mouvement de la déroute. Il aurait pu se sauver [2]; mais ses forces se trouvaient épuisées, et un découragement amer avait éteint pour jamais en lui la flamme du cœur. Le valet d'un gentilhomme l'ayant découvert gisant et malade dans la maison qui lui avait servi de refuge, il fut traîné devant ses ennemis et livré à la torture. Comme l'excès de la douleur lui arrachait des soupirs, « Vous souffrez, lui dit le duc George ; mais songez à tous ceux qui sont morts pour avoir écouté votre voix. » Lui, avec un sou-

---

[1] « Sed in primis excitabat eos ille, de quo dictum est, in cœlo consistens arcus. » Gnodalius, *Rustic. tumult. vera hist.*, lib. III, p. 248. — Le fait, du reste, est rapporté de la même manière par Meshovius, dans son *Histoire des anabaptistes*, et par Sléidan, dans l'*Histoire de la Réformation*.

[2] « Potuisset interea temporis commodissime evadere. » Gnodalius, lib. III, p. 260.

rire triste et profond : « C'est ce qu'ils voulaient, » répondit-il[1]. Conduit au supplice et interrogé sur sa foi, il parut absorbé dans ses pensées et ne trouva que des paroles confuses[2], soit que l'approche de l'heure dernière l'eût en effet troublé, soit qu'étonné de voir le droit vaincu dans sa personne, il aimât mieux douter de lui-même que de la justice de Dieu. Toutefois, devant le bourreau, il sortit de son morne recueillement, se redressa, exhorta les princes à ménager le pauvre, du moins en vue de leur propre sécurité, et mourut en disant : « Pitié pour le peuple ! »

Münzer n'emportait pas dans son tombeau les destinées de l'anabaptisme. Les anabaptistes, en dépit des persécutions les plus atroces, des plus noires calomnies, se multiplièrent rapidement et se répandirent sur toute l'Europe.

Mais ils se divisèrent en deux sectes qu'il importe de ne pas confondre, l'une inspirée par la Bible et l'autre par l'Évangile.

Les anabaptistes qui se rangèrent à la tradition juive eurent la ville de Munster pour capitale et se donnèrent pour roi le fameux Jean de Leyde. On les voit, dans l'histoire, s'immortalisant par des prodiges de constance, d'audace, d'intrépidité, mais adonnés à la polygamie, emportés vers un matérialisme grossier, et souillant leur courage par leur barbarie.

Les anabaptistes qui suivirent la tradition chrétienne sont ceux dont le souvenir nous intéresse plus particulièrement. Établis en Allemagne vers l'année 1530, sous le gouvernement de Hutter et de Gabriel ils sont connus sous le nom de *Frères Moraves*, et leur nombre ne s'est pas élevé à moins de soixante-dix mille, formant une même famille.

Pour donner une idée de cette association extraordinaire, nous nous bornerons à citer le plus violent des détracteurs de l'anabaptisme[3] :

« La demeure des frères rebaptisés ou *Frères Moraves* était toujours à la campagne dans les terres de gentilshommes de Moravie qui trouvaient leur intérêt à les donner à ferme à une colonie d'anabaptistes. Ceux-ci rendaient toujours aux seigneurs dont ils cultivaient les campagnes, au moins le double de ce qu'on en aurait tiré d'un fermier ordinaire. Dès là qu'un domaine leur avait été confié, les bonnes gens venaient y demeurer tous ensemble, dans un emplacement séparé.

« Chaque ménage particulier y avait sa hutte bâtie sans ornement, mais, au dedans, elle était d'une propreté à faire plaisir. Au milieu de la colonie, on avait érigé des appartements publics destinés aux fonctions de la communauté. On y voyait un réfectoire où tous s'assemblaient au temps des

---

[1] En rapportant cette réponse, Gnodalius et Meshovius en ont complétemen dénaturé le sens, et ils la donnent comme un acte de démence !
[2] C'est du moins ce qu'affirment les historiens, détracteurs de Münzer, tels que Mélanchthon, Gnodalius, Meshovius, etc. Ils ajoutent même qu'il se rétracta, mais cette dernière assertion est une calomnie, comme l'a prouvé, d'après les textes, M. Zimmermann, cité par M. Alexandre Weill, dans son intéressante histoire de la *Guerre des Paysans*.
[3] Le père Catrou, de la compagnie de Jésus; *Histoire des anabaptistes*, liv. IV, p. 273 et suiv.

repas. On y avait construit des salles pour y travailler à ces sortes de métiers qu'on ne peut exercer qu'à l'ombre et sous un toit. On y avait érigé un lieu où on nourrissait les petits enfants de la colonie... Dans un autre lieu séparé, on avait dressé une école publique où la jeunesse était instruite des principes de la secte et des sciences qui conviennent à cet âge...

« Comme les biens étaient en commun, un économe, qu'on changeait tous les ans, percevait seul les revenus de la colonie et les fruits du travail. Aussi c'était à lui de fournir aux nécessités de la communauté. Le prédicant et l'archimandrite avaient une espèce d'intendance sur la distribution des biens et sur le bon ordre de la discipline.

« La première règle était de ne point souffrir des gens oisifs parmi les frères. Dès le matin, après une prière que chacun faisait en secret, les uns se répandaient à la campagne pour la cultiver ; d'autres exerçaient en des ateliers publics les divers métiers qu'on leur avait appris : personne n'était exempt du travail.

« Le vivre était frugal parmi les frères de Moravie. D'autre part, le travail y était grand et assidu... De là les richesses que les économies de chaque colonie accumulaient en secret. On n'en rendait compte qu'au premier chef de toute la secte ; on employait le superflu des colonies au profit de toute la secte. Souvent il arrivait qu'on achetait en propre les terres qu'on n'avait tenues qu'à ferme...

« On peut dire que dans les colonies tous les vices étaient bannis de la société. Leurs femmes étaient d'une modestie et d'une fidélité au-dessus du soupçon... On n'employait guère que les armes spirituelles pour punir ou pour prévenir les désordres. La pénitence publique et le retranchement de la cène étaient parmi eux des châtiments qu'on appréhendait. Il est vrai qu'on redoublait quelquefois les travaux et qu'on exigeait une tâche plus pénible de ceux qu'on avait surpris en des fautes légères. Au regard des plus coupables, on les rendait au siècle et, pour me servir de leurs termes, on les exilait du paradis de délices dont ils s'étaient rendus indignes par leur désobéissance....

« Tout semblait conspirer à protéger les *Frères de Moravie*. La noblesse du pays trouvait son compte à faire cultiver ses terres par des hommes infatigables et fidèles. On n'avait point de plaintes à faire d'une société dont tous les règlements n'avaient, ce semble, d'autre but que l'utilité publique. Cependant, le zèle de la religion l'emporta dans le cœur de Ferdinand, roi des Romains, etc., etc... » De là les persécutions et les guerres qui finirent par ruiner l'établissement qu'avaient fondé Hutter et Gabriel. Mais l'esprit de l'anabaptisme survécut.

FIN DU PREMIER VOLUME

TABLE DES MATIÈRES

L'Histoire de la Révolution française jugée par George Sand. v
Préface de 1868. xiv
Préface de 1862. xxxv
Premier avis au lecteur. xxxvii
Deuxième avis au lecteur. xli
Préambule. 1
Dessein et plan. 9

LIVRE PREMIER

PROTESTANTISME

L'INDIVIDUALISME EST INAUGURÉ DANS LE MONDE CHRÉTIEN.

CHAPITRE PREMIER. — Jean Hus.

Spectacle donné à l'Europe par le concile de Constance : l'autorité d'une part, la fraternité de l'autre. — Sens révolutionnaire des hérésies. — L'égalité du laïque et du prêtre demandée avant toute autre : pourquoi ? — Supplice de Jean Hus ; grandeur de sa cause. — Au nom de la fraternité les Hussites de Bohême se lèvent, combattent, succombent, comme plus tard les Jacobins de France. — Les temps de la fraternité n'étaient pas encore venus ; la scène appartenait à l'individualisme. 13

CHAPITRE II. — Luther.

La Révolution au seizième siècle : elle est enveloppée dans la religion parce que l'État est alors enveloppé dans l'Église. — Luther, tribun mystique. — Il veut le *chrétien* libre mais l'*homme* esclave ; il pousse aux révoltes de la conscience et condamne celles de la misère. — Tout un côté de l'humanité reste en dehors du soulèvement de Luther. — Luther devant Charles-Quint. — Au nom de la fraternité, les Anabaptistes se soulèvent comme les Hussites, et comme eux ils succombent : Luther applaudit. — Progrès de la Réformation. — Par quelles conséquences imprévues elle donne essor à l'industrie moderne. — L'individualisme est inauguré. 27

CHAPITRE III. — Calvin.

L'INDIVIDUALISME DANS LA RELIGION.

Calvin, législateur de l'esprit de révolte. — Il divise le monde en *élus et réprouvés* : sens contre-révolutionnaire de cette doctrine. — Le calvinisme, nouveau genre d'oppression, ne convenait qu'à une féodalité militaire. — Voilà pourquoi il entre en France par la noblesse et cherche à s'y établir par l'épée. — Il y succombe avec la féodalité en armes, dans ce qu'il avait de farouche et de religieux. — L'individualisme passe donc, en se transformant, des champs de bataille dans les livres, de la théologie dans la politique, du camp de la noblesse guerrière dans le domaine de la bourgeoisie pacifique et industrielle. 58

CHAPITRE IV. — Publicistes protestants.

L'INDIVIDUALISME DANS LA POLITIQUE.

Élaboration, par les publicistes français et protestants du seizième siècle, des doctrines d'où sortira la Révolution bourgeoise de 89. — Le côté incomplet de ces doctrines, c'est l'individualisme; leur beau côté, la tolérance. — Appel de la Boëtie au principe de fraternité..................... 80

CHAPITRE V. — Montaigne.

L'INDIVIDUALISME DANS LA PHILOSOPHIE.

Montaigne veut qu'on vive pour soi. — Il cherche à établir l'impossibilité de toute règle sociale. — Il s'étudie à prouver que le commerce des hommes n'est qu'une guerre affreuse et éternelle. — Il montre la folie de toutes les institutions sociales. — Il prétend que l'homme n'est pas plus fait pour la vie sociale que les animaux. — Épopée de l'individualisme..................... 92

CHAPITRE VI. — Le parti des politiques et la Ligue.

LUTTE DE L'INDIVIDUALISME CONTRE L'AUTORITÉ.

Le parti des *Politiques* se forme en France; c'est la bourgeoisie qui monte en scène, appuyée sur le principe de l'individualisme. — La Ligue combat pour le principe d'autorité. — Singulière alliance du prêtre et de l'homme du peuple dans la Ligue. — Quand cette alliance se dissout et que le prêtre reste seul, la Ligue est vaincue. — Triomphe du parti des politiques. — Henri IV, leur chef, fait monter avec lui sur le trône l'individualisme et la tolérance. — Le principe nouveau se fait tolérer, en attendant que la philosophie du dix-huitième siècle le proclame sous tous ses aspects, et qu'en 1789 la bourgeoisie, devenue dominante, lui donne l'empire en l'adoptant...... 104

LIVRE DEUXIÈME

BOURGEOISIE

Progrès de la classe dont l'individualisme devait fonder l'empire..... 117

CHAPITRE PREMIER. — Les Communes.

Bourgeois et manants. — La féodalité d'autrefois : ce qui faisait son éclat et sa force. — Les Communes n'ont été que l'organisation militaire de la bourgeoisie. — La féodalité vaincue par les Communes plutôt que par les rois............. 119

CHAPITRE II. — Les États généraux.

La bourgeoisie dans les États généraux. — Le peuple appelé mais exclu. — Ce que les États généraux firent; ce qu'ils représentaient. — Histoire de Marcel. — La Jacquerie. — Les États généraux assurent le futur triomphe de la bourgeoisie sur la royauté............................ 145

CHAPITRE III. — Politique de Richelieu.

Par quels terribles coups Richelieu délivre la bourgeoisie de l'anarchique tyrannie des grands seigneurs. — A qui devait profiter la création des Intendances. — Comment Richelieu prépare, pour le compte de la bourgeoisie, le gouvernement de l'intelligence et la ruine du pouvoir absolu................. 168

CHAPITRE IV. — La Fronde et le Jansénisme.

Le parlement. — Délibérations de la chambre de Saint-Louis : révolution bourgeoise avortée. — Le parlement arrive à l'omnipotence et s'en effraye. — La Fronde du parlement vaincue par elle-même. — Inanité de la Fronde des princes. — Naissance du Jansénisme; son importance historique dans l'histoire de la haute bourgeoisie. — Vie de Port-Royal. — Caractère politique et révolutionnaire des *Provinciales*. — Le Jansénisme, c'était le parlement dans l'Église.................. 184

CHAPITRE V. — Administration de Colbert.

Colbert, tuteur et instituteur de la bourgeoisie. — Nécessité de sa mission et sagesse de ses règlements. — Activité qu'il imprime à la nation. — La France au nombre des peuples producteurs. — Comment il convient de juger le système protecteur adopté par Colbert; la question du libre échange insoluble dans toute autre doctrine que celle de la fraternité. — Ingratitude des reproches adressés à la mémoire de Colbert par l'école du *laissez-faire*. — A mesure que la bourgeoisie s'élève la royauté décline... 215

CHAPITRE VI. — Monarchie de Louis XIV.

Comment Louis XIV mit la royauté sous la dépendance de la bourgeoisie. — Louis XIV en rendant le travail hostile à la religion mine la puissance du clergé. — Louis XIV, véritable destructeur de la monarchie absolue en France : portée révolutionnaire de la déclaration de 1682. — La bulle *Unigenitus*, son origine, son introduction en France, ses suites. — Résultats du gouvernement personnel de Louis XIV contraires à son but... 232

CHAPITRE VII. — Régence. — Système de Law.

Destinées parallèles de la maison d'Orléans et de la bourgeoisie. — Philippe d'Orléans obtient la régence; ce qu'il fait pour la bourgeoisie. — Arrivée de Law à la cour du Régent. — Law médite non-seulement une révolution financière, mais la plus vaste et la plus profonde révolution sociale qui ait jamais été tentée. — Conception de Law; grandeur et beauté de cette conception. — En quoi consista la véritable erreur de Law. — Établissement du système; ses développements successifs. — Causes qui le pervertissent. — Saturnales financières. — La noblesse et l'agiotage. — Le système de Law aide au triomphe de la bourgeoisie. — Politique extérieure de la régence en contradiction avec sa politique intérieure. — Les Anglais se servent de Dubois pour perdre Law; leur but en cela. — Chute du système. — Law calomnié. — Abaissement et affaiblissement de tout ce qui n'était pas la bourgeoisie. — Souffrances du peuple. 255

LIVRE TROISIÈME

DIX-HUITIÈME SIÈCLE

LE PRINCIPE D'INDIVIDUALISME EST ADOPTÉ PAR LA BOURGEOISIE......... 351

CHAPITRE PREMIER. — Voltaire.

GUERRE A L'ÉGLISE. — TRIOMPHE DE L'INDIVIDUALISME EN PHILOSOPHIE,
OU RATIONALISME.

Voltaire devant le peuple, devant les rois, devant les prêtres. — Les Jansénistes devenus *convulsionnaires* et les Jésuites intolérants; sacriléges et scandales. — Voltaire ouvre l'attaque. — Pascal et Descartes l'importunent. — Il apporte d'Angleterre la doctrine des sensations, favorable à l'individualisme. — La *statue* de Condillac. — Diderot. — Ce que représente en politique la notion de Dieu. — Association de Diderot et de d'Alembert. — L'*Encyclopédie*. — Dîners du baron d'Holbach. — École du rationalisme. — Fréret, Boullanger, etc...; immense anarchie intellectuelle. — Buffon. — Théorie du *moi* par Helvétius. — Le Misanthrope de Molière dans le dix-huitième siècle : Jean-Jacques Rousseau; sa lutte contre les philosophes de l'individualisme. — L'école opposée l'emporte. — L'Europe pensante est conquise par Voltaire. —

Frédéric, philosophe. — Frédéric effrayé par le *Système de la Nature*. — Chute des Jésuites. — Les Jansénistes attaqués à leur tour. — Glorieux et universel apostolat de la tolérance. -- Triomphe du rationalisme. 338

CHAPITRE II. — Montesquieu.

GUERRE AUX ROIS ABSOLUS. — TRIOMPHE DE L'INDIVIDUALISME EN POLITIQUE, OU RÉGIME CONSTITUTIONNEL.

Fleury avait énervé la monarchie ; Louis XV la déshonore. — Infamie de ses amours. — Madame de Pompadour est la royauté. — Excès et folies du pouvoir absolu. — Absence de garanties. — Inanité politique des parlements; leur insuffisance comme autorité judiciaire. — Le prévôt des maréchaux. — Oppression de l'individu ; nécessité de l'affranchir. — École de l'individualisme en politique : Montesquieu, de Lolme. — École rivale : Jean-Jacques Rousseau. — Les idées de Montesquieu l'emportent. — Tous les penseurs réunis contre les rois absolus. — Attaques de d'Holbach, de Diderot, de Raynal. — Dernier effort du pouvoir absolu; Maupeou détruit les parlements. — La magistrature nouvelle couverte de ridicule par Beaumarchais. — La scène politique appartient à la bourgeoisie. 400

CHAPITRE III. — Turgot.

GUERRE AUX MONOPOLES. — TRIOMPHE DE L'INDIVIDUALISME EN INDUSTRIE, OU CONCURRENCE.

Situation du peuple avant la Révolution : jurandes et maîtrises ; les mendiants ; les corvées ; la milice ; tableau des violences et des iniquités de l'impôt. — École de l'individualisme : Quesnay, Mercier de la Rivière, le marquis de Mirabeau ; Gournay ; Turgot représente cette école et la résume. — École de la fraternité : Morelly, Mably. — Débats redoutables. — Galiani et ses *Dialogues*. — Lutte entre Turgot et Necker. — Leur entrevue. — Turgot, ministre ; doctrine qu'il apporte au pouvoir. — *Guerre des farines*. — Abolition des corvées. — Chute des corporations. — Triomphe de l'individualisme en industrie. — La Révolution est accomplie dans les idées. 458

Développements historiques. — Guerre des paysans. 555

FIN DE LA TABLE DU PREMIER VOLUME.

PARIS. — IMP. SIMON RAÇON ET COMP., RUE D'ERFURTH, 1.

www.ingramcontent.com/pod-product-compliance
Lightning Source LLC
Chambersburg PA
CBHW071155230426
43668CB00009B/964